Tilman Rhode-Jüchtern

Kreative Geographie

Bausteine zur Geographie und ihrer Didaktik

D1641531

Tilman Rhode-Jüchtern

Kreative Geographie

Bausteine zur Geographie und ihrer Didaktik

WOCHEN SCHAU VERLAG

Bibliografische Information der Deutschen Nationalbibliothek

Die Deutsche Nationalbibliothek verzeichnet diese Publikation in der Deutschen Nationalbibliografie; detaillierte bibliografische Daten sind im Internet über http://dnb.d-nb.de abrufbar.

© WOCHENSCHAU Verlag,
Dr. Kurt Debus GmbH
Schwalbach/Ts. 2015

www.wochenschau-verlag.de

Umschlag: Ohl Design
Gesamtherstellung: Wochenschau Verlag
Titelbild: © nmarques74
Gedruckt auf chlorfreiem Papier
ISBN 978-3-7344-0015-5 (Buch)
ISBN 978-3-7344-0111-4 (E-Book)

Inhalt

Welt-Wissen und -Verstehen

Einführung 9

I. Wissen und Verstehen

Wissen

1. Wissen – Nichtwissen – Nicht-weiter-Wissen?
   Sieben Versuche zu einem angestrengten Begriff (2010) 17

Vorbilder und Fachgebiete

2. Was können wir heute von Alexander von Humboldt lernen?
   Ein *maître à penser* aus didaktischer Sicht (2011) 49

Mensch-Natur-Verhältnisse

3. Garten, Regenwald und Erdbeben
   Mensch-Natur-Verhältnisse in einer Dritten Säule (2013) 78

Weltbilder

4. „Es ist, wie es ist"?
   Ein Bericht aus der Jenaer Geographiedidaktik (2008) 101

II. Zur Philosophie der Geographie

Selbstverständnis und Gegenstand der Geographie

5. Geografie und Geographie
   Die Welt mit „f" und das Fach mit „ph" betrachten (2012) 119

Bedeutungszuweisungen und -vielfalt

6. „Wo die grünen Ameisen träumen"
   Zur Bedeutungsvielfalt von Orten (2006) 123

Kontingenz und der Horizont der Möglichkeiten

7. Raum des „Wirklichen" und Raum des „Möglichen"
   Versuche zum Ausstieg aus dem „Container"-Denken (1998) 139

Werteerziehung

8. Der Dilemma-Diskurs (1995) 157

Handlung und Akteure

9. Räume werden gemacht
    Zu Orten, zu Symbolen, zu Bedeutungsträgern (2006) 181

10. Der Blaue Strich
    Zur Handlungsbedeutung aktionsräumlicher Zeichen (1999) 184

Digitalisierung

11. Weltwissen und/oder Weltverstehen 2.0?
    Gedanken zum Potenzial der *geo@web*-Techniken für die Bildung (2012) 199

III. Welt-Verstehen und Methode

Narration

12. „Sense(s) of place" – Narrative Räume – Narrative Geographie (2012) 217

13. Narrative Geographie
    Plot, Imagination und Konstitution von Wissen (2004) 237

Der Zweite Blick

14. Das Projekt „Dark & Light – Das Dritte Auge"
    Auf Bilder mit Bildern reagieren – Wie sich Kinder ihre Vorstellungen ‚bilden'.
    Ein kleiner Bericht aus dem pädagogischen Mustopf (2012) 253

Perspektivenwechsel

15. Perspektivität und Perspektiven
    Erster und Zweiter Blick, Anamorphose, Innen-Außen (2012) 267

16. Perspektivenwechsel als Verstehenskultur
    Über ein produktiv-konstruktives Konzept für die Geographie (2001) 274

17. Welt erkennen durch Perspektivenwechsel (1996) 290

Vernetzung

18. Wie breit ist eine Autobahn?
    Über vernetztes Denken in der Planung (1996) 302

19. „Die Wüste wächst, weil ..." (1968) 317

Imagination

20. Die Geschichte von „Einem Tag der Welt" schreiben
    Unterschiedliche Empfindungen beim Lesen imaginativer Texte (2007) 327

Reduktion von Komplexität

21. Geographieunterricht
    Weltverstehen in Komplexität und Unbestimmtheit (2013) 338

22. Komplexität im Fall entfalten
    Empirische Illustrationen zum Syndromansatz (2008) 352
23. „Vernetztes Denken" – Zauberwort mit Januskopf (2001) 371

Wissenschaftstheorie
24. Wissenschaftstheorie
    Orientierung im Grenzgängerfach (1982) 386
25. Paradigma –
    „normal science" und andere Grundüberzeugungen (1982) 395

IV. Lehren in der Schule und Lernumgebungen

Lehr-/Lernplanung
26. Gestaltung von Lernumgebungen im Geographieunterricht (2013) 407

Schule und ungefächerte Welt
27. Die Anamorphose
    Über das schulische Lernen in der ungefächerten Welt (2006) 420

Raumaneignung und Experimente
28. „Wir decken einen Frühstückstisch"
    Experimente zur Aneignung des öffentlichen Raums (2006) 432

Exkursionen
29. La Gomera unter dem Aspekt von ...
    Fünf Dimensionen einer konstruktiven Exkursionsdidaktik (2009) 442
30. Das Ich auf Reisen
    Sechs Stufen der „Erdung" des Subjekts (2002) 463

Bildungsstandards
31. Diktat der Standardisierung oder didaktisches Potenzial?
    Die Bildungsstandards Geographie praktisch denken (2011) 477

Strukturgitter
32. Didaktisches Strukturgitter (1977) 490

Lehrerbildung
33. Lehrerbildung und Bildungsstandards
    Oder: Haben Lehrer selbst die Kompetenzen, die sie bei Schülern
    entwickeln sollen? (2008) 502
34. Der Lehrer ist das Curriculum!?
    Lehrerbiographien, gesellschaftliche Umbrüche, Schulentwicklung (2004) 517

V. Geographie und Politik

Stadtentwicklung

35. Welt *als* System und Welt *im* System
    Strukturen und Prozesse in der spätmodernen Stadtentwicklung (2007) 527

Stadtplanung

36. Machbarkeitsstudie für ein Neues Bahnhofsviertel (1995) 540
37. Stadt wird gemacht
    Die Grenzen der Parteiendemokratie und die Bürgerschaft als Ressource
    (2013) 550

Raumwahrnehmung

38. Der Stadtpark ist für alle da!?
    Von der subjektiven zur sozialen Raumwahrnehmungskompetenz (2006) 564

Politikberatung

39. Irritation und Mäeutik
    Alternative Prinzipien in der wissenschaftlichen Politikberatung (2012) 580

VI. Reflexionen

Kommunikation

40. Der „Jenaer Würfel"
    Verständigungswerkzeug in Umweltpolitik und -bildung (2012) 605

Lernen durch Erfahrung

41. Die Vertreibung der Räuber und der Händedruck mit Fidel Castro
    Was können Eltern und Lehrer ihren Kindern in die Welt mitgeben? (2008) ... 619

Anhang

Abstracts 631
Bild- und Quellenverzeichnis 651

Welt-Wissen und -Verstehen
Einführung

Nicht einmal die Länge des Rheins ist unumstritten, die Küste von England lässt sich nicht eindeutig vermessen (Mandelbrots *Coastline-Paradox*), Entwicklungshelfer und ihre Evaluatoren streiten sich über Sinn und Unsinn ihrer (tödlichen?) Hilfe in der Dritten (?) Welt. Es wird gesprochen über Tatsachen und Sachverhalte, also so etwas wie „die Wirklichkeit", aber es fehlt oftmals an einer einfachen *Passung* zwischen einer äußeren Realität und deren Abbildung in einer Aussage.

Metafragen. Engagierte Aussagen aus der und für die Geographie beginnen also mit den Meta-Fragen: Wie wirklich ist die Wirklichkeit? Was wollen wir darüber wissen und erkennen, wozu und mit welchen Folgen? Wie kommunizieren wir darüber, nach Klärung der Problemstellung, ihres räumlichen Maßstabs, des zeitlichen Maßstabs, unseres jeweiligen Fensters der Weltbeobachtung und möglicher blinder Flecken? Dazu gehört auch die Möglichkeit, dies alles anders zu definieren und die Offenlegung der Differenz und ihrer Folgen. Das alles bedeutet auch: Das beobachtende und interpretierende Subjekt wird sichtbar, auch und gerade in der Fiktion eines *objektiven* und in der Hilfsfigur eines *intersubjektiven* wissenschaftlichen Handelns.

Dies ist nicht postmoderne Beliebigkeit und Relativismus, wonach jeder irgendwie Recht hat. Es ist vielmehr die *Abklärung der Aufklärung* unserer Welt, mit Gründen und in Reflexivität. Dass alles auch anders sein könnte als bislang gedacht, kann man als „Doppelte Kontingenz" (Luhmann) fürchten. Dieses Buch und seine Intention könnten aber auch überschrieben werden:

Die *Chance* der Kontingenz –
Geographische Erfahrung im *Zweiten Blick*

Reflexivität. Wer über die Welt eine problemorientierte Aussage auf geographischem Pfad machen will, sollte sich also auch in der Philosophie umsehen und/oder ein Reflexivitäts-Gelübde ablegen. Er müsste reflektieren, dass die *Wahrheit* seiner Aussage (a) sich auf *Tatsachen* oder *Sachverhalte* beziehen, (b) über den Versuch der Beschreibung hinaus auf eine bestimmte *Absicht* zielen, (c) aber auch eigene *Überzeugungen* transportieren kann. Eine Fülle unbestimmter Begriffe sind dafür ein erstes Indiz: „Chaos", „Gleichgewicht", „Gerechtigkeit", „Nachhaltigkeit", „Toleranz", „Lebensqualität", „Öffentlichkeit", „Urbanität", „Klimawandel" etc. – zum Beispiel gibt es ein offizielles Verbot in Florida, Begriffe wie „Klimawandel" im Sprachgebrauch von Behörden zu benutzen[1].

Theorie. Es wird einfache Wahrheiten nicht geben können, wohl aber den dauernden Versuch einer wahrhaftigen *Kommunikation*[2]. Dazu gehören auch die Verständigung über die *Richtigkeit* der Fragestellung und die Offenlegung der *Prinzipien* des eigenen wissenschaftlichen oder praktischen Handelns. Das gilt für Naturwissenschaften ebenso wie für Kulturwissenschaften und Sozialwissenschaften, also auch für die Physische Geographie, die Sozial- und Wirtschaftsgeographie, die Fernerkundung und die Geoinformatik. Und es gilt für die Anwendung in der raumwirksamen Planung und in der Schule.

Didaktik. Das alles klingt nach (Erkenntnis-)Theorie, aber es gibt ja bekanntlich nichts Praktischeres als eine gute Theorie. Es klingt womöglich theoretisch-abgehoben und ist doch bereits mit Zehnjährigen abzuklären. In einem kleinen Geographieprojekt an einem Wiener Gymnasium haben wir 2011 mit den Kindern praktisch die Erkenntnis erarbeitet, dass jedes Ding (mindestens!) zwei Seiten hat und dass man darüber auch streiten kann. Das Projekt trug den Namen „Das Dritte Auge"[3] und kommt dem nahe, was wir heute den Zweiten Blick, den Dritten Blick, das Dilemma/Trilemma/Tetralemma/Pentalemma nennen und in Würfeln und Tetraedern in Form bringen: Wissenschaftsästhetik.

Es geht dabei immer auch um *Reflexivität* im geographischen Denken und Handeln: Was tun wir da eigentlich? Und die Gewissheit „So ist es!" wird konfrontiert mit der Frage „Ist es so?". Das Zauberwort für diese Operation einer „Anderen Intelligenz"[4] lautet also *Kontingenz*: „Es könnte auch ganz anders sein." Das soll nicht Chaos stiften, sondern zum genaueren und abermaligen Hinsehen verführen.

Die Frage „Was tun wir da eigentlich?" ist noch relativ einverständlich zu beantworten, wenn man allgemein bleibt. Es dürfte mittlerweile international und transdisziplinär, in Grenzen auch interkulturell Konsens darüber bestehen, wie man diese Frage im Sinne eines *Capability-Approach* (Befähigungs-Ansatz), d. h. im Sinne der gesellschaftlichen und individuellen Wohlfahrt beantworten kann. Auf das Fach Geographie bezogen: „Thinking geographically means to think and finally also to act from different perspectives."[5]

Politik und Planung. Wenn zum Beispiel eine vierspurige innerstädtische Hauptverkehrsstraße ständig verstopft ist, muss man eben für eine fünfte und sechste Spur sorgen. „Das *ist* so!" – Ist es so? Oder könnte die Lösung nicht darin bestehen, dass man aus vier verstopften Spuren zwei macht, die dem fließenden Verkehr gehören und daneben die zwei anderen reserviert für die Störenfriede wie Fahrrad, Bus, Lieferwagen, Müllauto[6]? – Aber das klingt doch absurd! Und wieso machen sich jugendliche Laien (Schüler, Studenten) auf Lösungssuche, wo professionelle Planer längst resigniert haben? Und wieso trauen Politiker ihnen und ihrer Idee in einem bestimmten Zeitfenster und kreativen Milieu manchmal etwas zu?

Befreites Denken. Das kann man „befreites Denken" nennen, befreit von den Zwängen professioneller Konventionen und Repertoires (und Deformationen). Aus Erfahrung kann man dann manchmal sagen: Das funktioniert auch und es funktioniert oft sogar besser als ein fachlicher Tunnelblick.

Wenn Geographieschüler in der Allgemeinen Bildung, wenn angehende Geographen in Schule und Beruf einmal (besser: mehrmals) die Erfahrung mit dem „befreiten Denken" gemacht haben, bekommen sie einen Begriff von Leistung und Grenzen des *Wissens*, von der Relativität und Validität einer *Themen-/Problemstellung*, vom Anspruch der *Kommunikationskompetenz* und der Trennung von *Sach- und Werturteil*[6]. Und auch in der Praxis der Wissenschaftsanwendung/Planung/Politikberatung[7] wird im befreiten Denken spürbar, dass das Attribut oder Argument „alternativlos" zu Recht das Unwort des Jahres 2010 war (und noch heute ist).

Wenn sich Geographen, ausgestattet mit den Werkzeugen und Routinen ihrer Zunft, auf den Weg machen zur Welterkenntnis und –gestaltung, sind sie manchmal nur Sachbearbeiter von vorgegebenen Aufträgen; sie wären dann blind oder nicht kompetent für einen „Plan B". Viel öfter folgen sie jedoch in einer autonomen Themenfindung dem Leitbild der *engagierten* Wissenschaft. Was sie dann aber – im Unterschied zum Sachbearbeiter – auch tun müssen ist ihre Tätigkeit zu *kommunizieren*, zu *legitimieren* und zu *reflektieren*.

Was können Eltern ihren Kindern, was können Professoren ihren Studierenden, Lehrer ihren Schülern über die Welt und über das Fach beibringen?[8] Wie können sie glaubhaft machen, dass auch sie angewiesen sind auf Welterfahrung, auf authentische Hinsichten, auf Versuch und Irrtum, auf Kognition ebenso wie auf Konstruktion? Man wird sagen müssen: Auch Lehrende brauchen eine Biographie *neben* Hörsaal und Wandtafel, *neben* der Ochsentour einer Karriere und *neben* der Abhängigkeit von Mitteln Dritter.

Mir scheint: *les choses sont ce qu'elles sont* – So ist es.

Geo-Graphic. Zur Einstimmung in die Vielfalt der Themen dieses Lesebuchs dient das Wimmelbild; hier wird etwas simultan sichtbar gemacht, was sich aus einem komplexen Verständigungsprozess ergibt. Ich nenne es in Anlehnung an die Visualisierungsmethodik des *graphic-recording* „Geo-Graphic".

In der Mitte steht „Die Wirklichkeit", eine Truhe voller Fragen und Probleme, noch als *black box*. Es gibt zu ihrem Inhalt – den auch räumlich codierten Problemen – einen Vorrat (Kübel) von allerlei Fachwissen aus der Wissenschaft; ein Teil davon wird in zumeist vereinfachter Form weitergereicht an die Schule, in der Hoffnung, dass daraus basales Wissen/*geographical education* und Bildung werde (freilich in nur 1-2 Stunden pro Woche). Wem gehört die Welt/die Stadt/die Schule? – ein Verweis auf Macht und Geld, die hier Einfluss nehmen. Geographie(n) werden gemacht, im Einklang mit der Natur oder in der Emanzipation durch Technik und Kultur: Planen und Machen lautet die Domäne. Das alles muss kommuniziert werden, durch Medien und in gesellschaftlichen Prozessen; ein herrschaftsfreier Diskurs wird das eher selten sein; Lautsprecher

GEO-GRAPHIC

?. "WIE WIRKLICH IST DIE WIRKLICHKEIT?"
?. "DREH MICH DOCH NACH ALLEN SEITEN!"

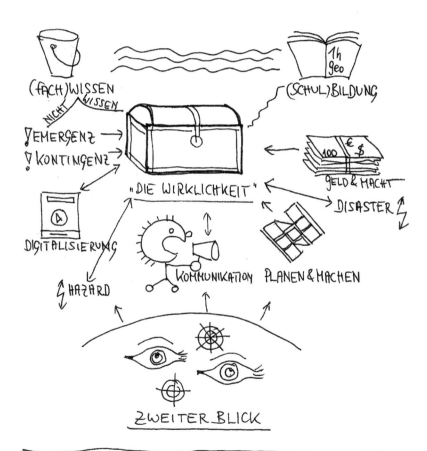

(FACH)WISSEN

NICHT WISSEN

(SCHUL)BILDUNG

? EMERGENZ →

? KONTINGENZ →

GELD & MACHT

"DIE WIRKLICHKEIT"

→ DISASTER

DIGITALISIERUNG

KOMMUNIKATION   PLANEN & MACHEN

? HAZARD

ZWEITER BLICK

WISSEN? NICHTWISSEN? NICHT-WEITER-WISSEN?
SCHULE/BILDUNG? GELD & MACHT? KOMMUNIKATION?

dominieren, können aber entzaubert werden. Eine reflexive Kommunikation wird schnell offenbaren, dass wir in vielerlei Verzerrungen *(Anamorphosen)* kommunizieren, diese können aber rekonstruiert und aufgeklärt werden. Eine dieser Anamorphosen ist die *Digitalisierung* der Welt, in der theoretischen Modellierung, in der materiellen Gestaltung und in der analytischen Beobachtung. Digitalisieren lässt sich aber nur etwas, was in 1 und 0 ausgedrückt werden kann. Können *big data* den Menschen objektivieren, ist der dann noch als vernunftbegabtes Subjekt zu sehen? Manche sagen: Das ist eine *neue* Wirklichkeit!/Das *ist* jetzt *die* Wirklichkeit! – Bei der Frage: „Wie wirklich ist die Wirklichkeit?" kommen schließlich zwei neue Fragen ins Spiel: Kann mal allen Dingen und Beziehungen bis auf den Grund schauen *(Emergenz)*? Und könnte es nicht auch ganz anders sein *(Kontingenz)*? Und schließlich kann es auch tüchtig brodeln im Container, z. B. durch *Hazards* und *Disasters*. Um sich nicht völlig zu verstricken, empfehlen sich ein Schritt zurück und ein *Zweiter Blick*.

Dieses Lesebuch umkreist in 41 ausgewählten Artikeln diese Gedanken. Sie sind in langen Jahren der Erfahrung in Lehre und politischer Praxis entstanden und hängen so zusammen, wie es die *Geo-Graphic* andeutet. Die Texte sind – anders als die Monographien – weit verstreut und nicht immer leicht zugänglich[9]. Es geht um Wissen und Verstehen, um die Philosophie der Geographie, um Methoden des Weltverstehens, um Lehren in der Schule und Lernumgebungen, um Geographie, Planung und Politik und um Reflexion. – Geringfügige Redundanzen lassen sich dabei – über einen Zeitraum von fast 40 Jahren und in einem Lesebuch – nicht immer vermeiden (z. B. der „Jenaer Würfel" von Antje Schneider und seine Vorformen, das „Kunstsynchroton" von Ilja Kabakow oder „Der Blaue Strich"). Jeder einzelne Text wird im Inhaltsverzeichnis durch ein *key-word* erschlossen.

Die Texte, Projekte und Versuche sind allesamt entstanden in langjähriger Kommunikation und Kooperation, beginnend am Studienseminar in Bremen und danach lange Jahre am Oberstufenkolleg an der Universität Bielefeld, an der Universität Jena und als Gast an den Universitäten Hamburg und Wien sowie in der praktischen Politik(beratung). Namentlich – wenn über mehr als 10 Jahre – mit Gerhard Hard, Hartmut von Hentig, Hermann Schrand, Christian Vielhaber, Egbert Daum, Werner Hennings, Werner Glenewinkel, Benno Werlen, Will Lütgert, Hannelore Oertel, Detlef Kanwischer, Antje Schlottmann, Mirka Dickel, Inga Gryl, Achim Schindler und Antje Schneider. Die Digitalisierung der Texte und Abbildungen haben Yvonne Wick und Sascha Schulz besorgt, in Form gebracht hat das Ganze Edith Beralli. Allen danke ich herzlich, besonders Mirka Dickel, die den Anstoß für das Buch gegeben und dies aus Mitteln des Lehrstuhls für Didaktik der Geographie an der Universität Jena gefördert hat.

Jena/Werther (Westf.), im Herbst 2015   *Tilman Rhode-Jüchtern*

Anmerkungen

1 http://www.presseportal.de/suche.htx?q=florida+klimawandel
2 Vgl. dazu stellvertretend und generationsprägend Jürgen Habermas 1981: Theorie des kommunikativen Handelns. 2 Bde, Frankfurt (1997), insb. Kap I/3.
3 Vgl. das Projekt „Dark & Light – Das Dritte Auge" Gymnasium Brigittenau Wien 2011 (Text Nr. 14)
4 Vgl. Bernhard von Mutius (Hrsg.) 2004: Die andere Intelligenz. Wie wir morgen denken werden. Stuttgart
5 Zum „Capability-approach"/„Befähigungs-Ansatz" vgl. z. B. das EU-geförderte „Geo-capabilities"-Projekt der internationalen „Geographical Association" (GR) in Großbritannien: „Without geographical education young people would not be able to understand or even question their position in the world This does not refer to the knowledge of their hometown's latitude and longitude, but to the understanding of influencing factors between the environment and the individual. Without this, the student would be denied the opportunity of seeing things beyond his own world." (http://www.geocapabilites.org)
6 Vgl. Vortrag „Irritation und Mäeutik" (Text Nr. 39)
7 Vgl. „Jenaer Würfel" (Text Nr. 40)
8 „Lehrerbildung und Bildungsstandards – Oder: Haben Lehrer selbst die Kompetenzen, die sie bei Schülern entwickeln sollen? (Text Nr. 33)
Vgl. auch „Die Vertreibung der Räuber und der Händedruck mit Fidel Castro – Was können Eltern und Lehrer ihren Kindern in die Welt mitgeben? (Text Nr. 41)
Vgl. auch die Rezension „Geographie und Geografie" zu Dürr/Zepp: Geographie verstehen (Text Nr. 5)
9 Vgl. www.geographie.uni-jena.de/Rhode-Juechtern.html

I.
Wissen und Verstehen

1. Wissen – Nichtwissen – Nicht-weiter-Wissen?

Sieben Versuche zu einem angestrengten Begriff

Wir sprechen heute über *Wissen, bestimmte Themen* und *gute Ausbildung*. Ort: Max-Planck-Institut für Bildungsforschung in Berlin; Zeit: April 2010; Akteurin: Direktorin Ute Frevert: „Was ich wirklich wichtig finde, ist, dass die Ausbildung ein Fundament legt. Zum einen ist das ein breites Wissen. Nach meinem Studium hatte ich eigentlich keine Ahnung von Geschichte. Das lag an schlechten Vorlesungen. Und dann brauchen Sie eben die Fähigkeit, sich in bestimmte Themen tief einzuarbeiten. Dann sind Sie gut ausgebildet" (Frevert 2010)

Diese wenigen Sätze sind Programm, enthalten aber noch nicht die Aufführung: *Ausbildung, Fundament, breites Wissen, Ahnung vom Fach, Lehre, Fähigkeit zur vertieften Bearbeitung, bestimmte Themen*. Ein Konglomerat unbestimmter Begriffe also, die zu klären wären, bevor man „Gut ausgebildet!" sagen kann. Und dann fehlen noch die elementaren Unterscheidungen:

- Was unterscheidet Ausbildung von Bildung?
- Was ist der Wert eines fachlichen Fundaments in einer ungefächerten Realität?
- Was ist ein breites Wissen gegenüber einem vertiefenden Verstehen/Verständnis?
- Was macht das Medium einer (guten/schlechten) Vorlesung aus gegenüber anderen Medien der Weltbeobachtung und der Kommunikation darüber?
- Wer oder was bestimmt, was „bestimmte" Themen sind und was stattdessen nicht zum Thema wird?
- Wer oder was bestimmt, wann Ausbildung „gut" ist; woran bewährt sich diese?

Und neben diesen unterscheidenden Fragen gibt es weitere Kategorien, an denen Wert und Inhalt von Wissen sich erweisen könnten: Da ist die Auseinandersetzung über den Wert/Unwert von etwas in der Kommunikation und im Diskurs. Da ist die Reflexion über die Art der Beobachtung/Perspektivität und der theorie- und methodengeleiteten Erkenntnisgewinnung. Da ist die Frage nach der Definitions- und Entscheidungsmacht über das, was denn der Kanon des zentral abfragbaren Wissens sein soll. Da ist die Frage, wie Orientierung im Übermaß des Wissens gelehrt/gelernt werden kann, und schließlich ist da die Frage, ob ein Alles-Wissen nicht handlungsunfähig machen würde.

Diese Fragen sind ebenfalls Teil des Programms über zeitgemäße Standards in der allgemeinen Bildung in Schule und Hochschule und sie sollen hier deshalb auch gleich zu Anfang genannt werden. In der Sprache des Pädagogen, der ein *verständnisintensives Lernen* anstrebt (Fauser 2007), wäre das ein Vierschritt von (1) subjektiver Anschließung/Erfahrung, (2) Entwicklung von neuen Vorstellungen, (3) abstrahierendem Begreifen in Begriffen und (4) Metakognition: Was haben wir da gemacht und warum und mit welchem Ergebnis und Wert?

In der Sprache eines tiefer greifenden Denkens würde man nicht mehr nur das sog. „breite Wissen" für unterbelichtet halten; man würde außerdem das Bewusstsein von der *Perspektivität* stärken, zum einen in den *Aspekten* einer Sache und zum anderen im *Blickwinkel* des Beobachters. Man würde hier zum Beispiel nicht mehr streng in *Kausalitäten* (Wenn – Dann) denken, sondern eher in *Kontingenzen* („etwas kann so sein, es könnte aber auch ganz anders sein"). Oder sogar in *Emergenzen* („einiges lässt sich nach gegenwärtigem Stand gar nicht bestimmt aussagen/erklären"). Statt zu postulieren „Das ist (einfach) so!", würde man im besser nachfragen: „Ist es so?" (von Mutius 2004).

Im Zuge der „Bildungsstandardisierung" haben die Schulfächer darauf bereits differenzierend reagiert. Neben dem Kompetenzbereich des (1) Fachwissens steht ein Kompetenzbereich (2) Kommunikation, (3) Erkenntnisgewinnung und Methoden, (4) Beurteilung in der Sache und Bewertung durch die Subjekte, (5) Handlungsorientierung (Deutsche Gesellschaft für Geographie 2009). Das bedeutet in der Selbstbindung der Fächer: Alle Bereiche werden zu einer Gesamtkompetenz zusammen entwickelt; wer davon etwa nur das Fachwissen auswählte, würde den Konsens verletzen, anstelle einer reinen Wissensbasierung eine Gesamtkompetenz entwickeln zu wollen.

Die Versuche, eine klarere Position zu einem angestrengten – bzw. anzustrengenden – Begriff wie Wissen zu entwickeln, müssen weiter gehen als nur bis zur Suche nach einer Definition[1]. Sie werden auch im kritischen Blick bestehen, was Wissen nicht ist oder es zumindest in Frage stellt. Es sind sieben Versuche im Sinne von (frz) *essayer*, von Essais, mit der Absicht, damit zur Reflexion (Hegel: „Räsonieren") und Kommunikation beizutragen. Es geht dabei um • Wissenserwerb aus Fügsamkeit, • Gesichertes Grundwissen, • Konstituierung von Wirklichkeit durch Sprache, • noch einmal: Gesichertes Grund- und Begriffswissen, • was soll und wie kann gelernt werden? (Hirnforschung), • Macospol – Ein Modell zum Nachfragen und zum Widerspruch, • ein didaktisches Werkzeug zur Themenfindung.

Dem liegt die Überzeugung zugrunde, dass mit machtvollen Definitionen noch nichts bewegt und erreicht wäre, wenn die Träger von Ausbildung und Bildung, die Lehrenden wie die Lernenden, die Aufsichtsführenden und die Abnehmenden dies nicht in ihre eigene Perspektive übernehmen.

„Gerade wer sich durch eigenes Wissen orientieren will, muss immer auch sondieren und oft genug wählen, welches Wissen für ihn überhaupt oder vor allem erstrebenswert ist – und damit: auf welches er verzichten kann und vielleicht sogar verzichten muss. Schließlich kann ein ungebändigter Wissensdurst selbst im Kontext wissenschaftlicher Forschung unproduktiv werden, wenn er den Sinn für das jeweils Relevante trübt und damit zu einer Verzettelung und Verflachung des Erkenntnisdrangs führt. Kurzum: So gravierend Formen und Fälle des Nicht-Wissens das Leben unter Umständen erschweren können, sie können es auch erheblich erleichtern. (...) Ohne Horizonte des Nicht-Wissens um unser noch so fundiertes Wissen könnten wir überhaupt nicht handeln. Wer nämlich wissen könnte, was die Zukunft bringt, hätte überhaupt kein Motiv zu handeln; denn die Zukunft würde es ja ohnehin bringen."[2]

Und für Studium und Schule gibt es noch ein wichtiges Motiv gegen allzu fertiges Wissen, nämlich das Fragen und Lernen mit Irritation und Ergebnisoffenheit: „Awarness of the possibility of surprise, the entertainment of expectations – these are concomitants of belief" (Davidson 2004 zitiert nach Seel, 45). Denn: „Nach einem Wissen zu streben, das gegenüber den Horizonten des Nicht-Wissens abgedichtet bliebe, einmal abgesehen davon, wie vergeblich dies wäre, würde bedeuten, nach einem intellektuellen und emotionalen Leben zu streben, das auf einer sicheren Bahn dahin gleiten würde – und somit nach einem Leben, das es gar nicht gibt. (...) Zum Genuss theoretischen wie praktischen Wissens gehört eine Freude am Nicht-Wissen" (Seel 2009, 39f.).

Versuch Nr. 1: Wissen und Fügsamkeit

Eine European Business School (EBS) macht Aufnahmeprüfungen für die „Top 200" unter den Bewerbern; die Abiturnote soll keine Rolle spielen. Stattdessen werden beim Tag der Offenen Tür Beispielaufgaben präsentiert:

* „Wie lauten die nächsten beiden Glieder der Folge 2, 7, 17, 32, ...?"
  (Die Lösung lautet: „52" und „77", denn die Abstände in dieser Zahlenreihe erhöhen sich jeweils um weitere 5, also 5, 10, 15, 20 ....)
* Oder: „Anja und Sven sind zusammen 18 Jahre alt. Verdreifacht man Svens Alter und addiert noch zwei Jahre hinzu, so erhält man das Fünffache von Anjas Alter. Wie alt sind Anja und Sven?". (Sven ist elf Jahre alt und Anja sieben.)

  „Das geht, denke ich. (...) In den Tests braucht man die Note 2,7, sagt die Studienberaterin. Schlechter als 2,7, das bedeute nicht automatisch das Aus. Wer Ergebnisse zwischen 2,7 und 3,7 habe, der könne Vorbereitungskurse an der Hochschule belegen. 474 Euro kostet der Mathekurs, 1450 der Englischkurs, plus Anreise, Unterkunft und Verpflegung" (Friedrichs 2008, 49f.).

Das Schulwissen aus 8 oder 9 Gymnasialjahren in einem Dutzend Fächern wird entwertet, indem es gar nicht nachgefragt wird, jedenfalls nicht „als solches". Nachgefragt werden Operationen, für die man einen klaren Kopf braucht und/oder ein zielführendes Training/Coaching. Es gilt, Regelmäßigkeiten (wie eine Zahlenreihe) zu erkennen und mittelkomplexe Verhältnisse mithilfe von Formeln aufzuklären. Es geht nicht um eine Reflexion über Sinn und Unsinn der Fragestellung, die irgendwie noch nach „Wie heißt der Kapitän?" klingt. Die Wurst an der Angel der EBS: Zwar 45.000 Euro Studiengebühren für fünf Jahre, aber Abschlussalter 24 und Einstiegsgehalt 50.752 Euro/Jahr. Wissen und Intelligenz lassen sich in Geld ausdrücken, in Soll und Haben, wenn man sich in diesen Strom begibt.

Eine PISA-Aufgabe lautete sinngemäß: „Wenn Sie auf dem Armaturenbrett Ihres Autos einen Becher Kaffee stehen haben und bremsen müssen: Wohin schwappt der Kaffee? (a) nach vorne, (b) nach hinten oder (c) hin und her?" Es wäre ja auch denkbar, dass der Proband nicht fügsam ankreuzt zwischen a)b)c), sondern aufschreibt: „Ich stelle keinen Kaffeebecher auf mein Armaturenbrett!" Damit wäre er aber durchgefallen und hätte zum Unterdurchschnitt deutscher Schüler beigetragen. Es geht um Fügsamkeit; der *eine* unterstellte Sinn der Aufgabe ist im Fall des Kaffeebechers ein physikalischer und kein handlungsorientierender. Er ist auch nicht metakognitiv oder kommunikativ geöffnet. Die Aufgaben sind eine geschlossene Veranstaltung; es gilt der Code von richtig/falsch.

Das *Maximilianeum* in München nimmt von den 400 bayrischen 1,0-Abiturienten jährlich 6-8 als Stipendiaten auf. 50 Studenten dürfen insgesamt von hier aus studieren; im Jahre 1980 auch die erste Frau, heute 30%. Es gilt das bayrische Eliteförderungsgesetz. Termin im Kultusministerium, dreizehn Beamte prüfen in fast ebenso vielen Fächern. „Mathe, Englisch, Latein, Physik – im Schnelldurchlauf ging es durch das gesamte Schulwissen. ‚Am Ende kommt immer noch eine Todesfrage, eine, die man gar nicht lösen kann', sagt Maria und erzählt mir von der Mutter aller ‚Todesfragen', der Wiesenblumen-Bestimmung. ‚Sie geben dir einen Strauß und du sollst die Namen der Blumen nennen. Am besten auf Latein.' Ich schlucke. Wer zum Teufel kann das?" (Friedrichs 2008, 100).

Nun also doch: Schulwissen. Im Kultusministerium wird bei 1,0-Abiturienten geprüft, ob sie das Schulwissen auch wirklich gelernt haben. Das Abitur gilt, aber es gilt wiederum auch nicht. Misstrauen gegenüber der – staatlich beaufsichtigten und zentral prüfenden – Schule und ihren Schülern, Vertrauen in das Immer-wieder-Abfragen bis zur Todesfrage, die keiner beantworten kann, weder dem Inhalt noch der Struktur nach. Das klingt wie in der Karikatur des „Wer wird-Millionär?"-Quiz, wo der (Geld-)Wert der Fragen mit der Unbeantwortbarkeit steigt.[3] Auch wenn die zitierte Maximilianeum-Schilderung übertrieben sein sollte, stellt sich die Frage: Ist es noch die Hoch- und Wertschätzung eines „breiten Wissens" oder geht es auch hier lediglich um die Fügsamkeit in das Verfahren einer Wertfeststellung? Der Wert wäre hier der Tauschwert des Stipendiums, nicht der Sinn und Gebrauchswert einer erkennbar relevanten und problemhaltigen Fragestellung und ihrer Lösung.

Versuch Nr. 2: Gesichertes Grundwissen

Im Fach Geographie haben wir es mit Tatsachen zu tun, mit eisernen Maßen. Dachten wir bisher.

> „Was ist das, ein Geograph?", fragte der kleine Prinz. „Das ist ein Gelehrter, der weiß, wo sich die Meere, die Ströme, die Städte, die Berge und die Wüsten befinden." „Das ist sehr interessant", sagte der kleine Prinz. „Endlich ein richtiger Beruf!"„Die Geographiebücher", entgegnete der Geograph, „sind die wertvollsten von allen Büchern. Sie veralten nie. Es ist sehr selten, dass ein Berg seinen Platz wechselt. Es ist sehr selten, dass ein Ozean seine Wasser ausleert. Wir schreiben die ewigen Dinge auf." „Aber die erloschenen Vulkane können wieder aufwachen", unterbrach der kleine Prinz. (...) „Ob die Vulkane erloschen oder tätig sind, kommt für uns aufs gleiche hinaus", sagte der Geograph. „Was für uns zählt, ist der Berg. Er verändert sich nicht" (Saint-Exupery 1943/1986, 54)

Das findet der kleine Prinz sehr attraktiv: Wissen, wo sich etwas befindet und was ewig ist. „Und er warf einen Blick um sich auf den Planeten des Geographen. Er hatte noch nie einen so majestätischen Planeten gesehen." Das „Wissen vom Wo der Dinge" galt schon Immanuel Kant wenigstens propädeutisch als essentiell. Kein Wunder, wenn man bedenkt, dass das Ausfüllen der weißen Flecken auf der Landkarte lange Zeit vornehmste Nebenbeschäftigung der alten Geographen, der „Erdbeschreiber" war. „Es ist nichts, was den geschulten Verstand mehr kultiviert und bildet als Geographie" heißt es in der „Physischen Geographie" von Immanuel Kant. Da lohnt es sich doch genauer hinzusehen, wenn es hier nicht um Reproduktion von Daten, sondern um Bildung eines „geschulten Verstandes" gehen soll.

Trotzdem, beginnen wir mit dem, was landläufig und populär noch immer Geographie im Wesen ausmacht: die Meere, die Ströme, die Städte, die Berge und die Wüsten ... Die „eisernen Maße" haben eine ganz eigenartige Attraktivität: Der höchste Berg? Der längste Fluss? Die größte Stadt? – damit konnte man früher gute Noten gewinnen wie mit bravem Liedgesang im Fach Musik und Vokabelwissen in Latein. Das macht vielen Schülern noch heute Spaß und sie beteiligen sich mit großem Einsatz an Schulwettbewerben wie „National Geographic Wissen", die bis zu großen internationalen Ausscheidungen ausgetragen werden. Vielleicht ist es die Eindeutigkeit, das sichere Fundament des Richtig-Falsch, das in einer Welt der undurchschauten Ordnungen und Komplexität Halt verleiht, Leistung ermöglicht, Lohn verspricht. Und es ist ja wirklich eindrucksvoll, was die Entdecker und frühen Kartographen an Erdbeschreibung geleistet haben: Als kürzlich von Satelliten aus die Küstenlinien der japanischen Inseln nachgemessen wurden, erwiesen sich die traditionell gemessenen Karten als extrem genau. (Wir sehen dabei mal ab von dem interessanten Mandelbrot-Paradoxon, dass die Küstenlinie niemals genau vermessen werden kann; es hängt vielmehr davon ab, von wie nah oder wie ferne ich mein Werkzeug ansetze, von einer Makroperspektive bis hinein in die molekulare Großaufnahme[4]. Außerdem kann diese Vermessung überhaupt nur im Synchronschnitt eines Fotos geschehen, während in der wirklichen Wirklichkeit allein schon Wellen und Gezeiten die Küstenlinie ständig in Bewegung halten.)

In diese große Gewissheit des sicheren Grundwissens platzte nun im März 2010 die Meldung von einem „Jahrhundert-Irrtum": Der Rhein ist fast hundert Kilometer kürzer, als Generationen von Schülern gelernt haben: 1320 km, angeblich. In Lexika und Fachbüchern war diese Länge weitergegeben worden, zu Unrecht. Da müsste man nun also mit Bertolt Brecht/Kurt Weill in der Oper „Aufstieg und Fall der Stadt Mahagonny" sagen, dass es „nichts gibt, an das man sich halten kann"?

Klären wir den „Jahrhundert-Irrtum" auf: In den Zeitungen wurde glücklicherweise nicht einfach von Zufall oder Zahlendreher gesprochen, sondern genauer nachgesehen. Die Süddeutsche Zeitung (vom 27.2.2010/vgl. auch z. B. Spiegel-Online 27.3.2010) fragt den Entdecker des Irrtums, den Kölner Uni-Biologen Bruno Kremer, der eigentlich nur an einem Kompendium zum Rhein arbeiten wollte, nach dem Motiv, die Länge des Flusses nachzuprüfen. Antwort: „Der Vollständigkeit halber wollte ich die Länge erwähnen. Da fiel mir auf, dass in Schriften aus der ersten Hälfte des 20. Jahrhunderts der Rhein kürzer erscheint als heute: 1230 km. Moderne Lexika und zahlreiche Veröffentlichungen von Bundesbehörden geben aber eine Länge von 1320 km an. Also habe ich weiter gesucht und insgesamt mehr als 50 Literaturstellen zur Länge des Flusses überprüft. Sie teilen sich in diese zwei Lager. Das ließ mir keine Ruhe. Ich wollte eine Erklärung finden." *Ist die Erklärung die Rheinbegradigung?* „Die großen Rheinbegradigungen wurden im 19. Jahrhundert vorgenommen und nicht später, als es zu der sprunghaften Längenänderung in der Literatur kam. Außerdem wurde der Fluss damals begradigt und somit verkürzt." *Woher sonst kommt die Diskrepanz?* „Die Zahlenangaben der modernen Nachschlagewerke ist schlicht falsch. Dieser Fehler perpetuierte sich, weil offenbar einer vom anderen abschrieb." *Wie können Sie so sicher sein?* „Ich habe nachgemessen. Ich musste nur den Bodensee und den Flussverlauf in der Schweiz nachmessen. Ich kam auf eine Rheinlänge von 1233 km – gemessen vom längsten Quell-Ast des Vorderrheins in Graubünden bis zur Mündung in Hoek van Holland." *Sicher, dass Sie keinen Fehler gemacht haben?* „Ich will nicht ausschließen, dass ich mich um ein oder zwei Kilometer vertan habe. Je nachdem, welchen Punkt man als Rheinquelle definiert, können Messungen um rund 5 Kilometer schwanken." *Behörden und Lexikonverlage aufmerksam gemacht?* „Nicht alle reagieren erfreut" (Süddeutsche Zeitung vom 27.2.2010).

Ergänzende Informationen:

- Die Längenveränderungen von minus 81 km zwischen Bingen und Basel und 10 km vor dem Bodensee durch Rheinbegradigung (seit 1812) scheinen den Fehler genau zu erklären. Die Verkürzungen waren aber bereits 1876 abgeschlossen.
- Zahlendreher vor mehreren Jahrzehnten: Vor hundert Jahren waren Brockhaus (1903), Herder (1907), Meyer (1909) noch korrekt. 1932 lag Knaur erstmals falsch und 1933 der Brockhaus – bis heute. Die Passung der Zahlen wurde nicht geprüft.
- Seit 1939 gilt eine offizielle Kilometerzählung: Sie beginnt bei Konstanz mit Null und endet in Hoek von Holland bei 1033. Bodensee, Alpenrhein und Quellbäche müssten zusammen 290 km ausmachen, beim Blick auf die Karte offenkundig falsch.
- Laisser-faire der Behörden: Die offiziellen Stromkilometer ab Konstanz übertreiben die Länge um 1,2 km. An drei Stellen am Hoch- und Oberrhein (Stein, Roxheim, Bingen) stehen die Tafeln zu eng. Es gibt dort „kurze Kilometer", weil dort einzelne Länder an ihren Grenzen schon mit der Beschilderung angefangen hatten und nicht mehr alles ändern wollten, als 1939 das einheitliche System kam.
- Etwas Unsicherheit produziert auch die Suche nach der Rheinquelle. Der längste Bach entspringt nämlich nicht am Tumasee in Gaubünden, sondern etwas oberhalb des Lago dell'Isra im Tessin, wo der Reno di Medel entsteht. Doch das macht den Rhein nur um etwa fünf Kilometer länger.
- All das kann nicht die falschen 1320 Kilometer erklären. Die Aufräumarbeiten dürften also eine Weile dauern, wenn Atlanten, Schulbücher, Webseiten und Messingtafeln verändert werden müssen. Allen voraus ist zurzeit das Online-Lexikon WIKIPEDIA: Ein Rentner aus Leutesdorf bei Koblenz hat dort im Januar 2010 Bruno Kremers Längenangaben unter dem Stichwort „Rhein" eingefügt.

Victor Hugo schrieb (1845): „Der Rhein ist der Fluss, von dem alle Welt redet und den niemand studiert, den alle Welt besucht und niemand kennt." Oder nochmals in den Worten des Geographen in „Der Kleine Prinz": „Es ist sehr selten, dass ein Berg seinen Platz wechselt. Wir schreiben die ewigen Dinge auf." Aber es ist auch „ewig", dass sich Berge bewegen, wachsen oder schrumpfen.

Was machen wir für unseren Zweck – Nachdenken über das Wissen – mit dem Jahrhundertirrtum? Die leichteste Übung wäre, dass wir die Maße überall korrigieren und neu lernen. Aber ein Jahrhundert-Irrtum muss anders behandelt werden. Wir würdigen ihn, indem wir ihn zum Anlass nehmen, über eiserne Maße und Gewissheiten nachzudenken (vgl. Lorenz 2007)[5]:

- Dann und wann sollten *vermeintliche Gewissheiten* nachgeprüft werden, so wie man sich beim TÜV regelmäßig der Verkehrstüchtigkeit seines Autos vergewissert. Jeder

Lexikonverlag hat dafür Faktenprüfer. Das geht allerdings praktisch nicht immer, bei weitem nicht. Also müssten wir derartige Gewissheiten codieren mit einem Attribut: ‚Nach allem, was wir wissen ...' Oder genauer: ‚Das Lexikon nennt uns folgendes Maß ...' Oder noch genauer: ‚Vier große Lexika gehen einheitlich von einem Maß X aus ...'

- Falls man aus irgendeinem Grund misstrauisch ist oder es wirklich ganz genau wissen muss, prüft man nach, so wie ein Landvermesser vor dem Verkauf eines Grundstücks alles nochmals genau nachmisst. Der Grund muss so gewichtig sein, dass er den Aufwand rechtfertigt. Ansonsten hat man *Vertrauen*, dass die Altvorderen richtig gemessen haben und dass ein großes Lexikon sorgfältig geprüft ist.[6]

- Wenn mehrere Lexika dieselbe Zahl verwenden, ist dies noch lange kein *Beweis* für dessen Richtigkeit. Die Artikel werden von Menschen geschrieben und redigiert. In der Literatur werden oftmals Fehler abgeschrieben und so weiter gegeben. Das ist eine Lebenserfahrung; aber es fällt erst auf, wenn zufällig jemand aus anderem Grund darauf stößt. Auch Lexika „menscheln" oder sind „politisch".

- Wenn man glaubt, auf einen Fehler gestoßen zu sein, sollte man sich nicht mit *einer einfachen Erklärung* zufrieden geben. So wie ein undichter Reifen nach dem Flicken eines Loches noch immer undicht sein kann, kann es auch mehrere Fehlerquellen gleichzeitig geben, die nur eben gleichzeitig aufgetaucht sind.

- Messmethoden sind Konventionen; diese können sich ändern. Oder sie können einfach unterlaufen werden von unzuverlässigen Mess-Menschen; dies wäre ein grober Verstoß gegen die *Zuverlässigkeit* (Reliabilität) in Forschung, Wissenschaft und Technik, wo man auch bei verschiedenartigen Interessen doch von korrekten Messungen ausgehen muss. Dann werden „zu kurze" Kilometer festgestellt und gleichwohl auf Messingplaketten amtlich besiegelt. Auch hier ist Vertrauen gut, Kontrolle wäre aber nötig.

- Es gibt oftmals unterschiedliche *Definitionen* über Dinge, die nur dann auffallen, wenn man sie explizit macht: Wo ist bei der Messung X denn Anfang A und Ende E definiert? Ist dies eindeutig oder kann sich das Phänomen A und E auch ändern (etwa jahreszeitlich)?

- Auch der Prüfer kann sich irren oder sogar *bewusst falsche Daten* in die Welt setzen. Es müsste also immer noch ein zweites Gutachten über ein erstes Gutachten geben, und dem Grunde nach sogar ein drittes usw., bis man vernünftigerweise wieder Vertrauen hat.

- Wenn ein Fehler entdeckt ist, dauert es aus verschiedensten Gründen lange Zeit, bis er ausgemerzt ist. Entweder ist er nicht bedeutend genug, oder die *Korrektur* wäre sehr teuer, oder das Interesse daran erlahmt irgendwann. So wie eine amtliche Karte als „ewiges Ding" erscheinen mag und „in Wirklichkeit" doch regelmäßig laufend gehalten wird, müsste man alle Fakten mit einem Verfalls- oder TÜV-Datum versehen.

- Instrumente zur schnellen Korrektur gibt es in der *Gleichzeitigkeit* der *digitalen Medien*. Ein Fehler kann entdeckt und sogleich im weltweiten Netz korrigiert werden. Man muss diese Korrektur dann nur noch suchen und finden. Das Online-Lexikon WIKIPEDIA wäre so ein Instrument; es weckt aber seinerseits Misstrauen, weil es kein „amtliches" Medium ist, sondern jedermann darin Informationen unterbringen kann. Die Kontrolle hier ist eine andere als die bei der amtlichen Kartographie oder im ledergebundenen Lexikon. Gleichwohl kann dieses Medium für lange Zeit das einzige mit den richtigen Daten sein.

Im Brennpunkt: Höhenmessung

„Die Muttergöttin der Erde"
Weitaus länger als Menschengedenken erhebt sich der höchste Berg der Erde im Himalaya. Die Einheimischen verehrten ihn von Beginn an, für die Sherpa war er Chomolungma, die „Muttergöttin der Erde", in Tibet galt er als Lochamalung, das „Gebiet, wo Vögel gehalten werden."

Wie schnell wachsen Berge?
Ab 1852 zwängten sie den von ihnen schnöde „Peak XV" genannten Gipfel in ihr Korsett aus Vermessung und Kartierung.
Die veröffentlichte Höhe des 1856 offiziell Mount Everest Getauften war angesichts der damaligen Methoden erstaunlich präzise: 29.002 Fuß oder 8840 Meter. Mit dieser Zahl war der Berg jahrzehntelang im Diercke- Weltatlas verzeichnet.
Generationen von Schülern mussten sich die Höhe einprägen, viele als Erwachsene noch umlernen: 1954 ergab eine Vermessung die Höhe von 8848 Meter, die in den nächsten Jahrzehnten in Stein gemeißelt blieb.

Was stimmt den nun?
1988 sorgte ein italienisches Vermessungsteam für Verwirrung, der Mount Everest sollte auf 8872 Meter angewachsen sein.
Das Institut für Angewandte Geodäsie in Frankfurt am Main und das Statistische Bundesamt in Wiesbaden übernahmen den Wert. Da sich die Redaktion des Diercke-Weltatlas an deren Daten orientiert, wurde der Atlas korrigiert. Kurz darauf hieß es wieder 8848, dann plötzlich 8850 und schließlich gar 8844 Meter; der für die Ausgabe 2008 gültige Wert steht bei 8846 Metern.
Ob man sich diesen Wert nun einprägen möchte oder nicht: Forscher werden jedenfalls immer findiger. Vermessen wird heute u. a. mithilfe von Radarsatelliten, deren Strahlen die Eisdecke bis zum Fels durchdringen.

Zweifel bleiben
Das Durcheinander um die Angaben bescherte der Redaktion regelmäßig Post. Die Fragenden waren verwirrt, in den Antworten spiegelte sich die Ohnmacht der Redakteure:

„Seit es die Diercke-Atlantenreihe gibt, ist in den Karten nichts so oft geändert worden wie die Höhe des Mount Everest." Erklärt wurden die Änderungen mit den Fortschritten bei der Messgenauigkeit. Das Prinzip gilt für alle Gipfel: Früher wurde mit optischen Geräten gearbeitet, in manchen Fällen konnte die Höhe sogar nur indirekt aus dem Luftdruck abgeleitet werden. Im Satellitenzeitalter hat bei der Angabe „über Normalnull" eine nie gekannte Präzision Einzug gehalten. Das aber macht nicht wirklich Sinn, denn der Meeresspiegel ist nicht überall gleich weit vom Erdmittelpunkt entfernt. Die Erdoberfläche ist „gewellt und weicht um +/- 50 Meter von einer idealen Rundung ab. Auf nur eine Normalnull Bezug zu nehmen, ist also ziemlich verwegen.

Die Höhe des Mount Everest: Ein eisernes Maß?
Selbstreflexion zum Diercke-Weltatlas (125 Jahre Diercke-Weltatlas Braunschweig 2008)[7]

Natürlich kann man nicht alle Daten der Welt selbst nachprüfen, das wäre sowohl unmöglich als auch sinnlos. Aber über die Art der Daten, die Regelhaftigkeiten ihrer Entstehung und die Kontexte ihrer Verwendung soll und muss man nachdenken. Man wird dann auf die für das Funktionieren sozialer Systeme zentrale Kategorie „Vertrauen" (vgl. Luhmann 2001) stoßen, aber auch auf die komplementäre Kategorie „Misstrauen" und so etwas wie „gesunden Verstand". (In den Bildungsstandards Geographie fällt dies in den Kompetenzbereich „Erkenntnisgewinnung und Methoden".)

Von der Aporie befreit der (selbst-)kritische Blick auf das Erkennen und das Erkannte, und zwar nicht im Einzelfall von Jahrhundertirrtümern, sondern als Habitus gegen unbemerkte Autoritätsgläubigkeit. In den listigen Worten von Denis Diderot in der *Encyclopedie*:

„Es ist Torheit, nach unserem Erkenntnisvermögen über Wahrheit und Unwahrheit zu bestimmen. – Der große heilige Augustinus bezeugt, gesehen zu haben, (...) wie eine Frau, die bei einer Prozession den Schrein des heiligen Stephan mit einem Blumenstrauß berührt und sich damit die Augen gerieben hatte, nach langer Blindheit wieder sehend wurde. Und noch von weiteren Wundern berichtet er, denen er, wie er sagt, persönlich beigewohnt habe. – Wessen wollen wir ihn und die zwei heiligen Bischöfe Aurelius und Maximinus denn bezichtigen, die er als seine Zeugen benennt? Der Unwissenheit, der Unbedarftheit, der Leichtgläubigkeit oder gar der Arglist und Betrügerei? Kann jemand in unserem Jahrhundert so unverschämt sein zu meinen, dass er an Tugend und Frömmigkeit, dass er an Wissen, Klugheit und Urteilskraft mit ihnen vergleichbar sei? Selbst wenn jene keine Gründe vorbrächten, würden sie mich allein durch ihre Autorität überzeugen" (Diderot 2001, 98).

Was bedeutet das für die Reflexion durch Lehrer und Schüler? Alles in Frage stellen ist nicht das Konzept, aber alles einfach glauben, nur weil es von Autoritäten kommt, ist es noch weniger. Vorläufig hilft die Kategorie der *Kontingenz*[8]: Etwas kann so sein, und wenn es keine größeren Folgen hat, lassen wir es so stehen; aber es könnte auch anders sein, und dann ist es gut, wenn wir durch gesunde Skepsis darauf aufmerksam werden und im Fall des Falles auch Ungereimtheiten, Parteilichkeiten und Verfälschungen auf die Spur kommen. Hier geht es nicht nur um einen Habitus des Skeptizismus, sondern um ein Werkzeug zur Reflexion der Frage: Wie gewinnen wir unsere Erkenntnis(se)? Was sollen wir denn davon halten, wenn z. B. in Sachen Klimawandel die Experten sich bis zur wissenschaftlichen Vernichtung zerstreiten (vgl. hierzu: Bojanowski 2010).[9]

Der Mangel an Wissen als kognitive Blindheit kann in vielen Kontexten des Handelns nachteilig sein (so war es jedenfalls im Falle von Ödipus); „von möglicher kognitiver Blindheit ist das Gelingen menschlichen Handelns beinahe überall bedroht. (...) Der Schatten des ‚Hätte ich nur gewusst' und ‚Wenn ich nur wüsste' kann auf zwei unterschiedliche Gelegenheiten des Nicht-Wissens verweisen: auf etwas, das ich *in actu* nicht habe wissen können, und etwas, das ich versäumt habe, in Erfahrung zu bringen.". „Es macht einen erheblichen Unterschied, ob ein selbst verschuldetes oder ein unverschuldetes Nicht-Wissen für unser Scheitern verantwortlich ist" (Seel 2009, 38). Umgekehrt kann beides aber auch entlasten von Sorgen und Nöten. Und jedem, der denkt, „spricht man die Fähigkeit zu *bestimmter* Erkenntnis und damit zu einer auf Bestimmtes *beschränkter* Erkenntnis zu. Wer wissen will, kann und darf nicht alles wissen wollen. Allwissenheit wäre Unwissenheit: ein Wissen, das nicht länger eines von etwas Bestimmtem wäre – und daher überhaupt kein Wissen" (Seel 2009, 44).

Auf jeden Fall sollte man sich in Wissenschaft und Wissenschaftspropädeutik mit Diderot auf einen einfachen Grundsatz einigen können: „Kein Pardon für Abergläubische, Fanatiker, Unwissende, Narren, Bösewichter und Tyrannen" (Diderot 2001). Wie man diese erkennen kann? Im Versuch Nr. 7 betrifft ein Baustein beim „Mapping of Controversies" das Aufspüren von *Parteilichkeit* in der Wissenschaft („Partisans"); dies muss bewertet werden und unterliegt dann ggf. der Devise von Diderot. Aber Vorsicht: Auch die Bewertung selbst kann dem Verdikt unterliegen (d. h. abergläubisch, fanatisch, unwissend, närrisch, böse oder tyrannisch sein).

Versuch Nr. 3:
Die Konstituierung von Wirklichkeit durch Sprache

Man ist der Einfachheit halber geneigt, Begriffswissen für sicher zu halten. Ein Meter ist dann ein Meter, eine Himmelsrichtung eine Himmelsrichtung, eine Verallgemeinerung eine gültige Aussage auch über die subsumierbaren Einzelfälle. Wäre es anders, müsste man in der Rede immer auch und zuvor die Begriffe definieren und man käme gar nicht mehr zur Verständigung. A ist A und B ist B, und was darüber ist, das ist Spitzfindigkeit?

Oder? Ist es vielleicht notwendig, sich über die Dinge selbst zu verständigen, über die Dinge und deren Verhältnisse und die Sichtweisen darauf, ehe man dieses in Begriffen begreift und ehe man sich damit und darüber verständigen kann? Ehe man sich Vorstellungen bilden kann über Neues und bisher Unbekanntes?

Nehmen wir mal nur Begriffe wie „Klimawandel" oder „Atomenergie" oder „Wachstum" oder „Naturkatastrophe" oder „Gerechtigkeit" oder „Nachhaltigkeit". Das sind zum Teil unbestimmte Begriffe und allesamt haben sie einen semantischen Hof[10]. Wie kann man sich verständigen über die Gültigkeit/Validität von Messbarkeit und Messung?

Damit kommen wir vom messenden Zollstock zum erkennenden Denken (und im Versuch Nr. 5 auch kurz zum erkennenden Gehirn). Es gehört inzwischen zu den Allgemeinplätzen des konstruktivistischen Denkens, dass auch Sprache Wirklichkeit nicht einfach wiedergibt, sondern ihrerseits dazu beiträgt, diese zu konstituieren. Die Sprachkonzeption des *linguistic turn* geht von der Vorstellung aus, „dass von der Sprache aus auch die Wirklichkeit strukturiert wird, ja dass Realität wie die Sprache ebenfalls als ein Zeichensystem aufzufassen ist, als ein System von Repräsentationen und Differenzen." Aber damit nicht genug: „Ein sprachliches Zeichen hat keine Identität in sich selbst, sondern nur in Differenz zu anderen; so wie z. B. Äpfel sich dadurch bestimmen, dass sie keine Birnen sind, ist A auch nicht M usw. So sind die sprachlichen Zeichen in einem System von Differenzen verknüpft, sie bilden eine Struktur" (Bachmann-Medick 2006, 34). Sprache ist wirkmächtig im Hinblick auf die Wirklichkeit, aber sie ist ihrerseits gekennzeichnet als differentes System. Funktionsweise und Wirkung von Sprache sind also notwendig zu rekonstruieren und zu relativieren.

Dies leuchtet unmittelbar ein, wenn jemand mit Sprache versucht zu überwältigen oder die Definitionsmacht zu nutzen. Aber ist es auch inhärent und unvermeidlich, diese relativierende Vorstellung mit zu denken?

Die Stanford-University- (und MIT-)Psychologin und Neurowissenschaftlerin Lera Boroditsky (2010) stellt die alte Frage nach der Prägung des Denkens durch Sprache empirisch. Sprache belegt demnach nicht nur die Wirklichkeit durch Zeichen, sondern prägt bereits die Gedanken, die dem voraus gehen. Eine alte Debatte: Ist das so? Gestaltet Sprache das Denken oder nicht?

„Begleiten Sie mich nach Pormpuraaw, einer kleinen Aborigines-Gemeinde in Nordaustralien. Dass ich dorthin kam, lag an der Art, wie die Einheimischen, die Kuuk Thaayorre, über räumliche Verhältnisse sprechen. Anstelle von Wörtern wie „links", „rechts", „vorwärts" oder „rückwärts", die im Englischen und vielen anderen Sprachen die räumlichen Verhältnisse im Verhältnis zum Beobachter definieren, benutzen die Kuuk Thaayorre und andere Gruppen der Aborigines zur Definition eines Raumes allgemeine Richtungsbegriffe wie nördlich, südlich, östlich und westlich. Dies tun sie im Zusammenhang mit allen Größenmaßstäben; man sagt also beispielsweise „da ist eine Ameise neben deinem nach Süden wachsenden Bein" oder „schieb die Tasse ein wenig weiter nach Nordwesten".

Ein solcher Sprachgebrauch setzt natürlich voraus, dass man ständig die Orientierung behält, sonst könnte man nicht richtig sprechen. Die normale Begrüßung in der Sprache der Kuuk Thaayorre lautet „Wohin gehst du?" und darauf erwidert man so etwas wie „nach Südsüdosten, in die mittlere Entfernung". Wenn man nicht weiß, in welche Richtung man blickt, kommt man über ein „Hallo" nicht hinaus.

Die Folge sind tiefgreifende Unterschiede in der Orientierungsfähigkeit und dem räumlichen Vorstellungsvermögen bei Sprechern von Sprachen, die sich überwiegend eines absoluten Bezugsrahmens bedienen (wie die Thuuk Thaayorre), und solchen, die (wie im Englischen) einen relativen Bezugsrahmen benutzen. Einfach gesagt, können Sprecher von Sprachen wie Kuuk Thaayorre viel besser als Sprecher des Englischen die Orientierung behalten und selbst in unbekanntem Gelände oder in unbekannten Gegenden nachverfolgen, wo sie sich gerade befinden. Was sie dazu in die Lage versetzt – und sogar zwingt – ist ihre Sprache. Wenn sie ihre Aufmerksamkeit auf diese Weise geschärft haben, bringen sie die Voraussetzungen für Orientierungsleistungen mit, die man Menschen früher überhaupt nicht zutraute" (Boroditsky 2010, 138).

Ähnlich kategorial für das Denken wie die räumliche Orientierung ist das Denken über andere komplexe Repräsentationen wie die Zeit, Zahlen, musikalische Tonhöhen, Verwandtschaftsbeziehungen, Ethik und Gefühle – alle sind abhängig von unseren räumlichen Vorstellungen (Boroditsky 2010, 148).

„Wir konfrontierten Versuchspersonen mit Bildern, die irgendeinen zeitlichen Ablauf zeigten, wie beispielsweise einen alternden Mann, ein wachsendes Krokodil, oder eine Banane, die gegessen wird. Die Versuchspersonen sollten die bunt gemischten Bilder auf dem Boden so nebeneinander legen, dass sie die richtige zeitliche Reihenfolge wiedergaben. Jede Versuchsperson machte zwei Sitzungen mit, wobei sie jedes Mal in eine andere Himmelsrichtung blickte. Sprecher des Englischen ordnen die Bilder in einem solchen Versuch so an, dass die Zeit von links nach rechts verläuft. Hebräische Muttersprachler reihen die Karten häufig von rechts nach links auf, womit gezeigt ist, dass die Schreibrichtung einer Sprache von Bedeutung ist. Die Kuuk Thaayorre ordneten die Karten gleich häufig von links nach rechts, von rechts nach links, zum eigenen Körper hin und vom eigenen Körper weg an. Dennoch war die Anordnung nicht vom Zufall bestimmt. Statt von links nach rechts ordneten sie die Karten von Osten nach Westen an. Mit anderen Worten: Wenn sie mit dem Gesicht nach Süden saßen, lief die Kartenreihe von links nach rechts, saßen sie mit dem Gesicht nach Norden, wurden die Karten von rechts nach links angeordnet" (Boroditsky 2010, 140).

Die zitierte Forschung zeigt, wie die Sprache die Gedanken über Raum, Zeit, Farben, Gegenstände prägt. Das gilt auch für Vorgänge und deren Interpretation, über kausales Denken, über das Verständnis von materiellen Substanzen, über Gefühle, Nachdenken über den Geist anderer, Beruf und Partnerwahl. „Insgesamt zeigen diese Forschungen, dass linguistische Prozesse für die meisten Bereiche unseres Denkens von grundlegender Bedeutung sind. Unbewusst prägen sie uns, von den Grundlagen der Kognition und Wahrnehmung bis zu unseren abgehobensten abstrakten Vorstellungen und Lebensentscheidungen. Sprache spielt eine entscheidende Rolle dafür, dass wir uns selbst als Menschen erleben, und die Sprachen, die wir sprechen, haben tiefgreifende Auswirkungen auf unser Denken, unsere Weltsicht und unsere Lebensführung" (Boroditsky 2010, 147). Sprache und Kulturen prägen das Denken.

Versuch Nr. 4:
Noch einmal: Gesichertes (?) Grund- und Begriffswissen

Orientierungskompetenz: „Die Sonne geht im Osten auf"[11]

Auch unsere Schüler sollen Kompetenz in/mit räumlicher Orientierung entwickeln. Da gäbe es viel Anekdotisches, z. B. den freundlichen Spott über Geographen bei der Orientierung im Gelände. Verlaufen kann sich jeder mal, auch mit Karte; aber man sollte sich schon Klarheit verschaffen über die Werkzeuge und Methoden: Wie finden wir hin? Wenn man z. B. auf der Südhalbkugel in der Savanne steht und zum Lager zurückfinden will: Wohin weist die Kompassnadel? Ist hier der Südpol magnetisch anziehend, oder bleibt Norden immer Norden? Wenn der Lehrende immer nur führt, lernt man nichts über Orientierung; und wenn der Lehrende sich dann verläuft – was lernt man daraus?

Machen wir es hier kurz: In einem Heft mit Testaufgaben zur Physischen Geographie für die Sekundarstufe I gibt es die Aufgabe als Lückentext: „Die Sonne geht im ... auf". Gewünscht ist vermutlich die Antwort: „Osten". Diese Antwort taugt aber nicht viel, außer dass sie in die Lücke passt.

Wenn man es dagegen genau nimmt, kann man diese erwartete Schülerantwort zum Lernanlass machen: „Nenne mindestens drei Gründe, warum die Sonne *nicht* im Osten aufgeht!" Erstens „geht" die Sonne nicht, weil sich in unserem System die Erde um die Sonne dreht; die Sonne *erscheint* uns also lediglich im Osten. Zweitens erscheint uns die Sonne etwa im Osten nur im Sommer; im Winter erscheint sie nach Südosten verschoben (und verschwindet auch entsprechend früher). Drittens gilt diese Aussage sinngemäß auch nicht gleichmäßig für alle Breiten vom Äquator nach Norden; am Nordpol selbst ist sogar überall Süden.

Nun kann man sagen: „Ist doch egal; die Schüler haben schon Schwierigkeiten genug mit der Benennung der Himmelsrichtungen. Da sind wir mit ‚Osten' schon zufrieden.". Man kann auch sagen: Hier geht es weniger um Begriffsdogmatik und verständnisintensive Antworten aus dem Atlas, hier geht es vielmehr um Pragmatik: Man *sieht* doch die Sonne im Osten. Für den Wanderer ist diese Ansicht unmittelbar hilfreich für die Orientierung. Die kopernikanische Kränkung, dass man etwas anders *sieht* als man es *weiß*, ist für Schüler nicht immer zielführend. Der *Pragmatismus*, dem zufolge die lebensweltliche Wirkung und Nützlichkeit eines Begriffs (im Konsens einer Gemeinschaft) wichtiger ist als eine ideale abstrakte Korrespondenz mit der Realität, hat sogar den Status eines philosophischen und pädagogischen Paradigmas (vgl. Charles S. Peirce, William James, John Dewey).

Wenn die Aborigines eine Orientierungskompetenz haben, die man Menschen früher überhaupt nicht zutraute, was ist dann mit unseren Schülern in der Moderne? Sollen sie mit unterkomplexen Aufgaben wirklich lernen, Vages und Ungenaues zu beantworten und sich damit zu orientieren? Oder kann man dies nutzen, den Umgang mit Begriffen zu reflektieren und praktische Vorstellungen zu bilden?

Gesichertes Begriffswissen: „Schwellenland"

Wir wollen Begriffe verständig verwenden. Bei einer Fortbildung von/mit Leistungskurslehrern des Faches Geographie wurden Begriffslisten zusammengestellt für das Abitur und die zu verwendende Fachsprache, unter anderem „Entwicklungsländer"/„Schwellenländer"/„Industrieländer" und „Nachhaltigkeit". Die Lehrer waren sofort bereit, den Auftrag auszuführen und stellten diese Begriffe in die Liste ein; diskutiert wurde dabei eher über „wichtig-unwichtig" als über die Logik und Güte der Begriffe.

Deshalb habe ich dazu eine Übung vorgeschlagen, die die vier gefragten Begriffe und zugehörigen Unterbegriffe nach Inhalt, Gültigkeit und Zuverlässigkeit beleuchtete. Wenn die Schüler daraufhin in Noten bewertet werden, müssen die Begriffe selbst ja belastbar sein (vgl. Text Nr. 27).

Machen wir die Probe mit dem Begriff „Schwellenland" und ziehen dazu vier Lexika zu Rate.

- Lexikon 1 sagt, es gebe überhaupt keine international vereinbarte Liste, „da die Bestimmungskriterien von Weltbank, IWF und anderen Organisatoren sehr unterschiedlich ausfallen" (Schüler-Duden Erdkunde II, 2001).
- Lexikon 2 schreibt: „Gemeinsames Negativmerkmal der Schwellenländer ist, dass die gesellschaftliche und soziale Entwicklung im Lande mit der wirtschaftlichen nicht

Schritt halten kann". (dtv/Westermann: Diercke Wörterbuch der Allgemeinen Geographie, 1984)

- Lexikon 3 behauptet das genaue Gegenteil: „In der Tat ging und geht wirtschaftliches Wachstum immer mit einer breitenwirksamen Verbesserung der Lebenssituation der Menschen in jenen Ländern einher." (Spektrum: Lexikon der Geographie, 2003)
- Lexikon 4: „Schwellenländer stehen von der wirtschaftlichen Entwicklung her an der Schwelle zum Industriestaat. – Doch trotz des Wirtschaftswachstums wachsen die Unterschiede zwischen Arm und Reich immer weiter." (eco: Grundstock des Wissens – Erdkunde. 2000)

Wenn Schüler also für das Abitur lernen und sich auf fachsprachliche Begriffe einstellen, bekommen sie nicht nur eine doppelte, sondern drei- oder vierfache Botschaften, die sich gegenseitig ausschließen bzw. in verschiedene Richtungen aneinander vorbei zielen.

Das heißt nun nicht, dass man die Lexika in den Ofen stecken oder ganz auf Begriffe verzichten sollte. Es heißt aber: Nachdem man sich eine Vorstellung gebildet hat von der Mehrdimensionalität des Begriffs und nachdem man dann die Uneindeutigkeit im Lexikonvergleich entdeckt hat, ist die eigentlich spannende Frage: Woher kommen die Widersprüche? Sind es einfach schlechte Autoren und Fehler, oder was steckt dahinter? Beim genauen Hinsehen fällt dann den hellen Köpfen unter den Lehrern/Studenten/Schülern auf, dass dahinter verschiedene Theorien/Ideologien/Präkonzepte stecken könnten. Bei Lexikon 1 eher der Versuch einer statistischen Ordnung/Taxonomie; bei Lexikon 2 eher die Dependenztheorie von der strukturellen Abhängigkeit der Entwicklungsländer und den sich verstärkenden Disparitäten; bei Lexikon 3 eher die Modernisierungstheorie mit der Utopie gesellschaftlichen Wohlergehens durch wirtschaftliches Wachstum. Lexikon 4 betont die gespaltene Entwicklung zwischen (Export-)Wirtschaftswachstum und gesellschaftlicher Gleichheit und Wohlfahrt.

Lexikon 3 setzt noch eins drauf: „Die Weltbank bezeichnet als Schwellenländer jene Länder mit einem Bruttosozialprodukt über 100 Mrd US-$." Eine solche absolute Zahl, also ohne Relation zu Landesgröße, Bevölkerungszahl und Wertschöpfungsquellen, ist schierer Unfug. Kleine Länder könnten so, selbst wenn sie nur noch aus Computerchips bestehen würden, niemals Schwellenländer werden. Auch hier lohnt eine kurze Debatte über die Qualität von Lexika mit namentlich ansprechbaren Autoren oder verantwortlichen Redaktionen, anstatt einfach Vokabeln zu lernen. Die möglichen Inhalte der Begriffe lernt man nebenbei kennen; verständnisintensiv erkennt man aber weit mehr als nur eine allgemeine Definition, nämlich Wort-Setzungen und „Fenster der Weltbeobachtung".

Das alles dauert im Unterricht nicht viel länger als das Zur-Kenntnis-Nehmen und Reproduzieren fremder Begriffe und Daten. Es erzeugt aber eine Spannung des Mehr-Wissen- und Verstehen-Wollens bei Schülern und Lehrern.

Ich weiß aus Erfahrung, dass einzelne Lehrer das alles für Haarspalterei, Zeitverschwendung oder Überforderung halten werden. Oder – umgekehrt – sagen: „Das ist doch sowieso klar, darüber braucht man nicht extra zu sprechen". Verständnisorientierte Lehrer (und Studenten) sagen dagegen: „Das ist eine weitere Lerngelegenheit".

Es geht dabei nicht um einzelne Begriffe, sondern um die Logik und Plausibilität von Anschauungsformen und Erklärungen. Man macht Erfahrungen mit verschiedenen Sprach- und Textformen, bildet sich Vorstellungen über ein Bild und seine Interpretation, begreift Widersprüche und Zusammenhänge und abstrahiert diese über Begriffe; dies schließt die Diskussion der Entstehung, der Logik und Güte von Begriffen ein.

Versuch Nr. 5: Was soll und wie kann gelernt werden?

„Die Menschen müssen soviel wie möglich ihre Weisheit nicht aus Büchern schöpfen, sondern aus Himmel und Erde, aus Eichen und Buchen, sie müssen die Dinge selbst kennen und erforschen und nicht nur fremde Beobachtungen und Zeugnisse darüber. (...) Alles soll wo immer möglich den Sinnen vorgeführt werden, was sichtbar dem Gesicht, was riechbar dem Geruch. (...) Wenn ich nur einmal Zucker gekostet, einmal ein Kamel gesehen, einmal den Gesang der Nachtigall gehört habe, (...) so haftet das alles fest in meinem Gedächtnis und kann mir nicht wieder entfallen" (Comenius, zitiert nach Elschenbroich 2001, 42 f.)

In der Moderne könnte mancher geneigt sein, eine solche „Kopf-, Herz- und Hand"-oder „Mit-allen-Sinnen"-Pädagogik für den Sachunterricht der Grundschule zu reservieren. Aber es gilt darüber hinaus ja auch der allgemeine Grundsatz vom *entdeckenden* und *verständnisintensiven Lernen*, gar vom *selbstständigen Schüler* und von *kooperativen Lernformen*. Das alles kann ja wohl nicht im Lexikonwissen und Tafelanschrieb beschränkt werden. Schließlich sind – wenigstens in der Lehrerausbildung – mancherorts sogar „W-Fragen" tabuisiert: Was, wo, wie viel und wann ...? Solche Fragen werden als „Osterhasenpädagik" verspottet und verachtet: Die Lehrer verstecken das Wissen wie Ostereier und die Schüler müssen es wieder finden und werden dafür belohnt.

Verstecken und Belohnen – das wären die Schlüsselkategorien des Behaviorismus. Was sagt denn die populäre/populär gemachte Hirnforschung zu etwaigen Alternativen?

Halten wir uns mal anstelle der meistzitierten Hirnforscher Singer, Roth und Spitzer[12] an Michael Madeja (2010). Die Hauptgedanken zum Thema Wissen/Inhalte speichern lauten hier wie folgt:

* Das Gehirn speichert wahrgenommene Informationen über längere Zeiträume; dafür werden schwächere und als unwichtig eingestufte Informationen aussortiert.
* „Viele Erinnerungen könne nur Sekunden behalten werden." (111 f.) Allein das Auge nimmt in jeder Sekunde Informationen im Umfang von 20 beschriebenen Schreibmaschinenseiten auf. Das meiste davon wird innerhalb einer Sekunde wieder gelöscht; ein Hunderttausendstel davon (entspricht einem Buchstaben von den 20 Seiten) kommt in einen Kurzzeitspeicher.
* „Das Kurzzeitgedächtnis nutzt kreisförmige Verschaltungen der Nervenzellen." (114) Das Kurzzeitgedächtnis hat eine geringe Kapazität (entsprechend einer Zeile einer Seite). Permanent ankommende Information verdrängt Teile der vorhandenen Information.
* „Für die Speicherung werden die Verschaltungen verändert." (113 f.) Kreisförmige Verschaltungen können Inhalte für Minuten bis zu einer Stunde behalten. Wiederholungen können die Speicherfunktion verbessern. Wir haben kurzfristig etwas gelernt. Der Speicher aber bleibt klein und wird permanent überschrieben.
* „Bei der langfristigen Speicherung werden neue Nervenzellkontakte aufgebaut" (114 f.) Deshalb werden Teile der Informationen in ein Langzeitgedächtnis überführt – Erinnerungen über eine Stunde bis zu Jahren. Diese überführbare Informations*menge* ist sehr viel geringer als im kurzzeitigen Gedächtnis (von den mehr als tausend Schreibmaschinenseiten in jeder Minute über das Auge sind es etwa drei Buchstaben pro Minute). Dafür ist aber die Speicher*kapazität* sehr hoch, etwa entsprechend einer Bibliothek von einigen tausend Büchern.
* „Die langfristige Gedächtnisspeicherung braucht Wiederholungen" (115 f.), Der entscheidende Mechanismus ist die kreisförmige Verschaltung von Nervenzellen; diese werden durch Neubildung von Kontaktstellen für den Überträgerstoff verbessert. Wir müssen für langfristiges Lernen oft oder sogar ständig wiederholen.
* „Für jedes Lernen gibt es im Leben besonders geeignete Phasen." (117 f.)
* „Erinnerung ist das Abrufen von Gedächtnisinhalten" (117 f.). Aber: Das Gedächtnis bleibt weiterhin rätselhaft und unkalkulierbar.

Für traditionelles Lehren und Lernen steckt darin der Auftrag: Üben und Wiederholen. Für ein neues Lehren und Lernen steckt darin der Auftrag: richtig speichern und löschen, d. h. träges und totes Wissen von lebendigem und lohnendem Wissen unterscheiden lernen. Alles läuft zunächst über das Kurzzeitgedächtnis, hier wird gespeichert oder sofort wieder überschrieben; nur ein ganz kleiner Teil wird überführt in den Langzeitspeicher, und dafür muss planmäßig selektiert und wiederholt werden. Früher dachte man, dies lasse sich als Plan des Lehrers implantieren: Trichtern, Wiederholen und Kontrollieren (wobei unterstellt wurde, dass dieser Plan richtig und professionell durchgeführt wurde). Heute lässt man hier aber eine konstruktive Lücke für das lernende Subjekt; dies ist an sich nicht rätselhaft, sondern Teil des konstruktivistischen Paradigmas. Selbst wenn Schüler brav reproduzieren, heißt das noch lange nicht, dass sie dies in ihre eigene Selektion im Langzeitgedächtnis übernehmen, pflegen und vor dem Löschen bewahren. Aus Sicht der Hirnforschung ist eben dies unkalkulierbar.

Ein Lehrer könnte über seine frühere Routine nachdenken: „Wer war ich, um diesen Menschen zu erklären, was und wie sie denken sollten? Ich hatte keine Ahnung von Ihren Problemen, obwohl ich wusste, dass sie viele Probleme hatten. Ich kannte nicht ihre Interessen, ihre Gefühle, ihre Ängste, ihre Hoffnungen [...]. Denn diese Aufgabe [gemeint ist das Dozieren der Tradition des westlichen Rationalismus] war die eines gebildeten und vornehmen Sklavenhalters. Und ein Sklavenhalter wollte ich nicht sein" (Feyerabend 1979, 233 f.). Unabhängig von den heftigen Debatten über den Relativismus eines „everything goes" ist für uns von Belang, dass ein befreites Denken, eine „Erkenntnis für freie Menschen" (Feyerabend) überhaupt erlaubt wird. Für alle Problemstellungen gilt, dass sie je nach Perspektive/Interessenlage und je nach ausgewähltem Aspekt der Sache zu einer Konstruktion führen (anstelle einer oft unterstellten Sachgesetzlichkeit und Eindeutigkeit); von dieser Konstruktion und dem dazu passenden Tun hängen mögliche Lösungen (im Plural) ab. Es hängt ganz von den beiden Fragen ab: *Wer beobachtet/wer spricht? Was und wie wird beobachtet?*

Befreites Denken: „Wenn man den Kindern in besonderem Maße ‚Kreativität' zuschreibt, dann gewiss nicht wegen der Tugenden der Einbildungskraft, des Vorstellungsdenkens, des Erfindergeistes, sondern wegen der Ungebundenheit ihrer Wahrnehmungen und Verhaltensweisen" (von Hentig 2000, 40). „Die beschworenen neuen Denkformen sind eine Fehlbezeichnung für ein vernünftiges Denken, das schwierige Sachverhalte, Gegenwärtiges und Zukünftiges, Mögliches, Unvermeidliches, Wünschenswertes verbindet – nicht einfach der Sache angemessen, sondern die Sache im Wortsinn beherrschend und sie verfügbar machend. Kreatives Denken ist in erster Linie befreites Denken – nicht gehemmt von Furcht oder Routine oder perfektem Vorbild; es ist kein anderes Denken" (Hentig 2000, 72).

Es gibt eine Vielzahl von praktischen Fällen, in denen Expertendenken, professioneller Tunnelblick und politische Sachzwang-Behauptungen (das Tina-Syndrom: „There is no Alternative") zu suboptimalen, schlechten oder auch katastrophalen Ergebnissen geführt haben. Das heißt nicht, dass kritisch-rationales Denken verworfen würde; es heißt aber, dass dies nicht automatisch auch zu „richtigen" und universal gültigen Werturteilen führt. Der Lehrer kann Angebote zur Selektion von Informationen für bestimmte Problemstellungen und für den Wissensvorrat machen; aber die Schüler müssen dies dann aus eigener Überzeugung übernehmen oder auch verwerfen dürfen. Es führt nicht zur Anarchie, wenn Menschen befreit denken gelernt haben; denn sie bleiben im Diskurs begründungspflichtig.

Versuch Nr. 6: „Macospol" – Ein Modell zum Nachfragen und zum Widerspruch[13]

Bruno Latour gehört „zu den einflussreichsten, intelligentesten und gleichzeitig populärsten Vertretern der Wissenschaftsforschung (Science Studies)" – mit dieser Begründung wurde dem französischen Wissenschaftssoziologen am 8. Februar 2010 in der Ludwig-Maximilians-Universität den Kulturpreis der Münchener Universitätsgesellschaft verliehen. In seiner Akteurs-Netzwerk-Theorie geht er davon aus, dass Technik/Natur und das Soziale sich in einem Netzwerk wechselseitig Eigenschaften und Handlungspotentiale zuschreiben (Latour 2010).

In einem groß angelegten Projekt zwischen verschiedenen europäischen Universitäten (Science Po/Paris, EPFL Lausanne, U Manchester, UVA Amsterdam, Vicenza/Italien, LMU München, UG Liege, U Oslo) (www.mappingcontroversies.net) unternimmt Latour nun den Versuch, Informationen aus Naturwissenschaft und Technik für die Öffentlichkeit zu öffnen und zu ordnen („Reopening" & „Recomposing") (Latour 2010b). Dies sei ein notwendiger Versuch, weil damit zugleich die Demokratie neu geöffnet und geordnet werden könne. Während früher diverse Informationen von Experten und „Authorities" über Wörterbücher, Reports, Enzyklopädien ausgestreut wurden und irgendwie durchsickerten („trickling down"), haben die Laien heute keine andere Wahl, als selbst einen Weg zu Wissen und Deutung zu finden, und zwar schnell.

Also: Wie kann man es organisieren, dass Laien („Mündige Bürger") in vielfältigen Wissens- und Entscheidungssituationen einen Durchblick bekommen? Wie entwickelt man eine Allgemeinbildung und ein Urteilsvermögen, ohne sich selbst zu lähmen mit einem Übermaß an Wissbarem und ohne sich völlig abhängig zu machen von den „Wissenden" (Experten, Gutachtern, Politikberatern)? Aktuell geht es z. B. um die Frage, warum und wieso die Aschewolke eines isländischen Vulkanausbruchs den gesamten Flugverkehr über Europa lahm legen kann (wobei es ja wie stets um Informationen aus Natur und Technik und deren Interpretation in der Politik sowie die Reaktionen aus Wirtschaft und Gesellschaft geht). Saurer Regen/Waldsterben, Müll aus Atomreaktoren, Ölbohrungen in größeren Tiefen des Meeres, Feinstaub, Schweinegrippe – all dies erscheint als Kontroverse in den Medien. Und da ja fast alles, was wir über die Welt wissen, aus den Massenmedien stammt[14], nehmen wir die technische, natürliche und gesellschaftliche Wirklichkeit zumeist als Kontroverse in den Medien wahr[15]. Zum einen braucht man für die Entdeckung und Erklärung Experten, bis hin zu Fragen der Mode und des Verkehrs; aber diese Experten unterscheiden sich und streiten sich sogar. Damit hat die Demokratie eine neue Chance, nämlich nicht mehr von alleingültigen Expertenaussagen und Politikverfügungen abhängig zu sein. Demokratie wird dadurch potenziell neu geöffnet und „recomposed", weil die Gesellschaft eigene Urteile über die Aussagen mehrerer Experten und Politik-Entscheider finden muss.

Das erwähnte interuniversitäre Projekt trägt den Namen MACOSPOL (**Ma**pping **C**ontroversies in **S**cience and Technology for **Pol**itics). Paris befasst sich mit der Vermittlung („Teaching") des Projekts, München mit „Risk Cartography", Amsterdam mit der Digitalisierung, Lausanne mit Geographie, Manchester mit Architektur und Design, Liège mit „Issue Professionals", Vicenza mit „Journalists and Decision-Makers".

Mapping Controversies on Science for Politics (MACOSPOL)

In modern societies, collective life is assembled through the superposition of scientific and technical controversies. The inequities of growth, the ecological crisis, the bioethical dilemma and all other major contemporary issues occur today as tangles of humans and non-humans actors, politics and science, morality and technology. Because of this growing hybridization complexity, getting involved in public life is becoming more and more difficult. To find their way in this uncertain universe and to participate in its assembly, citizens need to be equipped with tools to explore and visualize the complexities of scientific and technical debates. MACOSPOL goal is to gather and disseminate such tools through the scientific investigation and the creative use of digital technologies.[16]

Neun Schritte beim Umgang mit Wissen als Wissen von Kontroversen
(zusammengestellt nach: www.mappingcontroversies.net).

Die folgenden neun Schritte lassen sich übertragen auf Hochschule und Schule und den Diskurs in der Öffentlichkeit. Wie kann man das in verschiedenen Arten der Beobachtung und Abschichtung sichtbar und diskutierbar machen?

(1) Worin besteht das Problem/die Kontroverse?
(2) Wer ist daran beteiligt?
(3) Wie erscheint das Problem aus der Nähe betrachtet, wie aus der Ferne?
(4) Ist das Problem relevant („heiß")?
(5) Wie stellt sich das Problem dar in den Dimensionen Zeit, Raum, Akteure?
(6) Wie parteilich ist die Quelle/der Experte/der Entscheider?
(7) Welche professionellen Blickwinkel auf das Problem gibt es?
(8) Wie erscheint das Problem in der Gerüchteküche von Massenmedien, Stammtischen, Boulevard?
(9) Wie ist das Problem in Unterthemen zu gliedern und in mögliche Folgen und Folgen der Folgen?

In Beispielen:

(1) Man stößt auf eine *Kontroverse*, z.B. die um das Olympiastadion von London für 2012; man soll dafür instand gesetzt werden, sich ein Architekturobjekt in seiner Gestaltung, im Alltags-Leben und in seiner Ökologie vorzustellen, obwohl es dieses noch gar nicht gibt (und kann damit zugleich der sicheren Nach-Frage begegnen: Habt Ihr das denn nicht vorher gewusst?).

(2) *Akteure und Interessen.* Man sucht nach den Stakeholdern, den Interessen und Anspruchsgruppen (z.B. bei der Wiedereinführung von Braunbären in der Region Trentino): „Detecting the relevant groups involved in a controversy and their mutual relations."

(3) *Verortung von Problemen und Maßstabswechsel.* Altbekannte Debatten, z.B. über Lebensmittelsicherheit, werden neu offengelegt, z.B. in ihrer weltweiten Verbreitung und in einer lokalen Vernetzung zwischen Forschung, Politik, Verbrauchern etc. „This visualisation is a further development of the Risk Cartography on food supplements, which analysed a number of substances in terms of the varying risk associated with them and the variance of scientific and public opinion about their safety. It has been previously explored through the ‚Risk Cartography Tool'".

(4) *Relevanz.* Wie heiß ist die Kontroverse? fragen sich z.B. Journalisten und Entscheidungsträger. Dieser Maßstab wird natürlich durch Zeitungen/Medien und Politik mit konstruiert. „Is your controversy debated and reported in the global news today?"-dies lässt sich graphisch darstellen.

(5) *Dimensionen.* Das Ereignis wird in einer Grafik in den zentralen Kategorien zusammengebaut: Akteure, Zeit, Raum, Maßstab: „The Controversy Space Explorer. An event is mainly constituted by a name or title and a textual description. This event is located in each of the controversy dimensions (time, scale and space). Each event is associated to an actor, a group of actors, and may be linked to other events." Any event can be explored just by putting the mouse over its representation in time, scale or space to retrieve a short description of it.".

(6) *Parteilichkeit.* Ist eine Informationsquelle parteilich (Partisan)? „Technoscientific controversies often offer spaces for polarizations; more specifically they feature disputed personalities and experts, able to catalyze the attention of the media and the public for their attitude to either hype or skepticism. As a journalist or decison-maker you may want to be able to detect and locate the information sources that are giving more space to these figures – in other words investigate the partisanship of these sources – by quoting them or either supporting their school of thought within a given controversy, and also to assess their relevance in the web."

(7) *Blickwinkel.* Die Kontroverse, z.B. eine Risikoabschätzung, hat verschiedene Bezugsebenen und Rationalitäten. „The concept of risk is very often present in the spaces of technoscientific controversies. Even if from the technical point of view the con-

cept of risk is independent from the notion of value and, as such, eventualities may have both beneficial and adverse consequences, in general usage the convention is to focus only on potential negative impacts that may arise from a future event. Which are the risks connected to the greenhouse effect? Are there any real risks for my family in relation to the spreading of swine flu? Which are the concrete risks associated to electromagnetic pollution and the use of phone cells networks? Questions like these populate the landscape of scientific and technological controversies, giving shape to the „risk society" described by sociologist Ulrich Beck (1992)."

(8) *Gerüchteküche*. Was sagen die „wirklichen Leute" zu der Kontroverse? Wie sprechen sie in sozialen Netzwerken, wie sprechen die Journalisten und die Entscheidungsträger? „The Controversy Rumors Detector": „The official media, the policy reports, but sometimes also sociological researches and even blogs can provide information that is somehow filtered by various constraints (institutional, political, economic, etc ...) and inevitably biased. It can be therefore very hard to grasp what *real* people are *really* thinking about a given issue. Or we better say it was very hard, before the development of Twitter, the system of microblogging that allows people to share short messages, links and fast opinions and thoughts."

(9) *Subthemen*. Was sind die Unterthemen? Wie ist eine Kontroverse strukturiert? „Controversies can be viewed like trees, or mindmaps; their complexity is not only expressed in the uncertainty they embed, but also in the structuration of debates and in their articulation in sub-issues. Umbrella terms like climate change or nanotechnology act like aggregators of connected themes and disputes. Here we offer some fast tools and procedures that can help journalists and decision makers in detecting how a global issue is articulated and structured in its sub-themes."

Was können wir daraus lernen und übernehmen? Wenn wir Komplexität zerlegen („reduzieren"), um sie überhaupt bearbeitbar zu machen, brauchen wir Kategorien (wie Akteure, Raum, Zeit, Parteilichkeit, Nebenthemen und -folgen etc.). Dies werden wir zweckmäßigerweise auch graphisch darstellen, in einer Form von *concept-map*. Das ist nicht nur eine didaktische Übung, sondern wird auch in der „großen" Wissenschaft und Politik gesucht und entwickelt. Sonst gehen wir unter in einer Flut von Expertenwissen und Ratlosigkeit. Aufgaben wie „Nimm Stellung zu ..." und „Mache Lösungsvorschläge ..." würden sich dann von selbst verbieten. Präziser würden wir jetzt die Aufgabe definieren: „Wie ist das Problem definiert? Könnte man es auch anders definieren?", „Wie stellt sich das Problem aus verschiedenen Perspektiven dar?", „Welche Aspekte des Problems werden aufgegriffen, welche nicht?" „Gibt es Unterthemen und Nebenfolgen?" (usw., siehe oben die neun Schritte).

Demokratie ist die Möglichkeit zum Nachfragen und zum Widersprechen („Democracy is the possibility to disagree") – so lautet das Motto des MACOSPOL-Projekts von

Bruno Latour et al. Statt zufällig durchgesickerter Informationen, statt gutachterlicher oder politischer Direktiven, aber auch statt eines Bombardements unterschiedlichster und widersprüchlicher Informationen wird ein Konzept und eine Haltung empfohlen, die einfach fragt: „Ist es so?", wenn irgendjemand behauptet: „Es ist so!".[17] Die andere Intelligenz – Wie wir morgen denken werden (von Mutius 2004).

Versuch Nr. 7: Ein didaktisches Werkzeug

Bevor wir unser Wissen einsetzen, müssen wir uns klar werden, wozu wir dieses Wissen einsetzen wollen. Es gibt ja nach allen Annäherungsversuchen kein Wissen an sich mehr, das wie von selbst ein Problem lösen würde. Vielmehr ist der Einsatz von Wissen immer situiert und kontext- bzw. problemgebunden, also relational. Wenn wir mit dieser Klärung einige Erfahrung haben, wird sich auch die Auswahl von lohnendem Wissen leichter vereinbaren lassen. Dies ist nicht zu verstehen als „Utilitarisierung", also als Auswahl von Wissen nach Nützlichkeit; diese gilt ja erst noch zu entdecken und schon dafür braucht man Wissen. Dies lässt sich für die Didaktik nicht einfach übersetzen. Die Wissenschaftssoziologen sind ja selbst noch unterwegs mit der Herausforderung, Orientierung zu finden im Übermaß des Wissens und des Nicht-Weiter-Wissens in Gesellschaft und Politik (vgl.: Rhode-Jüchtern/Schneider 2012).

Natürlich kann man nicht alle wissenschaftstheoretischen und ideologischen und pragmatischen Bedenken gegen eine bloße Wissensbasierung im Schulunterricht ständig beschwören und explizieren; aber aus Bequemlichkeit ignorieren sollte man sie auch nicht. Was wir brauchen, ist ein gesunder und praktikabler Skeptizismus, der nicht auf irgendeinen Leim kriecht oder wegschaut oder einfach fügsam ist. Dies ist an dieser Stelle nicht pädagogisch-moralisch gemeint, sondern im Sinne eines Habitus. Auch im Sinne einer inneren Theorie; diese sollte nicht als individuell-beliebige Theorie angesehen werden, weil es um mehr geht: Es geht um eine vereinbarte Hintergrundtheorie in den Köpfen der Lehrenden, von der man wechselseitig weiß.

Im nachfolgenden Schema ist dies dargestellt; es passt in der Intention und Denkweise zu dem im vorigen Versuch vorgestellten MACOSPOL-Projekt zur Offenlegung und Vernetzung wissenschaftlicher Information.

Wie werden Themen gemacht?

(I) Stellen wir uns ein beliebiges Problem vor, z. B. die Aschewolke aus dem isländischen Vulkan im Jahre 2010. Diese Wolke ist ein sehr *diffuses Objekt*, sie ist als solche kein Thema mit einem eindeutigen Sinn. Es fällt uns irgendwann unter allen anderen Gegenständen auf, meistens durch eine Meldung in den Massenmedien: „Was wir von der Gesellschaft, ja über die Welt, in der wir leben, wissen, wissen wir

fast ausschließlich durch die Massenmedien", sagt ja der oben bereits zitierte berühmte Soziologe und Systemtheoretiker Niklas Luhmann (2000). Wir erfahren in
den Medien einiges über die Sache, die Gefährlichkeit in bestimmten Situationen
(Düsentriebwerke, Atemluft), die Menschen in Island und ihre Tiere und Felder, die
Meteorologen und ihre Modellierungen, gestrandete Reisende etc.

(II) Wir machen zu diesem diffusen Objekt, das da „Aschewolke" genannt wurde,
entsprechende *Fenster* auf, in dem bestimmte *Aspekte* sichtbar werden, z. B. Zusammensetzung und Eigenschaften der Vulkanauswürfe, Flugverkehr, Landwirtschaft, Tourismus. Wir beobachten mit diesem Blick durch die Fenster verschiedene
Dinge, Handlungen, Maßstäbe und Zeithorizonte.

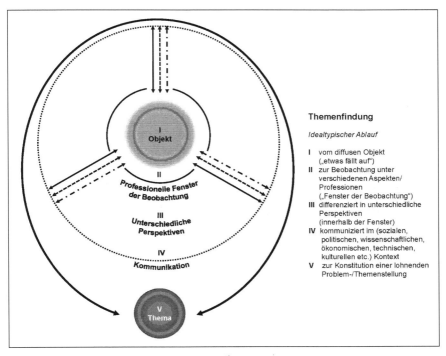

Themenfindung

Idealtypischer Ablauf

I vom diffusen Objekt
  („etwas fällt auf")
II zur Beobachtung unter
  verschiedenen Aspekten/
  Professionen
  („Fenster der Beobachtung")
III differenziert in unterschiedliche
  Perspektiven
  (innerhalb der Fenster)
IV kommuniziert im (sozialen,
  politischen, wissenschaftlichen,
  ökonomischen, technischen,
  kulturellen etc.) Kontext
V zur Konstitution einer lohnenden
  Problem-/Themenstellung

Themen *sind* nicht – Themen werden *gemacht.*[18]
(eig. Darstellung)

(III) Nachdem wir verschiedene Aspekte der Sache sichtbar gemacht haben, stellen wir fest: Wir geben diesen Aspekten zudem noch verschiedene Bedeutungen, wir betrachten sie aus verschiedenen Blickwinkeln/*points of view/Perspektiven*. Im Fall des Island-Vulkans: Wir können die Perspektive des Journalisten (Massenmedien) oder eines Flugkapitäns, der Fluggesellschaften, der Verkehrsminister, der Reisenden etc. einnehmen und weisen damit den Aspekten einer Sache verschiedene subjektive, also selektive Bedeutungen zu. Diese Subjektivität bzw. extreme Selektivität kann ökonomisch oder technisch oder ethisch codiert sein; jedenfalls ist sie nicht der Sache selbst angeboren, sie ist nicht ontologisch zu nennen. Die Perspektiven sind Ausdruck unterschiedlicher Sinngebung, seien diese nun professionell oder sozial oder individuell begründet.

(IV) Nachdem wir nun verschiedene Sachaspekte aus verschiedenen Perspektiven fokussiert haben, können wir diese Beobachtungen auch *kommunizieren*, zwischen den Aspekten der Sache oder den Perspektiven der Beobachter. Wir können uns dabei z. B. darauf einigen, dass wir heute über Vulkanismus unter dem Aspekt der meteorologischen Modelle sprechen und dabei unsere Perspektiven berücksichtigen wollen. Die Zeitung macht dieses Kommunikationsangebot und ich als Leser nehme es an.

(V) Aus diesem Austausch, aus dieser Kommunikation kann es zu einer gemeinsamen *Problem-/Themenstellung* kommen, einer offenkundigen Spannung von Wissen und Nichtwissen; wir befassen uns mit einem Problem/einem Thema, dass uns interessant und ergebnisoffen und lösbar erscheint – wäre es anders, würden wir uns nicht damit befassen. Ich gebe diese Spannung an meine Schüler weiter, das Thema wird angenommen.

Genau an dieser Stelle liegt auch die Grenze zu einem sog. „trägen Wissen" etwa in Schulbüchern, wo wir eine „Sache" um ihrer selbst willen „lernen". Dabei ist dies – die Reproduktion aus vorgefertigter „Erkenntnis" – die niedrigste Anforderungsstufe; höher liegt die selbstständige Anwendung und der Transfer, am höchsten die Beurteilung und Bewertung.

In unserem Fall lautet das Thema nun nicht mehr: „Vulkanismus", dargestellt an einem Querschnitt verschiedener Vulkantypen im Schulbuch. Alles, was Naturereignisse wie Vulkanausbrüche heute bedeutungsvoll macht, angefangen vom Wort „Naturkatastrophe", muss vorher kommuniziert oder jedenfalls im Kopf des Lehrers aktualisiert und geordnet werden. Die Fotos vom rauchenden Vulkan sind Illustrationen und Anlass für eine Problemstellung in einem Zeitungsartikel, stehen also immer in einem Kontext. (Dies gilt sogar für die BILDzeitung, die in den drei Schloten die Fratze eines Monsters zu sehen behauptet.) Dieser Anlass und Kontext wird zur Themenfindung genutzt; das

Thema muss sich lohnen, zumal angesichts der knappen Zeit im Geographieunterricht. Es muss erkennbar relevant sein, die Relevanz wird legitimiert oder erörtert. Am Ende des Unterrichts soll klar sein, in welcher Hinsicht man weiter gekommen ist als man vorher schon gewesen war und ob sich das gelohnt hat. Das gilt für alle Themenfelder im Geographieunterricht, Plattentektonik, Regenwald, Bevölkerungsentwicklung, Wasser, Stadtplanung, Tourismus etc.

Man wird im Fall eines Erdbebens nicht einfach „Plattentektonik" unterrichten und so wie die Medien einfach von einer „Naturkatastrophe" reden. Man wird vielmehr fragen, unter welchen Umständen ein Naturereignis für die Menschen katastrophale Auswirkungen hat; und schon ist man bei der Frage von Bautechnik und -tradition und Korruption und Armut und Überbevölkerung und Vorsorge, die in den Kontext eines Naturereignisses geraten können.

Das tatsächliche Arbeitsthema wird nicht mehr von einem Jahre alten Schulbuch geliefert, sondern jeweils aktuell im Kontext konstituiert. Wir unterrichten nicht mehr lediglich „Stoff", sondern interpretieren Daten und Fakten und Hintergrundinformationen zu einem lohnenden Problem. Wir erkennen im Hintergrund vielfältige Aspekte des Themas und vielfältige Arten und Möglichkeiten, dieses zu beobachten. Wir nehmen Teil an einem Kommunikationsprozess darüber oder sind dessen Zeugen. Wir können in diesem Kontext Daten, Fakten, Aussagen fachlich beurteilen und relativieren. Und nach alldem sind wir selbst bewertungsfähig und handlungsorientiert.

Das Schema als gedankliches Werkzeug kann dazu beitragen, dass man in diesen zunächst chaotischen Zusammenhängen eine gedankliche und didaktische Ordnung bekommt. Es muss dies nicht immer explizit zusammen mit den Schülern angewendet werden, aber es liefert eine Figur, in der man die Konstituierung und Komplexität echter Themen auf die Reihe bekommt.

Noch einmal: Es geht weniger um die Festsetzung eines *Wissenskanons*, als um einen verständigen *Umgang mit Wissen*. Ein gebildeter Mensch, ein Gelehrter gar ist jemand, der aus dem Übermaß des Wissens in einer gezielten Spannung von Wissen und Nichtwissen sein Wissen auswählt, organisiert und verwendbar macht, nicht als Lexikonautomat, sondern zur vertieften Bearbeitung bestimmter Themen (vgl. Frevert 2010).

Um zu vermeiden, dass wir immer mehr wissen, aber immer weniger weiterwissen.[19]

Beschließen wir unsere sieben Versuche zum Problemfeld „Wissen" mit einem Essay (Ausschnitt) des humanistischen Freidenkers und Skeptizisten Michel de Montaigne zur „Schulmeisterei". Montaignes hintersinniges „in Wirklichkeit" hat dabei schon Kafkasche Qualität („Aber sieh, sogar das ist nur scheinbar ...“[20]):

„Eine junge Dame sagte mir, als sie auf eine bestimmte Person zu sprechen kam, wer so viele große und denkende Gehirne in sich aufnehmen wolle, müsse zwangsläufig das eigene verengen, zusammenziehen und verkleinern, um dem anderen Platz zu machen. – Ich wäre fast geneigt, dem zuzustimmen und zu sagen: Wie die Pflanzen an zuviel Nässe eingehen und die Lampen an zuviel Öl ersticken, kommt auch die Tätigkeit des Geistes durch zuviel Studium und Stoffhuberei zum Erliegen, weil er, von der ungeheuren Vielfalt der Dinge bis zur Verwirrung in Anspruch genommen, die Fähigkeit verliert, sich hiervon freizumachen, so dass er unter der Last schließlich krumm und schief wird. – In Wirklichkeit verhält es sich anders, denn unsere Seele weitet sich um so mehr, je mehr sie in sich aufnimmt, und aus den Beispielen des Altertums kann man ersehen, dass gerade umgekehrt die zur Führung der öffentlichen Angelegenheiten fähigen Männer, die großen Feldherren und die großen Berater der Staatsmänner zugleich bedeutende Gelehrte waren" (Michel de Montaigne, 1998, 73)

Der Beitrag ist ursprünglich unter dem Titel *Wissen – Nichtwissen – Nicht-weiter-Wissen?*
Sieben Versuche zu einem angestrengten Begriff erschienen,
in: Zeitschrift für Didaktik der Gesellschaftswissenschaften (zdg) 1/2010, 11-41.

Anmerkungen

1   G.W.F. Hegel Phänomenologie des Geistes (Vorrede): „Worauf es deswegen bei dem Studium der Wissenschaft ankommt, ist die Anstrengung des Begriffs auf sich zu nehmen. – Jene Gewohnheit ist ein materielles Denken zu nennen, ein zufälliges Bewusstsein, das in den Stoff nur versenkt ist, welchem es daher sauer ankömmt, aus der Materie zugleich sein Selbst rein herauszuheben und bei sich zu sein. Das andere, das Räsonieren, hingegen ist die Freiheit von dem Inhalt und die Eitelkeit über ihn; ihr wird die Anstrengung zugemutet, diese Freiheit aufzugeben, und statt das willkürlich bewegende Prinzip des Inhalts zu sein, diese Freiheit in ihn zu versenken, ihn durch seine eigne Natur, das heißt, durch das Selbst als das seinige, sich bewegen zu lassen und diese Bewegung zu betrachten. Sich des eignen Einfallens in den immanenten Rhythmus der Begriffe entschlagen, in ihn nicht durch die Willkür und sonst erworbene Weisheit eingreifen, diese Enthaltsamkeit ist selbst ein wesentliches Moment der Aufmerksamkeit auf den Begriff. – Wahre Gedanken und wissenschaftliche Einsicht ist nur in der Arbeit des Begriffes zu gewinnen. Er allein kann die Allgemeinheit des Wissens hervorbringen, welche weder die gemeine Unbestimmtheit und Dürftigkeit des gemeinen Menschenverstands, sondern gebildete und vollständige Erkenntnis – noch die ungemeine Allgemeinheit der durch Trägheit und Eigendünkel von Genie sich verderbenden Anlage der Vernunft, sondern die zu ihrer einheimischen Form gediehene Wahrheit, welche fähig ist, das Eigentum aller selbstbewussten Vernunft zu sein."

2   Seel 2009, 39 f.

3   „Jauch ist eine Werbe-Ikone. Die Gesellschaft für Konsumforschung hat ihn 2005 als „best brand" ausgezeichnet. Krombacher, Telekom, Süddeutsche Klassenlotterie, Quelle, Post, Premiere, Bundesbank – dem beliebtesten Deutschen kauft man alles ab." www.faz.net „Die ‚Cornelsen Stiftung Lehren und Lernen' schreibt zum dritten Mal den mit 18.000 Euro dotierten ‚Förderpreis Zukunft Schule' aus. Unter der Schirmherrschaft von Günther Jauch soll der Aus-

tausch zwischen Unterrichtspraxis und Schulforschung gefördert werden. 2009 steht der Wettbewerb unter dem Motto „Kooperatives Lernen". http://bildungsklick.de

„Heute spricht Günther Jauch im Fritz-Reuter-Saal der Humboldt-Universität mit dem renommierten Philosophen, Theologen und ehemaligen Leiter des Elite-Internats Salem Bernhard Bueb (69) über dessen neues Buch ‚Von der Pflicht zu führen – Neun Gebote der Bildung'. Für Bueb der Grund für die aktuellen Bildungsprobleme: Es mangelt an Führungspersönlichkeiten. Er fordert, „dass sich Reformen auf die Bildung von Personen konzentrieren sollen, die führen, und nicht auf die Veränderung von Strukturen beschränken dürfen." Sein Buch ist ein Plädoyer für ein radikales Umdenken in Bildung und Erziehung. www.bild.de

4   Benoît B. Mandelbrot stieß bei seinen Forschungen zu Fraktalen auf ein seltsames Paradoxon. Er überlegte, wie lang wohl die Küste Großbritanniens sei. Dabei stellte er fest, dass das Ergebnis vom Maßstab des Messgerätes abhängt. Benutzt man ein 100 m langes Tau, das an die Küste angelegt und strammgezogen wird, erhält man, wenn man es denn mit dieser Methode um ganz Großbritannien herumschafft, eine bestimmte Anzahl von Taulängen, die man dann einfach mit 100 m multiplizieren muss, um die Länge der britischen Küste zu erhalten. Es ist klar, dass bei dieser Methode viele Dellen, Ausbuchtungen und andere unregelmäßige Formen „verschluckt" werden. Die Küste ist also in Wirklichkeit länger. Nehmen wir einfach ein kleineres Lineal! Aber auch hier werden viele Unregelmäßigkeiten nicht mitgemessen. Man sieht schon, dass, egal wie klein man sein „Lineal" wählt, immer Messungenauigkeiten entstehen. Alles in allem, so stellte Mandelbrot fest, strebt die Länge der britischen Küste bei immer größerem Maßstab gegen unendlich. Das ist auch schon das Fraktale an der Küste Großbritanniens: eine endliche Fläche mit einer unendlich langen Umrisslinie. (http://www.hro.shuttle.de/hro/ebg/sprojekte/MasterOfChi/Chaos/fraktale.htm)

5   „Monte Carlo ist nicht die Hauptstadt von Monaco. Der Wannsee ist kein See. Insekten fliegen nicht freiwillig ins Licht und Bewegungsmelder reagieren nicht auf Bewegung! Da staunen Sie, nicht wahr? Dieses Buch macht endgültig Schluss mit Halbwahrheiten und Irrtümern der Allgemeinbildung. Hier werden jede Menge Missverständnisse, Vorurteile und Denkfehler unter die Lupe genommen und auf frisch-fröhliche Weise aufgedeckt. Denn nicht alles, was wir zu wissen glauben, entspricht der Wahrheit. Eine vergnügliche Lektüre für alle, die Besserwissern ein Schnippchen schlagen wollen." (Lorenz 2007, Amazon-Präsentation).

6   Der Spiegel beschäftigt in seinem Archiv nach eigenen Angaben 70 Personen unter dem Anzeigen-Motto: „Wir glauben erst mal gar nichts!" (Der Spiegel im Januar 2015)

7   Zu dieser Problematik passt auch der Film (DVD) mit Hugh Grant: „Der Engländer, der auf einen Hügel stieg und von einem Berg herunterkam". Der lange Titel beschreibt eines der Grundprobleme – oder besser einen der Hauptvorteile der Geodäsie: Sie ist sehr genau. So genau, dass sich bei einer Neuvermessung herausstellt, dass ein Berg kein Berg, sondern nur ein Hügel ist, da er wenige Meter zu klein für die nächstgrößere Kategorie ist. Aber die Kategorien/Klassifikationen sind menschengemachte Setzungen.

8   Vgl. die Bemerkungen zum „befreiten Denken" in Abschnitt Versuch Nr. 5.

9   Wie liest man z. B. einen Artikel der „Autorität Spiegel": „Die Wolkenschieber. Schlampereien, Fälschungen, Übertreibungen: Die Klimaforschung steckt in einer Vertrauenskrise. Wie zuverlässig sind die Vorhersagen über die globale Erwärmung und ihre schlimmen Folgen? Droht wirklich der Weltuntergang, wenn die Temperaturen um mehr als zwei Grad steigen?". (Der Spiegel 13/2010, 140-149). Oder wie liest man – dagegen – einen Artikel in der „Autorität Süddeutsche Zeitung": „Schnee in Texas. Der Klimawandel als Streit-Thema amerikanischer Medien. – Solange nicht endgültig feststehe, dass es den Klimawandel wirklich gebe, müsse

man auch Klimaskeptiker zu Wort kommen lassen, sagen die Journalisten. Eine absurde Argumentation, findet die Geografin Liisa Antilla: Schließlich gebe es Menschen, die den Holocaust leugnen. „Die kommen in der *New York Times* ja auch nicht zu Wort." (Süddeutsche Zeitung 107/2010).

10 Vgl. Text Nr. 3 „Garten, Regenwald und Erdbeben" in diesem Band

11 Vgl. Text Nr. 16 „Perspektivenwechsel ..." in diesem Band

12 Vgl. hierzu z. B.: Singer 2002, S. 43-59

13 Vgl. Text Nr. 39. „Irritation und Mäeutik" in diesem Band

14 Vgl.: Luhmann 2001

15 Vgl. z. B. eine sarkastische Lesart dazu von Nikolaus von Festenberg (2010): „Trost bietet allein Immanuel Kant, mit dem man aufsteigen kann, wo Eyjafjallajökull noch nicht hingeascht hat. Mit Transzendenz gegen Transitfrust und Sichtflug über ein Medienspektakel hinweg, das – Asche zu Asche – vergehen wird wie andere Themen, in denen eine überraschend blöde Natur den Menschen behelligt. – Die Rede vom Vergehen dieser Erscheinungen muss präzisiert werden: Natürlich sind die Gefahren nicht verschwunden. Aber sie sind, wie die Systemtheorie sagt, kommunikativ anschlussfähig geworden. Medien. Politiker, Juristen, Moralapostel, Popclowns, Talktussen gewöhnen uns den Urschrecken ab, indem sie ihn in den Eigensinn ihrer Profession zerlegen: in Machtfragen, in juristische Fragen, in Unterhaltung." (Asche zu Asche. Naturkritik: Was passiert, wenn uns der Vulkan attackiert. In: Der Spiegel 17/2010, 142)

16 Vgl.: Seel 2004, 38

17 Ein Kommentar zur Euro-Krise im Jahre 2010 stellt die Erkenntnisse, die man auch aus einem Opening- und Recomposing-Verfahren erwarten könnte, wie folgt zusammen: „Gilt inzwischen die fatale Regel, dass man politisch – jedenfalls bei komplexeren Sachverhalten – nur noch unter höchstem Druck entscheidungsfähig ist, kaum aber mit längerfristiger Rationalität? Lernen politische Organe eigentlich? Werden sie aus Schaden klug? Oder können sie Erfahrungen und Einsichten nicht so akkumulieren wie Individuen? – Längst erforscht ein eigener Wissenschaftszweig, auf welche Weise Organisationen lernen, den Zufluss von fachlicher und arbeitsteiliger Intelligenz sicherzustellen und ihr angesammeltes Wissen zu aktivieren. Organisationen können praktisch-dumm oder praktisch-klug sein, nicht nur die in ihnen handelnden Personen. Kein Wunder ist allerdings, dass sich die meisten Erkenntnisse auf privatwirtschaftliche Unternehmen beziehen. Bei ihnen ist leicht zu definieren, was eine organisatorische Wissensvermehrung ausmacht und wie sie sich bemisst – am Umsatz und Gewinn. Für politische Institutionen aber, für Parlamente und auch die Exekutive, ist die Sache schon wegen der komplizierten demokratischen Entscheidungsfindung sehr viel schwieriger. Vor allem gibt es kein immanentes Maß für den Zuwachs politischer Intelligenz. Zählbar ist nur die Erfolgsquote bei Wahlen. – In erster Linie setzten sich jene Merkmale durch, die für politische Lernunwilligkeit typisch sind: ein unbegründeter Optimismus, eine schädliche Vorwurfskultur, ideologische Selbstgerechtigkeit und zu allem Überfluss das Verdrängen selbst der allerjüngsten Geschichte." (Andreas Zielcke: Obszöner Hautgout. Ist Politik lernfähig? In: Süddeutsche Zeitung 111/2010, 11)

18 Rhode-Jüchtern/Schneider 2012, 59

19 Vgl.: Bröckling et al. 2004

20 Franz Kafka: „Die Bäume". Vgl. auch den klassischen Text „Was ist Aufklärung" von Immanuel Kant: „Habe den Mut, Dich Deines eigenen Verstandes zu bedienen"

Literatur

Bachmann-Medick, Doris 2006: Cultural Turns. Neuorientierungen in den Kulturwissenschaften. Reinbek

Bojanowski, Axel 2010: Heißer Krieg ums Klima. Unter: www.spiegel.de/wissenschaft/natur/0,1518,688175,00.html (Zugriff am 3.5.2010)

Boroditsky, Lera 2010: Wie prägt die Sprache unser Denken? In: Brockman, Max (Hg.) 2010: Die Zukunftsmacher – Die Nobelpreisträger von morgen verraten, worüber sie forschen. Frankfurt/M., S. 134-149 (amerik. Original 2009: What's next. Dispatches on the Future of Science. Original Essays from a New Generation of Scientists)

Bröckling, Ulrich/Krasmann, Susanne (Hg.) 2004: Glossar der Gegenwart. Frankfurt/M.

Davidson, Donald 2004: The Problem of Objectivity. In: ders.: Problems of Rationality. Oxford, S. 3-18

Diderot, Denis 2001: Die Welt der Encyclopedie. (urspr. 17 Bde, 1751-1765) (Die Andere Bibliothek) Frankfurt/M.

Deutsche Gesellschaft für Geographie 2009: Bildungsstandards für den mittleren Schulabschluss im Fach Geographie. Bonn

Elschenbroich, Donata 2001: Weltwissen von Siebenjährigen. Wie Kinder die Welt entdecken können. München

Fauser, Peter: Verständnisintensives Demokratielernen und politische Bildung unter: http://www.schulportal-thueringen.de/c/document_library/get_file?folderId=19528&name=DLFE-508.pdf oder http://www.demokratischhandeln.de/archiv/veranstaltungen/2007_03_demokratiepaedagogik/pdf/peter_fauser

Feyerabend, Paul K. 1979: Erkenntnis für freie Menschen. Frankfurt/M., 233 f. (engl. Orig. 1978: Science in a free Society)

Frevert, Ute 2010: „Akademikerkinder sind oft faul". In: taz 26.4.2010

Friedrichs, Julia 2008: Gestatten: Elite. Auf den Spuren der Mächtigen von morgen. Hamburg

von Mutius, Bernhard (Hrsg.) 2004: Die andere Intelligenz. Wie wir morgen denken werden. Neue Denkansätze aus Wissenschaft, Gesellschaft und Kultur. Stuttgart

Hentig, Hartmut von 2000: Kreativität. Hohe Erwartungen an einen schwachen Begriff. Weinheim u. a.

Latour, Bruno 2010a: Ein Versuch, das „Kompositionistische Manifest" zu schreiben – Vortrag anlässlich der Verleihung des Kulturpreises der Münchener Universitätsgesellschaft am 8. Februar 2010 unter: http://www.heise.de/bin/tp/issue/r4/dlartikel2.cgi?artikelnr=32069&mode=html&zeilenlaenge=72 (Zugriff: 5.8.2010)

Latour, Bruno 2010b: unter: (http://vimeo.com/10037075) (Zugriff: 5.8.23010)

Lorenz, André 2007: Stimmt doch gar nicht!: Die 1000 größten Irrtümer aller Zeiten. Augsburg

Luhmann, Niklas 2001: Vertrauen. Ein Mechanismus zur Reduktion sozialer Komplexität. Stuttgart

Luhmann, Niklas 2004: Die Realität der Massenmedien. Wiesbaden

Madeja, Michael 2010: Das kleine Buch vom Gehirn – Reiseführer in ein unbekanntes Land. München, S. 102-120 u. 121-142

Montaigne, Michel de 1998: (1533-1592), Montaigne über die Schulmeisterei. Du pedantisme (Essais I, 25). In: Die andere Bibliothek. Essais. Frankfurt/M.

Rhode-Jüchtern, Tilman 2006: Derselbe Himmel, verschiedene Horizonte. Zehn Werkstücke zu einer Geographiedidaktik der Unterscheidung. Wien, S. 97-125 u. S. 143-151

Rhode-Jüchtern, Tilman/Schneider, Antje 2012: Wissen, Problemorientierung, Themenfindung. Schwalbach/Ts.

Roth, Gerhard/Spitzer, Manfred/Caspary, Ralf 2006: Lernen und Gehirn: Der Weg zu einer neuen Pädagogik. Freiburg i. Breisgau

Saint-Exupery, Antonie de 1943/1986: Der kleine Prinz. Düsseldorf

Seel, Martin 2009: Vom Nachteil und Nutzen des Nicht-Wissens für das Leben. In: Gugerli, David/ Hagner, M./Sarasin, P./Tanner J. (Hrsg.): Nach Feierabend – Nicht-Wissen. Zürcher Jahrbuch für Wissensgeschichte 5, Zürich u. a., S. 37-50.

Singer, Wolf 2002: Der Beobachter im Gehirn. Frankfurt/M., S. 43-59.

Spitzer, Manfred 2006: Lernen: Gehirnforschung und die Schule des Lebens. Heidelberg

Spitzer, Manfred/Bertram, Wulf 2009: Braintertainment: Expeditionen in die Welt von Geist und Gehirn. Frankfurt/M.

2. Was können wir heute von Alexander von Humboldt lernen?

Ein *maître à penser* aus didaktischer Sicht

Die gestellte Frage nach dem *Was* enthält zunächst drei weitere: Wer ist *Wir*, außer den professionellen Humboldtforschern? Warum gerade *heute* und warum gerade Alexander von Humboldt? Warum nicht eher Carl Ritter (oder Friedrich Ratzel)? Oder warum nicht überhaupt eher Stoffe und Methoden der Weltbeschreibung von heute, Satelliten-Fernerkundung z. B. oder digitale Modellierungen oder GPS statt Kompass (wie sie Humboldt heute selbstverständlich benutzt haben würde)? Dass es immer einmal wieder ein Jubiläumsjahr gibt und dazu dann eine treffliche Darmstädter Studienausgabe von Hanno Beck oder die wunderbare Neuausgabe des „Kosmos" im Eichborn-Verlag, oder Buch-Bestseller wie „Humboldt und die Globalisierung" von Ottmar Ette oder die „Vermessung der Welt" von Daniel Kehlmann – das alles wäre schon ein Motiv zur Beschäftigung. Wenn am Neujahrstag 2011 auf 3sat die Sendung „Expedition Humboldt" angekündigt wird mit den Attributen „Ein deutsches Genie", „Ein Superstar seiner Zeit: Forschungsreisender, Universalgelehrter, Denker und Technikbegeisterter", die große Reise begonnen mit 30 Jahren, „mit unbändiger Neugier", „mit grenzenlosem Mut", „unter unvorstellbaren Strapazen", „angekommen im Paradies", für die Indios „eine Hoffnung, eine Inspiration", „der wahre Entdecker Amerikas", seine Expeditionen, Briefe, Tagebücher und Bücher „das Werk eines Titanen", ein „Wegbereiter der Wahrheit", der „den Traum seines Lebens gelebt" hat, – das sind Vokabeln aus der Ruhmeshalle der Lichtgestalten, „Alexander der Große II" sozusagen. Und wer es in Deutschland dann auch noch auf mehrere Briefmarken schafft, der hat es auch geschafft als kulturelles Erbe.

Aber was können wir – heute – von Humboldt lernen?

Stark ist natürlich und jedenfalls das Motiv, dass die beiden Humboldts, Goethe und Schiller sich oft in Jena getroffen haben.

Ich nähere mich möglichen Antworten mit der konstruktiven Freiheit des Didaktikers. Diese Freiheit besteht u. a. darin, dass man sich der Erkenntnisse und Anregungen anderer bedienen darf, soweit sie für didaktische Zwecke und Ziele nützlich erscheinen. Man darf dabei auswählen; man ist nicht irgendeinem Dogma oder einer wissenschaftlichen Lesart verpflichtet; man benennt einen fremden Gedanken und nutzt ihn auf nachvollziehbarem Wege. Man kann das Eklektizismus nennen oder aber Inspiration.

Abb. 1: Alexander von Humboldt als Bestseller.

Abb. 2: Wilhelm und Alexander von Humboldt und Goethe bei Schiller in Jena.[1]

Zur Zweckbestimmung und Legitimation werden dafür u. a. die Kategorien *Gegenwartsbedeutung, Zukunftsbedeutung, Erweisbarkeit* und *Exemplarität* genutzt, verbunden mit der *Kategorialen Bildung* nach Wolfgang Klafki, in der sowohl die *Welt* als auch die *Subjekte* für diese Welt erschlossen werden.

Entscheidend für die – konstruktive und reflexive – Didaktik ist aber noch etwas anderes: *Wir beobachten, wie andere beobachten.*

Das ist eine andere Ordnung als etwa die nach den Kategorien der Philosophie, speziell der Aufklärung.[2] Hier würde man sich kümmern etwa um die Suche nach einem absoluten und allgemein gültigen Anfang und Grund vernünftigen Denkens, von dem aus ein sicheres Wissen gegründet werden kann. Man würde unterscheiden zwischen *rationalistischen* und *empiristischen* Begründungsverfahren. Im ersten Modell des Rationalismus (René Descartes, Gottfried Wilhelm Leibniz, Christian Wolff) ergibt sich das Problem, dass der denkende Geist des Ich zwar mit den Regeln der Logik und Mathematik etwa die Gewissheit von der Existenz und den Eigenschaften Gottes ableitet; aber es bietet keine nachvollziehbare Vermittlung zwischen den allgemeinen Regeln der Vernunft und der Erfahrung in Raum und Zeit an und beachtet zu wenig die sinnlich-körperliche Seite des Menschen. Im anderen Modell, dem Empirismus (John Locke, David Hume, Adrian Helvetius u. a.) werden alle Begriffe und Ideen, mit denen der Mensch sein Wissen über sich und die Welt erwirbt und ordnet, allein der Erfahrung der Sinne entnommen; hier besteht das Problem, dass sich damit allgemeine Naturgesetze ebenso schwer begründen lassen wie metaphysische Aussagen über Gott, die Totalität der Welt und die Freiheit des Menschen.

In diesem Tanz der Versuche, einen festen Ausgangspunkt für die Vernunft des Menschen zu finden, der die sinnliche Erfahrung und die Freiheit des Denkens und Wollens gleichermaßen einschließt, hat auch Alexander von Humboldt seinen Platz; aber er beteiligt sich dabei weniger im theoretischen Diskurs als im *Tun*. Und dieses Tun lässt sich als solches beobachten und daraus lässt sich womöglich auch für uns heute vieles lernen. Jedenfalls lässt sich die Beobachtung organisieren und interpretieren.

Für unsere heutige Fragestellung – Was können wir heute lernen? – geht es mir also nicht um die banale Übernahme von pflanzengeographischen Befunden oder Aufzeichnungen zur Kosmologie oder um historische Definitionen eines vieldeutigen Landschaftsbegriffs – nur weil diese von Humboldt stammen und weil dieser (neben Carl Ritter) als Begründer einer wissenschaftlich betriebenen Geographie gilt, schlechthin als „größter Geograph der Neuzeit" (Beck 1993, 341). Die Stoffe und Begriffe haben sich weiter entwickelt. Oder sie sind Allgemeingut geworden, wie z. B. die berühmten Höhenstufen im Hochgebirge, wie sie fast jeder Schulatlas als eisernes Wissen darbietet.

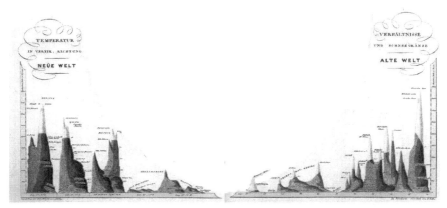

Abb. 3: „Temperatur-Verhältnisse in *vertikaler Richtung* und *Schneegränze* in der Neuen und der Alten Welt."

Die Antworten werden also eher nicht auf der stofflichen Seite liegen, sondern auf der methodischen und normativen. Und womöglich auf einer biographie-orientierten, denn bei Humboldt wird man mitgenommen auf die Unternehmungen eines *Forschers* auch als *Person*. Man kann seine quasi-inneren Monologe nachlesen; man kann versuchen zu verstehen, warum zu seiner Zeit eine breite Öffentlichkeit daran begeistert Anteil genommen hat, auf einer Unmenge von Vorträgen in den Salons von Paris und Berlin et al. Vielleicht war es „nur" die Faszination an bestandenen Abenteuern, deretwegen auch heute noch die Vortragssäle etwa eines Reinhold Messner oder eines Rüdiger Nehberg von hellen Scharen gefüllt werden. Bis heute ist auch die Reiseschriftstellerei allgemein eine hoch attraktive Textgattung.

„Unbestritten war der Kosmos der erste wissenschaftliche Bestseller in der ersten Hälfte des 19. Jahrhunderts und galt damals als eine Lieblingslektüre des Bildungsbürgertums" (Beck 1993, 341). „Es wurden wirkliche Schlachten geschlagen, um in den Besitz dieses Werkes zu kommen, sich denselben abzuringen, ja es hat selbst an Bestechungsversuchen nicht gefehlt, um zu bewirken, dass dieser oder jener die Priorität erziele" (Führer 1959, 102).

Vielleicht ist es aber auch die Signatur für eine neue Zeit gewesen, in der Wissenschaft in ihrem *Entstehungszusammenhang*, in ihrer *Forschungslogik* und in ihrem *Verwertungszusammenhang* öffentlich und auch für den gebildeten Laien erkennbar wurde. Da war ein beseelter Forscher am Werk, der dazu die finanziellen Mittel aus seinem privaten Erbe entnehmen konnte und nicht auf anonyme Drittmittel-Gutachter angewiesen war; er brauchte die Politik nur für die Ausstellung von Papieren und Passierscheinen durch die atlantischen Kontinentalsperren hindurch; er betrieb seine Arbeit empirisch überprüfbar und machte sie öffentlich kommunizierbar. Er konnte z. B. aus seiner praktischen Erfahrung im Bergingenieurswesen auf seiner Russlandreise vorhersagen, wo es Diamanten zu finden gab; damit konnte er das Misstrauen des Zaren gegen die Nützlichkeit der Einladung an den ausländischen Forscher mildern. Und er hatte eine nachvollziehbare humanistische politische Position, wenn er die Abschaffung der Sklaverei forderte. (Das dürfte vielen Lagerstättengeologen und Händlern im Kongo, im Nigerdelta und anderswo auch heute noch schwer fallen.) In der *Person* fokussiert sich also der ganze Komplex wissenschaftlicher Tätigkeit, ohne in der Komplexität oder in der Singularität undurchschaubar zu werden.

Das wäre schon einmal etwas, aus dem man lernen kann: Eine Person verkörpert und verantwortet Wissenschaft, legitimiert sich selbst und zugleich die Sache in der Methodik und in den Befunden. Und – das wäre eine wichtige Andockstelle für eine heutige Didaktik – er liefert dabei jede Menge Irritationen und Widersprüche. Das wäre aus meiner Sicht eine entscheidende didaktische Qualität – nämlich für das Lernen aus Irritation und für das Lernen durch Kommunikation. „Hoppla, was ist denn das? Ist das womöglich ein lohnender Lernanlass? Kann man darüber erhellend kommunizieren?"

Wählen wir also aus, was wir für unsere Hauptfrage gebrauchen können: Was können wir heute von Alexander von Humboldt lernen? Und markieren wir die Fundstellen auf dem Mobile des „Alexander von Humboldt als Wissenschaftler".

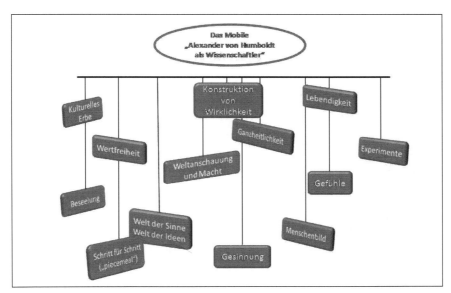

Abb. 4: Das Mobile „Alexander von Humboldt als Wissenschaftler". (eigene Darstellung)

Da wäre zu Anfang ein Blick in seine allgemeine humanistische und humane Haltung. Diese beginnt bereits bei der Behandlung von Tieren, denn auch diese ist auf Handlungen von Menschen gegründet. Steht es einem Wissenschaftler an, darüber massive *Werturteile* zu fällen?

I

„Grausamkeit gegen Tiere
ist eines der kennzeichnendsten Laster
eines niederen und unedlen Volkes."[3]

Dazu passt für unsere Zeit der große Diskurs über das Fleischessen im Sommer 2010 in den USA und in Deutschland. Jonathan Safran Foer hat mit dem Bestseller „Tiere essen?" einen Nerv der Genuss-, Ausreden- und Diskount-Gesellschaft getroffen. In der Wochenzeitung „Die Zeit" (33/2010) hat Iris Radisch deutschlandweit in Großaufnahme die industrielle Tötung von Tieren und zugleich die Annahme gegeißelt, dass die Menschen als höhere Wesen dazu berechtigt und dass Tiere insoweit nur Sachen ohne Verstand und Gefühl seien (erst seit einigen Jahren gibt es in Deutschland ein Tierschutzrecht, das Tiere aus dem Rechtsgebiet des Sachenrechts befreit hat; es ist heute sogar ein Staatsziel). Die wahre Probe für das Gewissen sei nicht einmal das eigenhändige Töten eines Haustieres, sondern der Besuch in einem Schlachthof.

Wenn man mit Humboldt von einer solchen ethisch-ethnischen Norm bis hin zur Parteilichkeit ausgeht, akzeptiert man eine „engagierte Wissenschaft" und hat den *Werturteilsstreit* am Hals. Wenn man Wertfreiheit für eine Fiktion und pure Ideologie hält und wenn man die oben zitierte Norm inhaltlich akzeptiert, kann man unmittelbar in die Anwendung gehen und einen Fall beurteilen und bewerten. Es wäre z.B. zu prüfen, wie menschlich und vernünftig die Motive der deutschen Fleisch-Produzenten, Fleisch-Kaufleute und Fleisch-Konsumenten an der Diskountertheke (incl. der Futtersäcke unbekannten Inhalts) denn nun sind – unabhängig davon, dass Humboldt zu seiner Zeit damit andere Völker und Beobachtungen im Sinne haben musste. Das wäre schon einmal eine Unterrichtsstunde und mehr wert, auch und gerade heute, und das wäre von jedem Einzelnen zu beantworten.

Als zweite Beobachtung vorab und zur Person des feldforschenden Wissenschaftlers mag das Staunen stehen, was dieser Mensch sich zugemutet hat, fast ohne Rücksicht auf Leib und Seele. Man darf das ja nicht etwa als Zumutung und Besessenheit abtun, wie das alpine Extremklettern, das Free-climbing und das Tempo-Klettern.

II

„Es ist unglaublich,
wie viel Kraft die Seele dem Körper
zu verleihen vermag."[4]

Als Alternative zu Besessenheit bietet sich also *Beseelung* an. Man ist beseelt von einer Idee und von einer Handlung und schöpft daraus noch seine Kraft, wo die Physis wahrscheinlich längst streiken würde. Wie vielen Gefahren und Krankheiten und Entsagungen Humboldt sich ausgesetzt hat, das mag man sich nicht einmal als Abenteuererzählung wirklich und wahrhaftig vorstellen. Schon ein Achthundert-Meter-Anstieg auf der Insel Gomera lässt so manchen Geographiestudenten verzweifeln.

Schon der allgemeine Entwurf, das Konzept eines solchen Lebens wäre ein Diskussionsthema. Kann jemand wirklicher und ernsthafter Forscher nur dann sein, wenn er ganz und gar auf „Bequemlichkeiten" verzichtet, auf Ehe und Familie sowieso? Wenn er eine einzige große Priorität setzt, nämlich das Erkennen von Welt im wissenschaftlichen Aspekt? Was ist dann aber mit dem Anschauen und Erkennen des übrigen, des alltäglichen Lebens? Bei Daniel Kehlmann (2005, 48) hören wir anekdotisch zugespitzt, wie Humboldt dazu steht: Er ertappt auf Teneriffa kurz vor der Abfahrt nach Lateinamerika seinen Reise- und Forschergenossen Bonpland in einem Bordell und droht mit dem Abbruch der Partnerschaft: „Der Mensch ist kein Tier!" „Manchmal doch!", soll Bonpland geantwortet haben. (Vielleicht fällt diese Pointe aber schon in die Kategorie der „Kehlmannisierung", von der Ottmar Ette spricht.)

Körper und Seele des Menschen und das Problem ihrer Beziehung sind jedenfalls auch in der Anthropologie der Aufklärung ein Hauptthema. Geht es eher um eine scharfe Trennung in die Wesenheit des Geistes („res cogitans") und Materie („res extensa") wie bei Descartes? Oder stimmen, wie in der Theorie der „Prästabilierten Harmonie" von Leibniz die Bewegungen des Körpers und der Seele ohne wechselseitigen Einfluss immer schon überein, weil Gott dies im Schöpfungsplan so eingerichtet hat?

III

„Die gefährlichste aller Weltanschauungen
ist die Weltanschauung der Leute,
welche die Welt nie angeschaut haben."[5]

In der *Financial Times Deutschland* hat dessen ehemaliger Chefredakteur einmal geschrieben: „Nichts ist gefährlicher, als die Welt zu einfach zu beschreiben." *Weltanschauung und Macht.* Das war zu Zeiten von George W. Bush jun. Hat der Journalist das bei Humboldt abgeschrieben oder gut nacherfunden?

Es wird Humboldt dabei nicht um solche Menschen gegangen sein, die kein Geld für große Reisen und Salon-Auftritte hatten. „Die Welt anschauen" kann man auch im eigenen Land und im eigenen Hause. Wichtig ist dabei, dass man selber schaut, dass man sich über die Operation und Absichten und Einschränkungen bewusst ist, dass man grundsätzlich metakognitiv fragen gelernt hat: „*Was* beobachte ich und *wie* beobachte ich?", oder auch: „*Wer* beobachtet? *Wer* spricht?", oder auch: „Was wird *nicht* beobachtet, ohne Absicht oder absichtsvoll?" in der *Präsentierung* oder *Absentierung* also. Nur Hans-Guck-in-die-Luft spielen ist keine solide Anschauung von Welt; und nur in der Häschenschule instruiert werden, was die Welt sei, auch nicht. Und wer sich eine Weltanschauung ohne eigene Anschauung von Welt und ohne Metakognition leistet und damit vielleicht auch noch Macht ausübt, der hat „die gefährlichste aller Weltanschauungen"; der ist, wenn er irgendeine Macht hat, eben gefährlich. Ein lohnendes Thema ist also auch dieser allgemeine Satz von Humboldt, der zur Lehre von den Ideen, der *Ideologie* führen würde. Ideologie ist aber nicht wertneutral, sondern (mit Marx) definierbar als „gesellschaftlich notwendig falsches Bewusstsein", weil dieses von Perspektiven und Interessen abhängt. Es sei denn, man schafft es, dieses zu reflektieren und damit vielleicht etwas weniger mächtig zu machen.

Was ist denn aber nun Welt-Anschauung positiv und im Humboldt'schen Sinne? Natürlich nicht jede anmaßende Empirie und hohle Spekulation.[6] Aus didaktischer Sicht fallen im „Kosmos" dazu drei Sätze besonders auf. Der eine spricht vom „Hauch des Lebens", von *Lebendigkeit* beim Sprechen über die Natur (IV), der zweite vom *Konstruieren der Wirklichkeit* aus Begriffen (V), der dritte vom *Zusammenhang eines Ganzen* (VI).

IV

„Den Naturschilderungen
darf nicht der Hauch des Lebens entzogen werden." *(Kosmos I, 8)*

Es „erzeugt das Aneinanderreihen bloß allgemeiner Resultate einen ebenso ermüdenden Eindruck wie die Anhäufung zu vieler Einzelheiten." Die Schrift „Ansichten der Natur" habe „mehr durch das gewirkt, was sie in empfänglichen, mit Phantasie begabten jungen Gemütern erweckt hat, als durch das, was sie geben konnte" (Kosmos I, 8). Mit anderen Worten: Instruktion und Addition von Fakten können ermüden; wer wirken will, braucht die Vorstellungskraft seiner Zuhörer und die Bereitschaft, auch mit Hilfe der eigenen Phantasie zu empfangen. Er braucht *Lebendigkeit*.

V

„Einzelheiten der Wirklichkeit,
sei es in der Gestaltung oder Aneinanderreihung der Naturgebilde,
sei es im Kampf der Menschen gegen die Naturmächte
oder der Völker gegen die Völker,
alles, was dem Feld der Veränderlichkeit und realer Zufälligkeit angehört,
können nicht aus Begriffen konstruiert werden." (Kosmos I, 36)

Die Ebenen der *Konstruktion von Wirklichkeit* sind nach Humboldt also: (1) Die Naturgebilde, (2) das Verhältnis der Menschen zu den Naturmächten und (3) das Verhältnis
zwischen den Menschen (zeitgemäß jeweils als „Kampf" bezeichnet).

Was hätten wir denn. verstanden, wenn wir etwa den laufenden Afghanistaneinsatz
der „Internationalen Gemeinschaft" aus *Begriffen* verstehen wollten, etwa als „nicht-internationalen bewaffneten Konflikt" (Ebene Mensch-Mensch)? Oder wenn wir die schweren Überschwemmungen infolge des üblichen Augustmonsuns in Pakistan im Begriff
Naturkatastrophe versimpeln (Ebene Mensch-Natur)? Oder wenn wir Norddeutschland
aus dem Begriff der „Glazialen Serie" erklären würden (Ebene „Naturdinge")? Fragen
wir einmal unsere Schüler, was aus solchem Begriffs-„Wissen" für Erkenntnisse zu ziehen sind.

Es sei denn, man stellt diese „Begriffe" selbst auf den Prüfstand und fragt nach dem
Potential, das in der Beobachtung von „Einzelheiten der Wirklichkeit" steckt oder wie
man Wirklichkeit aus Einzelheiten konstruiert: Warum sprechen Offizielle vom völlig un-
verständlichen „nicht-internationalen bewaffneten Konflikt" statt von „Krieg" oder „Intervention" – was soll damit verborgen (absentiert) werden? Warum sagt man „Naturkatastrophe" statt „Augustmonsun mit schweren Überschwemmungen" verbunden mit einem katastrophalen Versagen eines Atomwaffenstaates? Warum instruiert man Fünft-
klässler mit dem Begriff „Urstromtal", wo es in Brandenburg und Mecklenburg-Vorpom-
mern doch viele lebendige Einzelheiten daraus zu einer relevanten Wirklichkeit zu konstruieren gäbe: Sandige Böden, semiarides Klima, Seenplatte als Standortfaktor, Hochwasserschutz an Fließgewässern bei Vb-Wetterlagen, Bevölkerungsschwund.

Verständnisintensives Lernen (Peter Fauser) wäre der didaktische Auftrag, und dabei steht das Begreifen aus Begriffen nicht am Anfang, sondern am Ende einer subjektiven Anschließung, nämlich der vorhandenen *Erfahrung*, und dem Wecken neuer *Vorstellungen*. Wenn dies beides gelingt, dann kann man dem Ganzen auch einen Begriff
zuordnen, der die Wirklichkeit erkennbar und begreifbar macht. Und danach fragt man
noch *metakognitiv*, wie oben bereits erwähnt: Was haben wir jetzt gemacht? Was haben wir beobachtet/beschrieben/bezeichnet/angewendet/diskutiert? Sind wir jetzt weiter als vorher?

VI
„Mein Hauptantrieb war das Bestreben,
die Natur als ein
durch innere Kräfte bewegtes und belebtes Ganzes aufzufassen." (Kosmos I, 7)

Heute gilt ein solches Bestreben als Grundsatz der Ökologie, in der Natur und in der Gesellschaft; aber heute wie damals kann dieses Ideal, etwas „als Ganzes" aufzufassen, auch als Scharlatanerie oder Ideologie auftreten. „Ich kenne von nichts das Ganze, noch kennen es jene, die es zu kennen vorgeben", sagt der französische Skeptiker Michel de Montaigne. Also braucht man die umgedrehte Einsicht, „dass ohne den ernsten Hang nach der Kenntnis des einzelnen alle große und allgemeine Weltanschauung nur ein Luftgebilde sein könne".

Wer heute z. B. behauptet, eine bestimmte Art der Energiegewinnung (AKW) sei klimafreundlich, weil diese kein CO_2 ausstoße, zieht eine Einzelheit aus einem großen Zusammenhang; er baut nur ein „Luftgebilde".

Wie meint Humboldt das Wort vom *Ganzen*? „Die Lehre von der geographischen Verbreitung der Pflanzen über den Erdboden nach Maßgabe der Entfernung vom Äquator und der senkrechten Erhöhung des Standortes", die Aufklärung der verwickelten Ursachen dieser Verteilung mit Hilfe der Gesetze der Temperaturverschiedenheit der Klimate und der meteorologischen Prozesse im Luftkreis führen „den wissbegierigen Beobachter von einer Klasse der Erscheinungen zu einer anderen, durch welche sie begründet wird oder die von ihr abhängt" (Kosmos I, 7 f.). Letztlich hängt alles mit allem zusammen; wer vorher aufhört mit seiner Wissbegierde oder dies nicht wenigstens als Idee verfolgt, vergeht sich am Ideal eines „ganzheitlichen" oder vernetzenden Denkens. Das wäre zumindest eine lohnende These für eine reflektierende Diskussion.

VII
„In wenigen Minuten hatten wir fünf große Aale.
Nachdem wir vier Stunden lange an ihnen experimentiert hatten,
empfanden wir bis zum anderen Tage
Muskelschwäche, Schmerz in den Gelenken, allgemeine Übelkeit."[7]

Humboldt hatte natürlich schon von den rätselhaften Zitteraalen in den sauerstoffarmen, schlammigen Gewässern des tropischen Südamerika (Amazonas, Orinoco) gehört. Aber Genaueres wusste keiner; also musste Humboldt es herausfinden. Aber wie macht man einen Versuchsaufbau für *Experimente* zu dem allgemeinen Ziel, etwas, *irgendetwas* über die unbekannte Natur dieser Neuwelt-Messerfische zu finden – natürlich ohne Rückgriff auf Mythen und Mystik? Natürlich kann man etwas messen, und diese Messung kann stärker sein als die „reine" Beobachtung; man kann damit auch einem Darwin und dessen Idee von der Evolution den Boden bereiten. Aber was unterscheidet eine ideen- oder hypothesengeleitete Messung von einer Vermessungs-Manie? Wenn heute jemand nach einer Computer-Modellierung fragt: „Was wissen wir denn nun mehr als vorher?", kann man schon einmal als Antwort hören: „Wir haben es jetzt digitalisiert."

Abb. 5: Fang der Zitteraale.
Die Reise in die Äquinoktialgegenden des Neuen Kontinents Bd. II.

„Die Furcht vor den Schlägen des Zitteraals ist im Volke so übertrieben, dass wir in den ersten drei Tagen keinen bekommen konnten. Unsere Führer brachten Pferde und Maultiere und jagten sie ins Wasser. Ehe fünf Minuten vergingen, waren zwei Pferde ertrunken. Der 1,6 Meter lange Aal drängt sich dem Pferde an den Bauch und gibt ihm einen Schlag. Aber allmählich nimmt die Hitze des ungleichen Kampfes ab, und die erschöpften Aale zerstreuen sich. In wenigen Minuten hatten wir fünf große Aale. Nachdem wir vier Stunden lang an ihnen experimentiert hatten, empfanden wir bis zum anderen Tage Muskelschwäche, Schmerz in den Gelenken, allgemeine Übelkeit."

Heute weiß man: Umgebildete Muskeln (Elektroplaxe) bestehen aus einer großen Zahl stromerzeugender Elemente (Elektrozyten), die jedes nur eine geringe Spannung erzeugen, aber in einer Art Reihenschaltung zusammen bis 500 Volt aufbauen können und bei einem Strom von 0,83 Ampere eine Leistung von 415 Watt erbringen. Man weiß auch, dass damit nur kleinere Fische getötet werden können, die Pferde waren also nicht vom Strom getötet, sondern im Durcheinander niedergetrampelt worden und ertrunken – das hatte übrigens die Beobachtung des Geschehens auf einem Umweg gezeigt.

Man kann sich gut vorstellen, dass ein solcher elektrischer Strom ungeachtet der relativen Wirkung eine gewaltige Kraft zur Revierabgrenzung und Abschreckung haben kann. Vor allem ist damit reichlich Stoff zur Mythenbildung gegeben, die sich wiederum durch naturwissenschaftliche Aufklärung auflösen lässt – wenn man das denn aus guten Gründen für wichtig hält. Messen statt Mystifizieren also?

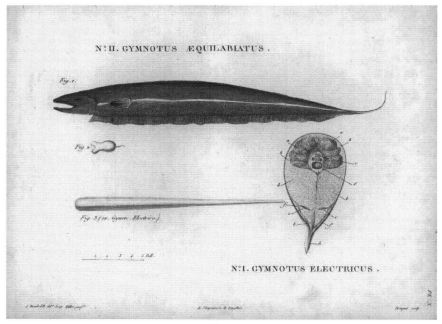

Abb. 6: Alexander von Humboldt, Reisewerk, Zoologie, Tafel X. Gymnotus aequilabiatus, Gymnotus electricus.

Alexander Kluge hat den Herausgeber der Eichborn-Ausgabe des „Kosmos" (2004) Hans-Magnus Enzensberger gefragt: „Aber er nimmt im Grunde in Kauf, diese Tiere zu quälen, um herauszufinden, wie Elektrizität und tierischer Organismus sich verhalten." Enzensberger antwortet: „Was ist um der Wissenschaft willen erlaubt? Er setzt bei den Bergbesteigungen einige seiner Begleiter erheblichen Risiken aus. Aber etwas herauszufinden ist nicht kostenlos. Da muss man riskieren, dass etwas zu Schaden kommt, man selbst oder das Objekt" (Kluge/Enzensberger 2004, 38). Eine wichtige und provokative These für die Urteilsbildung im Unterricht. Und ein neuer Kontakt zum Problem der Wertfreiheit.

Wem nützt was? Ist das „geordnete Messen in unbekanntem Gelände" bereits eine wissenschaftliche Tätigkeit? Entsteht Wissen auch durch Zufallsfunde und bloßes Sammeln? Was heißt hier z.B. Versuch und Irrtum? Darf man Tiere zu Testzwecken quälen? Welche vernunftgeleitete Operation oder welche hineingelegte und geprüfte Idee macht daraus relevantes Wissen?

Eine kategorial wichtige Diskussionsgelegenheit in einer Zeit, in der noch immer „Wissenschaft" als Experten- und Geheimwissen mystifiziert wird – wenn es bestimmten Interessen dient.

Im großen Streit um das Bahnprojekt „Stuttgart 21" warf z.B. der preisgekrönte Bahnhofsarchitekt Christoph Ingenhofen seinem Projektkollegen Frei Otto vor, dass Deutschland auch im Tunnelbau Weltklasse sei, und er findet es „respektlos, dass sich Nichtfachleute, und das ist in diesem Fall auch Frei Otto, Urteile darüber erlauben"[8]. Otto hatte auf die von Geologen erinnerten schwierigen Untergrundverhältnisse mit dem Anhydritproblem hingewiesen; dieses war allerdings in einem fragwürdigen Entscheidungsprozess „weggewogen" worden. Darf ein *Architekt* danach nie wieder auf eine *geologische* Problematik hinweisen? Darf er nicht mehr vernetzend denken?

VIII

„Die Wirkung eines feuerspeienden Berges,
so furchtbar malerisch auch das Bild ist,
ist doch immer auf einen sehr kleinen Raum eingeschränkt." *(Kosmos I, 188)*

Der feuerspeiende Berg ist nicht auf einen kleinen Raum eingeschränkt, sondern geophysikalisch-räumlich vernetzt. Eingeschränkt ist nur die Wahrnehmung und Wirkung des Bildes vom feuerspeienden Berg. „Wenn man Nachricht vom täglichen Zustand der gesamten Erdoberfläche haben könnte, so würde man sich sehr wahrscheinlich davon überzeugen, dass fast immerdar an irgendeinem Punkt diese Oberfläche erbebt." (Kosmos I, 189)

Wir leben heute tatsächlich in einer Ära, die sich Humboldt nur fiktional vorstellen konnte:

„(Die] 24-Stunden-Sender [bringen] die Nachrichten von Katastrophen in Sekundenschnelle auf die Bildschirme (...), während die Ursachen dieser Desaster immer komplexer werden: Klimawandel, globale Finanzkrise, rapides Bevölkerungswachstum, Wasser- und Energieverknappung, Migration, Welternährungskrise, Urbanisierung und endemische Armut. (...) Im letzten Jahrzehnt allein haben die UN im Schnitt über 392 Naturkatastrophen pro Jahr registriert – mehr als eine pro Tag. (...) Die Zusammenhänge sind oft kompliziert und vernetzt – ein genauer Zeitpunkt oder Auslöser (so wie bei Kriegen oder Erdbeben) kann nicht festgestellt werden. Ganze Regionen und ihre Bevölkerungen schlittern über Jahre hinweg immer tiefer in strukturelle Krisen, chronische Vulnerabilität und zunehmend akute Notlagen."[9]

Aber wir stellen fest, beim „ARD-Brennpunkt" wie beim „ZDF-Spezial" wie allgemein beim „Breaking News": Auch heute werden fast nur die spektakulären, die „furchtbar malerischen" Ereignisse zum Thema gemacht, vom Typ „feuerspeiende Berge" (oder der *eine* Tsunami oder die *eine* Explosion einer Ölbohrplattform im Golf von Mexiko). „Aber immer mehr Menschen leiden und sterben in den sogenannten ‚vergessenen Krisen' als in vielen der medial prominent präsentierten Konflikte und Katastrophen"[10], z. B. im Erdölfördergebiet des Nigerdeltas. So bleibt es bei der Meldung in den Massenmedien und Spendenaufrufen im Einzelfall; selten werden die Analyse und die „Volkshochschule" und die Politikberatung zwecks kollektivem Lernen und vorsorgendem Handeln geübt. Wenn schon nicht „malerisch", dann verdrängen und ignorieren.

Mitten in der Überschwemmungskatastrophe von Pakistan im Sommer 2010 sagte der UN-Generalsekretär ahnungsvoll: „Wir können nicht dastehen und zusehen, wie diese Naturkatastrophe zu einer von Menschen gemachten Katastrophe wird."[11]

Zurück zu den großen *Ereignissen* in der Natur im Hinblick auf ihre *Wirkung* auf die Menschen, so wie sie Humboldt beschreibt.

„Der innere Zusammenhang der geschilderten Erscheinungen ist noch in Dunkel gehüllt. Elastische Flüssigkeiten sind es gewiss, die sowohl das leise, ganz unschädliche, mehrere Tage dauernde Zittern der Erdrinde wie die sich durch Getöse verkündigenden furchtbareren Explosionen verursachten. Der Herd des Übels, der Sitz der bewegenden Kraft liegt tief unter der Erdrinde, wie tief wissen wir ebenso wenig, wie welches die chemische Natur so hochgespannter Dämpfe sei" (Kosmos I, 192).

Warum nennt Humboldt das alles nun plötzlich ein „Übel"? Obwohl er doch wenige Zeilen zuvor schildert: „In den tropischen Gegenden Amerikas, wo bisweilen in zehn Monaten kein Tropfen Regen fällt, halten die Eingeborenen sich oft wiederholende Erdstöße, die den niedrigen Rohrhütten keine Gefahr bringen, für glückliche Vorboten der Fruchtbarkeit und der Regenmenge" (Kosmos I, 191).

Viel öfter spricht er aber auch in diesem Zusammenhang von „Erscheinungen", die es zu deuten gilt. Dabei greift er wieder auf emotionale und tiefenpsychologische Kategorien zurück: „Wir müssen noch die Ursachen des unaussprechlich tiefen und ganz eigentümlichen Eindrucks berühren, welchen das erste Erdbeben, das wir empfinden, (...) zurücklässt. Ein solcher Eindruck, glaube ich, ist nicht Folge der Erinnerung an die Schreckensbilder der Zerstörung, welche unsrer Einbildungskraft aus Erzählungen (...) vorschweben. Was uns so wundersam ergreift, ist die Enttäuschung vom angeborenen Glauben an die Ruhe und Unbeweglichkeit des Starren, der festen Erdschichten. Von früher Kindheit sind wir an den Kontrast zwischen dem beweglichen Element des Wassers und der Unbeweglichkeit des Bodens gewöhnt, auf dem wir stehen. Alle Zeugnisse unsrer Sinne haben diesen Glauben befestigt. Wenn nun urplötzlich der Boden erbebt, so tritt geheimnisvoll eine unbekannte Naturmacht als das Starre bewegend, als etwas Handelndes auf. Ein Augenblick vernichtet die Illusion des ganzen früheren Lebens. Enttäuscht sind wir über die Unruhe der Natur; wir fühlen uns in den Bereich zerstörender, unbekannter Kräfte versetzt. Man traut gleichsam dem Boden nicht mehr, auf den man tritt" (Kosmos I, 193).

Die Natur erscheint als Handelnde, als unbekannte Macht, sie ist unruhig, sie zerstört. Aber aufgemerkt: Das erscheint uns nur so, *als etwas*.

Allerdings bleibt es nicht bei dieser „ängstlichen Unruhe", wie sie auch von Tieren immer wieder berichtet wird („Die Krokodile im Orinoco, sonst so stumm wie unsere kleinen Eidechsen, verlassen den erschütterten Boden des Flusses und laufen brüllend dem Wald zu" [Kosmos I, 193]). Der Mensch macht Erfahrungen, er lernt, er gewöhnt sich, er wägt Schaden und Nutzen ab, er bildet sich Meinungen. Er wird geprägt in einer sehr spezifischen Umgebung und Erfahrung, er wird in seiner Ontogenese „geerdet". Die daraus entstehende Vernunft ist nicht einfach universell zu beurteilen, sie ist auch „geopsychisch" als relativ zu erklären.

„Dem Menschen stellt sich das Erdbeben als etwas Allgegenwärtiges, Unbegrenztes dar. Von einem tätigen Ausbruchskrater, von einem auf unsere Wohnung gerichteten Lavastrom kann man sich entfernen, beim Erdbeben glaubt man sich überall, wohin auch die Flucht gerichtet sei, über dem Herd des Verderbens. Ein solcher Zustand des Gemüts, aus unserer innersten Natur hervorgerufen, ist aber nicht von langer Dauer. Folgt in einem Land eine Reihe von schwachen Erdstößen aufeinander, so verschwindet bei den Bewohnern fast jegliche Spur der Furcht. An den regenlosen Küsten von Peru kennt man weder Hagel noch den rollenden Donner und die leuchtenden Explosionen im Luftkreis. Den Wolkendonner ersetzt dort das unterirdische Getöse, welches die Erdstöße begleitet. Vieljährige Gewohnheit und die sehr verbreitete Meinung, als seien gefahrbringende Erschütterungen nur zwei- oder dreimal in einem Jahrhundert zu befürchten, machen, dass in Lima schwache Oszillationen des Bodens kaum mehr Aufmerksamkeit erregen als ein Hagelwetter in der gemäßigten Zone" (Kosmos I, 193 f.).

Wir sehen aus der Nähe nur den „furchtbar malerischen" Vulkanausbruch; in Wirklichkeit ist dies jedoch nur ein lokales Symptom für einen weltweit ständigen Prozess. Das Warten auf den Ausbruch eines Vulkans oder eines Erdbebens wird zum bloßen Abwarten. Ein solches Abwarten wäre aber in modernen Gesellschaften eine falsche Haltung, eine Verdrängung. Dies hätte im Falle gegenwärtig zu erwartender großer Ereignisse etwa in Los Angeles oder Istanbul verheerende Folgen – nicht weil die Natur ein zerstörerisches Übel ist, sondern weil an falscher Stelle falsch gebaut wurde und Vorsorge durch Vermeidung danach nicht mehr möglich ist oder weil der Staat versagt.

So ist die „Geopsyche" in traditionellen Gesellschaften etwas anderes als diejenige in modernen Gesellschaften mit ihrer unvergleichlich größeren Verwundbarkeit. Das lässt sich im Vergleich der Wirkungen ein- und desselben Ereignisses auf verschiedene Techniken des Hütten- und Häuserbaues leicht beurteilen und bewerten, von den scheinbar unsichtbaren Lebensadern moderner Infrastruktur ganz abgesehen.

Ein Erdbeben im Oberrheingraben mit Wirkungen auf die dortigen Atomkraftwerke wäre jedenfalls keine *Natur*katastrophe. Und wenn im nuklearen Abfalllager der „Asse" Wasser in das Steinsalz eindringt und Fässer durchrosten, ist das zwar naturgesetzlich bedingt, aber in den Annahmen und Folgen keine Naturkatastrophe. Und wenn bei der geplanten Großuntertunnelung von „Stuttgart 21" das im dortigen Mergel häufige Mineral Anhydrit mit Wasser in Berührung kommt und um 50 % anschwillt („Salzsprengung"), dann hat das für Berg- und Tunnelbau sowie für die Finanzierung katastrophale Folgen, ist aber keine Naturkatastrophe. So wenig wie beim Anstich der Geothermie in der Stadt Staufen im Breisgau, als Häuser schwere Risse bekommen haben; auch das kann man nicht der Natur anlasten.

Das lernen wir nicht unmittelbar und auch nicht *metakognitiv* bei Humboldt; aber wir lernen in seinem geologischen und klimatologischen und biologischen Naturgemälde, welche Sachkunde möglich, verfügbar und geboten ist, wenn man in den Naturhaushalt eingreift oder sich darin einrichtet. Und im *Transfer* lernen wir, dass wir verletzlicher sind als eine Rohrhüttengesellschaft, die auf Regen wartet und ansonsten Erdbebengrollen im Alltag so gut kennt und ignoriert wie wir einen Gewitterdonner.

Damit sind wir bei einer weiteren durchaus emotionalen Kategorie, nämlich dem „Naturgenuss". Die Natur selbst wird von Humboldt in Variationen beschrieben als eine „Einheit in der Vielheit, ein lebendiges Ganzes, die sich aus der denkenden Betrachtung" (Kosmos I, 14) ergibt. Die denkende Betrachtung, das Sammeln, Prüfen, Einordnen, Bestimmen erfasst den „Geist der Natur, welcher unter der Decke der Erscheinungen verhüllt liegt" (Kosmos I, 15). Darin liegt die erhabene Bestimmung des Menschen. Die Beherrschung der *Sinnenwelt* (Empirie) durch *Ideen*.

IX

„Auf diesem Wege reicht unser Bestreben
über die enge Grenze der Sinnenwelt hinaus;
und es kann uns gelingen,
die Natur begreifend,
den rohen Stoff empirischer Anschauung
gleichsam durch Ideen zu beherrschen." (Kosmos I, 15)

Hier finden wir eine geistesgeschichtlich-philosophische Spur zur Ladung einer vernünftigen Empirie mit einer vorhergehenden Idee. „Zuvörderst" denkt Humboldt dazu über „die verschiedenen Stufen des Genusses nach, welchen der Anblick der Natur gewährt" (Kosmos I, 15). Die erste Art des Genusses ist der „offene kindliche Sinn des Menschen beim Eintritt in die freie Natur und das dunkle Gefühl des Einklangs, welcher im ewigen Wechsel ihres stillen Treibens herrscht" (Kosmos I, 15). Die andere Art des Genusses gehört der „vollendeteren Bildung des Geschlechts und dem Reflex dieser Bildung auf das Individuum: Einsicht in die Ordnung des Weltalls und in das Zusammenwirken der physischen Kräfte" (Kosmos I, 14). Die erste Stufe dabei ist „das Gefühl der freien Natur", ein dumpfes Ahnen ihres „Bestehens nach inneren ewigen Gesetzen". Darin ruht „eine geheimnisvolle Kraft", erheiternd, lindernd, stärkend, erfrischend für den ermüdeten Geist. „Ernstes und Feierliches" „entspringt aus dem fast bewusstlosen Gefühl höherer Ordnung und innerer Gesetzmäßigkeit der Natur, aus dem Eindruck ewig wiederkehrender Gebilde, wo in dem Besondersten des Organismus das Allgemeine sich spiegelt; aus dem Kontrast zwischen dem sittlich Unendlichen und der eigenen Beschränktheit, der wir zu entfliehen streben" (Kosmos I, 15). Die zweite Stufe dieser Art des Naturgenusses ist dem „individuellen Charakter einer Gegend" zu verdanken: „Die Größe der Naturmassen im wilden Kampf der entzweiten Elemente", „ein Bild des Unbeweglich-Starren", „der Anblick der bebauten Flur", der Ozean als „große Naturszene", „das Himmelsgewölbe in der Milde tropischer Nächte", die Waldtäler der Cordilleren, die horizontale Wolkenschicht am Pic von Teneriffa:

„In diesen Szenen ist es nicht mehr das stille, schaffende Leben in der Natur, ihr ruhiges Treiben und Wirken, die uns ansprechen; es ist der individuelle Charakter der Landschaft, ein Zusammenfließen der Umrisse von Wolken, Meer und Küsten im Morgenduft der Inseln; es ist die Schönheit der Pflanzenformen und ihrer Gruppierung. Denn das Ungemessene, ja selbst das Schreckliche in der Natur, alles was unsere Fassungskraft übersteigt, wird in einer romantischen Gegend zur Quelle des Genusses. Die Phantasie übt dann das freie Spiel ihrer Schöpfungen an dem, was von den Sinnen nicht vollständig erreicht werden kann; ihr Wirken nimmt eine andere Richtung bei jedem Wechsel in der Gemütsstimmung des Beobachters. Getäuscht, glauben wir von der Außenwelt zu empfangen, was wir selbst in diese gelegt haben" (Kosmos I, 16).

„Der Zauber der Sinnenwelt", die das Gemüt in der Einheit der Ideen und Gefühle bestimmt, und das Zergliedern nach leitenden Ideen von den wirkenden Kräften der Natur hinter einer bestimmten Gestalt – das wären also die zwei Seelen des Naturfor-
schers, der „Naturgemälde" herstellt.

Das wäre zugleich eine Einbindung in Begründungsprobleme der Aufklärung (auf
die wir hier in der didaktischen Reduktion nur hinweisen wollten).[12] Nach Kant sind vor
philosophischen Aussagen über Gott, Natur, Seele des Menschen die Möglichkeiten
und Grenzen der Vernunft zu untersuchen. Die sinnliche Erfahrung ist danach geordnet
durch „Anschauungsformen" in Raum und Zeit; die begriffliche Ordnung durch den Verstand ist gebunden an „Kategorien" (wie Einheit und Vielheit, Ursache und Wirkung);
die Vernunft orientiert sich an „Ideen" (Gott als erste Ursache der Welt, Universum als
Inbegriff des Ganzen in der Welt, Zielgerichtetheit der Natur als Prinzip des Lebens, un-
sterbliche Seele als Ausgangspunkt von Wissen und freiem Willen), wenn sie einen Zusammenhang des Wissens herstellt oder moralische Entscheidungen trifft. Ob „die
Wirklichkeit" als „Ding an sich" nach *Anschauungsformen, Kategorien und Ideen* geordnet ist, können wir nicht „wissen"; aber wir können uns darüber als *mögliche* allge-
meingültige Regeln der Produktion vernünftigen Wissens orientieren und verständigen.

Freilich gibt es bei Humboldt dabei noch eine heikle kulturelle Komplikation: Die Bewohner der Tropenwelt erleben im „Andrang roher Naturgefühle nur Bewunderung und
dumpfes Erstaunen". Bei den „Ursachen, welche in vielen Teilen dieses glücklichen
Erdstrichs dem lokalen Entstehen hoher Gesittung entgegentreten, sind die Vorteile eines leichteren Erkennens jener Gesetze unbenutzt geblieben" (Kosmos I, 25).

Sind diejenigen, die dieses Erkennen nicht vollziehen, denn deshalb ohne Naturanschauung? Oder sind sie gar keine Menschen der Art, dass sich ihnen „in hoher Gesittung" etwas im leichten Erkennen darbietet? Ein Umkehrschluss, der die Differenzierung
von Humboldt problematisch macht.[13]

Zwar: „Nicht ohne Überraschung bemerkte ich auch an den waldigen Ufern des Orinoco bei den Kinderspielen der Wilden unter Volksstämmen, welche auf der untersten
Stufe der Rohheit stehen, dass ihnen die Erregung der Elektrizität durch Reibung bekannt ist" (Kosmos I, 168).

Aber: „Tiefere Einsicht in das Wirken der physischen Kräfte hat sich doch nur, wenngleich spät, bei den Volksstämmen gefunden, welche die gemäßigte Zone unserer Hemisphäre bewohnen. Von daher ist diese Einsicht in die Tropenregion und in die ihr nahen Länder durch Völkerzüge und fremde Ansiedler gebracht worden, eine Verpflanzung
wissenschaftlicher Kultur, die auf das intellektuelle Leben und den industriellen Wohlstand der Kolonien wie der Mutterstaaten gleich wohltätig eingewirkt hat" (Kosmos I, 25).

Damals war ein Buch wie das des UN-Sonderberichterstatters zum „Recht auf Nahrung", dem Schweizer Jean Ziegler, noch nicht erschienen: „Der Hass auf den Westen"
(Ziegler 2009). Aber dass es den fremden Ansiedlern nicht um Verpflanzung wissen-

schaftlicher Kultur und intellektuellen Lebens in den Kolonien ging, das hätte Humboldt mitdenken können. Er wusste doch von den Gräueln von Staats, der Kirche und der Geschäfte wegen, als er sich gegen die Sklaverei wendete. Und er erwähnt doch selbst die wissenschaftlichen und kulturellen Höchstleistungen, die nicht in der gemäßigten Zone der westlichen Hemisphäre entstanden sind: Die Navigationskünste der Chinesen[14] oder „die herrlichsten Blüten des Menschengeschlechtes" in der indischen Kultur. Wie wichtig ist es da, ob deren Urzelle nun gerade noch innerhalb der Wendekreise gelegen hat oder etwas weiter nördlich?

„Verpflanzung wissenschaftlicher Kultur" mit gleich wohltätiger Wirkung auf intellektuelles Leben und industriellen Wohlstand für Kolonien und „Mutterstaat"? Diese Hypothese wäre ein Lernanlass der dritten Art.

Der französische Präsidentschaftskandidat Sarkozy hatte am 7.2.2007 gesagt: „Der europäische Traum, der Traum Bonapartes in Ägypten, Napoleons III. in Algerien, Lyauteys in Marokko, (...) war weniger ein Eroberungstraum als ein zivilisatorischer Traum." Sarkozy hatte den Dichter Aimé Césaire um einen Empfang gebeten. Dieser übergab ihm aber zum Abschied seinen *Discours sur la colonialisme* (1950). Darin heißt es:

„Entscheidend ist hier, klar zu sehen, klar zu denken, klar zu verstehen, klar auf die unschuldige Ausgangsfrage zu antworten: Was ist die Kolonisierung dem Prinzip nach? Einigkeit darüber zu erzielen, was sie keinesfalls ist; weder Missionierung noch philanthropisches Unternehmen, noch das Bestreben, die Grenzen der Unwissenheit, der Krankheit, der Tyrannei zurückzudrängen, noch der Wunsch, zum höheren Ruhme Gottes oder zur Ausbreitung des Rechts beizutragen; ein für alle Mal zuzugeben, dass wir es hier maßgeblich mit den Beweggründen des Abenteurers und Piraten zu tun haben, des Gewürzgroßhändlers und Reeders, des Goldsuchers und Kaufmanns, der Gier und der Gewalt, und im Hintergrund dem unheilvollen Schatten einer Zivilisation, die in einem bestimmten Augenblick ihrer Geschichte den inneren Zwang verspürt, den ganzen Erdball mit der Konkurrenz ihrer widerstreitenden Volkswirtschaften zu überziehen, (...) Europa ist moralisch und geistig unentschuldbar."[15]

So tändelt das Mobile nun im Winde: War Humboldt nun der bedingungslose Vertreter einer universalen Würde des Menschengeschlechts, das sich natürlich in ihren Kulturen unterscheidet? Oder unterscheidet er relational zum eigenen Kulturkreis incl. Christentum und Klima? Und was wäre dann die Idee dahinter?

X
„Man darf sich nicht schmeicheln,
auf einmal eine Menge so verwickelter Probleme lösen zu können."[16]

Das Schreiben, Lesen und Verstehen geographischer Texte ist ein weiteres Leitmotiv, das wir mit Alexander von Humboldt reflektieren können.[17] Humboldt schreibt z. B. in

seinem Text „Ueber den Einfluss der Abweichung der Sonne auf den Anfang der Aequatorial-Regen" (1818) über „die wahren Gesetze der Natur", die aber nur unter bestimmten Umständen sichtbar werden. Wir erfahren – so Humboldt – etwas über die
Meteorologie der gemäßigten Zonen, indem wir zwischen die Wendekreise gehen und
hier die Naturgesetze ohne die in den gemäßigten Zonen „störenden Ursachen" studieren. Das „Buch der Natur" enthält für Humboldt diese Gesetzestexte, die im Prinzip erreichbar und entzifferbar sind, aber: „Man darf sich nicht schmeicheln, auf einmal eine
Menge so verwickelter Probleme lösen zu können." (Kosmos I, 71) Dies zeugt im Umkehrschluss von der Vorstellung, in den von störenden Ursachen freien Tropen eine *geschlossene* Ganzheit von Ursachen und Wirkungen erfahren bzw. ablesen zu können,
im Bilde: Ein verwickeltes Problem zu „entwickeln" und damit zu lösen. Diese Vorstellung basiert auf einem bestimmten Bild; bevor Humboldt es aufgeschrieben hat, war er
bereits „im Bilde".

Mit Hilfe eines solchen Bildes scheint Humboldt von einer wissenschaftlichen Fort-
schrittsbewegung überzeugt zu sein. Der Fortschritt wird ermöglicht durch Suchen, Finden und Aufschreiben von festen Gesetzen, die im Buch der Natur bereits geschrieben
sind, Diese werden aber erst dadurch lesbar, dass man störende Umstände, ein Rauschen identifiziert und ausschließt. Durch diese Entschleierung wird ein neuer Text, ein
Naturgemälde möglich, die Humboldt daraus verfertigt. Es gibt also einen Text der Natur, dieser wird in einem Verstehensprozess in einen Text des Beobachters überführt.

Aber der Humboldtsche Text über den Beginn des Äquatorialregens enthält dann
doch – hinter dem Rücken des Produzenten? – die Einsicht, dass die Tropen nicht abgegrenzt, ohne „störende Umstände" sind; denn nach seinen Beobachtungen muss er
annehmen, „dass die Ursache, welche den Anfang des Regens unter den Tropen bedingt, keine locale ist" (Kosmos I, 78). Er müsste also nicht nur in die Tropen reisen,
sondern auch noch in „die höheren Luftströme", deren „genauere Kenntnis (…) die so
verwickelt scheinenden Probleme aufhellen würde" (Kosmos I, 78). Humboldt ist also
Jahrzehnte später im „Kosmos" hin- und hergerissen; auf der einen Seite das Bild von
der reinen Naturgesetzlichkeit der Tropen, so dass es ihm immer geschienen habe,
dass die Meteorologie ihr Heil und ihre Wurzel wohl zuerst in der heißen Zone suchen
müsse, „in jener glücklichen Region, wo stets dieselben Lüfte wehen, wo Ebbe und
Fluth des atmosphärischen Druckes, wo der Gang der Hydrometeore, wo das Eintreten
electrischer Explosionen periodisch wiederkehrend sind" (Kosmos I, 178). Auf der anderen Seite muss er einräumen, dass auch in den Tropen die „Unzugänglichkeit der
[atmosphärischen] Erscheinungen sich zu der Vervielfältigung und Complication der
Störungen gesellt". Der Text, den die Natur schreibt, passt also nicht zu dem Text des
Beobachters, der einfachere Ursache-Wirkungs-Gesetze in den Tropen ablesen will und
erkennt: Nicht nur kann die „Meteorologie der heißen Zone" doch kein Licht über die
„Meteorologie der gemäßigten" (Kosmos I, 72) verbreiten, sie ist vielmehr selbst viel-

fältig und kompliziert. Sie ist *chaotisch* im naturwissenschaftlichen Sinne der *Entropie* – das Streben nach maximaler Durchmischung und dem Ausgleich von Differenz; sie ist *polyvalent* und *kontingent* – es könnte so sein, es könnte aber auch ganz anders sein – und sie ist *emergent* – wir kennen die Gesetze aus dem Buch der Natur, aber sie umfassen nicht den ganzen Einzelfall, manches können wir kausal nicht bis zu Ende erklären oder prognostizieren.

Wenn wir gerade die Höhenstufen im Hochgebirge nach Humboldt verstanden haben und den Text vom vertikalen Temperaturgradienten, wonach es nach oben immer kälter wird, $1°$ C pro 100 Meter, stehen wir plötzlich in einer Temperaturinversion auf einem warmen Berggipfel über einem Kaltluftsee – kalte Luft sinkt bekanntlich ab.

Her mit der einfachen Erklärung, die neben dem grundlegenden Gesetz der Natur die Umstände des einzelnen Falles erkenn- und verstehbar macht!? Wie können wir eine *Inversion*, also Umkehrung einzelner Naturgesetze in ihr Gegenteil verstehen? Was können wir aus dem einfachen Gesetzestext *deduzieren*, was können wir aus der Beobachtung im Einzelfall *induzieren*? Im Kritischen Rationalismus suchen wir von vornherein nach deduktiven *und* induktiven Aussagen und formulieren daraus Texte mit vorläufiger Gültigkeit; das könnte man aus der Widersprüchlichkeit der zitierten Humboldtschen Sätze auch bereits ableiten. Schritt für Schritt.

XI
„Indem wir die Einheit des Menschengeschlechts behaupten,
widerstreben wir auch jeder unerfreulichen Annahme
von höheren und niederen Menschenrassen.
Es gibt bildsamere, höher gebildete, durch geistige Kultur veredelte,
aber keine edleren Volksstämme." (Kosmos I, 325)

In keinem Abschnitt im „Kosmos" kommt mir Humboldts Denken mehr einem tanzenden „Mobile des Wissens" (vgl. Ette 2009) gleich als in seinen Gedanken über das „Menschengeschlecht" und die „Menschenrassen". Humboldt bleibt zunächst bei seinem Leisten der Beobachtung, Dokumentation und Vernetzung und überschreibt dies als „Geographische Verbreitung der Menschenrassen – Übersicht der Nahrungsweise und der Volksdichtigkeit in den Ackerbauländern, auch manches zur Physik der Menschen".

Humboldt hat auf über 300 Seiten im Band I des „Kosmos" ein komplettes „Naturgemälde" über den „uranologischen" und den „tellurischen Teil des Kosmos" angefertigt, eingeleitet von starken Teilen zu seiner wissenschaftlichen Betrachtungsweise. Dann aber schreibt er am Ende auf nur noch knapp acht Seiten Folgendes:

„Es würde das allgemeine Naturbild, das ich zu entwerfen strebe, unvollständig bleiben, wenn ich hier nicht auch den Mut hätte, das Menschengeschlecht in seinen physischen Abstufungen, in der geographischen Verbreitung, seiner gleichzeitig vorhande-

nen Typen, im Einfluss, welchen es von den Kräften der Erde empfangen und wechselseitig, wenngleich schwächer, auf sie ausgeübt hat, mit wenigen Zügen zu schildern"
(Kosmos I, 320).

Das Menschengeschlecht ist danach abhängig vom Boden und meteorologischen
Prozessen, wenn auch weniger als Pflanzen und Tiere; es kann nämlich den Naturgewalten „durch Geistestätigkeit und stufenweise erhöhte Intelligenz wie durch eine wunderbare, sich allen Klimaten aneignende Biegsamkeit des Organismus leichter" (Kosmos I, 320) entgehen.

„Das dunkle und vielbestrittene Problem von der Möglichkeit gemeinsamer Abstam-
mung" gehöre wegen dieser Eigenschaften in den „Ideenkreis einer physischen Weltbeschreibung". „In wenigen Zügen" wird da die Anthropogeographie skizziert, nach
denselben Grundsätzen wie auch die Beobachtung der Natur: „Wissenschaft fängt erst
da an, wo der Geist sich des Stoffes bemächtigt, wo versucht wird, die Masse der Erfahrungen einer Vernunfterkenntnis zu unterwerfen" (Kosmos I, 59). „Die Außenwelt
existiert aber nur für uns, indem wir sie in uns aufnehmen, indem sie sich in uns zu einer Naturanschauung gestaltet"[18], offensichtlich auch so, wie einige -zig Seiten den diversen Abweichungen der Magnetnadel, den Fischen in silurischen Transitionsschich-
ten und der organischen und anorganischen Chemie gewidmet wurden.

Damit stoßen wir im „Physikalischen Atlas"[19] auf die achte Tafel „Verschiedenes zur
Anthropogeographie", darin die Teilkarten „Beschäftigungsweise", „Religionen", „Regierungsweise" und „Geistige Bildung". Und da beginnt das Mobile zu tanzen.

- Die „gesamte Menschenmenge" wird nach der *Beschäftigungsweise* aufgeteilt in
  (1) Ackerbauern, Sesshafte (83 %), (2) Hirten, Wanderer, Nomaden (16 %), (3) Jäger
  und Fischer (1 %).
- Nach den *Religionen* gibt es weltweit 6 Gruppen: (1) Christen (30,7 %), (2) Juden
  (0,3 %), (3) Mohammedaner (15,7 %), (4) Brahmadianer (13,4 %), (5) Buddhisten
  (31,2 %), (6) Heiden (8,7 %).
- Nach der *Regierungsweise* gibt es drei Variationen zu unterscheiden: (1) Unbeschränkte, absolute Monarchien (noch einmal differenziert nach Despotien und
  Tyranneien) (78 %), (2) Beschränkte, ständische Monarchien (19 %), (3) meist demokratische Republiken (3 %).
- Bei *Geistige Bildung* heißt es: „Das Maximum derselben ist in den Christlichen Ländern, vorzugsweise der Protestanten, daher diese hier im vollen Lichte (weiss) erscheinen, das Minimum oder eine gänzliche Finsternis des Geistes ist in den Ländern der Heiden, die hier am dunkelsten, während die Übergänge durch Schattie-
  rung bezeichnet sind. Christliche Cultur: Höchste 8 Proc., mittlere 6 Proc., niedrigste
  5 Proc., Mohammedanische Cultur 15,7 Proc., (höchste Blüte in Arab., Aegypt., Iran);
  Chinesische Cultur 34 Proc., Brahmanische Cultur 14 Proc. der gesamten Menschenmenge."

Jemand, der so genau beobachtet und sich der konstruktivistischen Basis seiner Wissenschaft voll bewusst gezeigt hat, liefert hier den Stoff für eine Karte der ganzen Welt, mit Erdteilen, die er nie gesehen hat, auf die Stelle hinter dem Komma genau. Wo seine sozialen oder kulturellen Kategorien nicht ausreichen, wird einfach das Reich der Finsternis kartiert („Gänzliche Finsternis des Geistes in den Ländern der Heiden").

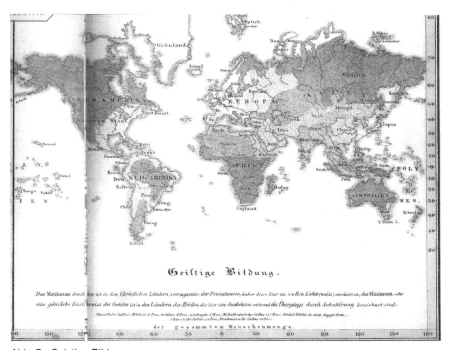

Abb. 7: „Geistige Bildung.
Das Maximum derselben ist in den Christlichen Ländern, vorzugsweise der Protestanten, daher diese hier im vollen Lichte (weiss) erscheinen; das Minimum oder eine gänzliche Finsterniss des Geistes ist in den Ländern der Heiden die hier am dunkelsten, während die Übergänge durch Schattirung bezeichnet sind.
Christliche Cultur: Höchste 3 Proc., mittlere 6 Proc, niedrigste 5 Proc, Mohammedanische Cultur 15,7 Proc. (höchste Blüte in Arab., Ägypt. Iran); Chinesische Cultur 34 Proc.; Brahminische Cultur 44 Proc."

Spätere Adepten einer solchen „zu einfachen Weltanschauung" haben daraus dann „Zehn Kulturerdteile" konstruiert und sich dabei ebenso von den „physischen Abstufungen" wie in einigen äußerlichen Erscheinungen von Rassen und Wirtschaftsweise leiten lassen, bis sie schließlich bei einem „Kulturerdteil Schwarzafrika" landeten. Hier kann der Einordnung von Humboldt als einer der beiden Väter auch noch der Anthropogeographie neben Friedrich Ratzel (u. a. bei Wikipedia) nicht gefolgt werden.

Umso spannender ist es, wissenschaftstheoretisch, politisch und didaktisch, zu verstehen, wie sich Humboldt zu einem solchen Bild vom „Menschengeschlecht" in seiner sonst so hoch reflektierten Manier versteigen konnte. Es war sicher nicht seine Absicht und auch kein Opportunismus gegenüber seinen Gönnern und Bewunderern, eine globale Leitkultur und Überlegenheit zu behaupten. Aber was war dann der Grund? Die Idee vom „Ganzen" und vom „Kausalen" und von der universalen Übertragbarkeit der sammelnden, beschreibenden, klassifizierenden Naturwissenschaft?

Offensichtlich wird von Humboldt ein Kulturbegriff verwendet, der sich durch „höhere geistige Bildung" definiert. Eine andere Lebensart wäre demnach definitionsgemäß kulturlos oder „roh". Das würden wir heute nicht mehr akzeptieren, nicht aus Gründen der politischen Korrektheit, sondern der sachlichen Angemessenheit.

Eine einfache Definition von Bourdieu zeigt den Unterschied: „Zu oft wird vergessen oder verkannt, dass die Kultur eine spezifische Art und Weise darstellt, die Existenz ins Auge zu fassen, die Art und Weise, die sich jedem Mitglied der Gemeinschaft von seiner Geburt an bietet und die niemand geschaffen hat, obwohl sie nur vermittels aller existiert; dass sie von einem ursprünglichen und einzigartigen ‚Geist' beseelt ist, an dem alle zugleich Anteil haben, während sie ihn in ihrem gemeinsamen Leben und durch es konstituieren; und dass ihr eine ‚Intention' (...) innewohnt, die als Sediment, als vorbewusste Intention ganz wie die Sprache von den Individuen erlebt und agiert wird, noch bevor sie von ihnen als solche gedacht wird" (Bourdieu 2010, 86).

Wenn man etwa bei Lévi-Strauss (Lévi-Strauss 1973, 14, 15, 16 f.) erfährt, wie souverän indigene Völker z. B. mit Pflanzen umgehen oder Aborigines mit räumlicher Orientierung (Boroditsky 2010), wo „wir" individuell nahezu Analphabeten sind, während „wir" besser mit Geld, Maschinen und Waffen umgehen können, dann wird deutlich, dass man nicht einfach das eine „Rohheit" und das andere „Kultur" nennen darf.

Bourdieu schlägt vor, Forschungen zum Menschengeschlecht, also Ethnologie, als eine Art *Soziale Psychoanalyse* zu betreiben, weil dies zugleich ein äußerst wichtiges Selbsterkennungsinstrument wäre, mit der sich das kulturelle Unbewusste erfassen lässt (...): mentale Strukturen und Vorstellungen, die Phantasmen, Phobien, Ängsten zugrunde liegen. Und zu diesem kulturellen Unbewussten sind auch all die Spuren der Kolonisation, der Effekt der Demütigungen zu zählen" (Bourdieu 2010, 354).

Humboldt waren doch die Spuren der Kolonisation und der kulturellen Demütigung durch die Sklaverei und global betriebene Ausbeutung bewusst gewesen!?

Mit und an Alexander von Humboldt können wir lernen, wie ein Forscherleben und wie Wissenschaft von Ideen geleitet werden und wie dieses betrachtet, interpretiert und bewertet werden kann. Humboldt als „Wissenschaftsnomade", als „Querdenker", als „Zusammenlebenswisser", als vielperspektivischer Beobachter: „Daraus – und dies ist gerade für unser Denken im 21. Jahrhundert von größter Bedeutung – ergab sich die Einsicht, dass Ordnungen (gerade auch auf der Ebene der Weltkulturen) nicht länger als statische Systeme, sondern vielmehr als Formen einer beweglichen, mobilen Vielverbundenheit vorstellbar sind und gedacht werden können" (Ette 2009, 212, 28, 30, 34, 224). Humboldt ist dafür eine besonders würdige Figur. Umso spannender ist die Entdeckung und Analyse seiner verbleibenden Widersprüchlichkeit. Dies kann irritieren, kreativ interpretiert werden und zu einem reflektierten Umgang mit Wissenschaft führen.

Ich würde diese teils hermeneutische, teils wissenschaftssoziologische Aufgabe – etwas ungewöhnlich – didaktisch zünden und weiter führen mit drei Zitaten, die sich ihrerseits nicht selbst erklären und gerade deshalb die Reflexionskompetenz von Lehrenden und Lernenden schulen können. Da alle drei Sätze gleichermaßen hoch geladen sind, könnte sich jeder Zuhörer oder Leser (oder Schüler oder Student) einen Satz auswählen und als Basis der Betrachtung interpretieren.

> 1. *„Mich erstaunen Leute, die das Universum begreifen wollen,*
> *wo es schwierig genug ist, in Chinatown zurecht zu kommen."*[20]
> oder
> 2. *„Wir sehen die Dinge nicht, wie sie sind; wir sehen die Dinge, wie wir sind."*[21]
> oder
> 3. *„Für einen Wurm im Meerrettich besteht die Welt aus Meerrettich."*[22]

Ich möchte diese Sätze nicht selbst interpretieren. Seht selbst!

Eine These dabei kann die Würdigung von Ottmar Ette sein: „Wirkliche Bildung zielte für Alexander von Humboldt vielmehr auf eine Kernkompetenz: die Fähigkeit zum Zusammendenken. Sie bildet die entscheidende Grundlage eines Zusammenlebens in wechselseitiger Achtung der Differenz. Nicht nur in der Natur ist für Humboldt alles Wechselwirkung" (Ette 2009, 32).

Die drei Provokations-Sätze reiben sich alle am bekannten konstruktivismus-verdächtigen Zitat von Humboldt:

> *„Getäuscht,*
> *glauben wir von der Außenwelt zu empfangen,*
> *was wir selbst in diese gelegt haben."* *(Kosmos I, 16)*

Was haben wir hineingelegt? Eine Art der Beobachtung? Die naturwissenschaftliche Priorität bei der Auswahl der Einzelheiten? Den Versuch der Vernetzung zu Ganzheiten? Die Parallelität der physischen Natur mit dem Menschengeschlecht im Hinblick auf dessen Prägung durch die Natur? Die Einsicht in die Relationalität der menschlichen Erkenntnis?

Humboldt war ein Kind seiner Zeit. Das ist keine Trivialität und natürlich kein Vorwurf, soll aber mitgedacht werden.

Denn auch wir sind Kinder unserer Zeit. Auch das soll mitgedacht werden. Und das kann man womöglich leichter und klarer bei anderen lernen als bei sich selbst. Wenn man sich der eigenen Maßstäbe bei Beurteilung und Bewertung klar wird und danach die Anwendung und den Transfer auf die eigene Domäne nicht vergisst, hätte man etwas von oder durch die Befassung mit Humboldt gelernt.

Ich schließe mit einem Sinnspruch wie am Anfang, nur dass er diesmal nicht auf das Tier[23] gemünzt wird; egal, welche Version nun authentisch ist, die vom Tier oder die vom Baum, lohnt sich die Selbstreflexion und eine kritische Diskussion von Moral: *Was wird beobachtet, wer spricht, wem nützt es?*

XII
„Habt Ehrfurcht vor dem Baum,
er ist ein einziges großes Wunder,
euren Vorfahren war er heilig.
Die Feindschaft gegen den Baum
ist ein Zeichen der Minderwertigkeit eines Volkes
und von niederer Gesinnung des Einzelnen."[24]

Abb. 8: Alexander von Humboldt als gesamtdeutsches kulturelles Erbe.

Der Beitrag ist eine erweiterte Fassung der Abschiedsvorlesung an der Universität Jena am 11. Februar 2011.

Anmerkungen

1   Wilhelm und Alexander von Humboldt und Goethe bei Schiller in Jena. Holzstich von W. Aarland nach einer Zeichnung von Andreas Müller. Aus: Die Gartenlaube, 1860, 229. Archiv der Alexander-von-Humboldt-Forschungsstelle, Berlin. – Dies führt dann zu einer in Kreisen der Friedrich-Schiller-Universität gern bemühten Pointe für Festreden: „Goethe war unser Minister und Schiller unser Kollege."

2   Vgl. dazu die Jenaer Ausstellung (2002): Aufklärung und Romantik – Unversöhnlicher Gegensatz oder Dialog? Forschungsstätte für Frühromantik und Novalis-Museum Schloss Oberwiederstedt (Text von Ludwig Stöckinger), zusammengefasst in diesem Abschnitt.

3   http://www.gutzitiert.de/zitat_autor_alexander_freiherr_von_humboldt_thema_tiere_zitat_20066.html.

4   Dieses Zitat wird öfters Alexander von Humboldt zugeschrieben, stammt aber wohl von Wilhelm von Humboldt (Briefe an eine Freundin). Gleichwohl kann es hier als Zuschreibung an Alexander gelesen werden.

5   Auch dieses Zitat wird stets ohne Quellenangabe verwendet. Akzeptieren wir es dennoch sinngemäß.

6   Aus unvollständigen Beobachtungen und noch unvollständigeren Induktionen entstehen irrige Ansichten vom Wesen der Naturkräfte: „(...) Neben der wissenschaftlichen Physik bildet sich dann eine andere, ein System ungeprüfter, zum Teil gänzlich missverstandener Erfahrungskenntnisse. Wenige Einzelheiten umfassend, ist diese Art der Empirik umso anmaßender, als sie keine der Tatsachen kennt, von denen sie erschüttert wird. Sie ist in sich abgeschlossen, unveränderlich in ihren Axiomen, anmaßend wie alles Beschränkte: während die wissenschaftliche Naturkunde, untersuchend und darum zweifelnd, das fest Ergründete vom bloß Wahrscheinlichen trennt und sich täglich durch Erweiterung und Berichtigung ihrer Ansichten vervollkommnet." (Kosmos (hgg. von Hanno Beck, Darmstadt 1993) Bd. I, 27; alle Kosmos-Zitate stammen, soweit nicht anders angegeben, aus dieser Studienausgabe.). Diese Sätze würden etwa dem Kritischen Rationalismus eines Karl R. Popper entsprechen.

7   Jagd und Kampf der elektrischen Aale mit Pferden. Aus den Reiseberichten des Hrn Freiherr Alexander von Humboldt. In: Annalen der Physik, Halle 25 (1807) 1, 34-43

8   Dagmar Deckstein: „Bürger gegen Bagger". In: Süddeutsche Zeitung vom 27.08.2010.

9   Hansjörg Strohmeyer: Spenden allein reicht nicht. Megakatastrophen nehmen zu – warum wir ein globales Hilfswerk brauchen. In: Die Zeit 34/2010

10   Ebd.

11   Gastkommentar von UNO-Generalsekretär Ban Ki-hoon. In: Frankfurter Rundschau vom 21.08.2010.

12   Vgl. dazu die Ausstellungstexte „Aufklärung und Romantik" (Anm. 2).

13   Humboldt zitiert auf den acht Seiten im „Kosmos" zur Anthropogeographie zustimmend seinen Bruder Wilhelm zur Frage „großer und mächtiger Ideen", die früheren Gemütern und Völkern „in ihrer Reinheit fremd war. In der Wahrheit ihrer Milde sprach sie zuerst, ob es gleich nur langsam Eingang verschaffen konnte, das Christentum aus. (...) Die neuere Zeit hat den Begriff der Zivilisation lebendiger aufgefasst und das Bedürfnis erregt, Verbindungen der Völker und Kultur weiter zu verbreiten; auch die Selbstsucht gewinnt die Überzeugung, dass sie auf diesem Weg weiter gelangt als auf dem gewaltsamer Absonderung." („Über die Kawi-Sprache") (Kosmos I, 326).

14   „So uralt auch bei den westlichen Völkern die Kenntnis der Ziehkraft natürlicher Eisenmagne-

te zu sein scheint, so war doch (...) die Kenntnis der Richtkraft einer Magnetnadel, ihre Beziehung auf den Erd-Magnetismus nur dem äußersten Osten von Asien, den Chinesen, eigentümlich. Tausend und mehr Jahre vor unserer Zeitrechnung ... hatten die Chinesen schon magnetische Wagen, auf denen der bewegliche Arm einer Menschengestalt unausgesetzt nach Süden wies. (...) Ja, im dritten Jahrhundert nach unsrer Zeitrechnung, also wenigstens 700 Jahre vor der Einführung des Schiffskompasses in den europäischen Meeren, segelten schon chinesische Fahrzeuge im Indischen Ozean nach magnetischer Südweisung. Ich habe (...) gezeigt, welche Vorzüge dieses Mittel topographischer Orientierung diese frühe Kenntnis und Anwendung der dem Wesen unbekannten Magnetnadel den chinesischen Geographen vor den griechischen und römischen gegeben hat, denen z. b. die wahre Richtung der Apenninen und Pyrenäen stets unbekannt blieb" (Kosmos I, 158 f.).

15 Zit. nach Ziegler 2009, 80.

16 „Ueber den Einfluss der Abweichung der Sonne auf den Anfang der Aequatorial-Regen". In: Journal für Chemie und Physik XXIV (1818), 71-84

17 Die Idee und Grundgedanken zu diesem Abschnitt verdanke ich Barbara Zahnen (2007, 72-90)

18 Und weiter: „So geheimnisvoll unzertrennlich wie Geist und Sprache, der Gedanke und das befruchtende Wort sind, ebenso schmilzt, uns selbst gleichsam unbewusst, die Außenwelt mit dem Innersten im Menschen, mit dem Gedanken und der Empfindung zusammen. ‚Die äußerlichen Erscheinungen werden so', wie Hegel sich in der ‚Philosophie der Geschichte' ausdrückt, ‚in die innerliche Vorstellung übersetzt.' Die objektive Welt, von uns gedacht, in uns reflektiert, wird den ewigen, notwendigen, alles bedingenden Formen unserer geistigen Existenz unterworfen." (Kosmos I, 59 f.)

19 Dieses Kartenwerk stammt von dem Geographen und Kartographen Heinrich Berghaus (1797-1884), der über 40 Jahre mit Alexander von Humboldt befreundet war; seine kartographische Fassung der Humboldtschen Gedanken und Worte dürfte also einigermaßen kongruent sein.

20 Woody Allen: „I'm astonished by people who want to ‚know' the universe when it's hard enough to find your way around Chinatown."

21 Talmud

22 Jüdisches Sprichwort; vgl. Malcolm Gladwell: Was der Hund sah. Frankfurt/M. 2010

23 Hier könnte man auch über die Kette von Fragen nachdenken, die Humboldt im Juni 1802 beim Aufstieg auf den Chimborazo zu seinem Interesse an einer Fliege führte und hinter der man auch den ganzen Kosmos denken kann.

24 A. v. Humboldt, http://user.cs.tu-berlin.de/~ohherde/zitate1.htm

Zitierte Literatur (neben einzelnen Fußnoten)

Beck, Hanno 1993: Kommentar zur Studienausgabe des Kosmos Bd. II. Darmstadt

Boroditsky, Lera 2010: Wie prägt die Sprache unser Denken? In: Max Brockman (Hrsg.): Die Zukunftsmacher – Die Nobelpreisträger von morgen verraten, worüber sie forschen. Frankfurt/M. (amerik. Original 2009: What's next? Dispatches on the Future of Science. Original Essays from a New Generation of Scientists), S. 134-149.

Bourdieu, Pierre 2010: Algerische Skizzen. Berlin

Ette, Ottmar 2009: Humboldt und die Globalisierung. Frankfurt/M./Leipzig

Führer, Lieselotte 1959: Cotta. Geschichte eines Verlages. 1695-1959. Stuttgart

Humboldt, Alexander von 1993: Kosmos hrsg. von Hanno Beck. Darmstadt

Kehlmann, Daniel 2005: Vermessung der Welt. Reinbek

Kluge, Alexander u. Hans Magnus Enzensberger 2004: Die ganze Welt in einem Buch. In: Die Zeit 38/2004 (Onlineversion: http://www.zeit.de/2004/38/ST-Kluge).

Lévi-Strauss, Claude 1973: Das wilde Denken. Frankfurt/M. (Orig. 1962)

Zahnen, Barbara 2007: Lesen, Zeitlichkeit und das Geographische der Physischen Geographie. In: Geographsche Zeitschrift 95 (2007), 1+2, 72-90

Ziegler, Jean 2009: Der Hass auf den Westen. Wie sich die armen Völker gegen den wirtschaftlichen Weltkrieg wehren. München

3. Garten, Regenwald und Erdbeben

Mensch-Natur-Verhältnisse in einer Dritten Säule

Einleitung I: Begriffe und Präkonzepte

Die *Determination* des Menschen durch die Natur und die *Domination* des Menschen über die Natur sind seit eh und je der Kern geographischer Betrachtungen. Aber schon hier beginnt die Unterscheidung: *rôle determinant* oder *rôle dominant* – mit der Folge grundverschiedener Paradigmen zum Mensch-Natur-Verhältnis. Ein weiterer und feinerer Unterschied ist bereits die Wahl der Begriffspaare *Mensch – Natur* oder *Gesellschaft – Umwelt*.

Schon im Alten Testament wird diese Ambivalenz bemüht: Einerseits hat der Mensch den göttlichen Auftrag, sich die Erde untertan zu machen (Genesis 1,28 – *dominium terrae*); andererseits wird der Mensch von Gott verflucht: „Als aber der Herr sah, dass der Menschen Bosheit groß war auf Erden und alles Dichten und Trachten ihres Herzens nur böse war immerdar, da reute es ihn, dass er die Menschen gemacht hatte auf Erden. [...] Und er sprach: Ich will die Menschen, die ich geschaffen habe, vertilgen von der Erde" (Genesis 6-9; 1. Mose 6,17).

> „Zuerst regnet es ohne Unterlass. Dann bricht die Flut los. Das Wasser rauscht und hallt. Es läuft und rast. Es frisst Hütten, verschlingt Tiere, zerstört Wege und Straßen. Tote treiben auf dem Schwall, Höfe schwemmen voll. Es rumpelt, wirbelt, schäumt und ertränkt alles. Das Wasser wütet mit unbändiger Kraft und steigt 15 Ellen hoch an: 6 Meter 90. – Nur einer wird davon ausgenommen: Noah und seine Familie. Denn er ist ein rechtschaffener Mann. Der Einzige, der Gottes Wort befolgt. Durch Noahs Gehorsam wird den Menschen Rettung und Neuanfang ermöglicht. Das ist der moralische Kern der Sintflutlegende: Nur der fromme Mensch wird überleben. Und die theologische Lehre: Gottes Schöpfung kann der Mensch selber nie zu Fall bringen."[1]

Noahs Handeln richtet sich nicht auf das *Untertanmachen* der Erde oder die *Unterwerfung* seiner selbst, sondern auf ein der Natur oder der Schöpfung gegenüber gerechtes Leben. Das wäre zugleich der Kern der *Kultur*: Die Erfahrung der Sintflut und das verantwortliche *Ur- und Fruchtbarmachen* der Erde (lat. „cultura") statt eines ausbeuterischen Untertanmachens. In der Kultur wird der individuelle Mensch zum gesellschaftlichen Wesen. Damit ist für uns *Gesellschaft* der Dreh- und Angelbegriff, sie umkreist sich wechselseitig mit der *Natur als Umwelt*.

Damit haben wir drei Bestimmungen möglicher Natur-Mensch-Verhältnisse im Blick: Die *Unterwerfung* im Aktiv und im Passiv und die *Kultur* des Fruchtbarmachens. Und wir sind nun bereits aufmerksam auf die feinen Unterschiede in den Begriffen: Mensch/ Gesellschaft, Natur/Umwelt, Symptom/Syndrom, Kausalität/Kontingenz etc. Diese Unterschiede gilt es zu erkennen und in ihrer jeweiligen Ladung zu dekonstruieren.

Nun ist die Sünde nicht durch die Sintflut abschließend gesühnt, sondern die Menschen trachten in ihren Gesellschaften und ihren Kulturen weiterhin und ständig nach Überleben und Vorteil. Daraus ergeben sich zahlreiche Irritationen und Defekte, die man als Syndrome einordnen und betrachten kann, als typische multifaktoriell bedingte Krankheitsbilder. Diese gilt es zu erkennen, zu benennen und womöglich zu heilen.

Der Wissenschaftliche Beirat der Bundesregierung für Globale Umweltveränderungen (WBGU 1996) hat daraus ein Konzept gemacht, das *Syndromkonzept*. Voraussetzung einer Heilung ist zunächst das Erkennen und Mitteilen der Krankheiten: Diagnose, Prognose, Bewertung. Man kann die Krankheitsbilder (Symptome) zunächst der *Natursphäre* und der *Anthroposphäre* zuordnen. Zur Natursphäre könnten gehören der Klimawandel, die Bodendegradation, der Bedrohung der Biodiversität, Verknappung von Süßwasser, Übernutzung und Verschmutzung der Weltmeere und anthropogen verursachte (Natur-)Katastrophen. Zur Anthroposphäre kann man zählen die Bevölkerungsentwicklung, Welternährung, Weltgesundheit, Entwicklungsdisparitäten. Die ca. 80 vom WBGU aufgestellten Symptome werden in neun Sphären gebündelt (Biosphäre, Atmosphäre, Hydrosphäre, Bevölkerung, Pedosphäre, Wirtschaft, psychosoziale Sphäre, gesellschaftliche Organisation, Wissenschaft/Technik), in denen fachliche Teillösungen zu erwarten sind. Der WBGU definierte schließlich 16 Syndrome, die verschiedene Sektoren und Umweltmedien betreffen. Sie gelten als global relevant, weil sie den Charakter des Systems Erde verändern. Die identifizierten Syndrome teilte der WBGU in die drei Gruppen „Nutzung", „Entwicklung" und „Senken" ein (vgl. WBGU 1996, Schindler 2005).

Schon hier wird deutlich: es geht nicht mehr um einzelne Symptome, auch nicht mehr um einzelne Krankheiten, sondern um Komplexe von Kausalitäten und systemischen Prozessen bis hin zu *Kontingenzen* (etwas könnte auch ganz anders sein), *Emergenzen* (etwas lässt sich nicht abschließend klären) und *Resilienzen* (aus chaotischer Instabilität kann neue Stabilität entstehen). Das alles ist nicht nur Stoff für fachwissenschaftliche Beobachtung, denn die äußere Realität ist sowieso ungefächert. Es ist auch Stoff für die geographische Bildung in der Mischung von fachübergreifendem Wissen, Reflexion, Beurteilungs- und Bewertungskompetenz und wohlbegründetem Handeln (vgl. Rhode-Jüchtern 2009).

Im Folgenden soll nun auf Ausprägungen des Gesellschaft-Umwelt-Verhältnisses an drei Beispielen eingegangen werden: Garten, Regenwald, Erdbeben. Diese Beispiele sind paradigmatisch zu nehmen und reflektiert zu transferieren. Dabei ist zu achten auf geklärte Begrifflichkeiten, weil sonst schon hier – womöglich unbewusst und unbemerkt – Konfusion gestiftet werden kann. Dahinter stehen zumeist Präkonzepte von etwas. Zum Beispiel beim Begriff „Ordnung" könnte das *concept* sein, dass die Ordnung in der Natur etwas „Gutes" sei, die es deshalb in die Gesellschaft zu übernehmen gelte. Es ist aber eine Ordnung im ökologischen Sinne, also eines Kreislaufhaushaltes mit Fressen und Gefressenwerden. Das Gesetz des Dschungels kann natürlich in eine Gesellschaft übernommen werden, man müsste es dann aber eher z. B. „Raubtierkapitalismus" statt „Natürliches Gleichgewicht" nennen.

Natur kennt keine Moral. Natur kennt auch keine Katastrophen.

Einleitung II: Natur – Kultur

Beginnen wir mit einer Irritation: „Zwei Gefahren bedrohen unaufhörlich die Welt: die Ordnung und die Unordnung." (Paul Valéry[2]) – Wie kann denn A wahr sein und zugleich das Gegenteil B? Das ist nicht nur eine Frage der Logik. Auf jeden Fall aber ist die Frage unbequem. Man müsste nämlich den Begriff anstrengen. Vielleicht ist aber auch einfach die Frage falsch gestellt?

Man ist im Alltag, also ohne die Anstrengung des Begriffs, leicht geneigt, bestimmte Begriffe im Rang von Kategorien oder gar Axiomen als – scheinbar – eindeutig zu verstehen.

* „Nachhaltigkeit" ist oftmals ein begrifflicher Indikator für eine bessere Welt (wenn er nicht inzwischen einfach nervt); „Ganzheitlichkeit" ist ein Prunkbegriff für Sonntagsreden; und „Gleichgewicht der Natur" klingt nach Ökologie.
  Aber bei einem Begriff wie „Ordnung" (bzw. „Unordnung") hört diese Zuversicht in die einfache Eindeutigkeit dann schnell wieder auf, und spätestens bei einem zweiten Blick gilt das auch für die anderen Begriffe.

* Mit einem Begriff wie „Gerechtigkeit" (gerne auch global wie bei „fair trade") meinte man früher einen intersubjektiven, ja universalen Wertmaßstab zu haben; bis relativierende Begriffs-Skeptiker anfingen zu fragen: „Was ist denn daran ungerecht?" Oder: „Es kommt doch darauf an ..." oder „Es ist eben ein Dilemma!"

* Mit dem *Systembegriff* (ebenso wie mit dem Begriff *Ökologie*) wird allein schon in der Zuordnung zur Domäne der Natur- *oder* der Sozialwissenschaft die Notwendigkeit deutlich, sich genauer zu erklären. „Der Mensch ist dem Menschen ein Wolf" (Plautus, Hobbes) – wenn dieser Satz stimmt, dann ist mit dem Fressen und Gefressenwerden zwar ein *natürliches*, aber kein gewünschtes *gesellschaftliches* Gleichgewicht angezeigt.

* Aber nicht nur fachlich ist Aufmerksamkeit vonnöten, sondern auch pädagogisch. Beim Begriff „Kompetenzen" wollte man sich von Stoffhuberei und Paukschule verabschieden und die Schüler/Studenten ausstatten mit etwas unzweifelhaft und all-

seits Nützlichem; aber wenig später geriet dieser Begriff in den Verdacht, eine vornehme Umschreibung von „Humankapital" und ein „Diktat" zu sein (in den 1960er Jahren hieß dies „Flexibilität und Fungibilität der Arbeitskraft").[3]

So kann man sich lange und chancenlos zerstreiten. Jedenfalls kann man daraus nicht ohne weitere Umstände jeweils ein fachdidaktisches Konzept („concept") machen.

Klären wir also exemplarisch, wie man mit Begriffen umgehen sollte, im Felde des Mensch-Natur-(oder des Gesellschaft-Umwelt-)Verhältnisses, zunächst mit dem Begriff „Natur" und dem – komplementären – Begriff „Kultur". Und klären wir es so, dass es auch für Nichtphilosophen, womöglich auch für den Alltag in der Schule und Hochschule triftig und praktisch wird.

Was „Natur" ist, definieren wir zunächst einmal so: Natur ist die physische Welt, die nicht vom Menschen geschaffen wurde. Wenn sie ohne den Menschen gedacht wird, sprechen wir von außermenschlicher, von biotischer und abiotischer Natur. Wenn sie mit dem Menschen inklusive gedacht wird, sprechen wir von der „Umwelt" einer „Gesellschaft". Eine außermenschliche Natur gibt es im strengen Sinne nicht mehr, weil die Spuren menschlicher Tätigkeit bis in die letzten Gletscher und Urwälder der Erde hinein archiviert sind und/oder weit in die Vergangenheit wie in die Zukunft weisen. Wenn wir uns etwa die Vegetation noch ohne den Menschen *denken* wollen, müssen wir dies *(re-)konstruieren* in Karten der „Potentiellen Natürlichen Vegetation". Natur hat damit ein Wesen (*essentia*), nämlich die systemische, vernetzte, entropische Ordnung; diese drückt sich aus in der Substanz (*substantia*) der äußeren Wirklichkeit. Die natürlichen Prozesse sind Resultat eines ständigen Kampfes um Überleben und Ausgleich, vulgo: Fressen und Gefressenwerden. Aber dies ist nicht bloße Konsumtion und Destruktion, sondern ein konstruktiver haushalterischer Kreislauf.

Aus Sicht des Menschen ist diese maximale natürliche *Ordnung* (Entropie) dagegen eine maximale *Unordnung*, die es zu ordnen gilt: Durch einen Gesellschaftsvertrag, durch Planen und Bauen, durch Produzieren und Wirtschaften, durch Säen und Ernten, durch Heizen und Kühlen, durch Umverteilen und Kontrolle – kurz: durch Arbeit und durch Kultur. Wenn daraus eine neue äußere Wirklichkeit entsteht, ein Acker oder ein Haus oder eine Stadt, sprechen wir auch von „Zweiter Natur". Man kann auch von Ökosystem sprechen, wenn man damit einen Haushalt meint, der in der Natur wirksam ist und vom Menschen im Arbeitsprozess genutzt wird – naturgesetzlich vernetzt, aber offen und kulturabhängig.

„Kultur" stammt ab vom lateinischen *cultura* und bedeutet hier zunächst: Ackerbau, Pflegen, Wohnen. Dieses „künstlich Herstellen" ist immer gebunden an eine geistige Tätigkeit. Diese ist zweckmäßig und ethisch bestimmt. Was wir beobachten, was wir gestalten, ist eine kulturelle und zivilisatorische Entscheidung, moralisch, technisch, sozial und individuell. Von außen wird *deskriptiv* festgestellt, was ist; *normativ* wird festgestellt, was sein sollte. Beides zusammen führt zu einem Verständnis von *Sinn* – Sinn in dem, was wir *zweckmäßig* tun, und Sinn in dem, was wir für *wertvoll* halten. Entropie, Fressen und Gefressenwerden werden in gesellschaftlichen Werten und Normen *reguliert*. Deshalb sind Natur und Kultur in ihrer Essenz nicht identisch. Es ist nicht sinnvoll, das Gleichgewicht der Natur für ein Gleichgewicht in der Gesellschaft zu empfehlen. Es ist nur sinnvoll, im gesellschaftlichen Handeln nicht gegen Naturgesetze anzukämpfen, sondern diese im gemeinsamen Ökosystem zu nutzen.

Ein Ideal dieses Mensch-Natur- oder Gesellschaft-Umwelt-Verhältnisses ist der Garten.

> *„Ein Garten ist nicht Kunst und nicht Natur.*
> *Nie weiß der Gärtner, ob er es ist,*
> *der seinen Flecken Erde beherrscht.*
> *Oder doch umgekehrt."*[4]

Im idealen Garten wiederum „sind alle Menschen gleich, gleichberechtigt und also frei. Das ist der eigentliche Sinn hinter Rousseaus epochalem Schlagwort ‚Zurück zur Natur': zurück zum einfachen Leben, fort von der Verlogenheit der Pariser Salons, der Falschheit, Doppelmoral und Egozentrik der sogenannten Zivilisation, hin zur Souveränität des Volkes als Gemeinschaft." (Schüle 2011, 63)

Mit dem oben zitierten Satz des französischen Philosophen Paul Valery („Zwei Gefahren bedrohen unaufhörlich die Welt: die Ordnung und die Unordnung.") ist sicher nicht das jeweilige Prinzip gemeint, weil darauf die gesamte Evolution der Menschheit beruht und ihre Emanzipation durch eine kulturelle Ordnung gegen die „Rohheit" der Natur. Deshalb war die Frage „Wie kann A gelten und zugleich B?" falsch gestellt. Gemeint ist eher die Gefahr durch Verabsolutierung und Essentialisierung sowie durch fehlende „strukturelle Kopplung" dieser beiden Dimensionen.

Der französische Dichter Paul Claudel[5] differenziert dieses Begriffspaar Ordnung/ Unordnung ganz anders:

> *„L'ordre est le plaisir de la raison,*
> *mais le desordre est le délice de l'imagination."*[6]

Hier geht es um die zwei Seiten des menschlichen Charakters: Form, Ordnung und Vernunft vs. Phantasie, Schöpferkraft und Rauschhaftigkeit[7].

Der amerikanische Ethnologe Clifford Geertz definiert diese Ambivalenz von Tatsachen/Gesetzen und Kreation/Interpretation so: „Ich meine mit Max Weber[8], dass der Mensch ein Wesen ist, das im selbstgesponnenen Bedeutungsgewebe verstrickt ist, wobei ich Kultur als dieses Gewebe ansehe. Ihre Untersuchung ist daher keine experimentelle Wissenschaft, die nach Gesetzen sucht, sondern eine interpretierende, die nach Bedeutungen sucht" (Geertz 1983, 9).

Der amerikanische Physiker Charles Percy Snow hatte es in seinem Leben mit zwei Gruppen zu tun, mit Naturwissenschaftlern und mit Schriftstellern. „Dieser Verkehr mit beiden Gruppen (...) war schuld daran, dass mich ein Problem nicht mehr losließ; ich hatte es (...) die ‚zwei Kulturen' getauft. Ich hatte nämlich ständig das Gefühl, mich da in zwei Gruppen zu bewegen, die von gleicher Rasse und gleicher Intelligenz waren, (...) sich aber so gut wie gar nichts mehr zu sagen hatten, und deren intellektuelle, moralische und psychologische Atmosphäre dermaßen verschieden war, dass Burlington House oder South Kensington [„Imperial College of Science, Technology and Medicine", TRJ] von Chelsea [Wohngegend von Künstlern wie Virginia Wolf und William Turner, TRJ] durch einen Ozean getrennt schien" (Snow 1967).

Zwischen Natur- und Technikwissenschaften hier und Kunst und Kunstschaffenden dort lag also für Snow „ein Ozean", und er musste täglich darüber hinweg pendeln.

Wenn man auch die Geographie in diese Rolle versetzen mag, ist der Begriff vom „Brückenfach" (vgl. geographische revue 2008) vertretbar. Die Geographie ist dann aber *nicht* zugleich auch noch eines der Ufer oder gar beide Ufer. Sie wäre die *Verbindung* zwischen zwei Ufern, sie macht den Übergang *viabel*, sie hilft beim Versuch des *Zusammendenkens*. Dies ist eine spezifische Rolle und Notwendigkeit, die zur Definition komplexer und fachübergreifender Probleme führt und deren Reduktion und Bearbeitbarkeit organisiert. Es wäre aber konsequenterweise zugleich der Verzicht auf das Primat spezialisierter Einzelforschung, auch wenn einige dann die wissenschaftliche Dignität bestreiten möchten. Wenn man aber die zwei Kulturen nicht nur verstehen und verbinden, sondern selbst vertreten will, womöglich auch noch alle beide, verliert man diese Glaubwürdigkeit umso mehr. Das gilt auch für den Geographieunterricht, der nicht zugleich ernsthaft und immanent Geophysik und Stadtsoziologie und globale Ökonomie etc. unterrichten kann, wenn es um das Verstehen von Syndromen in Unbestimmtheit und Komplexität geht.

M 1 Zusammendenken von Natur und Kultur. Einerseits:

Masern sind nicht mehr lebensbedrohend, und kaum ein Säugling stirbt hierzulande während der Geburt. Wir erkennen Behinderungen im Mutterleib, und einen Tumor, bevor er groß wird. Wir können sanft und schmerzlos sterben. Wetter, Jahreszeiten und Schädlinge haben kaum Einfluss auf das Angebot in unseren Supermärkten, wir haben unsere Flüsse durch Deiche gezähmt und die Wälder gepflanzt, die wir brauchen. Unsere Versorgung mit Strom, Wasser und sauberes Wasser ist gesichert. All das verdanken wir dem Fortschritt, der Technik und der Forschung.[9]

M2 Zusammendenken von Natur und Kultur. Andererseits:

Doch statt Dankbarkeit herrscht Skepsis und Angst, Ablehnung und Protest. Gentechnik und Massentierhaltung, Atomkraft und Tagebau, Startbahnen und Riesenbahnhöfe, Impfpflicht und Kreißsäle sind Feindbilder. Gegen die wehren wir uns, indem wir uns zurückziehen. Mit den Papiertüten des Biomarktes ins Niedrigenergiehaus oder mit den nicht geimpften Kindern in die Landhausküche. Wir ziehen uns zurück in die Natur, deren Verunstaltung durch Windräder wir genauso fürchten wie die Rückkehr der Wölfe nach Brandenburg. In die Natur? In das, was wir dafür halten ...[10]

M3 Reflektieren. Einerseits – anderseits, aber außerdem:

... ...
... ...
... ...
... ...
... ...

M1-M3: Irritation und Reflexion. Eine Übung für Schüler/Studenten.

Man kann schon hier vermuten, dass es hier um schwerwiegende philosophische und begriffliche Verhältnisse geht; diese wollen wir bedenken und für unser Fach Geographie verfügbar machen. Dies soll, wie oben bereits angekündigt, an drei Beispielen und einem Konzept geschehen. Die Beispiele sind: (I) Der Garten, (II) der Regenwald, (III) das (vorhersehbare) Naturereignis mit katastrophalen Folgen. Das Konzept heißt am Ende „Dritte Säule".

Der Garten

Jakob Augstein (2012) hat ein Buch geschrieben mit dem Titel „Die Tage des Gärtners – Vom Glück, im Freien zu sein". In der gärtnerischen Existenz wird die ständige fließende Grenze zwischen Natur und Kultur ausgelotet:

„Als der Mensch sesshaft wurde, hat er als erstes einen Garten angelegt. Und als er das tat, hat er eine Grenze gezogen. Der Zaun bedeutet Kultur. Er grenzt eine Fläche ab und schafft einen Raum der Verantwortung, der Gestaltung. Einen Raum der Ordnung. (...) Der Garten ist der Gegenort, ohne den alles nichts ist. Und der Garten ist der Ort der selbstbestimmten Arbeit. Also der Arbeit, die den Menschen zum Menschen macht. Damit ist der Garten ein politischer Ort" (Augstein 2012, 45).

In dieser kurzen Skizze werden also die „zwei Kulturen" erkennbar, in denen wir uns wissenschaftlich und bildungspraktisch bewegen: Der Garten ist ein *Raum der Natur*, mit allen Gesetzen und Wechselwirkungen, ein System. Und der Garten ist ein *Ort der Kultur*, mit der menschengemachten Ordnung in der *und* gegen die Natur; und damit ist der Garten zugleich ein *politischer Ort*, in dem menschliche Arbeit geleistet und gesellschaftliche Werte und Normen ausgehandelt werden.

Der Garten ist keine pure Idylle, keine reine Entspannung, sondern harte Arbeit im Jäten, Gießen, Beschneiden und Pflanzen. Der Boden ist womöglich nicht geeignet; und wenn er geeignet ist, dann ist es der Schatten nicht oder nicht die Sonne; oder es ist zu trocken oder zu feucht; die Pflanzen stehen in mörderischer Konkurrenz, wie auch die Tiere; sie wehren sich gegen Hacken und Grenzen; die Menschen kämpfen auch mit tödlicher Chemie für die neue Ordnung. Der Garten ist gelebter Darwinismus, ein Kampfplatz. „Es handelt sich um eine Herausforderung, die Glücksmomente kennt, aber keinen Frieden" (Jessen 2012, 45). Kurz: Der Garten ist ein konkreter Ort der Auseinandersetzung im Verhältnis Mensch-Natur.

Das *Mensch-Natur*-Verhältnis beim Gärtnern wird zum *Gesellschaft-Umwelt*-Verhältnis, indem der Garten ein politischer Ort ist oder wird. „Welche Bedeutung haben Gärten? Welche Ideale schlagen dort Wurzeln?" fragt der Kunsthistoriker Horst Bredekamp in einem Titeldossier der Wochenzeitung „Die Zeit": „Die neue Gartenlust" (Camman/ Bredekamp 2012, 45). Hier geht es nicht mehr um die Geofaktoren Boden, Wasser, Luft, nicht mehr um die Kulturtechniken des Grabens und Gießens. Hier geht es um die gesellschaftliche Bedeutung über die internen Regularitäten hinaus. Wir verlassen damit die Fragen zur *Natur* und zur *Kultur* und kommen zur *gesellschaftlichen Frage*. Diese lässt sich vermutlich weder eindeutig definieren noch beantworten, sie ist offenkundig polyvalent, so dass auch zu fragen ist: *Wer spricht*?

Bredekamp vergleicht den englischen mit dem französischen Garten. Einerseits ist danach der Englische Garten eine „große Erfolgsgeschichte der Moderne. Dieser Garten hat tief in die Zellstruktur unseres politischen Denkens gebohrt: Die Natur ist demnach republikanisch. Und im Landschaftsgarten verbünden sich Natur und Demokratie." Andererseits ist es ein hartnäckiger Mythos, dass der Englische Garten eine neue Freiheit symbolisiert, einen Einklang mit der Natur. Dieser Mythos ist „schon in sozialer Hinsicht fragwürdig. Zwar wurden Angestellte und Bauern ab und zu an den Banketten im Garten beteiligt, ansonsten aber war er hermetisch abgeriegelt; es gab drakonische Strafen für Eindringlinge. Individuelle Freiheit im Garten jenseits aller Klassen blieb eine Utopie. (...) Der Barockgarten war von Anfang an öffentlich für alle Stände, im Unterschied zu den englischen Gärten: Versailles konnte Tag und Nacht von jedem betreten werden, der ordentlich gekleidet war – eigentlich unvorstellbar." Form und Inhalt können auch hier in einem dialektischen Verhältnis stehen. „Ausgerechnet Versailles ein Paradies der Freiheit?". „Der Barockgarten ist mitnichten eine Vergewaltigung der Na-

Abb. 1: Englischer Garten (18. Jh., 2. Stilphase: Der Garten als Bild).

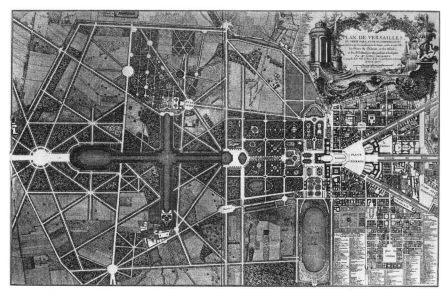

Abb. 2: Plan de Versailles. Gesamtplan von Delagrife 1746.

tur, sondern der Ort einer höchst aufwändigen Pflege von Pflanzen, auch exotischen, und keineswegs ein Monstrum für die Untertanen zur Einübung von Ordnung. Der englische Garten dagegen träumte die Utopie von der Harmonie mit der Natur in *splendid isolation*" (Bredekamp 2012, 45). Aber man kann das auch anders interpretieren: Der Landschaftsgarten ist eine „bewusste Täuschung, eine herrliche Lüge zugunsten der Philosophie, denn das scheinbar Wilde ist höchst artifiziell. Was urwüchsig aussieht, ist bis ins kleinste Detail gewollt. Dass die Natürlichkeit des Landschaftsparks völlig unnatürlich ist, muss der Besucher wissen ..." (Schüle 2012, 63).

Die letzten Sätze sind eine soziologische Interpretation. Die Befunde ergeben sich *nicht* von selbst aus der Sache, etwa: „Barocksymmetrie ist Freiheit, freie Landschaft ist Exklusion". Das heißt: Nach einer kulturwissenschaftlichen *Beschreibung* und *Analyse* folgt eine gesellschaftswissenschaftliche *Deutung*; diese kann so oder auch ganz anders lauten. Da ist die kulturwissenschaftliche Beschreibung noch vergleichsweise einfach. Zum Beispiel:

„Hinterm Fenster des Speisesaals stehend, hatten die absolutistischen Herrscher ihre Gärten mit bloßem Auge überblicken wollen, vermessen und kontrollieren können – von süßlicher Flötenmusik bezuckerte Parkgehege, vor Akkuratesse strotzend; sinnlich überparfümierte Terrains mit nagelscherenkorrektem Busch-, Strauch- und Gräser-Snobismus" (Schüle 2012).

Man sieht jetzt: *Begriff und Konzept* des Englischen Landschaftsgartens oder des Französischen Barockgartens sind nicht unbedingt identisch mit den gesellschaftlichen *Normen und Praktiken*, es gibt keine eindeutige *Passung*. Wir müssen also tiefer einsteigen als nur in die Betrachtung eines Konzeptes.

Schon hier kann man also festhalten: Neben *Natur(wissenschaft)* und *Kultur(wissenschaft)* gibt es eine dritte Dimension, die *Gesellschaft(swissenschaft)*. Das ist aber noch nicht die angekündigte Dritte Säule, sondern nur erst eine wissenslogische Erweiterung der bisherigen traditionellen Dualität von Natur/Kultur in der äußeren Realität.

Ein Anwendungsbeispiel für den Geographieunterricht: Tropischer Regenwald[11]

Eine *sozialwissenschaftliche Betrachtung* des Tropischen Regenwaldes verbindet *naturwissenschaftliche* und *kulturwissenschaftliche* Befunde. Dafür muss sie aber zuvor aufdecken, unter welchem *Aspekt* sie diese Verbindung herstellen will, was sie also aus dem Fundus von Naturkunde und Kulturkunde verwenden will und wozu.

Dies ist nun der nächste Schritt. Die Sache selbst hat vielerlei (Sach-)Aspekte; diese werden vom Beobachter – teilweise – wahrgenommen und ausgewählt für eine bestimmte Problemstellung. Man braucht also z. B. nicht für jedes Problem zu wissen, was Ferrasole oder Latosole sind – für manche Probleme aber doch, zum Beispiel, wenn man verstehen will, warum tiefgründige und verwitterte Böden relativ unfruchtbar sein können und warum ein gerodeter Regenwald als solcher nicht einfach nachwächst.

Das folgende *Strukturschema* zeigt die Verschränkung von *Sach-Aspekten* und *Beobachtungs-Perspektiven*. In einer Vielzahl von möglichen Fokussierungen wird bewusst und reflektiert der jeweils eigene Fokus bestimmt und vereinbart. Das Thema heißt nicht z. B. mehr einfach „Tropischer Regenwald", sondern nimmt bestimmte *Aspekte* und *Perspektiven* ins Visier. Damit ist „Tropischer Regenwald" kein einfacher Begriff mehr, sondern eine jeweilige Kreuzung von Aspekten und Perspektiven.

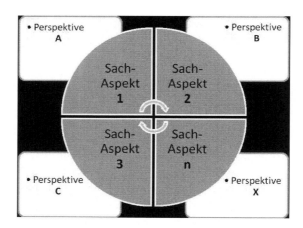

Abb. 3: Strukturschema: *Wie* wird beobachtet *Was* wird beobachtet? *Wer* beobachtet und *wozu*? (eig. Darstellung)

Der Tropische Regenwald als Klassiker ist jedem Schüler begegnet, meist schon in einem frühen Schuljahrgang. Es werden Bilder gezeigt, es werden Begriffe kennen gelernt (z. B. Stockwerkbau, Brettwurzeln, Laterit), es werden auch lebensweltliche Kontexte (z. B. Baumfällung, Transamazônica, „Indianer") eingebaut. Es wird sicher auch gelernt, dass der Tropische Regenwald ein Ökosystem ist und darüber hinaus wichtig z. B. für das Klima und den Artenreichtum incl. Heilpflanzen. Das ist sicher einer der attraktiven Schulfach-Themenkreise, aber natürlich noch kein Problem und kein bearbeitbarer *Fall*.

Didaktisch gesprochen: Es gibt die Idee von einem *Situierten Lernen; sie* benennt verschiedene Ansätze des Lernens mit Fällen und authentischen Problemen. Für unser Feld des Geographieunterrichts kommt davon das (zirkuläre) problembasierte Lernen (*prob-*

lem based/closed-Loop bzw. *Reiterative Problem-Based Learning*) in Frage (Zumbach/ Haider/Mandl 2007, 8f.). Dabei werden die Fälle zunächst ohne theoretischen Rahmen und Lösungsansätze präsentiert, in Kleingruppen erörtert, mit prototypischen bekannten Lösungen abgeglichen; das Hintergrundwissen kann selbstständig oder mit Hilfe von Experten, Vorträgen, empfohlener Literatur, Internet erhoben werden. Dieses Verfahren wird im Folgenden idealtypisch konkretisiert (vgl. Rhode-Jüchtern/Schneider 2012).

Ausgangsfeststellung: „Tropischer Regenwald" ist kein Thema/kein Problem/kein Fall, es ist nur ein Begriffsfeld/ein Rahmen für alle möglichen Themen. Es muss erstens geklärt werden, in welcher Beobachter-Perspektive dieser Aspekt identifiziert wurde und nun behandelt werden soll: „Das Problem betrachtet aus der Perspektive von ...". Der Tropische Regenwald gerät in ein Fadenkreuz von Wer/Wie/Wozu und Was (vgl. Strukturschema Abb. 3). Es muss zweitens gesagt werden, unter welchem sachlich-fachlichen Aspekt der Tropische Regenwald nun beobachtet werden soll: „Tropischer Regenwald als ...". (Rhode-Jüchtern 2014)

Angesichts der Fülle möglicher Problem- und Themenstellungen bieten sich für den Geographieunterricht die Fallarbeit und das Exemplarische Prinzip an. Hier wird – idealerweise – im Einzelnen „das Ganze" entdeckt.

Beispiel Tropischer Regenwald –
Mögliche *Perspektiven* (Akteure) – *Wer beobachtet, wie und wozu*?

- Internationale/nationale/regionale/lokale Politik
- Großfarmer
- Kleinbauern
- Naturschützer
- Erdölkonzerne
- Völkerrechtler
- Ökologen
- Filmemacher
- Naturschutzpaten (NGOs, Firmen)
- Soja- und Orangensaft-Ex-/Importeure
- Baumärkte (Tropenholz)
- Mafia/Biopiraten
- ...

Mögliche *Sach-Aspekte*: **Was wird beobachtet?** Der Tropenwald kann **betrachtet** werden **als**

- Lebensraum für indigene Ethnien
- Sauerstoffproduzent

- Heilpflanzenressource
- Flächenreserve für Großfarmen (Soja, Rindfleisch etc.)
- Flächenreserve für Agrarsprit
- Tropenholz
- Erdöllagerstätte
- Naturschutz
- Tourismus-Attraktion
- Klischees
- ...

Dies sind allesamt Stichworte, die sich nicht selbst erklären (wie es *bestimmte* Begriffe wie „Stockwerkbau" oder „Tropen" tun); allesamt verweisen sie auf spezifische Problemkreise mit einer „unbefriedigenden Struktur", einer Irritation: Was ist denn nun zu *beschreiben*, zu *analysieren*, zu *verstehen*, zu *diskutieren*, zu *tun*?

Die *Irritation als Lernanlass und -legitimation* bezieht sich darauf, dass keine einfachen und eindeutigen Lösungen existieren, sondern zunächst nur Sichtweisen von Akteuren auf einzelne Aspekte. (In einzelnen Lehrplänen ist in dieser Hinsicht auch in früheren Jahren schon vom *Kontroversitäts-Prinzip* die Rede.)

Ein Thema wird gefunden und *als Problem* definiert; darauf bezogen wird Fachwissen und Methodenkompetenz aktiviert und ein Kommunikationsprozess über die Beurteilungen und Bewertungen in Gang gesetzt.

Das ist situiertes Lernen, in Ungewissheit und Komplexität, in Welt- und Lebensnähe und in kognitiver und diskursiver Herausforderung.

Alle Sach-Aspekte des Tropischen Regenwaldes sind auch im natürlichen System vernetzt, sie werden aber *selektiv* beobachtet. Die Medien werden in diesem Problemfeld regelmäßig über einzelne Themen berichten. Im Juni 2012 war es etwa die Konferenz „Rio plus 20"; im Oktober 2013 ist es der 5. Weltklimabericht des Klimarates IPCC (*International Panel of Climate Change* – www.climate-change2013.org), im November 2013 ist es die UN-Klimakonferenz in Warschau 2013 (*United Nations Framework Convention on Climate Change, 19th Conference of the Parties*, kurz COP 19) usw..

Wenn wir z. B. beim Fall des neuen Waldgesetzes für Brasilien einsteigen, das die Präsidentin Dilma Rousseff novellieren will, werden wir es mit Fragen der Bodenkunde, des Landrechtes, der globalen und nationalen Agrarlobby, des Naturschutzes, der Wissenschaftsorganisation etc. zu tun haben. Dies sind die Aspekte im Fokus eines/dieses Falles, teils Tatsachen, teils politische oder wirtschaftliche Urteile und Bewertungen; aber sie sind trotz der Selektivität gleichwohl weiter vernetzt, unsichtbar oder erkennbar. Wir drehen nun die sichtbaren *Aspekte* in die *Perspektiven* der vielfältigen Beobachter (Strukturschema). Dadurch entsteht zunächst vor den Augen der Schüler (und Lehrer) eine Anschauung von Komplexität; und dann wird Schritt für Schritt die Reduktion von Komplexität möglich, indem wir fragen: *Was wird beobachtet, von wem und wozu?*

Hier deutet sich nun schon die Idee von der Dritten Säule nach Peter Weichhart an.

Naturereignisse, katastrophale Folgen, Prognosen und Vorsorge

Natur kennt keine Katastrophen. In der Natur wirken Kräfte, Natur ist ein System. Wenn sich Menschen diesen Kräften, dieser Gewalt aussetzen, stehen sie im *Risiko*, dass dies Folgen für sie hat. Entweder sie haben keine Alternative, aus Not oder aus äußeren Gründen, oder sie haben sich bewusst und sehenden Auges, aber vielleicht auch mit Verdrängung so entschieden. Wenn es große Folgen sind, spricht man von Katastrophen; wichtig zu verstehen ist, dass Katastrophen eine Folge von Naturgewalten sind, sofern diese in der Kultur und Technik einer Gesellschaft nicht beherrscht werden können. Naturgewalt ist *nicht* per se eine Katastrophe.

Diese Henne-Ei-Klärung ist wichtig, damit nicht die Natur als Akteur und die Menschen als unbeteiligte Opfer erscheinen. Sprachregelungen wie „Die Natur rächt sich" oder der „Der Berg schlägt zurück" lassen auf einen vulgären Naturbegriff schließen. Auch wenn einzelne Menschen Opfer werden, ist es doch ihre Gesellschaft, die sich in der natürlichen Umwelt unzureichend eingerichtet hat bzw. einrichten konnte. Wenn etwa an einem Berghang in den feuchten Tropen gesiedelt wird, geschieht dies gerade deshalb, weil man hier eigentlich *nicht* siedeln dürfte und *deshalb* die Armen Platz finden.

(Der Kuriosität halber sei aber die Sprachregelung im Solidaritätsfonds der Europäischen Union zitiert; in der der Verordnung (EG) Nr. 2012/2002 Art. 2(2) werden als „Katastrophe größeren Ausmaßes" bzw. als „außergewöhnliche Katastrophe hauptsächlich natürlicher Art" wie folgt definiert „Eine Katastrophe, die in zumindest einem der betroffenen Staaten Schäden verursacht, die auf über 3 Mrd. EUR [...] oder mehr als 0,6 % seines BIP geschätzt werden." Dies ist freilich die Sprache von Rückversicherungen und Bürokraten, nicht von Geographen. Der Untergang einer Inselgruppe im Pazifik durch den Anstieg des Meeresspiegels wäre in dieser Denkweise also *keine* Katastrophe, wenn die Menschen bettelarm sind und es nicht um 0,6 % ihres BIP, sondern um 100 % ihrer gesamten Existenz geht. Immerhin wird zusätzlich für einen solchen Fall als Katastrophe ein natürliches Ereignis in einer Region benannt, „welche[s] den größten Teil der Bevölkerung in Mitleidenschaft zieht und schwere und dauerhafte Auswirkungen auf die Lebensbedingungen und die wirtschaftliche Stabilität der Region hat.")

Wenn wir nun zum Beispiel einen Presseartikel in die Hand bekommen mit der Überschrift:

Die angekündigte Katastrophe.
Der 16-Millionen-Metropole Istanbul droht ein schweres Erdbeben.
Zehntausende Gebäude werden ihm nicht standhalten können. (Thumann 2012)

dann haben wir es mit einem geographischen Problem im Schnittbereich von Natur und Kultur (bzw. Umwelt und Gesellschaft) zu tun und müssen dieses sozialwissenschaftlich deuten. Das Erdbeben selbst wäre ein Naturereignis; es ist eine Gefahr, also kontingent, d. h. es kann eintreten, muss es aber nicht; es kann Folgen für die Menschen haben oder auch nicht. Die Kontingenz schneidet sich in den Prognosen von Geologen zur Erdbebendynamik der anatolischen Platte und den Maßnahmen von Regierung und Bevölkerung zur Vorsorge und ggf. Nachsorge. Wäre es ein berechenbares Naturgesetz, dass das Erdbeben zu einem bestimmten Zeitpunkt genau in Istanbul auftritt, könnte/müsste man zu diesem Zeitpunkt die Stadt geräumt haben. Aber es kann ja auch entfernt von der Stadt eintreten oder später, oder nur in Vierteln mit erdbebengefährdeten Häusern wirken, oder es kommt eben, wenn Allah es will – all dies sind keine Fragen an die Geophysiker mehr, sondern an die Menschen und ihre Gesellschaft in ihrer Umwelt. Wenn man sagt „Inshallah", ist dies bereits eine Spur in die Kultur, die ein Naturereignis in einer bestimmten Weise betrachtet, vorher, nachher und überhaupt.

Für eine Problemanalyse in einem Brückenfach Geographie braucht man nun bestimmte Fachinformationen, die das Handeln der Menschen, ihr Geographie-Machen beurteilbar und bewertbar machen. (i. F. jeweils mit einem Schlüsselzitat belegt, insgesamt sind dafür nur vier Zitate nötig; diese bilden zusammen einen **Leittext**, der die Betrachter zum Verstehen anleitet).

Die geophysikalische Situation und Prognose:
(1) „In der Beobachtungs- und Forschungsstation von Kandilli hoch über dem Bosporus sitzt Mustafa Erdik vor einer Kollektion von Bildschirmen, die laufend Daten über Erdbewegungen auswerfen. Im Marmarameer vor Istanbul, sagt er, gebe es drei Erdplattensegmente, die sich seit 250 Jahren nicht mehr bewegten. Wenn sie es tun, erwarten die Forscher ein Beben mit einer Stärke von 7,4 auf der Richterskala. Die Wahrscheinlichkeit eines schweren Erdbebens in Istanbul liege bei [wachse um, d. V.] zwei Prozent im Jahr, sagt Erdik. Das sei hoch, vergleichbar mit Tokio oder San Francisco. Bei 60 % liege die Wahrscheinlichkeit, dass Istanbul in den nächsten 30 Jahren stark erschüttert werde."

Um diese Informationen für die betroffenen Menschen und die Handlungsentscheidungen auszuwerten, brauchen wir weitere sachlich-fachliche Informationen:
(2) „Jeder, der neu in die Stadt kommt, fragt sich: ‚Wo soll ich in Istanbul leben, um si-

cher zu sein?'. Auf Hügeln oder in flachen Flusstälern? Auf Felsen oder Sand? Im Hochhaus oder im Flachbau? In der Bosporusvilla oder im Mehrfamilienbunker? Abgesehen davon, dass nur wenige Istanbuler wirklich die Wahl haben: Einen eindeutigen Tipp geben weder Erdik noch Zschau [vom Geoforschungszentrum Potsdam, GFZ]. Wichtig sei, dass die Eigenfrequenz eines Hauses der Konstruktion gefährlich werden könne, wenn sie mit der des Untergrundes übereinstimme. ‚Je höher das Gebäude, desto niedriger die Eigenfrequenz – je dünner die Sedimentdecke, desto höher die Untergrundfrequenz', sagt Jochen Zschau. Deshalb sei ein Hochhaus auf Felsen in der Regel weniger gefährdet als andere Wohnformen. Tatsächlich entstehen solche Klötze in den vergangenen Jahren überall in Istanbul. Nicht schön, aber – auf Fels gebaut – immerhin etwas sicherer."

Die technischen Informationen werden politisch umgesetzt oder ignoriert und im *alltäglichen Geographiemachen* realisiert:

(3) Die Stadtverwaltung hütet sich, bestimmte Gebiete als ‚unsicher' zu brandmarken. Aber alles wissen, dass man in der Nähe des Marmarameeres, unter dem die anatolische Verwerfung verläuft, riskanter lebt als weiter im Norden. Hier am Marmarameer liegt Zeytinburnu, ein Arbeiterstadtteil mit 300.000 Einwohnern an der antiken Stadtmauer Konstantinopels, eine unkontrollierte Anhäufung von Beton und Teer, früher ein Zentrum für die Herstellung von Leder- und Textilwaren. (...) Zafer Alsac, stellvertretender Bürgermeister von Zeytinburnu und studierter Bauingenieur, klagt nicht über den weichen Boden seines Stadtteils oder über dessen Nähe zum Meer. Nein, ‚das Problem sind unsere Häuser!' Bis 1980 hätten die Menschen in Zeytinburnu selbst gebaut, oft nur einstöckige Häuser. *Gecekondus* nennt man diese über Nacht entstandenen Bruchbauten aus sandigem Mörtel, Holz und Eisen. Von Mitte der achtziger Jahre an, als die Textilindustrie boomte, bauten die Menschen dann in die Höhe. ‚Gegen alle Vorschriften!', stöhnt Alsac. Weder Architekten noch Statiker seien beteiligt gewesen. Der Onkel, der Bruder, der Vetter standen auf der Baustelle. (...) Das Gebiet liegt in der Erdbebenzone der höchsten Gefährdungsstufe."

Anzunehmende Folgen im Fall des Falles sind kein Geheimnis, aber ein Erdbebengesetz liegt seit Jahren noch immer im türkischen Parlament. Immerhin kann ein Hazardforscher im Hinblick auf das *10-Sekunden-Zeitfenster* feststellen:

(4) Wenn das Beben kommt, sind nicht nur Häuser in Gefahr. Sondern auch Autobahnen, die Brücken über den Bosporus und das Goldene Horn, Flughäfen, Kraftwerke, Fabriken. Deshalb seien die ersten zehn Sekunden nach dem Beben entscheidend, sagt Mustafa Erdik von der Erdbebenwarte Kandilli. Zehn Sekunden – in dieser kurzen Zeit müsse die Stadt blitzschnell handeln und eine ganze Reihe von Maßnahmen ergreifen. Das steht auf Erdiks Liste: die Gasleitungen an den rund

800 Verteilerstellen unterbrechen, damit es nicht zu wilden Feuern kommt. Fabriken, vor allem die der chemischen und ölverarbeitenden Industrie, herunterfahren. Den Verkehr auf den Autobahnen und vor den großen Brücken zum Stehen bringen. Die Stromversorgung der Stadt unterbrechen. (...) Doch was können die Einwohner selbst tun? (...) Was würde er selbst tun, wenn sein Institut einzustürzen drohte? Erdik zeigt aufs Fenster. Sein Büro liegt im ersten Stock, davor erstreckt sich eine Grünfläche. ,Ich würde einfach aus dem Fenster springen.'"

Diese vier Abschnitte erzählen die angekündigte Katastrophe unter dem Aspekt/Leittext (1) der Geophysik, (2) der technischen Beurteilung der Gefahr und der Risiken, (3) der Baukultur und gesellschaftlichen Mentalität, (4) der absehbaren Folgen und Handlungsoptionen. „Das Problem sind nicht der weiche Boden oder die Nähe zum Meer, sondern die Häuser!", sagt der fach- und sachkundige Bürgermeister. Nochmals: Nicht der Boden ist das Problem, sondern Standort und Bauweise der Häuser auf diesem Boden. – Sind die Häuser nun ein Gegenstand der Physischen oder der Humangeographie? Eine offenbar unsinnige Unterscheidung.

Im Geographieunterricht sind nun diese vier Sätze als Leittext zu einer Erzählung zu verbinden. Was geschieht im System der Natur, wenn ein Erdbeben droht oder ausbricht? Wie haben sich die Menschen in der absehbaren Naturgefahr eingerichtet? Welche Gefahren sehen sie heute und welche Risiken gehen sie ein? Welche Handlungsoptionen gibt es, welche davon werden gewählt? – Nach der Erzählung entlang dieser vier Fragen schließen sich die sachlich-fachliche Beurteilung und die begründete Bewertung von außen an, in der beobachtenden Wissenschaft oder im Unterricht zum Zwecke einer allgemeinen Bildung.

Probleme für die Kommunikation ausdifferenzieren

Selbstverständlich gibt es hier keine einfachen und eindeutigen Antworten, sondern die Befunde können sich ausdifferenzieren
- nach jeweiligem räumlichem Maßstab,
- nach den Zeithorizonten,
- nach den möglichen oder ausgewählten Sachaspekten,
- nach fachlichen oder subjektiven Schwerpunkten,
- nach der Kommunikation über das Problem,
- nach Blinden Flecken

Nachdem wir einer Sache eine Struktur gegeben haben (Strukturschema Abb. 4: Wer beobachtet was?) und darin einen verborgenen „Transdisciplinarity Process" entdeckt haben (Abb. 5), sollten wir die hier genannten sechs Differenzierungen für die *Kommunikation* über die Sache ausleuchten (Abb. 6: Jenaer Würfel).

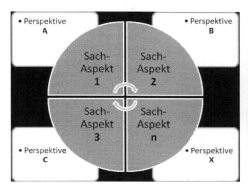

Abb. 4: Strukturschema:
Wer beobachtet was?

Abb. 6: Jenaer Würfel:
Wie wird beobachtet?[13]

Transdisciplinarity links interdisciplinarity and a multistakeholder process

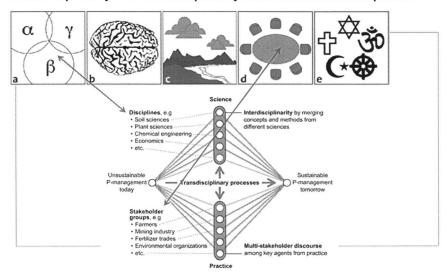

Abb. 5: Wer beobachtet? Transdisziplinärer multi-*stakeholder*-Prozess.[12]

Wenn wir diese Fragen von innen betrachten würden, wären wir im *Medium*, als Mitglieder der Kultur und Akteure im Verhältnis Umwelt-Gesellschaft. Wenn wir diese Fragen im Blick von außen behandeln, als *Objekt*, können wir damit fachlich-distanziert umgehen. Wir verschaffen uns nützliche fachliche Informationen; die Analyse oder der Unterricht bestehen dann im Zusammendenken dieser Informationen. Dies, also die wissenschaftliche oder wissenschaftspropädeutische oder pädagogische Tätigkeit, geschieht in einer dritten Kultur. Hier wird in *gesellschaftlicher Kommunikation* ein Problem erkannt und definiert (oder eben nicht). Ein Erdbeben ist nicht per se eine Störung des natürlichen Gleichgewichts (beforscht z. B. in der Physiogeographie) oder der gesellschaftlichen Ordnung (beforscht in der Humangeographie).

Eine Dritte Säule in der Geographie

In der Fachgeschichte der Geographie gibt es eine Vielzahl von komplementären – oder dichotomen – Paradigmen: Allgemeine Geographie (Geofaktorenlehre) – Regionale Geographie; Idiographische Geographie (Länderkunde) – Nomothetische Geographie (Landschaftskunde); Physische Geographie (naturwissenschaftliche Grundperspektive) – Anthropogeographie (sozialwissenschaftliche Grundperspektive); Landschaftsökologie – Sozialgeographie; abiotische/biotische Kausalität – geistbestimmte Kausalität. Aus heutiger Sicht ein erkenntnistheoretischer Extremfall wäre das sog. Hettnersche Schema, in dem Schichten aufeinandergelegt werden: Oberflächenformen, Klima, Gewässer, Boden, Vegetation/Tierwelt, Bevölkerung, Stadt, Wirtschaft/Verkehr, Politik – mit der Idee, dass diese Folien gemeinsam durchleuchtet so etwas wie eine länderkundliche Synopse erlauben.

Diese Dichotomien sind oft weniger konzeptionell als fachpolitisch oder einfach traditionell legitimiert; sie werden so zur Divergenz, zumindest aber zu einem bloßen Nebeneinander. Charles P. Snow hatte von dem Gefühl gesprochen, sich in „zwei Gruppen zu bewegen, die von gleicher Rasse und gleicher Intelligenz waren, (...) sich aber so gut wie gar nichts mehr zu sagen hatten" (s. das Zitat von C. P. Snow auf Seite 93).

„In der Tat haben sich Physische Geographie und Humangeographie in ihren Kernfeldern weit auseinander entwickelt und stellen gewissermaßen Vertreter zweier unterschiedlicher Wissenschaftskulturen dar. Viele aktuelle Themen und Fragestellungen der Physischen Geographie wie auch fast alle der Humangeographie (z. B. im Bereich der „New Economic Geography", der Sozialgeographie und geographischen Bildungs- und Wissensforschung, der Politischen Geographie, der neuen Kulturgeographie etc.) lassen sich durch ,keinen Trick oder Kunstgriff' (Weichhart 2003, 2005) mehr auf das klassische Thema der Mensch-Umwelt-Interaktion rückbinden. Auch in Zukunft wird der größere Teil geographischer Forschung sich im Bereich der ersten und zweiten ,Säule' abspielen" (Gebhardt et al. 2007, 65-76).

Wenn man nun (trotzdem) ein Problem im Gesellschaft-Umwelt-Verhältnis entdeckt hat, das der Beobachtung, Definition und Lösung bedarf, bewegt man sich in einer Dritten Säule zwischen den beiden Fachsäulen. Das Problem ist zunächst immer ungefächert; es wird aber mit Hilfe von Fächern behandelt. Im Fall des Syndromkonzepts sind dies die Sphären (bzw. „Kompartimente") einzelfachlicher Teillösungen (vgl. Abschnitt Einleitung II: Natur – Kultur). Wie am Klinikbett treffen sich die Fachleute zu einem Konsilium und stellen ihre Teillösung zur Debatte. Wenn es gut geht, verstehen sich diese Fachleute so weit, dass sie sich mit den anderen vernetzen können. Niemand wird aber in dieser Situation ein Monopol aus dem Fach heraus anmelden (es sein denn über Geld und Macht). Bewähren wird man sich in der Kommunikation und in der Triftigkeit der einzelnen Beiträge.

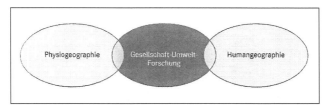

Abb. 7: Konzeptionelles Forschen in der Geographie: Mensch-Umwelt-Interaktion – Die „Dritte Säule".

Nochmals für die Geographie formuliert: Die Idee einer „Dritten Säule" von Peter Weichhart (Wien) wäre in diesem Sinne fruchtbar zu machen. Die Säule der Physiogeographie und die Säule der Humangeographie schneiden sich nicht miteinander, sondern mit einer dritten Säule. Diese ist nicht etwa eine Schnittmenge, also ein kleiner gemeinsamer Kern des Faches; sie ist vielmehr zu nutzen als das eigene Feld der Probleme, die – auch – mit Hilfe der ersten und zweiten Säule in einer „Gesellschaft-Umwelt-Forschung" zu bearbeiten wären. Wie in dieser Dritten Säule nun die Probleme identifiziert und definiert werden, ist eine ganz eigene Aufgabe in einer „dritten Kultur", nämlich der sozialwissenschaftlichen bzw. wissenssoziologischen Betrachtung. Physiogeographie und Humangeographie können danach zu Hilfe geholt werden und man wird sehen, ob und wie sie hilfreich sind.

Für die Schule und den Geographieunterricht formuliert: Problemorientierung und fachübergreifendes Arbeiten geben die Organisation der Forschung und des Unterrichts vor. Die Geographie schafft dafür eine Gelegenheit, derartiges zu erproben und zu üben. Keinen Schüler würde dabei interessieren, was „Geographie an sich" sei. Viele Schüler wird aber interessieren, welche Probleme wie gelöst werden könnten. Ist etwa die „Angekündigte Katastrophe" für Istanbul (Abschnitt Naturereignisse ...) interessant, weil „Erdbeben/Plattentektonik" auf dem Lehrplan stehen, oder ist sie interessant, weil hier ein ungelöstes Problem (medial) auftaucht, in dem etwas irritiert und in dem etwas lösungsbedürftig ist?

Wir dürfen das Fach Geographie – weder im Schulfach-Unterricht noch in der fachwissenschaftlichen Ausbildung oder in der Anwendung in der Praxis – nicht überfordern in seinem Anspruch auf Weltklärung und -rettung. Vielmehr müssen wir in aller konzeptionellen und reflexiven Bescheidenheit dafür sorgen, dass in der minimalen Zeitressource von 45- oder 90-Minuten-Portionen – i.e. das Nadelöhr im metaphorischen Kamel[14] – die diffuse Komplexität am Anfang rekonstruiert wird in eine triftige Erkenntnis-Gestalt am Ende. Oder auf englisch formuliert: „Environmental Literacy in Science and Society" (Scholz 2001).

> *„Die Erkenntnis beginnt nicht mit Wahrnehmungen oder Beobachtungen*
> *oder der Sammlung von Daten oder von Tatsachen,*
> *sondern sie beginnt mit Problemen. [...]*
> *Denn jedes Problem entsteht durch die Entdeckung,*
> *dass etwas in unserem vermeintlichen Wissen*
> *nicht in Ordnung ist."* (Popper 1962, 234)

Der Beitrag ist eine erweiterte Fassung eines Vortrages am Geographentag Passau 2013. Abdruck i. V. in Gry/Kanwischer/Schlottmann: Mensch – Umwelt – Systeme im Geographieunterrricht.

Anmerkungen

1   Vgl. Die Mythen der Bibel. National Geographic 1.5.2008 www.nationalgeographic.de/reportagen/topthemen/2008/die-mythen-der-bibel-ii-die-sintflut

2   Quelle vermutlich: *Cahiers/Hefte* in sechs Bänden (thematisch geordnet), herausgegeben von H. Köhler und J. Schmidt-Radefeldt, S. Fischer, Frankfurt/M. (zit. nach Claude Simon: Der Wind. 1957 (dt. 2001)

3   Vgl. z.B. die Debatte in GW-Unterricht (Kanwischer 2011, Dickel 2011, Rhode-Jüchtern 2012, Pichler 2012, Padberg 2012 et al.) 2011 f.

4   Hanno Rauterberg: Das Glück ist grün. In: Die Zeit 22/2012, 43 f.

5   Le Soulier de Satin et le Public. In: Theatre. La Pléiade, Gallimard, t II, 1965, 1477

6   Übersetzt etwa: „Die Ordnung ist das Vergnügen der Vernunft, aber die Unordnung ist die Köstlichkeit der Vorstellungskraft."

7   Vgl. das Begriffspaar apollinisch – dionysisch, es wurde von F.W.J. Schelling eingeführt und von F. Nietzsche erstmals 1872 in „Die Geburt der Tragödie aus dem Geiste der Musik" popularisiert.

8   Weber 1968, 180

9   Rezension „Generation Landlust" von Barbara Weitzel zu: Andreas Möller: Das grüne Gewissen. Hanser 2013. In: Frankfurter Rundschau vom 28.9.2013, 12

10 Ebd.
11 Vgl. Text Nr. 26 „Lernumgebungen ..." in diesem Band
12 Scholz 2011
13 Vgl. Text Nr. 40 „Jenaer Würfel" in diesem Band
14 Vgl. die Karikatur im Text Nr. 4 „Es ist, wie es ist" in diesem Band

Literatur

Augsten, Jakob 2012: Die Tage des Gärtners – Vom Glück, im Freien zu sein. München

Augsten, Jakob 2012: Beim Graben kommen einem die besten Ideen. Auch der politisch denkende Mensch gehört in den Garten. In: Die Zeit 22/2012, 45

Bredekamp, Horst 2012: Leibniz und die Revolution der Gartenkunst. Herrenhausen, Versailles und die Philosophie der Blätter. Berlin

Cammann, Alexander/Horst Bredekamp: Der Hort des Philosophen. In: Die Zeit 22/2012

Dickel, Mirka 2011: Geographieunterricht unter dem Diktat der Standardisierung. Kritik der Bildungsreform aus hermeneutisch-phänomenologischer Sicht. GW Unterricht 123, 3-23

Gebhardt, H./Glaser, R./Radtke, U./Reuber, P. (Hrsg.) (2007): Geographie. München. 65-76

Geertz, Clifford 1983: Dichte Beschreibung: Beiträge zum Verstehen kultureller Systeme. Frankfurt/M., 9

geographische revue 2008: Themenheft „Brückenfach Geographie?". Heft 1

Heinrich, Kati/Thomas Jekel/Lars Keller/Herbert Pichler 2011: Der Diskurs lebt! GW Unterricht 124, 1-2

Jens Jessen: Der Terror der Pflanzen. In: Die Zeit 22/2012, 45

Kanwischer, Detlef 2011: Kompetenzorientierung im Geographieunterricht. Von den Leitgedanken zur Praxis. GW Unterricht 122, 3-16

Padberg, Stefan 2012: Geographie kritisch und themenzentriert unterrichten und was das mit der Debatte um Kompetenzorientierung zu tun hat. GW Unterricht 127, 12-28

Pichler, Herbert 2012: K.O. für die Kompetenzorientierung? GW Unterricht 126, 7-22

Popper, Karl R. 1962. Die Logik der Sozialwissenschaften. Kölner Zeitschrift für Soziologie und Sozial-Psychologie, Jg. 14, 233-248, hier: 234

Rhode-Jüchtern, Tilman 2009: Eckpunkte einer modernen Geographiedidaktik. Seelze-Velber

Rhode-Jüchtern, Tilman 2011: Diktat der Standardisierung oder didaktisches Potenzial? – Die Bildungsstandards Geographie praktisch denken. GW Unterricht 124, 3-14

Rhode-Jüchtern, Tilman 2014: DVD „Tropischer Regenwald. Ein Top-Thema der Geographie – multiperspektivisch entfaltet". Schwalbach/Ts.

Schneider, A. 2011: Erkenntnisfiguren – Werkzeuge geographischer Reflexion. www.geographie.uni-jena.de/Schneider.html

Joachim Schindler: Syndromansatz – Ein praktisches Instrument für die Geographiedidaktik. In: Praxis Neue Kulturgeographie. Münster 2005

Scholz, Roland W. 2011: Environmental literacy in science and society: From knowledge to decisions. Cambridge

Schüle, Christian 2012: Der edle Wilde. Ganz nach den Vorstellungen von Jean-Jaques Rousseau entstand ein Park im Norden Frankreichs: Ermenonville. Die Zeit 14. Juni 2012, 63

Snow, Charles P. 1967: Die zwei Kulturen. Literarische und naturwissenschaftliche Intelligenz. Stuttgart

Michael Thumann 2012: Die angekündigte Katastrophe. In: Die Zeit vom 26. April 2012 (Zeit-on-line/Umwelt)

Weber, Max 1968: Die „Objektivität" sozialwissenschaftlicher und sozialpolitischer Erkenntnis. in: Gesammelte Aufsätze und Wissenschaftslehre. Tübingen,

Weichhart, Peter 2003: Physische Geographie und Humangeographie – eine schwierige Bezie-hung: Skeptische Anmerkungen zu einer Grundfrage der Geographie und zum Münchner Pro-jekt einer „Integration Umweltwissenschaft". In: Heinritz, G. (Hrsg.): Integrative Ansätze in der Geographie – Vorbild oder Trugbild? Münchener Geographische Hefte, 85, 17-34.

Weichhart, Peter 2005: Auf der Suche nach der „Dritten Säule". Gibt es Wege von der Rhetorik zur Pragmatik? In: Müller-Mahn, D./Wardenga, u. (Hrsg.): Möglichkeiten und Grenzen integrati-ver Forschungsansätze in Physischer Geographie und Humangeographie. Leipzig, ifl-Forum 2, 109-136

WBGU (Wissenschaftlicher Beirat der Bundesregierung für Globale Umweltveränderungen 1996: Welt im Wandel – Herausforderungen für die deutsche Wissenschaft. Jahresgutachten 1996. Berlin

4. „Es ist, wie es ist"?

Ein Bericht aus der Jenaer Geographiedidaktik

es ist, wie es ist
les choses sont ce qu'elles sont
le cose sono cio che sono

Fenster, nicht Spiegel

„Es ist, wie es ist" – so behauptet das Motto mit universellem Anspruch in mehreren Sprachen. So hätten wir früher in der Geographie und ihrer Didaktik auch gesprochen, vielleicht noch mit der vorgelagerten Feststellung: „Es ist, *was* es ist.". Schließlich hätten wir ja erst mal feststellen müssen, *was* da Sache ist, ehe wir über ihr *Wie* sprechen können. Konkreter: „Es" ist eine Stadt, ein Land, ein Fluss, und sie/es/er haben folgende Eigenschaften ...

Nun leben wir in Zeiten des genaueren Hinsehens. Es ist nicht mehr so selbstverständlich, einfach von „der" Sache auszugehen und ihre materielle Essenz zu beschreiben. Wir müssen uns schon dazu bequemen, den Aspekt zu benennen, unter dem eine Sache betrachtet werden soll. Die „Ladung" einer Sache ist ja nicht einfach nur die einer Schichtstufe oder eines Central Business Districts (CBD), die man definieren, zuschreiben und dann auch abfragen kann.

Die neue Erkenntnis ist also als *relativ* definiert: *Es ist so, wie es mir scheint.*[1]

Die zugehörige Operation lautet also: Ich betrachte eine Sache in einer bestimmten *Hinsicht*, und es dient der Klarheit, wenn ich mir und meinen Partnern das auch offen lege. *Für mich* kann also eine Schichtstufe Gegenstand einer morphologischen Betrachtung sein: Schichtstufe betrachtet *als* Gestalt im Kontext von Geologie, Klima und Erosionsprozessen. Oder: Schichtstufe *als* Kontext von Besiedlung und Verkehrserschließung, oder *als* landschaftliche Schönheit im Fremdenverkehr usw. Dazu kommt, dass auch diese Differenzierung nach *Sachaspekten* in verschiedene *Wahrnehmungen* unterschieden werden muss: Jede Wahrnehmung entsteht in Wahrnehmungsfiltern, z. B. dem Filter aus „beruflicher Sinngebung" (Buttimer 1982). Man kann dies „Fenster der Weltbeobachtung" nennen (wie Anne Buttimer) und macht damit deutlich, dass das nichts Unfachliches ist im Sinne von „Subjektivität" oder Willkür, sondern fachlich notwendig. Die Sache ist also in ihrem „Wesen" nicht vollständig selbsterklärend, sondern sie wird auch durch die Art der Beobachtung „gemacht"; die Art der Beobachtung wiederum folgt allgemein bestimmten *Zwecken*.

„Fenster, nicht Spiegel"[2] (Fischer 2001, 17 f.) ist demnach die Schablone, in der eine Beobachtung zu relativieren wäre.

Dann würden wir auf einer Exkursion auch nicht einfach die Ostereifrage stellen „Was sehen Sie?" und dann die klare „Gefunden!"-Antwort erwarten „Eine Schichtstufe" (o. ä.). Wir würden vielmehr fragen: „Wie könnten wir die Landschaftsgestalt beschreiben?" oder „Wie kann man die Lage der drei Burgen auf den Zeugenbergen erklären?" oder „Was kann diese Gestalt für den Fremdenverkehr bedeuten?". Darin sind eingebaut die Suche nach Beobachtungskriterien, nach *determinierenden* oder *dominierenden Faktoren*, nach *Bedeutungszuweisungen* und die Benennung eines beobachtenden und deutenden *Subjekts* („Sie" oder „Wir" statt „Was ist?" oder „Wie erklärt sich?"). Außerdem wird der Indikativ des „So ist es" öfter mal ersetzt durch den Konjunktiv des „So könnte man es beobachten, man könnte es aber auch anders beobachten".

„Weltbilder entstehen im Kopf"

„Weltbilder entstehen im Kopf", und da es verschiedene Köpfe/Blickwinkel/Fenster für die Weltbeobachtung gibt, entstehen auch verschiedene Weltbilder. Das ist nicht nur eine geometrische oder anthropologische Weisheit, sondern auch eine wissenschaftstheoretische Auflage: „Die Theorie entscheidet, was wir beobachten können" heißt es bei Albert Einstein. (Natürlich „entscheidet" nicht die Theorie, sondern vorher das wissenschaftlich tätige Subjekt, welche Theorie es benutzen möchte; allerdings entscheidet es das nicht immer explizit und in Alternativen, sondern übernimmt öfter einfach mal den Mythos, dass es die eine richtige Theorie sei, die es da verwendet – ein klassischer Zirkelschluss. Man kann dies mit dem Fischer vergleichen, der ein Netz mit der Maschenweite 5 cm verwendet; also existieren für ihn auch nur Fische ab der Größe 5 cm, alles andere ist für ihn außerhalb des Netzes und also außerhalb des Blicks[3].)

Die Köpfe (Abb. 1/2) zeigen bildhaft, dass es verschiedene Hintergrundtheorien sind, die da in den Köpfen wirken. Im Fall des Holzkopfes von Raoul Hausmann ist es die Annahme, die Welt lasse sich in Maß und Zahl modellieren und man müsse diese Daten nur noch programmgemäß einfüllen, um ein Bild von der Wirklichkeit zu erhalten; das ist nicht etwa falsch, sondern eine bestimmte Art der Beobachtung. Die beiden Köpfe daneben zeigen im Schnitt durch die *black box* der Schädel, wie hier über ein Weltbild bzw. innerhalb eines Weltbildes kommuniziert wird, Wirklichkeit wird in und durch Kommunikation erzeugt; die Welt ist – scheinbar – so, wie sie in der Kommunikation erscheint. Man wird hier also nicht die Wirklichkeit an sich beobachten, sondern die Themen und ihre Bedeutung in und durch Kommunikation. Wenn die Menschen sich einig wären über ihre Themen, wenn sich die Ansicht zur Gewissheit über das So-Sein verfestigt, wäre die Kommunikation beendet (wir reden hier nicht über das Reden

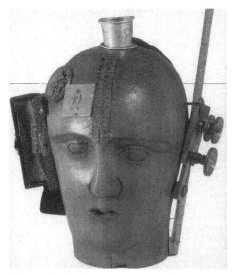 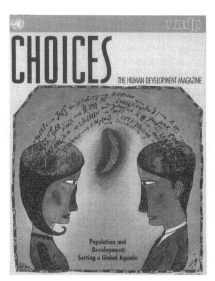

Abb. 1+2: Weltbilder entstehen im Kopf.
(Bild links: Installation von Raoul Hausmann (L'esprit de notre temps): 1920; Bild rechts: Titelgrafik der UNDP-Zeitschrift CHOICES. September 1994)

am Stammtisch). Das heißt aber nicht, dass die Sache selbst sich vereindeutigt hätte, sondern es ist deren vereinheitlichte Anschauung. Das ist für Beobachter von Welt entscheidend wichtig, damit sie nicht eine Sache und Anschauungen darüber für dasselbe halten (einen solchen Fehlschluss nennen wir „Essentialismus").

Was Didaktik alles zu tun hat: Lehrerbildungsstandards

Der Auftrag an alle lehrerbildenden Fächer in allen deutschen Bundesländern bemisst sich u. a. an den sog. „Lehrerbildungsstandards" der deutschen Kulturministerkonferenz (KMK) von 2004[4]. Sie lauten übersichtlich in vier Kompetenzbereiche verpackt: *Unterrichten*, *Erziehen*, *Beurteilen* und *Innovieren*. Aus diesem großen Auftrag an die Bildungswissenschaften werden sich die einzelnen Fächer machbare und relevante Spezialitäten auswählen. Für die Geographiedidaktik kommt in Frage: Im Kompetenzbereich „Unterrichten" das Augenmerk auf Neue Lernkultur zu richten, im Bereich „Erziehen" das Erziehen für eine theoriegeleitete Neugier, im Bereich „Beurteilen" zunächst mal die Beurteilung des eigenen Ausbildungserfolgs, im Bereich Innovieren die Besichtigung des fachwissenschaftlichen Diskurses in seinen erfolgversprechenden und erklärungsstarken Teilen.

Unterrichten
Neue Lernkultur

Innovieren
Fachentwicklung

Erziehen
Theoriegeleitete Neugier

Diagnostizieren
(Selbst-)Reflexion

Abb. 2: Lehrerbildungsstandards (nach KMK 2004)

Wie lassen sich diese großen Prunkwörter „Neue Lernkultur", „Theoriegeleitete Neu-gier", „Fachdiskurs" und „Selbstreflexion" übersetzen in konkretes Lehrhandeln? Im Fol-genden werden dazu vier Anwendungen berichtet.

Neue Lernkultur

„Neue Lernkultur" ist nicht einfach eine Leerformel, sondern definiert. Geographieunter-richt ist demnach ein konstruktiver, subjektzentrierter und handlungsorientierender Lehr-Lernprozess. Das bezieht sich – ganz im Sinne der kategorialen Bildung nach Klafki (1963 ff.) – sowohl auf die zu erkennende Sache als auch auf die erkennenden Subjekte.

Abb. 3: La Gomera

Nehmen wir die Lehr-/Lernkultur auf einer Exkursion, hier: nach Gomera. Man nähert sich der Insel aus der Luft und auf dem Wasser zunächst mal ganz „unstrukturiert" (vgl. Satellitenbild Abb. 3, vgl. Text Nr. 29 „La Gomera unter dem Aspekt von ...").

Damit kann man zwar als Wanderer oder Rentner anreisen, aber nicht als ambitionierter Exkursionsteilnehmer. Es ist also eine Beobachtungsrichtung vorzugeben, die sich aus einer plausiblen Problemstellung ergibt, z. B. „La Gomera – La Isla ecologica". Es ist zu beobachten, ob Gomera eine „ökologische Insel" ist, was dies für die Insel, für die Bewohner, für den Tourismus bedeutet. Daraus kann eine Problemstellung abgeleitet werden, z. B.: Soll der Wandertourismus als naheliegende Alternative gefördert und ausgebaut werden? Dies kann dann – immer näher heranzoomend – am Beispielsfall „Zeltplatz im Nationalpark" beforscht werden. Erste Übung für eine solche Beforschung, z. B. in Form einer „Nutzwertanalyse von Alternativen", ist die Abgrenzung des Untersuchungsgebietes. Die Lernenden, Schüler wie Lehramtstudenten gleichermaßen, werden froh sein, dass sie endlich „etwas Richtiges" zu tun bekommen, sie sollen mit dem Kompass das Untersuchungsgebiet kartieren („Geländeaufnahme" haben sie an anderer Stelle schon gelernt). Aber: Am Abend werden bei sechs Arbeitsgruppen sechs grundverschiedene Faustskizzen auf den Tisch kommen.

Was ist passiert, warum sind die Skizzen nicht alle mehr oder weniger gleich, so wie es bei der Kartierungsübung im heimischen Park eindrucksvoll geklappt hat? Die Unterschiede liegen weniger in der groben Messtechnik als vielmehr in dem unterschiedlichen Zuschnitt des kartierten Untersuchungsgebietes. Die einen kartieren wirklich nur den Zeltplatz als den Kern der Raumnutzung durch Rucksacktouristen, hier wird geschlafen, gegessen und gesungen. Andere denken auch an die Abwässer, die direkt in einen kleinen Bach (El Cedro) geleitet werden und auch optisch direkt zu verfolgen sind, vielleicht denken sie auch an den Bach als Zufluss für den Bedarf am Zeltplatz. Wieder andere denken daran, dass ein Zeltplatz auch ein ästhetisches und akustisches Problem sein kann und kartieren das Tal im Hinblick auf Blick- und Geräuschverschattung. Wieder andere denken an die Verkehrsanbindung des Zeltplatzes, die bei einer erweiterten Nutzung sicherlich verbessert werden müsste, z. B. durch einen Linienbus oder wenigstens eine grundlegende Überarbeitung der Wanderwege. Mit anderen Worten: In den zugrundegelegten Annahmen über die Folgen einer Zeltplatzerweiterung entsteht eine jeweils andere Region. Die Studierenden erkennen dies erst im Nachhinein und diskutieren dann aus der konkreten Erfahrung heraus über das Problem der *Regionalisierung*. Sie merken bei der Gelegenheit, dass der Kompass und die Geländeaufnahme nur ein Instrument der Beobachtung und keineswegs ein Selbstzweck sind. Dies nennen wir *verständnisintensives Lernen* (Peter Fauser). Hätte der Lehrende dies alles vorher abgeklärt, wäre diese Erfahrung nicht entstanden, sie wäre als unproblematisch übersehen worden.

Innovative Fachentwicklung

So ganz viel Neues kann der Geographielehrer von der Fachwissenschaft nicht erwarten; diese ist inzwischen viel zu speziell geworden und an Lehrerausbildung nicht originär interessiert. Ausnahmen mögen zuweilen eine Broschüre zum Klimawandel sein (wie sie zum Geographentag 2007 in Bayreuth von den Physischen Geographen der Humboldt-Universität Berlin verteilt worden ist: (Endlicher/Gerstengarbe 2007 et al.) oder einzelne Beiträge in fachdidaktischen Zeitschriften, sofern sie auf erklärungsstarke Hintergrundkonzepte verwiesen, wie z. B. das Syndromkonzept des WBGU[5]. Die Fachwissenschaft selbst befindet sich wieder und noch immer in einer Debatte über eine „Dritte Säule" zur Verbindung natur- und sozialwissenschaftlicher Kompetenz in der Geographie[6]

Für unsere Zwecke in der Geographiedidaktik geht es natürlich nicht darum, sich Probleme der Paradigemenvielfalt an den Hals zu laden, die man ohne die Fachwissenschaft gar nicht hätte[7]. Es geht aber sehr wohl darum, sich in dieser Vielfalt orientieren zu können und begründet daraus auszuwählen. Hier wird vorgeschlagen, dies mit den konstruktivistischen Metatheorien zu tun (vgl. Rhode-Jüchtern 2006). Dafür eignen sich je nach Fokus v. a. die soziologische *Systemtheorie*, die *Handlungstheorie* und die *Diskursorientierung*.

Maßstäblichkeit

Wenn man ein Thema im gesellschaftlichen Kontext auf seine Funktionsweise im Makromaßstab hin untersuchen möchte, z. B. die professionelle Behandlung des Klimawandels in den einzelnen gesellschaftlichen Funktionsbereichen (Wirtschaft, Politik, Wissenschaft, Medien, Erziehung, Religion, Recht u. a. nach Luhmann), ist man mit der Metatheorie der Systemtheorie gut ausgestattet (Luhmann 1986, 1996, Luhmann/Baecker 2004, Berghaus 2004). Will man dagegen im Meso- oder Mikromaßstab rekonstruieren, wie Entscheidungsträger sich in ihrem Handeln orientieren und dies durchaus auch bis auf die Ebene von Individuen ausdehnt, greift man in das Regal der Handlungstheorien. Will man zuvor noch klären, wie in einer Gesellschaft konkret und vielfältig kreuz und quer über ein Thema diskutiert wird, etwa im Spiegel der Medien, wird man sich diskursorientiert betätigen. Alle diese Theoriebereiche sind natürlich in gewisser Weise übergreifend, haben aber ihre spezifischen Stärken nacheinander; wenn die Makro-Systemtheorie mit der Aussparung der Individuen aufhört, beginnt die Handlungstheorie; diese wiederum wird sich an die Rekonstruktion von Meinungsbildung im gesellschaftlichen Diskurs anlehnen. Je nachdem, was man genau in den Fokus richten möchte.

Wissenschaftspropädeutischer Habitus

Vor allem geht es bei dem so verstandenen Geographieunterricht um ein Ernstnehmen der entsprechenden Präambeln in den Lehrplänen, in denen immer wieder von Wissenschaftspropädeutik (oftmals sogar von Wissenschaftlichkeit/wissenschaftlichen Verhaltensweisen) die Rede ist. Dazu gehört, eine lohnende Problemstellung zu entdecken, und zwar in der Spannung von Wissen und Nichtwissen (man muss für eine solche Spannung also bereits viel Wissen haben, um zugleich erkennen zu können, wo sich eine Weiterarbeit lohnt). Wenn Schüler oder Studenten sich nur ein Thema „abholen" wollen, für ein Referat oder eine Hausarbeit, sind sie zunächst nur Sachbearbeiter, aber keine Wissenschaftler. Alle Operationen im wissenschaftlichen Arbeitsprozess sollen im kleinen ebenfalls gehandhabt werden: Problementdeckung, Hypothesenbildung, Konzeptualisierung einer Untersuchung zur Hypothesenprüfung, *fact-finding*, forschungslogisch saubere Bearbeitung der Arbeitsfragen, Interpretation der Ergebnisse, ggf. Revision der Hypothesen und der Empirie, schließlich Übergabe in den nichtwissenschaftlichen Kontext (Verwertung).

Unsere Kartierungshandwerker auf La Gomera (s. o.) mussten ihre instrumentelle Tätigkeit in einem wissenschaftspropädeutischen Kontext stellen. Das konnten sie tun, weil sie die Erfahrung mit der – nicht aus sich heraus validen (wertvollen) – Messung selbst gemacht hatten und nun nach einer Passung mit der Problemstellung suchen mussten.

Ähnlich ergeht es allen Kandidaten für eine Staatsexamensarbeit. In einer Reihe von Annäherungen wird die Arbeit aus einer vorläufigen Stichwortidee konzeptualisiert. Die Studenten erfahren, dass sie im Prinzip jedes Thema in der neuen Denkweise organisieren können, dass sie dafür aber die Reichweite der jeweiligen Theorie kennen müssen und sich auf eine Variante innerhalb des Konstruktivismus entscheiden müssen.

Im folgenden findet sich eine Reihe von Themen von Examensarbeiten, die alle eines gemeinsam haben: In ihnen wird die verwendete Metamethode benannt und in ihrer Passung zum Inhalt auch plausibel.

- „Europa wird gemacht" – Annäherungen an eine europäische Identität
- Die Erfindung von Heimat in der Fremde – Das Beispiel Studierender im Ausland
- Peacekeeping als Entwicklungshilfe? Der Bundeswehreinsatz im Kongo. Eine Diskursanalyse
- Erzählte Räume – Reisebiographien junger Ostdeutscher
- Alternative Energien und Klimawandel – Der Diskurs über Pflanzen als Energieressource
- Ökologische Kommunikation als gesellschaftliches Vorsorgeprinzip am Beispiel der Deponie Großlöbichau

- Logos, paideia, poiesis als Fenster der Weltbeobachtung – Einblicke in die Bürgerkriege Afrikas
- Moscheen in Deutschland – Eine Diskursanalyse zum regionalkulturellen Milieu
- Das Dilemma der Energiefrage am Beispiel moderner Kohlekraftwerke
- Kartenlesekompetenz – Ein Beitrag zum konstruktivistischen Geographieunterricht
- Alltägliche Regionalisierungen von Todesorten in Deutschland

Ein Beispiel aus dieser Liste: „Alternative Energien und Klimawandel – Der Diskurs über Pflanzen als Energiereserve" (Mertens 2007). Der Verfasser ist im zweiten Fach Biologe und macht seine zweifache Fachkompetenz fachverbindend und -übergreifend nutzbar. Zum Zeitpunkt der Arbeit galten alternative Energien zweifelsfrei als fortschrittlich und als zielführend für die Minderung von klimaverändernden Gasen; es wurden politisch Beimischungen von Biokraftstoffen („E 20") beschlossen, um am Symptom CO_2-Ausstoß zu arbeiten. Die unbeabsichtigten Nebenfolgen, wie z. B. der rigorose Raubbau am Tropischen Regenwald in Brasilien für den Zuckerrohranbau zur Ethanolgewinnung einschließlich CO_2-intensiver Brandrodung wurden dabei nicht thematisiert (ähnliches gilt für die Palmölgewinnung in Indonesien auf Kosten des Regenwaldes). Die Diskursanalyse legte dieses tiefgründige Defizit frei und zwar dadurch, dass die axiomatische Heiligsprechung des Biokraftstoffes im Diskurs des Jahres 2007 durch Nichtbemerken bzw. Verschweigen der Nebenfolgen deutlich wurde. Mit anderen Worten: Die Analyse befasst sich nicht nur mit dem Textkorpus selbst, sondern auch mit dem, was in ihm nicht vorhanden war (ähnlich sollte man im Geographieunterricht z. B. auch mit Bildern, Karten, Statistiken umgehen: „Was zeigt dieses Medium *nicht*, obwohl es wichtig ist oder sein könnte?").

Aus dem *Symptom* wurde ein *Syndrom* sichtbar gemacht. Die Forschungsfrage, hier: die Diskursanalyse bildete nicht nur reproduktiv einen Befund ab, sondern gab den Blick frei auf das Problemfeld des Klimawandels und den untauglichen Versuch, dieses eindimensional (CO_2 Minderung beim Automotor) zu lösen. Würde man stattdessen auf Vermeidung (statt auf stofflichen Ersatz) setzen, böte sich z. B. ein Tempolimit mit einem Minderungseffekt von ca. 2 Millionen t CO_2 pro Jahr in Deutschland an. Hier wird aber plötzlich mit Nebenfolgen argumentiert: 2 Millionen Tonnen seien nur Peanuts, hingegen würden die US-Bürger keine deutschen Premium-Autos mehr kaufen, wenn diese in Deutschland nicht frei weg rasen dürfen. Damit wird die Diskursanalyse nicht nur offenbaren, was *explizit* diskutiert wird, sondern durch eine besondere Optik des Analytikers auch, was *nicht* diskutiert oder verdrängt wird. Das gehört zur kritisch-reflexiven Diskursanalyse wie der Schatten zum Baum.

(Selbst)-Reflexion

Der vierte Standardbereich betrifft die Diagnose. In der Geographiedidaktik haben wir vorerst die Selbstreflexion im Lehrprozess ausgewählt, weil zunächst die Lehre selbst funktionieren muss, ehe man den Lernerfolg bei anderen kontrollieren kann. „Erziehung der Erzieher" heißt eine alte reformpädagogische Parole dafür.

Übliche Evaluationsbögen am Ende einer Veranstaltungsreihe erbringen allenfalls durchschnittlich erteilte Bewertungen („Dozent war vorbereitet: trifft zu – trifft gar nicht zu"), feinere Beobachtungen und Konsequenzen sind schwer daraus zu ziehen. Deshalb sind ergänzend Arrangements und Beobachtungen „unter dem rollenden Rad" hilfreich, wie das Experiment mit der Tafel „Bitte HIER warten", aufgestellt einige Meter vor dem Seminarraum, eine Stunde vor Beginn (Abb. 4).

Abb. 4: Versuchsanordnung vor dem 16-Uhr-Seminar zur Neuen Kulturgeographie.

Diese Tafel löst verschiedene Lesarten aus, von der völligen Ignoranz bis zum ratlosen Warten im Hintergrund. Am Ende stellten sich drei Gruppen von Reaktionen heraus: Eine Gruppe akzeptierte die Tafel als Verbotstafel und wartete auf weitere Anweisungen; eine Gruppe marschierte daran vorbei als wenn nichts wäre; eine dritte Gruppe durchschaute die Tafel als vermutliches Spiel und verhielt sich aufgeklärt-emanzipiert, indem sie durchging zum Seminarraum und zugleich die Tafel als Lerngelegenheit in einer

Neuen Kulturgeographie thematisierte. Das genau war intendiert: Die Menschen reagieren auf räumlich situierte Informationen ganz unterschiedlich, vom kurzschlüssigen Gehorsam über eine unreflektierte Pragmatik bis hin zum bewussten und autonomen Handeln incl. Reflexion. Rückmeldung an die Lehrenden war demnach, dass die theoretische Diskussion nicht einheitlich in der alltäglichen Praxis wiedererkannt wird, sondern je nach Denkweise und Art der Beobachtung differiert. Es ist nicht so sehr wichtig, diese Differenz mit einem Etikett zu versehen (z.B. die „Räumler", die „Konditionierten", die „Autonomen"), als sie überhaupt zu bemerken und als Problem der Passung von Theorie und alltäglichem Geographiemachen zu diskutieren. Instrument dafür ist die *Irritation*, das Herstellen/Erkennen von Mehrdeutigkeit, das situative Arrangement; Beobachtungsgegenstand wird dann das Verhalten/Handeln der Subjekte in einer polyvalenten Struktur. (Selbstverständlich gibt es weitere Standardarrangements zur Selbstevaluation und Reflexion wie z.B. die Bitte um Beurteilung der Plausibilität von Klausurfragen.)

Lehrerfort- und weiterbildung

Wenn es denn gelungen ist, die Dozenten selbstkritisch bei der Arbeit zu beobachten und die Lehramtsstudenten in ihrem unterschiedlichen Habitus, und das beides in Richtung Passung zur Theorie (Neue Kulturgeographie) anzuwenden, bleibt als nächstes Problem der Umgang mit den bereits fertigen und tätigen Lehrern. Die Denk- und Handlungsmuster des gewünschten aufgeklärten Geographielehrers bilden sich, wie eben gezeigt, im Kontext mit
- einer konstruktivistischen Lernkultur
- einem wissenschaftspropädeutischen Habitus
- der Bereitschaft und Fähigkeit zur Rezeption fachtheoretischer Diskurse
- kontinuierlicher (Selbst-)Reflexion

Wenn die Schüler einen solchen Lehrer haben, haben sie Chancen auf eine umfassende Kompetenzentwicklung. Die Bildungsstandards der Schulfächer in Deutschland definieren diese fachübergreifend ähnlich; für die Geographie (DGfG 2007) sind sie definiert als
- Fachwissen
- Räumliche Orientierung
- Erkenntnisgewinnung/Methoden
- Kommunikation
- Beurteilung/Bewertung
- Handlungsorientierung

Auch dies muss also „passen": die gewollte geographische Gesamtkompetenz gemäß

Bildungsstandards bei den Schülern und die wirksame Kompetenz der Lehrer. Denn der Apfel fällt nicht weit vom Birnbaum …

Man kann natürlich Lehrer nicht einfach von alt in neu transformieren, sie müssen sich selbst für Neues interessieren und selbstgesteuert damit umgehen. Man kann aber Impulse setzen in Form von *Scheinwerfern*, inmitten eines unermesslichen *Kübels* von Problemen und Alltagsroutinen. Ein solcher Scheinwerfer kann die Beschäftigung mit den Vier Raumdefinitionen nach dem „Curriculum 2000+" sein (DGfG 2004). Dies muss attraktiv, also anziehend gemacht werden als eine neue Form der Raumbeobachtung und -analyse, und nicht etwa abschrecken durch eine theoretische Litanei. Attraktiv für Lehrer ist etwas insbesondere dann, wenn es einen plausiblen Gebrauchswert hat und wenn es Vorbilder gibt, die man gerne selbst erproben mag. Deshalb hat die Jenaer Geographiedidaktik eine Posterserie mit Begleitheft[8] erarbeitet, in der die vier Raumdefinitionen nach „Curriculum 2000+" am Beispiel des Hochwassers an der Elbe vorgeführt werden: (a) Der Containerraum, (b) die Lagebeziehungen, (c) die subjektiven Wahrnehmungen und (d) die soziale, technische, wirtschaftliche und politische Konstruiertheit.

Aber auch andere Scheinwerfer können im Rahmen von Vorträgen und kleineren Workshops eingesetzt werden, etwa zur Exkursionsdidaktik, zur Aufgabenkultur, zu Alternativen in der Leistungsbewertung etc. Wichtig ist, dass immer ein inspirierendes Denken dahinter sichtbar wird, in der Fachorientierung, in der Lernkultur und in der Qualitätsentwicklung insgesamt. Auch sperrige Lehrer werden durch die Befürchtung erreichbar, dass anders ihr/unser Schulfach als belangloses Fossil enden würde (und damit übrigens auch ein großer Anteil der Hochschulgeographie wegen einbrechender Nachfrage)[9]. Wichtig ist auch, dass diese Scheinwerferveranstaltungen als kollegiale Dienstleistung und nicht als hegemoniales Besserwissen erkannt und akzeptiert werden können.

Das Material dafür kann nicht nur in fertigen Folien bestehen, weil sonst die notwendige (auch nachholende) Entwicklung nur als Problem der Stundenplanung oder als Hilfe zur besseren Motivation der Schüler, kurz: als Methodenproblem erscheinen könnte. Es geht aber tatsächlich um eine Weiterbildung der Lehrerköpfe, auch um ihrer selbst willen.

Eines der Formate dafür ist – neben Vorträgen, Internet- und homepage-Auftritten und Tagungen – nach wie vor das Printmedium. Die Jenaer Geographiedidaktik ist hier präsent in einer Vielzahl von Miszellen in den üblichen fachdidaktischen Zeitschriften mit jeweils einem relevanten Hefttitel (z. B. Praxis Geographie 1996: Weltverstehen durch Perspektivenwechsel). Daneben entwickelt sich auch das Angebot über verstehbare Monographien (z. B. Rhode-Jüchtern 1995, 1996, 2004, 2007 ff.), die nicht als Rezeptbücher daherkommen, sondern als Impulse zu einer theoriegeleiteten Praxis (das schließt ein, dass derartiges nicht ohne glaubwürdige eigene Praxis des Autors/der Autoren gelingen dürfte).

Für den Kompetenzbereich Innovation, hier speziell den Anschluss an den fachwissenschaftlichen Diskurs, ist es unerlässlich, dass die Geographiedidaktik sich aktiv und
symmetrisch (um das elende Wort von der „Augenhöhe" zu vermeiden) zur Fachwissenschaft aufstellt; ein Ghetto aus theoretischer Unlust und diskursiver Unfähigkeit
bremst und schwächt und spaltet das Fach (wobei es durchaus einige Didaktikvertre-
ter gibt, die ganz im Gegenteil die Teilhabe am Theoriediskurs als Störung und Spaltung des *mainstreams* empfinden und teilweise offensiv verdammen; das kann explizit
geschehen oder durch verkürzte Darstellung des theoretischen Hintergrunds der Fachdidaktik).

Für den Anschluss an den theoretischen Diskurs hat die Jenaer Geographiedidaktik
eine Schriftenreihe im LIT-Verlag ins Werk gesetzt, in der vornehmlich junge Geographen mit Interesse an einem weitgefassten und theoriegeleiteten Didaktikbegriff ihre Anwendungen vorstellen. So ist dort 2005 als Band 1 ein schmaler Band zum Syndromansatz (Schindler 2005) erschienen, gleich danach ein dicker Band zur Reisedidaktik (Dickel 2005), 2006 ein Band zur handlungstheoretischen Geographie mit dem Titel
„Tatorte" (Dickel/Kanwischer 2006), 2007 ein Band zum Diskurs über die Frankfurter
Hochhäuser unter dem Titel „Erzählte Räume", mit der einleuchtenden Figur, Dinge
nicht mehr einfach an-sich zu beobachten (also: das Hochhaus), sondern in ihren jeweiligen eigentümlichen Bedeutung (Hochhaus als ...) (Scharvogel 2007). Diese Bücher können im Niveau durchaus als Theoriebeitrag gelesen werden, haben dazu stets
einen praktischen Bezug (aus und für die Praxis). Im Idealfall entwickelt sich so die
Geographiedidaktik parallel mit der Fachwissenschaft und der Metatheorie und nicht
mit einem *time lag* von vielen Jahren (wie leider die schulischen Lehrpläne; deutlich weniger gravierend die Schulbücher, diese nämlich suchen zunehmend mit Hilfe agiler
Verlagsvertreter ihrerseits nach Trends und setzen hier Fakten).

Selbstkritik

Es bleibt die selbstkritische Frage, ob sich die Geographiedidaktik nicht übernimmt,
wenn sie das komplette Programm der KMK-Lehrerbildungsstandards akzeptiert, dieses in Ausschnitten selbst theoretisch und praktisch gestaltet, die selbstreflexive Welt-
bildentwicklung künftiger Lehrer betreibt (statt nur auf die phantasierten Schüler zu blicken), Lehramtsanwärter selbst erst einmal in einen wissenschaftspropädeutischen Habitus versetzt und in den Besitz der Kompetenzen der Bildungsstandards für den mittleren Schulabschluss, erfahrene Lehrer vertrauensbildend und kompetent weiterbildet,
bundesweit die konstruktivistische Metatheorie in Fachzeitschriften streut und in ungewöhnlichen Monographien, dazu noch eigene Theoriebeiträge liefert und tiefgründige
Anwendungen.

Die Selbstkritik lässt sich versinnbildlichen im selbstgewählten unmöglichen Wappentier. Der Leser und die Leserin mögen entscheiden, ob die Jenaer Geographiedidaktik wohl bereits zum größten Teil vorne durch ist oder eher doch noch hinten dran.

Abb. 5: Das unmögliche Wappentier der Geographiedidaktik.

Dieser Beitrag ist eine Standortbestimmung in einem Gespräch mit Antje Schneider, als *key note* vorgetragen bei einer Tagung zur Neuen Kulturgeographie am Institut für Geographie in Jena 2008.

Anmerkungen

1   Dieser Satz lautet ursprünglich „So ist es (wenn es Ihnen so scheint" bzw. „Cosi è (se vi pare)" und stammt vom Dramatiker Luigi Pirandello (1912).

2   Dieses Bild stammt ursprünglich von Rainer Maria Rilke und bezieht sich für ihn auf die Dichtkunst: „... dass sie mir Fenster sei in den erweiterten Weltraum des Daseins" („Testament" von 1921 (4 Bände, Bd. 4, Frankfurt/M. 1996, S. 721). „Fenster sein, nicht Spiegel" gelte auch für die Wissenschaft, sagt der Physiker Ernst Peter Fischer: „Tatsächlich spiegeln die Naturwissenschaften ja nicht die Natur. Sie zeigen nicht das, was sichtbar ist. Vielmehr zeigen sie das, was unsichtbar bleibt. Sie erklären etwas, das wir sehen – zum Beispiel das Fallen eines Apfels oder die variable Vielfalt der Lebensformen –, durch etwas, das wir nicht sehen, also durch die Schwerkraft der Erde oder die natürliche Selektion der Natur oder ihre molekulare Grundlage. Die Naturwissenschaften bringen im Bereich des Sichtbaren Fenster an, um uns die Mög-

lichkeit zu geben, die Natur in diesem Rahmen zu durchschauen. Und folglich sollten auch die Wissenschaften selbst als Fenster vor- und dargestellt werden, um durchschaubar zu werden. Wenn dies gelungen ist, kann man sich schließlich an die Frage wagen, was für ein Welt- und Menschenbild dabei als offenes Geheimnis sichtbar wird" (E. P. Fischer (2001, 17 f.).

3   Hans Peter Dürr (2002): Andere Sichten auf die Welt zulassen. In: Frankfurter Rundschau, 9. September 2002, zit. in Rhode-Jüchtern 2004/2006, 13: „Der Astrophysiker Hans Peter Dürr erzählt die Parabel des englischen Astrophysikers Sir Arthur Eddington nach, in der der Wissenschaftler mit einem Fischer verglichen wird. Dieser kommt zu dem Schluss, dass alle Fische größer als fünf Zentimeter seien. Dass die Maschenweite seines Netzes allerdings fünf Zentimeter betrug, wollte er nicht hören: Was ich mit meinem Netz nicht fangen kann, liegt prinzipiell außerhalb fischkundlichen Wissens."

4   Standards für die Lehrerbildung: Bildungswissenschaften. Beschluss der KMK vom 16.12.2005

5   Das Syndromkonzept ist ursprünglich vom Wissenschaftlichen Beirat für Globale Umweltveränderungen (WBGU) erdacht und seit 1994 in die Diskussion gebracht worden; danach ist es jahrelang im Rahmen des Bund-Länder-Programms „21 – Bildung für eine nachhaltige Entwicklung" (Gerhard de Haan u. a.) für die Schule erprobt worden. Erst viel später ist es explizit in der Geographiedidaktik gelandet, vgl. Schindler 2005). Auch hier hat es lange gedauert nach der ersten Vorstellung des Konzepts 1994 in der Öffentlichkeit: Im selbsternannten Standardwerk „Geographie unterrichten lernen" von Haubrich u. a. war hiervon im Jahre 2006 noch nichts zu lesen. Das neue Werk „Welt im Wandel" widmet dem Konzept 2007 einige Seiten, allerdings wiederum mit Verweis auf alte Literatur um 1996. Das nennen wir einen typischen *time lag* und gehen von einer Größenordnung von +/- 10 Jahren aus.

6   Vgl. die Tagungen über integrative Projekte in der Geographie, die sich u. a. mit dem Namen von Peter Weichhart (Wien) verbinden (www.univie.ac.at/peter.weichhart/TGPhHum/TgPH-HOme.html), z. B. „Auf der Suche nach der „dritten Säule". Gibt es Wege von der Rhetorik zur Pragmatik" (verfügbar im Internet s. o.), DFG-Rundgespräch „Methodische und konzeptionelle Probleme der Gesellschaft-Umwelt-Forschung" 17./18.2.2006 im IfL Leipzig, zuletzt „Umwelt als System – System als Umwelt? 15./16.6.2007 Bonn. Parallel dazu laufen Tagungen zur Neuen Kulturgeographie, zuletzt 2007 in Frankfurt (Tagung Nr. IV) und 2008 in Jena (Tagung Nr. V).

7   Hartwig Haubrich (2007) bestreitet allerdings die Notwendigkeit einer wissenschaftstheoretisch tragfähigen Konzeption für die Re-Integration des Faches: „Das Schulfach Geographie leidet nicht unter einer der Fachwissenschaft analogen Zersplitterung und muss sich deshalb nicht auf Kosten der Lösung eigener Probleme um die Probleme der Fachwissenschaft kümmern". In: Geographie und ihre Didaktik 1/2007).

8   Jenaer Geographiedidaktik (2007): Ein&Ausblicke. Raumkonzepte praktisch im Dialog. (www.uni-jena.de/didaktik_geo.html)

9   Arnold Schultze hat bereits 1970 die „Erwähnungsgeographie" beklagt, die „grauenhafte Dürftigkeit der schulischen Länderkunde", die „dürftigste Faktenaufzählung" und die „Sackgasse des Singulären" (Schultze, A. 1970: Allgemeine Geographie statt Länderkunde. In: Geographische Rundschau, 22. Jg., Heft 1, 1-10)

Literatur

Berghaus, Margot 2004/²2011: Luhmann leicht gemacht. Köln, Weimar, Wien

Buttimer, Anne 1984: Raumbezogene Wahrnehmungsforschung. Forschungsstand und Perspektiven Spiegel, Masken und Milieus. In: Buttimer, A. (Hrsg.): Ideal und Wirklichkeit in der angewandten Geographie. Kallmünz/Regensburg, 15-64 (= Münchener Geographische Hefte, Bd. 51)

Deutsche Gesellschaft für Geographie 2007: Bildungsstandards im Fach Geographie für den Mittleren Schulabschluss. Bonn (www.geographie.de/hgd)

Deutsche Gesellschaft für Geographie 2004: Curriculum 2000+. Grundsätze und Empfehlungen für d e Lehrplanarbeit im Schulfach Geographie. Bonn (www.geographie.de/hgd)

Dickel, Mirka 2005: Reisen. Zur Erkenntnistheorie, Praxis und Reflexion für die Geographiedidaktik. Münster

Dickel, Mirka/Detlef Kanwischer (Hrsg.) 2006: Tatorte. Neue Raumkonzepte didaktisch inszeniert. Münster

Endlicher, Wilfried/Gerstengarbe, Friedrich-Wilhelm (Hrsg.) 2007): Der Klimawandel – Einblicke, Rückblicke und Ausblicke. Potsdam (http://edoc.hu-berlin.de/miscellanies/klimawandel/)

Fischer, Ernst Peter 2001: Die andere Bildung. München, 17 f.

Haubrich, Hartwig et al. 2006: Geographie unterrichten lernen". München

Klafki, Wolfgang 1963: Studien zur Bildungstheorie und Didaktik. Weinheim und Basel, 25-45

Luhmann, Niklas 1986, ⁴2004: Ökologische Kommunikation – Kann sich die Gesellschaft auf ökologische Gefährdungen einstellen? Wiesbaden

Luhmann, Niklas 1996, ³2004: Die Realität der Massenmedien. Wiesbaden

Luhmann, Niklas/Baecker, Dirk ²2004: Einführung in die Systemtheorie. Heidelberg

Mertens, Henning 2007: Alternative Energien und Klimawandel – Der Diskurs über Pflanzen als Energieressource. (Veröff. i. V. als Bd. 5 in der Reihe „Praxis Neue Kulturgeographie" 2008)

Rhode-Jüchtern, Tilman 1995: Raum als Text – Perspektiven einer konstruktiven Erdkunde. Wien

Rhode-Jüchtern, Tilman 1996: Den Raum lesen lernen. München

Rhode-Jüchtern, Tilman 2004/²2006: Derselbe Himmel, verschiedene Horizonte – Zehn Werkstücke zu einer Geographie der Unterscheidung. Wien

Rhode-Jüchtern, Tilman 2007: Eckpunkte einer modernen Geographiedidaktik. Hintergrundbegriffe und Denkfiguren. Velber

Scharvogel, Martin 2007: Erzählte Räume. Frankfurts Hochhäuser im diskursiven Netz der Produktion des Raumes. Münster

Schindler, Joachim 2005: Syndromansatz. Ein praktisches Instrument für die Geographiedidaktik. (Reihe Praxis Neue Kulturgeographie Bd. 1). Münster

Schneider, Antje/Jenaer Geographiedidaktik 2007: Ein&Ausblicke. Raumkonzepte praktisch im Dialog. (www.uni-jena.de/didaktik_geo.html)

II.
Zur Philosophie der Geographie

5. Geografie und Geographie

Die Welt mit „f" und das Fach mit „ph" betrachten

An diesem Lehr-/Lernbuch ist vieles außergewöhnlich. Das Cover zeigt eine studenti-
sche Exkursionsgruppe in den Pyrenäen als Naturlandschaft; die jungen Leute blicken
zugleich ge- und entspannt, locker und konzentriert. Sie lachen in eine Richtung – ein
Hinweis auf einen Sprecher, denn die Pyrenäen lösen als solche wohl eher kein Lachen
aus. Objekt, Empfänger, Sender also im bekannten Dreieck, wobei es im Studienbetrieb
einen Lotsen geben sollte, der weiß, wo es langgeht. Aber man würde die Verfasser
schlecht kennen, wenn sie einfach nur Wegweiser von der richtigen Frage zur richtigen
Antwort sein sollten.

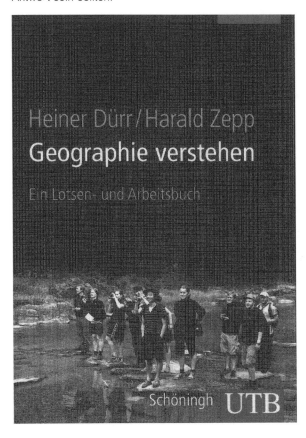

Im Einstieg geht es denn auch zunächst darum, das „Was" des Faches zu erörtern, die Philosophie des Faches (wobei die Vielfalt eigentlich stets den Plural verlangt: die Philosophien also). Es folgen Erörterungen über das „Wie", die Methodologie im Horizont wissenschaftlicher Betätigung, über die Maßstabsebenen von der Welt über die Nationen bis zu Regionen und Orten und deren Hybridisierung („Glokalisierung"), über die zeitgeistige kategoriale Rahmung und Fokussierung auf den globalen Wandel, die Verletzlichkeit („Vulnerabilität"), die Vernetzung („Retinität" und „Konnektivität"), das Zusammendenken von Natur und Mensch/Kultur, über die Resilienz (also die Anpassungsleistungen und Überlebensfähigkeit), die Digitalisierung der Welt und die Identitätsfallen und Crashs der Kulturen. Hier braucht es einen Lotsen im Diskurs.

Um es kurz zu machen: Es sollen nicht nur, zum Beispiel, „die Pyrenäen" als *Geografie* verstanden werden, sondern zunächst oder zugleich auch das Fach, als *Geographie*, das sich mit so etwas wie den Pyrenäen befasst. (Ein solches Sprach- und Buchstabenspiel ist anderen Fächern verwehrt.) Theorie und Empirie zur Sache, und Metatheorie zur eigenen Tätigkeit und deren Reflexion lautet das doppelte Programm. Und es geht dabei immer zugleich um die Geographen, die sich im Raum und in der Theorie bewegen (lernen). Sonst hätte man sicher ein anderes Cover gewählt.

Nichtgeographen sei gesagt, dass dies alles ein Ergebnis langjähriger Auseinandersetzungen um die Identität des Faches Geographie ist, und zwar in seiner legendären Einheit von Natur und Kultur und zwei wissenschaftlichen Kulturen. Es gibt faktisch einen tiefen Graben zwischen naturwissenschaftlich und sozialwissenschaftlich arbeitenden Geographen, bis hin zu einer Drittmittel- und impact-Faktor-basierten Verachtung. Allerdings wird von einigen auch eine wissenschaftspolitische Chance darin vermutet, dass in diesem Fach die Brücke geschlagen werden könnte zwischen zwei Paradigmenwelten und verschiedenen Raumkonzepten. Dies kann helfen bei multifaktoriellen und überkomplexen Problemfeldern wie dem Klimawandel und einer Energiewende. Dürr und Zepp vertreten beide Säulen im Fach Geographie (Sozialgeographie und Physische Geographie) und orientieren sich dafür an exemplarischen Themen und Fällen aus der Geografie; am Ende kann es für beide in der Problemorientierung einen Abschied vom disziplinären Selbstzweck geben, in einer Dritten Säule[1].

Nehmen wir als Beispiel den Begriff der Ordnung/der Stabilität in der Natur und in der Kultur. Die Natur strebt als System ständig zu einem Ausgleich unterschiedlicher Zustände (Temperatur, Luftdruck, Relief, Massentransport etc.) und gibt erst im Zustand maximaler Durchmischung (Entropie) Ruhe. Die Gesellschaft als System muss dagegen eine künstliche Ordnung schaffen, die dieser Entropie entgegenwirkt. Ordnung und Unordnung sind also zwei kategoriale Seiten der geographischen Medaille. So wäre es unsinnig, die natürliche Ordnung (bis zum Fressen und Gefressenwerden) zum Leitbild eines Gesellschaftsvertrages und einer praktisch funktionierenden Gesellschaft zu erklären; die beiden Ordnungen müssen aber ihrerseits miteinander in ein Gleichgewicht gebracht werden. (Diese Erläuterung stammt allerdings vom Rezensenten.)

Das Buch ist Ergebnis von Vorlesungen über Jahre, demnach durchsetzt von Beispielen, Studientexten und Aufgaben, die es zum Arbeitsbuch machen und die sich bewährt haben.

Was soll/kann man erwarten von dem doppelbödigen Lernprozess, dem Boden der Auseinandersetzung mit einer sachlichen Problemstellung (Geografie) und dem Boden der Reflexion und Metakognition (Geographie)? Die Autoren äußern dazu die Hoffnung, dass die Leser am Ende eines Lernprozesses vertraut sind „mit Eigenarten geographischer Weltsichten und den daraus folgenden Forschungsfragen und -verfahren", ihre Identität als Geograph/in soll gefestigt sein, ohne dass diese einschränkende Welt-Anschauung die Offenheit gegenüber anderen Fächern und anderen Auffassungen von Geographie behindert.

Was wären denn die Bausteine eines selbst-bewussten Arbeitens im Fach und wofür braucht man unbedingt einen Lotsen im großen Lalula fragmentierter Studiengangs-Module (einerseits) und eines kompletten Wissenschaftsbetriebs (andererseits)? Diese Frage und der Lehrgang zu den Antworten macht das Buch auch für andere Disziplinen anregend, ja wegweisend. „Geography matters" – das dürfen die Verfasser sagen, auch, weil mit diesem Buch und Titel sich auch andere Fächer auf einem reflektierten Ausbildungsweg bestärkt fühlen können.

- *Fragen der Wissenschaft von der Wissenschaft.*
  Das Wort Wissenschaft hat als Kompositum diverse Beiwörter: W-Philosophie, W-Logik, W-Geschichte, W-Soziologie, W-Ethik
- *Hauptschritte und Operationen im Forschungsprozess*
  Unterscheidung von reiner und angewandter Wissenschaft, Bezüge von Problemstellung und Theorie; Einzelhandlungen wie Hypothesenbildung, Wirklichkeit(en)-Beobachtung, Begriffe und Konstruktionen, Testanordnungen sowie synthetische Handlungen, Forschungspfade
- Ausgewählte *Paradigmen/Leitprinzipien*
  Klärung unbestimmter Begriffe wie *accessibility*, Ko-Präsenz, *privacy*, Gestalt, *mental map* u.a. auch in den Nachbarwissenschaften
- *Objektbereich, Bindestrich-Geographien* (Klima-Geographie, Geographie des Handels etc.) und *Sphären* (wie Anthroposphäre, Noosphäre, Technosphäre)
- Kompatibilität *fächerübergreifender Problemstellungen* im eigenen Fach zu anderen Fächern – Wo liegen Alleinstellungsmerkmale und besondere Kompetenzen („der Raum" allein kann es nicht sein)? Wie lassen sich überhaupt Natur-Gesellschaftskomplexe konzeptionell fassen? Wie lassen sich *Differenziertheit* und *Perspektivenwechsel* räumlich wirkender Akteure fassen („die Welt aus der Sicht eines Bewohners der reichen Industriestaaten" etc.), in einer Auflistung oder je nach Problemla-

ge? Wenn eine zentrale Kategorie der Geographie das „Räume machen" ist, wie geht man dann mit der zeitlichen Dimension in der Raumdynamik um? „Raus aus der Falle des Geodeterminismus" lautet z. B. ein Nachdenktext.

Große Köpfe in der Geografie und Geographie, wie Alexander von Humboldt, Ferdinand von Richthofen, Carl Troll, Wolfgang Hartke, Hans Bobek, Dietrich Bartels, Gerhard Hard et al. zeigen gerade in ihrer Unterscheidung den Diskurs im Fach (der natürlich immer auch eine Frage der Macht ist). Neuerdings wird die Frage gestellt, ob es eine „Geographie ohne Raum" (Benno Werlen) geben könne angesichts der *cyber spaces* und virtuellen Räume; da gehen aber nicht-geographische Sozialwissenschaftler leichter mit als räumlich konditionierte Geographen. Das gilt auch für die Frage der Wertfreiheit der Wissenschaft, auch im Zusammenhang mit der konstruktivistischen Wende. Der US-amerikanische Stadtgeograph Mike Davis (Ökologie der Angst 1999 u. a.) ist für die politisch-ökologische Perspektive ein unerschrockenes Beispiel: „Mike Davis ist alles andere als ein unparteiischer Sammler von Tatsachen" (Kilb). Und Konzepte des Sachverständigenrates für Umweltfragen wie der Syndrom-Ansatz haben mit einem *time lag* von +/- 10 Jahren die Fachwissenschaft und -didaktik erreicht, unter der sehr nützlichen Frage: Wie lässt sich Komplexität reduzieren?

Gerade mit dieser letzten Metafrage öffnen sich für das Fach in Hochschule und Schule neue Pfade. Aber: „Wege entstehen beim Gehen". Oder noch radikaler angesichts des globalen Wandels in Klima, Bevölkerung, Energie etc. klingt es beim Dichter Franz Kafka: „Es gibt ein Ziel, aber keinen Weg. Was wir Weg nennen, ist Zögern." Diese beiden Zitate stammen nicht aus dem besprochenen Buch, aber Dürr und Zepp haben eine Werkstatt eröffnet, in der Studierende sich tummeln können, ohne das zuvor alles selbst (er-)finden zu müssen; und sie bekommen das nötige Vertrauen, dass ihnen hier herrschaftsfrei geholfen wird. (Und Heiner Dürr hätte vermutlich seine Freude an derartigen Widersprüchen gehabt, wenn er noch unter uns lebte. 2010 ist er gestorben.)

Der Beitrag ist ursprünglich erschienen als Rezension von:
Heiner Dürr/Harald Zepp (2012): Geographie verstehen. Ein Lotsen- und Arbeitsbuch,
in: Zeitschrift für Didaktik der Sozialwissenschaften (zdg) 2/2013, 211-214.

Anmerkung

1   Vgl. dazu Text Nr. 3 „Garten, Regenwald und Erdbeben" in diesem Band.

6. „Wo die grünen Ameisen träumen"

Zur Bedeutungsvielfalt von Orten

Ein Ort – Zwei Bedeutungen

„Wo die Grünen Ameisen träumen" – da sitzen einige Aborgines mit ihren Didgeridoos im australischen Wüstenschotter vor der Riesenschaufel eines Caterpillars. Der Fahrer will sie mit 500 PS beiseite schieben, aber ein junger Geologe von der Explorationsfirma beobachtet dies aus seinem Container und nimmt dem Fahrer den Schlüssel ab. Dann wird verhandelt. Die Aborigines erklären, dass an dieser Stelle die „Grünen Ameisen" träumen und dass der Ort deshalb für sie heilig sei. Die Geologen erklären, dass sie hier nach Bodenschätzen schürfen und dass sie dafür die Lizenz der Regierung haben. Der Caterpillar würde den Machtkampf sofort gewinnen, die Eingeborenen würden mit etwas Geld abgefunden und in der Stadt verwahrlosen. Was kann man aber anderes tun, angesichts dieses Interessenkonflikts und dieser zwei Hinsichten auf den einen Ort? Träume gegen Uran, das ist doch längst entschieden. – Die Firmenleitung verhandelt mit den Sprechern der Aborigines, sie geht auf deren Wünsche ein und schenkt ihnen schließlich ein großes Militärtransportflugzeug. Einer der jungen Aborigines war bei der Air Force und kennt das Flugzeug; er steigt auf in den Himmel wie die Weißen und verschwindet irgendwann ohne ausreichend Sprit in den Bergen. Das ganze wird schließlich auch rechtlich-formal verhandelt; ein verständnisvoller Richter mit britischer Perücke hört ernsthaft und sorgenvoll zu, entscheidet dann aber bodenrechtlich für die Bergbaufirma und die staatliche Lizenz. – Die Aborigines sitzen am Ende wieder im Kreis und meditieren über die „Grünen Ameisen"; jetzt sitzen sie am Boden in einem neuen Supermarkt in der Wüstensiedlung, in der Ecke mit den Waschmitteln, wo nur wenig Kunden sind. Es ist für sie genau die Stelle, wo die „Grünen Ameisen" träumen. Der Ladenbesitzer oder die Firma lassen die Aborigines an dieser Stelle gewähren, aber es ist nun ein anderer Ort, ein Ort mit doppelter Bedeutung. Die Macht hat sich durchgesetzt, aber die Verlierer werden nicht vernichtet.

Dieser wundervolle Film von Werner Herzog enthält eine der Grundfragen der Geographie, nämlich die nach dem Verhältnis von Gesellschaft und materiellem Raum; sie enthält sie außerdem in einer *differenzierten* Form, nämlich im Blick auf eine differenzierte Gesellschaft und einem materiell differenzierten Ort mit verschiedenen Potenzialen und Bedeutungen.

Aus einem „space" wird aktuell ein „place". Menschen handeln in ihrer je eigenen Tradition und Intention, sie benutzen dafür die materiellen Gegebenheiten in ihrem jeweiligen Sinn und eignen sich den Ort an, nach ihren Zwecksetzungen; sie kolonisieren den Raum und geraten dabei zuweilen in Konkurrenz oder Konflikt mit den Bedeutungszuweisungen anderer Menschen.

Verhaltens- und Handlungstheorien in der Geographie

Es wäre ja einfach, wenn es denn einfach wäre: Da liegt vielleicht Uran, also werden die Regierung und die Geologen *determiniert*, dies zu explorieren; sie *können* gar nicht anders denken und handeln. Und wenn einer der Akteure Skrupel hätte, würde er sofort ersetzt durch einen, der sich im System normal verhält. Die australische Wüste enthält dieses Potential und die Menschen würden „von der Natur" aufgefordert, es zu nutzen. Der Imperativ wäre sogar alttestamentarisch legitimiert: „Machet Euch die Erde untertan!" Aber so einfach ist es eben nicht, zumal die Natur ja kein Subjekt ist, das etwas *tut*; das „Untertanmachen" ist eine Handlung der Menschen im Rahmen der natürlichen Möglichkeiten: Man kann nach dem Uran suchen, man kann es aber auch lassen, jedenfalls hier, wo der Ort auch anderes anzeigt, nämlich eine Kultstätte.[1]

Wir haben es hier zu tun mit der Kategorie der *Kontingenz*, der zufolge etwas geschehen kann oder auch nicht. Dazu gehört im Beispiel der „Grünen Ameisen", dass es nicht immer zweckmäßig ist, den Raum einseitig/einsinnig zu kolonisieren und andere Bedeutungen einfach wegzubaggern.

Derzeit läuft in der Fachwissenschaft der Geographie wieder einmal ein großer Versuch, das Fach an den interdisziplinären Diskurs anzukoppeln und zugleich die geradezu aggressiven Versuche einiger Soziologen abzuwehren, nun – nach der Phase ihrer „Dingblindheit" – auch noch den „Raum" fachlich zu besetzen. „Soziales kann/darf nur durch Soziales erklärt werden", lautet zwar das alte Axiom der Gründerväter der Soziologie Emile Durkheim und Max Weber; was aber, wenn das Gesellschaftliche auch verwoben ist mit Sachlich-Materiellem, mit Räumlichem? Zum Beispiel in der Stadtforschung?

Der Überschrift über diesem neuerlichen Diskurs lautet „Neue Kulturgeographie". Darin wird die (triviale) Feststellung objektiver Tatbestände im Raum ersetzt durch ein eher konstruktivistisches und kontextbezogenes Verständnis; der Schwerpunkt der Fragestellungen wird auf die soziale Produktion und Symbolisierung von Räumen und die Rückwirkung auf die Gesellschaft gelegt. Im Zentrum stehen die Bedeutungszuweisungen (Signifikationen), die im Rahmen von Kommunikation und Handlung dem Raum gegeben werden.

In dem Buch „Kulturgeographie – Aktuelle Ansätze und Entwicklungen" (Gebhardt u. a. 2003) führt Edward W. Soja (Los Angeles) die „tief greifende Veränderung in der Art, die Welt zu sehen" im Titel „Thirdspace – Die Erweiterung des Geographischen Blicks" zusammen. Sowohl das menschliche Dasein („being") als auch die Räumlichkeit dieser Existenz („spatiality") werden in eine Figur eingebunden, die er „trialectics" nennt (Soja 2003, 271 und 274).

Abb. 1: *Thirdspace* – Die Erweiterung des geographischen Blicks.

Die Welt und das In-der-Welt-Sein können nur angemessen verstanden werden in einem Zusammenhang von Räumlichkeit – Gesellschaftlichkeit – Geschichtlichkeit. Und „Thirdspace" steht für eine „andere Art des Blicks auf raumbezogene Fragestellungen, der die geographische Betrachtungsweise über die bestehenden Dualismen hinaus erweitert. [...] *Firstspace* (der wahrgenommene Raum) meint die Welt der direkten, unmittelbaren Raumerfahrung empirisch messbarer und kartographisch erfassbarer Phänomene. [...] In deutlichem Unterschied dazu ist der *Secondspace* (mentaler Raum) stärker auf räumliche Images und Repräsentationen, sowie auf die kognitiven Prozesse und Konstruktionsweisen ausgerichtet. ... stärker auf kognitive, konstruierte und symbolische ‚Welten', ... stärker auf die ideengeschichtlich-konzeptionellen und ideologischen Diskurse. [...] *Thirdspace* (Gelebter Raum) (ist) als eine Aufforderung zu begreifen, *anders* über die räumliche Verfasstheit des menschlichen Lebens nachzudenken, ... die empirische Vielfalt, den ganzen Umfang und auch die verborgenen Geheimnisse des tatsächlich gelebten Raums (lived space) (zu) erfassen" (Soja 2003, 271-277).

„Aktionsraum"-Forschung

Das vorliegende Buch TatOrte zielt mitten hinein in diesen Diskurs, mit dem Versuch, dessen Erklärungsstärke in einem Praxisfeld, der Schule, zu erproben. Dazu gehört wenigstens ein knapper Verweis auf die theoretischen Annahmen und den Stand der Diskussion im Fach, als Dienstleistung der Theoretiker für die Praktiker. (Ich verwende dafür noch den eingeführten Begriff „Aktionsraum", der mit der Erweiterung des geographischen Blicks dann neu bestimmt werden muss; zur zunächst plakativen Abgrenzung verwendet dieses Buch den Titel TatOrte, weil „Handlungsräume" auch bereits vielfach besetzt und noch immer diffus konnotiert sind.)

- Der Kernbegriff „Aktionsraum" schließt zunächst an eine traditionelle und inzwischen obsolete Betrachtungsweise raumbildender Prozesse an, sortiert nach den sog.

Grunddaseinsfunktionen und entsprechenden „sozialgeographischen Gruppen" (auch: aktionsräumliche Gruppen, Verhaltensgruppen, Lebensformgruppen). Man dachte daran, diese Funktionen wie Am-Verkehr-Teilnehmen, Sich-Versorgen, Sich-Erholen etc. in ihrer räumlichen Verbreitung und also als Raumprägung festzustellen.

- Ein „Aktionsraum" ist „ein Raum, in dem eine sozialgeographische Gruppe mit spezifischen Aktionsreichweiten ihre Daseinsfunktion ausübt. Die Grenzen dieses Aktionsraums werden durch gruppenspezifische Reichweiten bestimmt und sind bei Verhaltensänderungen variabel." (Diercke 1984, 23)
- Der Begriff „Handlungsbiotop" wird allgemein beschrieben als „Lebens- und damit Handlungsraum im alltäglichen und engeren Feld des Menschen" (vgl. Diercke 1984, 304).
- „Milieu" wird traditionell definiert als „Gesamtheit aller auf einen pflanzlichen, tierischen oder menschlichen Organismus einwirkenden ökologischen Faktoren". Im Kompositum „Milieuschaden" allerdings geht es um die „Verhaltensstörung beim Menschen, die auf einen negativen Umwelteinfluss zurückgeht. M. können bei Menschen festgestellt werden, die unter asozialen Lebensumständen aufwuchsen bzw. einer sozialen Randgruppe angehören, die von der übrigen Gesellschaft abgelehnt werden" (Diercke 1984, 512)
- Nach dem „Aktionsprinzip" verengt sich das Wirkungsfeld der Arten in der Weise, dass nahe verwandte Arten mit ähnlichen ökologischen Eigenschaften, die im Extremfall vom gleichen Ökotop angeboten werden, sich getrennte Nischen aufbauen. Daraus ergibt sich auch, dass zwei Arten mit den gleichen ökologischen Ansprüchen nicht in derselben Nische zusammen existieren können." (Diercke 1984, 22)
- „In der Sozialgeographie werden die unterschiedlichen sozialen Verhaltensweisen bei der Ausübung der Grunddaseinsfunktionen durch die Angehörigen verschiedener sozialer Gruppen untersucht, da sie Aufschluss über die Raumwirksamkeit dieser Gruppen geben." (Diercke 1984, 794)

Bei einigen Begriffsdefinitionen scheint durch, dass es nur um die Feststellung von Eingriffen nach Reichweiten und nach pauschalen Funktionen/Tätigkeitsfeldern geht und um die damit einhergehende Raumprägung. Damit wäre aber wenig geklärt, außer dass man ein Phänomen wie Autobahn oder Einkaufszone oder Badestrand als jeweilige Funktionsfläche kartieren könnte. Abweichungen vom Normzustand, Überlagerungen und Konkurrenzen, abweichendes Verhalten, Zeitfunktionen etc. bleiben außerhalb des Rasters, erst recht jegliche Dialektik zwischen Verhalten/Handeln und materieller Umwelt. Unvermittelte Ausnahme: „Milieuschaden" (s. o.) als Störung, „Milieu" als abwertendes soziales Kennzeichen.

Ein Beispiel für eine traditionelle Handhabung des Aktionsraum-Begriffs (1993/1995): Was tut die „Sozialgeographische Gruppe" der Touristen am Urlaubsort? (Abb. 2)

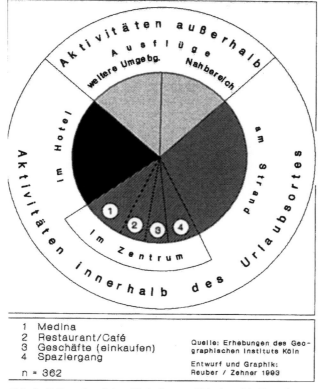

1 Medina
2 Restaurant/Café
3 Geschäfte (einkaufen)   Quelle: Erhebungen des Geo-
4 Spaziergang   graphischen Instituts Köln

n = 362   Entwurf und Graphik:
                                 Reuber / Zehner 1993

Abb. 2: Aktionsräumliches Verhalten am Urlaubsort in Tunesien.

Diese Grafik liegt einer Musteraufgabe der „Einheitlichen Prüfungsanforderungen in der Abiturprüfung" (EPA Fassung 2002, mündliche Prüfung) zugrunde. Danach sollen die Prüflinge „aus der räumlichen Verbreitung des Tourismus (Atlas) und dem aktionsräumlichen Verhalten der Touristen positive und negative Folgen aus unterschiedlicher Perspektive ableiten (v.a. Ausbau der Infrastruktur, Möglichkeiten der Einkommensverbesserung, Wasserverknappung, Gefährdung der kulturellen Identität". Allerdings enthält der Erwartungshorizont auch den Satz: „Die schematische Darstellung wird im Hinblick auf ihre Aussagekraft (Zahl der befragten Personen) und Anwendbarkeit kritisch hinterfragt."

Hoffentlich haben die Schüler es gelernt, die Reichweite von Material und Methode kritisch zu reflektieren; aus dem (einzigen) Material lassen sich die erwarteten Leistungen nämlich nicht ableiten – es sei denn, die Schüler sind ohnehin bereits auf diese Erwartungen geeicht.

Neue Kulturgeographie

Die neueren Bemühungen und Definitionen richten sich auf das Wechselverhältnis von „Raum und Gesellschaft" in einer genaueren Fassung und Anschließung an den interdisziplinären theoretischen Diskurs. Genannt werden soll dafür stellvertretend der Sammelband von Meusburger/Schwan (Hrsg.) 2003: „Humanökologie – Ansätze zur Überwindung der Natur-Kultur-Dichotomie". Darin wird skrupolös diskutiert, wie man von den pauschalen und oft hausgemachten Begriffen wegkommt, wie z.B. „Milieu" als etwas sozial Gestörtes, „Raum" einfach mal als „Natur" (als materielle Realität) oder als „Umwelt" zu verstehen, im Sinne von „die eine Umwelt" oder „unsere Umwelt" im *singularis totus*. Stattdessen wäre im Kontext für den systemtheoretischen Umweltbezug von „Umgebung" zu sprechen (vgl. Klüter in Meusburger 226). Ähnliches gilt z.B. für die notwendige Unterscheidung von allgemeinem *space* und aktuellem *place* (bzw. eng. *locale*/dt. „Schauplatz") u.v.m.

„Humanökologie"

Der Fragenkreis dreht sich um Folgendes: Kann die physisch-materielle Welt ursächlich auf die soziale Welt einwirken? Wie geht man dann mit dem *Determinismus*-Problem um? Wie geht man um mit dem Problem der *Hybridität* (künstliche Züchtung, Zwitterhaftigkeit) zahlreicher Phänomene der Realität? Wie lässt sich das *Zusammenspiel* zwischen der Ebene der symbolisch-vermittelten Formen der gesellschaftlichen Interaktion und der Ebene der physisch-materiellen Welt der Dinge und Körper darstellen und erklären? (vgl. Meusburger/Schwan, 2003, 6). Und: Wie kann man die Lebensumwelt des Individuums und die reale Welt auf einen Nenner bringen, wie die Welt aus der Sicht des Individuums verstehen? Werden Menschen und ihre Verhaltensmuster nur durch physische Stimuli *konditioniert* oder auch durch das, was der Ort symbolisiert? Umweltpsychologisch gesehen wird die Umwelt heute als *subjektzentrierter Bedeutungsraum* thematisiert. Die konkrete Bedeutung, die ein Raum oder ein Ding für jemanden hat, resultiert aus der Begegnung mit dem konkreten tätigen Subjekt; damit ist der erlebte und gelebte Raum immer perspektivisch strukturiert. Natürliche Prozesse werden *kolonisiert*, durch zielgerichtete längerfristige menschliche Eingriffe; durch solche Aneignungsprozesse wird die Grenze zwischen der materiellen und der mentalen Welt gleichsam zum Verschwinden gebracht. Zwar sind alle Akteure lernfähig, aber nicht alle Subjekte haben *dieselben* Fähigkeiten, Voraussetzungen und Informationen für kognitive

Prozesse und reflexives Handeln; man kann also nicht von einem rational handelnden Akteur ausgehen – ein weiterer Grund für die *Kontingenz* (vgl. Meusburger/Schwan, 2003, 6).

„Action-Setting"

In äußerster Kürze wird i. F. der grundlegende Aufsatz zur Humanökologie von Peter Weichhart vorgestellt, den er als Vortrag auf dem Leipziger Geographentag 2001 verteidigt hat (Weichhart in Meusburger/Schwan 2003, 15-44); darin lässt sich das für unser Themenheft „TatOrte" Entscheidende finden. Vor allem enthält es auch theoretische Sprachregelungen für präzisere Aufgabenstellungen und Projekte in der Schule.

Der Vortrag/Aufsatz trägt einen Titel, der nicht ohne Weiteres zum freiwilligen Lesen verlockt: „Gesellschaftlicher Metabolismus und *Action Settings*. Die Verknüpfung von Sach- und Sozialstrukturen im alltagsweltlichen Handeln". Vielleicht hilft hier ein Dolmetscher, der zugleich die Anschließung an praktische Themenstellungen sucht.

Weichhart erklärt, dass die grundlagentheoretische Diskussion zum geographischen Kernproblem der Gesellschaft-Umwelt-Interaktion in den Sozialwissenschaften wesentlich differenzierter und problemangemessener entwickelt sei als in den innergeographischen Fachdiskursen. In der Geographie werden „Natur" und „Kultur" oft naturalistisch als *Essenzen* konzipiert. Kultur wäre dabei der Niederschlag menschlichen Tuns in Artefakten (z. B. Landnutzungssyteme oder Kulturlandschaft). Symbolhaft vermittelte Formen des gesellschaftlichen Naturbezuges bleiben weithin ausgeblendet, ebenso die prozesshaften Elemente des Gesellschaft-Natur-Metabolismus (Metabolismus = Umwandlung). Der Doppelcharakter, die Dualität und wechselseitige Verschränkung symbolischer und materieller Wechselwirkungen wird in der Geographie weitgehend ignoriert.

Demgegenüber steht eine Konzeption, in der Natur nicht „an sich", unabhängig von den jeweiligen Formen ihrer gesellschaftlichen Bearbeitung, Wahrnehmung und Symbolisierung erfahren oder erkannt werden kann. Ebenso konstituiert sich Gesellschaft in einem Prozess, worin naturale und soziale Handlungselemente miteinander verknüpft und erzeugt werden. Die Differenz zwischen Natur und Gesellschaft *konstitutiert* sich als Erfahrung der Eigenständigkeit der Natur. Diese Erfahrung ist *plural*, angesichts von vielfältgen Formen der ökonomischen, wissenschaftlich-technischen, politischen Regulierung gesellschaftlicher Naturverhältnisse. Differenz und Wechselwirkung von Sinn/Symbolik und Materie sind also das Thema.

Ein Beispiel: Hat die Sitzordnung an einem Ort (z. B. Gericht, Schule, Kirche) zu tun mit der Überzeugungskraft der Akteure, hat der Vorsitzende (der Richter, Lehrer, Pfarrer) dabei für sein Handeln einen raumstrukturellen Vorteil? Kann sein – das hängt aber ab von dem sozialen Interaktionskontext. Die physisch-materielle Welt wirkt nicht „natürlich" unmittelbar und zwingend auf die soziale Welt ein; sie *kann* dies aber tun, wenn ein bestimmter sozial definierter Kontext gegeben ist. Andererseits: Es gibt keine Handlung, von der man nicht sagen könnte, dass sie auch *anders* hätte ausfallen oder unterbleiben können.

Diese grundsätzliche *Kontingenz* menschlichen Tuns gilt für alle menschlichen Handlungszusammenhänge, sie werden schließlich immer von Subjekten konstituiert, die die Welt so oder auch anders deuten können. In einigen Fällen stoßen die Konstitutionsleistungen der Subjekte aber an recht klare Grenzen, z. B. an einer Straßensperre oder in einer Lawine. Das „Vorgegebene" der physisch-materiellen Welt begrenzt Handlungsspielräume, wird aber andererseits als Medium der Ermöglichung oder der Erleichterung eines ganz bestimmten Tuns wirksam. Die Kontingenz und die Komplexität der Welt wird dadurch reduziert, dass im Prozess der Sozialisation Erfahrungen, Werte und Normen internalisiert werden und damit soziale Rollen und Funktionsweisen von Institutionen das Funktionieren von Gesellschaft erleichtern. Die Individuen können sich sozial angepasst verhalten.

Im Aneignungs- bzw. Kolonisierungsprozess werden die Grenzen zwischen der materiellen und der mentalen Welt gleichsam zum Verschwinden gebracht. Die Umwandlung der physisch-materiellen Welt (z. B. Städtebau, Düngemittel, Gentechnik, Energieumwandlung) ist sozial organisiert, sie ist ein objektivierbarer Eingriff in die materielle Welt und ein Element kultureller Sinnzuschreibungen. *Kolonisierung* ist also das materielle Ergebnis intentionalen Handelns, das seinen Sinn aus den Wertesystemen der Kultur und ihrer symbolischen Kommunikation erhält; so werden weite Bereiche der materiellen Welt unabdingbare Bestandteile des Gesellschaftssystems und der kulturellen Selbstreflexion. (vgl. Weichhart 2003, 25) Die „kolonisierten", sozial umgeformten Elementen der physischen Realität werden deshalb „hybrid" (i. S. von künstlich gezüchtet, zwitterhaft) genannt.

Letzter Punkt: Die *Setting-Theorie*. Diese sieht im Faktum der körperlichen Existenz des Menschen und in der Positionierung und Relationalität menschlicher Körper im Gefüge physisch-materieller Gegebenheiten ein zentrales Element in der „Sozialen Ökologie"/-Psychologie. Die Theorie steht in der Tradition des Behaviorismus/der *verhaltens*wissenschaftlichen Konzeption, lässt sich aber *handlungs*theoretisch reformulieren.

Die Realität wird als hybride konzipiert, indem Werte und soziale Symbolik, mentale Bewusstseinszustände und physisch-materielle Körper und Dinge in einem systemaren Gesamtmodell zusammengefasst werden. Die sehr hohe Variabilität und Kontingenz der Alltagswelt sowie die Schwankungsbreite der Besonderheiten menschlicher Individuen wird durch den Kontext der Dinge stark eingeschränkt, bis hin zur Determination: Das Handeln der Individuen an bestimmten Orten verläuft – mit geringen Abweichungen – gleichsam kontextkonform, in einem Verhaltensstrom und in Verhaltensepisoden, mit einer gleichförmigen Orientierung einer Handlung vom Beginn bis zu ihrem Ende.

Solche Kontexte werden als „behavior settings" bezeichnet, die konstanten Verhaltensmuster als „standing patterns of behavior". Beides ist an bestimmte Orte, Gegenstände, Zeiten und Interaktionspartner gebunden; die Verknüpfungen sind außerordentlich
stabil. In einer Kirche werden keine Kartoffeln gelagert, in einem Hörsaal findet keine
Party statt (falls doch, hat das etwas Abweichendes zu *bedeuten*). Zwischen dem Milieu und dem Verhaltensmuster gibt es eine enge Passung, diese Konstellation wird „Be-
havior-Milieu-Synomorph" genannt. Derartige Kombinationen und Synomorphien bedeuten, dass zwischen den materiellen Gegebenheiten des Milieus und dem konkreten
Handeln strukturelle Entsprechungen bestehen (Weichhart 2003, 29). Die Art und Tiefe der Beteiligung der Akteure in einem Setting lässt sich stufen: 1) bloßer „Zuschauer", 2) „geladene Gäste", 3) „Mitglieder/Kunden", 4) „aktive Funktionäre", 5) „joint leaders", 6) „single leaders". (Weichhart 2003, 28)

Die Geschehensabläufe in einem Setting werden durch Programme gesteuert. Programme beschreiben die Regeln, Abläufe, Rollenverteilungen, Verantwortlichkeiten,
Kontrollmechanismen und Interaktionsstrukturen in einem Setting. Diese Programme
sind im Bewusstsein der Akteure präsent. Zum Beispiel finden sich in einem Einkaufs-
center, auf Bahnhöfen und auch im öffentlichen Raum explizit oder implizit derartige
Programme. Explizit in Form von Vorschriften, implizit z.B. dadurch, dass keine Sitzge-
legenheiten bereitstehen, die dann auch von Programmabweichlern wie Trinkern und
Bettlern benutzt werden könnten.

Settings können zu *Genotypen* zusammengefasst werden, wenn das jeweils gleiche
Programm problemlos funktioniert, d.h. wenn sich im alltäglichen Leben Personen (in
verschiedenen Rollen) und physisch-materielle Dinge im Handlungsablauf entsprechen.
Die Sachstrukturen des Milieus und die Elemente des Handlungsvollzugs passen zueinander, sie sind synomorph. Aber: Diese Passung ist kein primäres Attribut der materiellen Gegebenheiten, sondern Ergebnis von Kultivations- und Kolonisierungsaktivitäten,
durch die materielle Strukturen an den Erfordernissen spezifischer Handlungsvollzüge
ausgerichtet werden können (Weichhart 2003, 30-33). Eine Bahnhofshalle ist ja nicht
an sich ein Ort, an dem man nicht sitzen kann, sondern wird dazu erst durch das setting-Programm *gemacht*. Ein „normaler" Mensch wird sich also nicht in der Bahnhofshalle zum Gesprächstermin verabreden, ein Schnorrer wird dagegen genau hier einen
Kontext für seine spezifischen Ziele vorfinden, trotz des setting-Programms. Die soziale
Welt (hier: Bahnhofshalle als Aktionsraum) ist passend für verschiedene Sinnstrukturen,
auch wenn nur eine Kolonisierungsanstrengung, nämlich die der Deutschen Bahn, in
das Programm aufgenommen worden ist.

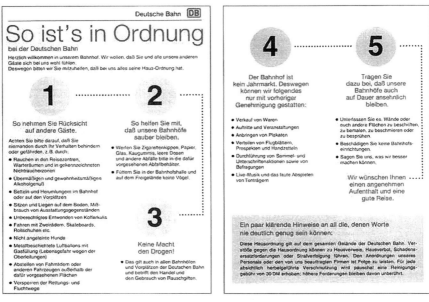

Abb. 3: „So ist's in Ordnung" – Setting-Programm der Deutschen Bahn für den Aktionsraum Bahnhof.

Die Milieukomponente eines Settings wird durch bewusste Gestaltungsakte (Kolonisierung, kulturelle Aneignung) eigens für die Optimierung der Abwicklung bestimmter Programme produziert, sie ist Teil der materiellen Kultur und inhärenter Bestandteil der Gesellschaft. Es erscheint als normal, wenn ein Akteur sich habitualisiert verhält; er erscheint komplementär, d. h. passend zum Programm. So wird das Synomorph zu einer „hybriden Entität", die durch die Verknüpfung von spezifischen Handlungen mit einem spezifischen physisch-materiellen Milieu entsteht.

Eine Besonderheit ist dabei – neben der ständigen „Drohung" der Kontingenz, nach der alles auch ganz anders geschehen kann – die *Zeitlichkeit*. Ein Setting-Programm wird wirksam nur in einer aktiven Zeit. Z.B. stellt sich die Bettlerfrage nicht, wenn ein Bahnhof zwischen 2 und 5 Uhr nachts ganz geschlossen ist; in einem Hörsaal kann man zwischen den Veranstaltungen frei herum laufen, essen und laut nach einer Freundin rufen; in der Bannmeile des Parlaments kann man sogar Fußball spielen, wenn nicht gerade Sitzung oder Staatsbesuch ist usw.

Irgendwo in Deutschland: Es geht auf Mitternacht zu. Etwa hundert Jugendliche, vor allem jungen Männer, haben sich an einer Einfallstraße zur Stadt versammelt. Die Stimmung ist locker, etliche kennen sich. Hier vor Ort ist eine Tankstelle, ein großer Supermarkt lockt am Tag die Einkäufer, die mit ihren Familienkutschen vorfahren. Doch zurzeit ist der dazugehörige Großparkplatz gesperrt. Die Polizei will die Ansammlung von weiteren Schaulustigen nämlich verhindern. Warum hierher Schaulustige kommen?

Es hat sich herumgesprochen, dass hier an der Straße gegen Mitternacht illegale Autorennen starten. Dann dröhnen 200 PS starke Motoren, quietschen Reifen, lassen plötzliche Handbremsen-Drehungen die Autos gewagt über die Straße wirbeln.

Etliche aufgemotzte Golf-GTI fahren schon vor. Luigi schreit laut: „Ich hasse Opel!" Sein Beifahrer: „Autos sind geil!"

Doch heute will die Polizei das Spektakel verhindern und die heimliche Rennstrecke für normale Autofahrer sichern.

Die Straße ist aber doch für alle da, oder!?

Abb. 4: Aktionsraum auf Zeit: „Die Autos sind doch geil".

Jugendliche Autofahrer verändern das offizielle Setting-Programm einer vierspurigen Stadtstraße durch ein nächtliches Autorennen. Sie verhalten sich auf Zeit, vielleicht für eine Stunde in der Nacht nicht-„synomorph". Die Polizei hat zwar weiterhin die Definitionsmacht über das offizielle „Behavior Setting", sie hat den hohen Status eines „aktiven Funktionärs" bzw. sogar eines „joint leaders" im Setting. Aber sie muss alternativ entscheiden, wie sie gegen das abweichende Verhalten vorgeht; durch rigorose gewaltsame Räumung, durch Straßensperrung, durch Verwarngelder, durch Verhandlungen. Auch die Polizei unterliegt dem Kontingenzprinzip: Sie tut etwas oder sie tut genau das nicht – z.B. in der Unterscheidung des Legalitätsprinzips und des Opportunitätsprinzips. (Man kann die oben ausgerissene Geschichte zu Ende erzählen, um das Prinzip der Kontingenz zu erproben.)

Zeitgeographie als klassischer Ansatz in der Aktionsraumforschung

Als Begründer der Zeitgeographie gilt der Schwede Torsten Hägerstrand; er hat eine „time-space-structured theory" aufgestellt, für die er zum einen zentrale Grundbedingungen menschlichen Lebens formuliert (Unteilbarkeit der Person, Zeitdauer aller Aktivitäten), zum anderen die wichtigsten Einschränkungen („constraints") menschlicher Handlungsspielräume benennt. Eine davon ist die Zeit (unterscheidbar nach Standardzeit, biologischer, psychologischer und sozialer Zeit). Mithilfe der Zeitkonzepte lassen sich u.a. Aspekte wie die subjektiv unterschiedlich empfundene Zeit(dauer) von räumlichen Aktivitäten erfassen. Besonders im Bereich der Planung wird die Integration von Zeitstrukturen und -mustern angestrebt, z.B. Flexibilisierung der Arbeitszeiten, ÖPNV etc. (Lexikon der Geographie, 2002, Bd. 4, 66).

Action Settings werden also durch das Zusammenspiel von Handlungen und physisch-materiellen Grundlagen *konstituiert*; sie stellen objektivierbare Elemente einer Wechselwirkung von subjektivem Sinn der beteiligten Akteure und Materie dar. Die Materie ist kolonisiert oder kultiviert zu einem *Milieu*, sie ist vergesellschaftet und in das Sozialsystem eingebürgert. Die Determinationswirkung liegt nicht in den natürlichen Eigenschaften, sondern in gesellschaftlichen Sinnzuschreibungen (von einigen Ausnahmen abgesehen, die zunächst einer reinen Naturgesetzlichkeit unterliegen, s. o. Berliner Mauer oder Lawinen).

Noch eine Besonderheit ist zu beachten: das Setting-Konzept ist beschränkt auf den öffentlichen Sektor des Alltagsgeschehens, nur auf jene Handlungen also, in denen Akteure und Interaktionspartner präsent sind. Es gilt nicht für nicht-öffentliche Settings wie z. B. die Wohnung, und auch nicht für körperlich-räumlich entankerte Handlungen wie z. B. in der digitalen Kommunikation. Deshalb verwendet Benno Werlen für sein Konzept des alltäglichen Geographiemachens den Begriff „Schauplatz": „ein bestimmter tätigkeitsspezifischer Raumausschnitt, der bereits ein bestimmtes Anordnungsmuster von materiellen Gegebenheiten und Interagierenden aufweist. Oder ... der materielle Kontext bzw. die Konstellation des Handelns, dem/der auf intersubjektiv gleichmäßige Weise eine spezifische soziale Bedeutung zugewiesen wird" (Werlen 1997, 168). Alltägliche Regionalisierung bedeutet eine „Spezifizierung der sozialen Definition von bestimmten räumlichen Ausschnitten bzw. Schauplätzen in Bezug auf bestimmte Handlungsweisen" (ebd. 169).

Neue Themen für den Geographieunterricht

Wenn man sich – jedenfalls für Miniprojekte, Facharbeiten, Exkursionen etc. – mit der Neuen Kulturgeographie als Ressource für lebendige und ergebnisoffene Themenstellungen anfreunden kann und wenn man in der umfassenden Theoriedebatte einige praktische/praktikable Kategorien findet, dann tut man sich selbst als Lehrer (und Schüler) und für das Fach etwas Gutes. Das Fach ist dringend darauf angewiesen, sich in relevanten Fragestellungen auch gesellschaftlich und politisch zu legitimieren, und das muss über das „Geowissen" konzeptionell hinausgehen. Es liegt auf der Hand, dass die Frage der *Synomorphie*, also der Passung von materiellem Raum und Handeln, für das Funktionieren der Gesellschaft wichtig ist (wenn man nicht das Buch von Mike Davis über Los Angeles mit dem Titel „Ökologie der Angst" auch für Deutschland schreiben will). Aber nicht nur eine gelingende räumliche Planung ist das Ziel, sondern auch der Respekt vor dem pluralen Konzept unserer Gesellschaft, in der eben nicht jeder wie ein Roboter im *behavior setting* einfach zu funktionieren hat. Warum darf man sich denn nicht in der Mittagssonne in den Schatten unter einen Parkbaum legen? Muss man denn als Kind einen vorgefertigten Spielplatz benutzen, auch wenn dort Dealer auf der Bank hocken? Warum darf man im *public space* eines Hochhauses in Manhattan denn nicht ein Sandwich essen? Immer vorausgesetzt, das abweichende Verhalten ist sozialverträglich.

Die vierzehnte Straße: Das Andersein und die Zerbrechung der linearen Abfolge[2]

Hier überlagern sich die Unterschiede an einem Ort. Diese Überlagerung von Unterschieden schafft das eigentliche humane Zentrum der Vierzehnten Straße. Hier werden Elektronikartikel, Reisetaschen und Koffer, Schmuck und Bilder als Billigangebot oder vom „grauen Markt" hauptsächlich an Schwarze, Latinos und arme Weiße verkauft. Auf diesem Abschnitt begegnet man einem merkwürdigen Phänomen. In New York ist es einem Ladenbesitzer gestattet, seine Schaufenstervitrine oder seine Auslagen vierzig Zentimeter über die Front seines Ladens auf den Bürgersteig hinausragen zu lassen[3]. Einige Kaufleute vermieten diese Vierzig-Zentimeter-Streifen an Straßenhändler. Die Händler zahlen dafür, dass sie dort Decken ausbreiten dürfen, auf denen sie „fast neue" Waren feilbieten, also zum Beispiel ein Radio, auf dem noch die Fingerabdrücke eines Kindes sind, das dieses Radio vor kurzem irgendwo geklaut hat. (...)

Die meisten Versuche, für diese Straße ein soziales Umfeld zu schaffen, sind, soweit sie nicht mit dem Konsum zu tun haben, gescheitert; den Kirchen an beiden Enden der Vierzehnten Straße ist es nicht gelungen, größere Gemeinden an sich zu binden. Es gibt ein Rekrutierungsbüro der Army, das Jugendliche von der Straße holen soll. (...)

Die Schwierigkeit, hier zu überleben, hat die Besucher dazu veranlasst, bestimmte Grenzen zu vereinbaren. ... In mancher Hinsicht schützen sich die Konkurrenten auf der Straße gegenseitig; der Widerstand gegen Schutzgeldforderungen der Mafia oder der Polizei ist inzwischen ziemlich gut organisiert. Ein Ladendieb, der aus einem der Geschäfte flieht, läuft Gefahr, dass er auch von anderen Ladeninhabern verfolgt wird. Nach einiger Zeit sieht man auch, wie viele Kinder es hier gibt – dem flüchtigen Blick bleiben sie verborgen. Es sind die Kinder der Ladenbesitzer und der Käufer, die hier alle möglichen Nischen und Schlupfwinkel gefunden haben. (...) Es ist eine Straße, auf der die Menschen die Grenzen, an denen sie aufeinanderstoßen, ständig verändern und anpassen – mit ihren Augen und ihren Körpern. Dieses Leben ist in vieler Hinsicht nur deshalb möglich, weil nicht darüber gesprochen wird – auch dies ist eine Überlagerung: das Gesagte und das Ungesagte sind übereinandergeschichtet. Das Leben auf der Vierzehnten Straße beruht nicht auf einem einmal hergestellten Gleichgewicht. Es befindet sich in ständigem Fluss. (...)

Die Überlagerung auf der Vierzehnten Straße hat keinen Architekten. Mehr noch, diese Straße ist unzweifelhaft voller Leben, aber dieses Leben ist aufs Überleben ausgerichtet; der Austausch, der Handel, das Geschäft vollziehen sich unreflektiert. Trotzdem ist auf der Vierzehnten Straße ein gestalterisches Prinzip am Werke: die Zerbrechung der linearen Abfolge. (Sennett, 1991, 214-216)

Differenz und Indifferenz in Greenwich Village (Manhattan): Defensive Reizunterdrückung

Differenz und Indifferenz existieren im Villageleben; die bloße Tatsache der Verschiedenartigkeit regt die Menschen nicht zur Interaktion an. Teilweise sicher auch, weil die sozialen Unterschiede im Laufe der letzten zwei Jahrzehnte grausamer geworden sind, grausamer, als Tod und Leben amerikanischer Städte (Jane Jacobs) es sich hätte vorstellen können. Washington Square ist zu einer Art Drogen-Supermarkt geworden; die Kinderschaukeln auf dem Spielplatz im Norden dienen als Steh-Boutiquen für Heroin, die Bänke unter dem Standbild eines polnischen Patrioten als Auslageflächen für alle möglichen Pillen, während an allen vier Ecken des Platzes der Kokainhandel floriert. Es gibt keine jungen Menschen mehr, die auf dem Platz übernachten, und obwohl viele Dealer und ihre Vorposten vertraute Gestalten für die Mütter sind, die ihre Kinder beim Schaukeln beaufsichtigen, oder für die Studenten der nahen Universität, scheinen diese Kriminellen für die Polizei praktisch unsichtbar zu sein.

(...) Eine fragmentierte Geographie begünstigt das Bildrepertoire, weil am Stadtrand jeder Bereich seine besondere Funktion besitzt – Zuhause, Einkaufen, Büro, Schule –, durch leere Flächen von anderen Fragmenten getrennt. Somit ist es eine schnelle Sache, zu beurteilen, ob jemand an einen bestimmten Ort gehört oder sich in einer dem Ort unangemessenen Weise verhält. (...)

Mit solch einer selektiven Wahrnehmung der Realität lässt sich das Verwirrende und Zweideutige vermeiden. Die Furcht vor Berührung hat sich in der modernen Gesellschaft verstärkt, da die Individuen so etwas wie ein Ghetto in ihrer eigenen Körpererfahrung schaffen, wenn sie sich mit Andersartigkeit konfrontiert sehen. (Sennett 1991, 440 und 450 f.)

So werden also Themen zu suchen sein, in denen an einem Ort etwas Typisches geschieht, in denen jemand/eine Gruppe etwas Eigenes tut, in denen ein gesellschaftliches Problem räumlich und sozial in eins fällt und sichtbar wird, in denen sich Bildrepertoires und Klischees unterscheiden und kommuniziert werden sollten, in denen Handlungsspielräume erprobt und diskutiert werden sollen. Die Videoüberwachung öffentlicher Räume ist so ein Thema, die Rolle der Schwarzen Sheriffs als Privatarmee im halböffentlichen Raum, die Konkurrenz von Nutzungen des Raumes je nach Macht/ Geld/Masse der Akteure, die Regel-Settings und deren Legitimation. Alle diese Themen können durch eigene Beobachtung und sogar durch gezielte Selbstversuche lebendig gemacht werden.

Es geht also auch in unserem Rahmenthema „Aktionsräume" (bzw. Handlungsräume oder TatOrte) um das alte Leitziel der „Handlungskompetenz im Raum", die in der neuen Lernkultur auch die Reflexions- und Kommunikationskompetenz einschließt/einschließen sollte.

Der Beitrag ist urspünglich erschienen
in: Dickel, Mirka/Kanwischer, Detlef (Hrsg.) 2006: TatOrte. Neue Raumkonzepte didaktisch inszeniert.
(= Praxis Neue Kulturgeographie Band 3) Münster, 51-70.

Anmerkungen

1 Vgl. Text Nr. 3 „Garten, Regenwald und Erdbeben" in diesem Band
2 Vgl. den Text Nr. 10 „Der Blaue Strich" in diesem Band

Literatur

Bourdieu, Pierre 1991: Physischer, sozialer und angeeigneter Raum. In: Wentz, M. (Hrsg.): Stadt-Räume. Frankfurt/M., 25-34

Daum, Egbert 1990: Orte finden, Plätze erobern. Räumliche Aspekte von Kindheit und Jugend. In: Praxis Geographie 20 (1990), H. 6, 18-22

Daum, Egbert/Benno Werlen 2002: Geographie des eigenen Lebens. Globalisierte Wirklichkeiten. Basisartikel in: Sozialgeographie – Geographie des eigenen Lebens. Praxis Geographie 32 (2002), H. 4, 4-9

Davy, Benjamin 2004: Die Neunte Stadt. Wilde Grenzen und Städteregion Ruhr 2030. Wuppertal

Diercke Wörterbuch Allgemeine Geographie 1984. Herausgegeben von Hartmut Leser. München/Braunschweig

Graumann, Carl Friedrich/Lenelis Kruse 2003: Räumliche Umwelt. Die Perspektive der humanökologisch orientierten Umweltpsychologie. In: Meusburger, P./Schwan, T. (Hrsg.): Humanökologie. Wiesbaden, 239-256

Gebhardt, Hans/Paul Reuber/Günter Wolkersdorfer (Hrsg.) 2003: Kulturgeographie. Aktuelle Ansätze und Entwicklungen. Heidelberg/Wien

Hauff, Volker (Hrsg.) 1988: Stadt und Lebensstil. Thema: Stadtkultur. Weinheim

Häußermann, Hartmut (Hrsg.) 2000: Großstadt. Soziologische Stichworte. Opladen. Darin u. a. Armut, Ausgrenzung, Unterklasse/Gentrifikation/Gewalt, Kriminalität/Großsiedlungen/Lebensformer, städtische und ländliche/Macht/Milieus/Segregation/Stadtkultur/Urbanität/Zeitstrukturen.

Heitmeyer, Wilhelm/Rainer Dollase/Otto Backes (Hrsg.) 1998: Die Krise der Städte. Analysen zu den Folgen desintegrativer Stadtentwicklung für das ethnisch-kulturelle Zusammenleben. Frankfurt/M.

Kemper, Franz-Josef 2003: Landschaften, Texte, soziale Praktiken – Wege der angelsächsischen Kulturgeographie. Petermanns Geographische Mitteilungen 147, H. 2, 2003, 6-15

Klüter, Helmut 2003: Raum als Umgebung. In: Meusburger, P./Schwan, T. (Hrsg.): Humanökologie. Wiesbaden, 217-238

Kos, Wolfgang/Christian Rapp (Hrsg.) 2004: Alt-Wien. Die Stadt, die niemals war. Ausstellungskatalog Wien-Museum

Lexikon der Geographie 2002. 4 Bände. Hrsg.: Meusburger, P. u. a. Heidelberg/Berlin

Meusburger, Peter/Thomas Schwan, (Hrsg.) 2003: Humanökologie. Ansätze zur Überwindung der Natur-Kultur-Dichotomie. Wiesbaden

Nooteboom, Cees 1995: Die Sohlen der Erinnerung: Über Stadt, Künstler und Flaneure. In: Demokratische Gemeinde: Die Stadt – Ort der Gegensätze. Sonderheft März 1995, 201-213

Reuber, Paul/Klaus Zehner 1995: Perzeptions- und stadtgeographische Aspekte des Fremdenverkehrs in Tunesien. In: Zeitschrift für Angewandte Geographie, Heft 2/1995, 16

Ronneberger, Klaus/Stephan Lanz/Walter Jahn 1999: Die Stadt als Beute. Bonn

Sennett, Richard 1991: Civitas. Die Großstadt und die Kultur des Unterschieds. Frankfurt/M.

Sennett, Richard 1995: Fleisch und Stein. Der Körper und die Stadt in der westlichen Zivilisation.
Berlin

Sieverts, Thomas 1996: Die Gestaltung des öffentlichen Raums. In: Demokratische Gemeinde: Die
Stadt – Ort der Gegensätze. Sondernummer März 1996, 156-168

Weichhart, Peter 2003: Gesellschaftlicher Metabolismus und Action Settings. Die Verknüpfung von
Sach- und Sozialstrukturen im alltagsweltlichen Handeln. In: Meusburger, P./Schwan, T. (Hrsg.):
Humanökologie. Wiesbaden, 15-44

Werlen, Benno 1997: Sozialgeographie alltäglicher Regionalisierungen. Bd. 2: Globalisierung, Region und Regionalisierung. Stuttgart

Werlen, Benno 2000: Sozialgeographie. Eine Einführung. Bern/Stuttgart/Wien

Zeiher, Helga 1983: Die vielen Räume der Kinder. In: Preuss-Lausitz, U. u. a.: Kriegskinder, Kon-
sumkinder, Krisenkinder. Weinheim, 176

7. Raum des „Wirklichen" und Raum des „Möglichen"

Versuche zum Ausstieg aus dem „Container"-Denken

Muss die Geographie neu erfunden werden?

Revolutionäres wird angekündigt oder angedroht: Die „Landschaft" sei nicht mehr „lesbar" in der Konsequenz der Moderne und Globalisierung, die Lebensformen seien heute großenteils räumlich und zeitlich „entankert", „Raum" werde nur noch als eine Konstitution lokal situierter Subjekte „wirklich" (Werlen 1997); selbst die Subjekte handelten „so unterschiedlich, dass die Gruppe praktisch keinen Bezugsrahmen mehr" abgebe (Lichtenberger 1995, 6). Die Spätmoderne und die Globalisierung erzwingen eine radikale Neuinterpretation der Welt und der Gesellschaft durch neue Begriffe (bzw. einem neuen Sinn in alten Worten) (Luhmann 1997). Und so, wie die „Soziologie nach dem Ende des Kalten Krieges neu erfunden werden muss" und die Menschen selbst in ihrer Tätigkeit sich völlig neu orientieren müssen (Beck 1993, 12), so soll es auch der (Sozial-)Geographie ergehen!?

Die „Geographie der Dinge" und der lokalen sozial kulturellen Verhältnisse müsse ergänzt oder gar abgelöst werden durch wissenschaftlich adäquate Darstellungen spätmoderner Wirklichkeit(en): „Klassisch gewordene Konzeptionen der Geographie verlieren unter der Bedingung der Globalisierung alltagsweltlich zunehmend die sozialontologische Basis" (Werlen 1997, 2). Die sogenannte „Adäquanzforderung" ist erkenntnistheoretisch das *double-bind* der Hermeneutik: Wir alle müssen uns als Subjekte in der spätmodernen Welt in ihrem anhaltenden rasanten Wandel und Umbau selbst erst wieder orientieren, und zugleich sollen wir das Handeln der Subjekte, also noch laufende oder gerade erst anlaufende Prozesse, als „räumlich relationierte Bedeutungsebenen der Praxis", als vielfältige „Regionalisierungen" deskriptiv und explikativ „sozial ontologisch adäquat" darstellen. „Double-bind" („Wie man es macht, ist es verkehrt") ist vielleicht ein zu starkes Bild, sagen wir besser: *Herausforderung* (Johnston 1993: „The Challenge for Geography: A Changing World – A Changing Discipline"). Aber auch diese kann verständlicherweise zum Gefühl doppelter Überforderung und damit zu Ablehnung oder Verdrängung führen. Aus der Ferne und in der Literatur lässt sich dieses nachvollziehen, mit Folgen für die eigene wissenschaftliche Routine fällt dies aber schwer.

Im Folgenden soll – mit einigen kleinen Exkursen – eine subjektive Anschließung an die „Challenge" für eine „Changing Discipline" versucht werden. Es ist zu prüfen, wieweit das „Lesen" regionalisierter Wirklichkeiten bereits gelingen kann (vgl. Rhode-Jüchtern 1995; 1996) und ob diese Versuche plausibel weiterzuvermitteln sind, in der Lehre, in der Literatur, in Politik und Politikberatung. Die Forderung nach Adäquanz wäre also zu ergänzen durch die Forderung nach Plausibilität und Resonanz.

„Subjektive Anschließung" ist (in der Begrifflichkeit von Luhmann) die Fähigkeit des Menschen, sich als „psychisches System" in das „soziale System" einzufinden, wobei ein funktionierendes soziales System (die Gesellschaft, die wissenschaftliche Gemeinschaft etc.) den Einzelnen die Möglichkeit dazu geben muss; es muss möglichst viele/ alle einschließen (Inklusion) und nicht ausschließen (Exklusion); und die Wissenschaft hat diese Funktionsweise zu beobachten und nimmt hier durch das „Finger-auf-die Wunde-Legen" ggf. Einfluss. Stichwort: „Adäquanzforderung". Die Wochenzeitung „Die Zeit" (14. 5. 93) hat einen provokativen Text veröffentlicht: „Geheimnisvoller Geograph – Keiner weiß, was er kann und wozu er gut ist"; dies verlangt schon eine adäquate, plausible und überzeugende Antwort, nicht nur aus Gründen der Legitimation, sondern auch für eine gelingende Tätigkeit. Zum Beispiel: Vor fast jeder großen Exkursion wird mir die „Geheimnisvoller-Geograph"-Frage gestellt: Was macht Ihr da eigentlich? Auch die Studierenden wollen genauer wissen, was sie können sollen und wozu das gut ist. Wie „liest" man ein toskanisches Landstädtchen oder das berühmte toskanische Landschaftsbild? Etwa über die Kartierung von Hausgrößen und -nutzungen? Oder über die Diskussion der „Frana"-Rutschungen?

Oder indem man zuvor offene alltags- und lebensweltliche Fragen definiert: z. B.: Wovon lebt eigentlich das Städtchen Radicondoli? Oder: Wie kann ein Ackerbauer in der Toskana mit seinem Panzerketten-Traktor am Steilhang in der EG überleben? Nächster Schritt und selbständige geistige Leistung ist das Aufstellen von Hypothesen, und erst dann beginnen die geographischen Operationen der Beobachtung, Messung, Kartierung etc. Fachliches Ergebnis ist z. B., dass viele der Häuser gut erhalten sind, aber nur wenig Erwerbsarbeit im Ort zu sehen ist und morgens nur wenige Pendler den Ort verlassen. Aber erst ein fachunabhängiges Erlebnis macht diese Daten befriedigend interpretierbar, wenn zum Beispiel eine ältere Frau die jungen Feldforscher anspricht und in ihr Haus einlädt. Plötzlich wird klar: Die Häuser sehen für unsere Augen alle gleich aus, sind zum Teil aber von „unsichtbaren" Pensionären bzw. deren Witwen aus der Schweiz bewohnt, die dort mit ihrer Rente nicht zurechtkommen würden. Eine Kartierung oder Pendlerhypothese wäre hier gescheitert; auf die Pensionärswitwen-Hypothese wäre man aus der „Geographie der Dinge" und dem eigenen Toskanabild kaum gekommen. „Adäquat" ist die geographische Feldarbeit also erst dann, wenn sie sozialontologisch treffend den Raum rekonstruiert, der da zuvor von Subjekten konstituiert worden ist.

Die fachpolitische Debatte

Wollte man sich nun mit einem Geographen über die Ontologie der Gesellschaft und des Raumes verständigen, würde man sich entweder sofort einig sein oder sich heftig streiten (oder sich einfach in Ruhe lassen). Es geht ja nicht nur um forschungslogische Details, sondern um das „Paradigma", also die herrschende Grundüberzeugung. Eine Paradigmendiskussion ist so anstrengend und oft emotional geladen, weil in ihr implizit auch über Positionen in der wissenschaftlichen Gemeinschaft gestritten wird. Wenn es zuweilen um den *Wechsel* eines Paradigmas bzw. dessen Abwehr geht, geht es zugleich um *Fachpolitik;* es geht um die Definition der relevanten Themenstellungen und um die Resonanz in den jeweiligen Erkenntnisinteresse der Fachmitglieder. Daher ist es einfacher, ein Paradigma zum *Axiom* zu erklären (also zum nicht hinterfragbaren Grundsatz), als sich in der (Selbst) Reflexion ständig sogar selbst in Frage zu stellen. Johnston (1993, 152 f.) sieht in der angelsächsischen Geographie drei Typen von wissenschaftlicher Bemühung („scientific endeavour") mit jeweils eigenen Zielen und zugehörigen Werten:

- die positivistisch-empirischen Modellbauer mit dem Ziel der Sozialtechnik („empiristic-positivistic science and technical control"),
- die humanistisch-verstehenden Wissenschaftler mit dem Ziel der (Selbst-)Reflexion als Bedingung des Handelns („humanistic science and mutual understanding"),
- die aufklärerischen Wissenschaftler mit dem Ziel der Emanzipation („realistic science and emancipation").

Hier kann man sie also wiedererkennen und einordnen, die GIS-Experten, die Sozial- und Raumingenieure, die engagierten Weltaufklärer und die humanistischen Kenner von Land und Leuten – und auch sich selbst. Und man kann die gegenseitigen Kritiken zuordnen: den Vorwurf des erdoberflächlichen Reduktionismus, des subjektivistischen Relativismus, der ‚wertfreien' Herrschaftswissenschaft und der parteilichen (Un-)Wissenschaft.

In der deutschsprachigen „Neuen" (Sozial-)Geographie benennt Werlen (1997, 72 ff.) drei bedeutende Fraktionen:

- Die konservative Renaissance der Regionalgeographie, die erneut die Idiographie verschiedener Regionen mit verankerten Gesellschaften bemüht; Theoriegrundlage: Länderkundliches Schema (Leitautor: Wirth 1977; 1981).
- Die „Regionale Bewusstseinsforschung", die sich um die Aufdeckung von „Räumen gleichen Regionalbewusstseins" bemüht (man erkennt die Analogie zu den „Räumen gleichen sozialgeographischen Verhaltens" bei Hartke 1959); Leitbegriffe: Hermeneutik, Identifikation in der Spätmoderne, Pluralität der Lebensformen (Leitautorer: Blotevogel, Heinritz und Popp 1987).

• Regionalgeographie der Postmoderne mit Interesse an sozialer Gerechtigkeit und gerechter Regionalentwicklung; Leitbegriffe: Dezentralisierung, Partizipation, eigenständige Regionalpolitik (Leitautor: Krüger 1988).

Nicht erst die Kritische Theorie der „Frankfurter Schule" der Sozialforschung, sondern die alltägliche Lebens- und Selbsterfahrung zeigen, dass die Weltsicht, das „In-der-Welt-Sein" jedes Subjekts von Prägungen und Interessen geleitet werden, und dass in dieser Feststellung und in der Existenz verschiedener Paradigmen deshalb kein Vorwurf liegen kann. Eine richtige Forderung ist aber um so mehr, durch (Selbst-)Reflexion dieses Phänomen einzuplanen in die wissenschaftliche Tätigkeit (vgl. die „Kognitive Selbsteinschränkung" im Konzept der Sprachvernunft von Habermas 1997 pass.). Dürr hat hier „Fremdes" mit „Erklärungsbedarf" konstatiert. Dies sei zwar fachunspezifisch, aber für ein „Fachmanagement Geographie" besonders wichtig: „Die Reflexion über das Fach, die steuernden Einflussfaktoren und Akteure sowie die früheren und gegenwärtigen Leistungspotentiale muss noch mehr belebt werden [...], weil die erwähnten Einstellungen der Forscher und Lehrer weit über das Fach hinaus ins Gesellschaftliche und in unsere Alltage weisen können" (Dürr 1995, 220 f.). Das bloße Rühren der Trommeln der Selbstgewissheit jedenfalls wird Innen kaum und Außen gar keine Resonanz erzeugen (vgl. die fast rührende Behauptung, dass das „Verstehen der Probleme unserer Erde und die Kompetenz für umwelt- und sozialverträgliches Handeln" „nur auf geowissenschaftlicher Grundlage zu leisten" sei („Leipziger Erklärung zur Bedeutung der Geowissenschaften in Lehrerbildung und Schule" 1996, 6).

Anne Buttimer (1984) verdanken wir eine schöne Fassung der Weisheit, dass alle menschliche Erkenntnis eine geistige Konstruktion *für sich* ist und keine Wahrheit, Sache oder Tatsache an sich bezeichnen kann. Sie sagt, dass wir unseren Zugriffen auf die Wirklichkeit eine bestimmte Form geben, und dass diese Form aus „beruflichen Sinngebungen" entsteht. Jede Sinngebung ist eine Maske, ein Raster, ein Fenster der Weltbeobachtung. Sie unterscheidet die Masken „Logos" (Analytik, Objektivität, Methodologie, Theorie), „Poiesis" (Philosophie i.w.S., auch literarische Ortsbeschreibung, Landschaftsempfinden u.a.), „Ergon" (Handeln, praktische Problemlösung) und „Paideia" (Unterricht). Man braucht eine Zugriffsroutine auf plurale Lebenswelten und auch auf „Sonderwelten" (Luhmann 1997), die der Reihe nach abgearbeitet werden.

Für den zweiten Pol im Verhältnis äußere Welt – Gesellschaft bewähren sich für den Geographen etwa die Erklärungen des Handelns bei den Soziologen Gerhard Schulze (1992) und Anthony Giddens (1988). Die Theorien über menschliches Handeln sind allgemein geeignet, diese Routine auch unter verschiedenen Aspekten zu benutzen: das *zweckrationale* Handeln des homo oeconomicus, das *normorientierte* Handeln in einem gesellschaftlichen System, das *verständigungsorientierte* Handeln in einer Gesellschaft/Gemeinschaft (vgl. Werlen 1997, 22 pass.).

Schulze hat nun als Kontext des Handelns verschiedene Milieus erforscht/entworfen, die innerhalb einer spätmodernen Gesellschaft differenziert das Handeln anleiten und Umwelt strukturieren und sich jeweilige Lebenswelten und „Sonderwelten" – oftmals nur auf Zeit – schaffen. Die Milieus heißen *Niveau-, Selbstverwirklichungs-, Integrations-, Unterhaltungs- und Harmoniemilieu.* Sie haben bestimmte *Wirklichkeitsmodelle* (ganzheitlich zusammenhängende Komplexe von Vorstellungen über die Welt und die eigene Beziehung zur Welt, Vorstellungen über normale Existenzformen, über einzelne soziale Milieus, über die gesamtgesellschaftliche Milieustruktur, über alltagsästhetische Schemata). Die Milieus definieren sich u.a. über *Distinktion* (d.h. sie setzen sich bewusst von anderen ab), sie haben eine „normale existentielle Problemdefinition" (existentielle Anschauungsweisen über eine übergeordnete subjektive Sinngebung des Handelns, die sich wie ein roter Faden durchs Leben zieht); sie stabilisieren sich in der Differenz und Pluralität durch die Möglichkeit der *Beziehungswahl* (Konstitution sozialer Milieus in einer Situation mit hoher regionaler Mobilität, weitem Möglichkeitsraum, Überfluss, Verfügbarkeit überörtlicher Kommunikationsmöglichkeiten). Alle Milieutypen haben *alltagsästhetische Schemata* (Kodierungen intersubjektiver Bedeutungen für große Gruppen ästhetischer Zeichen; innerhalb von sozialen Kollektiven sorgen verschiedene Modi der Angleichung (Erlebnisreiz, Definition, Tradition) für die Intersubjektivität der Zeichengruppen und Bedeutungskomplexe); alle Subjekte handeln in *alltagsästhetischen Episoden* (Handlungen, die sich in einer Situation mit mehreren Handlungsmöglichkeiten ereignen und die durch innenorientierte Sinngebung motiviert ist: Distinktion von anderen Milieus, Genuss/Vermeidung von Unbehagen, Bestätigung der eigenen Lebensphilosophie. Schulze 1992, 732-749).

Anthony Giddens (u.a. wie Derek Gregory) hat ein System von Kategorien entwickelt, in dem die gesellschaftliche Gebundenheit der handelnden Subjekte (und natürlich der Kollektive etwa von Milieus) analysierbar wird. Es zeigt zugleich die *Struktur,* in der Subjekte ihre Umwelt strukturieren (das ist der *Strukturbegriff der Strukturationstheorie).* „Wie Kommunikation, Macht und Moral (Sanktion) wesentliche Elemente von Interaktionen sind, so sind Weltbilder, Herrschaft und Legitimation nur analytisch trennbare Eigenschaften von Strukturen [...]. Die Strukturen von Weltbildern können als Systeme von *semantischen Regeln* analysiert werden; die Herrschaft als Systeme von *Ressourcen,* die der Legitimation als Systeme *moralischer Regeln"* (Giddens 1984, 149f.).

Jedes Subjekt hat also eine Struktur von einem Weltbild in sich, das über semantische Regeln vermittelt wird (vgl. bei Schulze: Wirklichkeitsmodelle, existentielle Problemdefinitionen, alltagsästhetische Schemata); wenn der Zugriff auf Ressourcen möglich ist, und zwar auf materielle Güter und Orte („allokative Ressourcen") und auf Personen („autoritative Ressourcen"), hat das Subjekt die Macht zu handeln; das Handeln wird in einer Struktur von moralischen Regeln legitimiert (Normen, Doktrinen, Institutionen). In dieser Trias sind alle Handlungen/Muster von Subjekten (Gruppen, Milieus o.ä.)

beschreib- und erklärbar. Die Unterschiedlichkeit des Handelns von Subjekten „ceteris paribus" (= unter sonst gleichen Umständen) erklärt sich für eine Gesellschaft wie die unsere leicht durch die Milieutheorie; darauf kommt man fast von selbst, als Handelnder oder als Beobachter/Erklärer in den drei Erkenntnisweisen von Kant.

Man merkt, dass es nach den vielen fachpolitischen und philosophischen Anschließungen jetzt um *Operationalisierung* geht, also um die Frage: Was können wir denn jetzt tun (Forschungsfragen definieren, Hypothesen und Arbeitsschritte formulieren)? 40 000 Schriftzeichen sind die Obergrenze eines jeden zumutbaren Aufsatzes. Gleichwohl: Wieviel wäre noch zu diskutieren, ehe man wirklich mit gutem Gefühl und Gewissen an eine neue Geographie-Agenda geht, etwa „Die Antwort eines Geographen auf die flexible Akkumulation" von David Harvey (1997) oder „Praktiken im Raum" in „Die Kunst des Handelns" von Michel De Certeau (1988).

Dafür sei nur noch angedeutet der klassische Aufsatz von Michel Foucault (1991/1997) „Andere Räume" mit der Zentralkategorie der *Heterotopie* (und der *Heterochronie):*

„Es gibt zum einen die Utopien [...] Platzierungen ohne wirklichen Ort, [...] die mit dem wirklichen Raum der Gesellschaft ein Verhältnis unmittelbarer oder umgekehrter Analogie unterhalten. Perfektionierung der Gesellschaft oder Kehrseite der Gesellschaft: jedenfalls [...] wesentlich unwirkliche Räume. Es gibt gleichfalls – und das wohl in jeder Kultur, in jeder Zivilisation – wirkliche Orte, wirksame Orte, die in die Einrichtung der Gesellschaft hinein gezeichnet sind, sozusagen Gegenplatzierungen oder Widerlager, tatsächlich realisierte Utopien, in denen die wirklichen Plätze innerhalb der Kultur gleichzeitig repräsentiert, bestritten und gewendet sind, gewissermaßen Orte außerhalb aller Orte, wiewohl sie tatsächlich geortet werden können [...] die Heterotopien. [...] Wie kann man sie beschreiben, welchen Sinn haben sie? Man könnte eine Wissenschaft annehmen – nein, lassen wir das heruntergekommene Wort, sagen wir: eine systematische Beschreibung, deren Aufgabe in einer bestimmten Gesellschaft das Studium, die Analyse, die Beschreibung, die ‚Lektüren' dieser verschiedenen Räume, dieser anderen Orte wäre: gewissermaßen eine zugleich mythologische und reale Beschreibung des Raumes, in dem wir leben; diese Beschreibung könnte Heterotopologie heißen."

Foucault nennt zum Erkennen solcher Heterotopien einige Grundformen: die Krisenheterotopie der geheiligten/verbotenen Orte; die Abweichungsheterotopie von Kliniken, Gefängnissen, Altersheimen; die Funktionsheterotopie der Friedhöfe; universalisierende Heterotopien wie Kino, Garten; Zeit-Heterotopien wie Museen, Bibliotheken; flüchtige Heterotopien wie Feste, Feriendörfer, Jahrmärkte; Tor-Heterotopien wie Gefängnis, Sauna, Motel; Kompensations-Heterotopien wie Bordell, Ordens- oder Sektenkolonien. Auch dies wäre – neben den „Feinen Unterschieden" von Pierre Bourdieu (1987) und

der „Macht der Unterscheidung" von Sieghard Neckel (1993) – auszubeuten für die gesuchte neue Forschungsmethodologie oder zumindest – terminologie.

Vier Versuche zum Paradigma „Geographie-Machen"

Wenn da ein Haus steht, könnte man geneigt sein, dieses als dominierenden (oder gar
determinierenden) Rahmen für die Benutzer zu nehmen; man kann es planen, zeichnen, messen, fotografieren, finanzieren, und man wird darin immer auch Menschen –
zumeist bestimmungsgemäß handelnd – vorfinden. In der Küche wird also gekocht, im
Wohnzimmer gewohnt, im Schlafzimmer geschlafen – oder?

Nichts da: „Sie tun, was sie tun" (Luhmann); und der Beobachter sitzt auf einem Haufen „zufälliger, unvollständiger und widersprüchlicher" Betrachtungen, von „bruchstück-
haft Aufblitzendem" und dem „nur losen Zusammenhalt der vor Ort notierten Überlegungen". Die Folgen unseres Handelns wirken sich „eher im Raum als in der Zeit aus,
führt das „Geographie Machen" und nicht so sehr das „Geschichte-Machen" zu den
praktischen und theoretischen Umwälzungen" (Soja 1989, 1).

Auf die Entankerungen durch Technik, Wirtschaft und Politik folgt also eine Wieder-
Verankerung dadurch, dass die Subjekte auch körperlich mit den Folgen umgehen (weil
sie sich nicht ihrerseits im Internet auflösen und nur zeitweise im CyberSpace agieren).
Wir sind also wieder in einer Dialektik von Raum und Gesellschaft gelandet – aber auf
einem höheren Niveau incl. soziologischer Phantasie und (Selbst-)Reflexivität.

Aber die größten Drahtzieher in Entscheidungsprozessen über das Räumliche, wie
z. B. beim Architekturstreit in Berlin ignorieren noch immer diese Erweiterung des Er-
kenntnisvermögens (Kants produktive Einbildungskraft). So polemisierte unlängst der
Berliner Hof-Architekt Hans Kollhoff im Vollgefühl der Definitionsmacht und im hegemonialen Habitus: „Unser Metier legitimiert sich zunehmend in linguistisch-philosophi-
schen Diskursen, die längst den Kontakt zum Bauen verloren haben. In zunehmendem
Maße scheint die Architektur dem Metier des Bildermachens und Geschichtenerzäh-
lens zuzugehören. Auch der Entscheidungsprozess, aus dem Häuser entstehen, wird
immer weniger rational begreifbar, nur mehr den Gesetzen der Medien folgend, die Architektur zu einer medialen Sprache degradierend. [...] Ich weiß, dass Architektur mehr
ist als Bilder produzieren" (Schwarz 1995, 14). Kollhoff würde also nichts von der Figur
der „Erzählenden Planung" von Marco Venturi (Architektur-Universität Venedig) oder
der „Narrativen Räume" von Richard Sennett halten, in der bereits in der Planung und
dann in den „wirklichen" Räumen vorgedacht und „erzählt" wird, was alles möglich werden oder sein kann. Es war ja auch nicht die Baustelle von Kollhoff, sondern „nur" eine
daneben, in der im August 1997 in Berlin ein Tunnelsegment der neuen Fernbahn im
Druck des Grundwassers des märkischen Sandes ersoff, trotz 5 Meter starker Dich-
tungsschichten. Im Prinzip ein GAU der Hauptstadt-Bauplanung, Ursache unbekannt,

vgl. oben den Internet-Crash. („Tückischer Sumpf" schreibt der „Spiegel" 29/97 in falscher Subjektzuschreibung; die Techniker wollen nun während des Baues lokal die Eis-
zeit wiederherstellen.) – Da könnte sich ein Geodeterminist eigentlich freuen und an
das Berliner Urstromtal erinnern, und dass die alte Berliner Traufhöhe gut „begründet"
ist.

„Die Experten für das Mögliche können den Fachleuten für das Wirkliche auf der Suche nach Wahrheit helfen" – so überschrieb „Die Zeit" (40/96) einen Artikel über den
deutschen Kongress für Philosophie in Leipzig über die Dynamik des Wissens. „Die
Zunft stellt den Naturwissenschaften wichtige Fragen. Doch zum Gespräch kommt es
nur selten."

Versuch Nr. 1: Die Galerie[1]

Abb. 1: Die „Bildgalerie" (1956) von M. C. Escher.
Die Bildergalerie zeigt die Realität sowohl als Objekt wie auch als Medium. Die gleichzeitige Betrachtung beider Dimensionen wäre eine Beobachtung zweiter Ordnung („Beobachtung der Beobachtung", Metaperspektive) „The picture gallery" (1956) by M. C. Escher shows reality as ob-
ject as well as medium. To regard both dimensions simultaneously would involve two dimensions
(„observing observing"/metaperspective)

Wenn man sich „außerhalb" von etwas befindet (Abb. 1), handelt es sich um ein Objekt, um eine „Substanz"; wenn man sich „darin" befindet, um ein „Medium" (vgl.

Gibson 1982). Man kann z. B. als Reisender diese beiden Dimensionen gleichzeitig erleben, wie Goethe auf seiner Italienischen Reise, der die Burg Malcesine zeichnen wollte und deshalb als Spion verdächtigt wurde; er hatte eine Perspektive auf das *Objekt,*
und für die Stadtbewohner war die Ruine ein Teil ihres *Mediums.* Mit Mühe gelang es
Goethe nach strenger Befragung, diese beiden Dimensionen von Wirklichkeit zu klären
(Insel-Ausgabe Bd. VI, 57-9).

Eric J. Leed (1993, 87 f.) weist auf zwei ähnlich unterschiedliche Ordnungen der Erfahrung hin, zum einen auf eine *selektive Ordnung nach Kategorien* (Sicht des Baedeker,
Geographen, Kartographen, „Blick von oben"), zum andern auf eine *Ordnung des Fortschreitens,* eine Aufeinanderfolge von Ereignissen, die jede räumliche Ordnung (Topographie, Standort, Anordnung, Grenze) in eine empirische Ordnung nacheinander sich
entfaltender Erscheinungen auflöst. (Die lineare, fortschreitende Ordnung der Passage
manifestiert sich z. B. in den Weggestalten der Flaneure, in literarischen Texten vom Typus der Ilias.)

Versuch Nr. 2: Heterotopes „Geographie-Machen" am Jahnplatz

Abb. 2: Die „Frühstückstafel" (eig. Foto).
Die Frühstückstafel verändert die Eigenschaften und Wirkungen eines Verkehrsknotens. Der Lärm
verändert sich vom Orientierungslaut in ein brausendes Grundgeräusch; die Passanten differen-
zieren sich in der Konsum- und Normorientierung; sie kommunizieren und einige setzen sich dazu.
Ein Beispiel für „alltägliches Geographiemachen"
„The breakfast table" transforms the qualities and effects of a major junction. The noise as an acou-
stic aid to orientation becomes a constant drone: passers-by can differentiate between orientation
towards consumption and norms: they communicate – some join the others at the table. An ex-
ample of „everyday making geography"

Ein trostloser „Platz" als Abfallfläche neben einem Straßenkreuz (Abb. 2), zugleich aber am Rande der Altstadt: Der zentrale Ort wurde in einer Aktion von Geographie-Studierenden „umgeordnet". Die selektiv kategoriale Ordnung der Verkehrs- und Durchgangsfunktion wurde durch eine Frühstückstafel in eine fortschreitende Ordnung gebracht, in der die Beteiligten über die Zeit von 3 Stunden „heterotop" wurden (siehe oben Foucaults „Andere Räume").

Der physisch-materiell gleichbleibende Platz, das objektiv identische Verkehrsgeräusch veränderten ihre Qualität, ihre Bedeutung fortschreitend; das *Orientierungsgeräusch* des „Vorsicht Straße/Lärm" veränderte sich in das *Grundgeräusch* eines Brausens, das auf Zeit nur noch die Bedeutung eines fernen Flusses hatte; es erlaubte neue *Signallaute* im Grüßen und Lachen; und die *Wegfiguren* machten aus Passanten z.T. Flaneure, z.T. irritierbare Stehenbleiber, z.T. misstrauische Beschleuniger. Die *Konsumorientierung* der „reinen" Passanten lockerte sich minutenweise, die *Normorientierung* (Devianz, Angst vor Polizei oder Ordnungsamt) entspannte sich in eine *Kommunikationsorientierung* und im Gefühl nahezu grenzenloser Autonomie, hier und jetzt.

Versuch Nr. 3: Der „Saalepark"

Die Menschen „tun, was sie tun", vermutlich nicht ganz frei(willig), sondern im Rahmen sozial-kulturellen Wissens und physisch-materieller Rahmenbedingungen, die den *Habitus* des Subjekts/des Milieus prägen und aktualisieren in der Handlung (s.o. Schulze und das Schema „Handlungsorientierte Sozialgeographie" in Werlen 1993, 251 und 1997, 65).

Da ist der „Saalepark" (Abb. 3), großflächig und *zwischen* den Städten, von Produzenten und Händlern errichtet in der begründeten Hoffnung auf Konsumenten. Hergestellt wurden die räumlichen Bedingungen, weil ein Gefühls- und Bedürfnisstau gelöst werden konnte/wollte/musste; weil der deutsch-deutsche Einigungsvertrag mit dem Grundsatz „Rückgabe vor Entschädigung" das Bodenrecht ein weiteres mal als Hindernis urbaner Stadtentwicklung etablierte; weil Markt und Angebot willkommen waren ohne weitere Differenz. Bedeutung gewannen die Shopping Centers auf der grünen Wiese als *das* räumliche Zeichen: Der Westen ist da! Altstadtsanierung, heimische Produkte, Behutsamkeit, „Lernen aus der Geschichte" waren beim „Geographie-Machen" keine Korrektive. Dynamik versprach das $-(Dollar-)Symbol sowohl gegen die westdeutsche Rezession in der Binnennachfrage als auch für das „Bleibenkönnen" in Ostdeutschland.

Genutzt werden die neuen Konsumräume zwischen den Städten komplementär zur Symbolik und Intentionalität der Anbieter. Kommuniziert wird darüber vermutlich einsinnig; Gegengründe, z.B. das weitere Veröden der Innenstädte, waren nicht zeitgemäß und lebensweltlich unerwünscht.

Abb. 3: Der „Saalepark" am Schkeuditzer Kreuz.
Der „Saalepark" im ostdeutschen Niemandsland zwischen den Städten Leipzig und Halle/Saale enthält alle Angebote und Symbole „des Westens". Kaufkraft wird aus den Innenstädten abgezogen; Investoren beherrschen allokativ (Grundstücke, Erschließung) und autoritativ (Kunden, Arbeitsplätze, Behörden) die Region, sie „machen Geographie" fast ohne Raumwiderstand. Eine entankerte Bevölkerung und Ökonomie wird in der „Glokalisierung" neu verankert (*Quelle:* „Die Zeit" 30, 1997/Agentur Ostkreuz)
„Saalepark" – in a no-man's-land in Eastern Germany situated deliberately between a number of cities contains all the symbols and choice of goods „the West" has to offer. Purchasing powers removed from city centres; investors dominate the region both locally and in the power they exert over customers, jobs and government bodies; they „make geography' almost entirely without space resistance. A „dis-embedded" population and local economy is re-embedded („Glocalisation")

Der Wiederaufbau der Altstädte wird nicht aus der Wertschöpfung der Hausbesitzer und Ladenvermieter/-mieter finanziert, sondern fast allein aus Steuern. Die alltagsweltliche Regionalisierung der ostdeutschen Länder hat nahezu nichts mit den physisch-geographischen Bedingungen zu tun, sie wurde „gemacht" – produktiv-konsumtiv, politisch-normativ und informativ-signifikativ; die Strukturation fand statt, weil *allokativ* (Grundstücke, Kapital) und *autoritativ* (Arbeitsplätze, willige Kunden) der Zugriff von McDonald's, Multiplexx und Aldi klappte und dies *semantisch* und *legitimatorisch* reibungslos nachvollzogen wurde.

Der „Saalepark" erscheint so als Prototyp für das Geographie-Machen verschiedener Akteure und für die Verflechtung von Globalem und Lokalem (im Sinne von „local" und nicht von „space"). Die Melange von „Überall und Nirgendwo" und die neue Bedeutung des Ortes (des „Lokalen") im Prozess der Globalisierung, diese Aufhebung der Abwesenheit des Globalen durch die Kopräsenz im Lokalen, diese Wieder-Verankerung nach den spätmodernen und politisch-ökonomischen Entankerungen nennt Robert Robertson „Glokalisierung" (Beck 1997, 88-97). Die glitzernde Warenform möglicher Leben führt zur Wahl der planerisch „eigentlich" unrationalen, disfunktionalen, heterotopen Option „Saalepark".

Sie steht womöglich auch für eine „Regionalisierung" der neuartigen Polarisierung der Weltbevölkerung in „globalisierte Reiche" (in bewachten „No-Go-Areas" und „Mädler-Passagen") und „lokalisierte Arme" (in „Saaleparks") (vgl. auch die Vision von Mike Davis, 1994, über Los Angeles).

Im Versuch „Saalepark" mag die Rekonstruktion der Regionalisierungen noch relativ leicht fallen; das Logo „$" ist ja fast trivial selbstreferentiell mit dem Dollarzeichen. Im Fall der Frankfurter Zeilgalerie „les facettes" endete der Versuch des Geographie-Machens durch Investor und Banken allerdings beinahe in der Pleite, finanziell und gestalterisch. Auch die kanadische Bauentwicklungsgesellschaft Olympia & York folgte dem „Geographie-Machen" des „ungehemmten Entrepreneur-Kapitalismus des Thatcherismus" und plante in den Londoner Docklands das größte kommerzielle Bauprojekt der Welt: Canary Warf. Die Finanzierung war auf das Ölgeschäft gegründet; der Ölpreis von 18 US$/barrel sackte aber zeitweise auf 12 US$ ab und das 25 Mrd. US$ starke Imperium brach 1993 zusammen (Thomsen 1996, 112 f.). Zwei der Paradoxien des Globalismus.

Versuch Nr. 4: „Convention Center"

An der Lower Westside von Manhattan steht inmitten eines verrotteten Hafenareals das Convention Center des Architekten Ieoh Ming Pei (Abb. 4). Falscher Standort, falsche Umgebung, falsche Nachbarn? Oder Keimzelle für eine neue Regionalisierung? Oder standortunabhängiges Raumschiff?

Der Raum ist nach außen durch schwarzes Spiegelglas optisch abgeschottet; er ist aber offen und objektiv zugänglich für jedermann; er ist von innen *diaphan* (durchscheinend); der Raum ist vor einer Heterotopisierung (Arme, Vandalen o. ä.) geschützt durch einige Wachleute und verläßliche „moralische" Regeln. Mit traditionellen Standorttheorien hat das alles nahezu nichts mehr zu tun.

Ganz selten findet man in einem solchen System semantischer Regeln und autoritativer Ressourcen der Eigentümer (in dem etwa das Rauchverbot im öffentlichen Raum der USA ohne weitere Worte gilt) direkte Nachhilfe, die eher aus der Frühzeit der Erziehungsdiktatur einer *behavioral/political correctness* stammen könnte (natürlich kann auch *abweichendes* Verhalten eine autoritative Ressource, also Macht sein; dann muss man eben etwas gröber werden in seiner Vorstellung von Geographie-Machen) (Abb. 5):

Abb. 4: Das „Convention-Center" am alten West-Side-Hafenpier von Manhattan (eig. Foto).
Das „Convention Center" hat als objektive Realität viele subjektive Ladungen: durch Spiegelglas
völlig abgeschottet, zugleich diaphan (durchscheinend) und frei zugänglich, heterotop in der ver-
wahrlosten Umgebung; es normiert und regionalisiert die Menschen. Architekt, Investor, Stadtplanung „machen Geographie" nach ihren eigenen Gesetzen, sie beherrschen die Strukturation.
The „Convention Center" at what used to be the West Side Pier in Manhattan contains in its ob-
jective reality many subjective elements: completely shut off by reflecting glass, yet diaphanous
and freely accessible; a heterotope in blighted surroundings; it standardizes and regionalizes people. The architect, investor, city planner „make geography" according to their own laws, they dominate the structuration

„Wachsendes Wohlgefühl" im neuzeitlichen Manhattan und im alltäglichen „Geographie-Machen" in den *Public Spaces* der privaten Skyscraper entsteht demnach einerseits durch heiteres Klima und Bäume und Bänke, als Heterotop zu jenem öffentlichen
Raum der Straße, wo es oft zieht und wo selten Bäume und Bänke stehen. Und andererseits dadurch, dass man „nicht schläft oder raucht, keinen Alkohol trinkt, keine Ein-
kaufswagen, große oder störende Pakete oder Bündel mitbringt, nicht auf dem Boden
oder den Heizungsschlitzen sitzt, nichts liegenlässt, kein Radio spielt, nicht wettet, kar-
tenspielt, bettelt oder flugblättert oder sich ungebührlich verhält" (siehe Schild Abb. 5
im IBM-Building) und dass man die Einhaltung dieser Regeln als „cooperation" und
nicht etwa als Anpassungszwang oder Unterwerfung empfindet. Andernfalls „wird man
entfernt". Wer dagegen eine der obigen unordentlichen Handlungen („disorderly con-
duct") vorhat, der muss Räume suchen, die einen anderen Horizont von Möglichkeiten
zur Strukturierung enthalten, z.B. den Washington Square oder auch den Central Park.
Hier kann man sitzen, trinken, dealen, singen, schachspielen; hier hängen keine Regeln,
hier patrouilliert das NY-Police Department.

Abb. 5: Public Space in einem Skyscraper in Manhattan (eig. Foto).
Derartige Atrien finden sich öfters in Manhattan, die als Public Space geöffnet werden als Kompensation für die Baugenehmigung für ein zusätzliches Stockwerk.

Inszenierung des Stadt-Umbaus als Nature Morte

Eine andere Regionalisierungstaktik als die Spiegelfassaden der achtziger Jahre verfolgt in den neunziger Jahren die Besinnung auf das „handwerkliche" Bauen, z. B. das Japan Center in Frankfurt a. M. (Centrum 1996, 215 ff.): Anstelle Spiegelglas wird Wert auf „Materialität" gelegt; die derbe Monotonie kann Ausdruck einer eisernen Disziplin sein, das Arbeitsethos des japanischen Clan-Kapitalismus wird als Ornament einer Kaste nach außen gewendet; ein solides Abschirmungsbedürfnis fragmentiert den öffentlichen Raum als ein Restaurant auf die Spitze (also kein „public space" im Foyer); das Restaurant seinerseits symbolisiert das Regiment der *exklusiven Differenz,* ebenso wie die Geschäfte Spiegel sozialökonomischer Polarisierung sind. Das abweisende Frankfurter Umfeld und der Innenstadt-Stau stören nur am Rande. Hier steht eine Zitadelle der Weltökonomie auf komprimiertem Raum. Der Architektur- und Kulturkritiker Christian Thomas zieht ein sozial-politisches Fazit der „Geographie" des Japan Centers: „Je höher sich die Türme in der Global City aufrichten, je heftiger sich die Design-Riesen recken, desto größer die Schwundstufe sozialpolitischer und kultureller Vernunft" (Centrum 1996, 217). Die Wolkenkratzer werden zum „ummantelten Autismus", die Skyline vom Taunus aus gesehen zum Stillleben, das Ganze als Paradox der erstarrten Welt der Warenzirkulation mit der Möglichkeit des „Nature Morte" (Stillleben) des Kapitalismus in der Global City.

Wir brauchen viel soziologische und geographische Phantasie, viele neue Wahrnehmungsurteile, Verstandesurteile und produktive Einbildungskraft (Kant), um aus den Wegfiguren der Passanten und den „listigen Praktiken des Alltags" (De Certeau) und den v elen anderen Orientierungen schließlich die Durchdringung/Kompensation der *wirklichen* und der *möglichen* Handlungen im Raum („Regionalisierungen") zunächst mit neuem Blick zu bemerken („Lesen lernen") und danach als neue Dialektik von Raum und Gesellschaft zu erklären. Mit Koordinaten, Distanzen und Mengen ist dies alles allein nicht zu leisten. Die kategoriale Ordnung der Beschreibung und Erklärung muss durch eine fortschreitende Ordnung „ins-Leben-gesetzt" werden. Das ist für uns Geographen zwar fachübergreifend und ungewohnt, aber auch von hohem Reiz – und es ist dem Doppel-Gegenstand *Gesellschaft im Raum* adäquat.

Der Beitrag ist ursprünglich erschienen in: Erdkunde Band 52, Heft 1. März 1998, 1-13.

Anmerkung

1   Vgl. auch Text Nr. 15 „Perspektivität und Perspektiven" in diesem Band

Literatur

Auge, Marc 1994: Orte und Nichtorte. Vorüberlegungen zu einer Theorie der Einsamkeit (frz. Orig. 1992). Frankfurt/M.

Baier, Franz Xaver 1996: Der Raum. Prolegomena zu einer Architektur des gelebten Raumes. Köln

Beck, Ulrich 1993: Die Erfindung des Politischen. Zu einer Theorie reflexiver Modernisierung. Frankfurt/M.

Beck, Ulrich. u. a. 1995: Eigenes Leben. Ausflüge in die unbekannte Gesellschaft, in der wir leben. München

Beck, Ulrich 1997: Was ist Globalisierung? Frankfurt/M.

Benevolo, Leondardo 1982: Die Geschichte der Stadt. Frankfurt/M.

Blotevogel, Hans H./Günter Heinritz/Herbert Popp 1987: Regionalbewusstsein – Überlegungen zu einer geographisch-landeskundlichen Forschungsinitiative. In: Informationen zur Raumentwicklung, 409-418

Bourdieu, Pierre 1987: Die feinen Unterschiede. Frankfurt/M.

Buttimer, Anne 1984: Raumbezogene Wahrnehmungsforschung. Forschungsstand und Perspektiven – Spiegel, Masken und Milieus. In.: Buttimer, A.: Ideal und Wirklichkeit in der angewandten Geographie. (Münchener Geographische Hefte 51). Kallmünz/Regensburg, 15-64

Centrum (1996): Jahrbuch Architektur und Stadt. Braunschweig/Wiesbaden

Certeau, Michel de 1988: Kunst des Handelns. Berlin

Davis, Mike 1994: City of Quartz. Ausgrabungen der Zukunft in Los Angeles. Berlin/Göttingen

Dürr, Heiner 1996: Die Geographie und das Fremde. Herausforderungen einer multikulturellen Gesellschaft und einer multikulturellen Wissenschaft für Forschung und Lehre. In: Heinritz, G./Sandner, G./Wieddner, R. (Hrsg.): 50. Deutscher Geographentag Potsdam. Band 4, 204-223

Foucault, Michel 1991: Andere Räume. In: Aisthesis. Wahrnehmung heute oder Perspektiven einer anderen Ästhetik. Leipzig (auch abgedruckt in: The Book: Politics – Poetics. Das Buch zur dokumenta X. Ostfildern 1997, 262-272)

Gibson, James J. 1982: Wahrnehmung und Umwelt. Der ökologische Ansatz in der visuellen Wahrnehmung. München, Wien

Giddens, Antony 1988: Die Konstitution der Gesellschaft. Grundzüge einer Theorie der Strukturierung. Frankfurt/M./New York

Giddens, Antony 1995: Konsequenzen der Moderne. Frankfurt/M.

Giddens, Antony 1997: Jenseits von Links und Rechts. Die Zukunft radikaler Demokratie. Frankfurt/M.

Habermas, Jürgen 1997: Vom sinnlichen Eindruck zum symbolischen Ausdruck. Philosophische Essays. Frankfurt/M.

Hartke, Wolfgang 1959: Gedanken über die Bestimmung von Räumen gleichen sozialgeograpischen Verhaltens. In: Erdkunde 13, 426-436

Harvey, David 1997: Die Antwort eines Geographen auf die flexible Akkumulation. Vortrag am 15.1.97 Ecole Nationale Supériore des Beaux Arts in Paris. Abgedruckt in: The Book: Politics – Poetics. Das Buch zur dokumenta X. Ostfildern 1997, 458-465

Helbrecht, Ilse 1997: Stadt und Lebensstil – Von der Sozialraumanalyse zur Kulturraumanalyse? In: Die Erde 128, 3-16

Hitz, Hansrüdi/Roger Keil/Ute Lehrer/Klaus Ronneberger/Christian Schmid/Richard Wolff (Hrsg.) 1995: Capitales Fatales. Zürich

Johnston, Ronald J. 1993: The Challenge for Geography – A Changing World: A Changing Discipline. Oxford.

Krätke, Stefan 1995: Stadt – Raum – Ökonomie. Basel/Boston/Berlin

Krüger, Rainer 1988: Die Geographie auf der Reise in die Postmoderne? Wahrnehmungsgeographische Studien zur Regionalentwicklung 5, Oldenburg

Leed, Eric J. 1993: Die Erfahrung der Ferne. Frankfurt/M./New York

Leipziger Erklärung vom 30. 10. 1996 zur Bedeutung der Geowissenschaften in Lehrerbildung und Schule. Hgg. von der Alfred-Wegener-Stiftung für Geowissenschaften in Gemeinschaft mit der Deutschen Gesellschaft für Geographie und dem Institut für Länderkunde in Leipzig (8 Seiten)

Lichtenberger, Elisabeth 1995: Entwicklung und Perspektiven der Geographie aus meiner Sicht. In: GW-Unterricht (Wien) 60, 41-57

Luhmann, Niklas 1990: Soziologische Aufklärung. Bd. 5: Konstruktivistische Perspektiven. Opladen.

Luhmann, Niklas 1993: „Was ist der Fall?" und „Was steckt dahinter?". Die zwei Soziologien und die Gesellschaftstheorie. Bielefeld

Luhmann, Niklas 1997: Die Gesellschaft der Gesellschaft. (2 Bde.) Frankfurt/M.

Makanin, Wladimir 1996: Quasi – Die Masse. In: Lettre 35, 87-92

Mayer, Jörg (Hrsg.) (1992): Die aufgeräumte Welt. Zeitbilder und Raumkonzepte im Zeitalter globaler Marktwirtschaft. Loccumer Protokolle 74.

Meurer, B. (Hrsg.) 1994: Die Zukunft des Raumes. Frankfurt/M.

Neckel, Sighard 1993: Die Macht der Unterscheidung. Beutezüge durch den modernen Alltag. Frankfurt/M.

Pohl, Jürgen 1993: Kann es eine Geographie ohne Raum geben? Zum Verhältnis von Theoriediskussion und Disziplinpolitik. In: Erdkunde 47, 255-266

Rhode-Jüchtern, Tilman 1995: Raum als Text – Perspektiven einer Konstruktiven Erdkunde. Materialien zur Didaktik der Geographie und Wirtschaftskunde 11. Wien

Rhode-Jüchtern, Tilman 1996: Den Raum lesen lernen. Perspektivenwechsel als geographisches Konzept. München

Rifkin, Jeremy 1997: Das Ende der Arbeit und ihre Zukunft. Frankfurt/M.

Schulze, Gerhard 1992: Die Erlebnisgesellschaft Kultursoziologie der Gegenwart. Frankfurt/M./ New York.

Schwarz, Ullrich (Hrsg.) 1995: Risiko Stadt. Perspektiven der Urbanität. Hamburg

Sennett, Richard 1994: Civitas. Die Großstadt und die Kultur des Unterschieds (amerik. Orig. 1990). Frankfurt/M.

Sennett, Richard 1995: Fleisch und Stein. Der Körper und die Stadt in der westlichen Zivilisation. Berlin

Soja, Edward 1989: Postmodern Geographies. The Reassertion of Space in Critical Social-Theory. New York

Soja, Edward 1995: Anregung für ein wenig Verwirrung: Ein zeitgenössischer Vergleich von Amsterdam und Los Angeles. In: Hitz, H. u.a. (Hrsg.): Capitales Fatales. Zürich, 160-175

Stegers, Rudolf 1996: Facetten der Transparenz. In: Centrum: Jahrbuch Architektur und Stadt. Braunschweig, Wiesbaden, 78-89

Thomsen, Christian W. 1996: Bauen für die Sinne. Gefühl, Erotik und Sexualität in der Architektur. München/New York

Virilio, Paul 1992: Geschwindigkeit und Politik. Ein Essay zur Dromologie (frz. Orig. 1977). Berlin

Virilio, Paul 1992: Rasender Stillstand. München

Virilio, Paul 1996: Fluchtgeschwindigkeit. München/Wien

Werlen, Benno 1993: Gibt es eine Geographie ohne Raum? Zum Verhältnis von traditioneller Geographie und zeitgenössischen Gesellschaften. In: Erdkunde 47, 241-255

Werlen, Benno 1995: Sozialgeographie alltäglicher Regionalisierungen. Zur Ontologie von Gesellschaft und Raum. Erdkundliches Wissen 116. Stuttgart

Werlen, Benno 1997: Sozialgeographie alltäglicher Regionalisierungen, Bd. 2: Globalisierung, Region und Regionalisierung. Erdkundliches Wissen 119. Stuttgart

Wirth, Eugen 1977: Die deutsche Sozialgeographie in ihrer theoretischen Konzeption und in ihrem Verhältnis zu Soziologie und Geographie des Menschen. In: Geographische Zeitschrift 65, 161-187

Wirth, Eugen 1981: Kritische Anmerkungen zu den wahrnehmungszentrierten Forschungsansätzen in der Geographie. In: Geographische Zeitschrift 69, 161-198

Wöhlcke, Martin 1996: Soziale Entropie. Die Zivilisation und der Weg allen Fleisches. München

Zierhofer, Wolfgang 1997: Grundlagen für eine Humangeographie des relationalen Weltbildes. In: Erdkunde 51, 81-99

8. Der Dilemma-Diskurs

Im Folgenden wird ein Konzept zum „Werteunterricht" vorgeschlagen, das zunächst *methodisch* das Erkennen, Ertragen und Entwickeln von Werten trainiert; es ist *inhaltlich* offen und auf den Aufbau von Dispositionen und Haltungen angelegt. Im ersten Kapitel wird ein begrifflicher Rahmen zum Benennen, Ordnen und Zuordnen von Werten vorgeschlagen, im zweiten Kapitel das Konzept „Dilemma-Diskurs" und im dritten Kapitel eine Reihe von Anregungen und Übungen aus dem geographischen Themenkatalog.

Insgesamt geht es dabei um den Versuch, zunächst bei den Lehrenden die notwendige Disposition und Offenheit, Kreativität und Urteilskraft zu stärken, ehe Unterrichtseinheiten und Lehrbücher durch eine neue Art, Fragen zu stellen, eingreifen können.

Allenthalben wird der „Verlust der Werte" beklagt, das „Versagen der Schule", „die Schuld der 68er", aber auch der Zynismus der „geistig-moralischen Wende" von 1982, die neuen „Mauern in den Köpfen" seit 1989, die „tödliche Ignoranz der Politik", die Verwahrlosung und Vereinsamung in der Mediengesellschaft.

In Buchtiteln ausgedrückt: „Die Moderne – ein unvollendetes Projekt" (Habermas 1990); „Rasender Stillstand" (Virilio 1992); „Die Erfindung des Politischen" (Beck 1993); „Aussichten auf den Bürgerkrieg" (Enzensberger 1993); „Im selben Boot – Versuch über die Hyperpolitik" (Sloterdijk 1993); „Vom Ende der Gewissheit" (Schneider 1994); „Die zweite Gesellschaftsreform" (Negt 1994); „Der Ehrliche ist der Dumme" (Wickert 1994); „Die schwierige Freiheit. Über die offene Flanke der offenen Gesellschaft" (Fest 1994).

Der Zeitgeist artikuliert sich wöchentlich in Feuilletons und Talk-Salons. Gepredigt wird eine neue Moral: Familie, Vaterland, Nation; gegeißelt wird mit den Argumenten: „Unter dem Namen Ethik wird nur ein Beruhigungsmittel verschrieben" und „Volksvertreter entpuppen sich als Heuchler, Schönfärber und Lügner" (Der Spiegel 4/1994); angeboten werden Serviceleistungen von Ethikzentren für das „Produktdesign im Kartell der Technologie und Expertokratie" (Die Zeit 31/1994).

Wir kennen aber nicht mal mehr die Wörter, die da das Lebensgefühl der jungen Generation, der Schüler und Studenten, Arbeiter und Arbeitslosen ausdrücken; wir nennen in unserer Überforderung einfach „Werteverlust", was neue Wertvorstellungen sein können. Was wissen wir darüber? Kleine Probe: Was ist (und denkt) ein „Hool", „Skin", „Rapper", „HipHoper", „Freeclimber"?

Werte-Erziehung, Werte-Lehren und Werte-Lernen sind also eine ganz neue Aufgabe, die nicht im Trainieren und Tradieren allein bestehen kann. Solange wir eine „offene Gesellschaft" sein wollen, kann die Aufgabe auch nicht in Instruktion und Gleichschaltung bestehen. Und da wir umgeben sind von Lern- und Orientierungsangeboten aller Art, kann sie sich auch nicht im Wiederholen und Nachmachen von attraktiven Zubereitungen in den Medien erschöpfen. Zwar gibt es eine starke Fraktion in unserer Gesellschaft, die genau dieses will. (Abb. 1)

„Der Tag ist nicht mehr fern, an dem Kinder und Eltern ganze Lehrkörper wegen fahrlässiger Hirnverletzungen verklagen."

(Frank Ogden, Amerikanischer Zukunftsforscher, über das Unvermögen der Lehrer, soviel Wissen zu vermitteln wie computergestützte Lernprogramme)

Abb. 1: „Fahrlässige Hirnverletzung" (Die Zeit 39/94)

Schnelligkeit, Zweckrationalität, Einfältigkeiten mögen Überlebenstechniken „draußen" sein, außerdem die Halbwahrheit, die Doppelmoral, der Punktegewinn. Aber Schule ist heute ein, *der* Ort, an dem anderes gelernt werden kann: Frei-Raum und Frei-Zeit zum langsamen, genauen, differenzierten Hinsehen, zum Aushalten von Vielfalt, zum begründeten Urteil. (Abb. 2, Abb. 3)

AUFGESPIESST
„Also, meine Frau und ich haben vor Jahren in der Nähe des Brahmsees ein völlig kahles Kiesgrundstück gekauft. Wir haben nichts gepflanzt oder gesät. Da wachsen jetzt so viele Bäume und Büsche und da sieht man so viele Tiere, dass die These vom unaufhaltsamen Umweltsterben wohl nicht ganz stimmen kann."

Altbundeskanzler Helmut Schmidt (SPD) auf die Feststellung der *Wirtschaftswoche*, die Erde treibe auf eine Umweltkatastrophe zu.

Abb. 2: Die These vom unaufhaltsamen Umweltsterben (Frankfurter Rundschau 27.07.94)

AUFGESPIESST
„Im Finanzausschuss des Bundestages verlangt die SPD die Abschaffung der steuerlichen Absetzbarkeit von Bestechungs- und Schmiergeldern im Wirtschaftsverkehr. Die SPD jedenfalls ist bereit, damit die deutschen Exportinteressen auf dem Altar sogenannter ethisch-moralischer Vorstellungen zu opfern."

Der wegen privater steuerlicher Unregelmäßigkeiten vorläufig suspendierte Vorsitzende des Bundestags-Finanzausschusses, Hermann Rind (FDP), über einen SPD-Antrag gegen Steuerbegünstigungen von Schmiergeldern.

Abb. 3: Schmiergelder steuerbegünstigt? (Frankfurter Rundschau 27.06.94)

Wie anders sollen wir aus dem täglichen – gewollten oder ungewollten – Verwirrspiel mit den Werten wieder herausfinden, wie anders sollen wir unter der Oberflächenstruktur die Tiefenstruktur erkennen (so wie ein Geograph aus einem Boden auf das Ausgangsgestein und Entstehungsprozesse und Rahmenbedingungen schließen gelernt hat)?

Begrifflicher Rahmen
(Legende zum Schema Abb. 4)

„Letztwerte"

- Welche Art von Handlungen sollen wir vollziehen?
- Welche Arten von Dingen sollen um ihrer selbst willen existieren (sind letztendlich und in sich (*intrinsical*) gut)?[1]
- Höchste Rangplätze/Letztwerte: Überleben, Frieden, Lebensschutz (einschließlich Umweltschutz und Naturerhaltung) und Gesundheit, Menschenwürde, Freiheit, Gerechtigkeit und Solidarität (vgl. Hillmann 1989).

In der Liste von „Letztwerten" bei Hillmann fällt auf (oder auch nicht), dass es sich hier mal um Zustände/Ergebnisse und mal um Dispositionen/Haltungen handelt. (Frieden wäre ein Zustand, Friedfertigkeit eine Disposition; Gesundheit wäre ein Zustand, Gesundheitsvorsorge eine Disposition).

Diese beiden Kategorien können durchaus in Gegensatz geraten: Ein Mensch kann zugleich tugendhaft und unglücklich sein.

Da dieser Gegensatz aber philosophisch nicht befriedigt, muss man eine andere Referenzlinie für die gesellschaftliche Ethik finden. Entweder, wie bei Platon im Gorgias oder in der Politeia: Wie erträgt man eine Gesellschaft, in der der gerechte Mensch hingerichtet wird? (Platon stellt fest, dass es besser sei, Folterqualen zu erleiden, als seine Seele mit der Schuld, Böses zu tun, zu belasten.) Oder, wie bei Aristoteles: Wie errichtet man eine Gesellschaft, in der solches nicht mehr vorkommt? (Aristoteles meint, es sei noch besser, *zugleich* frei davon zu sein, Böses getan zu haben, und frei davon, Folterqualen zu erleiden.) (vgl. MacIntyre 1991)

Eine beängstigende Perspektive liegt in der neuen Schizophrenie, Fakten und Werte nicht mehr zusammen zu denken und Denken, Fühlen und Handeln verselbstständigt zu sehen: „Wir wissen, dass ein rassistischer Mord etwas grauenhaftes ist. Aber wir spüren es nicht mehr." (Kursbuch 113/1993, 5)

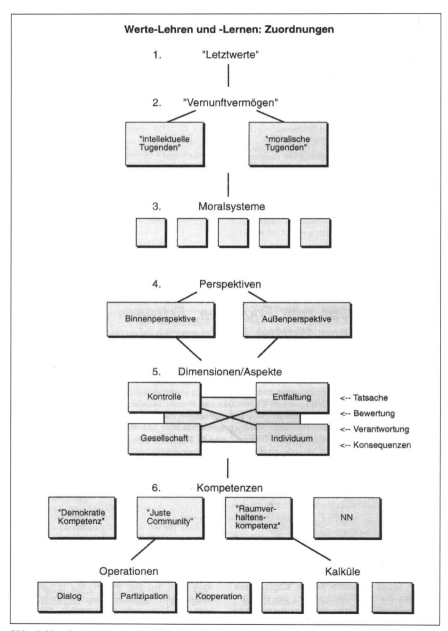

Abb. 4: Vom Letztwert zum Handeln (eig. Darstellung).

Vernunftvermögen

- Aristoteles unterscheidet bei der Ausübung des Vernunftvermögens (als Spezifikum des Menschen gegenüber Tieren und Pflanzen) (a) das Denken in Verbindung mit *intellektuellen Tugenden* (Weisheit, Verstand, Klugheit) als Ergebnis ausdrücklicher *Unterweisung*, (b) andere Tätigkeiten in Verbindung mit *moralischen Tugenden* (Großzügigkeit, Mäßigung) als Ergebnis einer gewohnheitsmäßigen *Haltung*.

Tugendhaftigkeit ist kein Zustand, sondern eine Disposition. Tugendhafte Entscheidungen sind der Einklang mit dem „Mittleren"; das „Mittlere" ist ein Entscheidungsprinzip zwischen zwei Extremen (die Tugend der Tapferkeit etwa ist das „Mittlere" zwischen dem Laster des Übermaßes/Hitzköpfigkeit und des Mangels/Feigheit).[2]

- Habermas: „Die Beteiligten machen unter den Aspekten des Zweckmäßigen, des Guten und des Gerechten von der praktischen Vernunft jeweils einen anderen Gebrauch" (Habermas 1992, 197). In dieser Aufteilung der Dimensionen Pragmatik, Moral und Ethik kommt Habermas faktisch zu einem Ergebnis, wie es auch sein Antipode Luhmann in seiner Theorie der Gesellschaft (also auch der Erziehung etc.) präsentiert: „Sie tun, was sie tun" (Luhmann/Schorr 1981); deshalb entfernt sich *Habermas* auch schnell wieder von der Wertneutralität der Beobachterperspektive und setzt als zentrales Thema der Gegenwart die Gefährdung gesellschaftlicher Integration und Solidarität als die „eigentlich gefährdete Ressource".

Moralsysteme

In der zeitgenössischen Moralphilosophie haben wir es nicht mehr mit einem einzigen Moralsystem zu tun, sondern mit einer ganzen Anzahl, und dies zunehmend synkretistisch (Vermischung finden wir etwa zwischen Kapitalismus und Sozialstaatlichkeit, zwischen Christentum und Parteipolitik, zwischen „Wasser predigen und Wein trinken").

MacIntyre nennt als solche gut integrierten Moralsysteme
- Aristotelismus („Jedes praktische Können und jede wissenschaftliche Untersuchung, ebenso alles Handeln und Wählen strebt nach einem ... ‚Gut', als das Ziel, zu dem alles strebt")
- frühchristliche Einfachheit
- puritanische Ethik
- aristokratische Ethik des Konsums
- Demokratie
- Sozialismus

„Innerhalb jedes dieser Moralsysteme gibt es ein vorgeschlagenes Ziel oder Ziele, eine Klasse von Regeln, eine Liste von Tugenden. Aber die Ziele, Regeln und Tugenden unterscheiden sich".

- Für den Aristotelismus wäre es absurd und Zeichen für niedrige Gesinnung, alles zu verkaufen und den Armen zu geben.
- Im frühen Christentum wäre Aristoteles mit seiner großen Seele damit aber nicht durch das Nadelöhr in den Himmel gekommen.
- Im konservativen Katholizismus gilt der Gehorsam gegenüber der eingebürgerten Autorität als Tugend.
- Im demokratischen Sozialismus wäre dieselbe Haltung das Laster der Servilität.
- Im Puritanismus gilt Sparsamkeit als Tugend und Faulheit als Laster.
- Traditionelle Aristokraten sehen in Sparsamkeit das Laster des Geizes oder das Geschick der armen Leute. (Vgl. MacIntyre 1991, 243)

Zwischen den Moralsystemen gibt es keine Appellationsinstanz. Die offene Gesellschaft hat aber auch dazu geführt, dass die Absolutheit und Autorität überpersönlicher Maßstäbe nicht mehr verlässlich trägt; neben der Erosion innerhalb der Moralsysteme (der korrupte Beamte, der knabenschänderische Priester, der jettende Umweltschützer etc.) hat sich die Gesellschaft von einsinnigen Ideologien verabschiedet und diese in ihre diversen Interessengruppen und Milieus verlegt. Das Absolutheitsprinzip der Ästhetik, das Wahrheitsprinzip der Erkenntnis, das Verantwortungsprinzip der Politik, das Leistungsprinzip der Arbeit werden aufgegeben und relativiert; zwischen den Wertsystemen und den sie tragenden Milieus gibt es den „sozialen Frieden gegenseitigen Nichtverstehens" (Schulze 1993, 408).

Der ausdifferenzierte Geist der Gegenwart und der westlichen Gesellschaften wird von *Gerhard Schulze* aus fünf verschiedenen Milieus projiziert: „Niveaumilieu", „Harmoniemilieu", „Integrationsmilieu", „Selbstverwirklichungsmilieu", „Unterhaltungsmilieu". Neben diesem wissenschaftssoziologischen interpretierbaren Gesellschaftstableau des Soziologen existieren aber noch eine ganze Reihe weiterer Benennungen für unsere Gesellschaftsformation (incl. deren Werte- und Moralsystem), z. B. „nivellierte Mittelstandsgesellschaft", „postindustrielle Gesellschaft", „Wohlstandsgesellschaft", „Leistungsgesellschaft", „Anspruchsgesellschaft", „Aushandelungsgesellschaft", „Ausredengesellschaft", „Verdachtsgesellschaft", „Freizeitgesellschaft", „Ellenbogengesellschaft", „Zweidrittelgesellschaft", „Risikogesellschaft", „Sensationsgesellschaft", „Nischengesellschaft", „Multi-Kulti-Gesellschaft" – diese Namen sind Ausdruck von Fokussierungen, als Überblendung, als Imperativ oder als Kritik. Hegemonial werden solche Begriffe, wenn sie nicht parataktisch (also nebenordnend), sondern hypotaktisch (also unterordnend) und exklusivisch daherkommen, etwa „unsere westliche Wertegemeinschaft".

Am Ende dieses Differenzierungsprozesses steht – neben dem Versuch zu einem neuen moralischen Dezisionismus – eine extreme Individualisierung; die Frage nach dem „Gut"-Handeln in Bezug auf Ziele der praktischen Vernunft stellt das Zeitgeist-Fachmagazin „Psychologie heute" (39/1994) so: „Braucht der Mensch noch Lebenssinn? Reicht es nicht, im Alltag mittelfristige Ziele zu haben? Aber wenn die Frage: ‚Wozu das ganze‘ doch unweigerlich auftaucht, wer kann heute noch überzeugende Antworten geben? Religion, Wissenschaft und Philosophie haben als Sinnstifter abgedankt. Und so muss der Einzelne sich sein Weltbild selber basteln und seiner Existenz eine Perspektive geben. Fragt sich nur: Wie?" Und wie das Individuum noch kurz- und mittelfristig denkt, entscheidet und handelt, so wird auch politisches und gesellschaftliches Handeln häufig nicht vom moralischen Wollen geleitet (Helmut Kohl: „Das ist in der Politik nicht anders, als im privaten Leben ...") Und so erliegt womöglich die ganze Zivilisation dem Prinzip Eigennutz und dem Prinzip „Weltbild selber basteln"; das belegt Ulrich Wickert in seinem Buch „Der Ehrliche ist der Dumme. Über den Verlust der Werte" (1994).

Wenn die „Sache" selbst, also das Individuum und die Gesellschaft, sich auf der Zeitachse kurz- und mittelfristig, und auf der Wertachse privatistisch orientiert, dann gibt es auch keinen wissenschaftlichen Begriff mehr von der (Massen-)Gesellschaft und ihren Widersprüchen. Der amerikanische Soziologe *Richard Sennet* beklagt gar „Das Ende der Soziologie" zugunsten der quicklebendigen intellektuellen Unternehmungen in der Anthropologie, Geschichte, Philosophie, Stadtentwicklung oder Rechtswissenschaft": „Das soziologische Temperament hat sich von dieser Betonung des Widerspruchs [als Grundlage einer funktionierenden Gesellschaft, d. V.] wegbewegt und hin zu sozialen Systemen, die funktionieren. Dieser Impuls ... verzichtet auf Kants Reflexionen über das widersprüchliche Spiel des Denkens, vermeidet Nietzsches Argumente zur selbstzerstörerischen Kraft der Vernunft, vernachlässigt die Überzeugung von Marx, dass vernünftiges Verhalten widersprüchliche soziale Gründe verkörpert und stellt die Gesellschaft stattdessen als riesenhaften austarierten Mechanismus ... dar, ... doch ich erfahre nichts über die Welt" (Sennett 1994).

Perspektiven

Man kann unterscheiden zwischen der Binnenperspektive in einem überkommenen Moralsystem (und hier wiederum zwischen den Anhängern rivalisierender Moralsysteme) und der Außenperspektive derjenigen, die außerhalb der Systeme stehen.

Unabhängig von den Differenzen innerhalb der westlichen Gesellschaft und ihrer Moralsysteme etwa gerät der Westen mit seinen Wertvorstellungen in die Defensive gegenüber anderen Systemen in der Welt; Entwicklungshilfe oder andere Handelsbeziehungen an Menschenrechte oder Umweltstandards zu koppeln, gilt als Spielart des Imperialismus und wird (etwa von China oder anderen wirtschaftlichen ‚Tigern‘ in Südostasien) ignoriert oder verlacht oder zurückgewiesen. Nur in der Außenperspektive wiederum fällt auf, dass Doppelmoral strukturell (und nicht nur Fehlverhalten schwarzer Schafe) sein kann, oder dass Henne und Ei in einem zirkulären Verhältnis stehen, entsprechend also ein Übel und ein anderes sich wechselseitig infizieren können: Ist der Individualismus für den Verfall der Werte zu geißeln? Wenn nicht er, wer dann? Oder ist der Individualismus selbst nur eine Folge der in der Gesellschaft entstandenen Probleme (Armut und Bereicherung, Ausgrenzung und Anpassung, Leistung und Arbeitslosigkeit, Kurzfristigkeit und Nachhaltigkeit etc.)?

Die Binnenperspektive lässt sich daran erkennen, dass sie eine Einheit von Faktum und Wert herstellt in den Wörtern, die sie definiert.

Beispiel: „Chaos-Tage" der Punks am 6./7. August 1994 in Hannover.

Perspektive 1: Schlagzeile Bild-Zeitung vom 8.08.1994:
„Welle der Gewalt. Was ist mit unserer Jugend los?" Text: ... „und plötzlich explodiert die Gewalt ... 600 Punker drohen: ‚Wir legen die Stadt in Schutt und Asche'. Mit Messern, Ketten und Baseballschlägern zogen sie durch die Straßen, warfen Steine und Flaschen. Sie trugen gefärbte Haare und rasierte Haare, zerrissene Kleidung, Hundehalsbänder. ... 600 Festnahmen. Was sind Punks? Sie rebellieren gegen unsere bürgerliche Ordnung, gegen Leistung. Ihr Ziel ist Anarchie, ihr Lieblingsspruch ‚Fuck off'. Bilanz: 17 verletzte Polizisten, 18 verletzte Punker, mehrere 100.000 Mark Schaden."

Perspektive 2: Punk Ole, 22
„Also für mich wäre es das wichtigste, dass alle Leute mitreden können und die Freiheit haben, Sachen zu entscheiden, auch an den Arbeitsstellen. Dass es halt nicht so ist wie sonst immer: Da ist der Direktor, und das ist der Meister und der Vorarbeiter. Man könnte das vielleicht jetzt pauschal so als ‚politischen Anarchismus' ... bezeichnen. Es wird ja auch schon versucht, das im kleinen Kreis durchzuziehen, zum Beispiel in besetzten Häusern. Und das vielleicht so aufs Ganze zu übertragen. Kein Klassensystem eben. Jeder macht, wozu er lustig ist, und kann sich verwirklichen."[3]

Perspektive 3: Gräfin Dönhoff (Die Zeit)
... „Aber es gibt doch auch viele Arbeiten, die Spaß machen. Also, meine Arbeit macht mir ungeheuren Spaß. ... Sie reden immer von Selbstverwirklichung. Ich finde das schwierig. Ich hab noch nie daran gedacht, mich selbst zu verwirklichen, offen gestanden. Weil ich gar nicht wüsste, was ich selbst bin. Ich werde doch durch das Leben gebildet, durch das, was ich tun muss, und durch die Menschen, mit denen ich zusammen bin."[4]

Die *Außenperspektive* betrachtet die *Binnenperspektive* und erkennt darin Imperative, die jeweiligen Vorlieben und private Entscheidungen äußern. Für das Beispiel des Punks klingt das dann z.B. so: „Das Spektrum jugendlicher Subkulturen franst sich immer weiter aus ... Die beginnt mit der studentischen Subkultur des 18. Jahrhunderts, mit der Literaturrevolte der Stürmer und Dränger um 1770, setzt sich fort mit der Revolte der Burschenschaften 50 Jahre später, erfasst die Gymnasialjugend im ‚Wandervogel' der Jahrhundertwende, dringt mit der Arbeiterjugendbewegung und den ‚wilden Cliquen' in die Arbeiterjugend vor und verästelt sich seit den ‚Halbstarkenrevolten' der fünfziger Jahre in die verschiedensten Subkulturen. Allgemein gilt für die Gruppen, dass Jugendliche in ihnen Identität über Abgrenzung gewinnen – nach Abgrenzung von den Eltern, von der Nachbarschaft, von den Lehrern oder von anderen Gruppen ... Die Selbstdarstellungs- und Konfliktstrategien der einzelnen Gruppierungen sind unterschiedlich. ...

Punks: Dass auf dem Hintergrund des Protestes auch andere, weniger gewaltorientierte Optionen abweichender Selbstdarstellung möglich sind, zeigen die Punks, die sich als (ästhetische) Revolte und Negation der gegenwärtigen Gesellschaft konstituierten. So wie die Skins Affinität zu rechtsextremen Parolen haben, können Punks als links-anarchistische Antithese verstanden werden, die sich gleichzeitig aber vom Rousseauismus ihrer Vorgänger, der Hippies, absetzten. Ausschreitungen, wie in Hannover sind in diesem Spektrum eher die Ausnahme" (Eckert 1994).

Wenn der „soziale Frieden des Nichtverstehens" und der relativen Gleichgültigkeit zwischen den Wertsystemen aber zerplatzt, in ethnischen Konflikten, in der Parteipolitik, im Generationen- oder Geschlechterkonflikt, wenn also die Gesellschaft nicht mehr in Differenzen funktioniert, kann es konstruktiv sein, systematisch den Perspektivenwechsel einzuüben, um die eigene Perspektive und ihre Begriffe zu prüfen und den Diskurs wieder zu ermöglichen. (Abb. 5)

Warnung mit dem Hunde

DEN HAAG, 28. September (dpa.) Mit einem eindringlichen Fernsehspot will die niederländische Regierung auf sexuelle Belästigung am Arbeitsplatz aufmerksam machen. In dem Kurzfilm, der in dieser Woche zum ersten Mal zu sehen ist, wird ein Mann von einem scharfen Hund angesprungen und versucht dabei vergeblich, ihn abzuwehren. Dazu sagt ein Sprecher: „So fühlen sich Frauen, die am Arbeitsplatz belästigt werden." Wie das Sozialministerium am Mittwoch mitteilte, wird der Spot in den nächsten Wochen insgesamt 70 mal vor den Nachrichten gezeigt.

Abb. 5 Perspektiven-Sprung.
Wenn Verstehen und Empathie, der Spagat von einer Binnenperspektive in eine andere nicht möglich ist, kann ein Perspektiven-„Sprung" helfen (dpa 28.9.1994).

Dimensionen und Aspekte der Wertbezüge

Das Beispiel der „Chaos-Tage" im Abschnitt „Perspektiven" hat gezeigt, welch umfangreiche Listen von Werte-Wörtern bereits in einem einzigen Ereignis im Raum traktiert werden. Wenn man nicht von vornherein Partei, also Mitglied eines Moralsystems ist oder die Welt nicht ohnehin nur aus einer Außenperspektive mit eigener Sache betrachten will, braucht man eine Ordnung in diesen Listen.

H. Klages (2001) hat dafür einen Vorschlag gemacht, der zumindest die Ordnung von Einzelbegriffen zu Clustern ermöglicht und diese Gruppen in ihrer Referenz zwischen Kontrolle und Selbstentfaltung, zwischen Gesellschaft und individuellem Selbst kennzeichnet. (Abb. 6)

Mit einer solchen Aufräumarbeit sind natürlich die Probleme und Konflikte nicht gelöst; man braucht differenziertere Sortierungen. Hinter jedem Wertebegriff stehen verschiedene Aspekte (Hinsichten) von Realität, angelehnt an die Dimensionen Moral, Ethik und Pragmatik (vgl. oben Habermas). S. Reinhardt (1993) macht einen Vorschlag, wie mit Schülern moralische Fragen „analysierend und beurteilend (und damit konflikt- und konsensklärend und evtl. identitätsstiftend) verhandelt werden können. Es geht dabei in jedem Fall um die *Trennung von Tatsachen und Bewertungen,* um die unterschiedliche Struktur von Bewertungen, um die Konkretisierung von geteilten Werten (also um das zeit-, kultur- und personenspezifische Verständnis z.B. von „Würde"), um die *Verantwortlichkeitszuschreibung* an Individuum oder Gesellschaft (oder Staat) und um die Berücksichtigung der *Konsequenzen* von Handeln und ihrer Bewertung" (Reinhardt 1993, 33).

Kompetenzen und „Werte-Lernen"

Wir betreten nun den Raum der politischen und erzieherischen Setzungen. Was uns als System umgibt, wovon wir selbst Teil sind, wird übersetzt in Kompetenzen, die in der Gesellschaft erwünscht und auszubilden sind. Es ist eine alte Übung in Didaktik-Seminaren, die Präambeln von Lehrplänen unterschiedlicher Provenienz zu vergleichen – freilich oft mit dem Ergebnis, dass hier wohlklingende und wohlmeinende Leerformeln zunächst einmal Konsens stiften sollen (Konflikte auch nur anzusprechen, hieße vielleicht schon, vom Boten oder Trainer zum Übeltäter zu werden, vgl. den Streit um die sog. ‚Konfliktpädagogik').

Das Beispiel „Demokratie-Kompetenz" zeigt den Versuch, eine unstrittige Leerformel zu verbinden mit einem Instrumentarium, an dem die Intention und Materialität des Begriffs dann doch kontrastiv zu erkennen wäre. Kern der Demokratie-Kompetenz ist z.B. „die Fähigkeit, Werte- und Interessenkonflikte durch eine vernünftige Argumentation auf der Basis moralischer Prinzipien zu lösen, statt durch den Einsatz von Gewalt oder sozialer Macht, und Argumente nicht bloß zur Rechtfertigung vorgefasster Meinungen zu gebrauchen" (Lind 1993, 22).

	Selbstzwang und -kontrolle (Pflicht und Akzeptanz)		Selbstentfaltung
Bezug auf die Gesellschaft	"Disziplin" "Gehorsamkeit" "Leistung" "Ordnung" "Pflichterfüllung" "Treue"	idealistische Gesellschaft	"Emanzipation" von Autoritäten "Gleichbehandlung" "Demokratie" "Partizipation" "Autonomie" (des Einzelnen) ....
Bezug auf das individuelle Selbst	"Unterordnung" "Fleiß" "Bescheidenheit" "Selbstbeherrschung" "Pünktlichkeit"	Hedonismus	"Genuß" "Abenteuer" "Spannung" "Abwechslung" "Ausleben emotionaler Bedürfnisse"
	"Anpassungsbereitschaft" "Fügsamkeit" "Enthaltsamkeit"	Individualismus	"Kreativität" "Spontaneität" "Selbstverwirklichung" "Ungebundenheit" "Eigenständigkeit"

Abb. 6: Begriffsfelder von Kontrolle und Selbstentfaltung (Entwurf: Klages 2001).

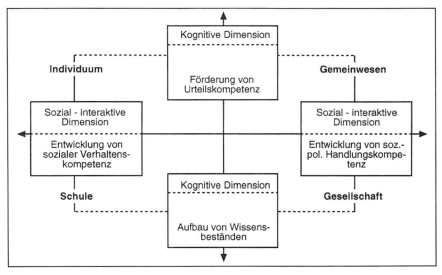

Abb. 7: Aufgabenfeld Werteerziehung (Entwurf: *Schirp* 1993).

Die Operationen dafür – also zum Erkennen von Werten, Interessen, Konflikten, zum Identifizieren von Vernunft und Moral, zum Handhaben von Argumenten, außerdem Erkennen von Gewalt und Macht und Vorurteilen – sind eher Dialog, Partizipation, Kooperation (Oser/Althof 1992), weniger Instruktion oder Repression (Verweis auf Klausuren, Zensuren, Zentralabitur etc.). Zwischen Konzept und Pragmatik ergibt sich hier eine einfache Aporie: Nicht jeder Beteiligte am pädagogischen Prozess kann, will, darf überhaupt den Dialog, die Partizipation, die Kooperation.

Es ist deshalb gut, diese Aporie zu überbrücken durch Abstecken des Feldes, in dem der ganze pädagogische Prozess zwischen Dialog und Repression stattfindet. Das Feld wird gebildet durch die kognitive Dimension (mit den Zielen Aufbau von Systemwissen und Förderung der Urteilskompetenz) und durch die *sozial-interaktive Dimension* (mit einer sozialen Verhaltenskompetenz und einer sozial-politischen Handlungskompetenz). (Schirp 1993, 11. Abb. 7)

• Ein Leitautor für den *kognitiven Entwicklungsansatz zur Werteerziehung* ist der amerikanische Psychologe und Pädagoge Lawrence Kohlberg (Kohlberg 1968; Lind/Raschert 1987). Kohlberg unterscheidet 6 Stufen, in denen sich spezifische Strukturen von Einsicht bei Normen- und Wertkonflikten entwickeln:

Stufe 1: Orientierung an Autoritäten, Vermeidung von Strafen

Stufe 2: Berücksichtigung auch anderer Interessen

Stufe 3: ‚Goldene Regel‘ (*Was du nicht willst, das man dir tu ...*)

Stufe 4: Akzeptanz von Gesetzen und Regeln als Konstitutivum für jede Gesellschaft

Stufe 5: Orientierung am größten Nutzen für die größte Anzahl und an Persönlichkeitsrechten

Stufe 6: Orientierung an Prinzipien und allgemeinen Regeln/Wertentscheidungen
(z. B. Kants Kategorischer Imperativ)

• Alle Zielfelder des Wertelernens (Schirp), alle Stufen der kognitiven Entwicklung für Entscheidungen bei Normen und Wertekonflikten (*Kohlberg*) sind gleichermaßen relevant: *Systemwissen* ist unverzichtbar, es steht für die Herstellung von Grundwissen über Werte, Normen und Regeln; *soziale Verhaltenskompetenz* ergibt sich aus lebenswichtigen Reiz-Reaktions-Erfahrungen in Prozessen und Beziehungen; *sozial-politische Handlungskompetenz* ist das Fundament für Dispositionen, aus denen die aktive Ausgestaltung und Weiterentwicklung der Gesellschaft wächst, aus Einmischung und Beteiligung an sozialen, ökonomischen, ökologischen, kulturellen, technischen Problemlösungen, aus der Einsicht in den Unterschied von Verantwortung und Gesinnung (Max Weber), aus kritischer Einsicht in Sach- und Systemzwänge. Die Frucht dieses großen Feldes kann ein Lernen als selbst-konstruierter, aktiv organisierter Verstehensprozess sein: „Werte können nur dadurch gelernt, d. h. verstehend entwickelt werden, wenn das Individuum selbst die Notwendigkeit und Gültigkeit von Werten und Normen ‚internali-

siert' und verarbeitet hat ... oder es findet kein Lernen (und d. h. kein Verstehen) statt"
(Schirp 1993, 17).

• Der Begriff der „Raumverhaltenskompetenz" oder der „raumbezogenen Schlüsselkompetenz" gehört in diesem Zielfeld in den Quadranten „Systemwissen". Die Ausbildung von „Raumverhaltenskompetenz" wird von ihrem Begründer Helmuth Köck (Köck
1993) als konstitutiver Bestandteil der Aufgabe Schule verstanden. Diese bestehe nach
Fend in der „Vermittlung notwendiger intellektueller Kompetenzen ... für die Bewältigung
von Lebenssituationen in hochkomplexen Gesellschaften". Nach Robinsohn erfolge
„diese Ausstattung", indem gewisse Qualifikationen und eine gewisse ‚Disponibilität'
durch die Aneignung von Kenntnissen, Einsichten, Haltungen und Fertigkeiten erworben werden". „Raumbezogenes Verhalten" meint nach *Köck* dementsprechend „das
mentale wie das bewusste aktionale Verhalten geosphärischen bzw. erdoberflächigen
Lage- bzw. Verteilungsstrukturen gegenüber" (zuletzt Köck 1993, 14 f.).

Nur Systemwissen lässt sich durch Lehre „aufbauen"; die anderen Dimensionen lassen
sich – unter glücklichen Umständen – „entwickeln" oder „fördern", mit unbestimmten
Ausgang und Erfolg. Köck beansprucht aber als Ergänzung zum „rationalen Raumverhalten" auch die „Anerziehung des Wollens und der Bereitschaft zu kompetentem
Raumverhalten als ‚Denken und Handeln in raumethischen Kategorien' oder kurz ‚ethi-
sches Raumverhalten'"(Köck 1993, 20).

Erstens geht es *Köck* dabei um die „sozial-räumliche Hinsicht", um das „Recht aller
Menschen auf trotz erdräumlicher Ungleichheit gleichwertige räumliche Lebensbedingungen" (Ausgleich und Gleichgewicht); zweitens geht es um die „naturräumliche Hinsicht", um „einen im Interesse gegenwärtiger wie zukünftiger Generationen verantwor-
tungsbewussten und pfleglichen Umgang mit den naturräumlichen Lebensgrundlagen".

Hier sind wir freilich wieder auf der Ebene der reinen Imperative (also der Binnenperspektive der Moralsysteme, s. o.), nicht der realen subjektiven Kalküle und „Wirklichkeiten" angelangt: „Verhalte dich so, dass Du zur Erhaltung oder Wiederherstellung so-
zial- oder naturräumlicher Systemgleichgewichte beiträgst!". (ebd.)

Ein Systemtheoretiker wie Luhmann würde schmunzeln und daran erinnern: „Sie tun,
was sie tun". Und ein (als Kultusminister politikerfahrener) Sozialwissenschaftler wie
Ludwig von Friedeburg erinnert mit Hellmut Becker (Merkur 12/1959) daran, dass politische Bildung in Deutschland überwiegend „an der Macht vorbei" stattfinde: „Daher
erscheine gerade jungen Menschen unsere politische Bildung oft so verlogen, weil sie
ein Idealbild und den formalen Ablauf der Demokratie darstelle, anstatt in die realen
Machtkämpfe einzuführen ..." Becker verlangte von der politischen Bildung (und eine
solche ist ja die Befähigung zur „Raumverhaltenskompetenz" ohne jeden Zweifel auch),
„dass sie die reale Spannung zwischen Demokratie und Gesellschaft auf sich nehme,
zur Bildung aktiver Minderheiten beitrage, aber sich an alle wende, im eigenen Umkreis

Verantwortung zu übernehmen und aus der Verantwortung zu handeln. Damit Politik als Gegenstand von Bildung verstanden werden könne und nicht die Wirklichkeit als Gegensatz von politischer Bildung empfunden werde".[5]

Es geht also nicht mehr um Leerformeln und Taxonomien, sondern um die „Wirklichkeit", d.h. um die Konstruktion und Interpretation von Wirklichkeit in den Köpfen. Das ist schmuddelig, ergebnisoffen, abhängig von Sache, Person und Situation, von Schule eben – man ist damit nicht auf der „sicheren Seite".

Erkennen und Beurteilen von Werte-Differenzen: Der Dilemma-Diskurs

Die Fähigkeit zum moralischen Diskurs ist bei vielen nur gering ausgebildet. Die Gründe dafür liegen vor allem in der Komplexität der Orientierung zwischen universalen Prinzipien, individuell-subjektiven Imperativen, externen Verhaltungserwartungen und Sachzwängen, rivalisierenden Moralsystemen etc. Dem Zuordnen und Erkennen in diesen Zielfeldern dient das vorige Kapitel, als Bedingung der Möglichkeit, nicht aneinander vorbeizureden.

Moralische Kompetenz zeigt eine Person, die konsistent nach moralischen Prinzipien urteilt, die moralische Qualität der eigenen und fremden Argumente als gleichrangig erkennen und in der Meinungsbildung aufnehmen kann, also: ihre Meinung auch ändern kann; moralische Inkompetenz (dafür die Fähigkeit zur Rationalisierung) zeigt eine Person, wenn sie ihre moralischen Prinzipien verändert, um an ihrer Meinung festhalten oder sozialen Erwartungen entsprechen zu können? (Lind 1993)

Es gibt im Kanon der geographischen Themen in fast jedem Fall Gelegenheit zu einer Dilemma-Diskussion, in der Fakten, Werte und vorgefertigte Meinungen zusammengebracht werden. Nicht die reinen Fakten – die Oberflächenstrukturen – sind es ja, die einen Fall diskussionswürdig machen, sondern deren Bedeutung für uns oder für die anderen und die Vernetzungen – die Tiefenstrukturen.

- Nicht dass ein Staudamm in Indien hundert Meter hoch ist, Wasser hält, Strom erzeugt, Geld kostet, ist an sich interessant, sondern dass hier Damm und Wasser ein besiedeltes Tal umwerten, dass der Strom bestimmte Abnehmer hat, dass das Geld zurückgezahlt werden muss (und von wem?), dass vertriebene Landbewohner nicht nur eine neue Hütte brauchen, sondern eine neue Lebensgrundlage – dieses mitzusehen mit den Fakten, macht den Fall zum Dilemma und zum Thema für die Werteerziehung. (Abb. 8)
- Es ist ja nicht selbstverständlich, subjektunabhängig und zeitenthoben, dass bei jedem Hunger in Afrika sofort die US- oder EU-Transalls mit Mais losfliegen und damit das Problem wieder aus der Welt wäre. Ein ethischer Imperativ „Handle so, dass ..."

Abb. 8: Umsiedlungsprogramm der Weltbank und „housing programs" des Staates
(hier: Tamil Nadu/Südindien) sind stark umstritten. Neue Häuser allein nutzen wenig, wenn Infrastruktur und Verdienstmöglichkeiten fehlen: Viele Steine, wenig Brot (eig. Foto).

ist zur Ableitung von eindeutigen Entscheidungen ganz ungeeignet. Die Wertsysteme der Äthiopier, der Hutu und der Tutsi, der Hirse-Kleinbauern in Mali, der robbenfelljagenden Inuit und die des Sozialstaates in der westlichen Welt haben zunächst nur an der Oberfläche Kontakt, und dies auch nur sehr selektiv über die Medien.

• Wenn man den PKW-Verkehr über den Benzinpreis beeinflussen will, entweder in der km-Leistung oder in der Qualität der Technik, wenn man gar den ‚ökologisch wahren Preis' nach dem Verursacherprinzip bezahlen lässt (die berühmten 5 DM/Liter), erzeugt man ein neues Problem: die soziale Ungerechtigkeit. Die automobile Gesellschaft wird wieder gespalten in diejenigen, die sich mit Geld freikaufen können, und diejenigen, die diese Option gar nicht mehr hatten. Bleiben als ‚gerechtere' Regulative: Forderung der Umweltmoral? Ökonomische Belohnung der Alternativen?

• Am Sprachgebrauch erkennt man oft bereits ein Wertsystem und die zugehörige Binnenperspektive. A: „Die ungerechte Weltwirtschaftsordnung ..." B: „Wieso ungerecht? Angebot und Nachfrage!" Die Bananen in der EU werden zollgeschützt; Bananen ans Spanien, Portugal, den Überseebesitzungen von Großbritannien und Frankreich sollen vor den niedrigen Preisen der übrigen Bananenrepubliken protegiert werden.

Auf der Werte-Ebene des Vernunftvermögens, der praktischen Vernunft stellen sich hier drei Fragen: Ist das zweckmäßig? Ist das gut? Ist das gerecht?

Diese Fragen lassen sich nur beantworten, wenn man sie mit einem ‚Letztwert' (z. B. Solidarität) aufgeladen hat. Ansonsten blieben nur Antworten von der Art „kommt darauf an" oder „jeder ist sich selbst der Nächste" oder „die anderen machen das ja auch", also die Pragmatik als Ersatz für Moral und Ethik.

Aber es ist nicht nur ein Thema von „solidarisch ja/nein"; sondern durch die Bananenverordnung werden ja die Bauern in der EU vor Not geschützt. Ist doch auch solidarisch!? Und wir zahlen dafür im Laden sogar 60 % höhere Preise!

Wenn man also Gewalt braucht, um Frieden zu schaffen, wenn man einen Menschen töten muss, um ihn zu ‚erlösen', wenn man aus einem Problem nicht mehr mit „gut/böse" oder „ja/nein" herauskommt, weil auch die ‚Letztwerte' doppelt codiert sind, dann gibt es keine wahre Lösung mehr. Dann haben wir ein *Dilemma*.

Dann befinden wir uns nicht mehr im naiven (Schul-)Schonraum vorgedachter Themen und Ergebnisse, dann gibt es keine überpersönliche Autorität, dann wäre die bloße Imitation von ‚gutem Verhalten' nur noch schal.

Wir befinden uns in den *vier Zielfeldern von Wertelernen* (Abb. 7),
- in denen wir Systemwissen, Urteilskompetenz, soziale Verhaltenskompetenz und sozialpolitische Handlungskompetenz nacheinander bemühen müssen,
- wo wir die sechs Stufen von Kohlberg nacheinander auf das Dilemma projizieren,
- wo wir Verantwortung, Gesinnung, Sach- und Systemzwänge, Verstehensprozesse und Beziehungen (Sympathien, Parteinahme) aufrufen.

Das Dilemma und der Dilemma-Diskurs sind für das Sehenlernen und Abarbeiten der – real existierenden Komplexität der Wirklichkeiten ein idealer Ansatz. Die zwei (oder mehr) Wahrheiten im Dilemma sind *zunächst* gleichrangig, sie reagieren wie ein Wechselschalter beim Telefon: Wenn ich einen Apparat benutze, steht hier das ganze System zur Verfügung und wird besetzt; der andere Apparat ist so lange stillgelegt. Danach aktiviere ich den anderen Apparat, und er funktioniert seinerseits. Im Wechselschalter-Dilemma kann man aber nicht beides gleichzeitig haben.

Jede Wahrheit gilt, aber sie gilt zunächst nur in ihrem System. Wie beim Telefon muss ich mich aber schließlich entscheiden, welchen Apparat/welches System ich benutzen will. Ich kann mich – angesichts der vielen Wahrheiten – nicht *nicht* verhalten; sonst geht es mir wie dem Esel des Bauern Buridan, der zwischen zwei Heuhaufen aus Entscheidungsnot verhungerte. Bezogen auf die obigen vier Beispiele: Ich muss mich für oder gegen die Zollschranken für Bananen entscheiden, für oder gegen die Nahrungsmittelhilfe, für oder gegen niedrige/gleiche Benzinpreise für alle, für oder gegen einen Staudamm.

Nun sagen uns aber die Sozialwissenschaftler, dass wir nicht mehr in einer Zeit des

„Entweder-Oder", sondern des „Sowohl- Als-Auch" leben (Beck 1993). Ich muss also im Dilemma und im Dilemma-Diskurs auch noch prüfen, (a) ob die Alternative überhaupt unstrittig ist und (b) ob Kompromisse, Ausgleich von Konsequenzen, geteilte Verantwortlichkeiten denkbar sind. Aber dann wird es im Fall der Bananen, der Hungerhilfe, des Staudamms, des Energiepreises wieder wirklich verzwickt — so verzwickt, wie die Wirklichkeit und ihre Vernetzungen eben sind und wie sie nur künstlich in separierten Fragestellungen und im digitalen ja/nein reduziert werden können.[6]

Sechs Dilemma-Typen: Anregungen und Übungen

Im folgenden Kapitel werden einige Dilemma-Typen zu geographischen Themenstichworten skizziert. Diese Skizzen können dazu anregen, in Sachthemen den Dilemma-Aspekt selbst zu entdecken und zu formulieren; sie können aber auch übungshalber im Unterricht direkt benutzt werden. Dabei wird es immer darum gehen, das Dilemma als Reduktion von Komplexität *aufgeräumt* zu formulieren (im Sinne der Kategorien in Kapitel I) und die Argumentationen über Für und Wider in der Sache, über eigene und fremde Interessen, über Verantwortlichkeit und Konsequenzen ebenso aufgeräumt zu werden — es geht also nicht um Nachvollzug vorgedachter Ergebnisse, sondern um die Disposition zum Werte-Diskurs.

Dilemma-Typ I: „Der Gewinn des einen ist der Verlust des anderen" — Das Nullsummenspiel

Man nehme eine problematische vierspurige Hauptverkehrsstraße in (s)einer Stadt[7]. Das Problem wird darin bestehen,
- dass die Straße pauschal überbelastet ist,
- dass keine der Nutzergruppen (PKW, LKW, Busse, Krankenwagen, Radfahrer, Kinderwagen, Fußgänger etc.) bei ihrer Verkehrsteilnahme befriedigt wird,
- dass die Anlieger (Wohnungen, Geschäfte, Gärten) vom Verkehr pauschal belästigt werden,
- dass alle Verkehrsarten (Durchgangsverkehr, Ziel- und Quellverkehr, Suchverkehr etc.) sich wechselseitig überlagern und behindern,
- dass keinerlei Zeit- und Raumstrukturen (rush-hour, Hauptverkehrsrichtungen im Tagesgang etc.) bedacht werden,
- dass die Situation so verfahren ist, dass sich kein Planer mehr daran wagt.

Den Werten „freie Fahrt", „Verzicht auf Dirigismus", „Wertneutralität" stehen gegenüber die Werte „Lebenszeit", „Gesundheit", „Rücksichtnahme", „Urbanität" o. a.
In Ansehung der Situation (Foto, Mängelliste, Erfahrungsbericht, Einzelanlass wie Unfall etc.) kann man eine Liste von Werten aufstellen, in der erklärlich wird, warum es

zu einer solchen — von allen kritisierten und tolerierten — Situation gekommen ist und warum es dabei bleiben dürfte (rivalisierende Werte und Binnenperspektiven, unterschiedliche Inhalte von ‚praktischer Vernunft' bei Politikern, Tiefbauämtern, Autofahrern, Wohnungssuchenden etc.).

Eine solche kontrastive Liste herstellen bedeutet zugleich: Beziehen einer Außenperspektive.

Wenn das Vernunftvermögen nun jemanden dazu führt, Denken und Handeln für eine Problemlösung einzusetzen, wird er in einen labilen Gleichgewichtszustand eingreifen; Werte und Prioritäten anders gewichten, Vor- und Nachteile neu verteilen etc. Je rigoroser und dogmatischer man eine Problemlösung anlegt, desto größer wird der Widerspruch von Gewinn und Verlust zugunsten/zu Ungunsten einer Gruppe/einer Nutzung/eines Profils der Straße; im Extremfall wird man bis zum Ausschluss gehen: Verbot von Fahrrädern, Abbiege- oder Halteverbot etc.

Diese Methode würde freilich die Dimensionen Kontrolle – Selbstentfaltung, Gesellschaft – Individuum asymmetrisch ausfüllen; die Rivalität/Koexistenz von Wertsystemen und Binnenperspektiven würde qua einseitiger Entscheidung gestört.

Nächster Schritt müsste also sein, eine ausgewogene Lösung zu suchen, die allen etwas *nimmt* und allen dafür etwas anderes *gibt*.

Im vorliegenden Fall z. B.: Man *nimmt* dem Gesamtverkehr von den 4 Spuren 2 weg und *gibt* sie den Radfahrern, Parkbuchten, Mittelinseln. Man nimmt den Radfahrern dafür das Recht, auf den beiden Spuren zu fahren, den Autofahrern das Recht eines beliebigen Anhaltens oder Wechselns der Fahrspur oder -richtung, den Anliegern das Recht, über die Straße abzubiegen; man gibt allen dafür jeweils eine Entlastung in einem aufgeräumten Straßenraum.

Ergebnis: Durch eine saubere Mängelliste, durch Zuschreibung von Verantwortlichkeiten, durch Beschreibung der Konsequenzen ergibt sich eine kompetente Problemlösung. Eine strukturierte Situation mit einem Gesamtgewinn für alle.

Allerdings: Am Letztwert „Freie Mobilität für alle" wurde nicht gerüttelt. Diese Art von Problemlösung ist eine Optimierung und Vermittlung zwischen rivalisierenden Binnenperspektiven durch die überzeugende Entfaltung der Außenperspektive. Wer Autos insgesamt zurückdrängen will (wie eine bestimmte Binnenperspektive derzeit hierzulande) oder wer Fahrräder nicht mag (wie die ‚Modernisierer' derzeit in China), der wird einen solchen win-win-Weg *nicht* wählen, sondern ein echtes Nullsummenspiel spielen.

Dilemma-Typ 2: „Mir schenkt ja auch keiner was"

Auf einer Ägypten-Exkursion beschließt die Gruppe von Oberstufenschülern mit ihren beiden Lehrern eine Feluken-Fahrt auf dem Nil zu irgendwelchen „banana islands". Der Bootsführer nennt den Preis: umgerechnet ca. 7 DM/Person; die Gruppe steigt ein, das

Boot treibt auf dem Fluss, kaum Wind, der Ägypter steigt in das Wasser (Bilharziose!?) und versucht zu schieben. (Abb. 9)

Die Gruppe sieht allerhand: das Boot, das Ufer mit waschenden Frauen, Fellachen, Kindern, andere Schiffe, Luxor vom Nil aus. Nach drei Stunden wird die Fahrt beendet: Aufregende Felukenfahrt, aber keine „banana islands".

Beim Aussteigen geht es ans Bezahlen. Gunter verwaltet die Reisekasse; er gibt nur die Hälfte der vereinbarten Summe, das Ziel „banana islands" wurde schließlich nicht erreicht, „mir schenkt ja auch keiner was".

Der Ägypter sagt etwas auf arabisch; die Reisegruppe hat eine hitzige Diskussion untereinander vor sich ...

Abb. 9: Ägyptischer Felukenführer bei Fahrtbeginn.

Dilemma-Typ 3: „Wie man es macht, ist es verkehrt"

Wir alle wissen, dass es so nicht weitergeht, mit dem materiellen Wohlstand, der falschen Ernährung, dem ‚rasenden Stillstand' (Virilio), ökologisch-global nicht und nicht seelisch-individuell.

Lena, 16, hat nach einem Schulreferat über Tierversuche – handlungsorientiert – beschlossen, Vegetarierin zu werden und auch Eier, Milch, Gemüse und Soja nur noch beim Biobauern zu kaufen. Plötzlich ist für sie aber auch dieses Konzept ruiniert. Sie liest in einem Zeitungsartikel, dass 40 % der brasilianischen Anbauflächen heute mit

Soja bepflanzt sind, dass eine neue Straße von 2600 km für 1 Milliarde DM zwischen Amazonas und Nordost-Brasilien die Vermarktung erleichtern soll, ohne Umweltverträglichkeitsprüfung und ohne Entschädigung für die vertriebenen oder zu vertreibenden Wanderfeldbauern; Reis, Weizen und Mais müssen derweil eingeführt werden, 32 Millionen Brasilianer, oft ehemalige Kleinbauern, leiden an Unterernährung. Die Bilanz für die Welternährung steht der Bilanz für das Land Brasilien und der Bilanz für einzelne Bevölkerungsgruppen nicht nur gegenüber, sie steht ihr vielmehr entgegen. (Abb. 10)

Die Bio-Bäuerin verkauft neben den Soja-Produkten auch „Fair"-Kaffee aus Guatemala und Landwein aus Occitanien; sie rät der im Soja-Dilemma gefangenen Lena aber: „Im Prinzip sollte man sich aus seinem eigenen Lande ernähren; und da darf auch mal ein Huhn dabei sein. So hat das der liebe Gott gemacht."

Dilemma-Typ 4: „Wer hat den größeren ökologischen Rucksack?"

Milch-Flasche oder -Karton? Klar doch: Flasche = Mehrweg = keine Chemie = keine Verbrennungsgifte ... Moment: Das sechsmalige Spülen jeder Mehrwegflasche erzeugt Sondermüll-Abwasser, die leeren Flaschen erzeugen LKW-Verkehr mit Leerfahrten, die verschiedenen Flaschenformen machen Verbraucher und Händler verrückt. Außerdem: Soll ein Wanderer ernsthaft Glasflaschen in den Rucksack stecken? Andersherum: Wo landen denn eigentlich die Grüne-Punkt-Verbundkartons, zu wessen Nutzen und zu wessen Schaden? Antwort, nach langer Dilemma-Debatte über die Ökobilanz bis in die x-te Vernetzung: Keine *eine* Wahrheit – es kommt darauf an.

Das schnell bekanntgewordene Beispiel vom Erdbeerjoghurt aus Stuttgart (Diplomarbeit im Fach Raumplanung, Universität Dortmund, Böge 1992) lässt sich gut kartographisch und in Alternativen diskutieren, z. B.

- Sollte die Lebensmittelversorgung vorwiegend auf regionale Produkte und natürliche Vielfalt (incl. Jahreszeiten) gestützt werden?
- Sind die Arbeitsplätze der LKW-Fahrer nicht auch schützenswert?
- Wer kauft den Polen sonst ihre Erdbeeren ab?
- Ist der Raumwiderstand (Autobahnstaus) nicht geradezu erwünscht, um den Umbau des Verkehrssystems zu beschleunigen?
- Wer zahlt 1,40 DM für den Joghurt aus der kleinen heimischen Molkerei, wenn die Großmolkerei aus dem Allgäu es in ganz Deutschland für 0,98 DM macht?

Dilemma-Typ 5: „Ich alleine kann ja doch nichts ändern"

Der komplementäre Satz zum „Ich alleine ..." lautet, nach den großen Globalkonferenzen zu Umwelt, Bevölkerung und Weltwirtschaft „Außer Spesen nichts gewesen". Das ist ein Ping-Pong, wo jede Seite berechtigte Bälle spielt, solange der Ball zur anderen Seite fliegt. Der resignierte Satz „ich alleine" müsste aber lauten: „Hunderttausende sagen: Ich alleine kann ja doch nichts ändern" und brächte damit schlaglichtartig beide

Perspektiven zusammen. Aber es ist ja nur ein Autoaufkleber auf dem 2 CV ces Alternativen oder dem Volvo des Akademikers.

In einem solchen Dilemma, wo der Einzelne so wenig tun kann und die Weltkonferenz so viele Einzelne bräuchte, hilft der reine Diskurs kaum weiter; es müsste schon etwas kosten.

Ein Selbstversuch: Eine Klasse/eine Seminargruppe beschließt eine Selbstverpflichtung, eine Woche lang jedes Dritte-Welt-Produkt und/oder jeden fossilen Energieaufwand genau zu notieren und mit einem persönlichen Aufschlag von 50 % zum Marktpreis zu versehen. Die Summe wird am Ende in einen gemeinsamen Topf geschüttet und für einen bestimmten Zweck vergeben.

Daraus ergeben sich ganz sicher folgende Fragen:
- Sind Dritte-Welt-Produkte (Weltwirtschaftsordnung) und Energie (Ökologie) die richtigen/notwendigen Parameter?
- Warum gerade 50 % Aufschlag?
- Soll der Aufschlag nach persönlicher Leistungsfähigkeit gedeckelt werden (z. B. 2 % des jeweils verfügbaren Einkommens) oder zahlt jeder das Gleiche, wie im Laden?
- Wer soll die Spende am Ende erhalten?
- Sind Spenden überhaupt eine richtige Konsequenz?
- Sollen alle mitmachen? Was, wenn nicht?

Alle sechs Stufen des Kohlbergschen Wertelernens werden dabei durchschritten; es ergeben sich Identitäten, die aber in der Gruppe nicht identisch sein müssen, jeder sieht die Berechtigung der diversen „Ja, aber …", sieht sie auch ein, und kann sich doch am Ende nicht *nicht* verhalten.

Dilemma-Typ 6: „Jeder soll nach seiner Fasson selig werden"

Wer nach Mallorca reist, gilt als „Neckermann"; wer nach Indien reist, als „Hippie"; wer ins Sauerland fährt, als „Rentner"; wer in die Toskana fährt, als „Oberstudienrätin". Wie an jedem Klischee und Vorurteil ist ein bisschen was dran, vieles aber auch Projektion von Selbst- und Fremdbildern und deren nachgängige Erfüllung.

Was richtig daran ist: Jeder reist oder reist nicht; jeder lässt dabei erkennen, was ihm wertvoll erscheint, und organisiert dies in Ziel und Art des Reisens/Nichtreisens. Jeder begibt sich in den Spagat von *Wissen* über das Reiseziel, die Bereisten, die Ökonomie und von *Verhalten und Handeln* vor Ort, in der Gruppe, im Kontakt mit dem Fremden. Auch wer nicht reist (außer wegen Geldmangel), gibt sich zu erkennen im Zusammenhang von Fakten und Werten, vielleicht in der Kritik an der Unmöglichkeit von „Richtig Reisen", vielleicht in der Autonomie, seine Bedürfnisse ohne Reise zu befriedigen.

In jedem Fall würde sich jeder sofort in seiner Binnenperspektive äußern können, dabei seine Werte mit Gegenidentifikationen und subjektiven Imperativen offenbaren.

Die Außenperspektive könnte diese Denk- und Handlungsmuster auf Moralsysteme beziehen und Widersprüche zwischen Fakten und Werten bezeichnen: Sanftes Reisen? Aktivurlaub? Kreativurlaub? Die schönsten Wochen? Völkerverständigung? Seele baumeln lassen? Freizeit – freie Zeit? (Abb. 10)

Abb. 10: Tropen in der Karibik oder im Center Parc?

Um die Wertsysteme, die praktische Vernunft in Denken und Handeln zu erkennen und zu vergleichen, sollte man – wie immer – mit einer distanzierten Beschreibung beginnen; erst danach die Verantwortlichkeiten und Konsequenzen (zwischen Kontrolle und Selbstentfaltung, zwischen Individuum und Gesellschaft) bewerten.

Jedes Foto zum Thema ist geeignet, aus der Situation heraus die Symbole zu bezeichnen; oder die beteiligten Personen herauszulesen; oder die Konsequenzen ihres Handelns und ihre Verantwortlichkeiten; ihre Motive zu vermuten in dieser Situation (und in der davor und danach); dies alles zu beziehen auf das Milieu der Beteiligten und dessen Wertsystem; zugleich im Kontrast zu anderen Milieus; die dahinter stehenden Bewegungsgesetze der Ökonomie, der Ideologie, der gesellschaftlichen Produktion und Reproduktion. Wofür stehen die Palmen? Wer steht da im Wasser, mit wem? Wie sehen die Menschen aus, wenn sie ans Ufer kommen, Körper, Gesichtsausdruck, Kommunikation? Wo kommen sie her, wie werden sie sich hinterher fühlen? Worin liegt der Unterschied zwischen Karibik und *Center Parc*? Ist die Urlaubs-Karibik überhaupt „die"

Karibik? Was ist die Ökobilanz des „echt" und was die des „virtuell" Reisenden? Ist eine Exotik-Attrappe ein Betrug oder eine soziale Wohltat? *Wollen* wir nicht im Urlaub, beim Ausgehen ein wenig „betrogen" werden?

Die Vielfalt dieser Aspekte wird vorschnelle Zuschreibungen und Kritik stoppen, wird das Betrachten und Bewerten verlangsamen, wird lehren, Differenzen zu respektieren und auszuhalten, aber auch Ideologiekritik zu formulieren. Am Ende bleibt es nicht nur unbenommen, sondern unvermeidbar und gewollt, persönliche Urteile und Entscheidungen zu definieren – aber nicht als moralische Tugend im Imperativ, sondern als persönliche intellektuelle und moralische Kompetenz.

Der Beitrag ist ursprünglich erschienen unter dem Titel *Der Dilemma-Diskurs. Ein Konzept zum Erkennen, Ertragen und Entwickeln von Werten im Geographieunterricht,* in: Geographie und Schule 96, August 1995, 17-27.

Anmerkungen

1 *Mcore, G. E.* (1903): Principia Ethica
2 Aristoteles. Nikomachische Ethik, Buch 1, 1094[a]
3 Die Zeit 34/1994: „Der Punk steckt im Kopf."
4 Ebd.
5 Friedeburg, L. v. (1994): In: Frankfurter Rundschau vom 26.07.94.
6 Vg. zur weitergehenden Figur eines Trilemmas/Tetralemmas/Pentalemmas Text Nr. 41. „Die Vertreibung der Räuber ..." in diesem Band
7 Vg. diesen Fall im Text Nr. 39. „Irritation und Mäeutik" in diesem Band

Literatur

Beck, Ulrich 1993: Die Erfindung des Politischen. Frankfurt/M.
Eckert, Roland 1994: Identität durch Gewalt. Punks, Skins, Autonomie, Hooligans – wer sind sie? Eine Typologie. In: Die Zeit Nr. 33
Habermas, Jürgen 1992: Faktizität und Geltung. Beiträge zur Diskussionstheorie des Rechts und des demokratischen Rechtsstaats. Frankfurt/M.
Hillmann, Karl Heinz 1989: Wertewandel – Zur Frage soziokultureller Voraussetzungen alternativer Lebensformen. Darmstadt
Klages, Helmut 2001: Werte und Wertewandel. In: Schäfers, Bernhard/Zapf, Wolfgang (Hrsg.): Handwörterbuch zur Gesellschaft Deutschlands, 2. Auflage, Opladen, 726-738
Köck, Helmuth 1993: Raumbezogene Schlüsselqualifikationen. Der fachimmanente Beitrag des Geographieunterrichts zum Lebensalltag des Einzelnen und funktionieren der Gesellschaft. Geographie + Schule, Heft 84, 14-27

Kursbuch 1993: Deutsche Jugend. Nr. 113

Kohlberg, Lawrence 1986: Der ‚Just-Community' – Ansatz der Moralerziehung in Theorie und Praxis. In: Oser, F./Fatke, R./öffe, O. (Hrsg.): Transformation und Entwicklung. Frankfurt/M., 21-55

Lind, Georg. 1993: Moralerziehung als demokratische Bildung. In: Politisches Lernen Nr. 2, 22

Lind, Georg/Raschert, Jürgen (Hrsg.): 1987: Moralische Urteilsfähigkeit – eine Auseinandersetzung mit Lawrence Kohlberg. Weinheim/Basel. Darin: L. Kohlberg: Moralische Entwicklung und demokratische Erziehung. 25-43

Luhmann, Niklas/Schorr, Karl Eberhard 1981: Wie ist Erziehung möglich? In: Zeitschrift für Sozialisationsforschung und Erziehungssoziologie, Heft 1, 37-54

MacIntyre, Alasdair 1991: Geschichte der Ethik. Frankfurt/M. (bes. Kapitel 4-6 zu Platon und Kap. 7 zu Aristoteles)

Oser, Fritz/Wolfgang Althof 1992: Moralische Selbstbestimmung – Modelle der Entwicklung und Erziehung im Wertebereich. Stuttgart

Reinhardt, Sibylle 1993: Die Sache mit der Pünktlichkeit ... Zur Diskussion um Werte-Erziehung. In: Politisches Lernen Nr. 2

Sennet, Richard 1994: Das Ende der Soziologie. In: Die Zeit Nr. 40

Böge, Stefanie 1992: Die Auswirkung des Straßengüterverkehrs auf den Raum — die Erfahrung und Bewertung von „Transportvorgängen in einem Produktlebenszyklus. Dortmund

Schirp, Heinz 1993: Zwischen Tugendlehre und moralisch-kognitiver Intervention. Ansätze und Koordination von Konzepten zur Werteerziehung in der Schule. In: Politisches Lernen Nr. 2, 11

Schulze, Gerhard 1993: Die Erlebnisgesellschaft. Kultursoziologie der Gegenwart. Frankfurt/M./ New York

9. Räume werden gemacht
Zu Orten, zu Symbolen, zu Bedeutungsträgern

Wäre zum Beispiel der „Palast der Republik" in Berlin ein Thema für die Geographie? Er ist als Gebäude von materieller Substanz, er hat eine Lage und eine Funktion, ist also „Raum" in jeder Hinsicht. Zugleich wird dieser „Raum" derzeit (2006) abgerissen – ist er aber damit kein Thema für die Geographie mehr?

Der „Palast der Republik" ist/war ein Ort mit einem bestimmten Thema, er war „zu seiner Zeit" eine strategische Inszenierung. Neben einer Funktion für die Öffentlichkeit (Sonntagskaffee, Feiern und Bälle) war er der Ort der Volkskammer der DDR und damit eine ganz eigenartige Zurschaustellung politischer Positionen und Machtverhältnisse. Er sollte eine Lesart (oder Legende) von der Gleichzeitigkeit staatlicher Macht und frei zugänglicher Volksnähe erzeugen. Diese Symbolgeladenheit hatte sich materialisiert, hatte Größe und Stabilität, war sozial verankert. Aber: Diese Ortsbedeutung hat sich mit der politischen Wende 1989 ff. mehrfach gewandelt, von der (über-)vorsichtigen teuren Asbestsanierung über Moratorien und spektakuläre Zwischennutzungen bis hin zur auch politisch-symbolisch begründeten Entfernung aus dem Stadtraum Berlin im Jahre 2006.

Die Rede ist also nicht nur von einem materiellen „Raum" und „Ort", sondern auch von Prozessen der Produktion, der Konsumtion und der Symbolisierung; es ist die Rede von kollektiven Vorstellungen, von Images und von Bedeutungswandel; es ist die Rede von Macht, von alltäglicher Politik, von Kulturen und Subkulturen auf Zeit; es ist auch die Rede von verschiedenen „Themen", die diesem „Raum" innewohnen.

Vom Beispiel „Palast der Republik" ist im hier zu besprechenden Sammelband gar nicht die Rede. Aber die Inspiration aus diesem Buch müsste dazu taugen, Fälle dieser Art zu beobachten und zu erklären. Wäre es nur das (ehemalige) Gebäude und seine nunmehr erloschene Funktion und Lagebeziehung, wäre es für die Geographie nur mehr ein Thema der Stadtgeschichte; den „Rest" würden Soziologen und Politologen mithilfe ihres eigenen *spatial turn* und dem Paradigma des *policy making* bearbeiten.

Das werden auch traditionelle Geographen nicht ohne weiteres hinnehmen und damit sind wir bei den vielfältigen gegenwärtigen Bemühungen, Geographie neu zu denken. Das Thema der Geographie ist selbstverständlich nicht „ohne Raum", aber auch nicht einfach „als Raum" definiert. „Räume" werden produziert, angeeignet, gelesen, beherrscht und damit zu Orten, zu Symbolen, zu Bedeutungsträgern; dies geschieht in Prozessen und sozial differenziert; es ist sichtbar u. a. durch Handlungen von Subjekten, aber auch durch geronnene Zuordnungen und Blickwinkel und durch deren Wandel. Aus dem banalen Objekt „Palast der Republik" wird eine Hinsicht auf den Palast „als etwas". Er wird als Konstruktion verstanden und offen gelegten Interpretationen unterzogen.

Aus Vorträgen zum Berner Geographentag 2003 ist der Sammelband hervorgegangen. Ist man bei einem Kongress bei alternativen Angeboten noch unter sich, stellt sich das neue Denken eines *cultural turn* in einer Handlungszentrierung und alltäglicher Regionalisierung in der Geographie aber seit einigen Jahren als Paradigmenwandel heraus, mit aller ihm innewohnenden Gruppen- und Fraktionsdynamik.

In drei Teilen werden im Sammelband Orte „themenzentriert" betrachtet: Der Teil „Produkte" ist der Herstellung von Bedeutungen gewidmet, an Bahnhöfen als Funktionsort mit postmodernen Konsumlandschaften und zentralen Demarkationslinien für Inklusion und Exklusion (Claudia Wucherpfennig), in der „Industrie-Kultur-Landschaft Ruhrgebiet" als einem gemachten Bild einer Region bis hin zur „Nostalgiopolis" und einem gemachten Prozess der „Industriekultur" in der Ruhr-Triennale (Achim Prossek), am *Canyon Country* als Wechselspiel von Inszenierung und Aneignung der Themen des „Mythos West" und des Tourismus (Heike Egner).

Der Teil „Kontexte" befasst sich mit den strategischen Unterscheidungen, mit denen Räume für Inklusion und Exklusion „gemacht" werden: Soziale Brennpunkte in (Münchener) Großwohnsiedlungen als Orte (oder gar mit der Zuschreibung „Gegenorte") notwendiger Intervention etwa im Programm „Soziale Stadt" (Sabine Hafner). Die historische Altstadt von Salzburg wird einem romantischen Diskurs, einer bestimmten schwärmerischen Lesart als „Schöne Stadt" unterworfen und später durch eine Altstadterhaltungssatzung zu einer objektiv und universal wertvollen Stadt normiert, das hegemoniale Raumbild ist aber nicht zugleich Konsens, und so erscheint Salzburg einigen lokalen Akteuren als „museales Gefängnis" (Thomas Jekel/Franz Huber). Die Serengeti als vermeintlich überhistorische „gereinigte Natur" wird in ihrer (filmischen) Konstruiertheit analysiert; ein postkolonialer Erinnerungsort blendet zugleich die Perspektive auf heutige Umwelt- und Nutzungskonflikte aus, die auch für den Prototypen des afrikanischen Nationalparks stehen (Michael Flitner). Landschaften können auch durch das Thema „Nahrungsmittel" besetzt werden, in konservativer Programmatik ist dann die Natur eines Lebensmittels Teil des Gesamtcharakters einer Landschaft bis hin zur „Landschaftsharmonie", das „Terroir" als „Ausdruck regionaler Kultur, Identität und Vielfalt" (Eva Gelinsky).

Der dritte Teil steht unter dem Titel „Medien". Räume werden durch die Produktion von Bedeutungszuschreibungen gemacht, im Objektmarketing für Immobilien oder das „neue Berlin" etwa durch Mythentransfer in Zeitgeist-Konzepte und Weltanschauungen, aber auch in flüchtige Präsenzkulturen (Sven Richter). Stadtviertel werden neu erfunden/rekonstruiert über die Mobilisierung von Bildern und Erinnerungen; wenn dies über künstlerische Medien geschieht, kann dies aber zur sperrigen und unterschiedlichen

Aneignungen führen, z. B. bei der Stadterneuerung im Stadtteil Gorbal/Glasgow als dem „berüchtigsten Slum der Britischen Inseln" (Julia Lossau). Das Beispiel der von den Taliban zerstörten Buddha-Statuen in Afghanistan regt an, Prozesse der vielfachen Transformationen und Verzweigungen bei der Entstehung von Themenorten zu beforschen; auch hier geht es nicht einfach um die „objektive" Substanz, die mit der Zerstörung/Entfernung „gegenstandslos" geworden wäre (Michael Hoyler/Heike Jöns).

Orte werden gemacht, sind verbunden mit Bedeutungen und deren Wandel, sind repräsentiert durch Symbole und in Prozessen und bei Subjekten, historisch und sozial differenziert also und damit immer auch eine jeweilige Realität. Das sollte auch traditionelle Geographen nicht kränken, sowenig wie ein Sprachwissenschaftler dadurch irritiert ist, dass sein Objekt, die Sprache, neben dem wohl organisierten System zugleich ein Prozess ständiger Performanz, also von sozialer Praxis und von ständigem Wandel ist.

Die Beiträge des Sammelbandes sind durchweg essayistisch verfasst und leicht lesbar; die große Theorie findet v. a. in der Einleitung und im letzten Beitrag (Hoyler/Jöns) statt. Sie sind damit auch für Skeptiker als Inspiration zu einem dynamischen Denken über Räumlichkeit und Gesellschaft geeignet. Das Buch wird zur entspannten Lektüre empfohlen.

Der Beitrag ist ursprünglich erschienen als Rezension von: Flitner, Michael/Lossau, Julia (Hrsg.) 2005: Themenorte. Reihe Geographie Bd. 17. Münster. In: Erdkunde 60. Jg., 2006, Heft 3, 297 f. Auch unter: www.raumnachrichten.de/rezensionen/678-themenorte

10. Der Blaue Strich

Zur Handlungsbedeutung aktionsräumlicher Zeichen

Bedeutung und Deutung von Symbolen

Als Kind hat wohl jeder mal versucht, nicht auf die Ritze zwischen Steinplatten zu treten; der „Strich" hatte eine selbstgesetzte Bedeutung, etwa für die Erfüllung eines Wunsches oder die Vermeidung von etwas Unangenehmem (Schulnote, Bestrafung o.ä.). Zugleich hatte man sich als Kind – unter anderem – darauf trainiert, einen Kreidestrich als vereinbarte oder gesetzte Grenze bei Hüpfspielen oder als „Übertretung" beim Weitsprung zu erkennen – insoweit „eindeutig". Warum aber kann man ohne weiteres auf einem schmalen Pfad wandern, nicht aber auf einem ebenso breiten Balken im First eines Dachstuhls? Weil es eben kein metrisches, sondern ein Problem der Bedeutungszuweisung ist. Die materielle Struktur der Grenze/des Pfades ist nicht einfach identisch mit einer allgemeinen oder einer privaten Bedeutung; diese wird vielmehr subjektiv zugewiesen und/oder normativ vereinbart.

Ein anderes Beispiel: „Das Recht in seiner majestätischen Gleichheit verbietet es Armen und Reichen gleichermaßen unter Brücken zu schlafen" (Anatol France, Literaturnobelpreis 1921). Der Signifikant – die Brücke – hat aber ganz unterschiedliche Signifikate: für die „Reichen" ist es vielleicht ein Ort der Kontemplation oder eines Foto-Stillebens, für die „Armen" ist es – nachts – ein potenzieller Schlafplatz mit Raumnutzungskonkurrenz, Vertreibungs- und Überfallängsten. Die Bedeutungen sind also sozial und situativ standardisiert und zugleich handlungsorientierend differenziert.

Mit der Frage „Wie wird beobachtet?" befasst sich der gesamte Konstruktivismus[1]. Damit befassen sich auch die Neurowissenschaftler, wenn sie doppeldeutige Wahrnehmungen und Korrelationen zwischen neuralen Prozessen und bewussten Erfahrungen untersuchen (Crick 1997, Crick/Koch 1992, Logothetis 2000)[2]. Damit befassen sich alle Umweltgestalter, die vom Möbelstück über Einkaufspassagen bis zum Urlaubsziel „mediascapes" herstellen, in denen sich Bilder, Erzählungen, Waren und Nachrichten vermischen. Schließlich befassen sich auch Geographen mit den Subjektpositionen und den (diskursiven und faktischen) Praktiken im Raum, als einer Ordnung konstruierter Sichtbarkeiten und Informations und Kommunikationsstrukturen[3].

Die Frage, wie strukturelle Ordnungen und subjektive Handlungsorientierungen zusammenhängen, ist doppelt spannend; zum einen für das Verstehen („Wie handeln die Subjekte und warum so?"), zum anderen für das Setzen von An-Ordnungen und Rahmenbedingungen. In einer „geographisch-informierten Sozialforschung" interessieren sich Hermeneutiker und Planer und gesellschaftskritische Beobachter für die „Durchdringung des Sozialen durch Informations- und Kommunikationsstrukturen, die sich mehr und mehr zu globalen Ökonomien von Zeichen und Raum verdichten" (Flitner 1999, S. 170). Sie wollen (oder sollten) wissen, wie die Praktiken in einem Raum „konstruierter Sichtbarkeiten" funktionieren. Gregory (1998) nennt diese Praktiken „geo-graphs", z. B. die sichtbare „Normalisierung" des Subjekts oder die sichtbare Abstraktion von Kultur. Das Sehen der geographs geschieht natürlich in verschiedenen „Visionen" oder Perspektiven, z. B. der eurozentrischen Vision der Moderne oder der Vision von Deutungskämpfen und Konflikten (Gregory nach Flitner 1999, S. 169 ff.). Zum größeren Teil wird das Handeln organisiert an den „allzu bekannten Bruchlinien sozialer, ethnischer und geschlechtlicher Differenzierung ... Damit bleiben ... die Alltagskulturen und ihre Bilder wirkungsmächtig – und somit auch der symbolische Haushalt gesellschaftlicher Ordnung einer sinnhaften Erschließung ... zugänglich" (Flitner 1999, S. 170). Zum kleineren Teil gibt es aber auch Deutungskämpfe (z. B. Räume auf Zeit beim Autorennen von jugendlichen GTI-Fahrern oder in einer City eine Stunde nach einem Bundesligaspiel, oder *Heterotopien* beim „Umdrehen" der Bedeutung von Räumen, z. B. einige ostdeutsche Kleinstadt-Bahnhöfe als „national befreite Zonen" und Angst-Räume), in denen Raum und Zeit durch Handeln kulturell, dramaturgisch und rituell verdichtet werden, in einer Mischung von sichtbarer und unsichtbarer Ordnung. Sichtbar ist z. B. das Symbol Verkehrsampel zur Herstellung räumlich geordneten Verhaltens, unsichtbar und gleichwohl wirkmächtig ist z. B. die Videokamera zur – möglichen – Überwachung von Räumen und Menschen.

Im folgenden will ich an zwei Beispielen (je eines zu „order" und „disorder") mögliche Zusammenhänge zwischen sichtbaren und unsichtbaren Gesellschaft-Raum-Ordnungen vorstellen und interpretieren; danach will ich ein einfaches Regulationsmodell bauen, das das 99 %ige Funktionieren äußerlicher Ordnungssymbole trotz antagonistischer Akteure und divergierender Rationalitäten wenigstens kategorial erklärt.

Die These lautet: Es gibt Sinnschichten, die als innere Logik die Alltagswelten durchziehen, die das Handeln konstituieren und von ihnen reproduziert werden; das Handeln wird zwar reflexiv und aktiv gesteuert, ist aber nicht monokausal aus einem einfachen Motiv erklärlich; die Ordnung des Raumes und das Handeln sind koordiniert in einer Gemengelage von Gewohnheiten, Erfahrungen, Alternativen, die als Teil der Lebenswelt und ihrer Routinen aber nicht ständig auf den sichtbaren Prüfstand kommen. (Reaktives) Verhalten ist nicht dasselbe wie (intentionales) Handeln, eine behavioristische Suche nach Reiz-Reaktion oder Ursache-Wirkung nicht ausreichend oder gar irreführend.

Zu suchen ist also danach, wie die Subjekte die Praxis im „Raum konstruierter Sichtbarkeiten" für sich viabel machen; die *Viabilität* (Gehbarkeit) ist – in konstruktivistischer Denkweise – die jeweilige Durchlässigkeit einer Struktur für ein Subjekt.

Zwei kleine Erzählungen:
„Der blaue Strich"[4] und „Das Autorennen"[5]

Semantische Regeln: „Der blaue Strich"

Geographie-Studierende sollten in der Innenstadt praktisch erkunden, ob, wo und wie man sich im öffentlichen Raum noch nichtkommerziell aufhalten oder niederlassen kann. Sie haben die Versuche in ausdrücklich gepflegter Kleidung und mit einem bürgerlichen Picknick-Set gemacht und nicht in privaten Einkaufscentern o. ä. Ein Versuch fand statt in einem großen Fußgängertunnel im Eigentum der Kommune, der kürzlich aufgeweitet und zu einer Passage ausgebaut worden ist, seine Funktion als großer öffentlicher Durchgang und Zugang zur U-Stadtbahn aber behalten hat.

Die Ladenbesitzer wiesen die jungen Leute freundlich darauf hin, dass einen Meter vor den Schaufenstern ein blauer Schutzstreifen verläuft, den sie mitgemietet haben und der ihr privates „Hoheitsgebiet" markiert. Der Streifen läuft aber auch kreuz und quer (dekorativ?) durch den *public space.* Als die jungen Leute sich daraufhin fernab der Geschäfte nichtstörend an der Außenseite einer Treppe niederließen, wurden sie wieder angesprochen mit Hinweis darauf, dass die Stadt zwar ein öffentliches Wegerecht habe, dass das Hausrecht insgesamt aber auch hier – im vermeintlich öffentlichen Raum – beim privaten Passagenmanagement liege.

Die rechtliche Situation und die Definition des blauen Strichs ist von außen objektiv nicht zu erkennen, Hinweise gibt es nicht; sie werden – außer in unserem Experiment – auch nicht nachgefragt. Man geht hier nur durch, kauft Oliven, isst und trinkt. Weitere Möglichkeiten zum Handeln enthält der Raum zwar objektiv, nicht aber unter der Definitionsmacht der sichtbaren Eigentümer und der unsichtbaren semantischen Regeln. Wie wird das von den Ladenbesitzern legitimiert? „Das Geschäft ist hart!". „Hierher sollen nur Leute, die hierher passen", erklärt der gesprächsbereite Investmentfonds-Verwalter, ein Rechtsanwalt und Notar, ganz einfach und offen.

Es lässt sich bereits hier mit dem Begriff der „Lebenswelt" operieren, da hier eine Ordnung weitgehend ohne Verständigungsprozesse und Kategorien funktioniert. Kommunikativ handelnde Subjekte verständigen sich stets im Horizont einer Lebenswelt; diese ist geladen von mehr oder weniger diffusen, stets unproblematischen Hintergrundüberzeugungen. Lebenswelt speichert Interpretationsarbeit und ist insofern das konservative Gegenstück zum Dissensrisiko. Lebenswelt wird rationalisiert, als handele es sich um „kommunikativ erzielte Verständigung", was aber „normativ zugeschriebenes Einverständnis" ist (Habermas 1997, Bd. 1, 106). Dieses „Einverständnis" ist Ergebnis eines Kampfes um die Herrschaft über den Raum (Bourdieu 1991, 25-34). Die Kommune hat ihr Hausrecht bereits vorher vertraglich an die Passagenbetreiber abgegeben. Da sich auch sprachliche Weltbilder, etwa Hinweisschilder dafür, was „in Ordnung" ist, als Weltordnung reifizieren, geht diese Herrschaft weit über die Leiblichkeit eines aktuellen Konfliktes hinaus bzw. diesem weit voran. Zu klären ist also nicht nur an der Oberfläche, dass und wie Handeln „funktioniert".

Allokative Ressourcen: Autorennen im Raum auf Zeit

„Die Autos sind doch geil" – das finden offenbar viele. Aber anstatt dies in der Alltags- welt als der Lebenswelt des Alltags einfach zu praktizieren, etwa auf der Autobahn und es dann definitionsgemäß auch nicht zu hinterfragen, kommt es gelegentlich zu Störun- gen der unproblematischen allgemeinen Hintergrundüberzeugungen.

Eine Gruppe von Jugendlichen Golf-GTI- und Opelfahrern nimmt sich öffentlich und im Dissens eine öffentliche Straße freitagabends für 2 Stunden als eigenen Aktions- raum. Die Jugendlichen fahren Rennen zwischen 2 Ampeln; Boxenstop und Fanclub an der Tankstelle. Die Polizei kann das zwar irgendwann stoppen, law&order gegen „disorder" durchsetzen, aber die Jugendlichen sagen: „Wir haben 5 Straßen zur Aus- wahl. Wo, bleibt geheim!". Und sie hinterfragen plötzlich doch: „Was machen die Bul- len hier?", „Jeder arbeitet eine ganze Woche für sein Auto. Warum dürfen wir nicht zei- gen, was wir drauf haben?" und: „Wo sollen die Leute denn hin?". Der Gegenakteur Po- lizei erklärt dagegen: „Wir sind sehr kleinlich, um den Leuten den Reiz zu nehmen.", „Die Leute müssen begreifen, dass ihre Autos so gefährlich sind wie Waffen".

Wenn man diese Konfiguration analysiert, kann man dies mit Hilfe der allgemeinen Re- geln der Strukturierung i. S. von Giddens tun: Die Akteure kennen die *semantischen Re- geln*, sie haben ein „Weltbild" von einer großen Stadtstraße. Sie versuchen die Raumherr- schaft zu erwerben bzw. zu behalten; die Autofahrer haben die *allokativen Ressourcen* und die Macht über den Raum, die Polizisten haben mit Radarpistolen, Verwarngeldern und Handschellen *autoritative Ressourcen,* sie haben unmittelbare Macht über Personen. Im Fall von „disorder" verliert der Raum seine lebensweltliche, also unproblematische und unhinterfragte Bedeutung. Seine Struktur (4 Fahrspuren) und Funktion (Autofahren) wird von einigen Akteuren auf Zeit umdefiniert. Die Klärung muss erneut und im Dissens kom- muniziert werden; das dauert einige Stunden und wird vermittelt über ein Ereignis, einen „plot". Die Plotstruktur hat es in sich: Worin besteht für die Handelnden der „Reiz" (Poli- zei: „den Reiz nehmen")? Das Gewaltmonopol des Staates wird zwar vorgeführt und prak- tiziert; aber auch die Gegenmacht kann drohen („5 Strecken zur Auswahl") und kann so- gar das System moralischer Regeln in Frage stellen: „Wo sollen die Leute denn hin?". Sie erscheinen als illegitime Störer, womöglich noch mit – illegal beschafftem – Haschisch, während ganz alltäglich Millionen andere Fahrer ihre Auto-„Waffen" auf der Autobahn scharfmachen, womöglich noch mit – legal beschafftem – Alkohol. Die Legitimationsfra- ge stellt sich also nicht nur aktuell räumlich (z. B. Sperrung eines ganzen Stadtviertels für jedes Bundesligaspiel, aber kein Straßenstück einmal pro Monat für ein Autorennen?), sie stellt sich im kommunikativen Handeln auch gesamtgesellschaftlich.

Fazit zunächst: Wir leben in verschiedenen Denkräumen und diese werden im Dissens als egozentrisch auch erkennbar. Wir leben (nach Simmel) innerhalb eines gemeinsamen sozialen Raumes zu einem gegebenen Zeitpunkt an einem körperlich einmaligen Standort. Da der Raum selbst immobil ist, bewegen sich die Handelnden dorthin, wenn sie den Raum in ihre Handlung integrieren wollen; er wird damit zum sozial bedeutsamen „Drehpunkt für die Beziehung und sozialen Zusammenhang" (Simmel 1903). Schließlich ist die Distanz/Nähe zwischen den Körpern ein Aspekt der sozialen Bedeutung. Dies kann als Erfahrung und Erlebnisperspektive wirksam sein oder auch als Konkurrenz um einen bedeutsamen Ort.

Aspekte einer „integrierten Betrachtung"

Bisher haben wir zur integrierten Betrachtung von Struktur und Handeln benutzt: die drei Grundaspekte der räumlichen Dimension (nach Simmel), die Idee des Herrschaftskampfes über den Raum (nach Bourdieu), die Möglichkeit, einen Ort auch ins Gegenteil zu definieren, die „Heterotopie" (nach Foucault 1997), Handeln als kontinuierlicher Fluss alltäglicher Praxis unter strukturbildenden Regeln (nach Giddens 1988). Was zumindest noch fehlt, ist die Frage der Aneignung der Regeln und Erfahrungen und das Wiedereinschalten der Kommunikation, wenn die lebensweltliche Ordnung nicht mehr diffus-unproblematisch funktioniert. Eine wahrhaft interdisziplinäre Aufgabe – für die, wie Heiner Dürr sagen würde, „Alleswoller" –, die hier nur in drei weiteren Stichworten umrissen werden kann: im Aspekt „Wir leben in verschiedenen Welten", im Aspekt „Urbane Kompetenz", im Aspekt „urban control".

„Wir leben in verschiedenen Welten"

Es ist zumindest noch einmal daran zu erinnern, dass Räume auch als „konstruierte Sichtbarkeiten" (Gregory) erkannt werden können. Dieses ist im doppelten Sinne zu verstehen: Es gibt Akteure, die eine allgemeine Struktur (z. B. das Recht, die Bürokratie) sichtbar in den Raum hineinkonstruieren; sie hängen z. B. eine Hinweistafel auf wie die Deutsche Bahn: „So ist's in Ordnung"[6], sie lassen Ordnungskräfte dramaturgisch den Raum durchwandern; dies kann als sichtbare Seite der Alltagskultur wirken und funktionieren (Rhode-Jüchtern 1998a,b). Und es gibt Akteure, die sich in derartigen Konstruktionen als Rahmenbedingungen orientieren und dies als Handlungen sichtbar machen; sie halten z. B. bei Rot an der Ampel und setzen sich im öffentlichen Raum nicht auf den Boden – oder aber: sie fahren doch bei Rot und setzen sich doch auf den Boden, auch wenn oder gerade weil dort keine Bank steht. Diese Dialektik von sichtbarer Struktur und sichtbarem Handeln ist aber keine Mechanik von „order" oder „disorder". Vielmehr gibt es hier verschiedene Optionen, Tiefenstrukturen und zugehörige Inszenierungen; diese müssen ihrerseits vom Beobachter „erkannt" oder „verstanden" werden.

Aus der Vielfalt der sozialwissenschaftlichen Handlungstheorien seien als Anregung nur vier Variationen genannt, die ein- und derselben Handlung einen verschiedenen Sinn zuweisen. Es gibt z. B. ein *teleologisches* Handeln, ein *normenzentriertes* Handeln, ein *dramaturgisches* Handeln und ein *kommunikatives* Handeln (Habermas 1997, Bd. 1, 126-128). Beim teleologischen Handeln verwirklicht der Akteur einen Zweck mit Hilfe von Entscheidungen zwischen Handlungsalternativen; der Akteur rechnet auch strategisch mit Entscheidungen anderer Akteure. Beim normenzentrierten Handeln befolgt der Akteur eine Norm in einer entsprechenden Situation, man rechnet allgemein mit Normbefolgung (Rollentheorie). Beim dramaturgischen Handeln handeln die Akteure als Interaktionsteilnehmer, die füreinander ein Publikum darstellen; zentraler Begriff: Selbstrepräsentation. Der Habermassche Begriff des kommunikativen Handelns bezieht sich auf die Interaktion zwischen sprach- und handlungsfähigen Subjekten, die durch Verständigung/Interpretation konsensfähige Situationsdefinitionen suchen.

Allein dadurch, dass wir vier verschiedene Tiefenstrukturen in einer einzigen sichtbaren Handlung für möglich halten, vermindern wir die Gefahren des objektivistisch-kausalen Denkens.

Wenn wir unsere beiden Beispiele durch diese Kategorien hindurchlaufen lassen, merken wir, dass sie alle passen und also wohl auch in dieser Vielfalt nötig sind. Wenn junge Leute in der Passage Picknick machen, können in diesem Moment dort nur sie sitzen, zugleich ist dies eine Botschaft und ein Drehpunkt für die Bedeutungszuweisung der anderen (vgl. Simmel); es handelt sich um einen Nutzungskonflikt und um einen Herrschaftsanspruch über den Raum (vgl. Bourdieu); im Handeln oder durch Symbole kann ein Raum „umgedreht" werden (vgl. Foucault 1997); die Handlungen strukturieren die Welt und den Raum, sie benutzen die geltenden Regeln und Ansprüche oder verweigern diese und versuchen eine andere Strukturierung (vgl. Giddens).

Wenn wir nur *einen* Handlungsbegriff wählen würden, unterstellten wir zugleich die entsprechende mögliche Rationalität des Handelns eines Akteurs, z. B. die des *homo oeconomicus* (vgl. Habermas 1997, Bd. 1, 126-128); umgekehrt respektieren wir mit der Anwendung verschiedener Parameter die verschiedenen Rationalitäten, die in einer einzigen Handlung zugleich stecken und wirken können.

„Urbane Kompetenz"

Der Begriff „Urbane Kompetenz" ist ein Gegenbegriff zu *urban control*. Kontrolle reagiert auf die Fremdheit und prinzipielle Unsicherheit in der Stadterfahrung. Urbanität hat eine zivilisatorische Wirkung, wenn „die Räume der Stadt nicht geschlossen und nicht vollständig sozial kontrollierbar sind" (Lindner 1998, S. 30). „Die lebendige Stadt ist die Stadt der Überraschung und des Unvorhersehbaren, in der die Präsenz der Bewohner und Bürger eine wichtige Rolle spielt. ‚Urbane Kompetenz' bezeichnet hier das Vermögen, sich in der modernen Stadt zurechtzufinden, zu leben und angemessen zu entfalten." (ebd., 39). Michel de Certeau (1988) stellt dies in den Kontext einer „Kunst des Handelns", z. B. durch „listige Alltagspraktiken" seinen Weg durch die Stadt zu bahnen.

Das Konzept der „Urbanen Kompetenz" favorisiert eine Kultur der sozialen Aufmerksamkeit; es bedeutet „städtisch mit der Stadt umzugehen" (Ipsen 1997), indem sie als Kontrast zum intimen Privatraum gewollt wird. „Lebendige Städte können nicht heimelig sein. Damit verbunden ist immer ein gewisses Maß an Aversionen, Irritationen und Ängsten" (ebda.). Es geht um ein aristotelisches Mittleres zwischen der Dominanz der gehobenen Schichten *(gentry)* einerseits und einer diffusen laissez-faire-Toleranz andererseits; keinesfalls aber um Normierung einer ethischen „Raumverhaltenskompetenz" (Köck 1993). „Eine wirkliche Mitte gibt es nur dann, wenn es einen Ort gibt, wo Gesellschaft nicht gespielt wird, sondern tatsächlich geschieht" (Hoffmann-Axthelm 1995, 71). Mit dem Dichter Robert Musil („Mann ohne Eigenschaften") wäre ein urbaner Raum offen für das Unerwartete: „Unregelmäßigkeit, Wechsel, Vorgleiten, Nichtschritthalten, Zusammenstöße von Dingen und Angelegenheiten, bodenlose Punkte der Stille dazwischen.".- Wir leben also nicht nur in verschiedenen Welten, sondern diese sollen auch Platz nebeneinander finden. Es muss „Wirkzonen" (Schütz/Luckmann 1994, S. 69 ff.) für alle geben, in denen Individuen verschiedene subjektive Rationalitätskerne der Alltagswelt beeinflussen können. „Die Möglichkeit des Wirkens bietet eine Intensivierung, eine Bereicherung der Alltagswelt, eine Verringerung der Wirkmöglichkeiten kommt dagegen einer Verarmung gleich" (Scheiner 1998, 55).

„urban control"

Man nennt diese Gesellschaft zwar pluralistisch, man hat Kenntnis von den verschiedenen Milieus (z. B. Schulze 1993), man plädiert für Offenheit, Toleranz und Vielfalt. Was aber im Zeitalter und in einer Stadtpolitik der symbolischen Ökonomie stattfindet, ist eine Kontrolle von Bildern und Bedeutungen durch diejenigen, die die Herrschaft über den Raum haben (und umgekehrt). Das sind in den neuen gentrifizierten und privatisierten Zentren die Eigentümer und diejenigen Akteure, die für sie die semantischen Regeln und die moralischen Regeln als System etablieren. Es geht dabei nicht um das eine Prozent kriminellen oder sozialunverträglichen Verhaltens, sondern es geht um *disorder,* das Abweichen von einer *Gentry-Ordnung.* Ein neofeudales und kleinstädtisches Stadtmodell regelt die Kontrolle durch Architektur und Raumplanung, baut „polyvalente Fertiglandschaften" und richtet alle Handlungen aus an den Normen einer „Sicherheitskultur" (Lindner 1998, 42 f.).

Der Raum wird so ausgestaltet, dass man sich automatisch an der offiziellen Semantik und Moral der Stadt orientiert. In Los Angeles hat Mike Davis die Sitzbänke an Haltestellen als liegende Tonnen vorgefunden und fotografiert, auf denen man nicht schlafen kann (Davis 1994, 271); auch wir haben uns längst an die reliefierten Sitzschalen auf den Bahnhöfen gewöhnt und daran, dass in Fußgängerzonen viele kommerzielle Kaffeehausstühle und fast gar keine öffentlichen Bänke stehen. Die möglichen Macht-spiele werden i. d. R. gar nicht mehr ausgespielt, sondern sind bereits über ankonditio-nierte Weltbilder in den Habitus übernommen.

Modellierung von Aktionsräumen/aktionsräumlichem Handeln

Überkomplexe und unbestimmte Konstellationen der Wirklichkeiten lassen den Beob-achter oftmals verzweifeln; er könnte verführt sein, seine Deutung als die Bedeutung zu betrachten, wie es im objektivistischen/kausalen Denken oft geschieht („Etwas ist/je-mand handelt so, weil ..."). Es wird Lesarten Vorschub geleistet, „die Homologien zwi-schen Systemen differentieller Abstände auf direkte und mechanische Relationen zwi-schen Gruppen und Merkmalen reduzieren" (Bourdieu 1991, 211).

Damit das nicht passiert, baut man gerne ein weiterführendes Schema oder ein Sys-temmodell, in das Elemente, Eigenschaften und Wechselwirkungen allgemein eingetra-gen werden.

„Raum sozialer Positionen"

Bekannt und bereits klassisch ist z. B. die „soziale Landkarte" („Raum der sozialen Po-sitionen") von Pierre Bourdieu (1997, 211), in der die relevanten Lebensstil-Merkmale verschiedener sozialer Fraktionen notiert und in der Kreuzung von ökonomischem und kulturellem Kapital kartiert werden. Beispiel: Wer viel Bildung („kulturelles Kapital"), aber weniger Geld („ökonomisches Kapital") hat, wer also z. B. Gymnasiallehrer ist, hat eine bestimmte Position im sozialen Raum; dazu passen dann bestimmte Handlungs-muster („Habitus") im Raum der Lebensstile, gekennzeichnet etwa durch Kandinsky, Brecht, Duchamp und Bach, die Zeitung „Nouvel Observateur", Radtourismus und Wandern und durch einen Renault R 16. Mit einer solchen Kartierung und Typisierung legt sich Bourdieu inhaltlich bemerkenswert fest; dies legitimiert er mit einer Schnitt-menge aus dem Durchschnittlichen innerhalb einer Fraktion und dem Distinktesten zu einer anderen Fraktion; danach würde ein Unternehmer mit mehr ökonomischem und weniger kulturellem Kapital nämlich nicht den *Nouvel Oberservateur* lesen und statt ei-nes R 16 einen Peugeot 504 fahren (Stand der Automarken: 1979, aber 9. Auflage 1997).

Derartige konkrete Schemata lassen sich rechtfertigen durch geradezu exzessive empirische Belege. Bourdieu tut dies mit fast 900 Seiten, 21 Diagrammen und 37 Ta-bellen; ähnlich aufwendig hat Gerhard Schulze (1993) in seinem Bestseller „Die Erleb-nisgesellschaft" deren Milieus vermessen.

„Klassifikationsgitter und Gruppe" (Douglas)

Modelle mittlerer Konkretheit enthalten die relevanten Elemente und ihre generellen Beziehungen, so daß der Beobachter eine konkrete Fragestellung entwickeln kann und
seine empirischen Beobachtungen entsprechend eintragen kann. Mary Douglas (1998)
legt z. B. in ihren sozialanthropologischen Studien in Industriegesellschaft und Stammeskultur ein Gitter vor, in dem sich die allgemeingültigen bzw. privaten Klassifikationen (Bedeutungsgehalt von Symbolen) kreuzen mit Druck/Kontrolle in sozialen Gruppen (Douglas 1998, 87; vgl. Abb. 1). Es gibt also auch hier keine einfache Kausalität
zwischen Symbol und Handeln, sondern eine Wechselwirkung aus „zwei Körpern", zum
einen das Selbst, zum anderen die Gesellschaft; entsprechend kann dann eine konkrete Handlung oder Bedeutungszuweisung im Diagramm verortet werden.

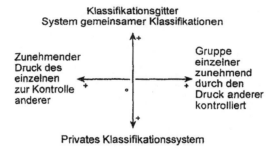

Abb. 1: Klassifikation von Weltbildern und
Gruppendruck (Douglas 1998).

„Der Körper des Menschen bringt universelle Bedeutungsgehalte nur insofern zum Ausdruck, als er als System auf das Sozialsystem reagiert und dieses systematisch zum
Ausdruck bringt. Und was er auf natürliche Weise symbolisch zum Ausdruck bringen
kann, sind die Beziehungen der Teile des Organismus zum Ganzen" (Douglas 1998,
S. 123).

Während Bourdieu in dem Achsenkreuz von kulturellem und ökonomischem Kapital
und mit dem Habituskonzept eine Makrosicht einnimmt, in die dann Meso-Elemente eingebaut werden, ist es bei Douglas der Blick auf die Mikropraktiken der Beherrschung
durch natürliche Symbole. Hier könnte man im Fall des „Blauen Strichs" die Beobachtung bis zu Sitzordnung, Wortführerschaft und Mienenspiel der Jugendlichen treiben;
diese sind das Sichtbarmachen der Bedeutung von Symbolen und der Macht bzw. Kon-
trolliertheit in der eigenen Fraktion. Jeder Planer oder Ordnungshüter sollte dafür den
Blick schärfen.

In unserem Beispiel der Passage mit dem blauen Strich waren die gemeinsamen
Klassifikationen und die Kontrolle maximal entwickelt – aus Sicht der Betreiber „erfolg-

reich"; als es aber in der Versuchsanordnung der Geographiestudenten kurzfristig gelang, private Bedeutungen in den Raum zu legen und selbst Druck auszuüben, war die Stabilität des Symbol- und Sozialraums gefährdet. Die Ladenbesitzer baten in Sorge um Nachahmer inständig, dieses Experiment nicht bekanntzumachen. Punks lesen nicht die Geographische Zeitschrift (GZ). Aber nicht alle Punks sind auch welche: Einer der Ladenbesitzer erzählte von einem Punk, der eine Woche lang seinen Obststand belagert hatte; etwas später hatte er diesen zufällig als Baggerführer wiedererkannt und angesprochen. Der „Störer" des Systems und seiner symbolisierten Bedeutungen hatte seinen Urlaub als Punk verbracht. Da versagen vorläufig alle Modelle, auf so etwas kommt man auch mit sozialer Fantasie nicht.

Struktur und Handlung: Kolonialisierung der Lebenswelt, Domestizierung des Systems

Die Adaption derartiger Modelle auch in die deutschsprachige Geographie wird seit den 70er und 80er Jahren versucht, meist unter dem Rubrum „Umweltwahrnehmung/ Wahrnehmungsgeographie"[5]. Es ist durchaus eine „kognitive Wende" gewesen, „die subjektive Wahrnehmungsperspektive zu berücksichtigen ... Nicht die objektiven metrischen Raumverhältnisse sollen ... im Zentrum der geographischen Forschung stehen, sondern die individuellen Raumwahrnehmungen, Bewusstseinsleistungen und Verhaltensweisen."[6] Benno Werlen hat in seiner neuen Einführung in die Sozialgeographie dieses Paradigma zusammenfassend vorgestellt. Drei Forschungsfelder stehen danach im Zentrum (Werlen 2000, S. 302): Die Prozesse der subjektiven Raumwahrnehmung; die Prozesse, die zu unterschiedlichen Bewertungen und Images von Orten führen; die Prozesse, die zur Auswahl unter verschiedenen Alternativen führen.

Der Begriff des Aktionsraums ist „offiziell" definiert über „sozialgeographische Gruppen" und deren „spezifische Aktionsreichweiten ihrer Daseinsfunktionen" (Leser 1997). Hier wären zwar drei Attribute zu kritisieren, nämlich das Attribut „sozialgeographisch" bei den Gruppen, die „Reichweite" bei den Aktionen und der Bezug auf die „Daseinsfunktionen"[7]. Aber von dieser Inbesitznahme abgesehen ist der Begriff Aktionsraum im Sinne von durch Handlungen mit Bedeutungen und Spuren versehener Raum nicht sinnlos, jedenfalls ist er griffig und gut verständlich.

Ein neues Schema/Modell zur handlungszentrierten Aktionsraumbeobachtung hat Scheiner (1998) mit ausdrücklichem Bezug auf die Phänomenologie von Husserl (1986) und das Lebenswelt-Konzept von Schütz/Luckmann (1975) vorgestellt (vgl. auch Welz 1996).

Der Vorzug liegt darin, dass vorgängig die Handlung betrachtet wird und als eine Resultante davon der Aktionsraum – und nicht etwa umgekehrt oder als bloß behavioristische Aktionsraumforschung. Es bleibt aber als Prozessmodell inhaltlich eine *black box*, indem es nur darauf hinweist, dass Handlungsbedingungen und -maximen existie-

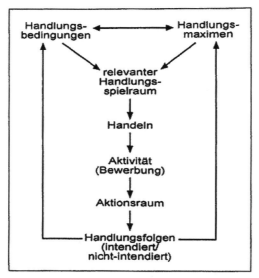

Abb. 2: Analyse-Schema aktionsräumlichen Handelns
(Scheiner 1998).

ren, die einen Spielraum für das Handeln schaffen, woraus dann sichtbare Bewegung und ein Aktionsraum folgt, was wiederum Folgen auslöst für künftiges Handeln. Aber das ist maximal abstrakt und unterkomplex. Die Beispiele von Scheiner, in denen er mit Hilfe qualititativer Interviews die handlungsleitenden Bedingungen und Maximen offenlegt, sind dagegen voll überzeugend.

Deshalb skizziere ich abschließend versuchsweise ein Modell, das die Kategorien für das – von Habermas bis Giddens – altbekannte Begriffspaar Struktur (System) und Handlung (Lebenswelt) dingfest macht. Ich würde also nicht mehr nur nach Reichweiten und Spuren im Raum suchen, sondern differenziert danach fragen, worauf die Rahmenbedingungen und die Handlungen basieren. Wie funktionieren sichtbar konstruierte Ordnungen in Raum und Handeln, welche Prinzipien und Regeln bestimmen außerdem die Handlungsentscheidungen in der Lebenswelt, wie lässt sich dies integrativ betrachten und – z.B. für Planer – auch antizipieren?

Die Grundfigur geht aus von einer Dialektik zwischen den beiden Säulen[8]. „System" ist konstituiert (hier nach Habermas) durch bürokratische Apparate, Staat und Wirtschaft, die Systemperspektive ist instrumentell und strategisch. „Lebenswelt" umfasst Persönlichkeit und soziale Netzwerke, die eine Übereinstimmung suchen über das, was der Fall ist (Wahrheit), was gut ist (Richtigkeit) und was echt ist (Wahrhaftigkeit), entsprechend den sog. 3 Aktor-Weltbeziehungen des sozialwissenschaftlichen Handlungs-

Handeln zwischen System und Lebenswelt in der westlichen Moderne- Ein heuristisches Modell

„System"	„Kolonialisierung der Lebenswelt"	„Lebenswelt"

„System"

Sphären:
• Produktion/ Ökonomie
• Bürokratie/ „Eiserner Käfig"
• Institutionen
• Wissenschaft/ Technologie

Prinzipien/ Perspektiven:
• Funktionalität
• Hierarchie
• Anonymität
• Strategische/ instrumentelle Rationalität: Stabilität

Handlungsregulative:
• Semantik (Weltbild)
• Ressourcen (allokativ, autoritativ)
• Moral (Legitimation)

„Kolonialisierung der Lebenswelt"

+ Disziplinierung/Normalisierung, „strukturelle Gewalt"
+ „produktive Macht"/ „geregeltes Leben"/ „große Einschließung"
+ Versorgungsangebote, Entschädigung, Fürsorge
+ Bürokratische Prioritäten/ Zweckrationalität
+ Kulturindustrie
+ Technikoptimismus

⇒ ⇒ ⇒

⇐ ⇐ ⇐

„Domestizierung des Systems"

+ Entwicklung kommunikativer Fähigkeiten/ Neue soziale Bewegungen/ Diskurse
+ Individualisierung/ Generalisierung von Werten und Normen
+ Offenlegung von Systemgrenzen (Effektivität/ Effizienz)
+ Soziale Kontrolle/ Verantwortung
+ Technik-Skepsis
+ „Personale Gewalt"

⇐ ⇐ ⇐

„Lebenswelt"

Sphären:
• Persönlichkeit/ Individuum
• Soziale Netzwerke
• Subkulturen/ Milieus

Prinzipien/ Perspektiven:
• Öffentlichkeit/ Privatheit, „frontstage"- „backstage"
• Strategisches Handeln: Wohlstand, Nutzen
• Substantielle (Wert-) Rationalität
• Kommunikation (Wahrheit, Richtigkeit, Wahrhaftigkeit)

Handlungsregeln:
• Zielorientierung
• Normenzentrierung
• Dramaturgie
• Kommunikation

Abb. 3: Handeln zwischen System und Lebenswelt: Mögliche Interpretationsparameter (eig. Darstellung).

begriffs (Habermas 1997, Bd. 1, 109, 149). Lebenswelt ist zugleich die Welt des nicht hinterfragten Sinns und der unangefochtenen Sitten, Normen und Werte.

Diese beiden Säulen strukturieren Handlungen, die von hier ausgehen. Dabei wirkt das System im Sinne einer Kolonialisierung der Lebenswelt (Habermas 1997, Bd. 2, 471 ff.) mit verschiedenen Mitteln, während Lebenswelt-Elemente offensiv in die andere

Richtung wirken; neue soziale Bewegungen domestizieren das System, oder das System erkennt seine eigene begrenzte Effektivität und Effizienz und ändert sich. In unserem Beispiel „Autorennen" kann die Polizei entweder nach dem Legalitätsprinzip und mit „zero tolerance" handeln oder nach dem Opportunitätsprinzip zwecks Deeskalation ohne Zugriff – je nach Weltbild, Situation und subjektiver Rationalität.

Man kann diesen Kategorien noch die jeweiligen Bewegungs- oder Regulationsgesetze hinzufügen, die im Sinne des Systems die Handlungen strukturieren sollten und die umgekehrt die Handlungsmotive der Subjekte in ihrer Lebenswelt bestimmen können. Man hat damit die Möglichkeit, sowohl eine Struktur – wie oben in unserer Passage mit dem Blauen Strich – als auch konkrete Ereignisse – wie oben unser Autorennen – integrativ zu betrachten und dialektisch zu interpretieren. Es ist jedenfalls ein praktisches Mittel, auf eine einsinnige Weltsicht – ego- oder eurozentrisch, rationalistisch, ökonomistisch, moralistisch etc. – von vornherein zu verzichten. Man entfaltet eine komplexe Wirklichkeit in der Vielfalt ihrer Aspekte und Perspektiven und in der Anstrengung der Begriffe.

Der Preis ist zwar eine starke Vergröberung, die aber zu verantworten ist, wenn man die Kategorien nicht als Leerformeln behandelt (z. B. den Lebenswelt-Begriff) und das ganze als einen erkenntnisleitenden Interpretationsrahmen benutzt. Er macht deutlich: System und Lebenswelt sind nicht entkoppelt zu sehen, sondern als gleichzeitig zu konzipieren (Habermas 1997, Bd. 2, 180).

Die deterministische Frage nach Henne oder Ei stellt sich dann nicht mehr.

Dieser Text ist die überarbeitete und erweiterte Fassung eines Vortrags auf dem 52. Deutschen Geographentag in Hamburg 1999, Fachsitzung: Neue gesellschaftstheoretische Ansätze in der Geographie: Poststrukturalismus und Postmoderne. Vgl. auch Text 12 „Sense(s) of place" mit Foto vom „Blauen Strich" in diesem Band.
In: Geographische Zeitschrift, 87. Jg. 1999, Heft 3, 211-222.

Anmerkungen

1 „Alles, was gesagt wird, wird von einem Beobachter/einer Beobachterin gesagt", vgl. Maturanai/Varela, 1989. Vgl. auch den permanenten Untertitel der Zeitschrift Spektrum der Wissenschaft: „Weltbilder entstehen im Kopf".

2 Dazu hat jetzt Michael Flitner (1999) eine eindrucksvolle und hilfreiche Literaturliste und exemplarische Bildanalyse zu einem WWF-Poster vorgelegt.

3 Vgl. auch den Text und Foto in Nr. 12 „Sense of place" in diesem Band

4 Vgl. auch den Text Nr. 28 „Frühstückstisch" in diesem Band; vgl. auch den Text zur „Vierzehnten Straße" von Sennett in Text Nr. 6 („Ameisen").

5 Vgl. Faksimile in Text 6 „Wo die grünen Ameisen träumen" in diesem Band.

6 Umfassend zuerst bei Gerhard Hard 1973. Auf die Planung bezogen auch bei Rhode-Jüchtern 1975, 197-230.

7   Zusammengefasst bei Werlen (2000), bes. Kap. 11, hier 266 f.
8   Vgl. zur Kritik Werlen (2000), 132-135, 174-200.
9   Hilfreich zusammengefasst und erörtert bei Loo/Reijen (1992), 247-255.

Literatur

Bourdieu, Pierre 1997: Die feinen Unterschiede. Kritik der gesellschaftlichen Urteilskraft. 9. Auflage (frz. Orig. 1979), Frankfurt/M.

Bourdieu, Pierre 1991: Physischer, sozialer und angeeigneter Raum. Martin Wentz (Hrsg.) 1991: Stadt-Räume. Die Zukunft des Städtischen. Frankfurt/M./New York, 25-34

Breyvogel, Wilfried (Hrsg.): Stadt, Jugendkulturen und Kriminalität. Bonn, 37-61

Certeau, Michel de (1988): Kunst des Handelns (frz.: Arts de faire. Paris 1980). Berlin

Crick, Francis 1997: Was die Seele wirklich ist. Die naturwissenschaftliche Erforschung des Bewusstseins. Reinbek

Crick, Francis/Christof Koch 1992: Was ist Bewusstsein? Spektrum der Wissenschaft, November 1992

Davis, Mike 1994: City of Quartz. Ausgrabungen der Zukunft in Los Angeles. (amerik. Orig. 1990) Berlin/Göttingen

Douglas, Mary 1998: Ritual, Tabu und Körpersymbolik. Sozialanthropologische Studien in Industriegesellschaft und Stammeskultur (engl. Orig. 1973), Frankfurt/M.

Flitner, Michael 1999: Im Bilderwald: Politische Ökologie und die Ordnungen des Blicks. Zeitschrift für Wirtschaftsgeographie 43, 169-183

Foucault, Michel 1997: Andere Räume. In: Aisthesis. Leipzig 1991. Abgedruckt in: Politics-Poietics. Das Buch zur documenta X. Ostfildern, Kassel 1997, 262-272

Giddens, Antony 1988: Die Konstitution der Gesellschaft. Grundzüge einer Theorie der Strukturierung. Frankfurt/M./New York

Gregory, Derek 1998: Power, knowledge and geography. Derek Gregory: Explorations in critical human geography. Heidelberg, S. 9-40. auch: Geographische Zeitschrift 86, 70-93

Habermas, Jürgen 1997: Theorie des kommunikativen Handelns. 2 Bde. Frankfurt/M.

Hard, Gerhard 1973: Die Geographie. Eine wissenschaftstheoretische Einführung. Berlin.

Hoffmann-Axthelm, Dieter 1995: Das Einkaufszentrum. In: Gotthard Fuchs/Bernhard Moltmann/Walter Prigge (Hrsg.): Mythos Metropole. Frankfurt/M., 63-72

Husserl, Edmund. (1986): Phänomenologie der Lebenswelt. (Ausgewählte Texte) Stuttgart

Ipsen, R. (1997): Sicherheit durch urbane Kompetenz. http://www.central.de/jonasp/safercityurb-com.html

Köck, Helmuth 1993: Raumbezogene Schlüsselqualifikationen. Geographieunterricht – Schlüsselfach. Geographie und Schule 15, 14-22

Leser, Hartmut (Hrsg.) 1997: Diercke Wörterbuch der Allgemeinen Geographie. Vollständig überarb. Neuauflage. München

Lindner, W. 1998: Die „sichere" Stadt zwischen urban control und urbaner Kompetenz. In:

Loo, Hans van der/Willem van Reijen 1992: Modernisierung. Projekt und Paradox. München. Maturana, Humberto R. Franscisco J. Varela, F.J. 1989: Der Baum der Erkenntnis. Bern.

Rhode-Jüchtern, Tilman 1975: Geographie und Planung. (Marburger Geographische Schriften 65) Marburg

Rhode-Jüchtern, Tilman 1998a: Raum des „Wirklichen" und Raum des „Möglichen". Versuche zum Ausstieg aus dem Container-Denken. Erdkunde 52, 1-13

Rhode-Jüchtern, Tilman 1998b: Handlungsräume und Lebenswelten in der „glokalisierten" Stadt.-
Regensburger Beiträge zur Didaktik der Geographie 5, 39-49

Scheiner, Joachim 1998: Aktionsraumforschung auf phänomenologischer und handlungstheoretischer Grundlage. Geographische Zeitschrift 86, 50-66.

Schütz, A./Luckmann, T. 1994: Strukturen der Lebenswelt. 5. Aufl., Frankfurt/M.

Schulze, Gerhard 1993: Die Erlebnisgesellschaft. Kultursoziologie der Gegenwart. Frankfurt/M./
New York

Simmel, Georg 1903: Soziologie des Raumes. Jahrbuch für Gesetzgebung, Verwaltung und Volks-
wirtschaft im Deutschen Reich 1, 27-71

Welz, F. 1996: Kritik der Lebenswelt Eine soziologische Auseinandersetzung mit Edmund Husserl
und Alfred Schütz. Opladen

Werlen, Benno 2000: Sozialgeographie. Eine Einführung. Bern/Stuttgart/Wien

11. Weltwissen und/oder Weltverstehen 2.0?

Gedanken zum Potenzial der *geo@web*-Techniken für die Bildung

Das allmähliche Verschwinden der Wirklichkeit? Oder die neue Wirklichkeit?

Die (ehedem so genannten) neuen Medien haben einen Siegeszug am Markt und im Alltag hinter sich, der jede kulturkritische Besinnung veraltet und unwirksam erscheinen lassen könnte. Es gibt nur noch wenige Schaltstellen im Prozess der Sozialisation und individuellen Menschwerdung, an denen überhaupt Einfluss zu nehmen wäre, und das ist in bescheidenen Grenzen die Institution und Realität Schule[1]. (Familien, häusliche Umgebung und Internet-Kinderschutz-Software sind da womöglich längst überrollt.) Zum Beispiel ist das alltägliche Tempo junger Mädchen beim Verfertigen von SMS und Twitternachrichten von außen gesehen schon fast artistisch zu nennen – ist das nun eine Kulturtechnik? Über den vermutlichen Inhalt dieser SMS/Twitterei kann man sich zwar seine Gedanken machen, aber das bleibt irrelevant. Früher waren es auf dieser Ebene Zettelchen unter der Schulbank, heute lustige Kürzel und automatisierte SMS-Wortvorschläge auf einen Klick. Und E-Mailing ist betrieblich bereits ein Auslaufmodell, incl. einer verdichtenden Informationsphilosophie (s. Trendinformationen.de[2]). – Sie tun, was sie tun.

Der Aufbau eines geographischen Weltbildes wird zunehmend übernommen durch digitale Informationssysteme, von GPS über Google-Earth-Zoom-Satellitenbilder bis zum interaktiven Weltatlas der online-Tagesschau. Neben den neuen Techniken zur Ortsbestimmung ist ein ganzes Zeitalter des *Ubiquitous Computing* (Mattern 2003) konkret in Sichtweite, ja bereits und längst Alltag.

Eine vom Internet der Dinge und von der Informationstechnik durchdrungene Welt will neu verstanden, reguliert und „gemacht" werden. Das Geographie-Machen wurde bislang gedacht in einer Subjekt- und Handlungszentrierung. Eine bildungspolitisch und -praktisch gedachte Schule und geographische Bildung braucht entsprechend mündige Subjekte und selbstbewusstes Handeln. Bildung ist noch immer etwas kategorial anderes als Qualifikation.

Wenn man die Frage nach einem kulturellen und pädagogischen „Mehrwert" der Geo-web-Anwendungen stellt, braucht man das Rad nicht neu zu erfinden. Der Kommunika-tionswissenschaftler (und frühere Lehrer) Neil Postman hat dazu einen Klassiker ver-fasst mit dem Titel „Das Verschwinden der Kindheit" (1982); auf der Frankfurter Buch-messe 1985 machte er Furore mit dem Vortrag „Wir amüsieren uns zu Tode". Der Pä-dagoge Hartmut von Hentig schrieb einen kongenialen Buchtitel „Das allmähliche Verschwinden der Wirklichkeit" (1984, vgl. auch 2002). Das ist nun ein Vierteljahrhun-dert her. Und wenn wir von einer konstruktivistischen Denkweise her darin lesen, sind wir mitten im Thema „Wie wirklich ist die Wirklichkeit?", nur nicht mehr als Frage an die Zukunft zu stellen, sondern – im zweiten Jahrzehnt des 2.0-Jahrtausends – mittlerwei-le mit gereifter praktischer Erfahrung.

Ich mache mir hier meine Gedanken als Lehrender mit jahrzehntelanger Erfahrung und Reflexion, aber eben auch mit einer entsprechend „alten" Sozialisation und Indivi-dualität. Manchmal trifft man in den Generationen noch aufeinander; die Alten dürfen bis zu ihrer Pensionierung Zensuren geben, die Jungen dürfen über die Alten die Au-gen verdrehen („Haben alles, können nichts!"). Hier wären also Macht und Gegenmacht am Werke; beides hilft nicht viel bei der Besinnung über die konstruktive Frage nach dem Wozu und Wie (vgl. Kanwischer/Schindler 2006).

Ich versuche meine Reflexion zu orientieren an fünf kleinen Fallgeschichten. Diese Fälle sind nicht selbsterklärend, sondern wollen interpretiert werden. Von daher sind sie offen für alle Beobachter jeder Generation und Denkweise.

„Die Erde, unser Lebensraum"

Im Thüringer Lehrplan Geographie steht für die 5. Klasse, im Grunde genommen für die allerersten Stunden im neuen Schulfach Geographie, die Stoffeinheit „Die Erde – unser Lebensraum". Darin geht es zunächst um das Gradnetz der Erde, später dann um einzelne Landschaftszonen und jeweils eine dazu passende Ethnie (Indianer, Inuit, Wüstennomaden). Hier wird eine „Indianergeographie" angeboten, die vermutlich das Interesse der 10-jährigen Kinder weckt, aber bei Lehrern und Schülern zumeist auf rei-nem Buch- und Bilderwissen gründet. Trotzdem war dieses Themenfeld immer ein Fa-vorit der Examens-Kandidaten. Ich habe nun bald und öfters bemerkt, dass die Lehr-amtskandidaten kein eigenes Bild vom Thema haben; das beginnt bereits bei den Him-melsrichtungen und geht weiter zum Gradnetz und zum Zeitzonenkonzept.

Der Fall: Die Frage: „Wo wurde zur Jahrtausendwende zu allererst Neujahr gefeiert?" wurde kaum jemals verständnisvoll beantwortet. Das Herantasten an ein Verständnis wurde immer peinlicher, bis hin zur legendären Schlussbehauptung des Prüfers: „Am Nordpol ist überall Süden!". Hier war zumeist guter Rat teuer, und im Umkehrschluss wurde deutlich: Manche künftigen jungen Lehrerinnen und Lehrer haben fast nichts verstanden, nicht mal das Gradnetz. Müssen sie das denn?

Es wäre ja nun eine Animation denkbar, in der der Globus gezeigt wird; dann *google-earth*ed man im Zoom bis zum Gitter-Nordpol, und vom Nordpol aus zeigen blinkende Pfeile allesamt nach Süden – das wären dann zugleich die Längengrade. Das könnten die Kandidatinnen dann sicher ohne weiteres reproduzieren. Aber:

Angestrebt wird eine eigene Imagination als Voraussetzung und/oder als Ergebnis von Verstehen. Das Medium soll nicht nur noch Reproduktionen zulassen und anfordern.

Fazit für mich aus diesem Fall: Eine mediale Animation der Frage incl. Antwort würde mir verborgen halten, was davon von den Schülern/Studenten verstanden worden und was reine Reproduktion ist. Das bekomme ich nur heraus, wenn ich ihnen echtes Papier und Bleistift gebe; damit kann ich fast ungebrochen durch die Hilfe oder Tücke von Technik ein wenig über die Hand in den Kopf sehen.

Orientierung mit dem Kompass oder Information aus dem GPS?

Es kam, wie es kommen musste: „Entstanden aus einer Militärtechnik, mit deren Entwicklung die Vereinigten Staaten in den sechziger Jahren begonnen hatten, ist aus der satellitengestützten, digitalisierten Navigation ein Massenphänomen geworden. Navigationsgeräte ersetzen indessen nicht nur Kulturtechniken, die ein paar tausend Jahre alt sind. Sie verändern auch das Bewusstsein von Raum und Entfernung, sie lassen eigene Weltbilder entstehen – und schaffen ganz neue Möglichkeiten, sich zu verirren. Es kam, wie es kommen musste ..."[3]

Unterscheiden wir zunächst mal Vektor- und Rasterkarten in GPS-Geräten. *Rasterkarten* sind wie Papierkarten, aber in Pixelgrafik; sie haben eine vertraute Optik, sind aber in ihrer spezifischen Auflösung nur wenig zoombar. Eine *Vektorkarte* zeigt mir einen vorgewählten Weg in Fahrtrichtung ohne Nordpfeil, mit Höhendaten, *Points of Interest* und *Autorouting*. Ich muss also nur noch fahren, Display im Blick oder „Gabi"/ „Werner" im Ohr.

Der Fall: Der GPS-Gerätehersteller Garmin lobt die Vektorkarte, z. B. „TransAlpin": „Eine einzige Karte enthält mehr als 9000 km Alpencross-Kilometer – und 18 beliebte Routen. Und weil die Karte ‚intelligent' ist, kann ich mit ihr bei Schlechtwetter kurzerhand umplanen. Sie gibt mir auch jede Menge Zusatzinfos – Hütten, Bergbahnen, Bike-Shops, Apotheken – und erlaubt Autorouting. Ich gebe der Karte meine Wünsche und die Ziele unterwegs vor – und sie erstellt mir einen individuellen Routenvorschlag."[4]

Nun, 9000 Kilometer enthält eine traditionelle Karte auch, aber sie knittert und ist oft nicht wasserfest; sie zeigt mir nicht von sich aus meinen Standort und liefert ihre Daten unsortiert, zudem noch ohne Wettervorhersage und ohne aktuelle Speisekarte der Hütte; es gibt sogar Karten-Wege, die es gar nicht mehr gibt (vgl. Rhode-Jüchtern 1996, 157-177). Das ist wenig komfortabel, man hat sie vor Augen, die Menschen, die sich da mühselig über die Karte beugen, verknautscht aus der Kartentasche am Lenker oder aus der Beintasche. Andererseits braucht sie keinen Akku und kein tägliches update (die Laufendhaltung durch die Vermessungsämter kommt in den jeweils neuen Karten um Jahre verspätet in der Gesellschaft an); sie behauptet auch nicht, selbst „intelligent" zu sein. Mensch und Werkzeug sind eine ganz eigene Kooperations-Gemeinschaft. Die Karte ist auch ein Werkzeug, will aber vom Menschen prinzipiell verstanden und gelesen werden, in ihrem Maßstab, in ihren selektiven Darstellungen und Signaturen, in ihrer Unschärfe, eben in ihrem kartographischen *Konzept*. Man weiß: Eine groß gezeichnete Autobahn kann ein Dauerstau („Kölner Ring"), also besonders langsam sein; ein Wanderweg kann im Dornengestrüpp verschwunden sein; eine Straßensperre oder Grenze quer zur Straße kann Tage oder das Leben kosten. Die Karte führt nicht zum Ziel („Biegen Sie jetzt links ab!"), mit ihr kann man aber das Ziel finden, mit Verstehen und Verstand. Indem die Karte eine Passung mit dem (mediumspezifisch kritischen) Anwenden verlangt, verändert sie auch den Anwender in seiner Handlung.

Muss man an die Autofahrer erinnern, die mit ihrem Navi mitten im Wald oder gar im Fluss gelandet sind? Garmin und TomTom kennen einige Straßen und Hausnummern nicht, weil irgendwann einmal ein Fehler eingegeben wurde. Straßen ändern sich, ihren Verlauf, ihre Vernetzung, ihre Fahrtrichtung. „Nach 20 Metern links abbiegen" sagt die Stimme Gabi und lenkt damit in die Leitplanke einer vierspurigen Straße; wenn der Fahrer doch noch bei eigenen Sinnen ist und geradeaus weiter fährt, verlangt die Stimme kurz danach: „Kehren Sie wenn möglich um!". Bekommt ein solcher Autofahrer bei einem Unfall mildernde Umstände attestiert oder Fahrlässigkeit oder eigene Schuld?

„Bei Sinnen sein", heißt nicht nur, ein Hindernis oder eine falsche Programmierung sofort und unter dem rollenden Rad erkennen. Bei Sinnen sein heißt auch, eine Sache selbst mit Sinn füllen, etwas subjektiv sinnvoll machen, je nach Absicht und Kontext.

Angenommen, alle fahren bei ihrer TransAlpin-Tour dem Autorouting nach, dann werden sie auch alle in derselben Hütte schlafen und erstaunt sein, wie voll es dort ist – eine andere Art *Lonely-Planet*-Effekt. Das System hat ja nicht nach Opportunität oder als Zufallsgenerator gearbeitet und die Gäste nicht nach dem Gesetz der Entropie, also der maximalen Mischung, ordentlich verteilt. Das tut zwar eine Papierkarte auch nicht, aber da gibt es den Zufallsfaktor durch Nichtprogrammierung; es kommt, wie es kommt. Oder der Alpin-Radler organisiert sich und fährt bewusst antizyklisch.

Es gibt weitere Bedenken gegen das Autorouting: Die Tipps können werbegesponsert sein; das US-Militär kann beschließen, die GPS-Auflösung zu vergröbern oder zu stören oder ganz abzuschalten (*GPS-Jammer* und *GPS Spoofing*); der GPS-Empfang kann durch starke Schneefälle gestört werden. Die ausreichende bis überzeugende Genauigkeit für den zivilen Gebrauch hat ein so starkes pragmatisches Potential, dass der *User* blind wird für die Verletzlichkeiten des Systems. Er hat im Übrigen auch meist keine Alternative mehr. Bei starkem Schnee und Akkuausfall ist die Information beendet (bzw. verschiebt sich zurück auf die Ressource Autoatlas im Handschuhfach).

Andererseits zeigt die praktische (und ironische) Erfahrung: Fast nichts ist verletzlicher als ein Geograph mit Karte und Kompass. Geländeübungen auf Gomera mit selbstständiger Kompassnavigation führen regelmäßig in die Barrancos (unbegehbare Schluchten), in undurchdringliche Macchie und brombeerbewehrte Terrassenruinen.

Wenn jemand beides – GPS und Kompass – hat und bedienen kann, nennt man das dann klug oder redundant oder überflüssig? Und ist es überhaupt eine Frage des Werkzeugs oder aber eine Frage der Steuerung und des Bewusstseins des Menschen?

- „Information ist nur dann Steuerung, wenn ich sie dazu mache. (...) Schon die Wörter ‚Wissen‘ und ‚Kenntnis‘ bezeichnen eine geistige Leistung, die oberhalb dessen liegt, was wir unter ‚Information‘ verstehen. Information ist ein vom Subjekt des Bewusstseins abgelöstes Datum, ein speicherbares, abrufbares, transportierbares, messbares Quantum, das eben durch diese Eigenschaften zu einem von den Gütern geworden ist, über die *wir* herrschen müssen, wenn sie nicht uns beherrschen sollen. (...) Es gibt in der Menschheit immer nur so viel Wissen, wie in ihrem Bewusstsein aktiviert werden kann – ganz gleich, wie viel mehr wir in unseren Computern gespeichert haben" (Hentig 1984, 67).

- „Steuern‘, das ist für mich: ein Schiff auf einem offenen Gewässer (also in einem Raum von Notwendigkeit, Zufall und Freiheit!) dahin bringen, wo ich es haben will – mit Gründen. ‚Steuern‘ heißt nicht: einen Apparat auffordern, aus seinem Datenreservoir die Kombination zu errechnen, mit der ich am schnellsten zum vorbestimmten Ziel komme" (Hentig 1984, 69).

- Wenn die Verben „verstehen", „nachdenken", „vorstellen", „überschauen", „wahrnehmen" „bezweifeln", „überprüfen", „bewerten" nicht vorkommen, „fällt die Gesellschaft in zwei sich so hoffnungslos nichtverstehende Lager auseinander, weil die einen ihre geistige Welt immer schon so materialisieren, wie das in der Informatik geschieht, während die anderen antiquiert weiterphilosophieren?" (Hentig 1984, 69)

Diesen Streit zwischen „zwei sich hoffnungslos nichtverstehenden Lagern" führen wir z. B. über die Frage, ob bei einem Kartographiekurs für künftige Geographielehrer wenigstens einmal im Studium auch eine Landesaufnahme (Vermessung) gemacht werden soll und ob dies mit einem traditionellen Kompass-Theodoliten oder mit einem digitalen Theodoliten geschieht. Der traditionelle Kompass muss eingerichtet werden, es muss unterschieden werden zwischen Geographisch-/Gitter-/Magnetisch-Nord, es muss entsprechend eine Nadelabweichung beachtet werden etc. Für Höhenmessungen wird es hilfreich sein, auch die Winkelfunktionen von Sinus & Co und die Werte in der Tafel aus den Seitenverhältnissen eines rechtwinkligen Dreiecks in einem Einheitskreis verstanden zu haben. Man wird damit eine recht genaue bis perfekte Karte erzeugen können. Die digitale Vermessung ist dagegen viel komfortabler, das Ergebnis ist aber ähnlich (auch vom Satelliten aus wird prinzipiell nichts Genaueres vermessen werden). Der Unterschied liegt im zusätzlichen Verb „verstehen": Wie haben frühere Geographen weiße Flecken zu Landkarten gemacht? Und damit wäre auch der Unterschied zwischen einem Geographen und einem Sachbearbeiter markiert.[5]

Der Streit ist inzwischen fast entschieden: „Es kam, wie es kommen musste ...". Nur: Wer ist „Es"?

Was folgt daraus, wenn man aus dem „Es kam, wie es kommen musste" wieder ein „Ich habe verstanden" macht?

Gilt das pädagogische und politische Prinzip „Freiheit nur durch Freiheit" noch, indem eine „in Freiheit hergestellte Unfreiheit grundsätzlich und praktisch wieder aufhebbar ist"? (Hentig 1984, 60) Hat der Bürger in seiner Lebenswelt noch eine freie Wahl oder ist seine Freiheit eine Scheinfreiheit? Fällt jemand, der bei Facebook nicht mitmacht, demnächst absehbar aus der Welt? „Wenn die Bankschalter, die Reisebüros, die gedruckten Fahrpläne und Telefonbücher verschwunden sind, weil alles über den Bildschirm läuft, werde auch ich mich seiner bedienen müssen. Es steht mir ja auch längst nicht mehr frei, ein Auto zu besitzen oder nicht – wenn ich die freie Wahl meines Berufs, meiner Wohnung, meiner Freunde behalten will" (Hentig 1984, 60 f.). Wird die gedruckte Tageszeitung demnächst so etwas wie der alte Kompass sein und das iPad-App der Tageszeitung so etwas wie das GPS? Und was ist dann bei Stromausfall? Akku hier, Gesamtnetz-Power-Cut dort? Der technischen Zivilisation gewachsen bleiben! (Hentig 2002)

Vergleiche dazu Murphys Gesetz: *„Whatever can go wrong, will go wrong."*

Internet – Sucht oder Suche?

Digital-Natives werden die jungen Leute genannt, die mit Internet und Computer wie mit einer Muttersprache oder einem normalen Handwerkzeug groß geworden sind. Aber wie die Muttersprache nicht die Welt und die Handlungen determiniert, so wenig darf man einem Werkzeug diese Funktion und Macht geben.

Die Älteren gelten im Klischee zumeist als Technikfeinde, als Weltfremde und als

Fortschrittshemmer. Die Jüngeren gelten im Klischee als *Nerds*, als Daddler, als Süchtige. Wie kann man zwischen derartigen Frontlinien kommunizieren?[6]

Der Fall: Stellvertretend hat dies der FAZ-Herausgeber Frank Schirrmacher (2011) in seinem Buch „Payback" versucht. Seit er *smse, google* und *twittere*, was er ja tue, sei sein Gehirn von der Informationsflut würdelos herabgestuft; er sei unkonzentriert, vergesslich, überfordert, sei ein Knecht der Maschinen geworden. Ein *digitaler Taylorismus* habe sich ans Werk gemacht, das Gehirn sei maschinenkonform modelliert. Das *Multitasking* trimme uns auf Gleichzeitigkeit und Gehorsam, im krassen Widerspruch zum linearen Lesen, zum Sichversenken, zur Nachdenklichkeit und Entschleunigung[7]. So, wie es Aldous Huxley in „Schöne Neue Welt" prophezeit habe, indem Kooperation mit Dopamin-Glücksgefühlen belohnt werde, unter einem „Netz der Vorausberechnung, des Determinismus" (Schirrmacher). Sein Rezensent in der „Zeit" fügt hinzu: „Banker verstehen die Finanzprodukte nicht mehr, die sie mithilfe ihrer Software erstellen, Ärzte nicht mehr die Analyseinstrumente, die ihre Diagnosen leiten, und doch müssen sie sich a s selbstständige Handlungsträger begreifen". In den Worten von Heiner Müller vor dem Anschluss der DDR an die Bundesrepublik: „Es gibt einen Grad der Unterdrückung, der als Freiheit empfunden wird."[8] – Der US-amerikanische Informatiker, Wissenschafts- und Gesellschaftskritiker Joseph Weizenbaum (1923-2008) hat bereits in den 1960er Jahren als Insider vor dem Kontrollverlust gegenüber der künstlichen Intelligenz gewarnt, vor dem „Wahn, aus Angst vor dem Kontrollverlust die Welt in Formeln, Systematiken und Algorithmen, kurzum in Mathematik zu verwandeln" (zit. nach Soboczynski 2009). Der Medienphilosoph Norbert Bolz warnt vor einem „Wahrnehmungsstil des *Zapping*" (2010)[9].

Dies kann man mit den Kommentatoren der Rezension kritisieren: „Das Herz, das hier schlägt, ist ein lauernd konservatives; das Menschenbild (...) ist ein trauerndes, das Zeitalter des linearen Lesens ist untergehendes Glück, das Papier wertvoller als der Bildschirm". Oder: „Schirrmacher scheint keine eigenen Gedanken gefasst zu haben – von Günter Anders („Die Antiquiertheit des Menschen") bis Neil Postman („The Disappearance of Childhood", „Conscientilus Objektions", „Technology")[10].

Oder man kann fragen: Was kann man daraus lernen oder folgern, wenn Schule und Geographie nicht einfach nur dem vermeintlichen Trend folgen? Wenn man im *Nielsen Group Report* „Teenagers on the Web" liest, dass ungenügende Lesefähigkeit, ungeschickte Suchstrategien und geringe Geduld die Folgen (oder gar die Ursachen) seien? Oder wenn das *Google Phänomen* u.a. bedeutet, dass wir unfähig seien, größere Zusammenhänge herzustellen, und uns zu begnügen mit unreflektierten Informationsadressen („Autoritäten") und Headlines („Inhalt")[11]?

Fordern und Fördern: Folgt daraus die Forderung nach Förderung dessen, was die Computer nicht haben: Kreativität, Geistesgegenwart, Ergebnisoffenheit?

Aber ist nicht mit solchen Fragen schon Partei genommen gegen digitale Medien in ihrer angenommenen überwältigenden Funktionsweise?[12] Und ist nicht noch weiter nachzudenken darüber, wie die Medien(geräte) den Lese- und Lernhabitus positiv verändern könnten?

Suche nach Orientierung im Dilemma

Der Fall: In einer Projektwoche mit 14-Jährigen Schülern wurde das Rahmenthema „Rosen aus Kenia" vorgegeben. Es gab dazu – digital verfügbar – gutes Einstiegsmaterial, u. a. aus der Zeitschrift „stern", mit einer Reihe großer Fotos und vier Seiten populärsprachlichem Text.

Man könnte nun in einem traditionellen Unterricht daraus ein Projekt machen, in dem sogleich die Ausbeutung der Arbeitskräfte, die Ungerechtigkeit des Handels und die Folgen für das Ökosystem in Kenia oder auf der Erde angeprangert werden, z. B. und üblicherweise auf einigen Postern. Das wäre ein Hinsehen Erster Ordnung: Was ist der Fall? Wie bewerten wir das?

Ein zweiter Blick würde fragen: Was steckt dahinter? Was ist eigentlich „fair trade" und wie verlässlich sind dessen *Zertifikate*? Was bedeutet *fair trade* für die natürliche Umwelt, wird dies auch zertifiziert? Was wäre eigentlich, wenn wir solche Blumen im Eimer an der Kasse vom Aldi einfach nicht mehr kaufen? (Im Text stehen dazu ein Foto und Zitat einer kenianischen Blumenarbeiterin: „Kauft bitte diese Blumen!").

Das Geoweb-Medium Internet wurde nun zwar genutzt, aber nicht zur weiteren Sach-Recherche des Falles „Rosen aus Kenia", sondern zur Urteilsbildung über die Hintergründe. Dafür wurden in einigen Minuten Diskussion zwei Suchwörter gefunden und vereinbart: „Dilemma" und „Fairness"/„Gerechtigkeit"; der Lehrer gab als drittes dazu: „Strukturelle Gewalt". Diese Begriffe waren den Schülern im immanenten Denken noch nicht verfügbar, sie hatten aber die Motivation, Hilfe für ihre Urteilsbildung in einer offenkundig realen und wichtigen Problemstellung zu erhalten. Sie bekamen eine ganze Stunde Zeit, um diese drei Begriffe zu recherchieren, mithilfe des Werkzeugs Internet. Sie gerieten darüber richtiggehend in Feuer, indem „ihr" Medium sich mit dem Inhalt von Schule kreuzte. Sie, die Vierzehnjährigen, hatten nämlich zuvor selbstständig in der Debatte eine Problemstellung gefunden und danach Begriffe „zum Begreifen"; danach gingen sie ans Werk mit dem, mit ihrem Werkzeug.

Das Internet stellt den Nutzern alles sofort zur Verfügung; verfügen müssen sie aber selbst.

Es gab Varianten zu den Begriffen, es gab andere Beispiele, es gab Hinweise zur Geschichte der Begriffe und Gesichter von Philosophen. Mit diesem Schlüssel wurde dann ein „geographisches" Problem aus der Ebene der bloßen Erzählung und des Einzelfalls gehoben in eine niveauvolle ergebnisoffene Debatte. Der Fall zeigte die dahinter stehende Struktur und wurde auch dadurch relevant.

Die Besucher der Präsentation am Ende des Projektes staunten: „Was können diese Schüler gut argumentieren!" (Das Lob lautete nicht: „Was können diese Schüler gut twittern!")[13]

Raum-/stadtplanerische Visionen mit Geovisualisierungs-Tools

Der Fall: SimCity. Wir gehen mal zu *youtube.* Dort kann man eine Fülle von animierten Entwürfen des Stadtplanungs-Spiels „SimCity"[14] (Version 4 oder 5) betrachten. „SimCity – Best City Building Games".

Ein Spieler-Entwurf „SimCity 4 Deluxe: Sehr große Stadt" stellt am Ende das eigene Fazit vor: „Das Geheimnis" Gute Verkehrswege, Sicherheit, Bildung und Gesundheit. Zögert auch nicht, großflächige Parks anzulegen. – das verbessert in jedem Fall die Attraktivität. Auch ist es von Vorteil, nur Gewerbe anzulocken und die Industrie in Nachbarstädte zu scheuchen. Haltet auf jeden Fall die Steuern für die Zielgruppe unter 8 %.".

Andere Stadtplanungs-Spieler äußern sich ebenfalls in ihren Entwürfen über ihr Konzept und den Zeitaufwand: von „einigen Stunden" bis zu „einer Woche". Lesenswert, kritikwürdig, entlarvend.

In den „Trendinformationen.de" von 2011 (s. Anm. 1) wurde als Vorteil des Denkens im Algorithmus der neuen Apps u. a. genannt: „Sie zwingen zur Kürze und zur Beschränkung auf das Wesentliche, weil etwa Twitter nur 140 Zeichen pro Nachricht zulässt."

Man kann am oben zitierten Text zum SimCity-Entwurf „Sehr große Stadt" ablesen, was im Kopf des jungen Stadtplanungsspielers „abgeht", mit der Twitter-Deckelung vom Klicken zum Denken (in dieser Reihenfolge). Ein Satz wie „Auch ist es von Vorteil, nur Gewerbe anzulocken und die Industrie in Nachbarstädte zu scheuchen" folgt zwar dem Spiele-Ziel, den „Wohlstand" der Stadt positiv zu beeinflussen; er wäre aber allein schon ein Grund für die Schulnote „Mangelhaft". Und das nach einer ganzen Woche Arbeit und bei einem so perfekten (vorprogrammierten) Design – würde der Schüler sowohl die Werte der Welt wie die der Schul-Welt noch verstehen?

Wenn der Schüler selbst das Medium und Werkzeug SimCity ernsthaft zum Weltverstehen und Geographie-Machen nutzen und dafür selbst im wikipedia-verfügbaren Text[15] nachlesen würde, was das Spiel will, was es erlaubt und wo es technisch und konzeptionell hakt (z. B. das neue Regions-Konzept und eine Kritik daran), dann würde er sich *ernsthaft* mit der Simulation von Stadtentwicklung und -planung befassen können. Dann würde er auch die Schulnote „Sehr mangelhaft" für seinen Erläuterungstext verstehen.

Es würde sich lohnen, die selbstkritische Vorstellung von SimCity in Wikipedia genauer zu lesen; man kann daran erkennen, wie sich das Konzept entwickelt, welche Kritiken aufgenommen bzw. selbstständig gefunden wurden und wie die thematische Komplexität erweitert wird. Es lässt sich schon daraus die Passung von Spiel und Realität beurteilen.

Die Spieler sollten den Anspruch des Spiels (s. o.) nachlesen, verstehen und ernst nehmen. Sie sollten aber auch lernen, diesen Anspruch und die technischen Möglichkeiten selbst auf den Prüfstand zu stellen. Sie sollten ein Denken im Tunnelblick von Planern (oder Programmierern) erkennen und den kategorialen Horizont erweitern (z. B. im Stichwort „SimCity-Societies").

Ein ausgewählter Kritikpunkt: Was soll das denn heißen, dass man eine Stadt „im Jahr 0" starten kann? Das ist ein Denken im Kinderspiel-Modus („Gehe zurück auf ‚Los'") und ist damit fast das genaue Gegenteil der Realitäten und Wirklichkeiten in der Stadtentwicklung und -planung (von wenigen Retortenstädten teilweise abgesehen). Es geht genau um die Leitbilder, die Konkurrenz der Flächennutzungen, Bodenpreise, Macht, Irrtümer, Katastrophen und Daseinsvorsorge, um historische Erfahrung und verschiedenste Perspektiven auf all dies. Es wäre also ein Planungsspiel zu wünschen, das sich auch kleinräumig auf Probleme bezieht, diese definiert und in alternativen Optionen behandelt. Die Folgen und die Folgen der Folgen (und die so genannten unbeabsichtigten Nebenfolgen und deren Gleichzeitigkeiten) sind dabei ebenso wichtig wie die bloße Aktenlage zu Beginn des Spiels.[16]

Der Erkenntnisgewinn wäre nicht das Zusammenschieben von Spiel-Bausteinen; das allein ist weder *argumentativ* noch *diskursiv* noch *partizipativ*. Der Erkenntnisgewinn beginnt vielmehr in der Vergegenständlichung von *Konzepten* und mit deren kritischer Diskussion (vgl. Rhode-Jüchtern 2001 und 2006).[17]

Der Erkenntnisgewinn findet seinen Platz am Anfang („Wo ist das Problem?") und am Ende („Wie wird ein Problem behandelt?" und „Wer spricht?") Hier sind soziologische Phantasie und Lebenserfahrung gefragt, hier beginnt Bildung. Das Leben ist nämlich kein Kinderspiele-Spiel.

Fazit

Neue Werkzeuge erzeugen natürlich neue Möglichkeiten, das gilt für die Dampfmaschine ebenso wie für den Computer, die Weltraumfahrt und die Biotechnologie. Sie erzeugen auch ein neues Verhältnis zur Welt, in der sich plötzlich alte Märchen-Motive realisieren können, vom Tischlein-Deck-Dich über die Siebenmeilenstiefel bis zum Goldesel.

Trotzdem stellt man zuweilen fest, dass dies nicht automatisch und nicht immer ein Fortschritt sein muss. Zum Beispiel sind Architektenzeichnungen heutzutage zwar dreidimensional animiert und in Sekunden umzuzeichnen, aber sie brauchen programmierte und standardisierte *Software* und sie erscheinen womöglich als „leblos". Man will doch sehen, wie eine Idee und ein Konzept sich aufbauen und dabei eingreifen können; man will das subjektiv aushandeln; man will noch nicht Programmiertes andenken dürfen. Erstaunt wäre man, wenn der Architekt bekennte, dass er gar nicht mehr freihandzeichnen kann. Wie weit er seine Gedanken an das Werkzeug angepasst bzw. unterworfen hat („geht"/„geht nicht"), bleibt aber meist unerkannt.

Zu befürchten ist: Wissensproduktion und Politik-Machen passen sich dem Medium an. Am Ende stehen nur noch 140 Zeichen pro Info-Einheit zur Verfügung (*Twitter*-Norm). Laien kooperieren einfach, sie kollaborieren und sind ansonsten sprachlos. Verantwortlichkeiten werden abgeschoben. Verstehen ist kein primärer Maßstab mehr für die Qualität einer geistigen Leistung. Wirklichkeiten werden angepasst an das Werkzeug. Die Wahrnehmung von Wirklichkeit folgt dieser Anpassung und Konstruktion, nicht mehr der eigenen Zielstellung und Viabilität. Die Suche nach selbstbestimmten Zielen, Zwecken und Wegen wird verlernt und am Ende nicht einmal mehr für möglich gehalten.

Das philosophische Schlüsselwort für unser Thema ist „Werkzeug" (oder *tool*). Die Menschen unterscheiden sich vom Tier dadurch, dass sie Werkzeuge haben und entwickeln – so dachte man früher. Aber auch Tiere können Hebel einsetzen oder zweckmäßige Aktionen ausführen, um an Futter zu kommen; Affen knacken Nüsse mit Hilfe von Steinen, Ratten drücken eine Futter-Taste. Es sind das polyvalente Interesse und die kalkulierte Macht und das kognitive und affektive Bewusstsein, die die Menschen vom Tier unterscheiden. Menschen können die Ergebnisse ihrer Arbeit vorhersehen, sie können zwischen Alternativen wählen, sie können reflektieren. Sie können die Welt nach diesen Möglichkeiten „machen". Dafür brauchen sie Werkzeuge, aber sie brauchen ebenso ein Bewusstsein von deren Konstruktion, Funktionsweise und Dinglichkeit. Eine Zange ist immer nur ein Werkzeug und niemals „intelligent", eine AlpinCross-Vektorkarte (s. oben) ist auch nicht intelligent.

Es gibt allerdings „Zangen", die trotzdem so behandelt und freigelassen werden bis zu einer tatsächlichen Wirkmächtigkeit und Macht über Menschen – wie im Technik-Thriller „Game Over" (Kerr 1996), wo ein von Menschen gemachtes Hochsicherheits-Gebäude am Ende den Architekten verschlingt, fast[18]. Oder so, wie Robert Harris es in „Angst" (2011) beschreibt: Der geniale Physiker Dr. Hoffmann entwickelt den Hedge-fond-Computer VIXAL-4; dieser spekuliert auf eigene Faust: „Unsere tiefste Überzeugung ist es, dass die Digitalisierung selbst, die weltumspannende Vernetzung, die Ursache der weltweiten Panik ist. Und damit werden wir Geld verdienen, verdammt viel Geld."

Als Fazit bleiben zwei Forderungen:

(1) Alles, was wir pädagogisch und didaktisch tun, ist stets auf den Prüfstand der Reflexion/Metakognition zu stellen: Was machen wir da, wie und für welchen Zweck? Wem nützt es?

(2) Das Gedicht von Johann Wolfgang Goethe vom „Zauberlehrling" ist auswendig zu lernen und zu beachten (am leichtesten pflichtinstalliert auf dem desktop des *tablet-PC*, der „Schiefertafel 2.0"):

> „Die ich rief, die Geister
> werd ich nun nicht los
> ‚In die Ecke,
> Besen, Besen!
> Seid's gewesen.
> Denn als Geister
> ruft euch nur zu diesem Zwecke,
> erst hervor der alte Meister'."

Der Beitrag ist ursprünglich erschienen in: Gryl, Inga; Nehrdich, Tobias; Vogler, Robert (Hrsg.) 2012: geo@web. Medium, Räumlichkeit und geographische Bildung. Wiesbaden, 145-162.

Anmerkungen

1 Allerdings hat der kanadische Medientheoretiker Marshall Mc Luhan bereits 1968 (105 f.) erkannt, dass die Kinder im „Niagara of data" ihrer Lebenswelt eingeführt werden „to nineteenth-century classrooms and curricula, where data flow is not only small in quantity but fragmented in pattern. The subjects are unrelated. The environmental clash can nullify motivation in learning. (...) What is indicated for the new learning procedures is not the absorption of classified and fragmented data, but pattern recognition with all that that implies of grasping interrelationships." (vgl. Kerckhove et al. 2008)

2 „www.Marketing-Trendinformationen.de/trends-zukunft/html" vom 19.03.2011: „Büro: E-Mail wird Auslaufmodell."- Das bedeutet nicht den sofortigen Abschied von E-Mail. Aber dieses Medium wird verdrängt durch die neueren Applikationen wie Twitter, Facebook oder Skype, die einige Vorteile bieten:
   • Sie machen die Kommunikation schneller, weil der Sender sehen kann, was die Gegenseite gerade tut, wo sie sich aufhält und ob sie kontaktbereit ist.
   • Sie steigern die Reichweite der Nachrichten, weil sie in der Regel als Rundsendung an alle Freunde verbreitet werden.
   • Sie entbinden von einem wesentlichen Zeitfresser, den E-Mail mit sich bringt: dem Öffnen von Anlagen.
   • Sie zwingen zur Kürze und zur Beschränkung auf das Wesentliche, weil etwa Twitter nur 140 Zeichen pro Nachricht zulässt."

3 *„Jetzt links abbiegen" in: 12.11.2011 Süddeutsche Zeitung* vom 12.11.2011

4 „Die Richtung stimmt" in: 4-Seasons. Das Globetrotter Magazin. Sommer 2011, 40. Dieser Text ist nicht als Werbung ausgewiesen, sondern erscheint im redaktionellen Design unter der Kopfzeile „Aktuell"

5 Der eine redet von der Technik als großartigem Hilfsmittel, der andere vom zunehmenden kognitiven Nichtverstehen der Gegenstände selbst, die da mit Technik leichter behandelt werden sollen – wer nicht prinzipiell (!) konzipieren und schreiben kann, sollte auch kein Word-Programm mit Rechtschreibüberprüfung benutzen (dürfen); wer nicht prinzipiell (!) kopfrechnen kann, sollte auch keinen Taschenrechner bekommen (sagt *Generation 60+*). Ein Beispiel für Schwer-Verstehen schon zwischen den Generationen 60+ und 40 + (ganz zu schweigen 20+ oder bereits 10+) ist die folgende briefliche Mitteilung aus der *Generation 40+*: „Inhaltlich kann man das so sehen, wie Du – ich wäre jedoch nicht so streng. Wenn ich Deine Auffassung weiter denke, würde das doch bedeuten, dass wir erst mit der Hand waschen müssten, bevor wir eine Waschmaschine bedienen, erst Schreibmaschine und dann PC lernen, erst Lochkamera und dann Fotoapparat, erst Faustkeil und dann Füller etc .... Es hat aber doch auch seine Vorteile, dass wir unser Leben mit Technik erleichtern; das erst gibt uns doch Zeit, anderes zu tun? Wer entscheidet denn, welche Kulturtechniken ich einfach so anwenden kann und bei welchen ich erst die Vorstufen erlernen sollte? Über die technischen Möglichkeiten und kulturelle Errungenschaften verändern wir uns als Menschen und haben uns immer schon verändert. Wir leben ja nicht mehr im 18. Jahrhundert in einem kleinen ostwestfälischen Dorf. D. h. müssten wir angesichts der nächsten Generationen, die ganz anders in den Umgang mit Technik hineinsozialisiert wurden, unsere persönliche und in eigenen Erfahrungen errungene Idee vom menschlichen In-der-Welt-Sein „loslassen" und davon ausgehen, dass es die nächste Generation ganz anders macht – und machen muss – als wir, da sie mit anderen Erfahrungen eben unter anderen raumzeitlichen Bedingungen lebt. Ich meine damit nicht, dass Reflexion und Selbsttätigkeit – und eben der Umgang mit Karte und Kompass – keinen Wert mehr hätten. Aber ich denke eben nicht, dass nur alte Meister sich mit Navis und Tomtoms orientieren dürfen." (Der Vf. fühlt sich hier nicht gut verstanden: Es geht nicht darum zu verstehen, *wie* ein Gerät etwas macht, sondern *was* ich mit ihm mache, und ggf. was es mit mir macht. Der evolutionäre Beginn des Waschens wäre in diesem Sinne nicht die Handwäsche, mit der man sich zur Waschmaschine hochdienen kann, sondern ein Verständnis des Waschens nach Zweck und Mitteln. Entsprechend würde der Vf sich wünschen, dass z.B. bei einer Geländeaufnahme im Winkelzug ein Grundverständnis der Winkelfunktionen (Sinus, Tangens etc.) genutzt werden kann und wie die zugehörige Zahlentafel entsteht.

Die *Generation 20+* schreibt dazu: „Ich respektiere Deine bewusst als subjektiv offengelegte Position sehr; dennoch geht die Frage noch weiter, glaube ich. Wie viel Technik muss ich verstehen, um sie anwenden zu dürfen? Muss ich Schülern im Detail die Funktionsweise von GPS erläutern, bevor sie damit ‚raumbezogene Bildung' im Geocaching erlangen dürfen? Wie viel Mündigkeit brauche ich gegenüber dem Gerät? (siehe Apple = Benutzerfreundlichkeit bzw. ‚Technik für *Dummies*'; Linux = Selbständigkeit und Mündigkeit des Nutzers? Ein bisschen geht das ja in Richtung Akteurs-Netzwerk-Theorie."

6 Die Tageszeitung „taz" hat den „Piraten" als der Partei der *digital natives* bereits ironisch einen neuen Typus gegenübergestellt: „Barbaren – Die Barbarenpartei": „Ihr Markenkern ist eine fast schon religiös anmutende Internetskepsis, aber fast wichtiger als die Inhalte ist den Barbaren ihr gemeinsamer Lebensstil. Barbaren benutzen lieber Stadtpläne als Navigationsgeräte, halten Verabredungen ein, ohne noch dreimal von unterwegs anzurufen. (...) ‚Meine Eltern kommen aus der Gamerszene', sagt ein Teenager, ‚ich bin quasi auf einer immerwährenden

LAN-Party aufgewachsen. Dass es da draußen eine analoge Welt gibt, habe ich erst bei meiner Einschulung richtig verstanden.'. ‚Ich bin über das Online-Banking zur Bewegung geraten', erzählt eine Vierzigjährige. ‚Nachdem mir zum dritten Mal die Zugangsdaten ausgespäht wurden, ist mir klar geworden: das mit dem Internet muss aufhören.' ‚Es gibt ein Recht auf ein rein analoges Leben.' – ‚Gefällt mir!' rufen einige Barbaren. (Christian Bartel: „Die Wurzel der Wut" in: taz 14.5.2012, 20)

7   Zusammenfasst nach Adam Soboczyinski (2009)

8   Heiner Müller zitiert Ernst Jünger anlässlich des Hineinschlitterns der DDR in die Marktwirtschaft 1989/1990, ZDF-Theater-Kanal, 05.02.2009, 21:45

9   Norbert Bolz: Abschied vom Gutenberg-Universum. Gastbeitrag für Czyslanski, 2010

10 Zeit-online-Kommentar Nr. 7 „Schirrmacher – Copy & Paste" zu Sobozynski (2009)

11 www.schuegerl.com/Handzettel/INF/SchirrmacherPayBack.doc

12 In der Debatte um E-Reader als Lesegerät anstelle alter Buch- und Zeitschriftentechnologie wird z. B. behauptet, dass in unseren Schulen „in Wahrheit das Lesen von Texten mit einem längeren Argumentationsbogen bisher gar nicht gelernt" wird (abgesehen von vereinzelten Ganzschrift-Lektüren). „Es zeichnet sich ab, dass Langtexte im Netz ein Comeback erleben werden. (...) Wir Netzbewohner haben wirklich immer weniger längere Texte gelesen. Es gab einfach noch keine brauchbare Brücke zwischen digitaler und analoger Welt. Mit den neuen Lesegeräten und Lese-Apps ändert sich das: Jetzt kann man einen längeren Blog-Eintrag mit einem Klick auf den Reader schicken. (...) Man wird also künftig wieder versunkene LeserInnen sehen, in den Bahnen, im Cafè, am Baggersee (...) Aber eines ist neu: Diese LeserInnen sind nicht mehr isoliert. Anders als auf dem Papier kann man künftig Texte ‚sozial lesen': Alle markieren und annotieren gemeinsam im Internet, tauschen Zitate, teile Kommentare. Ein bisschen so wie in den Briefnetzwerken der Aufklärung, als die bürgerliche Buchkultur noch viel frischer und lebendiger war." (Lindner 2012 (3), 18))

13 Auch hier ist zu vermuten, dass das Wort „Argumentieren" eher in der Generation 50+/60+ verwendet wird. *Generation 20+* hält dagegen: „Wir lehren unsere Schüler den konservativen linearen Informationsstil, und lassen sie erst mal mit den Möglichkeiten des neuen – schnellen, sprunghaften, nicht mehr linearen, komplexen – Informierens allein. Wir lehren sie in diesem Bereich keine Strategien, sondern regen uns auf, dass sie die alten Strategien im neuen Informationsangebot nicht mehr anwenden. Tatsächlich kann aber ein kompetentes Informieren, das vielleicht Techniken erfordert, die die alte Generation nicht beherrscht und nicht lehrt, und die nur die Fähigsten der neuen Generation sich intuitiv erschließen, komplexes Denken ermöglichen (wie es das Beispiel zeigt), das in seiner Komplexität der aktuellen Welt gerechter wird." (Das „Wir" in diesem Statement ist freundlich, gemeint ist aber „Ihr", d. V.).

14 „Inhalt des Spiels ist die Simulation einer Stadt und deren Entwicklung unter Einbeziehung verschiedener Faktoren wie Kriminalität, Umwelt, Verkehrsfluss und Bildung. Auf einer anfänglich unbebauten Landschaft kann vom Spieler Infrastruktur wie etwa Strom- und Wasserversorgung, Straßen und Schienen gebaut werden. Außerdem kann er Wohn-, Industrie- und Gewerbegebiete zur Bebauung ausweisen. Spezialgebäude wie Häfen, Parks, Schulen, Polizei- und Feuerwachen beeinflussen verschiedene Parameter in ihrer Umgebung (ein Polizeirevier führt zu geringerer Kriminalität, was die Attraktivität der Grundstücke in der Umgebung erhöht), (...) Faktoren zur positiven oder negativen Entwicklung des Wohlstandes einer Stadt sind zudem verschiedenste vorgegebene Verordnungen, die erlassen oder zurückgenommen werden können. Des Weiteren spielen Umweltverschmutzung, Verkehrsaufkommen, Sicherheit, Gesundheit und Bildung sowie das Vorkommen naturbelassener Flächen wie Seen, Hügel oder Parks

eine Rolle bei der Nachfrage von wohlhabenderen Sims und Unternehmen." (de.wikipedia.org/wiki/SimCity)

15 de.wikipedia.org/wiki/SimCity

16 Interessehalber wäre auch die 5. Runde des Aufbaustrategie-Spiels „Anno 2070" (Studio Related Designs zus, mit Ubisoft Studio Blue Byte) zu testen. Nach den Spielen „Anno 1701" und „Anno 1404" geht es hier um die Planung einer neuen Insel von einem Kontor aus, Zeitperspektive 2070; die Komplexität ergibt sich z. B. durch das Ansteigen des Wasserspiegels und ökologische Herausforderungen. Diese können in der Denkweise einer industriell-effizienten Denkweise (Tycoons-Fraktion) oder einer nachhaltig-umweltbewussten Denkweise (Eco-Fraktion) ausgerichtet werden; eine dritte Fraktion befasst sich mit F&E (Forschung und Entwicklung), die irgendwann einmal in das Programm einfließen können. Ökologie, Weltgeschehen und aktuelle Bedrohungen mischen das Spiel auf und schaffen ein Bewusstsein von Komplexität und von „Murphys Gesetz".

17 Vgl. Text Nr. 23 „Vernetztes Denken – Zauberwort mit Januskopf", (Rhode-Jüchtern 2001). Hier wird das Spiel „ecopolicy" von Frederic Vester kritisiert: Programm dieses Spiels ist, dass der Investitionsfaktor „Bildung" den Wohlstand am meisten fördert; erfahrende junge Spieler erkennen das sehr bald aus dem programmierten Reaktionen und können sich danach opportunistisch verhalten oder Chaos stiften. In Text Nr. 38 „Der Stadtpark ist für alle da!?" wird durchdacht und diskutiert, wie verschiedene Belange und Betroffenen in einem Raumnutzungskonzept (hier: Stadtpark) berücksichtigt und abgewogen werden können.

18 „Ein High-Tech-Hochhaus in Los Angeles wird zur tödlichen Falle, als der Zentralcomputer plötzlich verrücktspielt. Mit dem ersten Toten beginnt für den Stararchitekten Ray Richardson ein wahrer Albtraum, mit jedem weiteren Toten steigert sich der Horror. Der Stararchitekt und sein Stab bauen für die chinesische Firma Yu Inc. das erste intelligente Bürogebäude der Welt. Kein Hausmeister oder Wachmann ist notwendig, um das Gebäude in Betrieb zu halten, ja sogar die Putzfrau ist durch intelligente Säuberungsmechanismen und Roboter abgeschafft. Auch die Empfangsdame ist – da die Firma Angst hat, sie könnte von eventuellen Terroristen als Geisel genommen werden – nur ein Hologramm in der Eingangshalle. Die Kommunikation funktioniert innerhalb des Gebäudes per Intranet, nach außen nur per elektronischer Post und Telefon – der Traum vieler Sekretärinnen wird wahr: Papier ist endgültig nicht mehr notwendig. Verantwortlich für die Steuerung vom Fahrstuhl bis zur selbstreinigenden Toilette ist ein Supercomputer mit dem Namen Abraham, der den gesamten vierten Stock des Hochhauses einnimmt. Abraham ist der erste intelligente Computer, der selbstreferentiell arbeitet, d. h. in der Lage ist, seine Algorithmen selbstständig umzuschreiben und an jede Situation anzupassen. Philip Kerr schafft in *Game Over* einen Super-Gau der Technikgläubigkeit. Der Fall, in dem der Mensch nicht mehr in der Lage ist Einfluss auf das von ihm selbst Geschaffene zu nehmen, frei nach Goethes: „Die Geister die ich rief, werd ich nun nicht los." (aus der Buchbeschreibung „Game Over" bei Amazon)

Literatur

Hentig, Hartmut von 1984: Das allmähliche Verschwinden der Wirklichkeit. Ein Pädagoge ermutigt zum Nachdenken über die Neuen Medien. München/Wien

Hentig, Hartmut von 2002: Der technischen Zivilisation gewachsen bleiben. Nachdenken über die Neuen Medien und das gar nicht mehr allmähliche Verschwinden der Wirklichkeit. München/Wien/Weinheim

Horst, Uwe/Detlef Kanwischer/Dietmar Stratenwerth 2006: Die Kunst, sich einzumischen. Berlin

Kanwischer, Detlef/Joachim Schindler (2006): „Muss man Butter mit der Kreissäge schneiden?" – Ein fiktives Gespräch über die neuen Medien. In: Horst, Uwe et al. 2006, 257-261

Kerckhove, Derrik de/Martina Leeker/Kerstin Schmidt (Hrsg.) 2008: McLuhan neu lesen. Kritische Analysen zu Medien und Kultur im 21. Jahrhundert. Bielefeld

Kerr, David 1996, [12]1998: Game Over. Reinbek

Lindner, Martin 2012: IT-Gimmicks. Artikelserie in der Tageszeitung taz: (1) Der magische Spiegel (15.2.2012: http://tiny.cc/lindnersmagicmirror) (2) Der Stift als multimediales Gerät (25.1.2012: http://tiny.cc/lindnerssmartpen) (3) Schriftbildschirme (14.3.12), (4) Smartphone

McLuhan, Marshall 1968: Die Magischen Kanäle. Düsseldorf

Mattern, Friedemann 2003: Die technische Basis für das Internet der Dinge. In: ders. (Hrsg.): Total vernetzt – Szenarien einer informatisierten Welt. Berlin, 1-41 (www.vs.inf.ethz.ch/publ/papers/internetdinge.pdf)

Postman, Neil 1983/2009: Das Verschwinden der Kindheit. Frankfurt/M.

Postman, Neil 1985: Wir amüsieren uns zu Tode. Frankfurt/M.

Rhode-Jüchtern, T. 1996: Den Raum lesen lernen. München. (Kap. 15: Kartographische Aufklärung: Welt begehbar machen und Schlachten schlagen, Wien 157-177

Rhode-Jüchtern, Tilman 2001: Vernetztes Denken. Zauberwort mit Januskopf. In: Geographie und Schule, Heft 132/2001, 3-8

Rhode-Jüchtern, Tilman 2006: Der Stadtpark ist für alle da!? Von der subjektiven zur sozialen Raumwahrnehmungskompetenz. In: Geographie und Schule, Heft 164, 37-50

Schirrmacher, Frank 2009: Payback: Warum wir im Informationszeitalter gezwungen sind zu tun, was wir nicht tun wollen, und wie wir die Kontrolle über unser Denken zurückgewinnen. München

Soboczyinski, Adam 2009: Wir Süchtigen. In: Die Zeit 48/2009, Zeit-online: www.zeit.de/2009/48/L-S-Schirrmacher

III.
Welt-Verstehen und Methode

12. „Sense(s) of place" – Narrative Räume – Narrative Geographie

Was ist – eigentlich – ein Ei?

Was ist ein Ei? Eigentlich eine einfache Frage. Aber so kann man die Frage nicht stellen, denn ein Ei ist nicht einfach ein Ei. Es ist vielmehr ein Ei aus der Sicht eines Architekten, einer Lehrerin, eines Designers, eines Physikers. Oder es ist ein Ei mit einer bestimmten hier beachteten Eigenschaft. Das Ei hat zwar eine Reihe von *objektiven Eigenschaften*, z.B. seine Form. Aber das allein sagt noch nicht viel, jedenfalls nicht alles aus; vielmehr sagen die *Betrachter* etwas aus über das Ei.

Abb. 1: Auch Architekten fragen sich: Wie sieht ein Designer-Ei aus, wie ein Informatiker-Ei, wie ein Lehrerinnen-Ei? (eig. Foto)

So ist das auch mit Räumen. Räume sind „Container" oder „Systeme von Lagebeziehungen" oder eine „Kategorie der Sinneswahrnehmung" oder „Soziale, technische oder politische Konstruktionen" – diese Definitionen finden wir im Dokument „Curriculum 2000+" der Deutschen Gesellschaft für Geographie (DGfG), in dem möglichst alle Geographen verschiedener Fraktionen ihren Gegenstand wieder erkennen sollen. Immer steht dabei das Wort „Räume" in Anführungsstrichen, denn wir beschäftigen uns mit Räumen nicht nur als äußerliche fixe Gegenstände. Wir erkennen und definieren einen interessanten Aspekt aus einer bestimmten Perspektive und dann kommunizieren wir darüber. Dafür fassen wir den „Raum" in Texte. Auch ein Planer, der den Raum als äußeren Gegenstand behandelt, auf Wirkungen reagiert und Eingriffe vorbereitet, tut nichts anderes.

„Raum als Text"? Kein Problem. Sogar Karten sollen „Texte" sein, nämlich „nichtkontinuierliche" Texte; dazu gehören außerdem Tabellen, Listen, Grafiken, Diagramme, Schaubilder. Man kann sich Räume und räumliche Probleme also vielfältig *in* Texten und *als* Texte wiedergegeben vorstellen; sie werden, wie alle Texte, geschrieben, gelesen und verstanden. Diese Texte funktionieren wie sprachliche Systeme (*langue*) und in Kommunikation (*parole*). Sie haben zudem eine bestimmte *Oberflächen-* und eine unbestimmte *Tiefenstruktur*.[1]

Zwei Minuten Theorie

Textverstehen kann nach dem *literacy*-Konzept der PISA-Studie als ein Prozess angesehen werden: Informationen ermitteln, textbezogenes Interpretieren, Reflektieren und Bewerten. Neben der Information, die der Text liefert, trägt der Rezipient eigenes Wissen an den Text heran:

- *Textstrukturwissen*: Wissen über den Aufbau von Texten, Textsorten, Funktionen von Textteilen.
- *Weltwissen*: Wissen über Sachverhalte, die in einem Text behandelt werden. Dieses Wissen ist in einer spezifischen Weise organisiert: in Typen, in Mustern und Schemata, in Szenarien.

Daneben ist zu bedenken, dass *Textverstehen* in einem *Kommunikationsprozess* entsteht; dieser ist ggf. als solcher zu erkennen (Absichten des Produzenten und des Rezipienten, Interessen, Decodierfähigkeiten, Konventionen etc.). Indem neben den textlichen Informationen auch eigenes Vorwissen und Vorleben zum Aufbau der Textbedeutung beitragen, wird auch das Textverstehen ein *konstruktiver* Prozess.

Neben dem *Verstehensprozess* ist die Dimension der *Sachaspekte* zu bedenken. Dinge/Orte/„Räume" haben verschiedene Eigenschaften, die ihnen eingeschrieben, aber nicht immer klar lesbar sind bzw. nicht allesamt gelesen werden. Diese Eigenschaften werden *als Aspekte* selektiert und in Texten aktiv angeordnet/hergestellt/kon-

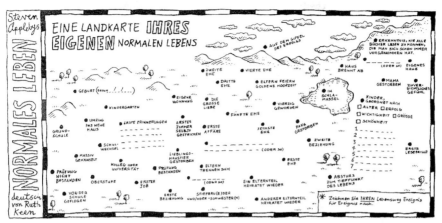

Abb. 2: „Landkarte des eigenen Lebens": Diese Karikatur erinnert uns an die individuellen Prägungen in der Weltaneignung. Auf diesen Denkpfaden erfahren wir „die" Welt *als unsere* Welt.

Abb. 3: „In die Wupper" – Diese Karikatur erinnert an die – individuellen oder kollektiven – Blinden Flecken und Tunnelblicke und Sprachspiele in der kommunikativen Deutung von Welt.

stituiert; danach werden sie passiv rezipiert/interpretiert/synthetisiert. Im Falle räumlicher Gegenstände spricht man von „Spacing". Das *Spacing* vollzieht sich nicht einfach „aktiv" als unbegrenzte Mitteilung, sondern im Rahmen bereits begriffener räumlicher Strukturen; das Interpretieren geschieht umgekehrt nicht einfach „passiv", sondern aufgrund von biographisch bereits bekannten und angeeigneten sozialen Strukturen und Regeln – wie in der „Landkarte des eigenen Lebens" ableitbar.

Aus diesen Raum-Texten entstehen – neben Daten und Informationen – bestimmte Atmosphären, Emotionen und Ortsbezüge (*„Sense of place"*), Topophilien und Topophobien, Einschluss und Ausschluss. „Emotionale Ortsbezogenheit" ist nicht nur für *Insider* möglich, die für einen bestimmten Ort Gefühle aufgrund persönlicher Erfahrungen, Erinnerungen und symbolhaften Bedeutungen entwickeln; der Begriff kann sich ebenso darauf beziehen, „wie der Charakter eines Ortes, dessen spezifische physische Merkmale und/oder die seiner Bewohner, von Außenstehenden (*outsiders*) wahrgenommen wird" (Knox/Marston 2008, 386[2]). In der Didaktik und Pädagogik sprechen wir von der *subjektiven Anschließung* und vom *imaginativen, verständnisintensiven Lernen*. Erkenntnistheoretisch ist die Unterscheidung von *Innen- und Außenperspektive* von Belang, um zu klären: Wer spricht und aus welcher Perspektive? Dies wiederum ist wichtig, um essentialistischen Aussagen („Es ist so!") aus dem Weg zu gehen und die Relativität und Relationalität geographischer Erkenntnisse zu betonen („Ist es so?").

Reiseberichte und Reiseführer zum Beispiel bedienen sich aus diesem Bedeutungs-Fundus aus *Alltagserfahrung*, *Vorstellungen* und *Imaginationen* in besonderer Weise. In dem Buch „Nie wieder! – Die schlimmsten Reisen der Welt" bietet Hans Magnus Enzensberger (1995)[3] ein weltweites Panorama von subjektiven Ortsbeschreibungen, von Frankfurt am Main über Irland bis Katmandu und Tokio dar. Auch der hochgerühmte Soziologe Richard Sennett (1994, 168 f.) macht seine Beschreibung von Manhattan im Rahmen eines persönlichen Stadtspazierganges intensiv und sinnlich nachvollziehbar[4]. Und er bringt dies auf den Begriff: Eine „fragmentierte Stadt" wird von einem „fragmentierten Selbst" chamäleonartig in „segmentierten Rollen" erfahren; so sehen es auch die Stadtsoziologen der Chicagoer Schule.

Die *narrative Methode* und die *Mehrperspektivität* sind dafür ein/das Konzept. „Eine Frau, die nur in den Kategorien männlich/weiblich denkt, ein Geschäftsmann, der nur in den Kategorien reich/arm denkt, ein Jamaikaner, der nur in den Kategorien weiß/schwarz denkt – sie alle erlangen von der Außenwelt wenig Anregung" (Sennett 1994, 167). Das ließe sich auch auf einen Schüler übertragen: Ein Schüler, der nur in den Kategorien gute Note/schlechte Note denkt, erlangt von der Schule wenig Anregung.

Die Kategorien des *spacing* und „*sense of space*" erweisen sich als doppeldeutig-hilfreich: Es geht bei „sense"/„Sinn" nicht nur um die sinnliche Wahrnehmung, sondern zugleich um Bedeutung und Verstand. (Dies könnte für unsere Zwecke gut bei Kant und seiner transzedentalen Ästhetik in der „Kritik der reinen Vernunft" nachgelesen werden: Für ihn bilden empirische Anschauung und begriffliches Denken zusammen die „zwei Stämme der menschlichen Erkenntnis").

Drei Beispiele

Diese einerseits selbstverständlichen, andererseits komplizierten Wechselwirkungen sollen jetzt an drei Beispielen entziffert werden: Ortsbedeutungen (Rafik Schami: Damaskus), Grenzlinien („Der Blaue Strich"), Ortsfunktionen (Projekt „Migropolis": Venedig). Daran kann diskutiert werden, inwieweit die Figur „Raum als Text" bzw. „Sense(s) of Space" geeignet ist, im Fachunterricht die Welt wahrnehmbar, vorstellbar und begreifbar zu machen und darin eine bewusste und reflektierte Kognitionsleistung zu erkennen. Mehr noch: Diese Erkenntnis auf den zwei Stämmen *Anschauung* und *begriffliches Denken* kann sich als die tragfähige verständnisintensive Didaktik erweisen, wo wissensbasierte und testorientierte Instruktion mittel- und langfristig versagen. Noch mehr: Auch in der Fachwissenschaft hat sich das Paradigma der *Handlungs- und Subjektzentrierung* etabliert, das in besonderer Weise die Mensch-Natur-Verhältnisse fokussiert.

Beispiel 1: Reise zwischen Nacht und Morgen

Angenommen, im Lehrplan ist die „Orientalische Stadt" zu behandeln. Dann kann es sein, dass die Schüler zu Beginn mit einer Atlaskarte[5] konfrontiert werden, womöglich mit der Frage „Was seht Ihr?"

Zwar ist die Karte auch ein *Text*, aber sie ist zunächst keine *Erzählung*. Sie hat als solche keine Anschließung, keinen Kontext und keine Problemstellung. Was kann man dann mehr tun, als das Kartenbild mithilfe der Legende zu reproduzieren?

Ähnlich dürfte es dem Betrachter mit dem Luftbild von Bagdad, dem Schauplatz von „Tausendundeine Nacht" gehen. Auch ein Luftbild ist ein Text und doch nicht selbsterklärend. Es muss interpretiert werden. Überschrift und Unterschrift sind bereits geronnene Interpretationen bzw. Vorentscheidungen darüber, was interpretiert werden soll.

Der syrisch-deutsche Schriftsteller Rafik Schami (1995, 322-331) beschreibt die Reise seines Alter Ego, des alten Zirkusdirektors Valentin, nach Damaskus, allerdings in Begleitung von dessen deutscher Freundin Pia, der Briefträgerin[6]. Die Erzählungen richten sich in den drei hier ausgewählten Ausschnitten auf den Souk von Damaskus (im Atlas ist dies nur ein Grundriss in der einheitlichen Farbsignatur „rotbraun"). Es soll damit nicht nur atmosphärisch dicht erzählt bzw. zugehört werden, sondern hinter der kleinen Erzählung steht die große Erzählung von der Orientalischen Stadt.

„Beobachtungen, Szenen, Gefühle in Ulania, aufgeschrieben, um nicht zu vergessen und um den Gefühlen meiner Mutter näherzukommen"
1. (**Valentin**) *Ich bin wie verzaubert. Mit jedem Schritt. Nach ein paar Schritten bin ich im Innern der Stadt. Mitten in den Adern und Arterien bewege ich mich. Bei uns geht man auf der Haut der Städte und ist nie drinnen. Das Licht der Basare ist anders. Es ist einladend, ohne aufdringlich zu sein. Hier hat die Stadt Gesicht und Geschichte, Charakter und Seele. Sie ist ein atmendes Wesen. Wenn ich durch die Gassen gehe und sehe die Bögen, Säulen, Erker und Arkaden aus dem ersten, zweiten oder fünften Jahrhundert, die immer noch ein Teil der Häuser sind, dann denke ich, wie arm unsere Städte sind. Hier glotzt man sie nicht an wie erstarrte Geschichte, sondern man bewohnt sie. Die Zeit scheint hier stillzustehen, doch*

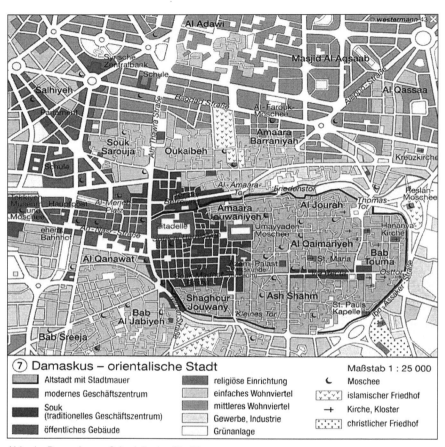

⑦ Damaskus – orientalische Stadt   Maßstab 1 : 25 000

Altstadt mit Stadtmauer	religiöse Einrichtung	☾ Moschee
modernes Geschäftszentrum	einfaches Wohnviertel	islamischer Friedhof
Souk (traditionelles Geschäftszentrum)	mittleres Wohnviertel	⊹ Kirche, Kloster
öffentliches Gebäude	Gewerbe, Industrie	christlicher Friedhof
	Grünanlage	

Abb. 4: „Damaskus – Orientalische Stadt".

Dornröschen wird täglich wachgeküsst. Hier hat alles seinen Namen, seinen Geruch und seine Stimme.

(Pia) *Ich bin auch im vierten Gang durch den Basar noch entsetzt, dass ich immer gleich in ein Gedränge gerate. So nahe kamen mir fremde Menschen noch nie, nicht einmal bei einer Feier. Alles riecht zu intensiv. Bis zur Straßenmitte stank es aus einer Metzgerei nach Blut und ranzigem Fett. Die überdachten Basare sind mir zu dunkel, und manche Ecke wage ich nicht einmal aus der Nähe anzuschauen, weil ich ahne, dass jemand dort hockt. Ich sehe nur nackte Füße, und das Ganze wirkt bedrohlich.*

Abb. 5: Luftbild von Bagdad: „Der Irrgarten der Demokratie". Es soll – laut Unterschrift – einen Wahlkampf illustrieren: „Unterwegs in einer Stadt, in der sich Politiker nicht zum Wähler trauen". Es gibt hier noch keine begriffene räumliche Struktur und keine bekannten sozialen Strukturen und Regeln Man sieht alles und nichts[7]. Wechseln wir also abermals das Medium.

Abb. 6: Weltbeschreibung als Erzählung vom Okzident über den Orient.

Draußen, wo die Sonne erbarmungslos niederbrennt, weht mir der Staub in den Mund. Und überall diese Marktverkäufer, die ihre Angebote rücksichtslos jedem Vorbeigehenden ins Ohr brüllen.

2. (Valentin) *Ich werde nie müde. Hier wartet nach jedem Schritt eine Überraschung. Jede Fußgängerzone langweilt mich nach drei Gängen. Hier gehe ich fast täglich durch den Basar, und er ist immer wieder neu. Der ärmste arabische Verkäufer erzählt mehr als zu Hause das gesamte Personal eines großen Einkaufszentrums. Hier genießt man die Geschichten, und die Ware ist nur ein Anlass, sie zu hören oder zu erzählen.*

(Pia) *Ein friedlicher Mann verwandelt sich, sobald ich nur in die Nähe seines Verkaufstandes komme, in ein lautes, herumfuchtelndes Wesen, das mir irgendetwas andrehen will. Und dann diese Blicke, die die Verkäufer auf die Passanten werfen – dagegen ist ein Röntgenstrahl gnädig. Manchmal habe ich das Gefühl, dass mir ihr Blick das Kleid versengt.*

Ich wollte einen Ring für Margret, meine liebste Kollegin, kaufen, also suchte ich einen Goldschmied, und er zeigte mir mehrere Ringe. Einer davon gefiel mir, und wir einigten uns schnell über den Preis. Dann fragte ich, ob der Stein darin ein echter Rubin sei. Der Mann sprach perfekt Englisch, aber ein „yes" kam ihm nicht über die Lippen. Stattdessen erzählte er mir eine Geschichte in einer Geschichte in einer Geschichte, und plötzlich war der Ring verpackt. Ich habe bezahlt und erst draußen auf der Straße gemerkt, dass ich keine Antwort auf meine Frage erhalten hatte.

3. (Valentin) *In der Altstadt spürt man, dass die Menschen viel lachen und dass sie eine Gemeinschaft bilden.*

Ich begreife langsam, dass Kauf und Verkauf nur die eine, die blasse Seite des Handels sind. Er ist zugleich ein Zeichen von Leben und von der Anerkennung der Vernunft. Mit Toten und Trotteln handelt kein Araber. Heute stand ich lange in der Nähe eines Bettlers, beobachtete ihn und fragte mich, was ihn von einem Bettler in einer Fußgängerzone in Deutschland unterscheidet. Hier verkauft der Bettler wortreich nicht sich, sondern seine Armut und den Nutzen, den jeder Passant davon hat, ihm Gutes zu tun, auf Erden wie im Jenseits. Nabil übersetzte mir die Sätze eines Bettlers. Die reinste Verführung! Bei uns sitzen die Bettler hinter Kartons, auf denen ihr Elend wie eine Gebrauchsanweisung steht.

(Pia) *Nirgends fühlte ich mich so einsam wie heute hier in den Gassen und im Basar. Mir schien, als würden sich alle kennen und zueinander zu gehören. Ich war die einzige Fremde. In den Fußgängerzonen bin ich fremd unter Fremden, und das ist auch eine Art Geborgenheit. Hier ist jedes Kind, das sich gewandt wie ein Fisch in diesem Meer von Menschen bewegt, sicherer als ich.*

Die Bettler sind aufdringlich. Dass sie ihre Hand nicht in meine Tasche stecken, ist auch alles.

4. (Valentin) Überfall. Ein großer Junge, dunkelhäutig und mit verwegenem Blick, verfolgte mich im Basar und durch die Gassen. Und dann passte ich Dummkopf nicht auf und geriet in eine Sackgasse. Jetzt denke ich, dass er mich vielleicht sogar dorthin dirigiert hat. Dann plötzlich zückte er ein großes Messer. So etwas Furchtbares habe ich seit Indonesien (vor etwa zwanzig Jahren war ich da) nicht gesehen. Ich erklärte ihm, dass ich ihm mein Geld geben wolle, damit er nicht nervös wurde, wenn ich mein Portemonnaie aus der hinteren Hosentasche zog. Der Junge war gefährlich. Er wusste, wenn er gefasst wird, erwartet ihn eine Strafe bis zu lebenslänglicher Haft. Mit dieser Härte reagiert die Regierung hier auf jedes noch so geringe Vergehen gegen einen Fremden. Zugunsten des einträglichen Fremdenverkehrs lässt sie ein paar schwarze Schafe über die Klinge springen. Das hat eine große Sicherheit für die Ausländer zur Folge, aber auch eine gewisse Nervosität bei den Räubern. Man will schnell weg und die Spuren verwischen, was einen Ausländer wiederum das Leben kosten kann. Ein Teufelskreis!

(Pia) Ein junger Verrückter hielt mich freundlich in einer Gasse auf und machte mir eine Liebeserklärung in englischer Sprache. Es hörte sich nach einem Zitat aus einer Seifenoper an, ich lachte und wollte weitergehen. Da wurde er unangenehm und bedrohte mich mit einem rostigen Schraubenzieher. Doch schnell waren ein paar Nachbarn da, die von ihren Kindern alarmiert wurden. Sie hielten den Verrückten zurück, entschuldigten sich und baten mich, nicht die Polizei zu rufen, damit sie den Eltern des Jungen keine Probleme machten.

aus: Rafik Schami: Reise zwischen Nacht und Morgen. 1995, S. 322-331

Diese vier Textfragmente dauern im Vorlesen keine fünf Minuten. Jeder Zuhörer kann selbst beurteilen, ob ihm dieser geringe Zeitaufwand bereits ausgereicht hat, eine Imagination von Damaskus und dem Souk zu entwickeln. Wenn ja, wäre das eine sehr effektive Narration des Einzelfalls Damaskus/des Typus Orientalische Altstadt/der Perspektivität der empirischen Anschauung und des begrifflichen Denkens. – Die Perspektive der Pia kann eine Anschließung an eigene Erfahrungen eröffnen, wenn man aus Deutschland ganz naiv in eine fremde Kultur (und städtische Räumlichkeit) eintaucht. Schließlich kann hier mit minimalem Aufwand weitergehend nachgefragt werden: Welche Sozialstruktur lässt sich aus dem Auftreten etwa der Bettler oder des gewalttätigen Jugendlichen und seiner Eltern bzw. Umgebung erschließen? Welcher Transfer ist damit möglich auf ähnliche Szenarien in anderer kultureller Umgebung (etwa gewalttätige Jugendliche bei uns in einer Altstadt)? Was geschieht bei einem Verkauf im Souk zwischen den Akteuren? Wie bewerten wir diese Befunde? Alles zusammen: Verständnisintensiver Geographieunterricht im narrativen, handlungs- und subjektzentrierten Paradigma. (Wenn wir *nun* noch den nicht-kontinuierlichen Text Atlaskarte hinzuziehen, wäre doch die Frage, was wir damit mehr oder anders erfahren können.)

Beispiel 2: Der Blaue Strich[8]

Räumen eignen verschiedenste Eigenschaften, die aber erst durch subjektive Entzifferung evident und wichtig werden. Wir betreten z.B. eine Passage im öffentlichen Raum („public space") und es fallen uns zunächst nur die Läden und Stände auf, Verkaufen, Verzehren und Dienstleistung sind schließlich die offenkundigen und bestimmungsgemäßen Funktionen. Die Passage bietet die Läden dar und diese werden von den Nutzern erkannt. Es könnte aber sein, dass im Winter Menschen hier nur Wärme suchen. Oder dass hier unerkannt bestimmte Geschäfte mit Drogen gemacht werden. Oder dass hier Jugendliche durch bloße Präsenz einen Angstraum erzeugen.

Es kann auch sein, dass im Rahmen eines sozialräumlichen Experimentes Schüler ein kleines gepflegtes Frühstück am Rande der Fußgängerströme einrichten; sie sitzen nichtstörend auf dem Boden. Es kann dann sein, dass sofort ein Ladenbetreiber oder ein Sicherheitsmensch kommt und dies untersagt. Begründung: Es handele sich um privaten Raum. Die *Öffentlichkeit* des Raumes kollidiert nun plötzlich mit dieser Zuschreibung „Privat". Auf die Frage, wie man diese Unterscheidung erkennen und den Platzverweis legitimieren könne, wird auf einen „Blauen Strich" verwiesen.

Abb. 7: Der „Blaue Strich" bedeutet vielleicht weiter nichts oder ein Ornament oder eine Grenze oder einen Rechtsstatus oder ein XYZ? (eig. Foto)

Auflösung: Dieser Blaue Strich verläuft etwa einen Meter vor den Schaufenstern und markiert das mitgemietete „Hoheitsgebiet" der Läden. Die räumliche Signatur fällt erst dann und nur denen auf, die eine zunächst unsichtbare Eigenschaft des Raumes durch ihr Handeln offenbar werden lassen. Der Blaue Strich ist eine heimliche Erzählung über die zwei genannten Raumeigenschaften, nämlich *öffentliches Wegerecht* und *privates Eigentumsrecht*; diese werden aber nur einigen der vielen Nutzer offenbar gemacht. Der Blaue Strich ist nicht selbsterklärend wie etwa ein Stacheldraht oder eine Lichtschranke mit Sirene. Er gibt dem Raum Struktur und diese wird den handelnden Subjekten im Zweifel und im Einzelfall noch in Worten mitgeteilt.

Der Blaue Strich vermittelt zwischen räumlicher *Struktur* und raumgebundener *Handlung*. Damit befinden wir uns in einem grundsätzlichen Kategorienpaar der Sozialwissenschaften und zugleich der Geographie: *Struktur und Handlung.*[9]

Wenn man diese Funktionsweise des Blauen Strichs und seine Exemplarität verstanden hat, wird der Transfer leicht fallen und für Schüler reizvoll sein. Wo und wie wird im Raum Macht ausgeübt, in welcher Art und Weise? Gibt es verschiedene Raum- und Symboldeutungen, gibt es die Möglichkeit der Gegenmacht und -definition? Welche Medien und Methoden werden dafür genutzt? Polizei, Menschenmenge, Drohungen, Gespräch, Vereinbarungen auf Zeit etc.? Was lässt sich daraus für die Funktionsweise der Gesellschaft schließen über Definitionsmacht, vorauseilenden Gehorsam, Zusammenleben und Koexistenz, Werte/Normen und Gebräuche?

Beispiel 3: Venedig „with wide eyes"

Das große Buchprojekt „Migropolis"[10] stellt uns Venedig mit einem weiten Blick vor, genauer: in einem ersten, einem zweiten und einem dritten Blick. Tausende von Bildern, Grafiken, Karten, Interviews und Erläuterungen durchstöbern Venedig als eine „Generic City", also eine typische „gattungsmäßige" Stadt in der Globalisierung – ganz anders als ein Reiseführer oder Bildband. Wer Venedig besucht, wird zunächst dieselben Gegenstände sehen wie jeder andere, aber er wird sie auf eigene Weise sehen. Und wer Venedig zweimal besucht, wird neue Dinge dazu und schon gesehene Dinge anders sehen.

Machen wir dazu einen Versuch in zwei Spaziergängen. Zunächst sehen wir das Erwartete und Typische, manchmal etwas Irritierendes.[11] Beim zweiten Mal sehen wir in demselben Bild etwas anderes/neues.

Abb. 8: Titel des Buches „Migropolis" – Gondel, Postkarten-Ensemble (teilweise wegen Renovierungsarbeiten zugehängt).
Im Zweiten Blick: Die Gondel zeigt uns Fahrgäste mit dunkler Hautfarbe und blauen Säcken statt Rollkoffern. Die Gondel hat die Funktion einer Fähre („Traghetto")

Abb. 9: Im Ersten Blick: Wolkengebirge über Venedig.
Im Zweiten Blick: Die Wolken stammen aus einem großen Industriegebiet (Marghera).

Abb. 10: Im Ersten Blick: Bettlerin.
Im Zweiten Blick: Die alte Bettlerin entpuppt sich als ein junger Mann, der seine junge Haut meist in Wollhandschuhen verbirgt, auch im Sommer, nun schon im fünften Jahr.

Abb 11: Im Ersten Blick: Freudlose Frau.
Im Zweiten Blick: Die ältere Frau ist eine Putzfrau aus Moldawien, deren Pass nicht mehr gültig ist und deren Visum abgelaufen ist; damals kostete es 2000 DM, jetzt wären es 5000 Euro.

Abb 12: Im Ersten Blick: Straßenhändler.
Im Zweiten Blick: Die Menschen auf der Gondel sind Straßenhändler mit gefälschten Markenartikeln; sie fliehen vor der Polizei, sind aber Minuten später wieder da.

Abb. 13: Im Ersten Blick: Chinesische Touristen.
Im Zweiten Blick: Die Chinesinnen wollen Gucci-Taschen kaufen; deshalb knibbeln die Händler die „Made in China"-Aufkleber vorher ab.

Abb. 14: Im Ersten Blick: Schiffe auf dem Canale Grande.
Im Zweiten Blick: Das Schiff zeigt seine enorme Größe im Verhältnis zu den Proportionen der Stadt Venedig; ihre Abgase machen die Luft von Venedig zur drittschlechtesten in ganz Italien; die empfindlichen Uferlinien werden erodiert.

Abb. 15-17: Im Ersten Blick: An den Kreuzfahrtschiffen „Legend of the Seas" und „Zenith".
Im Zweiten Blick: Der weiße Strich ist eine Abstandslinie zum Kreuzfahrtschiff; nur Passagiere
dürfen diese übertreten.

Abb. 18: Im Ersten Blick: Typische Gondelszene.
Im Zweiten Blick: Die Idylle von Venedig ist in Wirklichkeit eine Kulisse in der chinesischen Casinostadt Macau.

Jede Situation, jedes Bild enthält eine Tiefenstruktur, die eine andere oder weitere Wirklichkeit enthält. Man sieht sie aber nur, wenn man danach sucht, z. B. die Bettlerin stunden- cder tage- oder wochenlang beobachtet. Man kann die neuen Bedeutungen als Ergebnis eines *Zweiten Blicks* bezeichnen. Aber damit ist man noch nicht fertig, es gibt noch einen *Dritten Blick*. Wenn wir die alte Bettlerin als jungen Mann entlarvt haben – was bedeutet denn diese inhaltliche Verschiebung? Gibt man einem jungen Bettler nichts, einer alten Bettlerin aber doch? Hat ein junger Mann keinen Hunger? Oder hat er keinen Hunger, weil er Mitglied einer organisierten Bettlergruppe ist? Hat er kein Recht auf eine Geschäftsidee, die auf Täuschung beruht? Welche Moral verwenden wir für ihn innerhalb unserer Moral oder wohin verweisen wir ihn? Nach der Betrachtung einer Oberfläche – im Ersten Blick – stoßen wir auf überraschende Erklärungen – Zweiter Blick – und beurteilen und bewerten diese im Rahmen einer bestimmten Problemstellung – Dritter Blick.

Und fachlich gesehen erkennen wir in all dem verschiedene Aspekte der Straßen von Venedig als einer „Generic City", nämlich *als* Prospekt- Straße, *als* Globale Straße, *als* Subsistenz-Straße, *als* Konflikt-Straße, *als* Kulissen-Straße. In diesen Bedeutungsfeldern lässt sich der Fall angemessen komplex kommunizieren.

Fazit

Wir haben versucht, einige Phänomene der äußeren Wirklichkeit zu erkennen, d. h. zu beobachten und zu erklären und am Ende darüber eine Meinung zu bilden. Dafür haben wir drei verschiedene Blicke genutzt: Oberfläche und Muster sehen, Interpretationen und Erklärungen entwickeln, Urteile und Bewertungen bilden. Wir haben dafür verschiedene Kompetenzen genutzt, indem wir bereits bekannte Regeln und Muster zur Hand hatten (*Kompetenz*), diese mit eigener Kreativität und Konstruktivität konkret weiter entwickelt haben und schließlich in eine *Kommunikation* überführt haben (*Performanz*): Was bedeutet die Beschreibung und Erklärung für Urteile, Bewertungen und Handlungsorientierung?

Der Versuch, „die orientalische Stadt" zu beschreiben, war am Atlas- und Luftbild nicht zufriedenstellend zu leisten, diese „Texte" waren zu allgemein und abstrakt; helfen konnte uns ein narrativer Kontext, der sowohl *Eigenschaften der Sache* durch die *Lesarten von Subjekten* fokussierte und mit einem möglichen Sinn versah. Im Fall der „Reise zwischen Nacht und Morgen" gelang es sogar, ganz verschiedenartige Lesarten zu erhalten und damit nicht nur die Perspektivität von Subjekten, sondern auch die ihrer Herkünfte und Prägungen – hier: Okzident und Orient („Nacht und Morgen") – nutzen zu können. Der „Blaue Strich" war objektiv vorhanden, konnte aber in seinen weiteren Eigenschaft noch nicht gelesen werden; dazu brauchte es ein konkretes Ereignis und eine subjektive Irritation. Auch die Reise nach Venedig hat uns die „Sache" erschlossen, indem wir eine bestimmte Methode des Entzifferns dieses verwickelten Textes Venedig gewählt haben, nämlich das zweimalige Lesen und danach das Kommunizieren, in einem Ersten, einem Zweiten und einem Dritten Blick.

• Wenn wir diese Methodik, nämlich das Erkennen von Eigenschaften der Dinge und das Erzählen dieser Eigenschaften als Fallgeschichte handhaben, machen wir uns die Erfahrung auch anderer Fächer zunutze, nicht nur der Literaturwissenschaft und Erzähltheorie, sondern auch z. B. Ausbildung in der Medizin und der Rechtswissenschaft. Diese lehren ihr Fach in Theorie und Praxis ganz wesentlich über *Fälle*. In einer prinzipiell unbegrenzten Komplexität und einem Übermaß des Wissens muss man eine Reduktion vornehmen, die das Wesentliche erhält und dies für den Einzelnen erkennbar macht.[12]

• Das Medium des Verstehens von Strukturen/Regelhaftigkeiten und Handlungsweisen ist der Fall, die Geschichte. Wer meint, mit dem Geschichtenerzählen im abwertenden Sinne von Anekdoten würden wir dem Fach den wissenschaftlichen und sachlichen Anspruch verderben, dem sei gesagt: Damit sind wir auf der ganz sicheren Seite, auch der Hirnforschung. Für die Motivation gilt: „Geschichten und Zusammenhänge treiben uns um, nicht Fakten" (Hirnforscher Manfred Spitzer 2004). Und für das Gedächtnis gilt: „Wir speichern Dinge als Geschichten" (sagt der niederländische Psychologe und Gedächtnisforscher Douwe Draaisma. Der Spiegel 36/2004).

- Und wo uns die quantitative Interessenforschung hinsichtlich der besonderen Motivation von Schülern nicht wirklich beseelt und wo uns die mäßigen Befunde über ihr Wissen und ihre Weltorientierung betrübt, brauchen wir noch etwas mehr qualitative Aufklärung, denn

„Die Erinnerung ist wie ein Hund, der sich hinlegt, wo er will."
(Cees Notebohm)

Der Beitrag ist ein Vortrag am Geographischen Institut Universität Mainz,
Lecture Series 2011/12 am 2.2.2012.

Anmerkungen

1   Vgl. auch Text Nr. 13. „Narrative Geographie – Plot, Imagination und Konstitution von Wissen" in diesem Band
2   Paul L. Knox/Sallie A. Marston: Humangeographie. Hgg. Von Hans Gebhardt, Peter Meusburger, Doris Wastl-Walter (⁴2004). Heidelberg (orig. 2007: Places and Regions in Global Context – Human Geography)
3   Hans Magnus Enzensberger (Hg.) (1995)
4   Richard Sennett (1994)
5   Z.B. Diercke Weltatlas (2008): Damaskus – Orientalische Stadt. Maßstab 1:25.000. 161 (7)
6   Rafik Schami (1995). Vgl. dazu auch: Tilman Rhode-Jüchtern (²2006): 24-37
7   Vgl. auch Text Nr. 10. „Der Blaue Strich" in diesem Band
8   Vgl. Rhode-Jüchtern, T. (1999)
10 Scheppe, Wolfgang & the IUAV Class on Politics of Representation. 2 Bde. (2009)
11 Vgl. Tilman Rhode-Jüchtern (2011)
12 Vgl. Odo Marquard (1986, 195 f.): „Denn die Menschen, das sind ihre Geschichten. Geschichter aber muss man erzählen. Das tun die Geisteswissenschaften: sie kompensieren Modernisierungsschäden, indem sie erzählen; und je mehr versachlicht wird, desto mehr – kompensatorisch – muss erzählt werden: sonst sterben die Menschen an narrativer Atrophie. (...) Je moderner die moderne Welt wird, desto unvermeidlicher werden die Geisteswissenschaften, nämlich als erzählende Wissenschaften."

Literatur

Enzensberger, Hans Magnus (Hrsg.) 1995: Nie wieder! Die schlimmsten Reisen der Welt. Frankfurt/M.

Knox, Paul L./Sallie A. Marston 2007: Humangeographie. Hgg. Von Hans Gebhardt, Peter Meusburger, Doris Wastl-Walter. Heidelberg (orig.: Places and Regions in Global Context – Human Geography)

Marquard, Odo 1986: Über die Unvermeidlichkeit der Geisteswissenschaften. In: ders.: Apologie des Zufälligen. Stuttgart/Ditzingen

Rhode-Jüchtern, Tilman 1999: Der blaue Strich. Zur Handlungsbedeutung aktionsräumlicher Zeichen. In: Geographische Zeitschrift 3/1999, 211-222 (Text Nr. 10 in diesem Band)

Rhode-Jüchtern, Tilman 2004, [2]2006: Derselbe Himmel, verschiedene Horizonte. Wien, 24-37

Rhode-Jüchtern, Tilman 2011: Beyond Geography. The World with wide Eyes. Jena (Sozialgeographische Manuskripte 13)

Schami, Rafik 1995: Reise zwischen Nacht und Morgen. Frankfurt/M.

Sennett, Richard 1994: Civitas. Die Großstadt und die Kultur des Unterschieds. Frankfurt/M. (orig. The Conscience of the Eye. The Design and Social Life of Cities. 1990)

Scheppe, Wolfgang & the IUAV Class on Politics of Representation. 2009: Migropolis. Venice/Atlas of a Global Situation. 2 Bde. Ostfildern

13. Narrative Geographie
Plot, Imagination und Konstitution von Wissen

„Der ist ja total subjektiv!"

„Zum Wissen brauchen die Menschen beides, die Zahlen und Figuren ebenso wie das wahrnehmende Erleben" – dieser Satz stammt aus dem Buch „Die andere Bildung" von E. P. Fischer ([2]2001, 39). Er ist gerichtet gegen die ebenso ignorante wie bequeme Dichotomie der sog. „Zwei Kulturen": Zahl *oder* Erlebnis, Naturwissenschaft *oder* Geisteswissenschaft. Der Naturwissenschaftler Fischer benennt die innere Logik des Zusammenhangs zwischen beidem: „Bilder sind eine Wissensform *vor* den Begriffen und sie entstehen durch die menschliche Fähigkeit der Wahrnehmung" (ebd., 38).

Bevor es nun weiter philosophisch oder begrifflich und danach praktisch wird, beginnen wir also konsequent mit einem Erlebnis, einer Wahrnehmung, einem Bild: Im Frühjahr waren wir auf Exkursion auf La Gomera, um die Insel kennen zu lernen und „geographisch" zu verstehen, ein Stück Weltaneignung also. Neben den physischen Dingen, den Lorbeerwäldern und Schluchten, gibt es auf dieser Insel auch Menschen, die hier ihr Leben gestalten: Bauern, Busfahrer, oder die Aus-/Einsteiger aus Deutschland zum Beispiel. Wir hatten einen Vertreter dieser bedeutenden Gruppe (3.000 von 18.000 Einwohnern) gebeten, uns etwas über sich und sein Leben auf Gomera zu erzählen.

Nach dieser dreistündigen Erzählung über die Wanderjahre, über das Verhältnis zu den Einheimischen, über die Ökonomie und Ökologie der Insel und über mancherlei Erlebnisse von Jan, dem 60-jährigen Aussteiger aus Bochum und Einsteiger auf Gomera, unterhielten sich die Studierenden untereinander über das Gehörte. Einer fasste sich kurz: „Der war ja total subjektiv!"

Da haben wir nun ein Erlebnis und ein Bild, und diese sollen interpretiert, verstanden werden. Ein Geographiestudent, der nicht nur den Vulkanismus, sondern auch das Handeln der Menschen auf Gomera kennen lernen soll (und will), lehnt die eine Quelle, das eine Material als „total subjektiv" ab; das heißt ja wohl, er hätte es gerne „objektiv". Erkennen und Wissen wünscht er sich offenbar „sachlich" gegründet, möglichst verallgemeinerbar und begrifflich konsistent; er will etwas, das wir *sehen* – Jan und seine Erzählung – erklären durch etwas, das wir *nicht* sehen: den *Typus* „Aussteiger" und vielleicht seine *Funktionsweise* als „Schmarotzer". Begreifen also nicht durch Vorstellungen, sondern durch vorgefasste Begriffe.

Implizit offenbart der Student damit sein Bild von Erkennen und Wissen im Medium der geographischen Wissenschaft, genauer: der Physischen Geographie. Er möchte sich verlassen auf objektive Sachverhalte und Methoden, auch dann, wenn die Sache ein Mensch ist und der Sinn der Sache in einer Erzählung steckt. Dass *seine* Parameter dafür nicht passen oder ausreichen, weil sie im Medium von Sprache, Geschichte, Kunst und Erlebnis, kurz: in der menschlichen Subjektivität nicht greifen, weiß er nicht. Er subsumiert seinen Weg der Weltaneignung unter das naturwissenschaftlich-rationale Ideal; die anthropologische und gesellschaftliche Dimension auch der naturwissenschaftlichen Betrachtungsweise ist ihm nicht bewusst. Indem er den Einzelfall und das Erlebnis der drei Stunden als „subjektiv" abwertet, beschränkt er sich auf die nomothetische und positivistische Seite der Geographie – ohne es zu merken. Was würde er selbst von der Exkursion und diesem Nachmittag erzählen? Entweder, dass die Aussteiger typische Schmarotzer sind, oder dass Jan ein Einzelfall ist. – Das eine wäre zu hypothetisch, das andere zu singulär und also beides nicht geeignet für die Bildung von Wissen, Können und Verstehen.

Der Doppelcharakter der Geographie im Zwielicht

In jedem besseren Lehrplan steht nun aber üppigerweise, dass die Geographie einen Doppelcharakter als nomothetische und idiographische Disziplin habe und ihr Bildungswert gerade in dieser Verbindung von naturwissenschaftlichen und geistes-/kulturwissenschaftlichen Denkweisen bestehe.

Das setzt – wenn es denn richtig ist und überhaupt funktionieren soll – eine entsprechende Erfahrung und Ausbildung der Geographen voraus. Dazu ist in zwei Exkursionswochen ausnahmsweise Gelegenheit – eine Chance für fachübergreifendes Betrachten und für die Aufweichung der dualistischen Sicht von den „Zwei Kulturen". Die obige Erzählung von dem Gomera-Erlebnis hatte Wirkung; es wurde etwas angesprochen, worüber sonst (in Seminaren und den fachlichen Subkulturen) geschwiegen wird. Desinteresse und Indifferenz waren im konkreten Fall und auf der Mikroebene zu thematisieren, indem man präzisiert, *was* beobachtet werden soll im Kontext welchen *Problems* und mit welchen *Mitteln.*

Wir haben es dabei zu tun mit zwei Arten von *Dingen*: Dinge, über die man sich einigen kann, und Dinge, die Menschen etwas bedeuten. Mit zwei Arten von *Fragen*: Tatsachen und Werte/Ziele. Mit zwei verschiedene *Fenstern* in der Wissenschaft: in die äußere Realität außerhalb von uns, und in die innere Welt der Wahrnehmungen, Gefühle, Erlebnisse (vgl. Fischer 2001, Kapitel 1: „Die Wissenschaft als Fenster denken". 9-24).

Im Rahmen der TIMSS- und PISA-Misere wird nun in verschiedene Richtungen debattiert, was zu tun sei und in welchen Kompetenzbereichen eigentlich die Defizite liegen und abzubauen seien. Es laufen parallel eine administrative (z.B. Zentralabitur, Vergleichstests) und eine pädagogische Strategie (z. B. Ganztagsbetreuung, Projektunter-richt).

In der Geographie als allgemeinbildendem Schulfach wird die Rettung vielfach in dem gesehen, woran man sich halten kann, im „gesicherten Grundwissen" also und in dem, was sachlich-fachlich „feststeht". Fantasie, Interpretation, Vieldeutigkeit, Interesse-gebundenheit etc. erscheinen dabei als verdächtige Dimensionen, „total subjektiv" eben.

So wird dann beispielsweise den Schülern Fachsprache abverlangt und innerhalb eines Lexikons (hier: in einem Testheft zur Physischen Geographie für die Sekundarstu-fe I) etwa der Begriff „Lakkolith" als Lernstoff angegeben – für *Geologie-Studenten* zwar (nach Auskunft eines Geologiekollegen) absolut entbehrlich, für *Geographie-Schüler* aber eine Gelegenheit zum Testpunktesammeln. Warum soll es schlecht sein, fast sinn-lose Vokabeln trotzdem einfach zu lernen und zu wissen – das mussten Generationen von Schülern früher doch auch!? Weil auch sinnloses Begriffs-Nennen und unlegitimier-te Aufgabenstellungen, das sog. „Träge Wissen", Zeit und Kraft kosten, bleibt für ande-res, das für die Entwicklung von Jugendlichen und für eine bedeutungsvolle Allgemein-bildung sinnvoll ist, entsprechend weniger Zeit.

Die Aufbereitung des PISA-Schocks zeigt, dass alltagssprachlich erwerbbares na-turwissenschaftliches Wissen zwar angeeignet werden kann; aber insgesamt scheinen die naturwissenschaftlichen Lehrinhalte „so weit entfernt von der Lebenswelt der Ju-gendlichen zu sein, dass ein Anschluss an Entwicklungsaufgaben nicht gelingt. [...] Es gibt nichts, worüber nachzudenken, was miteinander zu durchdenken lohnte" (Schenk 2002, 47).

Jürgen Baumert, Direktor am Max-Planck-Institut für Bildungsforschung in Berlin, et al. haben festgestellt: „Über einigermaßen zutreffende Vorstellungen von naturwissen-schaftlichen Experimenten verfügen [...] gerade fünf Prozent der Achtklässler" (1997, 84). 20 Prozent der 14-Jährigen in Deutschland verfügen über naturkundliches Wissen nur auf Grundschulniveau, etwa 60 Prozent haben erfahrungsnahes naturwissenschaft-liches *Alltagswissen* und nur etwa ein Viertel der 14-Jährigen ist in der Lage, Phänome-ne mit einfachen naturwissenschaftlichen *Konzepten* zu erklären, kann – etwa im Sinne der Chemie – *Mischungen, Lösungen* und *Verbindungen* unterscheiden oder biologi-sche Klassifikationen vornehmen (ebd., 82-87). Kurz vor dem Abitur sieht es ähnlich aus: 14 Prozent haben nur Alltagswissen, sie wissen im Multiple-Choice-Verfahren, wa-rum „eine gesunde Ernährung auch Obst und Gemüse enthalten" soll (Baumert et al. 1998, 38); ein Drittel kann immerhin richtig ankreuzen, welche Art von Strahlung Son-nenbrand verursacht (ebd., 35); ein weiteres Drittel erreicht das Niveau, konzeptionell benennen zu können, warum Pfennigabsätze Fußböden beschädigen können oder wa-rum ein Ökosystem sensibel ist gegenüber biotechnischen Eingriffen. Aber nur noch

13 Prozent der Abiturienten können natürliche Vorgänge wie die Rhesusunverträglichkeit von Blutgruppen mit naturwissenschaftlichen Konzepten erklären.

Von einer „scientific literacy" sind wir offenbar in Deutschland noch weit entfernt. Daran werden weder Kerncurricula noch häufige bundesweite Vergleichsklausuren und Tests etwas ändern, wenn nicht zugleich – genauer: *zuvor* – verständnisintensives Lernen gelingt. Eine administrative Reparatur des schiefen PISA-Turms wird nicht gelingen, wenn die ausführenden Handwerker und das Material nicht „sinnvoll" funktionieren.

In einer empirischen Studie über das Verständnis, das Jugendliche in Biologie-Leistungskursen von molekulargenetischen Zusammenhängen haben (hier konkret: Aufbau der DNA, Replikation der DNA, Proteinbiosynthese bei Bakterien und bei Eukaryonten) kam zum Beispiel Folgendes heraus: Die Schüler eignen sich den Stoff, wenn sie ihn verstehen wollen, in einem metaphern- und bilderreichen Sprachspiel an. Prozesse werden oft so beschrieben, als lasse sich den Substanzen Intentionalität und Handeln zuschreiben.

„Insbesondere Enzyme werden häufig als Akteure beschrieben; sie laufen oder wandern, gucken sich etwas an, wissen, wo sie anfangen müssen zu spalten etc. Oft sind Stoffe für etwas zuständig oder verantwortlich, gelegentlich helfen sie, kommen zum Einsatz, benötigen oder erleiden etwas, [...] *das dann ein weiteres Enzym wieder abliest, dieser Messenger-RNA, und dann guckt, bildlich gesprochen guckt, was habe ich da für drei Buchstaben, jetzt brauche ich diese Aminosäure, guckt an die nächste, jetzt hänge ich diese dran,* [...] *dass das Enzym weiß, hier muss ich anfangen zu spalten.* [...] Es finden sich neben Formulierungen, die in allgemeinere Muster passen, auch solche, die in dieser Form nur bei einzelnen Schülerinnen und Schülern gefunden werden und offenbar auf ein individuelles Verständnis verweisen. Ein Proband stellt sich zum Beispiel Enzyme als *kleine Raumschiffe* vor, die *eine Funktion haben und durch den Körper schwirren*" (Ohly 2002, 51, 53 f.).

Alltägliche Erfahrungen werden intuitiv zum Verständnis von naturwissenschaftlichen Gegenständen eingesetzt, auch dann, wenn die Bedeutungsstrukturen nicht unmittelbar übereinstimmen, aber doch ein gemeinsames Drittes haben (Enzym – Raumschiff). Jedenfalls: Verständnis stellt sich nur dort ein, wo an Erfahrung angeknüpft wird. Die sog. „subjektive Anschließung" ist also kein Spaßfaktor, sondern eine funktionale Notwendigkeit für gelingenden Unterricht.

Apropos Biologie und Geographie: In einer heftigen Debatte hat der Physische-Geographie-Didaktiker Jürgen Letmathe, der auch Biologe ist, bezweifelt, dass in der Schulgeographie, hier: Ökologie, wirklich gelehrt und verstanden wird, was da in den Lehrplänen behauptet wird; dass vielmehr zumeist doch eine Art wohlmeinende „Indianergeographie"/„Jutetaschenökologie" oder „Gleichgewichtsökologie" dabei herauskomme (Letmathe 2000). Bereits 20 Jahre zuvor hatte Gerhard Hard (mit Arnold Schultze) die „grauenhafte Dürftigkeit" der schulischen Länderkunde (Hard 1982, S. 156) und den „Hang zur Trivialabstraktion" in der Physischen Geographie gegeißelt:

„Es besteht die Gefahr, dass gerade das wissenschaftlich Fragwürdigste und Umstrittenste zu plakativen und hochplausiblen Simplifikationen gerinnt (z. B. gewisse geotektonische und meteorologische Theorien, über die sich schon ein normaler Geologe und Meteorologe, dessen Spezialgebiet woanders liegt, kaum ein Urteil anmaßt). [...] Wichtiger ist, dass die der Theorie entsprechende Beobachtungs- bzw. Erfahrungsebene den Schülern vorenthalten (oder wieder nur auf trivialabstraktem Niveau präsentiert) wird. Das bedeutet, dass diese Supertheorien (etwa der Orogenese, der Plattentektonik und der Latosolbildung) gar nicht mit der Beobachtungs- und Erfahrungswelt der Schüler verbunden werden können; ja, dass die Schüler sich in nicht wenigen Fällen nicht einmal vorzustellen vermögen, wie die „Erfahrung" überhaupt aussehen könnte, die für diese Theorien relevant ist" (Hard 1982, S. 283).

Die große Erzählung spricht also von der „modernen Wissensgesellschaft", die mittlere Erzählung (etwa die der Lehrpläne) von Wissenschaftspropädeutik und „wissenschaftlichen Verhaltensweisen" bereits in der Schule, die der Geographiedidaktik gar von nomothetischen und idiographischen Methoden im Doppelcharakter als Natur- und Geistes-/Sozialwissenschaft. Aber die kleine Erzählung vom täglichen Unterricht mit seinen Schulbüchern, Lehrern und Schülern handelt von Dürftigkeit und Trivialität? – Zu beginnen wäre also bei den kleinen Erzählungen, wo sonst.

„Ich sehe nur Feuer" – Vom Tunnelblick in der sogenannten Wissensorientierung

Bei einer Lehrerfortbildung sollte das geographiedidaktische *Konzept der Unterscheidung* erklärt werden am Beispiel der Makro- und der Mikroperspektive. Zum Thema „Nigeria" wurden zunächst Schulbuchkarten der Wirtschaft und der Bevölkerungsgruppen („Völker") präsentiert. Damit war scheinbar genug Material vorhanden, um Nigeria zu kennzeichnen: Erdöl und Vielvölkerstaat. Man hätte damit Unterricht machen können, wäre aber vermutlich wieder in Dürftigkeit und Trivialität gelandet: Was es alles gibt und wie die (einige) Völker heißen. Deshalb wurde ein Material hinzugefügt, das aus der Mikroperspektive stammt: Das Foto eines Feuers im Busch und ein rennender (dunkelhäutiger) Junge. Damit sollte ein Impuls gesetzt werden, etwas mit der Information Erdöl und Ethnien anzufangen, etwas von Nigeria zu „verstehen". Natürlich beginnt dieser Erkennensprozess mit einem Rätsel und einer Fantasie: Was könnte das Bild bedeuten? – Was ist der Fall und was steckt dahinter? – Prompt und laut kam von einer Lehrerausbildnerin die Antwort: „Ich sehe nur Feuer!"

Das ist also wieder so ein Erlebnis wie das vom „total subjektiv", das eine Interpretation bezogen auf den Sprecher und dessen Erkenntnishaltung verlangt, genauer noch: das einen Blick in die Denkweise einer Lehrerausbildnerin, also Multiplikatorin und Machtinhaberin zulässt. „Ich sehe nur Feuer" könnte aus der Sicht der Sprecherin heißen: Ich banalisiere das Bild, ich habe keine Lust, dahinter mehr zu sehen als nur die Oberfläche (und auch die nur zur Hälfte, also ohne den Jungen). Das Bild ist spekulativ und vieldeutig, es kann nichts beweisen oder erklären. Im Geographieunterricht befassen wir uns aber mit Tatsachen und Gesetzen. Erdöl in Nigeria ist eine Tatsache, das Foto kann aber alles Mögliche sein. – Zugleich entwerte ich damit den Impuls für eine Kommunikation und für eine Lerngelegenheit.

Nun, das Foto stammt aus demselben Schulbuch wie die Karte der Wirtschaft Nigerias, es ist direkt darunter montiert und trägt eine Unterschrift: „Geborstene und brennende Ölpipeline in Nigeria (2000)". Insoweit ist das Bild legitimiert für einen „offiziellen", durch Schulbuch legitimierten Unterricht. Wenn wir nun aber in der Sekundärquelle Schulbuch nach Arbeitsaufgaben zu diesem Foto suchen, finden wir keine Hilfe; hier wird nur gefragt nach den Grenzen Nigerias, dem Namen, der Wirtschaftskarte, einem Zeitungstext über den Reichtum durch Erdöl und die Armut durch die Politik sowie nach einer Tabelle zur Gliederung Nigerias nach Völkern, Siedlungsgebieten, Religionen und Wirtschaftsräumen. Immerhin wird gefordert: „Nenne mögliche Maßnahmen, mit denen die Missstände deiner Meinung nach verbessert werden können." Schüler sollen in einem Einstundenfach Probleme lösen, aus denen ein schrecklicher Bürgerkrieg (Biafra) und grausame Militärdiktaturen entstanden sind, ohne dass zuvor die Ursachen dieser Probleme auch nur benannt werden. Eine besondere Variante der Trivialisierung der Welt im Geographieunterricht.

Wenn wir aber immerhin so weit sind, Nigeria (und analog alle anderen Themen) nicht mehr exotisch oder tabellarisch oder sonst wie quälend langweilig behandeln zu müssen (ein Lehrer: „viehische Zumutung", vgl. Hard 1982, 156), sondern ein rätselhaftes Bild unbearbeitet im Schulbuch finden, ergibt sich daraus die Chance eines echten Verstehensprozesses, eines „verständnisintensiven Lernens" (Fauser 2002). Neben den traditionellen, trivialen oder seriös gar nicht lösbaren Aufgaben findet sich hier die Aufforderung zur *Deutung* durch alle Betrachter, Lehrer und Schüler. Alles andere könnte man in Stillarbeit lesen und flott im Test reproduzieren; hier aber lohnt sich die Zeit für eine gemeinsame Arbeit. Wie lässt sich diese Chance als Konzept fassen?

Imagination, Sinnstiftung, Konstitution von Wissen

Die erste Erfahrung im Umgang mit dem Foto ist die, dass man nicht einfach sagen kann, was da „der Fall ist". Es wird eine *Imagination*, die Herstellung eines Bildes, in Gang gesetzt. In diesem Fall bezieht sich diese auf ein *externes Bild* (Foto, Gemälde,

Diagramm o. Ä.), im Unterschied zu einem internen Bild (Vorstellung). „In jedem Fall handelt es sich bei diesen Bildern um Zeichen, die etwas repräsentieren – also um Strukturen oder Prozesse, die für etwas anderes stehen als sie selbst. [...] Bilder werden im Allgemeinen in Verbindung mit sprachlichen Äußerungen in Form mündlicher oder schriftlicher Texte verwendet. [...] Das Thema ‚Imagination beim Sprach- und Bildverstehen‘ könnte auch als die Frage nach dem Zusammenspiel verschiedener externer und interner Zeichensysteme charakterisiert werden" (Schnotz 1998, 141). Die Fotounterschrift ist ein Text, die Frage des Lehrers auch, die Äußerung der Lehrerausbildnerin („Ich sehe nur Feuer") ebenfalls.

Ein Foto, verschiedene Betrachter, verschiedene Texte: verschiedene Imaginationen also. Der erste Erkenntnisschritt aus der Erfahrung der verschiedenen Imaginationen ist also das Erkennen der eigenen Perspektive durch die Konfrontation mit anderen Perspektiven. „Eine Perspektive hört erst dann auf, selbstverständlich zu sein, wenn man in der Unterscheidung erkennt, dass auch anders beobachtet werden kann" (Kupsch und Schülert 1996, 589). Anders ausgedrückt: Jeder sieht in dem Bild, was er sehen kann und was für ihn Sinn macht (oder in der Sprache des Konstruktivismus: was „viabel", also „gehbar" ist). Das unterscheidet sich von Person zu Person, ist aber intersubjektiv mitteilbar und von daher ein Impuls für Austausch und Diskussion von Sehweisen.

Es wird für Schüler zwar interessant sein, in fremde Köpfe zu gucken und die eigene Sehweise zu vertreten; es ist aber zugleich relativ und also nicht abschließend befriedigend. Man sollte also nicht bei dem Foto und dem Austausch von Lesarten stehen bleiben, sondern nach Möglichkeit sachliche Informationen zufüttern. Schließlich können Fotos und Unterschriften (und Diagramme etc.) auch *manipuliert* werden und sind nicht einfach ein *Faktum*, nur weil sie im Schulbuch stehen oder sonstwo gedruckt sind. „Fakten sind, wie der lateinische Ursprung des Wortes (facere) anzeigt, etwas Gemachtes. Sachen oder Sachverhalte als Fakten zu bezeichnen heißt, sie zu Tatsachen zu erklären. Damit werden sie zu Sprachsachen, die keineswegs für sich sprechen, sondern von jemand zum Sprechen gebracht werden" (Scherler/Schierz 1995, 95). Daten werden in Tatsachen, Tatsachen in Erzählungen überführt. Die Transformation von Daten in Tatsachen und danach in Erzählungen ist nicht ein bloßes Protokoll, sondern braucht auch die deutende Fantasie. Die Fantasie sucht nach einem *plot*, der einen *möglichen* Sinn und Zusammenhang stiftet. *Deskription* von Daten, *Fiktion* von Fakten, *Imagination* eines internen Bildes/einer Vorstellung stehen in einem engen Zusammenhang, in einem *Erzählkontinuum*.

Diese Meta-Einsicht dürfte einem Datenfestischisten schwer fallen; aber er muss zugeben, dass auch seine „Tatsachen" zunächst nur eine „ungeordnete Ansammlung von lediglich durch ihr Nebeneinander verbundenen Bruchstücken" sind. „Diese Bruchstücke müssen zusammengesetzt werden, um ein besonderes, nicht allgemeines Ganzes zu ergeben" (Schierz 1997, 13).

In dieser Figur arbeiten Detektive, Therapeuten und Mediziner, Historiker und alle anderen, die methodisch kontrolliert, kasuistisch und mit Hypothesen arbeiten. Also auch Pädagogen. Und Geographen. Und also auch Geographielehrer, die ihre Schüler an ein Verfahren heranführen wollen, wie sich Wissen *konstituiert*.

Didaktische Erzählungen in unserem strengen Sinne sind also nicht zu verwechseln mit veranschaulichender oder anekdotischer Lehrererzählung, zum Beispiel von der letzten Reise. „Gemeint sind theoriegeleitete und argumentativ gehaltvolle Erzählungen. [...] Ihre Stärke liegt im pädagogischen und didaktischen Reflexionsgewinn, nicht in der Wiedergabe von „Wirklichkeit" (ebd., 15). „An Erzählungen werden neue ‚Sichtmöglichkeiten' gewonnen, Perspektivenwechsel ermöglicht, Erstarrungen wieder ins Fließen gebracht" (ebd.). In den Worten des Phänomenologen Edmund Husserl: „Dreh mich doch nach allen Seiten." Erzählungen sind nicht nur eine Präsentationsweise, um Schüler wach zu halten oder ihnen den Stoffzugang zu erleichtern, sondern eine *Konstitutionsweise von Wissen*.

Ein Plot und ein Wissen von Nigeria in einer Stunde

Machen wir also probeweise aus dem Foto von der brennenden Ölpipeline und dem rennenden Jungen eine *Erzählung* (und nicht nur irgendeine – unwiderlegbare – Spekulation über das Foto wie zum Beispiel: „Das Feuer ist entstanden, als die Leute die Pipeline angezapft haben, und jetzt haut der Junge ab" oder: „Das ist gar keine Pipeline, das ist vielleicht ein Unfall").

Der Plot besteht darin, dass das Thema Öl und Nigeria nicht in Form von Öltürmen oder Tankern oder Statistiken abgebildet wird, sondern anders. Wir füttern *Informationen* dazu, die zusammen mit dem Foto und der *Interpretation* ein (äußeres und inneres) Bild konstruieren und damit ein *Wissen konstituieren*.

Welche Informationen sind geeignet? Alle, die eine theoriegeleitete und argumentativ gehaltvolle Erzählung ermöglichen. Das kann zum Beispiel eine *Statistik* sein, die nicht nur die Menge des Erdöls, sondern auch die Erträge und deren Verteilung angibt, und die Verteilung nicht nur regional, sondern auch sozial, und zwar angemessen differenziert, diskutierbar macht. Das kann ein Zeitungsartikel sein, der über einen *Fall* grundsätzliche Strukturen sichtbar macht (wie etwa die Scharia-Urteile zur Steinigung angeblicher Ehebrecherinnen im Norden des Bundesstaates Nigeria). Das kann eine Sequenz aus einem TV-*Feature* sein, die den Plot des Feuers und der Flucht interpretierbar macht. Neben dem Gehalt ist natürlich immer der Umfang zu bedenken, der den Zeitrahmen nicht sprengt (das heißt, Zeit für die eigentliche Arbeit lässt) und der nicht durch das schiere Übermaß an Fakten und Kommentaren den Zugriff behindert.

Als ein Beispiel für eine solche Zusatzinformation wird hier der Text aus einem Fernsehfilm über Ken Saro-Wiwa abgedruckt (Ken Saro-Wiwa ist Träger des Alternativen

Friedensnobelpreises, Schriftsteller, Kämpfer für seine Ethnie der Ogoni im Nigerdelta, zum Tode verurteilt und hingerichtet wegen „Hochverrat" von der nigerianischen Militärdiktatur. Sendung im TV-Sender „3 sat" vom 21. Oktober 2001). Die Sequenz befasst sich mit dem Thema der brennenden Ölquellen, reichert also das Schlüsselfoto aus dem Schulbuch mit Informationen an. (Die Sequenz dauert 3 Minuten 30 Sekunden, ist also verträglich für eine Unterrichtsstunde. Zum schnelleren „handling" ist der wörtliche Text zerlegt in Sinnabschnitte.)

1. Rechtzeitig vor der Unabhängigkeit erteilten die Briten sich selbst noch schnell die besten Konzessionen, zum Beispiel für Shell.

2. 1958 begann im Nigerdelta das Öl zu sprudeln. Doch der ungeheure Reichtum wurde für die Ogoni zu einem schrecklichen Unglück. Für die internationalen Konzerne und die Regierung von Nigeria verwandelte sich das schwarze Gold in glitzernden Reichtum, für die Ogoni in ein Desaster, ein Inferno.

3. Überall bei den Dörfern wird Tag und Nacht Gas abgefackelt, das bei der Erdölförderung entsteht. Das Abfackeln ist per Gesetz verboten; doch die Bußgelder rechnen sich für Shell besser als aufwändige Schutzvorrichtungen.

4. Die Hochdruckpipelines ziehen sich über die Felder, durch die Dörfer an Häusern vorbei. Die Umwelt der Ogoni ist beinahe zerstört. Und damit ist ihr eigenes Überleben als Volk in Gefahr.

5. Ken Saro-Wiwa: „Lange Zeit waren wir machtlos, weil wir nur ein kleines Volk sind, eine Minderheit, die von der Verfassung nicht geschützt ist. Die organisierte Verbrecherbande, die sich in Nigeria Regierung nennt, sieht überhaupt keine Rechte für Minderheiten vor."

6. Die Ölanlagen sind vernachlässigt. Hunderttausende Tonnen von Erdöl sind im Laufe der Zeit in die Erde gesickert, in die Bäche und Flüsse gelangt. Es gibt kaum noch sauberes Trinkwasser. An Hunderten von Stellen spritzt Rohöl aus den Lecks der Pipelines.

7. Osaro-O-Gbori Oksaki, Cassava-Bauer: „Ich habe neun Kinder und zwei davon sind schon gestorben. Sie sollten mal die Leute von Shell dazu bringen, hierher zu kommen. Denn solche Lecks gibt es hier überall, in Tai und Okana und in Kana. So geht Shell mit den Leuten hier um."

8. Chief Godwin, traditioneller Ogoni-König: „Wenn Rohöl mit unseren Nutzpflanzen in Berührung kommt, dann gehen sie sofort ein. Das Öl ist so gefährlich, dass es sogar Menschen bedroht. Einmal kam einer von Shell und stritt mit mir. Ich sagte zu ihm: *Tut mir leid, mein Lieber. Sie sind ein Ingenieur. Sie sind gut ausgebildet und sind zur Universität gegangen. Ich bin*

> *nicht zur Universität gegangen, aber ich lebe hier Tag und Nacht mit diesem*
> *Problem."*
>
> 9. An manchen Stellen geht man nicht mehr über die Erde, sondern über eine
>   Art Asphaltdecke, fünf Meter dick, ausgelaufenes und von Shell einfach ab-
>   gebranntes Rohöl. Hier wird nie wieder etwas wachsen. Die Luft ist verpestet
>   von Methandämpfen, von Kohlenwasserstoffen und Kohlenmonoxid.
> 10. Die Krebsrate im Delta ist die höchste der Welt.

10 Schlüsselsätze aus einem TV-Film über den nigerianischen Schriftsteller Ken Saro-Wiwa
(3sat, 21.10.2001).

Es wird auffallen, dass es sich hier nicht um eine bloße Beschreibung, sondern um eine
gehaltvolle Umkreisung des Themas handelt. Vielfältige Sachaspekte, verschiedene Akteure und Kommentatoren, beides als Dokument (im Prinzip, wenn man nicht Fälschung
unterstellt) vertrauenswürdig und authentisch.

Die unterrichtliche Routine für den Umgang mit der Erzählung kann damit beginnen,
dass man die Schüler darüber zum Sprechen bringt: „Was wird in den einzelnen der
zehn Sätze beleuchtet?" (Antwort: Satz 1 = Kolonialgeschichte; Satz 2 = Konzerne, Regierung, Ogoni; Satz 3 = Gasabfackelung und Gesetze; Satz 4 = Umwelt der Ogoni;
Satz 5 = Perspektive Ken Saro-Wiwa; Satz 6 = Ölpipelines; Satz 7 = Perspektive Cassava-Bauer; Satz 8 = Perspektive Chief; Satz 9 = Böden und Umwelt; Satz 10 = Umwelt
und Gesundheit/Krebs). Man hat also in kürzester Zeit zehn verschiedene Perspektiven
eröffnet und damit zugleich das Material gesichert. Das Ergebnis kann als „mind map"
oder einfache Liste in Form gebracht werden. Als Nächstes kann gefragt werden: „Was
fehlt noch?" (z. B. ein Kommentar von Shell). Das ist wichtig, weil generell an die Existenz weiterer Perspektiven erinnert werden soll. Aber da es sich um eine Sequenz von
dreieinhalb Minuten aus einem Film von 45 Minuten handelt, kann nicht alles gleichzeitig geliefert werden. Man beschränkt sich also ausdrücklich zunächst auf einige verfügbare Perspektiven.

Angesichts mancher offenkundig fehlender Perspektiven (z. B. die von Shell) wird
vermutlich bald der Einwand kommen, dass die Erzählung einseitig und parteilich sei.
Dieser – berechtigte und erwünschte – Einwand gibt Gelegenheit zur Erinnerung, dass
dies prinzipiell und unvermeidlich so ist. Es wird immer eine andere Sehweise geben
können, immer feiner differenziert (z. B. ist denkbar, dass auch im Shell-Konzern verschiedene Ansichten über geborstene Ölleitungen und Militärdiktaturen existieren etc.).
Das Beharren auf „Vollständigkeit" würde zu einem sog. „infiniten Regress" führen und
jede sinnhafte Erzählung sprengen.

Aber der Einwand soll immer mitgedacht werden, denn es geht um Sinnstiftung
durch Erzählen, um eine Beschreibung der Welt neben anderen, um die Wiedergabe

eines Geschehens von einem „point of view". So ist die Welt immer – bewusst oder nicht bewusst – durch konstruktive Leistung und als kohärente Realität im menschlichen Bewusstsein konstituiert. Der Plot eröffnet eine Sichtweise, einen selektiven und sinnhaften Zusammenhang, eine Ordnung in den Ereignissen. Vermeidbar ist diese Reichhaltigkeit und Komplexität nur – in den Worten von Gerhard Hard (siehe oben) – durch „plakative und hochplausible Simplifikationen" („Erdöl: Segen oder Fluch?") und „Trivialabstraktionen" („Nigeria, ein Vielvölkerstaat"). Langweilig und/oder eine Zumutung.

Nun könnte auch der Einwand kommen, das Material sei unvollständig und zu knapp. Genauso schwierig wie ein Thema als *exemplarisch* zu legitimieren ist, ist dies auch und erst recht bei dem Material. Der Einwand ist ebenfalls berechtigt und unvermeidbar (vermeidbar wird er nur dann, wenn hegemonial ein Themenkanon, Lernziele und Material verordnet werden; dann haben „die da oben" die Kritik am Hals). Da Plots selektiv sind, nur *eine* Sichtweise eröffnen, *eine* Ordnung (er-)finden helfen, kann man aber die Möglichkeiten erweitern und einen anderen Plot anbieten.

Zum Beispiel gibt man reizvolle Tips zum Weiterlesen, um das Netzwerk von Darstellungs- und Erkenntnisweisen sowie Begriffen zu erweitern. Als erstes würde ich empfehlen das wunderbare Buch des polnischen Reporters Ryscard Kapuściński (2001): „Afrikanisches Fieber. Erfahrungen aus vierzig Jahren" (2001), oder, wenn man den alten Haudegen mag, Peter Scholl-Latour (2001): „Afrikanische Totenklage. Der Ausverkauf des Schwarzen Kontinents". Neben die Perspektive der Afrika-Korrespondenten aus Europa kann man die Perspektive der Populärwissenschaft stellen: Christoph Plate und Theo Sommer (2001): „Der bunte Kontinent. Ein neuer Blick auf Afrika." Hier gerät unser Thema Nigeria in den Kontext von ganz Afrika und anderen Themen. Neben die Perspektive der Afrika-Beschreibungen aus Europa kann man die authentische Sicht von Afrikanern stellen, in unserem Fall Ken Saro-Wiwa (1997): „Die Sterne dort unten". Mit solchen Hinweisen stattet man die Schüler/Studenten mit Möglichkeiten weitergehender Konstitution von Wissen aus; dies kann als Referat o. Ä. in den Unterricht eingebracht werden.

Eine ganz andere Möglichkeit, den Horizont zu erweitern, wäre folgender Plot: Man versenkt sich in die Perspektive von Menschen in Afrika mit Hilfe eines Bildes und philosophischen Satzes, zum Beispiel aus dem schönen Buch von Chenjerai Hove und Ilja Trojanow (1996): „Hüter der Sonne. Begegnungen mit Zimbabwes Ältesten – Wurzeln und Visionen afrikanischer Weisheit":
- „Wir denken und handeln, als seien wir nicht Zeugen der Vergangenheit, nicht Akteure der Zukunft."
- Oder: „Unsere Vorfahren wussten, dass man nur dann seine persönliche Würde wahren kann, wenn man genug zum Leben hat. Darum sorgten die Menschen füreinander. Denn was nützt es, als einziger im Dorf einen vollen Bauch zu haben?"

- Oder: „Die Menschen besaßen ein tieferes Wissen über die Erde, eine geistige Landkarte jeder Gegend, und dieses Wissen wurde von Generation zu Generation weitergereicht."

Mit solchen Texten (die nur zehn Sekunden Lesezeit brauchen) kann man von der Ebene des aktuellen Themas wechseln in eine kleine, interkulturelle Meditation. Indem
man – im Plot – ein wenig in eine fremde Kultur und damit in die Köpfe der Menschen
blicken kann, werden auch Bewertungsmaßstäbe in der Weltaneignung in Frage gestellt. Man wird dann nicht mehr nur fragen, ob Shell oder ob Ken Saro-Wiwa „recht"
hat, oder ob die Globalisierung das Lokale zerstören darf. Man wird ein wenig über das
Entstehen von Perspektiven nachdenken können und seine Bewertungen vorsichtiger
vorzunehmen lernen.

Der Sinn der „Sinnstiftung" – selbstverständlich oder unseriös?

Eigentlich ist das alles doch plausibel, ja selbstverständlich!? Schülerorientierung, gehaltvolle Legitimation der Themen und Aufgabenstellungen, Weltaneignung und -orien-
tierung durch Erfahrung und Handeln – wer wollte solchen pädagogischen Leitwörtern
widersprechen?

Da gibt es zwei Fraktionen, von denen wir die eine bereits kennen gelernt haben
(„total subjektiv"). Die andere Fraktion setzt auf die reine Wissensorientierung, die auch
ohne Motivation der Schüler durchzusetzen sei (gegen die sog. „Spaßpädagogik"); die
Lehrer kennen aus ihrem Fach die jeweiligen „Strukturen der Wirklichkeit"; ohne die
Lehrer können die Schüler nicht darauf kommen; die Fachinhalte müssen eben nur lehr-
bar gemacht werden (so argumentiert etwa Hermann Giesecke in seinen Kampfschriften „Wofür ist die Schule da?" (1996) und „Pädagogische Illusionen" (1998)). Der Lehrer ist demnach wieder nur Methodiker; über Kanon und Lehrziele wird andernorts entschieden.

Wenn wir demgegenüber ein *Leitbild von Schule* haben, in dem Subjekte entwickelt und gebildet werden, und ein *Leitbild von Gesellschaft*, das Pluralität und rationale Kommunikation und Selbstbestimmung einschließt, wenn wir ein *Persönlich-
keitsideal* haben, das zu diskursiver Lebensführung unter den Kennzeichen Richtigkeit, Wahrheit und Wahrhaftigkeit (Jürgen Habermas 1995) befähigt, dann müssen
wir uns über die Weltaneignung selbst Gedanken machen. Und wir müssen die An-
eignungsformen jeweils machbar machen: Methodik und Didaktik also gleichermaßen betreiben. Die didaktischen Konzepte dafür sind bekannt, sie heißen zum Beispiel „Kategoriale Bildung" (Wolfgang Klafki) oder „Die Sachen klären, die Menschen
stärken" (Hartmut von Hentig); dazu kommen die Unterkonzepte unter dem Namen

„Handlungsorientierung", „Kommunikations- und Teamfähigkeit", „Lernen des Lernens" u. a. Seit Generationen, genauer: seit 1958, sind die „Fünf Grundfragen der Didaktischen Analyse" von Wolfgang Klafki kanonisch: 1. Exemplarischer Wert, 2. Gegenwartsbedeutung, 3. Zukunftsbedeutung, 4. fachliche/stoffliche Bedeutung, 5. lebensweltliche Anknüpfung. Fehlt also „nur" noch das theoriegeleitete und gehaltvolle Machen ...

Über den *Gehalt* des Konzeptes der *narrativen Didaktik* war oben die Rede, grundsätzlich und im Beispiel. Über die *Theorie* soll abschließend und zusammenfassend noch einmal gesprochen werden.

Der eingangs zitierte Naturwissenschaftler Ernst Peter Fischer macht sich Sorgen darüber, warum die Ausbildung/Bildung im mathematisch-naturwissenschaftlichen Unterricht in Deutschland so schlecht gelingt. Sein erstes Kapitel in „Die andere Bildung" ist überschrieben mit „Einblick: Wissenschaft als Fenster denken", das dreizehnte und letzte Kapitel lautet: „Ausblick: Wissenschaft als Kunst denken". Die Spaltung in das sichere Sachwissen der Naturwissenschaft und das interpretative Verstehen in den Geisteswissenschaften ist nicht mehr sachgerecht. Die kopernikanische Spaltung und Kränkung des Menschen besteht bis heute: „Ich *sehe* zwar, wie die Sonne sich dreht, aber ich *weiß*, dass sich die Erde dreht, und zwar um sich und um die Sonne" (Fischer 2001, 61). Das Problem lautet also, „wie ich die Welt des Erklärens – ausgedrückt in den Wissenschaften – und die Welt des Erlebens – ausgedrückt in den Künsten – in dem einen Kopf zusammenbringe, den ich habe und der verstehen will. Seit Kopernikus in den Himmel geschaut hat, leben wir in zwei Sphären. Da ist die Sphäre, in der man messen und rechnen kann, und da ist die Sphäre, in der man erleben und werten kann." (ebd., 62).

„Leider gelingt es der Dualität nicht, so ins Bewusstsein zu treten, wie sie es verdient hätte" (ebd.). Verheerend wäre der Glaube an eine Naturwüchsigkeit dieser Spaltung: Förderung der menschlichen Subjektivität im Medium von Sprache, Geschichte, Künsten einerseits, Propagierung des Wissens und Könnens durch Beherrschung objektiver Sachverhalte und Methoden andererseits (Kutschmann 1999, 10). Viele Philosophen haben sich darüber Gedanken gemacht, von Kant über Humboldt zu Dilthey, von Einstein über Heisenberg zu C. F. von Weizsäcker (vgl. dazu vorzüglich Kutschmann 1999). Bei Kant ist das die Trias von *Wahrnehmungsurteilen, Verstandesurteilen* und *produktiver Einbildungskraft*. Einer dieser Philosophen soll abschließend bemüht werden, Odo Marquard, der mit seiner These von der *Unvermeidlichkeit der Geisteswissenschaften* 1986 für Furore sorgte. „Wissenschaft als Kunst denken" (Fischer) heißt für Marquard: Restitution eines Begriffs von menschlicher Subjektivität; denn das Subjekt ist verantwortlich für Gestalt und Gestaltung der Welt insgesamt. Das gilt für das Bewusstsein von der Konstruktivität der wissenschaftlichen Erkenntnis, für das Gespür von den sozialen, ökologischen und moralischen Grenzen der wissenschaftlichen Methode, und für die Fähigkeit, nicht nur aus der Perspektive des wissenschaftlichen Experiments, sondern auch aus der des politischen Bürgers zu handeln.

Das heißt: Bei allem, was wir tun/lernen/lehren, gilt es, den Sinn zu erkennen bzw. zu begründen. Nur zu wissen, dass es in Nigeria Erdöl gibt, hat noch keinen Sinn (und eine Karte „Völker von Nigeria", auf der die Minderheit der Ogoni nicht vorkommt, auch nicht). Wir müssen dafür sorgen, dass Wissen sinnvoll wird, das heißt, durch konstruktive Leistung eine kohärente Realität erzeugen. Das gilt im Prinzip auch für wissenschaftliche Erkenntnis, aber uns geht es hier um die Weltaneignung junger Menschen im Geographieunterricht.

Der narrative Zugriff mit Geltungsanspruch verbindet erzählende Sinnbildung und rationale Argumentation, erinnernde Verlebendigung und theoretisierende Strukturierung (Schierz 1997, 11). Pädagogisches Sehen und Denken geht zunächst immer kasuistisch vor: „Es muss eine Geschichte erzählt werden, wenn man der Sache selber und ihrer Problematik ansichtig werden will" (Herrmann 1991, 193). Die Geschichte und ihr Plot eröffnen einen Blick auf dahinter stehende „große Entwürfe" und auf ein Netzwerk von Begriffen. Die pädagogische Konzeption, als Subjekt Realität zu konstituieren, widerstrebt zwar zunächst dem Exaktheitsideal und schafft Begriffe mit „unscharfen Rändern" (Wittgenstein), dies ist aber die notwendige Vorstufe zu explizit definierten Begriffen nach dem Begreifen. Die *narrative Pädagogik* ist das Übergangsfeld zwischen Auslegen und Bestimmen, zwischen episodischem und systematischem Arbeiten.

Auslegende Geschichten sind Programm im Sinne von Odo Marquard. Sie sensibilisieren für den Unterrichtsalltag, für seine Komplexität und für notwendige Fertigkeiten; sie bewahren lebensweltliche Einsichten; sie ermöglichen Orientierungswissen für den Umgang mit Widersprüchlichkeit und Komplexität, mit normativen Ansprüchen und Sinnfragen. In kultivierter Form fordern sie handwerkliches Können statt blinder Reproduktion oder Durchwursteln. Sie erlauben unverwechselbare Deutungen, die Prüfung von Triftigkeit und Glaubwürdigkeit, liefern eine große Vielfalt und Tiefe des Gehaltes und verweisen ständig auf die Macht der Sprache.

Meine beiden kleinen Geschichten am Anfang, die von dem Studenten, der einen Interviewpartner als „subjektiv" ablehnte, und die von der Lehrerausbildnerin, die bei der Betrachtung eines Fotos („Ich sehe nur Feuer") keine inneren Bilder, keine Imagination zustande brachte oder zustande bringen wollte, stehen auch für etwas Zusammenhängendes. Sie stehen für ein Konzept von Geographie, das sich in der Dualität von zwei Erkenntnisdogmen unbewusst auf eine Seite schlägt. Auf Geographieunterricht übertragen: Tests kann man so bestehen, verständnisintensives Lernen wird aber geradezu behindert.

Die Moral dieser beiden Geschichten entlehne ich wie am Anfang wiederum bei Ernst Peter Fischer (2001, 38): „Wissen macht also Freude, wenn die Wahrnehmung geeignete und gefällige Formen erfasst, die sowohl natürlicher als auch künstlerischer

Art sein können. Wahrnehmung verwandelt gestaltetes Außen in Gestalten innen. Äußere Formen werden innere und finden dabei das Bild, das unser Wissen wird, weil wir uns daran erinnern können."

Vortrag auf dem 28. Dt. Schulgeographentag 2002 in Wien, abgedruckt in: Vielhaber, Christian (Hrsg.) 2004: Fachdidaktik alternativ – innovativ. Acht Impulse um (Schul-)Geographie und ihre Fachdidaktik neu zu denken. Wien. (= Materialien zur Didaktik der Geographie und Wirtschaftskunde Band 17) 49-62.

Literatur

Baumert, Jürgen et al. 1997: TIMSS – Mathematisch-naturwissenschaftlicher Unterricht im internationalen Vergleich. Deskriptive Befunde. Opladen

Baumert, Jürgen et al. 1998: TIMSS/III – Schülerleistungen in Mathematik und den Naturwissenschaften am Ende der Sekundarstufe II im internationalen Vergleich. Zusammenfassung deskriptiver Ergebnisse. (= Studien und Berichte/Max-Planck-Institut für Bildungsforschung, Bd. 64). Berlin

Fauser, Peter 1996: Wozu die Schule da ist. Eine Streitschrift der Zeitschrift „Neue Sammlung". Seelze

Fauser, Peter 2002: Lernen als innere Wirklichkeit. Über Imagination, Lernen und Verstehen. In: Neue Sammlung, 42. Jg., Heft 2, 39-68

Fischer, Ernst Peter [2]2001: Die andere Bildung. Was man von den Naturwissenschaften wissen sollte. München

Giesecke, Hermann 1996: Wofür ist die Schule da? Die neue Rolle von Eltern und Lehrern. Stuttgart

Giesecke, Hermann 1998: Pädagogische Illusionen. Lehren aus 30 Jahren Bildungspolitik. Stuttgart

Habermas, Jürgen 1995: Theorie des kommunikativen Handelns. 2 Bände (Erstausgabe: 1981). Frankfurt/M. (besonders Band 1, 114-151)

Hard, Gerhard 1982: Artikel „Länderkunde" und „Physisch-geographische Probleme im Unterricht". In: Jander, Lothar et al. (Hrsg.): Metzler Handbuch für den Geographieunterricht. Stuttgart, 144-160 und 273-289

Herrmann, Ulrich 1991: Pädagogisches Argumentieren und erziehungswissenschaftliche Forschung. In: Hoffmann, D. (Hrsg.): Bilanz der Paradigmendiskussion in der Erziehungswissenschaft. Weinheim, 185-198

Hove, Chenjerai/Ilja Trojanow 1996: Hüter der Sonne. Begegnungen mit Zimbabwes Ältesten. Wurzeln und Visionen afrikanischer Weisheit. München

Kapuściński, Ryszard. 2001: Afrikanisches Fieber. Erfahrungen aus vierzig Jahren. München

Kupsch, Jochen/Jürgen Schülert (1996): Perspektivenwechsel als reflexives Konzept für fächerübergreifenden Unterricht am Beispiel „Rassismus". In: Zeitschrift für Pädagogik, 41. Jg., Heft 4, 589-605

Kutschmann, Werner 1999: Naturwissenschaft und Bildung. Der Streit der „Zwei Kulturen". Stuttgart

Letmathe, Jürgen 2000a: Ökologie gehört zur Erdkunde – aber welche? Kritik geographiedidaktischer Ökologien. In: Die Erde, 131. Jg, Heft 4, 61-79. Vgl. dazu die Online-Diskussion unter www.die-erde.de und die Debatte in: Geographie und ihre Didaktik, Heft 2/2002, 99-103 und Heft 4/2001, 205-209

Letmathe, Jürgen 2000b: Das ökologische Defizit der Geographiedidaktik. Kontrovers. In: Geographische Rundschau, 52. Jg., Heft 6, 34-40

Ohly, Karl-Peter 2002: Metaphern und Verstehen in der Molekulargenetik. In: Asdonk, Josef et al. (Hrsg.): Bildung im Medium der Wissenschaft. Zugänge aus Wissenschaftspropädeutik, Schulreform und Hochschuldidaktik. 51-56 (= Blickpunkt Hochschuldidaktik, Bd. 109, Festschrift für Ludwig Huber), Weinheim

Plate, Christoph/Theo Sommer 2001: Der bunte Kontinent. Ein neuer Blick auf Afrika. München

Marquard, Odo. 1986: Über die Unvermeidlichkeit der Geisteswissenschaften. In: Marquard, O.: Apologie des Zufälligen. Philosophische Studien, Stuttgart

Saro-Wiwa, Ken 1997: Die Sterne dort unten. München

Schenk, Barbara 2002: Bildung in naturwissenschaftlichen Fächern – keine Entwicklungsaufgabe? In: Asdonk, J. et al. (Hrsg.): Bildung im Medium der Wissenschaft. Zugänge aus Wissenschaftspropädeutik, Schulreform und Hochschuldidaktik. Weinheim, 43-50 (= Blickpunkt Hochschuldidaktik, Bd. 109)

Scherler, Karlheinz/Matthias Schierz 1995: Forschend lernen – lehrend forschen. In: Heim, Rüdiger/Detlef Kuhlmann (Hrsg.): Sportwissenschaft studieren. Wiesbaden, 39-50

Schierz, Matthias 1997: Narrative Didaktik. Von den großen Entwürfen zu den kleinen Geschichten im Sportunterricht. (= Studien zur Schulpädagogik und Didaktik, Bd. 14). Weinheim

Schnotz, Wolfgang 1998: Imagination beim Sprach- und Bildverstehen. In: Neue Sammlung, 38. Jg., 141-154

Scholl-Latour, Peter 2001: Afrikanische Totenklage. Der Ausverkauf des Schwarzen Kontinents. München

14. Das Projekt „Dark & Light – Das Dritte Auge"

Auf Bilder mit Bildern reagieren – Wie sich Kinder ihre Vorstellungen ‚bilden'. Ein kleiner Bericht aus dem pädagogischen Mustopf

Zum Weltbild von Kindern

Beginnen wir unser Thema mit einer Dada-Vorstellung: „Ein Zweijähriger sieht Deutschland".

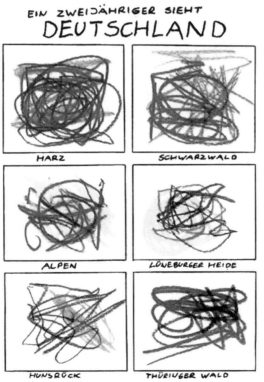

Abb. 1: Was *ist* das?

Wären dies Bilder aus der Kinder-Psychiatrie, könnte man themenzentriert darüber spekulieren: Missbrauchs- oder Hungererfahrungen, Lust auf den neuen Buntstiftkasten, Stolz der Eltern etc.

„Das hast Du aber schön gemalt! – Was soll das denn sein?" – man kennt diese interpretatorischen Inversionen auch aus dem Kindergarten.

Da wir heute an geographiedidaktischen Abgründen stehen, ist nach unserem Präkonzept klar, was die Bilder darstellen (sind/nicht sind): „Harz, Schwarzwald, Hunsrück & Co". Es könnte so gesehen auch etwas mit „Glazialer Serie" sein, schon damals in der Grundschule, jedenfalls für mich, nur ein Schulwort. Soweit Quatsch.

Oder in der Dada-Version: „Ceci n'est pas une pipe! „Das ist keine Pfeife" (Renè Magritte).

Abb. 2: Was *ist* das *nicht*?

Selbstgemalte Bilder von Kindern können trotzdem ein Medium zu sein, in dem sie selbst mit Erwachsenen in eine Kommunikation treten können, die valider ist als die verbale Sprache und das, was ihr im Kopf vorausgeht. Die Wohlgeformtheitsansprüche an Sprache sind jedenfalls rigider als die an eigene Bilder; Erwachsene können meist elaborierter sprechen als malen. Insofern könnten Bilder für Kinder und Erwachsene ein *tertium* unter den Kommunikations-Medien sein. Bilder können aber auch ein Einfallstor in den Kopf der Kinder sein, weil Erwachsene hier Dinge zu sehen kriegen, die sie über Sprache nicht erfahren würden oder die sie völlig eigenmächtig (um-)deuten können.

Wenn man z. B. ein Kind fragen würde: „Wie hast Du Fukushima erlebt?" würde man vermutlich komplett am Schweigen oder Stammeln scheitern. Lässt man Kinder dagegen frei malen, hat man jede Menge Material für ein Forschungsprojekt, z. B. „Wie Kinder die Ereignisse in Japan wahrnehmen"[1]

Der Piper-Verlag dreht in einem neuen Buch den Spieß sogar noch um: Kinder fragen ihre Eltern zum zehnjährigen Erinnerungstag: „Wo warst Du?' Ein Septembertag in New York" (2011). So können auch Kinder eine Kommunikation beginnen und dazu ihre bildliche Version beisteuern.

Abb. 3: Nicht: *Was ist das?*
Sondern: *Wo warst Du?*

Diese Bilder erklären sich eigentlich selbst und müssen nicht unbedingt verglichen werden mit einer „wahren" ikonographisch-fotographischen Vorlage. Sie geben einen *Aspekt der Sache* wieder und eine *subjektive Perspektive.* Es könnte aber auch sein, dass die Kinder durch die Dauerschleife der Film- und Foto-Bilder nicht mehr zu einer eigenen Perspektive in der Lage sind, sie sind ihrerseits präformiert für eine bestimmte Lesart. Es wäre ja denkbar, dass die Kinder nicht nur den Presseblick und -klick übernehmen, sondern die Menschen in den Flugzeugen oder beim Sprung aus dem Hochhaus-Fenster als Albtraum fokussieren oder etwas ganz anderes. In der Gleichzeitigkeit von Zeichnung und Foto ist der Henne-Ei-Zirkel jedenfalls nicht mehr aufzulösen und Alternativen werden gar nicht mehr gesucht.

Wenn man sich Jean Piaget als einem Klassiker der Pädagogischen Psychologie anvertraut, stößt man unweigerlich auf das Stufenkonzept von Denkschritten und Mustern in der kognitiven Entwicklung (übrigens einigermaßen unabhängig vom biologischen Alter)[2]. Der Mensch reagiert auf Einflüsse der Umwelt, er passt sich an und nimmt Einfluss. Die Denkstrukturen und Gefühle sind aber für andere Menschen *nicht unmittelbar* zu erkennen.

Ich möchte die bekannten 5 Stufen von Piagets Entwicklungsmodell für unsere Zwecke erinnern: In **Stufe 1** (Sensomotorisches Stadium, 0-2 Jahre) überwinden die Kinder langsam den unmittelbaren Egozentrismus und können sich in die Perspektive anderer versetzen. Sie akzeptieren dabei die Richtigkeit der Sichtweise der Erwachsenen; sie akzeptieren diese als Erfahrung von Macht, nicht von moralischer Einsicht; sie ist kontrollgesteuert. In **Stufe 2** (Präoperationales Stadium, 2-7 Jahre) wird das Elternregiment überwunden. Es entsteht ein Gefühl von Gleichheit, Austausch, Vergeltung, Gerechtigkeit. Übergreifende Interessen wie Gemeinschaft und Verhandlung stehen dabei aber noch nicht zur Debatte. In **Stufe 3** (Konkretoperationales Stadium, 7-12 Jahre) wird an gemeinsame Interessen, an Beziehungen, an soziale Anerkennung gedacht. Es entwickelt sich das Bewusstsein von Tugenden und Konventionen und moralischen Urteilen. Hier entstehen demnach auch erste Polyvalenzen, z.B. bei Entscheidungen zwischen Strafe und Hilfe. In **Stufe 4** (Formaloperationales Stadium, 12 Jahre) beginnt die Erkenntnis und Bewertung auch einer gesellschaftlichen Perspektive. In **Stufe 5** (Methodenkritik) beginnt die kritische Reflexion des eigenen Denkens und Tuns; Maßstab ist das Zusammenspiel von individuellen und gesellschaftlichen Interessen.

Man kann nun als Erwachsener, als Lehrer Kindern Bilder zeigen oder abverlangen, um sie zu einer bestimmten Einsicht zu bringen, etwa um ihre kognitive Entwicklung zu fördern. Wenn ich z.B. ein Bild von einem hungernden Kind in Somalia zeige, stecken darin mögliche Impulse für alle fünf Stufen.

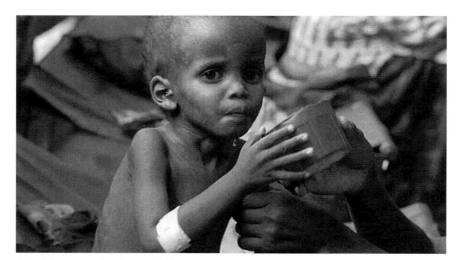

Abb. 4: Impuls für *bestimmte* (?) Einsichten.

Das Bild an sich hilft mir als Erwachsenem und dem welt-lernenden Kind nicht zu einer *bestimmten* Einsicht oder *bestimmten* kognitiven Entwicklung. Es muss also etwas dazu kommen, um als Impuls *für etwas* zu wirken. Das Wahrscheinlichste oder Übliche ist, dass der Erwachsene/der Lehrer doch eine bestimmte Absicht hat und diese im Verborgenen verfolgt.

Was könnte das sein bei dem Bild vom hungernden Kind?

- Dass es schlimme Schicksale gibt?
- Dass man spenden soll?
- Dass die Katastrophe menschen-/politikgemacht ist?
- Dass die Spenden versickern und in der Schweiz landen?
- Dass man in Afrika gar nichts machen kann?
- Dass die Hilfswerke einen Markt bedienen: „Dealing with the desaster of others"?
- Dass das Bild eine Inszenierung ist, zur „Somalisierung" des Hungers, so wie vor zwanzig Jahren die „Äthiopisierung" des Hungers?
- Und so weiter.

Impuls

Ich möchte im Folgenden einladen an den pädagogischen Mustopf einer Projektwoche mit 10-jährigen Gymnasialschülern in diesem Sommer in Wien.

Diese Schüler der Klasse 1 malen ihr Namensschild; diese Schilder enthalten nicht nur den Namen. Bogdan z.B. stellt sich selbst vor in einem kleinen Höllenfeuer. Mehr weiß man als Außenstehender erst einmal nicht von den Kindern, aber immerhin. Bogdan, „der Serbe"!? Mit diesen Kindern, von denen ich bisher nur Gesicht und Name sehe, gilt es nun, ein Projekt zu arrangieren.

Projekte haben ja bestimmte Merkmale, z.B. soll fachübergreifend, problemorientiert, selbstgesteuert gearbeitet werden. Der Lehrer gibt nur einen thematischen Rahmen und einen Impuls, damit ein kooperativer Arbeitsprozess in Gang kommt; er verändert teilweise seine Rolle in die des Beraters oder Partners. Ich bin noch vorsichtiger vorgegangen und habe als Impuls nur eine Irritation gesetzt: Bilder aus der Schock-Plakatserie von *United Colours of Benetton* – Werbung mit Katastrophen.

Die Schüler sollten für eines dieser Bilder ein Stichwort finden und eine einfache Skizze anfertigen; damit sollten sie Kontakt zum Bild aufnehmen und ihm ein/ihr Thema geben.

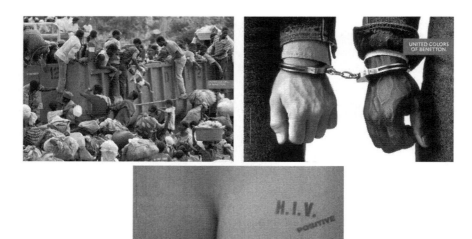

Abb. 5: Schock-Plakatserie der Textilfirma Benetton.

Irritation

Mit der Skizze und der Stichwortfindung haben die Kinder aber Überraschendes produziert. Ein Schüler schrieb z. B. unter das Bild mit den Handschellen „Wir werden niemals auseinander gehn!". Der gestempelte Po des Aidskranken erschien einer Schülerin (!) als Busen. Und Ceyran aus türkischem Elternhaus hatte als Skizze zu dem Flücht-
lingslastwagen (Abb. 5, oben links) ein einzelnes Strichmännchen gezeichnet.

Das Strichmännchen von Ceyran war mir aufgefallen, weil ich derweil neben ihr ge-
sessen habe, in der letzten Reihe, da, wo ein Lehrer im normalen Unterricht nicht hin-
kommt. Ihre Nachbarin war krank und so war ein Stuhl frei. Zunächst einmal ungläubi-
ges Erstaunen: Ein Strichmännchen für einen Lastwagen voller Flüchtlinge? Ich ent-
schließe mich zu einer Nachfrage: Ist auf dem Plakat nur ein Mensch? Keine Antwort,
aber eine Aktion: Ceyran malt ein zweites Strichmännchen dazu. Erneute vorsichtige
Nachfrage: Kannst Du auch einen Lastwagen erkennen? Keine Antwort, jetzt aber noch
zwei Kreise unter die zwei Männchen.

Meine Nachfragen haben die erste Skizze von Ceyran empirisch „verschmutzt"; sie
hat gezeichnet, was sie gezeichnet hat. Meine Aufgabe als Lehrer wäre zunächst ein-

mal eine Diagnose. Aber wie soll ich die herstellen, wenn ich nichts über den Innenkopf von Ceyran weiß. Kann sie nicht malen? Hat sie die Aufgabe gar nicht verstanden? Hat sie die Aufgabe durch die Nachfrage dann besser verstanden oder genauso eigen oder so wenig wie zuvor (das zweite Strichmännchen macht die Abbildung des Fotos ja nicht grundsätzlich reichhaltiger)? Habe ich sie bei der zweiten Nachfrage nicht zum gewünschten Ergebnis *getrieben*: „Lastwagen!" Ist Ceyran vielleicht sogar durch eine eigene Flucht traumatisiert? Sieht sie nur sich als Flüchtling, noch auf der egozentrischen Vorstufe von Stufe 1 von Piaget? Kann man überhaupt eine Stufe bestimmen, wenn ein Mensch gar nicht spricht – jedenfalls nicht mit mir oder nicht in der Schule? Alles Spekulation, alles ohne Worte seitens der Schülerin, keine Diagnose möglich. Außerdem: Einen solchen Einblick in das Tun einer Schülerin bekommt ein Lehrer ja sowieso nur dann, wenn er den Prozess ganz von Nahem begleitet. Niemand sitzt als Lehrer normalerweise neben Ceyran.

Und außerdem sind da noch eine Reihe weiterer ungewöhnlicher Deutungen des Bildes durch das eigene Bild (vgl. Aids, Handschellen) bei anderen Schülern.

Das nenne ich „pädagogischen Mustopf", weil hier alles mögliche eingekocht worden ist, dunkel, zäh, ohne erkennbare Struktur. Wir fischen im Trüben, wenn wir überhaupt anfangen, hier zu fischen. Leichter wäre es, wenn man nicht bei allen 25 Schülern hinsehen und sich mit der erstbesten „richtigen" Antwort zufrieden geben würde und dies ins Schülerheft eintragen ließe:

„Die Katastrophen der Gegenwart: Flüchtlinge, Gefangene, Aids".

Gegenbilder

Die erste Impulsrunde war zwar für die Schüler (und Lehrer) anregend, irritierend, widersprüchlich. Aber das führte nicht wirklich weiter. Die moralische Frage nach dem „Darf man mit Elend werben?" setzte ja eigentlich die 4. und 5. Stufe der kognitiven und moralischen Entwicklung von Piaget voraus.

Plangemäß folgte dann eine zweite Runde, in der es nicht nur darum ging, ein Bild überhaupt zu erkennen nach Inhalt und Abstraktion im Thema. Es ging bei der Posterserie der Jeansfirma „Diesel" darum, das „Global Warming Ready" in der verfremdeten Form zu entdecken: Bekannte Stadtzeichen im Meeresspiegel rund um den Globus und mitten darin schöne und junge Menschen in Dieseljeans, alles „ready"!?

Abb. 6: Bildserie „Global Warming Ready" der Textilfirma Diesel.

Hier wurden die Kinder direkt aufgefordert, auf der Rückseite ihrer Farbkopie ein Gegenbild zum selben Thema und Ort zu zeichnen. Damit dieses Gegenbild seine Deutung durch die Schüler erhielt, sollten sie dazu eine SMS von 150 Zeichen formulieren. Und damit dies auch „geographisch" gedacht wurde, wurden im Internet diese Orte unter dem Aspekt des Klimawandels untersucht bzw. prognostiziert.

Die Folgen für Venedig wären dann nicht nur, dass anstelle der Tauben nun Papageien auf dem Markusplatz herumliefen, sondern dass diese auch tropische Krankheiten transportieren könnten. Die Folgen wurden widerständig sichtbar und wurden durch ein *fact finding* konkretisiert, als ein phantasiertes *und* faktengestütztes Szenario. Dies gelang als Übung, wohl auch deshalb, weil hier in Kleingruppen gearbeitet wurde. Sonst wären einzelne Kinder wieder überfordert und auf den Rat des Lehrers angewiesen gewesen. Ceyran hatte ihre Freundin wieder, ihre Sprachlosigkeit war unsichtbar geworden. Ob sie verstanden hat, was sie machen sollte, weiß ich nicht. Auch die gebrochene Form des Bildes und des SMS-Textes hielt dies im Verborgenen. Das heißt nicht, dass Ceyran kein Weltbild hätte, wir wissen nur auf keine Weise, welches dies wäre und warum.

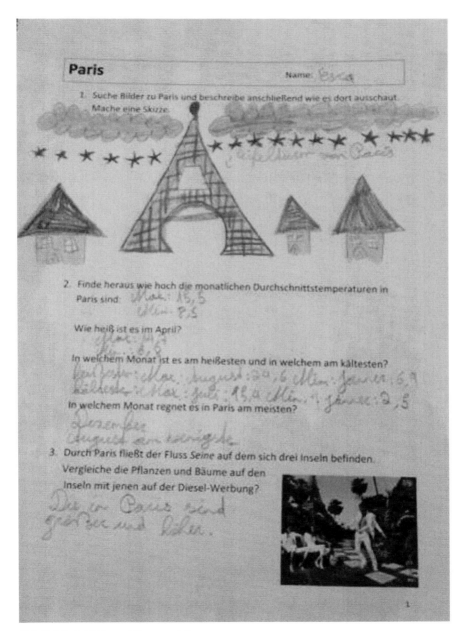

Abb 7: Arbeitsblatt zum Klimawandel.

Drei Imaginationen

Nach den zwei Vorübungen ging es nun an ein abgeleitetes Thema. Nicht mehr die Frage, ob man mit Katastrophen Werbung machen darf (incl. der Kategorie der Ironie und des Zynismus), sondern die Erkenntnis, dass man alle Dinge von zwei Seiten sehen kann, war nun in Sicht. Das ist zwar einerseits banal, aber andererseits von höchster Bedeutung.

Ich habe deshalb als Lehrer einen dritten Impuls gesetzt: Die Geschichte von der Maus und der Falle. „Wie sieht eine Maus die Falle?". Die Schüler korrigierten, dass die Maus die Falle wohl nicht sieht, sondern riecht; aber klar war dann auch, dass sie nicht die Falle riecht, sondern den Käse. Und wenn sie nur den Käse riecht und nicht die Falle dahinter, endet das für sie grausam tödlich. Das haben die Kinder verstanden. Das war schon fast Hegel.

Ich dachte, mit dem imaginierten Bild von Maus/Käse/Falle hätten die Kinder etwas Wesentliches verstanden: Alles hat zwei Seiten und man sollte beide Seiten beachten.

Ich wagte deshalb eine weiterführende Imagination: ich hielt einen Apfel hoch, er sah schön aus. Dann aß ich ihn auf, da sah er nicht mehr wie ein Apfel aus. So kann man den Apfel sehen: schön und/oder schon so gut wie weg. Aber es gibt noch einen dritten Blick: Aus dem Kerngehäuse kann wieder ein ganzer Baum entstehen. Man kann etwas so sehen, oder ganz anders und noch einmal ganz anders. Das war eine einfache Erkenntnisschulung. Die Maus und den Apfel werden die Kinder nicht mehr vergessen.

Dann wurde ich übermütig und wollte die Probe aufs Exempel machen. Gleich nach dem Apfel kam die Geschichte mit dem Fahrrad. Die ganze Zeit schon hatten sie über mein Klapprad getuschelt, zumal ich es überall hin mitnahm. Die Geschichte geht so: „Heute stand in der Zeitung, dass Forscher die Kosten fürs Autofahren und fürs Fahrradfahren verglichen haben. Ergebnis: Das Fahrrad ist teurer. Wie kann das sein?" Also: Wie kann man errechnen, dass eine Fahrradfahrt teurer ist? Indem man die jeweils verbrauchte Zeit mitrechnet, 38 € für die Stunde. Mal ist ein Rad schneller als ein Auto, meistens aber nicht. Also ist es teurer. Die Kinder kamen nicht drauf, wie hier eine Wirklichkeit konstruiert wird, nach dem alten Motto von Statistikern: „Was soll denn rauskommen?". Ich habe es ihnen erklärt und dann gefragt, wie man diese Rechnung auch widerlegen könnte. Antwort könnte sein: „Dafür spare ich aber Zeit und Eintritt fürs Fitness-Studio, also ist das Fahrrad billiger." Diese Imagination, diesen Transfer und diese Manipulation an den Parametern haben nicht mehr alle der 10- Jährigen verstanden. Ich beließ es also bei der Maus.

Erkenntnis: Das Dritte Auge

Dass die Kinder die Imagination vom Apfel verstanden hatten, konnte ich zwar nicht direkt nachfragen, aber dann doch nachzählen. Für die geplante Ausstellung wurde nämlich ein Titel gesucht; aus zwanzig Vorschlägen wurde einer mit großer Mehrheit gewählt: **„Das Dritte Auge"**. Man könnte meinen, ich hätte hiermit eine Hommage an Antje Schneider[3] veranstalten wollen, aber die Idee und die Entscheidung kam allein von den Kindern – naja, nicht ganz allein: ich hatte ja zuvor die drei Apfel-Aspekte erzählt und sie waren offenbar in der Vorstellung angekommen.

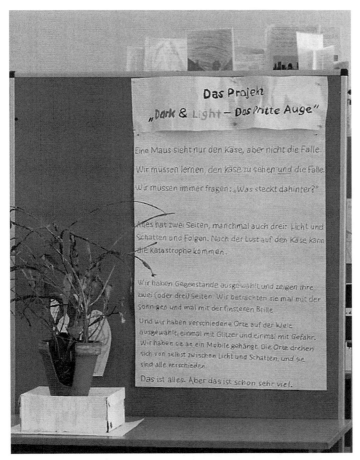

Abb. 8: Präsentationsposter (oben hinter der Stellwand das Mobile mit den zwei Blicken auf dem Klimawandel in verschiedenen Städten).

**Das Projekt
„Dark & Light – Das Dritte Auge"**

Eine Maus sieht nur den Käse, aber nicht die Falle.
Wir müssen lernen, den Käse zu sehen und die Falle.
Wir müssen immer fragen: „Was steckt dahinter?"

Alles hat zwei Seiten, manchmal auch drei: Licht und Schatten und Folgen.
Nach der Lust auf den Käse
kann die Katastrophe kommen.

Wir haben Gegenstände ausgewählt und zeigen ihre zwei (oder drei) Seiten.
Wir betrachten sie mal mit der sonnigen und mal mit der finsteren Brille.

Wir haben verschiedene Orte auf der Welt ausgewählt,
einmal mit Glitzer und einmal mit Gefahr.
Wir haben sie an ein Mobile gehängt.
Die Orte drehen sich von selbst
zwischen Licht und Schatten,
und sie sind alle verschieden.

Das ist alles. Aber das ist schon sehr viel.

Abb. 9: Text des Präsentationsposters.

Die Präsentation

Die Kinder waren jetzt voll an- und aufgeregt; und sie sollten ihre Energie kreativ und weiterführend einsetzen. Deshalb habe ich das Format vorgegeben und erläutert: Wir machen eine Ausstellung mit mehreren Abteilungen. Die erste Abteilung ist ein Mobile, daran hängen die Städtebilder vom Klimawandel und auf deren Rückseite die Gegenbilder der Kinder mit ihren SMS-Botschaften. Darunter gibt es eine Abteilung mit Gegenständen, die in ihren zwei Seiten vorgestellt werden. Die Kinder gingen mit Feuereifer auf die Suche, was man denn wie in zwei Seiten darstellen könnte.

Eine Kleingruppe kam sofort angerannt, ob man auch ein Tempotaschentuch nehmen könne. Ich habe das natürlich erlaubt und in kürzester Zeit war ein Papiertaschentuch mit drei Farben vollgemalt: Gelb, Grün und Rot. Ein Schüler sagte dazu: „So sieht das bei mir auch immer aus, mit Blut." Das ist mehr als Klamauk; in der interkulturellen

Erziehung kann man besprechen, dass ein Chinese zwar gerne auf den Boden spuckt, aber niemals diesen Rotz zurück in die Hosentasche stecken würde. Wir halten uns also gegenseitig für Ferkel, mit den gleichen zwei Bildern, aber einer inversen Bedeutungszuweisung.

Die Dosen

Die Erde ist ein wichtiger Planet für uns –
weil wir auf der Erde leben.
Die Welt wurde nicht erschaffen,
dass wir sie wie eine Müllkippe behandeln. Wie können wir das
*   verhindern?*
Auf der linken Seite ist eine Red-Bull-Dose im Müll.
Auf der rechten Seite ist eine Red-Bull-Dose neben den Müll
*   geschmissen. Welche ist besser?*
Eigentlich brauchen wir sie nicht.
Wir können auch aus Flaschen trinken. Also verbrauchen wir keine
*   Dosen.*

Danke.   *Ömer, Arkan, Jan und Bogdan*

Abb. 10: Die zwei Seiten einer Dose.

So ging das dann weiter: Ein vertrockneter Blumentopf schaffte es auf die Titelseite, als Müll und als Land-Art; die RedBull-Dose vorher – nachher wurde interpretiert; ein trockener Lavendelzweig enthielt entsprechend dem Text eine verborgene Eigenschaft: „Riechen Sie mal!"

Die große Probe aufs Exempel, wie Kinder über das Herstellen von Gegenbildern die Welt aneignen können, war dann der Besuch der Eltern und einer Abiturklasse zur Ausstellung.

Jeder Gegenstand wurde von zwei Schülern betreut und erläutert, wenn danach gefragt wurde. Die Geschichte von der Maus war Titelgeschichte geworden, jeder Zuschauer musste also „nur" den Transfer nachvollziehen.

Die Präsentation dauerte eine ¾ Stunde, fand also offenbar großes Interesse und erzeugte Gespräche, sonst wäre man ja nach zwei Minuten durch gewesen. Und die Städtebilder mit dem Klimawandel drehten sich die ganze Zeit von selbst im Wind, „vorne" und „hinten" gab es nicht mehr und alle Bilder drehten sich miteinander und in einem eigenen Tempo.

Nur ob Ceyran bei der Präsentation zu ihrem Gegenstand ein Wort gesagt hat, weiß ich nicht. Es waren so viele Menschen im Raum. Ich weiß nicht, ob sie etwas verstanden hat, ich habe sie wieder aus den Augen verloren, im pädagogischen Mustopf.

Der Beitrag auf der Tagung „Visuelle Geographien in der geographischen Bildung" beschreibt einen Projektunterricht am Gymnasium Brigittenau in Wien im Sommer 2011, 1. Gymnasialklasse (10-11-jährige). Er wurde als Vortrag an der Universität Flensburg Juli 2012 präsentiert.

Anmerkungen

1   (www.br-online.de/jugend/izi/deutsch/forschung/ereignisse_dr.htm)
2   Jean Piaget: Das Weltbild des Kindes. München 1978
3   Schneider, A. (2013): Der *Zweite Blick* in einer reflexiven Geographie und Didaktik. Münster

15. Perspektivität und Perspektiven
Erster und Zweiter Blick, Anamorphose, Innen-Außen

Perspektiven lassen sich in zwei Dimensionen denken: Zum einen als Perspektiven, die in einer Sache oder einem Problem enthalten sind, und zum anderen als Perspektiven, aus denen heraus diese Sache von verschiedenen Akteuren betrachtet wird. Das eine gehört also zur *Sachanalyse*: Etwas wird betrachtet in seiner Eigenschaft X oder Y. Das andere gehört zur *Art der Beobachtung*: Etwas wird aus einem bestimmten Blickwinkel, aus einem bestimmten Interesse betrachtet.

Abb. 1: Raum in Zentralperspektive mit einer Vorrichtung zum perspektivischen Zeichnen. Die in dem Bild gezeigte Vorrichtung wurde vom 16. bis zum 18. Jahrhundert zum perspektivischen Zeichnen verwendet.

Perspektive: Erster und Zweiter Blick, Anamorphose, Innen und Außen

Das Wort *Perspektive* bedeutet (lat: *perspicere*) zunächst „hindurchsehen". Zum einen sehe ich durch eine bestimmte „Brille", die ich in meinem Beruf, in meiner Biographie, in einer bestimmten Situation benutze. Zum anderen sehe ich durch alle möglichen Eigenschaften einer Sache hindurch, weil ich eine bestimmte Eigenschaft sichtbar machen möchte. Im Bild „Raum in Zentralperspektive" (Abb. 1) oben lässt sich das sofort erkennen: Meine Beobachtung wird gelenkt durch eine bestimmte Methode und ich sehe durch alle möglichen biologischen, geologischen, klimatischen, kultürliche Ansichten hindurch auf einen bestimmten Aspekt, hier: den „Totalcharakter" einer Landschaft (nicht einmal die dominante Terrasse und der Zeichenapparat kommen darin vor, obwohl sie real existieren. Sie sind erst dann Teil des Ensembles, wenn man in einem „Zweiten Blick" von hinten darauf blickt). Die Perspektive ist zunächst zentriert auf den Beobachter erster Ordnung.

Es kommen noch weitere Phänomene dazu: das Beobachten aus einer sog. Zentralperspektive verkürzt die Maße mit zunehmender Entfernung, es lässt aber auf den Standort des Beobachters rückschließen; es handelt sich um eine *Anamorphose* (Verzerrung), die jedoch gut rekonstruierbar ist. Das ist nicht immer so, oftmals wird die Verzerrung unkenntlich gemacht, geradezu mit dem Zweck, die Perspektivität zu verschleiern. „Das *ist* einfach so!" wäre ein verdächtiger Satz, der die Perspektive des *Beobachters* als Eigenschaft der *Sache* selbst behaupten möchte. Korrekt wäre der Satz: „Aus der Perspektive X erscheint die Sache so."

Eine weitere wichtige Unterscheidung ist die von *Innen und Außen*: Wenn ich in einem bestimmten *Medium* bin, z. B. in einer Stadt flaniere, beobachte ich anders als wenn ich von außen und distanziert darauf wie auf ein *Objekt* blicke. Es ist wichtig, diese Positionen zu klären und zu unterscheiden, damit nicht *tatsächliche* und *persönliche* Feststellungen vermischt werden.

Eine vierte notwendige Unterscheidung betrifft die Umwandlung einer Sache in eine Darstellung, z. B. die von der dritten (Körper) in die zweite Dimension (Fläche). Das geschieht regelmäßig beim Entwerfen einer Karte/Kartenprojektion. Hier wird nicht nur die Erdkugel verebnet, sondern auch noch das Relief; das wirkt sich je nach Maßstab unterschiedlich stark aus. Auf jeden Fall führt die Anamorphose dazu, dass die realen räumlichen Eigenschaften des Körpers unmöglich alle und unverzerrt erhalten bleiben. In der Kartographie geht man aus von den Idealforderungen der Flächen-, Form-, Längen- und Winkeltreue und weiß doch, dass diese *nicht gleichzeitig* zu erfüllen sind. Wenn man dies nicht mitdenkt, wird man zuweilen grotesk scheitern, z. B. beim Benutzen der horizontalen Luftlinie bei einer vertikalen Bergwanderung.

Abb. 2: Die Bildergalerie des niederländischen Grafikers Maurits Escher (1956).
Die Galerie zeigt einen jungen Mann (links), der Bilder mit Stadtansichten betrachtet; eines der Gebäude zeigt die Galerie und der junge Mann sieht dabei zugleich sich selbst. Die Perspektive wechselt vom *Objekt* (Galerie) ins *Medium* (in der Galerie). Der *Erste* wird zum *Zweiten Blick*[1].

Der Begriff *Vision* enthält neben diesen Differenzen noch eine weitere Komplikation; Vision ist explizit subjektiv bestimmt, als Anblick oder als Erscheinung, als inneres Bild oder gar als eine Sinnestäuschung, als ein Wunsch oder eine Zukunftsidee. Ein Visionär kann als kranker Mensch (mit „Gesichtern") gelten oder als weiser Seher, je nach Absicht. Der eine sagt „Wer Visionen hat, soll zum Arzt gehen"; der andere sagt „Wir brauchen Visionen für die Zukunft".

Diese Grundgedanken zur Perspektivität – Zentralperspektive, Anamorphose, Innen-Außen-Differenz, „Verebnung" – und die Unterscheidung von Aspekten in der Sache und Perspektive des Beobachters/Subjekts sind von elementarer Bedeutung, wenn es um wissenschaftliches Beobachten und Sprechen geht. (Dies gilt idealerweise auch für reflektiertes alltägliches Beobachten und Sprechen.)

Perspektivität in der Wissenschaft und im wissenschaftspropädeutischen Unterricht

Auch für die Anwendung des Perspektivitäts-Begriffs in der Wissenschaft gibt es eine wichtige Konsequenz: (1) Perspektivität ist unvermeidlich und (2) sie muss reflektiert werden[2].

In der Wissenschaftstheorie wird das wie folgt behandelt (hier nach Edmund Husserl und seiner „Phänomenologie"): Eine Sache, z. B. ein Tisch, hat verschiedenste Seiten. Man kann ihn betrachten, wie man gerade daran sitzt, oder man kann planmäßig auch weitere Seiten aufdecken: „Dreh mich doch nach allen Seiten!". Dann wird man Eigenschaften sichtbar oder wissbar machen, die ohne diesen gedanklichen Kunstgriff nicht sichtbar wären oder nicht mitgewusst würden. Zum Beispiel kann man den Tisch auch von unten betrachten oder von innen (Sacheigenschaften) oder man kann ihn als Tischler, als Designer, als Physiker, als Kaufmann betrachten (Beobachter). Man kann auch in seiner jeweils eigenen Perspektive das andere mitdenken oder mitwissen, jedenfalls im Rahmen der eigenen Vorstellungskraft. Man wird dann einen Tisch nicht mehr „essentiell" definieren: „Ein Tisch *ist* xy", sondern man wird immer die Bedingung nennen, unter der der Tisch *als etwas* erscheint: Tisch *als* Schreibtisch etc.

Der Tisch ist nur eine Metapher dafür, wie man eine bestimmte Erscheinung nach allen Seiten drehen kann. Man kann die Metapher leicht für die Geographie anwenden: Erdöl oder ein Strand oder ein Bahnhof oder die Eurokrise haben verschiedene Aspekte und sie können aus verschiedenen Blickwinkeln betrachtet werden; das schließt immer ein, dass das andere im Prinzip mitgedacht oder mitgewusst werden sollte, je nach Problemstellung und -sicht.

In Zeiten einer Wissensgesellschaft, in der man aber das Übermaß des Wissens nicht mehr trichterartig in den Köpfen abladen kann, braucht man regulative Ideen zum Umgang mit den Problemen einer Gesellschaft. Zuerst kommen die Probleme bzw. sie werden erkannt; dann wird darüber kommuniziert, ob man dieses Problem annehmen und lösen will; dann wird das Problem definiert und bearbeitbar gemacht, in Arbeitsteilung reduziert und/oder in Schritte übersetzt; dann wird über die angestrebten Zwecke und die Prämissen einer Lösung verhandelt; dann werden Optionen und Prioritäten abgesteckt und dann geht es an die Arbeit. Diese Meta-Operationen sind allesamt für die Problemdefinition und -lösung erforderlich, sie müssen explizit und transparent gemacht werden. In einem solchen Kontext wird dann Fachwissen beschafft und genutzt. Es ist die Qualität des Problems, „ohne Ausnahme", die die Qualität der Arbeit bestimmt, sagt der Wissenschaftstheoretiker Karl R. Popper. Und es gilt: Ein echtes Problem hat seine Lösung noch nicht in sich, sie ergibt sich im (wissenschaftlichen oder kognitiven) Tun. Das Gesagte gilt umso mehr, wenn Wissenschaft die Politik berät, indem sie auch über die Prämissen und die möglichen Folgen aufklärt.

Das Gesagte gilt auch für die Schule und Hochschule, wo die Schüler und Studierenden wissen wollen und sollen, welches Wissen wofür gebraucht wird und wie dieses verwendet und nützlich (oder gefährlich) werden kann. Es wird nach Legitimation und Validität gestrebt, nach lohnendem Wissen anstelle von lexikalischem oder trägem Wissen.

Dies ergibt sich aus der Operation *Metakognition* oder *Reflexion*. Bei der Reflexion als Standard wissenschaftlichen und unterrichtlichen Arbeitens werden sachliche und personale Perspektive und mögliche Visionen offen gelegt und kommuniziert. Es kann dabei auch deutlich werden, welche Perspektiven und Visionen womöglich verschwiegen werden und warum sich bei gleicher *Beurteilung* einer Sache eine unterschiedliche *Bewertung* ergeben kann (diese Unterscheidung wird in den Bildungsstandards Geographie ausdrücklich betont).

Eine Perspektive *haben* oder *entwickeln*

Für die Geographie und den (wissenschaftspropädeutischen) Geographieunterricht soll das Phänomen *Perspektive* und *Vision* explizit genutzt werden. Gesucht wird im langen Kanon von Fachthemen nach solchen Exempeln, die besonders in Differenz „geladen" sind und die besonderer Aufklärung bedürfen. Man soll lernen zu fragen: Worin besteht das Problem, wo liegen seine Differenzen, seine Lösungsoptionen, deren Nützlichkeiten und deren Folgen?

Beispiel „Nationalpark statt Öl": Die ecuadorianische Regierung hat angeboten, auf die Ölförderung im östlichen Teil des Amazonas-Nationalparks Yasuni zu verzichten. Es geht um einen Ölvorrat von 800 Mio Barrel oder zwei- oder dreimal so viel; es geht um die Hälfte des entgangenen Gewinns, um eine Summe von 3,5 Mrd Euro oder mehr, verwaltet von einem UN-Treuhandkonto und zu verwenden für den Schutz des Nationalparks und die Energiewende in Ecuador („Yasuni-ITT-Initiative" von 2007). Ein Jahr vor dem Stichtag ist die Hälfte dieses Geldes international aufgebracht worden, der Start hängt an einem Defizit von aktuell 100 Mio Euro. Deutschland hat diese Perspektive bis 2010 begrüßt, nach einem Regierungswechsel lehnte die deutsche Regierung (bzw. der zuständige Minister) dieses Konzept plötzlich ab mit dem Argument, das Konzept „Geld für Nichtstun" könnte (bzw. dürfe nicht) Schule machen in anderen Tropenländern. – Das Problem hat erkennbar verschiedene Perspektiven, in der Sache und in der Beurteilung und Bewertung. Das *fact-finding* und Wissen über dieses Projekt ist mit dem Internet kein Problem mehr; die politische und didaktische Kunst besteht im Dekonstruieren des Falles. Dieses Exempel ist geladen vom Haben und/oder Entwickeln einer sachlichen Perspektive und von verschiedenen Perspektiven bei der Zustimmung oder Ablehnung.

Geographie *ist* nicht, Geographie wird *gemacht*.

Inhaltlich kann man zudem nach solchen Themen suchen, die einer Gesellschaft als Perspektive bevorstehen oder die in einer Gesellschaft konstruiert werden. Pazifische Inselstaaten können z. B. die Perspektive *haben*, dass sie im Klimawandel untergehen, als Folge von Naturgesetzen und gesellschaftlichem Handeln und Globalität (dies wird als Zukunft sichtbar, *wenn* man es sichtbar *macht*). Oder ein Staat kann eine Perspektive für die Energiegewinnung ohne Atomkraft *entwickeln*, wenn er dies will und gesellschaftlich, technisch, und wirtschaftlich belastbar macht.

Perspektivität aufdecken: Der „Jenaer Würfel"[3]

Abb. 3: Der Jenaer Würfel (Entwurf: Schneider 2012).
In der Kommunikation über ein Problem und seine Lösungsoptionen wird aufgedeckt, wie die Sache beobachtet wird: (1) Maßstabsebenen, (2) zeitliche Perspektiven, (3) Beobachter, (4) Selbstreflexivität, (5) Kommunikation, (6) blinde Flecken? Es wird aufgedeckt, in welchen Perspektiven der Sache und der subjektiven Beobachtung kommuniziert und wie dadurch Geographie gemacht wird.

Der „Jenaer Würfel" organisiert den Imperativ „Dreh mich doch nach allen Seiten!" auf einfache Weise. Jede Seite des Würfels macht aufmerksam auf die Arten, wie man beobachten kann und wie sich darin das Objekt verändert.

Fazit

Dekonstruktion von Beobachtung, nach *Sach*perspektiven und *Betrachter*hinsicht – damit kann man von der Schule bis zur Wissenschaft und Politik sachliche und fachliche bis subjektive Perspektiven aufklären und kommunizierbar machen. Das ist eine „Schlüsselqualifikation 2.0" für eine Wissensgesellschaft und ein Bildungsstandard für eine demokratische Teilhabe-Gesellschaft.

Der Beitrag ist ursprünglich erschienen unter dem Titel *Perspektiven und Visionen.* 2012 in: Haversath, Johann-Bernhard (Hrsg): Geographiedidaktik. Braunschweig. 64-68.

Anmerkungen

1 Vgl. auch Text Nr. 7. „Raum des ‚Wirklichen' und Raum des ‚Möglichen'" in diesem Band
2 Vgl. auch die Texte Nr. 24 „Wissenschaftstheorie" und Nr. 25 „Paradigma" in diesem Band
3 Vgl. auch Text Nr. 40. „Der Jenaer Würfel" und Nr. 3 „Garten, Regenwald und Erdbeben" in diesem Band

Literatur

Berger, Peter L./Thomas Luckmann 1969: Die gesellschaftliche Konstruktion der Wirklichkeit. Eine Theorie der Wissenssoziologie. Frankfurt/M.

Foerster, Heinz von et al. 1985: Einführung in den Konstruktivismus. München/Zürich

Gergen, Kenneth J. 2002: Konstruierte Wirklichkeiten. Eine Hinführung zum sozialen Konstruktionismus. Stuttgart

Glasersfeld, Ernst von 1985: Konstruktion der Wirklichkeit und der Begriff der Wirklichkeit. In: von Foerster, H. et al. (1985): Einführung in den Konstruktivismus. München/Zürich

Glasersfeld, Ernst von 1999: Radikaler Konstruktivismus. Ideen, Ergebnisse, Probleme. Frankfurt/M./Zürich

Husserl, Edmund 1985: Phänomenologie der Lebenswelt. Ausgewählte Texte II. Stuttgart

Rhode-Jüchtern, Tilman 2006: Derselbe Himmel, verschiedene Horizonte. Wien

Rhode-Jüchtern, Tilman/Schneider, Antje 2012: Wissen, Problemorientierung, Themenfindung. (Kleine Reihe Geographie). Schwalbach/Ts.

Roth, Gerhard 1994: Das Gehirn und seine Wirklichkeit. Frankfurt/M.

Schneider, Antje 2012: Erkenntnisfiguren. Werkzeuge geographischer Reflexion. (http://ww.geographie.uni-jena.de/geogrmedia/lehrstuehle/didaktik/personal/schneider/ArtisticResearchWürfel.pdf

Watzlawick, P. et al. (Hrsg.): Die erfundene Wirklichkeit. Wie wissen wir, was wir zu wissen glauben? Beiträge zum Konstruktivismus. München/Zürich

16. Perspektivenwechsel als Verstehenskultur

Über ein produktiv-konstruktives Konzept für die Geographie

Einleitung

Früher glaubte man, eine „Sache" mit einem naturalistischen Begriff belegen zu können und damit zugleich eine eindeutige Definition zu besitzen, z.B. „die Landschaft", „die Kultur", „der Vulkan", „die Stadt". Die Definitionsmacht musste dann nur noch ausgeübt werden, z.B. in der Schule in der Festlegung eines Kanons sog. „gesicherten Grundwissens" und in der Zensurengebung.

Heute werden Sachverhalte („Signifikate") nicht mehr einfach als identisch mit ihrer Bezeichnung angesehen, weil die „Signifikanten" in Kontexten entstehen und diese subjektiv, historisch, fachlich differieren (und weil natürlich auch „die Sache selbst" sich verändern oder in Differenzen erscheinen kann). Man würde also sagen: „Alles eine Sache des Standpunkts" oder „Neue Unübersichtlichkeit" oder „Nur nachts sind alle Katzen grau". Wir würden demnach die Welt beschwören im großen Einerseits – Andererseits, ohne Geltungszwang. Aus dem *Relativismus,* der dem als Haltung zugrunde läge, kommt man aber schwer wieder heraus; aus dem *Skeptizismus* gar, als Beschwörung prinzipieller Fehlbarkeit in Sprache und Handeln, wollte man auch gar nicht herauskommen. Alles ist immer relativ und zugleich ganz anders. Lebensweltlich gesehen führt dies womöglich zum Stammtisch oder zur autistischen Beliebigkeit; philosophisch gesehen steckt man allerdings in ehrwürdigen Traditionen, die es zu erkennen und reflexiv zu verwenden gilt. „Reflexiv" ist dabei das Zauberwort für eine Spätmoderne (Politik, Erziehung und Bildung, Technikfolgenabschätzung etc.), die nicht kurzfristig (z.B. Schulstunde, Geschäftsjahrquartal) und einzelzweck-rational (z.B. Lehrziele, Geschäftserfolg) definiert ist.

Im Folgenden soll anhand eines einfachen Beispiels aus der Geographie die Notwendigkeit gezeigt werden, verschiedene Sprachebenen und Handlungsziele in einer „hermeneutischen Kultur" transparent zu machen und zu vereinbaren; ein kurzer Blick in philosophische Traditionen über das Lob des Zweifels und die Probleme der begrifflichen und subjektiven Aneignung von Welt getan werden, um damit einiger Wurzeln des Problems der Perspektivität der Wahrnehmung gewahr zu werden; die Notwendigkeit gezeigt werden, eine Sache „nach allen Seiten zu drehen"; und schließlich ein instrumenteller Vorschlag gemacht werden, wie denn die Verständigung über ein und dieselbe Welt in ihren verschiedenen Aspekten/Perspektiven möglich sein könnte.

„Die Sonne geht im Osten auf"[1] – Über das Wahre und das Richtige

In einem Aufgaben- und Testheft zur Physischen Geographie von 1996 steht unter dem Thema „Orientierung im Gradnetz der Erde" die Testfrage: „Die Sonne geht im ... auf" (die Lehrerfolie enthält die gewünschte Antwort „Osten").

Die gewünschte Antwort „Osten" normiert durch ein Wort/einen Satz zugleich ein Weltbild. Dies wird durch das Kriterium „richtig/falsch" praktisch vollzogen und den Schülern damit dringend zur Aneignung empfohlen. Nun weiß man ja seit Kopernikus und Galilei, dass sich die Erde um sich selbst und um die Sonne dreht, die Sonne insofern also gar nicht „aufgehen" kann. Der Test-Satz „Die Sonne geht im Osten auf" behauptet also eine vorkopernikanische Sehweise als Tatsache im Jahre 1996. Oder sollte man sagen, er behauptet eine Tatsache speziell für Elfjährige im Geographieunterricht? Anlässlich eines Vortrages, in dem ich dieses Beispiel zitiert habe, stellte nämlich ein Professor der Physischen (!) Geographie fest: „Ist doch egal", und ein Privatdozent der Chemie monierte: „Meine elfjährige Tochter hat schon genug Probleme, sich überhaupt in den Himmelsrichtungen zu orientieren". Worin liegt das Miss-Verstehen: in der Sache oder zwischen den Sprechern?

In der Sache kann man sagen: Es kommt darauf an, was ich einerseits mit dem Satz *begriffslogisch* als *wahr* behaupte und was ich andererseits mit diesem Satz *handlungsorientierend* bewirken will. Es kann ja einerseits astronomisch-begrifflich etwas *falsch* sein, was andererseits für die anschaulich-praktische Orientierung von Elfjährigen und für ihr Handeln *richtig* ist. Mit dem Satz von der Sonne im Osten habe ich z. B. einmal bestens mit dem Auto quer durch den Großraum Paris gefunden, ohne Probleme mit einem überholten geozentrischen Begriff zu haben.

Wenn ich also im individuellen Maßstab des Handelns eine lebensweltliche (also unhinterfragte) Anschauung formuliere, kann dies für mein Handeln zweckrational wirksam und richtig sein. Wenn ich aber ein Bewusstsein von der Stellung der Erde gegenüber der Sonne und von den religiös-ideologischen Streitigkeiten darüber vermitteln will, muss ich das Weltbild der Schüler anders normieren; der wahre Satz hieße dann: „Die Sonne *erscheint mir* am Morgen im Osten – allerdings nur im Sommerhalbjahr". Es sind also zwei Perspektiven möglich, die mit dem Zweck meiner Rede zusammenhängen; der Zweck kann in der universalen Begriffslogik auf globalem Maßstab liegen oder in der lebensweltlich-praktischen Handlungsorientierung von Individuen. Problematisch wird es dann, wenn die Perspektiven nicht getrennt und identifiziert werden, wenn also z.B. aus der Korrelation von Himmelsrichtung und Sonnenaufgang auf die Natur der Sonne geschlossen würde.

Das Missverstehen kann aber auch an den Sprechern liegen; jeder verbindet mit einem konkreten Begriff/Satz einen subjektiven Sinn in einer bestimmten Situation. Die Situation kann die Unterrichtsstunde über die Himmelsrichtungen sein; dann konstituiert und koordiniert der Satz eine bestimmte Orientierung der Schüler, für sie *bedeutet* die Richtung des „Sonnenaufgangs" Osten. Die Situation kann aber auch darin bestehen, dass man sich um die universale Bedeutung von Begriffen, um die Anstrengung des Begriffs bemüht und dass man dabei in dem Satz „Die Sonne geht auf" zugleich ein Weltbild (wieder-)erkennt. Wenn man sich auf dieser Denk- und Handlungsebene befindet, ist eine andere Verständigung zwischen Subjekten notwendig, als wenn man Windrose und Kompass erklärt. Die Situation, in die unser Satz eingebettet ist, ist also entweder *dialogisch-theoretisch* (Rede über Weltbilder) oder *handlungsorientierend-praktisch* (Rede über Himmelsrichtungen), man muss sich demnach darüber verständigen, was jeweils gelten soll; diese Vereinbarung oder Verständnissicherung muss von den Rednern als „work in progress" gemeinsam erarbeitet werden (vgl. Zitterbarth 1996, allgemein zur Aushandlung von Bedeutungszuweisungen in sozialer Interaktion: Blumer 1973, Mead 1968). Es muss bewusst werden, dass diese Vereinbarung situationsbezogen ist und dass damit Sprache und Sache nicht situationsübergreifend normiert sind (das wäre nur in der Technik oder einer technokratisch vereinheitlichten Zivilisation denkbar).

Wenn man die Verständigung über die Welt, über das Verstehen der Sachen und die Kommunikation über das Verstehen, als *Handlung* begreift, wird eine weitere Kategorie aufgerufen; diese hat als „Handlungszentrierung" für die moderne Geographie eine große Bedeutung gewonnen (vgl. Werlen 1987ff.). Es geht darum, die Dinge der äußeren materiellen Welt in ihrer *Bedeutung* für die erkennenden und handelnden Subjekte zu beschreiben. Also: Nicht jeder Hurrikan ist von Interesse, sondern nur derjenige, der Schäden anrichtet oder in einem Messnetz erfasst wird. Nicht jeder Kubikmeter Fels in den Alpen oder Anden ist – obwohl materiell vorhanden, prinzipiell sichtbar und eine „geographische Tatsache" – von Bedeutung, sondern nur derjenige Ausschnitt, den ich mit sachlichen und/oder subjektiven *Gründen* betrachte. Geographische Tatsachen müssen sich also von der reinen *Evidenz* (also dem bloßen Vorhandensein) zur *Relevanz* (also zur offensichtlichen Bedeutung für etwas/jemanden) entwickeln. Dies ist überhaupt der Schlüssel zur Aneignung von Welt: Vor dem Verstehen muss ich erst einmal etwas als *bedeutungsvoll* auswählen/ansehen.

Nehmen wir für diese Grundkategorie der Phänomenologie wiederum ein einfaches Beispiel aus dem zitierten Testheft zur Physischen Geographie. Unter dem Thema „Vulkanismus" sollen dort die Schüler in einem Schnittbild den Begriff „Lakkolith" verorten. Nicht einmal die Lehrerin konnte auf Befragen auch nur die vokabelmäßige Bedeutung nennen. Eine weitergehende Bedeutung im Sinne von Relevanz war aus dem Kontext nicht zu erkennen. Es wird also etwas mit der Bedeutung von *Grundwissen* aufgeladen, was in Konkurrenz zu anderen Sachverhalten und angesichts äußerst knapper Unterrichtszeit und knapper Motivationsressourcen der Schüler offenbar sonst keine Bedeutung hat. Keine subjektive Bedeutung, keine fachliche Bedeutung, keine Bedeutung für Gegenwart oder Zukunft, keine sonst wie orientierende Bedeutung. Auch etwas, was begrifflich „wahr" sein mag, aber für das Handeln keine andere Wirkung hat als die Anpassung an eine Testfrage, muss didaktisch gerechtfertigt werden: Unter welcher Perspektive ist diese Frage/dieser Begriff von Bedeutung (vgl. die Fünf Grundfragen der Didaktischen Analyse nach Klafki 1963 u. ä.).

Wenn wir es schon richtig finden, in der Spätmoderne *reflexiv* zu handeln, müssen wir auch hier erinnern, dass auch das Stellen einer solchen „Lakkolith"-Aufgabe ein Handeln von Subjekten (hier: Buchautoren, Lehrer) ist, die mit anderen Subjekten (hier: Schüler) in Beziehung treten. Zweierlei wäre also zu klären, bevor man an die Vereinbarung gemeinsamer Perspektiven und Verständigung herangehen kann: Wie soll in unserer Zeit und Gesellschaft der Fragmentierung/Dezentrierung/Diskontinuität „Subjekt" definiert werden? Wie wollen wir „Handlung" definieren, um darin Sichtweisen/Intentionen/Wirkungen wieder zu erkennen?

Diese Kategorien markieren den Referenzrahmen, innerhalb dessen schließlich über Sachen differenziert geredet wird und gehandelt wird. Es ist also nicht ausreichend, sich über Aspekte einer Sache zu verständigen, sondern der Prozess der Verständigung und der Bedeutungszuweisungen zwischen den beteiligten Subjekten gehört untrennbar dazu. Jede Kommunikation hat bekanntlich einen Inhalts- und einen Beziehungsaspekt (dergestalt untrennbar sogar, dass der Beziehungsaspekt dominiert, vgl. Watzlawick 1967).

Wenn also Schüler den Begriff Lakkolith in ein Schnittbild eintragen sollen, tun sie dies in einer Beziehung zum Lehrer und seinen Zensuren; der Lehrer stellt diese Aufgabe in Beziehung zu den Schülern und zur Lehrplan- und Schulbuch-Kommission; die Schulbuchmacher tun dies in Beziehung zum Kultusministerium; das Kultusministerium steht in Beziehung zu Fachverbänden, zu Parteipolitik und Öffentlichkeit usw. Als Resultante aus diesen Beziehungen, den Sichtweisen der beteiligten Subjekte und den entsprechenden Bedeutungszuweisungen erscheint dann z. B. der Begriff Lakkolith im Kanon des Grundwissens, aber ohne Verständigung über diesen Prozess. Dies wäre Aufgabe einer hermeneutischen Kultur und die betrifft die problematische Frage nach der „Einheit einer objektiven Welt für die Angehörigen einer lebensweltlichen Verständigungsgemeinschaft" (Zitterbarth 1996, 276).

Wie wird beobachtet?

Stellen wir uns die Welt als Container vor, der mit Dingen gefüllt ist, mit „Stadt, Land, und Fluss" (das wäre ein traditionelles Paradigma von Geographie); doch wir kommen nicht darum herum auszuwählen, den Blick zu fokussieren, Zuordnungen zu treffen, Begriffe zu benutzen oder zu stiften und vor allem: uns darüber und über die Bedeutung der Dinge mit anderen zu verständigen.

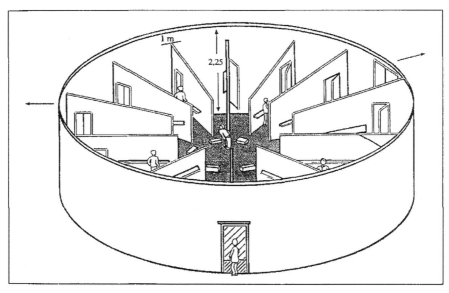

Abb. 1: Ilja Kabakow: „Kunstsynchroton" (nach einer Installationsskizze zur Ausstellung Art '93, Kunsthalle Hamburg)[2].

Ein Bild mag das veranschaulichen: die Ausstellungsinstallation des in New York lebenden russischen Malers Ilja Kabakow (Abb. 1). Wir betreten einen Ausschnitt der Welt, einen von anderen Menschen installierten und geordneten Raum. Wenn wir uns nicht in einer geführten Besuchergruppe, sondern frei bewegen und nach einiger Zeit der Betrachtung am Ausgang mit den anderen Besuchern wieder treffen, stellen wir fest: Wir haben dieselbe Ausstellung und doch alle etwas Verschiedenes gesehen (nach Reihenfolge, Prioritäten, subjektiven Bedeutungen etc.). Im Sinnspruch: *Wir leben alle unter demselben Himmel, aber wir haben nicht denselben Horizont* (vgl. Rhode-Jüchtern 1996 und 1997, 23 f.).

Unsere Verständigung über das Betrachtete wird nun auf zwei Ebenen stattfinden: *Was* haben wir gesehen (welche Objekte, welche Darstellungsweise etc., vgl. 4.) und *wie* haben wir beobachtet (welchen Weg haben wir genommen, wo haben wir von dem vielen Sichtbaren etwas mit besonderer Bedeutung versehen etc.)?

Jede Kommunikation, zwischen Wissenschaftler und Politiker, zwischen Politiker und Publikum, zwischen Lehrer und Schüler, findet statt zwischen Subjekten und in bestimmten Kontexten. Die Subjekte haben jeweils bestimmte Absichten, die aber nicht auf den ersten Blick zu erkennen sein mögen; man kann unterscheiden zwischen Oberflächen- und Tiefenstruktur.

Weil das aber so schwierig und spekulativ ist, verzichtet z. B. der System- und Gesellschaftstheoretiker Niklas Luhmann mehr oder weniger ganz auf eine Erklärung und stellt z. B. in seinem Aufsatz „Wie ist Erziehung möglich?" lakonisch über die Schüler fest: „Sie tun was sie tun" (Luhmann/Schorr 1981); der Rest ist Interpretation.

Eine Hilfestellung für unsere Zwecke können wir aber bekommen aus dem Klassiker „Theorie des kommunikativen Handelns" von Jürgen Habermas (1981). Handeln findet statt in gelernten Weltbildern bzw. in „Strukturen des Denkens und Handelns, die der Heranwachsende in der aktiven Auseinandersetzung mit der äußeren Realität, mit Vorgängen in der objektiven Welt konstruktiv erwirbt" (Habermas 1981, 105, nach Piaget 1973, 179). Diese Konstruktion bezieht sich auf die *„gleichzeitige* Abgrenzung der objektiven und der sozialen von der subjektiven Welt. [...] Das Konzept der subjektiven Welt gestattet uns, nicht nur die eigene Innenwelt, sondern auch die subjektiven Welten der Anderen von der Außenwelt abzuheben" (Habermas 1981, 106). Diese Konstruktion geschieht aber zunächst nicht reflexiv und bewusst, sondern im Horizont der *Lebenswelt.* Lebenswelt ist nach Husserl zu definieren als die Welt des unhinterfragten Sinns und der „alltäglich-praktischen Situationswahrheiten" (Husserl [1936] 1986, 289) – im Gegensatz zu den wissenschaftlichen Wahrheiten, die aber auch auf Situationswahrheiten zurückzuführen sind (ebd.).

In kritischer Diskussion von Poppers Dreiwelten-Theorie (physikalische Gegenstände/Zustände, Bewusstseinszustände, Welt der objektiven Gedankeninhalte) und der kulturellen Wertsphären von Max Weber (Wissenschaft und Technik, Recht und Moral, Kunst und Kritik) entwickelt Habermas seine Handlungstheorie. Für uns von Belang ist dabei die Unterscheidung der vier Grundbegriffe a) teleologisches Handeln, b) normenzentriertes Handeln, c) dramaturgisches Handeln, d) kommunikatives Handeln (Habermas 1981, 126-131). *Teleologisches* Handeln verwirklicht einen Zweck, indem der Akteur die in der gegebenen Situation erfolgversprechenden Mittel wählt und anwendet. Das *normenregulierte* Handeln bezieht sich auf Mitglieder einer sozialen Gruppe, die ihr Handeln an gemeinsamen Werten orientieren (oder diese verletzen). *Dramaturgisches* Handeln bezieht sich auf Interaktionsteilnehmer, die füreinander ein Publikum bilden, vor dessen Augen sie sich darstellen. Im *kommunikativen* Handeln suchen die Akteure eine Verständigung über die Handlungssituation, um ihre Handlungspläne einvernehmlich zu koordinieren; sie haben gemeinsam die Geltungsansprüche auf *Wahrheit,*

(Aussagen, Existenzialsätze), *Richtigkeit* (legitim geregelte Handlungen) und *Wahrhaftigkeit* (Kundgabe subjektiver Erlebnisse) (Habermas 1981, 149). Diese beziehen sich auf die *objektive Welt* (wahre Aussagen), die *soziale Welt* (geregelte interpersonale Beziehungen) und *subjektive Welt* (privilegierte Erlebnisse des Akteurs/Sprechers).

Immer wenn wir also Zusammenhänge zwischen diesen drei Welten herstellen, müssen diese in ihrer unterschiedlichen Geltung erkannt und benannt werden. Wenn also z. B. im Streit über ein Tempolimit argumentiert wird, ist zu unterscheiden zwischen den technischen Daten, den – legitimen – Wünschen und Leitbildern der Interessenten/Konkurrenten und der persönlichen Präferenz. Das Gleiche gilt für alle ergebnisoffenen Sachverhalte und subjektiven Bedeutungen von Dingen, auch in der Geographie, in Fragen der Dritten Welt, der Umwelt, des Verkehrs, der Stadtplanung etc.

Wenn wir im Sinne von Habermas dabei kommunikativ handeln, können die drei Geltungskriterien einer Verständigung erfüllt werden; wenn wir das nicht tun, werden wir uns unbewusst zwischen den drei Welten verstricken und die Kommunikation wird zumeist misslingen. Die Meta-Operation ist also die Frage: Worüber reden wir gerade, in welcher Welt befinden wir uns, was soll hier gelten? Wohlgemerkt: Verständigung wird nur gelingen, wenn sie kooperativ gesucht wird; sie wird nicht gelingen in einer hegemonialen Machtsituation, wo „richtig/falsch" einseitig diktiert werden kann. Diktierte Wahrheiten haben u. a. den Schwachpunkt, dass sie womöglich nicht relevant sind und sich in der objektiven Welt, der sozialen Welt und/oder der subjektiven Welt nicht oder nicht gleichzeitig bewähren.

Dieser plausible kategoriale Befund und seine handlungsorientierenden Konsequenzen sind für den Wissenschaftsbetrieb und die Bildung auch auf anderem Wege herzuleiten, nämlich über die Notwendigkeit der *Interdisziplinarität* und das sog. *Laienproblem*.

Hartmut von Hentig spricht von der Notwendigkeit der Verständigung trotz/wegen der Perspektivität: „Perspektivität macht die Wahrheit der Wissenschaft aus, nicht Einheit [...] Die Einheit der Wissenschaft [...] hat den Charakter einer ‚notwendigen Fiktion' [...]; es gibt sie nur als ständiges mühsames Sich-Verständigen über den Abgrund hinweg, den die Wissenschaft selbst erst schafft [...] Nicht also die richtige Definition der „Einheit der Wissenschaft" [...], sondern die Möglichkeit der Kommunikation der uneinheitlichen Teile oder Disziplinen – das ist die Aufgabe" (Hentig 1972, 62f.).

Also heißt es auch für eine Wissenschaftspropädeutik in der Schule, diesen „Abgrund" der Wissenschaft zu überwinden in der Verständigungshaltung der Interdisziplinarität. Im Unterricht wäre also nicht nur zu fragen „Was ist?", sondern auch „Wie wird beobachtet?"

Als weiteres Strukturproblem der modernen Welt sieht Tenorth (1994, 81) die Trennung von Laien und Experten: „Wir müssen lernen, mit der Differenz von Laien und Experten zu leben, ohne den Experten zu erliegen. [...] Die Spezialfunktion des Bildungssystems und seine universelle Leistung bestehen dann darin, für alle Rollen und für die Struktur funktionaler Differenzierung zugleich kommunikationsfähig zu machen." Zudem werden wir die Pluralität der Werte anerkennen müssen und „daß Einheitsformeln und Reduktionsleistungen nicht mehr erlaubt sind" (Tenorth 1994, 96).

Die Frage „Wie wird beobachtet?" ist eine kurze Formel dafür, dass jede Beobachtung eine Fokussierung, eine Selektion ist, die anderes ausschließt oder wegblendet, ohne dass dies damit bedeutungslos geworden wäre. Beobachten heißt unterscheiden (Kupsch/Schumacher 1994, 50). Es wird eine Unterscheidung gewählt, die für die gewählte Perspektive die sinnvollste ist; der Konstruktivismus verwendet hierfür den Begriff „Viabilität" (von lat. via = Weg), als Modus, in dem die Welt für das Subjekt als am gangbarsten erscheint.

Wirklichkeiten sind plural: „Dreh mich doch nach allen Seiten!"

1991 und 1993 waren zwei Meilensteine in der Debatte um die Geographiedidaktik; die Thomas-Morus-Akademie Bensberg hatte zwei Tagungen veranstaltet zu den Themen „Die Geographiedidaktik neu denken – Perspektiven eines Paradigmenwechsels" (Hasse/Isenberg 1991) und „Vielperspektivischer Geographieunterricht" (Hasse/Isenberg 1993). Zwar bestanden die Perspektiven zunächst nur aus denen der Referenten (keiner zudem aus der Schulpraxis), aber man war allseits gewillt, aus dieser Not eine Tugend zu machen. Ein Paradigmenwechsel aber, also eine neue Grundüberzeugung für die Fachgemeinschaft, war das noch nicht.

Immerhin wurden einige programmatische Grund-Sätze erörtert (und geduldet), die früher einfach als Spinnerei, linkes Zeug oder Esoterik abgelegt worden wären. Etwa die Erinnerung an die Kritische Gesellschaftstheorie (Vielhaber), Möglichkeiten und Grenzen des Verstehens in der Wahrnehmung des Fremden (Mai), eine „Didaktik des langen Augenblicks" mit Lebensgeschichtlichkeit, Subjektivität und Kollektivität bei der Wiederentdeckung der Welt (Meder), Wahrnehmung als ästhetische Erziehung (Otto), Spurensuche (Kruckemeyer/Hard), Entsicherung des „naiven Blicks" (Isenberg), Diversifizierung der Rationalität, etwa in der Fremdenverkehrsgeographie (Kathler/Mose), „Geographie des eigenen Lebens" (Daum).

Wenn wir früher als Studenten aus dem Exkursionsbus stiegen, kannten wir schon die Frage des Professors „Was sehen Sie?"; der erfahrene Busfahrer hatte uns längst zugeraunt „Schichtstufen". Das erinnert an den problematischen erkenntnistheoretischen Satz „Man sieht nur, was man weiß"; problematisch deswegen, weil er keine Überraschungen zulässt, keine Spannung von Wissen und Nichtwissen, keine andere Referenz als die „einfältige" Fragestellung erlaubt. „Die Welt ist vielperspektivisch, und man ist aufs Finden eher angewiesen als auf den Erfolg des Suchens. Wer sucht, weiß was er finden will. Wer findet, prüft erst im Moment der Begegnung, ob ‚etwas' daraus werden könnte. Dies ist kein geringer, sondern ein kategorialer Unterschied" (Hasse 1993, 9).

Wenn es also nicht nur *eine* Fragerichtung bzw. *eine* passende Antwort bei der Betrachtung der Welt gibt, heißt das: Pluralisierung der Rationalitätstypen, Pluralisierung statt Hegemonie. Nicht nur die Gegenstände des Geographieunterrichts wären zu pluralisieren, sondern auch deren Anschauung. Es ist möglich, die äußere Realität plural und polyvalent zu betrachten, „Realitäts und Möglichkeitsprinzip treten nicht gegeneinander an, sondern sollen nun einen Wirkungszusammenhang bilden" (Hasse 1993, 16). „Und kein anderes Fach als die Geographie ist aufgrund seines inhaltlichen und methodischen Eklektizismus – besser: aufgrund seiner erkenntnistheoretischen und methodischen Pluralität – besser für diese Aufgabe prädestiniert" (Hasse 1993, 19).

Diese Soll-Sätze müssen in ein Projekt überführt werden, das praktisch überzeugt und so einen Paradigmenwechsel tatsächlich trägt. Schließlich konkurriert gesellschaftlich der Wunsch nach *Universalismus* im sozialen Zusammenleben und kulturellen Selbstverständnis, etwa Anerkennung der Menschenrechte und westliche Demokratie mit dem *Multikulturalismus* und *Dekonstruktivismus,* der Weltinterpretation als Machtdiskurs deutet und absolute Wahrheiten nicht zulässt. Der Universalismus scheitert aber immer wieder in der Alltagspraxis und lebt eher von den „großen Erzählungen"; der Dekonstruktivismus dagegen erzeugt Unübersichtlichkeit und Relativismus. (Dies lässt sich auf die Sehnsucht der Verbandspolitiker der Geographiedidaktik übertragen, die am liebsten keinen Paradigmenwechsel, sondern einen „Basislehrplan" für alle Bundesländer hätten.) Deshalb schreibt Falk Pingel in einem Bericht über die internationale Schulbuchforschung, dass sich die Debatte um die dekonstruktivistische Weltinterpretation „bisher nicht als didaktisch relevant" erwiesen habe: „Die dekonstruktivistische Position steht einem Wertrelativismus zu nahe, als dass sie zur staatlich sanktionierten Interpretation avancieren und in Schulbücher Eingang finden könnte. Nichtsdestoweniger kann sie sich als Interpretationsmodell für unterschiedliche kulturelle Konzepte [...] geradezu nahelegen und als fruchtbar erweisen. Unterschiedliche Positionen und Perspektiven stehen in ihrem eigenen Recht nebeneinander" (Pingel 1999, 5).

Wir sollten aber nicht stehen bleiben bei dem „eigenen Recht" für alle unterschiedlichen Perspektiven. Wir sollten auch einen bodenlosen Skeptizismus als bloße Widersprüchlichkeit der Erfahrung und des Denkens überschreiten. „Die Skepsis ist eine Kunst, auf alle mögliche Weise erscheinende und gedachte Dinge einander entgegenzusetzen", Erscheinungen gegen Erscheinungen (derselbe Turm erscheint aus der Ferne rund, aus der Nähe viereckig), Gedanken gegen Erscheinungen (Schnee ist gefrorenes Wasser, Wasser aber dunkel, also ist auch der Schnee dunkel – vgl. Sextus Empiricus, 200 v. Chr., zit. nach Helferich 1992, 61).

Allerdings gibt es einen guten Grund für den Skeptizismus, nämlich die Endlichkeit des Menschen und seiner Einsichten, also die Kritik an absoluten Begründungsansprüchen und letztverbindlichem Wissen. Skepsis ist dann der Sinn für Gewaltenteilung: „Die Skeptiker sind also gar nicht die, die prinzipiell nichts wissen; sie wissen nur nichts Prinzipielles: Die Skepsis ist nicht die Apotheose der Ratlosigkeit, sondern nur der Abschied vom Prinzipiellen" (Marquard 1981, 17).

Es erklärt sich nunmehr leicht, dass 90% der ersten selbst gehaltenen Unterrichtsstunden jedenfalls meiner Geographiestudenten im Schulpraktikum Themen vom Typ „Plattentektonik" haben und fast nie Themen vom Typ „Rassismus". Ein Thema nach dem Realitätsprinzip erscheint sicherer als ein Thema nach dem Möglichkeitsprinzip. Aber gilt das auch, wenn die vorgestellte Realität „träges Wissen" (Gerstenmaier/Mandl 1995, 867) produziert? Wenn man dagegen Welt nicht abbildet, sondern konstruiert, kann Kognition in eine Anwendungsperspektive, in Handeln, in einen relevanten Kontext eingebettet werden. „Insgesamt wird Lernen in dieser Variante des Konstruktivismus als ‚aktiver Prozess' aufgefasst, in dem Bedeutungen erfahrungsbasiert sind, mit der Konsequenz, dass Lernen einen ‚rich context' braucht [...]. Klar, das heißt: dem Lehrer zuzumuten, sich mit ‚multiplen Perspektiven' auseinanderzusetzen und von verschiedenen Standpunkten aus zu sehen und zu bearbeiten" (Gudjons 1997, 125).

Im Folgenden soll eine metatheoretische Figur für die geordnete plurale Betrachtung der äußeren Realität, der „Sachen", vorgeschlagen werden, die philosophisch und praktisch gleichermaßen plausibel sein dürfte. Der Kürze halber und in Respekt vor dem philosophischen Original sehe ich den Schlüssel dafür in der Textstelle „Dreh mich doch nach allen Seiten" aus der „Phänomenologie der Lebenswelt" von Edmund Husserl.[3] Unter der Überschrift „Perspektivische Abschattung der Raumgegenstände" heißt es dort:

„Worauf wir achten, ist, dass der Aspekt, die perspektivische Abschattung, in der jeder Raumgegenstand unweigerlich erscheint, ihn immer nur einseitig zur Erscheinung bringt. [...] Eine äußere Wahrnehmung ist undenkbar, die in einer abgeschlossenen Wahrnehmung im strengsten Sinn allseitig, nach der Allheit seiner sinnlich anschaulichen Merkmale gegeben sein könnte. [...]
Sehen wir einen Tisch, so sehen wir ihn von irgendeiner Seite, und diese ist dabei das eigentlich Gesehene; er hat noch andere Seiten. Er hat eine unsichtige Rückseite, er hat unsichtiges Inneres, und diese Titel sind eigentlich Titel für vielerlei Seiten, vielerlei Komplexe möglicher Sichtigkeit, [...] eines Mitbewussthabens von anderen Seiten, die eben nicht original da sind. Ich sage mitbewusst, denn auch die unsichtigen Seiten sind doch für das Bewußtsein irgendwie da, ‚mitgemeint' als mitgegenwärtig.
[...]
Jede Wahrnehmung, [...] jeder einzelne Aspekt des Gegenstandes [verweist] in sich selbst auf eine Kontinuität, ja auf vielfältige Kontinua möglicher neuer Wahrnehmun-

gen, eben denjenigen, in denen sich derselbe Gegenstand von immer neuen Seiten zeigen würde. Das Wahrgenommene in seiner Erscheinungsweise ist, was es ist, in jedem Momente des Wahrnehmens, ein System von Verweisen, mit einem Erscheinungskern, an dem sie ihren Anhalt haben, und in diesen Verweisen ruft es uns gewissermaßen zu: Es gibt hier noch Weiteres zu sehen, dreh mich doch nach allen Seiten, durchlaufe mich dabei mit dem Blick, tritt näher heran, öffne mich, zerteile mich. Immer von neuem vollziehe Umblick und allseitige Wendung. So wirst Du mich kennenlernen, nach allem, was ich bin, all meinen oberflächlichen Eigenschaften, meinen inneren sinnlichen Eigenschaften usw." (Husserl [1925]1986, 55-57).

Husserl unterscheidet in seinem Wahrnehmungsmodell zwischen der originären *Evidenz* eines Gegenstandes, wie ich ihn in interessefrei-unbeteiligter Betrachtung erblicke, und der *Konstitution* eines Gegenstandes in einem Horizont von Sinngehalten („Apperzeption" als „Formung" oder „Beseelung" des Materials). Ich bin mir also in der Einseitigkeit jeder Perspektive und ihrer „Abschattung" der mitgegenwärtigen Möglichkeiten und der Unterscheidung zwischen Innenhorizont und Außenhorizont bewusst: „Blicke ich auf einen Gegenstand, so habe ich ein Bewusstsein meiner Augenstellung und zugleich, in Form eines neuartigen systematischen Leerhorizonts, ein Bewusstsein des ganzen Systems möglicher, mir frei zu Gebote stehender Augenstellungen. [...] Evidenterweise ist die Möglichkeit eines *plus ultra* prinzipiell nie ausgeschlossen" (Husserl 1986, 75). Versteht sich, dass das Beispiel vom Tisch nur eine „andeutende Rede" (Husserl 1986, 57) ist und dass die Idee von den zwei Aspekthorizonten (das „eigentlich Wahrgenommene" und die „Mitgegenwärtigkeit inhaltlicher Bestimmtheit des Gegenstandes") auf die Geographie zu übertragen ist: Gegenstand *(Evidenz)* und Bedeutung *(Relevanz),* Realitätsprinzip und Möglichkeitsprinzip, empirische Erfahrung und interpretatives Verstehen.

Nichts anderes meint auch die Idee der handlungszentrierten Geographie, die zwischen den Dingen der äußeren Realität und den Bedeutungszuweisungen durch die handelnden Subjekte unterscheidet und erst beidem zusammen eine geographische Relevanz zuweist.

Abschließend wird nun ein Instrument vorgeschlagen, dass eine Verständigung zwischen den verschiedenen Denk- und. Handlungsfraktionen in der Geographie und Geographiedidaktik ermöglicht und damit implizit einen Paradigmenwechsel akzeptabel und praktizierbar machen könnte.

Ein Würfel für die Verständigung

Der konstruktive Vorschlag versucht einfach eine Verständigung über die Frage: Worüber reden wir gerade bei unserer „Enthüllung der Welt" (Merleau Ponty 1965, 16) und aus welcher Perspektive?

Erste Verständigung: Aus welchem „Fenster der Weltbeobachtung" (Buttimer) blicke ich/blickt mein Partner? Der Geographin Anne Buttimer (1984) verdanken wir eine schöne Fassung der Weisheit, dass alle menschliche Erkenntnis eine geistige Konstruktion *für sich* ist und keine Wahrheit, Sache oder Tatsache *an sich* bezeichnen kann. Sie sagt, dass wir unseren Zugriffen auf die Wirklichkeit eine bestimmte Form geben, und dass diese Form aus „beruflichen Sinngebungen" entsteht. Jede Sinngebung ist eine Maske, ein Raster, ein Fenster der Weltbeobachtung. Sie unterscheidet die Masken „Logos" (Analytik, Objektivität, Methodologie, Theorie), „Poiesis" (Philosphie i. w. S., auch literarische Ortsbeschreibung, Landschaftsempfinden u. a.), „Ergon" (Handeln, praktische Problemlösung) und „Paideia" (Unterricht, Bildungarbeit i. w. S.).

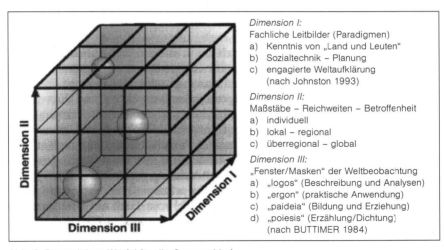

Dimension I:
Fachliche Leitbilder (Paradigmen)
a) Kenntnis von „Land und Leuten"
b) Sozialtechnik – Planung
c) engagierte Weltaufklärung
     (nach Johnston 1993)

Dimension II:
Maßstäbe – Reichweiten – Betroffenheit
a) individuell
b) lokal – regional
c) überregional – global

Dimension III:
„Fenster/Masken" der Weltbeobachtung
a) „logos" (Beschreibung und Analysen)
b) „ergon" (praktische Anwendung)
c) „paideia" (Bildung und Erziehung)
d) „poiesis" (Erzählung/Dichtung)
     (nach BUTTIMER 1984)

Abb. 2: Perspektiven-Würfel für die Geographie.[4]

Durch alle Masken betrachtet man dieselbe Welt, die Dinge und das Leben im Raum, aber man sieht ganz unterschiedlich und Unterschiedliches (vgl. Pohl 1993, 262; Rhode-Jüchtern 1998, 3 f.)

In einem Würfel mit drei Dimensionen hängt ein Gegenstand/Thema/Problem; dies wird verortet zunächst in ein Fenster der Weltbeobachtung. Redet und denkt hier jemand in der Perspektive eines Planers, eines Lehrers, eines Statistikers, eines Erzählers etc.?

Zweite Verständigung: In welchem Paradigma, in welcher fachlichen Grundüberzeugung beschreiben wir den Gegenstand? Tun wir das – um die Typen von Johnston (1993, 152 f.) zu verwenden – im Erkenntnisinteresse des empirisch-sozialtechnisch arbeitenden Modellbauers („empiristic-positivistic science and technical control"); oder tun wir dies als humanistisch verstehende Wissenschaftler mit dem Ziel der (Selbst-) Reflexion („humanistic science and mutual understanding"); oder tun wir das als aufklärerische Wissenschaftler mit dem Ziel der Emanzipation und Weltverbesserung („realistic science and emanzipation")? Man weiß jetzt, dass der andere so denkt, wie er es tut, als GIS-Experte, oder als Sozial- und Raumingenieur, als engagierter Weltaufklärer oder humanistischer Kenner von Land und Leuten. Und man kann die gegenseitigen Kritiken ohne große Aufregung als bekannt voraussetzen, etwa den Vorwurf des erdoberflächlichen Reduktionismus, des subjektivistischen Relativismus, der „wertfreien" Herrschaftswissenschaft oder der parteilichen (Un-)Wissenschaft (vgl. Rhode-Jüchtern 1998, 2).

Derselbe Gegenstand erscheint auch in dieser Dimension der Paradigmen jeweils in anderem Licht; zugleich kann man ihn aber im anderen Sinnbezug mitdenken/-wissen, eben „nach allen Seiten drehen".

Eine dritte Dimension, die der Sachanalyse, kann etwa die Maßstäblichkeit betreffen. Die Frage etwa, ob Samoa eines der „least developed countries" ist, lässt sich nach den Kennziffern einer global vergleichbaren Länderstatistik klar bejahen; im Maßstab des Lokalen dagegen ist das schiere Gegenteil zutreffend, satte Menschen mit drei Stunden Feldarbeit und funktionierender Subsistenzwirtschaft. Beide Maßstabsebenen sind „wahr", aber man denkt jeweils etwas anderes mit: globale marktwirtschaftliche Konkurrenzfähigkeit im einen und Lebenswelt/Lebensqualität im anderen Maßstab.

Man kann mit diesem im Würfel verorteten Gegenstand über alles reden, aber man weiß jetzt wechselseitig, worüber man redet. Die dritte Dimension der Maßstabsebenen ist nur eine mögliche geographische Unterscheidung. Denkbar ist genauso, daneben etwa zu unterscheiden zwischen der rational-wissenschaftlichen, der ästhetischen, der emotionalen, sozialen, ethischen, pragmatisch-handlungsbezogenen Dimension (Heursen, in Bastian 1997, 207), etwa wenn man über Geburtenkontrolle oder Stadtgestaltung etc. spricht.

Auch andere Unterscheidungen können gemacht werden in der systematischen Einübung des „Zweiten Blicks" (v. Wulffen 1997, 16 ff.): Das Bild des klassischen Rom zur Augustuszeit erscheint in der Schul-Lateinlektüre als „glänzend", ein Verständnis der antiken Stadt ergibt sich aber erst bei Einbeziehung der elenden Alltagskultur der Mehrheit der Menschen; dies gilt auch für das antike Griechenland, das seine aristokratische Demokratie auf 90 % Sklaven in der Bevölkerung aufbaute. Eine Karte über die Gefährlichkeit des Central-Parks („Sicherheitsempfinden in Manhattan", Diercke-Atlas 1996, 196: „nur nachts gefährlich") ist als Quersumme irgendwelcher Daten unbekannter Bedeutung sinnlos: Gefährlich durch was – Taschendiebstahl, Körperverletzung, Vergewaltigung, Mord? Gefährlich für wen: Alte – Junge, Frauen – Männer, Schwarze – Weiße, Einheimische – Touristen? Gefährlich wann: Winter – Sommer? 1970-1998? Usw.

Für die Einübung derartiger Perspektiven wäre im Würfel Platz, wenn die erste und die zweite Dimension grundsätzlich geklärt ist und man diese bei den Beobachtungen, Beschreibungen, Argumenten mitdenken kann. Man muss sich den Würfel auch nicht allzu konkretistisch vorstellen, sondern als Idee für die Möglichkeit der Verständigung (obwohl ich davon ein großes Holzmodell im Büro stehen habe, um diese Idee auf einen Blick plausibel zu machen, mit Studenten, bei Lehrerfortbildungen und überhaupt).

Aus dieser Idee entsteht im Konsens und in gemeinsamer Reflexion eine veränderte Unterrichtspraxis. Man lernt eben immer besser, die Sache nach allen (verfügbaren) Seiten zu drehen und ihrer Komplexität damit – im Rahmen des Mitgewussten – gerecht zu werden. Die Erkenntnis „Wir leben in verschiedenen Welten" ist eben nicht nur ein Freibrief für jeweiliges Rechthaben, sondern erschließt auch jeweils neue Aspekte der Sache aus den „Verschattungen" der anderen Perspektiven (vgl. unterrichtspraktisch Rhode-Jüchtern 2000).

Die Idee des Perspektivenwechsels in der vorgestellten Figur des Würfels ist eine gute Voraussetzung der Verständigung und des immer besseren Verstehens der Sache und der Sinnorientierung der Subjekte des Lehrens und Lernens.

Der Beitrag ist ursprünglich erschienen in: Multiperspektivität im Geographieunterricht. Themenheft Internationale Schulbuchforschung 4. Jg., 23/2001, 423-438.

Anmerkungen

1 Vgl. auch Text Nr. 1. In Mutius (Hg.) 2004, befassen sich Eckart Minx und Harald Preissler ebenfalls unter dem Aspekt altes vs. neues Denken mit diesem Komplex: „Die Sonne geht nicht im Osten auf" – Zukunftsfähiges Denken und verantwortliches Handeln. (254-269)
2 Vgl. Text Nr. 17 „Welt erkennen ..." in diesem Band
3 Vgl. Text 15 „Perspektivität" in diesem Band
4 Vgl. auch eine andere (und im Kontext der Jenaer Geographiedidaktik weiter entwickelte) Version des Würfels von Antje Schneider 2012 (Text Nr. 40 in diesem Band)

Literatur

Bastian, Johannes et al. 1997: Theorie des Projektunterrichts. Hamburg
Blumer, Herbert 1973: Der methodologische Standpunkt des Symbolischen Interaktionismus. In: Arbeitsgruppe Bielefelder Soziologen, Alltagswissen, Interaktion und gesellschaftliche Wirklichkeit. Band 1. Reinbek, 80-146

Buttimer, Anne 1984: Raumbezogene Wahrnehmungsforschung. In: dies., Ideal und Wirklichkeit in der angewandten Geographie. (Münchner Geographische Hefte, H. 51). Kallmünz/Regensburg, 15-64

Gerstenmaier, Jochen/Heinz Mandl 1995: Wissenserwerb aus konstruktivistischer Perspektive. In: Zeitschrift für Pädagogik (1995), H. 6: 867-888

Gudjons, Herbert 1997: Lernen – Denken – Handeln. In: Bastian, Johannes et al. (Hrsg.), Theorie des Projektunterrichts, Hamburg, 111-132

Gumin, Heinz und Heinz von Foerster (Hrsg.) 1992: Einführung in den Konstruktivismus. München

Habermas, Jürgen 1981 (1995): Handlungsrationalität und gesellschaftliche Rationalisierung. (Theorie des kommunikativen Handelns, Bd. 1) Frankfurt/M.

Hasse, Jürgen/Wolfgang Isenberg 1991: Die Geographiedidaktik neu denken. Perspektiven eines Paradigmenwechsels, (Bensberger Protokolle, 78). Bensberg

Hasse, Jürgen/Wolfgang Isenberg 1993: Vielperspektivischer Geographieunterricht, (Osnabrücker Studien zur Geographie, Bd. 14). Osnabrück

Helferich, Christoph 1992: Geschichte der Philosophie. Stuttgart

Hentig, Hartmut von 1974: Magier oder Magister. Über die Einheit der Wissenschaft im Verständigungsprozeß. Stuttgart

Heursen, Gerd 1997: Projektunterricht und Fachdidaktik. In: Bastian, Johannes et al. (Hrsg.), Theorie des Projektunterrichts, Hamburg, 199-212

Husserl, Edmund 1925/1986: Phänomenologie der Lebenswelt, (Ausgewählte Texte II), Stuttgart

Ittermann, Reinhard 1992: Projektlernen im Nahraum. In: Praxis Geographie (1992), 7-8, 4 ff.

Johnston, Ronald J. 1993: The Challenge for Geography – A Changing World: A Changing Discipline. Oxford

Klafki, Wolfgang 1963: Studien zur Bildungstheorie und Didaktik. Weinheim

Krüger, Hans-Peter 1993: Perspektivenwechsel. Autopoiese, Moderne und Postmoderne im kommunikationsorientierten Vergleich. Berlin

Kupsch, Jochen/Michael Schumacher 1994: Didaktische Annäherungen an den Perspektivenwechsel. In: Krause-Isermann, Ursula et al., Perspektivenwechsel, (Arbeitsmaterialien aus dem Bielefelder Oberstufenkolleg Bd. 38). Bielefeld, 39-62

Landesinstitut für Schule und Weiterbildung NRW (Hrsg.) 1995: Lehren und Lernen als konstruktive Tätigkeit. Beiträge zu einer konstruktivistischen Theorie des Unterrichts. Soest

Luhmann, Niklas/Karl Eberhard Schorr 1981: Wie ist Erziehung möglich? In: Zeitschrift für Sozialisationsforschung und Erziehungssoziologie 1, 37-54

Marquard, Odo 1981: Abschied vom Prinzipiellen. Stuttgart

Maturana, Humberto/Francisco J. Varela 1990: Der Baum der Erkenntnis. München

Mead, Georg Herbert 1968: Geist, Identität und Gesellschaft. Frankfurt/M.

Merleau-Ponty, Maurice 1965: Phänomenologie der Wahrnehmung. Berlin

Mutius, Bernhard von (Hrsg.) 2004: Die andere Intelligenz. Wie wir morgen denken werden. Stuttgart

Piaget, Jean 1974: Die Entwicklung des Erkennens. Bd. 3. Stuttgart

Pingel, Falk 1999: Die internationale Schulbuchforschung und die Arbeit des Georg-Eckert-Instituts für die internationale Schulbuchforschung. München (www.ahf-muenchen.de)

Pohl, Jürgen 1993: Kann es eine Geographie ohne Raum geben? Zum Verhältnis von Theoriediskussion und Disziplinpolitik. In: Erdkunde 47, 255-266

Rhode-Jüchtern, Tilman 1995: Raum als Text. Perspektiven einer konstruktiven Erdkunde. Wien

Rhode-Jüchtern, Tilman 1996: Der Dilemma-Diskurs – Ein Konzept zum Erkennen, Ertragen und Entwickeln von Werten im Geographieunterricht. In: Geographie und Schule. Heft 96, 17-27

Rhode-Jüchtern, Tilman 1996: Weltverstehen durch Perspektivenwechsel. Basisartikel in Praxis Geographie 26(1996) H. 3, 4-9

Rhode-Jüchtern, Tilman 1997: Den Raum lesen lernen. Perspektivenwechsel als geographisches Konzept. München

Rhode-Jüchtern, Tilman 1998: Raum des „Wirklichen" und Raum des „Möglichen". Versuche zum Ausstieg aus dem „Container"-Denken. In: Erdkunde 52 (01), 1-13

Rhode-Jüchtern, Tilman 2000: Eine Orange ist mehr als eine Orange. In: Praxis Geographie 30, 34-36

Tenorth, Heinz Elmar 1994: Alle alles zu lehren – Möglichkeiten und Perspektiven allgemeiner Bildung. Darmstadt

Watzlawick, Paul et al. 1969 ([12]2012): Menschliche Kommunikation. Formen, Störungen, Paradoxien. Bern

Werlen, Benno 1987: Gesellschaft, Handlung und Raum. Grundlagen handlungstheoretischer Sozialgeographie. Stuttgart

Werlen, Benno 1993: Gibt es eine Geographie ohne Raum? Zum Verhältnis von traditioneller Geographie und zeitgenössischen Gesellschaften. In: Erdkunde 47 (1993), 241-255

Werlen, Benno 1995/1997: Sozialgeographie alltäglicher Rationalisierungen. 2 Bde. (Erdkundliches Wissen Bd. 116 und 119). Stuttgart

Werlen, Benno 2000: Sozialgeographie. Bern/Stuttgart/Wien

Wullfen, Dorothee von 1997: Der „Zweite Blick". Handlungsorientierende Zugänge zur Antike und zum Lateinunterricht. In: Pädagogoik 1(1997), 16-18

Zitterbarth, Walter 1996: Reflexionen zu einer kulturalistischen Theorie der Lebenswelt. In: Hartmann, Dirk/Peter Janich (Hrsg.): Methodischer Kulturalismus. Frankfurt/M., 269-284

17. Welt erkennen durch Perspektivenwechsel

Bis vor kurzem konnte man der sicheren Meinung sein, zum Beispiel, – dass „viele Kinder der Reichtum der Armen" sind – dass aber 2-3% Bevölkerungswachstum ein Indikator für Unterentwicklung sind, und dass Strafandrohung (China) oder Sterilisationsanreize (Indien) oder Überschwemmungen und Hunger hier regelnd eingreifen müssten.

Perspektivenwechsel (I)

Die Methode des „Perspektivenwechsels" heißt nicht nur: in verschiedene Rollen schlüpfen, es heißt auch – je nach Thema und Problem – die Differenzen von Geschlecht, von Rasse, von Wohlstand, von Klimazone und Wirtschaftslage, von Wohnviertel und Beruf, von Früher und Heute etc. als möglicherweise erhellend mitzudenken. Es heißt auch zu fragen: Worauf basiert eine fachwissenschaftliche oder politische Aussage – auf der Methode „Lupe" oder „Hörrohr" oder „Aus zweiter Hand"? Perspektivenwechsel kann also im Einzelfall sehr viel bedeuten und ist doch nur eine bestimmte Art des Fragens: Aus welcher Sehweise stammt eine Information, ist diese verallgemeinerbar, ist sie „lebenstüchtig"? Und (das ist der Wechsel): Wie sieht eine mögliche Gegensicht aus?

Quelle: Nueva Sociedad, Caracas

Abb. 1: Professionelle Hinsichten auf die Welt.

Heute hören wir, dass Geburtenkontrolle als endgültig unchristlich erkannt wird (Heiliger Stuhl) oder als „maskulines Kalkül" (Deutscher Frauenrat).

Gibt es denn keine „moderne", in Maß und Zahl gültige Erkenntnis mehr? Hängt also auch der Erdkundeunterricht davon ab, ob hier „katholisch" oder „non governementally" oder „weiblich" unterrichtet wird? Gibt es denn nun eine Bevölkerungskatastrophe, ein Waldsterben, einen Treibhauseffekt, Grenzen des Wachstums? Oder lautet jede Analyse am Ende: „Es kommt auf die Sichtweise an"? Ist denn alles gleich-gültig? Wie behält – oder gewinnt – man Orientierung?

Warum: Vielperspektivität?

„Anything goes" – das ist ein Schlagwort, das journalistisch der sogenannten „Postmoderne" zugeschrieben wird, das jede Weltsicht privatisieren und die ohnehin bestehende Unübersichtlichkeit der nachmodernen Welt dem Stammtisch oder „Bienengesumm in den Ohren" (Odysseus) überantworten würde.

Seit 1990/91, also „seit *Bensberg*" (vgl. Hasse/Isenberg 1991 und 1993) versuchen wir nun in der Geographiedidaktik, gegen die Hegemonie *einer* Lehrmeinung, die Vielheit der Stimmen zu hören, ohne uns der Beliebigkeit auszuliefern. Wir müssen auch neu versuchen, darin Orientierungen zu stiften, um neu und auf höherem Niveau handlungsfähig zu werden.

Die subjektiven und objektiven Lebenslagen sind different, die Hinsichten, die Kalküle, die Bewegungsgesetze, die räumlichen Situationen in der Welt und im Lande sind unendlich vielfältig, objektive Vernunft gibt es seit *Hegel* nicht mehr, selbst etwas so Einleuchtendes wie der „Kategorische Imperativ" und der „Ausgang aus der selbstverschuldeten Unmündigkeit" bei (Kant) sind, angesichts der Megatrends in unserer Welt, eine aufklärerische und utopische Idee kleinster Minderheiten geblieben.

Also nicht Vereinheitlichung, „Rationalisierung", „Sachzwänge" sind die didaktischen Leitlinien, sondern die Hoffnung auf eine neu – und immer wieder neu – zu gewinnende Einheit der Vernunft in der Vielheit der Stimmen.

Was ist das: Vielperspektivität?

„Vielperspektivität" und „Perspektivenwechsel" als didaktische Schlüsselwörter: Was ist das, und was soll das? Bei der Betrachtung von Welt gab es doch immer schon Subjektivismus und Relativismus; und die Wissenschaftler haben mehrheitlich akzeptiert, bei der Wahrheitssuche kritisch-rational vorzugehen und nur vorläufige Gültigkeiten zu beanspruchen; Politiker, Priester und Erzieher haben kaum noch eine Chance, wenn sie so etwas wie eine „objektive" oder gar „herrschaftsfreie" Vernunft beanspruchen. (Und kennen wir in der Fachdidaktik nicht schon lange das Rollen- und das Planspiel?)

Perspektivenwechsel (II)

„Perspektivenwechsel" heißt auch: Von außen beobachten („Metaperspektive"), dadurch Mißverständnisse und blinde Flecken entdecken, Inhaltsebene und Beziehungsebene unterscheiden, Tatsachenaussagen und Wertaussagen trennen.

Wie kommt man auf die „richtigen" Perspektiven? Es gibt keine „Liste" von Perspektiven, die künftig im Sinne einer „political correctness" abzuarbeiten wäre, nach dem Muster „männlich – weiblich", „schwarz – weiß" o. ä. Der Perspektivenwechsel ist eine Denkfigur, in der ein Thema möglichst sachgerecht aus verschiedenen Winkeln ausgeleuchtet und pluralistische Natur der Realität erhellt wird.

Zeichnung: Brösel

Abb. 2: Lebensweltliche Hinsichten auf die Welt.

Theoretisch gibt es schon lange ein Bewusstsein von der (ideologischen) Standortgebundenheit, Historizität und regionalen Differenziertheit aller Erkenntnisse über unsere Welt. Wirklich?

Das bedeutete denn wohl, und auf Dauer nicht akzeptabel, ein Gefühl von Orientierungsverlust, gefolgt wiederum von Zynismus und/oder Hochmut, Ratlosigkeit, Gleichgültigkeit. Jedes Thema, jede Analyse, jede Idee hat ein elendes „Ja, aber" oder „So what?" im Rucksack. Das klare „Entweder – Oder", das hegemoniale „Es ist so, dass …" wird abgelöst durch ein „Es ist alles gleichgültig" oder „sowohl als auch"; aber nicht jeder findet sich damit ab, mancher vergreift sich dann doch wieder an den einfachen Wahrheiten bis zu den schrecklichen Vereinfachungen. Aber: „Der Weg zur Hölle ist mit sauberen Lösungen gepflastert" (Alexander Mitscherlich).

Perspektivenwechsel (II)

Ilja Kabakow

„Sehen Sie das denn nicht selbst?"
Zur Belustigung meiner Zuhörer werde ich eine Geschichte von einer Gruppe Kasachen erzählen, Einwohner der versengten Steppen Zentralasiens, die die berühmte Moskauer Gemäldesammlung in der Tretjakow-Galerie besuchten. Der Führer brachte die Gruppe zu einem Gemälde von Isaak Levitan, auf dem man eine einsame kleine Kirche auf einer Insel sah, auf allen Seiten umgeben von den unendlichen Fluten des Stroms. Betrachten Sie dieses Bild der Einsamkeit, der Trostlosigkeit, der Maler zeichnet hier so einfach, mit soviel Kraft die Qual und grenzenlose Traurigkeit eines russischen Menschen", dröhnt der Führer. „Wieso traurig, wieso Qual – das ist doch ein fröhliches Bild, entzückend!", unterbricht einer der Steppenbewohner. „Warum ist es fröhlich?" „Sehen Sie das denn nicht selbst – so viel Wasser!"

Abb. 3 So viel Wasser: „grenzenlos traurig" – „fröhlich, entzückend".

Perspektivenwechsel (III)

Ilya Prigogine/Isabelle Stengers
Was heißt es, die Welt zu „verstehen"?

„... *Heisenberg* beschreibt in seinen Erinnerungen einen Besuch auf Schloß Kronborg, bei dem *Bohr* die folgende Überlegung anstellt: ,Ist es nicht merkwürdig, dass dieses Schloss ein anderes wird, wenn man sich vorstellt, dass Hamlet hier gelebt hat? Von unserer Wissenschaft her würde man doch glauben, das Schloss besteht aus Steinen; wir freuen uns an den Formen, in denen sie der Architekt zusammengefügt hat. Die Steine, das grüne Dach mit seiner Patina, die Holzschnitzereien in der Kirche, das ist wirklich das Schloss. An alledem ändert sich gar nichts, wenn wir erfahren, dass Hamlet hier gelebt hat, und doch ist es dann ein anderes Schloss.' ...

Bohrs Überlegungen auf Schloss Kronborg erhellten das Leitmotiv seines Lebens als Wissenschaftler: dass die Frage nach der Realität nicht von der Frage der menschlichen Existenz zu trennen sei. Was ist das Schloss Kronborg unabhängig von den Fragen, die wir ihm stellen? Dieselben Steine könnten uns etwas von den Molekülen sagen, aus denen sie zusammengesetzt sind, von den geologischen Schichten, aus denen sie stammen, von den Fossilien, die sie möglicherweise enthalten, von den kulturellen Einflüssen, denen der Architekt, der das Schloss errichtete, unterlag, oder von den Fragen, die Hamlet bis in den Tod verfolgten. Jede dieser Fragen ist berechtigt und erhellt die pluralistische Natur der Realität."

(Ilya Prigogine (Nobelpreis 1977) und *Isabelle Stengers* sind Chemiker – und also Philosophen – in Brüssel)

Abb. 4: Schloss Kronborg: Pluralistische Natur der Realität.

Es ist klar, dass wir das Zweifeln neu lernen müssen; es ist aber auch klar, dass wir daraus Handlungsorientierungen gewinnen, d.h. aus dem Zweifeln auch wieder herauskommen müssen. Ein Widerspruch!?

Polyvalenz auch im geographischen Themenkanon?

Einige Beispiele aus dem Themenkatalog der Geographie, die die Polyvalenz der Wahrheiten betreffen, die Notwendigkeit, diese zu erkennen und den Anspruch, aus dem Erkennen Orientierungen abzuleiten:

• Ein Leitbild der künftigen *Verkehrsplanung* beschreibt die zentrale Rolle des ÖPNV. Die Anforderungen an die Planer betreffen die Akzeptanz (Anreize zum Umsteigen, Vernünftigkeit, Bezahlbarkeit etc.) und die Funktion (Zuverlässigkeit, Erreichbarkeit, Leichtigkeit, Vorrangigkeit etc.).

Da hat nun eine Stadt endlich nach Jahrzehnten ein superteures Stadtbahnsystem installiert, mit Tunneln und neuen Wagen, und schon der erste Rollstuhlfahrer stellt fest: Mein Rollstuhl passt nicht durch die Tür, wegen eines zusätzlichen Handlaufs in der Mitte der Tür! – Wer hat hier wo versagt? Nach dem Stand der Vorschriften und Normen und Spezialisierungen vielleicht niemand. Nur: Es gab offenbar keine Routine, den Ablauf aller Funktionen, alle Benutzer, alle Standard- und Störfälle *zusammenzudenken* und die Schnittstellen zwischen den Expertenrevieren zu überbrücken.

• Vor der *Weltbevölkerungskonferenz* 1994 in Kairo verkündet die Organisation „Eine Welt für alle" als zentrale Botschaft: „Nicht zu viele Menschen sind das Kernproblem, sondern diejenigen, die zuviel verbrauchen" (z.B. 1 Niederländer soviel Energie wie 100 Bangladeshi). Die Zeitschrift IZ3W spricht vom „Mythos der Bevölkerungsexplosion"; der Deutsche Frauenrat erkennt „maskulines Kalkül"; die „Erklärung von Bern" nennt Bevölkerungspolitik „eine Waffe zur Kontrolle der Frauen und der Armen". Die Deutsche Stiftung für Internationale Entwicklung hält in ihrer Zeitschrift E+Z (8/1994) dagegen: „Das ist gut gemeint, aber es ist Unsinn, und es ist unverantwortlich". Eine Überlebensfrage oder doch keine?

Die einen sind „Machos" und „kalte Krieger", die anderen reden „unverantwortlichen Unsinn"? Wie kommen wir als Zuschauer, als Lehrende und Lernende aus einer solchen Ping-Pong-Falle wieder heraus und finden in der Abwägung der Rechtsgüter, der Bedürfnisse der Individuen und der Verantwortung gegenüber der Gemeinschaft zu einer gut begründeten Position?

• Im *Ökologie-Kurs* haben die Schüler systemisches Denken gelernt, sie wissen von Stoff- und Energieströmen, von Nahrungsketten, von positiven und negativen Rückkopplungen. *Lena,* 16, hat gehört, dass zur Erzeugung von 1 Kalorie Fleisch 8 Kalorien pflanzliche Nahrung nötig sind, dass in der industrialisierten Landwirtschaft Rinder mit Mehl aus wahnsinnigen Schafen gefüttert werden und dass Schweine und Kälber Wachstumshormone gespeichert haben (können). Sie beschließt, Vegetarierin zu werden, sofort und konsequent: nur noch Milch, Gemüse und Sojapasten vom Bioland-Hof. Eine anstrengende, belächelte, selbstverantwortliche Umstellung; aber sollte sie auf „Rio" oder „Brüssel" warten oder auf weitere Grüne Revolutionen zur Welternährung?

Plötzlich aber ist für sie auch dieses Konzept ruiniert: 40 % der brasilianischen Anbauflächen sind heute mit Soja bepflanzt, gerade soll eine neue Straße von 2 600 km für 1 Milliarde DM zwischen Amazonas und Nordost-Brasilien die Vermarktung von Soja erleichtern, ohne UVP und ohne Entschädigung für die vertriebenen und zu vertreibenden Wanderfeldbauern. Reis, Weizen und Mais müssen derweil eingeführt werden, 32 Millionen Brasilianer, oft ehemalige Kleinbauern, leiden an Unterernährung. Die Bilanz für die Welternährung steht der Bilanz für das Land Brasilien und der Bilanz für einzelne Bevölkerungsgruppen nicht nur gegenüber, sie steht ihr vielmehr entgegen.

Der Versuch, sich „vernünftig" zu verhalten und ein schädliches System individuell zu verlassen, führt zunächst nur in die nächste Verstrickung. Und was ist mit Tropenholz, mit Robbenfellen und mit Walen? Wie man es macht, ist es verkehrt!?

• Alle kritischen Kommentare und Schulbuchkapitel über den *Tourismus,* sei es der zu den alpinen Almen, sei es nach Ibiza oder nach Thailand, beklagen die Ökobilanzen und die soziale Erosion bei den Bereisten. Nun werden allenthalben aus alten strengen Hallenbädern mit grauen Kacheln „Badeländer" gemacht, mit Springbrunnen, Palmen und Bars; keiner muss mehr fliegen, wenig Flächenverbrauch für intensiven Nutzen, Kosten brutto für netto. Wieder ist es nicht richtig: Die Heizkosten haben eine schlechtere Ökobilanz als der Flug in die DomRep. Das „Verschwinden der Wirklichkeit", das „Leben im 2-Stunden Takt" und die Konditionierung der Erholungssuchenden werden beklagt. „Nach Bangkok" *darf* nicht, „virtuelle Welten" *soll* nicht; Paradies und Attrappe unterliegen mit verschiedenen, jeweils guten Gründen dem Verdikt der Ökologen und Kulturkritiker. Entschuldigen Sie bitte, dass ich lebe!?

• Eines der modischen Apokalypsethemen ist das *Waldsterben.* Der Begriff ist wie „Rucksack" und „Kindergarten" in andere Sprachen gewandert. Ist „le waldsterben" also nur eine deutsche Singularität, Ausdruck besonderer Innerlichkeit und/oder Hysterie? Was macht man mit einer solchen Sozialcharakter-Hypothese? Und was mit zwei widersprüchlichen Aussagen von Fachleuten in GEO („Das neue Bild der Erde") Nr. 10/95 zu einem vermeintlich naturwissenschaftlich-empirisch erforschbaren Problem: „Selten ging's dem Wald so gut wie heute."

Rund ein Viertel der deutschen Forste leiden unter ‚neuartigen Waldschäden', meldet die Bundesregierung. Fehldiagnose, entgegnet *Otto Kandler,* emeritierter Botanikprofessor aus München. Er hält das Waldsterben für eine Erfindung der Medien" (GEO 10/95, 204).

„Die dicke Luft setzt den Wald unter Dauerstress – Das Waldsterben frisst sich nach wie vor durch alle Baumarten und Standorte, meint *Huber Weiger,* Forstwissenschaftler und bayerischer Landesbeauftragter des BUND. Einziger Ausweg: Die Schadstoff Emissionen müssten weiter drastisch reduziert werden" (GEO 10/95, 206).

Da hilft nicht das Übernehmen *einer von* zwei sich widersprechenden Thesen, da hilft nur die Textauslegung und die Suche nach den verschiedenen Perspektiven und ihrer Begründung. Könnten – mit verschiedener Sichtweise und Interessenlage – beide rechthaben?

• Nach aller Aufklärung und kritischen *Reflexion* von Wissenschaft:

– Wie kommt man zu einer Einschätzung der Gefahren bestrahlter Lebensmittel? Über den „Strahlen-Atlas", der über Produkte, Herkunftsländer und Risiken Auskunft gibt (Verbraucherzentrale, 24 Seiten, 4 DM)? Über die Information, dass Gammastrahlen aus radioaktivem Cobalt-60 gesundheitlich unbedenklich, aber für die Lebensmittel biologisch schädlich sind (Vitamine, Fettsäuren)? Über die Unbedenklichkeit von EU Richtlinien oder über die Kritiker in deutschen Behörden?

– Was bedeutet es nach aller teuren Reinigung von Abgasen mit Entschwefelungsanlagen, dass nun für die Pflanzen auf unseren Feldern der essentielle Nährstoff Schwefel fehlt (Bundesforschungsanstalt für Landwirtschaft (BfL) in Braunschweig: „An einigen Orten können Ernteverluste bis zu 90 % auf Schwefelmangel zurückgeführt werden")?

– Was macht man mit den Hochrechnungen des Treibhauseffektes, denen zufolge zwar das Wasser in Bangladesh noch etwas weiter ansteigen, zugleich aber die Vegetationsperiode in Sibirien länger andauern wird?

Diese Beispiele lassen sich noch lange fortsetzen, alle geographischen Unterrichtsthemen lassen sich auf diese Weise als Aporie darstellen und gegen den Strich alter Lehrziele bürsten. Nur: Wie machen wir das *konstruktiv?*

Neue Denkoperationen:
Sehen-Können und Sehen-Wollen

Wir leben in einer Zeit rasanter Zusammenbrüche und Umbrüche; es wird beschlossen und gebaut, während noch über Konzepte und Pläne gestritten wird. In Berlin, in der Forschungsförderung, in der Ethikdebatte. Ostseeautobahnen und Transrapid, Fressgassen und Passagen, Express-Service der Lufthansa auf Kurzstrecken, Plutonium und Gentechnik-Labors, Massentierhaltung, Rapsdiesel, Ökosteuern – kontrovers und ungleichzeitig und unvollständig gedacht (und das auch noch im 2-Stunden-Erdkunde-Grundkurs)?

Lassen wir nicht lieber die Finger davon und machen weiter mit älteren Arbeitsblättern zur „Stadtsanierung in München" oder „Kakao in Ghana"?

„Rerum causas cognoscere" (Die Ursachen der Dinge erkennen) – so lautet das Signet des Berliner „Tagesspiegel". Im Fall der Presse könnte man dies frei übersetzen: „Hinter die Kulissen schauen"; in der Wissenschaft sollte es bei der wörtlichen Übersetzung bleiben können, allerdings ohne den Vollständigkeit suggerierenden bestimmten Artikel „die"; in der Schule, dem Ort von Bildung und Erziehung, scheint es geraten, zunächst weniger die „causas", als die „res" selbst genau zu betrachten: die Dinge – in ihrer Erscheinung, ihrem Wesen, ihrer Bedeutung – erkennen!

Wenn nämlich Schulbildung auf Gewissheiten der Forschung warten oder diese nur – mit time-lag und im Kleinen – abbilden wollte, würde man undurchschaut mitmachen müssen im Tanz der Standpunkte.

Ist es die Umwelt oder sind es die Gene („gut", „schlecht", „neutral"), die die Menschen in ihrem Verhalten und Handeln bestimmen, oder beides und in welchem Verhältnis (vgl. die Wiederaufnahme des alten Streites zwischen Humangenetikern und Behavioristen im Spezialreport von „Science" 1994)? Kann es eine Weltgesellschaft geben mit einem Minimum an gemeinsamer Moral? Kann man „Menschlichkeit" lehren und lernen, wenn die Optimisten sagen „Der Mensch ist ein tolerantes und schöpferisches Tier" (der amerikanische Philosoph Richard Rorly) und die Pessimisten „Der Mensch ist dem Menschen ein Wolf" (Plautus, Hobbes)? Sollen wir auf die Expertenfürsorge vertrauen, die Herrschaft der „Vormünder, die die Oberaufsicht über den großen

Haufen gütigst auf sich genommen haben" (Kant) oder sollen wir die Philosophie (Soziologie, Ökologie, Geographie etc.) als kritisches Geschäft installieren? Und macht die Opposition „Sachkompetenz" – „Ethik" überhaupt einen aufklärerischen Sinn, wo sie doch vielleicht zusammengehören? Ist es nicht sogar ganz gut, dass die Probleme heute so groß sind, dass sie die Illusion „sauberer" Erkenntnis und Lösung verbauen? Auf dem Weltkongress der Soziologie 1994 in Bielefeld jedenfalls bekannte der Leiter des Sozialwissenschaftlichen Instituts der Bundeswehr, Bernhard Fleckenstein, über die Gründe (causas) der unglaublichen Brutalisierung der gegenwärtigen Kriege in Ruanda, Afghanistan, Balkan, Sudan, Angola, Sri Lanka etc.: „Wir alle stochern mit der Stange im Nebel".

Nun also: Welt-Erkennen durch *Perspektivenwechsel.* Perspektive heißt soviel wie: aus einem bestimmten Winkel eine Sache durchschauen – die Sache *an sich* wird so zu einer Sache *für sich.* Das ist eine doppelte Denkoperation, die zum einen die eigene Sicht definiert und daneben andere Blickwinkel als existent und bedeutungstragend respektiert. Dies ist zugleich eine Haltung, die zunächst *sehen* will, ohne zugleich zu bewerten oder zu konkurrieren/dominieren. Die Systemtheorie Luhmannscher Prägung geht so an die Dinge heran: Die Menschen tun, was sie tun; sie beziehen sich dabei jeweils auf ihr eigenes Kalkül, sind „selbstreferentiell"; ob wir das gut finden oder nicht, ist dafür ohne Belang. Wir können erkennen, *dass* Menschen in der „3. Welt" viele Kinder kriegen, *dass* sie mittags lange Siesta halten, *dass* sie viel lachen, *dass* sie sich mit Macheten massakrieren. Die Frage nach dem „Warum" müssen wir aber schon doppelt stellen: Zum einen hermeneutisch-sinnverstehend, aus unserer Lebens-, Welt und Werteperspektive, zum anderen vor einer in einem eigenen Sinn nur vermutbaren, fremden, ethnologisch nur teilweise erklärbaren Perspektive.

Eine ganz andere Operation als die des Sehenkönnens und Sehenwollens des „Sie tun, was sie tun" wäre die Operation der *Bewertung,* der Intervention oder Erziehung: „Sie sollen tun, was wir meinen, das sie tun sollen". Dabei kommen dann vielleicht Bewertungen heraus wie:

Brandrodung = ökologisch bedenklich,
aber *Autofahren = freiheitlich;*
oder:
serbische Heckenschützen = hinterhältig,
aber *US-Laserbomben = „smart";*
oder:
3 Stunden Feldarbeit auf Samoa = faul,
aber *9 Stunden Fabrikarbeit in Taiwan = fleißig.*

Man sieht schon, dass jeglicher Eurozentrismus natürlich relativ, interessegebunden, historisch, kulturell und räumlich undifferenziert wäre. Und das gilt nicht nur für die Innen-Außen-Differenz, die Differenz zwischen dem Vertrauten und dem Fremden, der Eigenidentität und dem Bedrohlichen; die offene Frage nach richtig – falsch, vernünftig – unvernünftig, verträglich – unverträglich gilt auch im eigenen Hause.

Kleine Probe aufs Exempel: Ein Foto

Erproben wir diese beiden Operationen der Methode „Perspektivenwechsel" an einem kleinen Fall, am besten einem Foto, wie hier im Kasten (Abb. 5) oder an einem kleinen Originaltext.

Aufgaben:

1. Beschreibung/Sichtweisen
– Beschreibe die Elemente/Bausteine des Fotos/Textes!
  Wie stehen die Elemente zueinander (Struktur)?
  Wie stehen wir als Beobachter zu diesem Fall (Innen – Außen)?
  Gibt es auch andere mögliche Einsichten?

2. Bedeutungen
– Wofür steht der Fall?
– Wofür stehen die Elemente?
– Wofür stehen unsere Perspektiven, wofür stehen andere Perspektiven?
– Wie bewerten (vermutlich) die Beteiligten ihre Position?

3. Orientierungen
Was fangen wir mit dem Gesehenen und den Differenzen der Bedeutung an? Was könnten wir in einem Streitgespräch z. B. über „Sozialverträgliches Reisen" beisteuern?

Das Foto von einer Zimbabwe Exkursion ist geeignet, in kurzer Zeit (schon in einer Unterrichtsstunde) einen ganzen Problemkomplex, z. B. „Wie kann/darf man in die 3. Welt reisen?" zu entfalten. Man merkt schon bei den unter dem Foto skizzierten Hinweisen: Bei der Phantasie über fremde Perspektiven kann man sich einiges vorstellen, aber die Differenzen lassen sich hier nicht mehr nachweisen/entscheiden. Man merkt aber auch: Der Blick nach vorn enthält womöglich anderes als der Blick von hinten. Es *sind* eben mehrere verschiedene Positionen, optisch und erkenntnismäßig. Fragt sich, ob man sich über die Existenz der Positionen („Ich sehe, was ich sehe") und deren Valenz verständigen kann, ob man danach auch noch die Bewertungen erkennen kann (oder sich in Apathie, Naivität, Aggression festlegt) und ob man gar zu gemeinsamen Orientierungen kommen kann: „Ja, ich reise in die 3. Welt und will dabei folgendes bedenken ..."/ „*Ja,* Du bist willkommen bei uns, wenn Du folgendes zu erkennen gibst ..." (Oder: „Nein .../Nein ..." – wie auf einem Schild am Flughafen von Goa gesehen: „You are not welcome!"))

„Sie tun, was sie tun"

• Da bewegen sich junge Leute aus Deutschland mit Rucksäcken, alle zielstre-
big in eine Richtung; im Hintergrund sehen wir ein Geschäft mit Coca-Cola-Signet
(„store") und einen Buchladen („press/bookshop"). Die Menschen gehen zwar
in eine Richtung, aber doch nicht in der Gruppe; Ziel ist offenbar „CocaCola" und
nicht „books". Wir vermuten, dass sie Durst haben und zwar sofort; das können
wir verstehen. – Wir sehen sie zugleich aber auch von hinten/von außen. Es wäre
denkbar, dass diese Gruppe in der kleinen Lokalzeitung bereits angekündigt und
erwartet worden war, sie sich nach der Ankunft mit dem Bus aber mit eigenen
Prioritäten abwendet. Es wäre denkbar, dass die Einheimischen kritisch und genau hinsehen, was die Reisenden tun, was sie besitzen, wie sie gucken und wie
sie sich dem fremden Ort annähern.

• Was bedeutet das? Die Reisenden tun, was sie tun; sie lassen ihre Prioritäten
bei der Ankunft in der Fremde erkennen. Sie haben die Freiheit, ins Land zu fliegen, mit einem vollen Rucksack, sie können gegen Geld trinken, sie können sich
zu- oder abwenden – sie haben Handlungs- und Entscheidungsfreiheit.

Was würden wir selbst tun: erst einmal die Menschen anlächeln, auf dem Markt
einige Früchte kaufen, andere zum Trinken einladen? Oder auch: Zama-Zama?

Was denken sich die Einheimischen: Klar, die haben Durst!
Oder: Schade, dass sie uns nicht angelächelt haben.
Oder: Ob jeder Student in Deutschland soviel besitzt wie die hier in ihrem Ruck-
sack?

Abb. 5: Foto von einer Zimbabwe-Exkursion (eig. Foto).

Der Betrachter des Fotos, der das Thema kennt, kann mit sozialer und soziologischer Phantasie die Perspektive wechseln und das Foto mehrfach codieren und decodieren. (Wenn man das Thema nicht kennt, ist eine Interpretation auch sehr reizvoll, aber entsprechend spekulativer, differenter und riskanter.) Das geht mit jedem Foto und mit jedem Text.

Diese Methode (die man narrativ oder detektivisch-analytisch oder spielerisch anwendet) bringt real existierende oder mögliche Perspektiven ins Bewusstsein, nimmt differente Bedeutungen zur Kenntnis und verschafft ihnen Respekt und ermöglicht schließlich eine gut und vielfältig begründete eigene Position. Genau hinsehen, andere(s) respektieren, sich selbst prüfen – in diese Richtung könnten die Meta-Lehr/Lernziele gehen, die Einfältigkeit, Orientierungslosigkeit, Identitätsverlust überwinden helfen.

Der Beitrag ist erschienen als Basisartikel für das Themenheft „Welt erkennen durch Perspektivenwechsel"
Praxis Geographie April 4/1996, 4-9 (leicht verändert).

Anmerkung

1   Vg. Text Nr. 16 „Perspektivenwechsel" in diesem Band

Literatur

K.-W. Grünewälder hat in Praxis Geographie (3/1991, 54 f.) dazu einen Veranstaltungsbericht geschrieben: „Hoffnung auf neue Impulse für die Schulgeographie"

Hasse, J./Isenberg, W. (Hrsg.) 1990/1991: Die Geographiedidaktik neu denken. Perspektiven eines Paradigmenwechsels (= Osnabrücker Studien zur Geographie Bd. 11, 1991). Bensberg

Hasse, J./Isenberg, W. (Hrsg.) 1991/1993: Vielperspektivischer Geographieunterricht (= Osnabrücker Studien zur Geographie Bd. 14, 1993). Bensberg

Krause-Isermann, U. u. a. (Hrsg.) 1994: Perspektivenwechsel. Beiträge zum fachübergreifenden Unterricht für junge Erwachsene. Bielefeld

Rhode-Jüchtern, Tilman 1996: Den Raum lesen lernen. Perspektivenwechsel als geographisches Konzept. München

18. Wie breit ist eine Autobahn?

Über vernetztes Denken in der Planung

Abb. 1: Wie breit ist eine Autobahn?
Hier: Baustelle der A33 an der Landesgrenze Niedersachsens (vorn) und Nordrhein-Westfalens (eig. Foto)

Das Prinzip „Vernetzung"

Wie breit eine Autobahn ist? Das kann man doch nachschlagen in den Richtlinien zum Ausbau von Straßen, in Metern und Querschnitten und mit Entwässerung; dafür sind doch die Experten zuständig, die Straßenbau- und die Liegenschaftsämter!? Aber darum geht es heute nicht mehr allein; eine Autobahn ist offenkundig nicht nur ein asphaltiertes Grundstück, sondern auch Trägerin von komplexen räumlichen Funktionen und Wirkungen. Und Autobahnen stehen (wie jeder andere Flächengebrauch und jede Versiegelung auch) als Eingriff in Natur und Landschaft, in menschliche Lebens und Kulturräume auf dem Prüfstand.

Man akzeptiert heute nicht so einfach Fachplanungen mit jeweils eigenen Sachzwängen im Tunnelblick, von denen Außenstehende nichts verstehen; sondern man traut sich schon mal nachzufragen. Leitwort dafür ist oftmals das zentrale methodische Prinzip „Vernetzung" (oder als Fremdwort „Retinität" von lat. rete = Netz); und das Leitbild für eine gestaltende Umweltpolitik lautet „dauerhaft umweltgerechte Entwicklung" („sustainibility"-Konzept).

Daran hängen dann wieder Grundsatzdiskussionen, die man eigentlich alle kennen müsste:

- die *Grundlegungsebene* (sagen wir anthropozentrisch „Umwelt" oder lieber empathisch „Mitwelt"?);
- die *Prinzipienebene* (gilt das Prinzip „Personalität", in dem jeder Mensch als unverwechselbares Individuum selbstbestimmt Verantwortung trägt für seinen Umgang mit der Welt? Oder gilt das Prinzip „Retinität", nach dem die Gesamtvernetzung aller zivilisatorischen Tätigkeiten und Erzeugnisse mit der Natur Prinzip des Handelns ist?);
- die *Kriterienebene* (Suche nach messbaren und validen Umweltindikatoren und -standards und nach Bewertungs-, Abwägungs- und Entscheidungskriterien, die das Handeln bestimmen; dies alles differenziert nach individueller Verträglichkeit, sozialer Verträglichkeit, Umweltverträglichkeit);
- die *Instrumentenebene* (Verknüpfung der Rationalität der Wirtschaft mit den individuellen Bedürfnisstrukturen und dem Recht auf Selbstbestimmung, der staatlichen Regulierung durch Gesetze und Vorschriften, durch Anreiz und Abschreckung, schließlich auch durch Bildungspolitik, insbes. durch Politische Bildung).

Wir sind alle mittendrin im Prozess des Verstehens und Aushandelns: Was wäre ein „Zukunftsfähiges Deutschland", wie macht man „sustainable development"? Einerseits haben wir ein entwickeltes rechtliches Instrumentarium („die strengsten Gesetze der Welt") und ein fortgeschrittenes technisches KnowHow; andererseits erfahren wir ständig von „Vollzugsdefiziten". Wir fangen erst langsam an, immer öfter nach Vernetzungen zu fragen, und wir entdecken, dass die Instrumente zum Teil scharf und stumpf zugleich sind. Zum Beispiel Lärmmessung:

„Die Korrekturen der dB(A)-Messung (Zeitbewertung, Ton- und Impulshaltigkeit) sind ein Zeichen dafür, dass eine einfache Angabe in dB(A) die reale Geräuschsituation sicherlich nicht in allen Fällen erschöpfend und realitätsbezogen wiedergibt." „Für die psychischen und sozialen Störwirkungen des Lärms stehen Bewertungsstufen noch aus." (*Sachverständigenrat für Umweltfragen* (Hrsg.): Umweltgutachten 1987, Zf. 1423 und Zf. 1457)

Das Beispiel „Autobahn" soll diese neue Art des Fragens bewusstmachen und einüben; die Suche nach Vernetzungen, die Frage nach der Bewertung und nach alternativen Entscheidungen lässt sich dann an jedem anderen Themenstichwort ebenso gut verhandeln.

Zu den Materialien

Intention der Vorüberlegungen

M1 zeigt, was vorab alles zu bedenken wäre bei Bau und Betrieb einer Straße, zunächst aus der Perspektive einiger Umweltbelange. *M2* zeigt, wie verschieden man einen Verbrauch veranschlagen kann (ähnlich der Rechnung, die einen Pkw nur nach dem Benzinverbrauch der einzelnen Fahrt *oder* nach den anteiligen Gesamtkosten der Fahrt kalkuliert).

Perspektiven der Emissionen und Eingriffe

M3 zeigt die technische Perspektive („TA Luft"), die überaus genaue Daten liefert, zugleich aber nichtsstoffliche Emissionen und strukturelle Eingriffe ignorieren muss. *M4* macht am Beispiel *eines* Emissions- und Immissionsfaktors, dem Schall, die Problematik deutlich: hier kreuzen sich objektive Zahlen, subjektive Wirkungen und fachliche Bewertungen. Auch hier gilt, wie bei der Axt: Schall ist nicht Lärm, Lärm ist nicht einfach Lärm, Emission ist nicht Immission – auf der Sitzbank der Suzuki oder daneben im Krankenbett, in der Disco oder in der Wohnung darüber. *M5* zeigt an demselben Faktor, dass Nichtmessbares oder Nichtgemessenes trotzdem schwere Wirkungen haben kann. Und *M6* zeigt, dass die Lärm-Reichweite einer Autobahn ganz unterschiedlich ist, je nach Fahrzeugart.

Einbeziehung weiterer Perspektiven

M7 zeigt den Versuch, zwischen allen denkbaren Aspekten den konfliktärmsten Korridor zu denken, was angesichts der Fülle von Perspektiven immer nur relativ sein kann. Und *M8* führt nochmal einiges zusammen im Prinzip der Retinität, der Vernetzung. Beispiel Abgase: sie bilden einen riesigen „Schlauch"; Durchschnittsberechnungen verstecken das Überschreiten von Grenzwerten; Abgase bleiben nicht „rein", sondern reagieren chemisch in der Atmosphäre und können toxisch werden; der Wind verändert die Ausbreitungen und Messergebnisse; errechnete Immissionen unterscheiden sich von gemessenen, von räumlich fein differenzierten, von subjektiv empfundenen.

Die Materialien sind selbstverständlich nur punktuelle Beispiele für den Horizont der Parameter und der Mess- und Interpretationsprobleme. Aber sie zeigen die Möglichkeit, ein Fachproblem nach verschiedenen Perspektiven abzuschichten, in Alternativen und gegen den Strich zu beleuchten und zu differenzierten Interpretationen zu kommen. Sie zeigen die Notwendigkeit einer neuen Art, Fragen zu stellen.

Abschichten, Differenzieren, Abwägen

- Wir stellen uns einen *Planungsfall* vor:
  Wie „groß" wäre die neue Autobahn nach der Inbetriebnahme in ihrem Verkehrsumfang im Jahre 2000? Werden dafür die bisherigen Straßen kleiner werden? Lohnt sich von daher die Planung?
- Meßbare *Kriterien für eine Abwägung* können sein:
  Schallemissionen, Schadstoffemissionen, Flächenbeanspruchung, Zerschneidungseffekte, Bodenversiegelung, Wasserhaushalt (Grundwasser, Fließgewässer), Klimaökologie, Landschaftsbild, Wohnsiedlungen, Erholungsgebiete, Kulturgüter u. v. m.
- Nach der Analyse von meßbaren Eingriffen und Risiken geht es an die *Bewertung der Daten:*
  Was bedeutet dieser Schall tags/nachts/subjektiv/räumlich differenziert? Was bedeutet die Versiegelung hier, was dort? Stellt sich die gemessene „Gesamtgröße" der Autobahn in unterschiedlichen „Gewichten" dar, je nach Trassenvariante, gibt es also in Gesamtabwägung der Risiken und Möglichkeiten einen – relativ – konfliktarmen Korridor? Gibt es analysierbare und herstellbare Kompromisse? Oder ist der Gewinn des einen der Verlust des anderen („Nullsummenspiel")?
- Und schließlich, immer wieder ein *Rückblick:*
  Haben wir nichts vergessen? Mangels Messinstrument oder Vorschrift nicht nachgefragt? Oder wegen Subjektivität nicht akzeptiert? (Was ist, zum Beispiel, mit dem kaum messbaren und gar nicht hörbaren *Infraschall* der niedrigsten Frequenzen, der gleichwohl schwere Folgen haben kann? Was ist mit den Folgen der Folgen, zum Beispiel dem Blick aus dem Fenster gegen die mühsam erkämpfte Lärmschutzwand?)
  Weiter: Haben wir in unserer Parameterliste vielleicht vor lauter „Retinität" und Suche nach Umweltverträglichkeit das Kriterium „Individuelle Verträglichkeit" zu knapp ausgemessen (Lebenszeitverlust von Menschen mit erzwungener Mobilität im Stau, Lebensqualität einzelner Anwohner)?
- Und *am Ende des Entscheidungsprozesses:*
  Welchen Rang bekommen die Analyse und Bewertung tatsächlich in der Verwaltung und Politik? Sind sie am Ende vielleicht trotz allen Aufwandes gegenüber ganz anderen Kalkülen nachgeordnet (wer wohnt wo/Rechtbehalten/Zeitverlust/Verfügbarkeit von Grundstücken/Vertrauensschutz für andere Zusagen)? Hat vielleicht das Prinzip „Personalität" am Ende und pragmatisch wieder über das Prinzip „Retinität" obsiegt?

Die in diesem Beitrag vorgestellten Materialien richten den Scheinwerfer jeweils auf einen Aspekt von Autobahn, im Komplex von Wissen und Nichtwissen. Sie zeigen nicht, wie „es wirklich ist", sondern zeigen, was man an einer Autobahn sehen kann, und was man nicht sehen kann, mangels Messbarkeit oder Eindeutigkeit oder übergroßer Differenziertheit.

Eine Axt ist nicht einfach nur eine Axt: Eine Axt im Hauklotz ist etwas anderes als eine Axt im Fuß; ein Betonstreifen im Feuchtgebiet ist etwas anderes als im Gewerbegebiet, ein Motorrad tags etwas anderes als nachts usw.

Literatur

ADAC (Hrsg.) 1984: Leise fahren, Kraftstoff sparen. Grundlagen lärmarmer, energiesparender Fahrweise. München

BMV (Hrsg.) 1993: Verkehr in Zahlen. Bonn

Harbordt, H. J. 1991: Dauerhafte Entwicklung statt globaler Selbstzerstörung. Eine Einführung in das Konzept des „Sustainable Development". Berlin: Wissenschaftszentrum

Hastedt 1991; H.: Aufklärung und Technik. Grundprobleme einer Ethik der Technik. Frankfurt/M.

Jansen, G. 1984: Psychosomatische Lärmwirkungen und Gesundheit. Zeitschrift für Arbeitswissenschaften (1984) H.4

Müller-Pfannenstiel, K./Winkelbrandt, A. 1991: Erfassung der direkten Flächeninanspruchnahme durch den Aus- und Neubau von Bundesautobahnen. Natur und Landschaft 66 (1991) 11.11, 523

Reck, H./Kaule, G. 1993: Straßen- und Lebensräume: Ermittlung und Beurteilung straßenbedingter Auswirkungen auf die Lebensräume von Pflanzen und Tieren. (Forschungsbericht für das BMV) Bonn-Bad Godesberg

Sachverständigenrat für Umweltfragen.
  • Umweltgutachten 1987. Stuttgart und Mainz
  • Umweltgutachten 1994. Stuttgart

Swedish Defence Material Administration (Hrsg.)1985: Infrasound (995): A summary of interesting articles. TA Luft '86 (mit technischem Kommentar). Düsseldorf

Umweltbundesamt (Hrsg.) 1993: Umweltdaten kurzgefasst. Berlin

Übungsfall Autobahn

Vorüberlegungen

M1 (Vorhersehbare) Wirkungen von Straßen auf Pflanzen, Tiere und ihre
Lebensräume

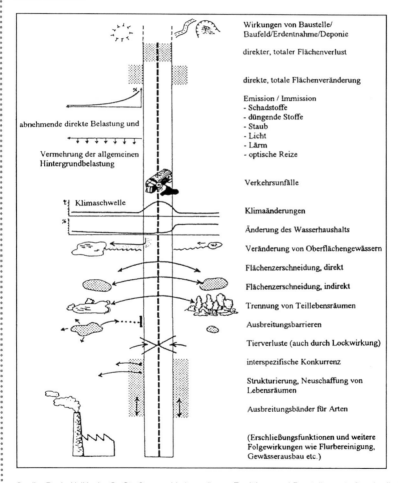

Quelle: Reck, H./Kaule, G.: Straßen- und Lebensräume: Ermittlung und Beurteilung straßennbedingter
Auswirkungen auf die Lebensräume von Pflanzen und Tieren. (Forschungsbericht für das BMV) Bann-
Bad Godesberg 1993, S. 265

Aspekt Flächenverbrauch

M2 Flächeninanspruchnahme durch Verkehrswege

- Die *amtliche Verkehrsstatistik* (BMV, 1993) erfasst nur befestigteFahrbahnflächen. Hinzugerechnet werden müssen aber als weitere direkte flächenrelevante Maßnahmen z. B. Dämme, Einschnitte, Hanganschnitte, Brücken, Tunnel.
- *Direkter Flächenbedarf* für eine 4-5-streifige Autobahn:
  nach *Bundesministerium für Verkehr* (1986):
  2,6 ha/km
  nach *Müller-Pfannenstiel, K./Winkelbrand, A.* (1991):
  4,5-5,9 ha/km (Flachland)
  6,0-10,4 ha/km (Mittelgebirge)
  (3,9 ha/km reale Befestigung bei 4 Streifen
  4,9 ha/km reale Befestigung bei 6 Streifen)
- *Spezifischer Flächenverbrauch* zur Verkehrsspitzenzeit:
  S-Bahn/Bahn: Pkw   = 1 : 5
  Bus/Straßenbahn: Pkw = 1 : 17

(Der Flächenbedarf für eine Trasse steigt überproportional mit der Entwurfsgeschwindigkeit; das gilt allerdings auch für den ICE)

- Die *indirekte Flächeninanspruchnahme* durch Verkehr bewirkt stoffliche, energetische, funktionstrennende, visuell-ästhetische und nutzungsstrukturelle Belastungen. Verlärmung, Schadstoffimmissionen und strukturelle Veränderungen führen zu band- und zonenartigen Belastungen und Nutzungsbeeinträchtigungen; die Landschaft wird beeinträchtigt durch das Sinken der Diversität (Artenvielfalt) oder des Integrationsniveaus von Ökosystemen, durch Verfremdung und Nivellierung im ästhetischen und kulturellen Sinn.

Einen groben Anhaltspunkt über den Umfang straßen- (und schienen-)bedingter Lebensraumverkleinerung liefert eine Karte der unzerschnittenen verkehrsarmen Räume (UZVR)[1] über 100 km². Die UZVR-Räume hatten in der (alten) Bundesrepublik noch einen Flächenanteil von 22,6 %. Nach neuen Zerschneidungen und/oder Zunahme der Verkehrsmengen hat die Anzahl der UZVR-Räume von 1977 bis 1987 um ca. 15 % und deren Fläche um ca. 18 % abgenommen.

Quelle: nach Sachverständigenrat für Umweltfragen (Hrsg.):
Umweltgutachten 1994, Zf. 709-715. Stuttgart 1994

Aspekt Emissionen und Eingriffe

M3 Luftbelastung: Emission oder Immission?

Die „TA Luft" (Technische Anleitung Luft von 1986) gibt eine Übersicht über Belastungen und hat im Vergleich zu anderen Umweltsektoren sowohl zur Stoffgliederung als auch zu den emittierten Mengen umfangreiche Informationen erbracht. Man hat danach Kenntnis von

- Gesamtstaub
- staubförmigen anorganischen Stoffen (Blei, Cadmium u. a.)
- dampf- und gasförmigen anorganischen Stoffen (Schwefeloxide, Stickstoffoxide, Kohlenmonoxid, Fluorwasserstoffe, Chlorwasserstoffe, Schwefelwasserstoffe, Ammoniak etc.)
- organischen Stoffen
- kanzerogenen (krebserregend) Stoffen

Aber der Streit um die Wirkung der Emissionen nach der Immission auf ein Ökosystem/einen Organismus ist damit kaum zu klären. Ist Ozon (O_3) nun ein krebserregendes Gas? Ist Platin aus Katalysatoren am Straßenrand relevant?

Emission und Eingriff werden vielfach gleichgesetzt, obwohl sie über viele Randbedingungen (Mengen, Verdünnung, Zeitgang, Dauer, Luftströme, Art der Exposition etc.) hochdifferent sein können (Umweltgutachten 1994). „Die sich im Grundsatz auf Immissionen beziehenden Unit Risks werden auf die Emissionen bezogen, weil sie die Unterschiede in der kanzerogenen Potenz der einzelnen Substanzklassen wiedergeben." (= angenommene relative Wirkungspotentiale) So werden Politiker, Justiz und Bürger alleingelassen. Immerhin wird in der Risikobeschreibung und -bewertung von Schadstoffen „ökologischer" als früher unterschieden nach:

- akute Effekte – chronische Effekte
- Primärschäden – Sekundärfolgen
- sofort eintretende Wirkungen – mit Latenz auftretende Effekte
- reversible – irreversible Veränderungen
- leicht therapierbar – schwer therapierbar

Quelle M3: nach Sachverständigenrat für Umweltfragen (Hrsg.): Umweltgutachten 1994. Stuttgart 1994

Aufgaben

1. Welche Perspektiven sind in der Grafik M1 nicht enthalten?
2. Entwirf mit Hilfe von M2 eine Grafik für die unterschiedlichen Kalkulationen (Relief, Tageszeiten etc.), in der die geographischen, verkehrlichen und politischen Differenzierungen/Differenzen erkennbar sind. Interpretiere die unterschiedlichen Zahlen zum Flächenbedarf.

3. Erkläre (wie z. B. auf einer Bürgerversammlung) den Unterschied von „Emissi-on" und „Immission" *(M3)*.

M4 Das Beispiel „Lärm": Emission und Wirkungen

M4a Kriterien für Lärmbeurteilungen

Belastung	(dB) 38	55	75	85

Beanspruchung Schlafbeeinflussung   Physiol. u. psychol. Reaktionen
                                    soziale Reaktionen
                                    (Kommunikations- und Rekreationsstörungen)
                                    Aufwachen
                                               Leistungs- und Emotionsbeeinflussung
                                               hohe Verärgerung
                                               beginnende extraaurale Reaktionen
                                                           extraaurale Übersteuerung
                                                                   Lärmschwerhörigkeit

medizinische Beurteilung

	Abwägungsbereich			
	wissenschaftlich		klinisch	
gesund	eher gesund	indifferent	eher krank	krank

        wissenschaftlich ◄—— politisch ——► wissenschaftlich
    psych. sozial. (physiol.) ◄— administrativ —► physiol. sozial. (psych.)
            belästigend   erheblich belästigend   gefährdend
            benachteiligend   erheblich
                                   benachteiligend

Richtwert   Planungswerte
               Schwellenwerte
                  Zumutbarkeitswerte
                          Entschädigungswerte
                               Unzumut-
                               barkeitswerte

Quelle: Jansen, G.: Psychosomatische Lärmwirkungen und Gesundheit.
Zeitschrift für Arbeitswissenschaften (1984) H. 4

M4b Gerechneter und gemessener Lärm

An der A 33 im Bereich Sennestadt ist es offensichtlich lauter als das LSBA errechnet hat. Im Garten der Familie Bänsch am Kuhloweg wurden bis zu 75 dB gemessen (Grenzwert 55 dB). Archivfoto: Guhlke

Aktionsgemeinschaft: Auf Weiterbau verzichten

A 33 bringt mehr Lärm als vom LSBA errechnet

Quelle: Neue Westfälische vom 19.11.1994

M4c Lärmszenario

Lärm kann Einsichten vermitteln, zum Beispiel die, dass eine Autobahn ganz schön laut ist. Das konnten die Bewohner Steinhagens am vergangenen Wochenende hören. Auf der geplanten Trasse zwischen Amshausen und Steinhagen hatte der „Runde Tisch zur A 33" dem SPD, Grüne und Naturschutzverbände angehören, sechs Lautsprecherboxen aufgestellt, aus denen vernehmlich der zu erwartende Straßenlärm erschallte. Ein Anwohner, der verschreckt aus dem Haus kam, wusste gar nicht, dass die neue Straße in der Nähe seines Grundstückes verläuft und musste erst anhand amtlicher Karten überzeugt werden. Damit wurde die These der SPD Ratsfrau Heike Kunter bestätigt: „Das Unwissen über die Lage der Autobahn und die Schadstoffbelastung, die von ihr ausgeht, ist enorm". Stadt-SPD und Grüne haben sich gegen die A 33 ausgesprochen.

Quelle: Bielefelder Stadtblatt 23/1995

M5 „Infraschall" – meßbar, nicht hörbar, äußerst wirksam

Infraschall sind Schallwellen unter 20 Hz.

Die Meßwerte (s. *Tabelle*) zeigen, daß technisch produzierter Infraschall viel häufiger vorkommt als einmalig oder sporadisch auftretende natürliche Infraschallereignisse. Viele Menschen haben täglich mit Pegeln zu tun, die im Hörbereich als nicht zumutbar oder schädlich gelten.

Natürliche und technische Infraschallquellen

Infraschallquelle	Frequenzbereich (Hz)	Intensität (dB)
a) natürliche Infraschallquellen		
Wasserfälle	< 20	70-80
Meereswellen	< 1	80
Wind 100 km/h	< 1	135
Wind 25 km/h	< 1	110
Donner	< 2	100
Luftturbulenzen	< 1,5	100
Vulkanausbruch	< 0,1	114
Meteoriten	< 3	106
Erdbeben	< 0,04	106
b) technische Infraschallquellen		
Pkw (100 km/h) 1 Fenster halb offen (Volvo)	1-15	95-118
Pkw (100 km/h) Sonnendach offen (Fiat 500)	1-20	85-106
LKW 32 t (85 km/h) 1 Fenster offen	4-20	110-12
Schiff mit Dieselmotor (im Raum über dem Motor)	5-16	80-103
Eisenbahnwagenfähre (Maschinenraum)	2-20	82-132
Hubschrauber (200 km/h), 5sitzig, innen	2-20	91-103
Flugzeug (Boeing 747)	2-8	94-104
Raketenstart (Saturn V) in 1,6 km Entfernung	5-20	120-35
Raketenstart (Saturn V) in 8 km Entfernung	5-20	108-120
Raketenstart (Saturn V) in 32 km Entfernung	5-20	90-105
Triebwerkprüfstand in 400 m Entfernung	0,5-20	50-68
Kompressor in 1 m Entfernung	10-20	80-115
Kompressor in 450 m entferntem Haus	10-20	63-94
Autobahnbrücke (25 m unterhalb)	10-20	84-90

Quelle: nach Swedish Defence Material Administration (Hrsg.): Infrasound 1985, abgedruckt in: Umweltgutachten 1987

Aufgaben

4. Diskutiere, wie es zu einer Differenz zwischen 55 Dezibel (Landesstraßenbauamt) und 75 Dezibel (Anwohner) kommen kann (M4). Was bedeutet diese Differenz für die Lärmbeurteilung?

5. Formuliere einen Satz, in dem auf das Phänomen des „Nichthörbaren" aufmerksam gemacht wird. Suche nach Parallelen in der technischen Zivilisation (M5).

6. Wie könnte man in einer Lärmkarte (vgl. M4) das unterschiedliche akustische Gewicht verschiedener Fahrzeugarten (M6) darstellen? (Skizze)

Bei Verkehrszählungen wird zuweilen ein Lkw als drei Pkw-Einheiten notiert. Allerdings ist die Beanspruchung der Straße durch einen LKW je nach Gewicht und Achszahl vielfach höher, mit der Geschwindigkeit exponentiell wachsend. Das gleiche gilt für die Geräuschemissionen.

M6 Das akustische „Gewicht" eines Fahrzeugs (Vorbeifahrpegel)

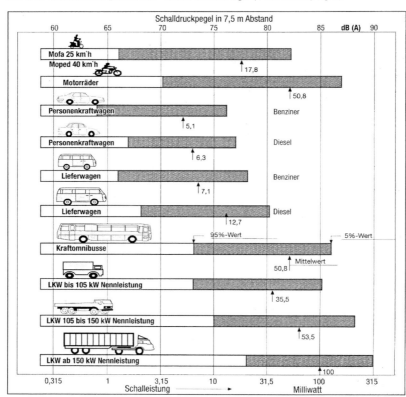

Geräuschemission von Kraftfahrzeugen im Straßenverkehr

Beachte: die Dezibel-Zahlen sind logarithmische Zahlen, also jeweils als Zehnerpotenz zu lesen.

Beachte auch: der ADAC-Vergleich verzichtet auf die Differenzierung nach Geschwindigkeiten. Wenn sich der Lkw-Anteil um 10 % erhöht, steigt der Pegel um 3 dB(A), was einer Verdoppelung des Verkehrsaufkommens entspricht.

Quelle: ADAC (Hrsg.:) 1984: Leise fahren, Kraftstoff sparen. Grundlagen lärmarmer, energiesparender Fahrweise. München, 412

Einbeziehung weiterer Aspekte

M7 Ermittlung „konfliktarmer Korridore" –
Woran Planer und Politiker denken sollten

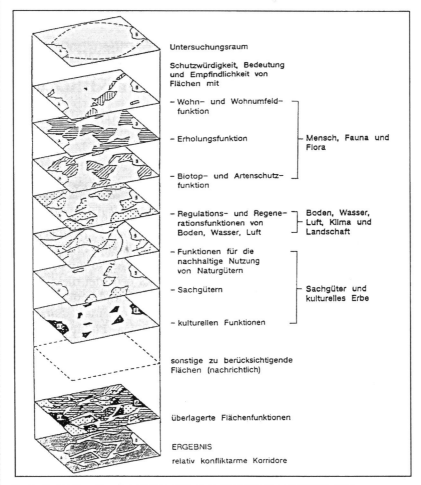

Untersuchungsraum

Schutzwürdigkeit, Bedeutung
und Empfindlichkeit von
Flächen mit

– Wohn– und Wohnumfeld-
funktion

– Erholungsfunktion — Mensch, Fauna und
Flora

– Biotop– und Artenschutz-
funktion

– Regulations– und Regene- Boden, Wasser,
rationsfunktionen von Luft, Klima und
Boden, Wasser, Luft Landschaft

– Funktionen für die
nachhaltige Nutzung
von Naturgütern

– Sachgütern — Sachgüter und
kulturelles Erbe

– kulturellen Funktionen

sonstige zu berücksichtigende
Flächen (nachrichtlich)

überlagerte Flächenfunktionen

ERGEBNIS
relativ konfliktarme Korridore

Quelle: Merkblatt zur Umweltverträglichkeitsstudie in der Straßenplanung (MUVS), 1990

M8 Die Dynamik von Geofaktoren (hier: Luft)

Abgase über der Autobahn: Ein Schlauch

Bis zu 12 km seitwärts und bis zu einer Höhe von 300 m reicht die schlauchför-
mige Wolke schädlicher Abgase entlang einer stark befahrenen Autobahn. In der
Mitte des Schlauches erreichen die Konzentrationen schädlicher Stickoxide mit-
unter das Zehnfache des in der sogenannten Technischen Anleitung Luft vorge-
sehenen „Grenzwertes für kurzzeitige Belastungen". Diese Daten von einem
Messflugzeug und einem Messfahrzeug der Deutschen Forschungsanstalt für
Luft- und Raumfahrt (DLR) ermittelt, sollen erstmals einen „wissenschaftlich fun-
dierten Beitrag" zur Diskussion um die Auswirkungen von Autoabgasen auf die
Atmosphäre leisten. Bei ihren Messflügen entlang den Autobahnen München-
Salzburg, München-Stuttgart und München-Nürnberg erkundeten die DLR-For-
scher nicht nur die horizontale und vertikale Ausdehnung der Abgaswolken aus
Stickoxiden, Schwefeldioxid und Partikeln; sie untersuchten auch die chemischen
Reaktionen dieser Abgase in den Schichten der Atmosphäre. Dabei konnten sie
feststellen, dass durch chemische Reaktionen aus harmlosen Primärbestandtei-
len der Abgase rasch toxische Schadstoffe gebildet werden, die dann als Saurer
Regen in den Erdboden gelangen. Unter normalen Windverhältnissen (Windge-
schwindigkeiten bis drei Meter/Sekunde), so stellten die Forscher weiter fest, werden 25 % der Schadstoffe bereits im Nahbereich der Autobahn deponiert.

Aufgaben

7. Diskutiere, wie man im Konflikt zwischen inkompatiblen Funktionen (z. B. Was-
   serschloss versus Wohnhaus) überhaupt abwägen könnte (M7).
8. Fertige auf der Basis von M8 eine Grafik an, in der die Dynamik eines „Abgas-
   schlauches" erkennbar wird. Diskutiere, ob derartige dynamische Grafiken,
   Karten und Prognosen Bestandteil amtlicher Planungsunterlagen sein sollten.

Der Beitrag ist ursprünglich erschienen in: Praxis Geographie 4/1996, 28-32.

Anmerkung

1 Als „unzerschnittene verkehrsarme Räume" (UZVR) werden Landschaften bezeichnet, die nicht
   durch Straßen mit mehr als 1.000 KfZ oder Bahnlinien zerschnitten werden, keine größeren
   Siedlungen aufweisen und größer als 100 km^2 sind.

19. „Die Wüste wächst, weil ..."

Ziel einer Reihe von Wissenschaften und generelles Thema des Erdkundeunterrichts ist das Verstehen und Planen menschlicher Lebensräume. Je mehr wir freilich darüber erforschen, desto ferner rücken die Lösungen; wir müssen überrascht erkennen, dass viele Fortschritte im Detail zu großen, neuen Problemen im Ganzen führen können.

Die Sanierung unserer Städte, die Modernisierung der Landwirtschaft, die Entwicklungshilfe – dies und vieles andere ist in Verruf geraten. Menschliche Eingriffe in die Natur und die gebaute Umwelt haben über ein Netz von unsichtbaren Fäden oftmals ungewollte und undurchschaute Wirkungen erzeugt. Ehe wir weiter im Einzelnen forschen, brauchen wir Einsicht in die Zusammenhänge und Vernetzungen, in denen das Einzelne sich befindet und zu interpretieren ist.

Vor einem Jahr wurde in der Bundesrepublik Deutschland der „Tag für Afrika" ausgerufen. Unter dem Eindruck der Sahel-Katastrophe gab es ca. 100 Mill. DM Spenden. Am Abend dieses Tages erschien in der Tagesschau ein verantwortlicher Politiker (der obersten Gehaltsklasse) vor dem deutschen Volk und steckte 300 DM in die Sammelbüchse. Sein Kommentar „Jetzt woll'n wir mal was Gutes tun!" erhellte Wort für Wort, wie man eines der „big problems" dieser Welt auch sehen und behandeln kann.

Eine genaue Betrachtung dieses eines Satzes zu Beginn dieser Unterrichtseinheit ist geeignet, *ein* „offizielles" Problembewusstsein zu erkennen und zu beurteilen. Eine gute Denk- und Sprachübung wäre es, am Ende dieser Unterrichtseinheit andere Sätze und Handlungen auszudenken, mit denen ein Politiker (der Bundeskanzler, der Minister für Wirtschaftliche Zusammenarbeit, der Bundeswirtschaftminister) vor die Kameras treten könnte.

Thema und Ziel der Unterrichtseinheit „Die Wüste wächst" ist es, Oberflächenerscheinungen (wie z. B. die Hungerkatastrophe in der Sahelzone) als vernetztes Problem der Naturwissenschaften, der Politik, der Technik, der Wirtschaft und der Ethik zu erkennen. Es sollen eindimensionale Erklärungen und einfältige Rezepte („mal (!) was (!) Gutes (!) tun (!)") überwunden werden. Zwar erscheinen die Probleme dann zunächst noch komplizierter; aber nur so lassen sich Eingriffe der Menschen in die Mitwelt künftig noch verantworten, und nur so kann also verantwortlicher Unterricht darauf vorbereiten.

Zur Materialauswahl und Methode

Dieses Heft enthält in den anderen Beiträgen genügend Material zur Klärung des geographischen Begriffs „Wüste". Wir verweisen darauf und nutzen die Gelegenheit, Möglichkeiten des vernetzenden Denkens vorzuschlagen und zu erproben. Die Wüste kann man ja mit ganz verschiedenen Augen sehen: als Landschaftsgürtel, als lebensfeindliche Umwelt oder als geheimnisvollen Lebensraum, als Experimentierfeld landwirtschaftlicher, bergbaulicher oder militärischer Techniken, als Vorbotin einer globalen Krise in Ökologie und Zivilisation usw.

Wir haben vier Texte ausgewählt, die zu der Beobachtung „Die Wüste wächst" vier verschiedene Erklärungen liefern (es gibt natürlich noch mehr, z. B. die Klimawandel-These). Jede dieser vier Erklärungen soll nach der Schlagwort-Überschrift im Text selbst gesucht und geprüft werden (s. Arbeitsfragen). Danach sollen die gewonnenen Einzelargumente und Bewertungen helfen, die Fragen im „Oberflächenmodell" (s. Abb. 2) auszufüllen. Nach diesen beiden Arbeitsschritten/Aufgaben können Fragen folgender Art diskutiert werden: Was machen wir denn nun mit einer so komplizierten Antwort? Was soll der Bundeskanzler denn – außer „was Gutes: 300 DM" – sonst sagen? Ist der „Tag für Afrika" ein Medienspektakel oder ein Tag der Solidarität oder beides oder was sonst? Soll man die Hungernden in Äthiopien nicht wirklich sterben lassen, damit das ökologische Gleichgewicht sich wiederherstellen kann (so eine provokativ gemeinte These von Hoimar von Ditfurth)? Oder ist der Satz richtig „Wir gehen hin, wo man uns braucht" (Rupert Neudecks „Komitee der Notärzte")?

Die „großen" Fragen der Entwicklungshilfe (z. B. Brigitte Erlers Buch „Tödliche Hilfe" und die anschließende Debatte) sollten nicht abschließend „gelöst" werden; aber eine Vorbereitung auf spätere Antworten und Meinungsbildung, eine erste Übung im Suchen und Sehen von Zusammenhängen kann diese UE schon in den Jahrgangsstufen 7 und 8 leisten.

Arbeitsschritte und Aufgaben

Frage zum Eindenken: Wer erinnert sich an den „Tag für Afrika"? (Anlass, Sinn, Verlauf, Ergebnis, eigene Einschätzung)

1. Betrachte das Schema „Netzwerk Sahel Zone" (Abb. 1). Rechts sind in drei Kästen verschiedene Eingriffe des Menschen in den Naturhaushalt notiert.
   a) Verfolge jeden Eingriff für sich und formuliere die behaupteten Zusammenhänge.
   b) Wo treffen sich 2 oder 3 Eingriffe (verstärkend oder abschwächend)?
   c) Fällt Dir noch eine andere Eingriffsmöglichkeit des Menschen ein? (4. Kasten rechts)

2. Lies die Texte *M1 bis M4* (Ihr könnt hier auch vier Kleingruppen bilden).
   a) Sammle die Argumente, die die jeweilige Schlagzeile „Die Wüste wächst, weil ..." begründen.
   b) Scheinen Dir die Argumente für diesen Fall einleuchtend?
   c) Fallen Dir kritische Gegenargumente ein?

3. Betrachte das „Oberflächenmodell der Geopolitik" (Abb. 2).
   a) Beginne im Kasten (D) mit der Frage: Warum ist das Problem uns gerade jetzt so bewusst geworden (existiert hat es ja schon früher)?

b) Gehe zurück nach Kasten (A) und trage aus den vier Texten (M1-M4) zusammen: Wer handelt hier? Warum handelt er so und nicht anders?

c) Trage aus M1-M4 alle äußeren Bedingungen zusammen, in denen die Handlungen stattfinden.

d) Ordne die Handlungen (Kasten A) und deren äußere Bedingungen (Kasten B) den Feldern in (C) zu: Wie erscheinen hier die einzelnen Fach-Aufgaben?

e) Beschreibe nun das Thema neu und im Zusammenhang (D), wie es Dir nach der Vernetzung erscheint.

Achte in Zukunft darauf, ob schwierige Themen zu einfach erklärt werden und ob die Handlungen (der Politiker, Fachleute, Firmen, Bürger usw.) das Problem beschreiben und damit angemessen lösen helfen.

Eine leicht faßliche Anleitung zum Verstehen der Welt als vernetztes System ist das Buch von Frederic Vester „Ballungsgebiete in der Krise". Wir haben zusätzlich ein einfaches geographiebezogenes Modell ausgedacht, mit dem man geopolitische Erscheinungen der Oberfläche schrittweise selbst vernetzen und in die Tiefe verfolgen kann. Beide Modelle sollen im Unterricht in Worte gesetzt werden: Das „Netzwerk Sahel-Zone" mit einigen vorgedachten Wenn-Dann-Beziehungen zu Beginn, das „Oberflächenmodell" nach Auswertung der vier Texte M1-M4 am Schluss der UE.

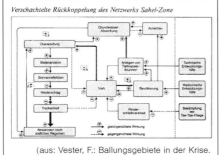

Verschachtelte Rückkoppelung des Netzwerks Sahel-Zone

(aus: Vester, F.: Ballungsgebiete in der Krise. München 1983, S. 61)

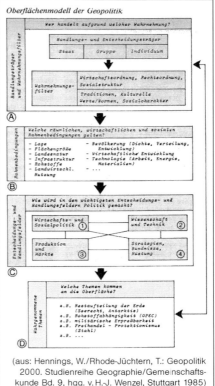

(aus: Hennings, W./Rhode-Jüchtern, T.: Geopolitik 2000. Studienreihe Geographie/Gemeinschaftskunde Bd. 9, hgg. v. H.-J. Wenzel, Stuttgart 1985)

Abb. 1: Rückkoppelung des Netzwerks Sahel-Zone.

Abb. 2: Oberflächenmodell der Geopolitik.

Die Wüste wächst, weil ...[1]

M1 ..., weil ökologische Kreisläufe nicht ernstgenommen werden

Wir befinden uns jetzt rund 1300 km von Tripolis entfernt in der libyschen Zentralsahara. Steinwüste. Kein Grashalm, keine Flechte gedeiht hier. Ein wenig Feuchtigkeit, und die Wüste wird grün. „Nein, so einfach ist es leider nicht", erklärt der Geologe Josef Pflüger. „Wüstenböden sind anders aufgebaut als unsere, und sie versalzen bei Bewässerung schnell". Gegen die Warnungen maßgeblicher Fachleute in aller Welt, die eine ökologische Katastrophe voraussagen, setzt Libyens Staatschef Moammar-al-Ghaddafi auf seinen Traum von einer ergrünten Wüste, die sein Land unabhängig von Lebensmitteleinfuhren machen soll. Er setzt dabei auf einen amerikanischen Wissenschaftler, der sich auf Computer-Simulationen stützt und fast unbeschränkte Wasservorkommen voraussagt. Aufgrund dieser Berechnungen stürzte sich der Wüstenstaat in das gigantischste wasserwirtschaftliche Projekt, das es bislang auf Erden gab: den „Künstlichen Fluss". Der „Künstliche Fluss" wird eine 1900 km lange Wasserpipeline, über die täglich 4 Millionen Kubikmeter Wasser aus den unterirdischen Vorkommen der Sahara im Kufra- und Sarir Becken – nach Norden in das Küstengebiet gepumpt werden sollen. In der Endphase hoffen die Libyer, etwa 180 000 Hektar Ackerland neu bewässern zu können.

Im Kufra- und im Sarir-Becken wird es auf Jahrzehnte genügend Wasser für das Projekt geben. Eine Vermutung, der englische und deutsche Fachleute stets widersprochen haben, weil das Wasser dann „bergauf fließen müsste". Geologe Pflüger überwachte viele Jahre lang als Supervisor die Tiefbohrungen nach Wasser in der libyschen Wüste und sagt heute: „Die Absenkungen im Grundwasser waren in sämtlichen Projekten wesentlich schneller als von uns vorausberechnet". In der Tat gebe es einen gewaltigen unterirdischen See, doch in diesem See befanden sich inzwischen gewaltige Trichter. Pflüger sagt die Entwicklung der nächsten 30 Jahre in dürren Fakten voraus. Danach wird sich das in unterirdischen Linsen eingelagerte Salzwasser, das es auch gibt, mit dem darunterliegenden Süßwasser vermischen. Das Korngerüst der Erdschichten werde sich durch das Abpumpen des Wassers verfestigen. So werde es dann zunehmend unrentabler, das Wasser aus immer tieferen Schichten an die Erdoberfläche zu pumpen. In den nächsten Jahrzehnten werde die bislang vorhandene „natürliche Vegetation aussterben, es wird in einer totalen ökologischen Katastrophe für die Sahara enden".

Doch zuvor wird ein anderer Feind hart zuschlagen. Ein Feind, der schon die Blüte des sumerischen Reiches zwischen Euphrat und Tigris welken und unter glitzernden weißen Kristallen sterben ließ: das Salz.

Salz wandert in Wüstengebieten aus verschiedenen Gründen zur Oberfläche. Während in unseren Breiten der Regen ständig die Salze aus dem Boden auswäscht, dringt in der libyschen Wüste das Grundwasser von unten nach oben, wodurch zum Teil zentimeterdicke Salzkrusten im Boden entstanden sind. Während etwa die Israelis in der Negev-Wüste ihre Pflanzungen mit Spezialschläuchen versorgen, die kleine Mengen Wasser direkt an die Wurzeln transportieren, versprühen die Libyer in der knochentrockenen Sahara, wo in den Sommermonaten die Temperaturen auf 50 °C steigen und die Luftfeuchtigkeit unter 5 % sinkt, das Wasser in die Luft. Nach Schätzungen von Bodenkundlern gehen so rund 80 % des Wassers durch Verdunstung verloren – das darin enthaltene Salz aber bleibt zurück. Durch diese falschen Bewässerungsmethoden sind bereits weite Gebiete in Indien, Irak, USA und Ägypten „völlig unproduktiv" geworden.

(aus: K. H. Karisch: Bruder Moammars Traum von der lebenden Wüste.
In: Frankfurter Rundschau vom 27. 1. 1986, gekürzt)

Wasserhaushalt in Trockengebieten

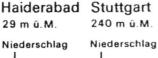

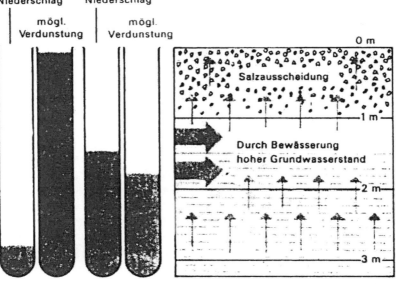

aus: Mit der Erde und ihren Gesetzen leben. Geographie Bd. 2, Stuttgart 1972, S. 210

Die Wüste wächst, weil ...

M2 ..., weil sich traditionelle Wirtschafts- und Gesellschaftsstrukturen nicht beliebig „modernisieren" lassen

Die Bulsa leben in der westafrikanischen Trockensavanne, einer offenen Parklandschaft mit einer Regenzeit von etwa 7 Monaten. Eine zusammenhängende Vegetationsdecke erlaubt einen intensiven Anbau von verschiedenen Hirsearten, von Bohnen, Erdnüssen und Gemüse. Dazu halten die Bulsa wie viele andere Völkerschaften der Savannenzone Geflügel, Ziegen, Schafe und Rinder. Die Bulsa zählen etwa 60 000 Menschen, die sich auf ein Dutzend „Dörfer" verteilen. Bereits in voreuropäischer Zeit waren die Siedlungen durch ein System von Märkten verbunden. Auch heute noch findet in allen Ortschaften im Wechsel alle drei Tage ein Markt statt. Zu ihm strömen aus der Umgebung Leute zusammen, die dort nicht nur die Überschüsse ihrer Subsistenzwirtschaft verkaufen und dafür andere Waren kaufen, sondern gleichzeitig Bekannte treffen, beim Hirsebier Neuigkeiten austauschen, Heiratsbeziehungen anknüpfen oder sich einfach unterhalten wollen.

In den vergangenen Jahren hat man auf Versuchsstationen in Nordghana mit großem Aufwand „verbesserte" Hirsesorten gezüchtet, die jeweils resistenter gegen Insekten und Schimmelpilz sind, die höhere Erträge abwerfen, die schneller reifen usw. Nach jahrelangen Versuchen stellte sich heraus, dass die Hirsesorten, die traditionell von den Bauern dieser Region angebaut werden, das Optimum aller Anforderungen erfülle, die an die Getreidesorten gestellt werden – ein Optimum, das von den einheimischen Bauern offenbar in jahrhundertelanger Arbeit und in einem langwierigen Prozess von Versuch und Irrtum erreicht worden ist.

Der Hirseanbau wird von den Bulsa nach wie vor mit der Krummstielhacke betrieben. Mit diesem einfachen Gerät lockern die Männer zu Beginn der Anbauperiode die Bodenkrume oberflächlich auf. Dies ist eine äußerst mühselige Arbeit, und so kamen entwicklungsbesessene Europäer auf den Gedanken, den Bauern „Hilfe" zu leisten durch die Einführung von Pflügen – mit der verheerenden Folge, dass in weiten Gebieten die unter tropischen Klima stets nur sehr dünne fruchtbare Krume durch Wind- und Regenerosion abgetragen wurde. Nach anfänglichen Ertragssteigerungen wurden die Felder oftmals vollkommen unfruchtbar.

Für die Erhaltung der Fruchtbarkeit ihrer Felder tun die Bulsa wie viele andere Völker dieser Region sehr viel, ohne dass irgendein europäischer Entwicklungsexperte sie dazu angehalten hätte. Sie sammeln nämlich sorgfältig den Mist, den das Vieh hinterlässt, und verarbeiten ihn mit Pflanzenabfällen zu einem Kompost, der vor der Aussaat auf die Felder verteilt wird. Dadurch bleibt die Fruchtbarkeit der Felder über Generationen hinweg erhalten. Da der Mistdünger häufig nicht ausreicht, hat man den Bauern Kunstdünger verkauft. Die Bauern sagten mir, dass die Erträge zwar viel höher sind als bei der Mistdüngung, dass aber auch der Arbeitsaufwand, vor allem für das Jäten des stärker wachsenden Unkrauts viel höher liegt und oft nicht zu bewältigen ist. Die Kosten für den Kunstdünger liegen außerdem so hoch, dass kaum ein Gewinn erzielt wird.

Nach traditioneller Auffassung gehört alles Vieh und Geflügel den Bewohnern nicht als frei verfügbares Eigentum, sondern es ist Besitz der Ahnen, den die Lebenden für die Nachgeborenen nur treuhänderisch verwalten. Heute besteht jedoch die Tendenz, dass vor allem die jüngeren Brüder des Gehöftherrn versuchen, Vieh für sich abzuzweigen und zu verkaufen. Das hat Sanktionen von Seiten des Gehöftherrn zur Folge, der seine Autorität angegriffen sieht und den Zorn der Ahnen fürchtet, die ihren Unwillen zu erkennen geben, indem sie Gehöft-mitglieder krank werden lassen oder sogar töten.

aus: R. Schott 1981: Märkte und Menschen in der Savanne. In: BMZ (Hrsg.): Leben am Rande der Sahara. Rautenstrauch-Joest-Museum, Köln, 40-44, gekürzt

Die Wüste wächst, weil ...

M3 ..., weil alle Entwicklungshilfe-Strategien schwere Mängel haben

Die afrikanischen Dürren und Hungersnöte sind nicht plötzlich hereinbrechende Natur Katastrophen. Sie sind vielmehr das vorläufige Endergebnis einer langfristig abnehmenden Fähigkeit der Afrikaner, sich selbst zu ernähren.

Wenn die politischen Leitlinien nicht verändert werden, dann „werden alle Entwicklungsbemühungen in Afrika bis zur Jahrhundertwende zu einem politischen, sozialen und wirtschaftlichen Alptraum" führen (Weltbank, Sonderbericht zu Afrika, 1984).

Afrika zu beraten, das hat sich über die Jahre zu einer größeren Industrie eigener Art entwickelt, indem nämlich Consulting-Firmen bis zu 180 000 US-Dollar für einen Experten pro Jahr berechnen. Und zu jedem Zeitpunkt sind etwa 80 000 ausländische Experten in Afrika südlich der Sahara im Rahmen staatlicher Hilfsprogramme tätig. Und ungeachtet dessen ist Afrika in den zweieinhalb Jahrzehnten seit der Unabhängigkeit vom Stand der ausreichenden Selbstversorgung mit Nahrungsmitteln in den Stand weitverbreiteten Hungers abgesunken. Die Frage muss deshalb lauten: Bekommt Afrika eigentlich den richtigen Rat?

Afrika ist dabei zu sterben, weil es sich bei dem schlecht geplanten Versuch zu „modernisieren" selbst in Stücke geschnitten hat. So sind etwa die Städte, in denen die Regierungen residieren, vom bäuerlichen Hinterland abgeschnitten, und die Entwicklungs-Budgets wurden dazu verwendet, diese Städte mit Hotels, Fabriken, Universitäten zu füllen. All dies ist damit bezahlt worden, dass die 7 von 10 Afrikanern, die auf dem Lande leben, „gemolken" wurden.

Das Resultat? Städte, die von Slums umringt sind; Hotels gefüllt mit Entwicklungsexperten aus dem Norden der Welt; Fabriken, die entweder stillstehen oder Güter produzieren, die kaum jemand kaufen kann; Universitäten, die Absolventen produzieren, die dann keine Jobs finden; teure Autos voller Beamter, Geschäftsleute, Soldaten und Polizisten. In Ostafrika haben die einfachen Leute hierfür ein eigenes Wort geprägt: die *Wa-Benzi*, der Stamm der Mercedes-Benz-Fahrer.

Aber indem Afrika den Bauern zu viel abverlangte, hat es auch dem Land zu viel abverlangt. Sowohl die großflächigen Farm-Projekte nördlicher Experten als auch die Bemühungen der Bauern, um das Überleben zu sichern, haben dazu geführt, dass die Böden übermäßig bebaut, überweidet und entwaldet wurden.

In der Sicht der Kolonialherren waren die Opfer die Schuldigen: sie sahen die Afrikaner als faul, dumm, rückständig und irrational an. Die gleiche Sichtweise charakterisiert heute einen Großteil des Denkens in Umweltfragen: den dummen afrikanischen Bauern muss beigebracht werden, keine Bäume mehr umzuhacken. Und die technokratischen Lösungsvorschläge verkennen auch die niederschmetternden politischen und wirtschaftlichen Realitäten des heutigen Afrika. Ebenso wie der Bauer von Tag zu Tag überlebt und von der Hand in den Mund, so überlebt auch seine Regierung – von niedrigen Rohstoffpreisen auf dem Weltmarkt heimgesucht, von hohen Ölpreisen, hohen Zinsen, einem überbewerteten Dollar und immensen Schulden. Auf kurze und mittlere Sicht kommen die Gefahren für diese zerbrechlichen Regierungen nicht vom platten Lande, sondern eher von den „Wa-Benzi".

Aber auch die Nationen, die Afrika helfen und beraten, entbehren der Motivation, ihr Verhalten zu ändern. Die Weltbank gibt zu: „Ausländische Finanz-Institutionen tragen ihren Teil der Verantwortung für die mangelhafte Disziplin bei der Verwendung finanzieller Ressourcen". Wenn Hilfsorganisationen des reichen Nordens Geld für „Kathedralen in der Wüste" ausgeben, dann tun sie dies im vollen Bewusstsein dafür, dass Güter, Ausrüstung und KnowHow aus dem Norden hierfür verwendet werden. Auf diese Weise wird direkt den nördlichen Volkswirtschaften geholfen.

aus: L. Timberlake: Afrika in der Krise – Gründe und Handlungsmöglichkeiten.
In: epd/Entwicklungspolitische Vorausinformationen 6/1985. gekürzt

Die Wüste wächst, weil ...

M4 ..., weil sie so gut für Medien-Schlagzeilen und Propagandisten aller Lager taugt

„Als Oktober 1984 die Katastrophenmeldungen über Hunger in Afrika über die Bildschirme flimmerten, wusste das schon die ganze Welt – ausgenommen natürlich die großen Medienkonzerne. Hungersnot in Afrika war Dauerthema nicht nur in den UN-Organisationen, sondern 1982 und 1983 auch in der EG Punkt langer Auseinandersetzungen. In den großen Medien war darüber jedoch kein Bericht zu finden.

Warum dann plötzlich die Aufregung der Medien im Oktober mit Bildern von sterbenden Kindern? Aus Sensationslust? Oder aus Betroffenheit? Bemerkenswert war vor allem, dass sich die Berichterstattung fast ausschließlich auf Äthiopien konzentrierte. Haben die Äthiopier wirklich eine bessere Lobby (Spiegel 4/85)? Nein, ironischerweise ist die Lobby der hungernden Äthiopier vor allem die Tatsache, in einem Land zu leben, das zur Zeit in der Schusslinie des Ost-West-Konfliktes steht.

Mit der Äthiopisierung der Hungerberichterstattung sollte eine doppelte Verantwortung des Nordens im Hintergrund gehalten werden. Erstens: Dass die Dürre in Afrika genau wie andere ökologische Krisen nicht bloß eine plötzliche Naturkatastrophe ist, ist inzwischen allgemein bekannt. Weniger bekannt ist allerdings, welche gesellschaftlichen und historischen Prozesse diese Entwicklung konkret erklären können.

Das afrikanische Elend – ist es nicht eine schreiende Anklage an das europäische Herrschaftszeitalter, dass z. B. durch die Zerstörung der traditionellen Lebensmittelproduktion in Afrika aufgebaut worden ist? Was sind die Konsequenzen einer beispiellosen wirtschaftlichen und sozio-kulturellen Entfremdung (Sklavenhandel, Kriege, Ausplünderungen)?

Zweitens: Die Ursachen und Zusammenhänge der weltweiten Krise zu verschweigen, das ist die momentane Hauptaufgabe der vom industriellen Norden beherrschten internationalen Informationsordnung. Und dafür ist Äthiopien wiederum gut.

Äthiopien folgt doch einem feindlichen Wirtschaftsmodell Die Katastrophe als Ergebnis einer marxistischen Misswirtschaft – das Weltbild ist wieder bestätigt. „Wer verbissen auf marxistisch-sozialistische Modelle setzt, darf die enttäuschenden Ergebnisse nicht dem Weltmarkt ankreiden" (Die Zeit 3/85). Dem Leser wird dabei verschwiegen, dass das feudale Äthiopien bis vor 8 Jahren fest auf das freie Marktwirtschaftsmodell gesetzt hatte. Man sollte fairerweise auch die Frage stellen, warum der „Marxismus" woanders (China, Nordkorea) dazu fähig ist, innerhalb von 30 Jahren Überschüsse an Lebensmitteln zu produzieren und durch gerechtere Verteilung den Hunger abzuschaffen?[2] Welche ‚Freie Marktwirtschaft' in der ‚Dritten Welt' kann so etwas von sich behaupten?"

aus: G. Belay: Das Ausmaß der Misere bleibt vertuscht. In: Blätter des iz 3 w. 3/1985, gekürzt

Der Beitrag ist ursprünglich unter dem Titel *Die Wüste wächst, weil* ... (zus. mit Werner Hennings) erschienen in: Themenheft „Wüsten und Halbwüsten". Praxis Geographie 10/1986, 26-29.

Anmerkungen

1   Die Texte in M1 – M4 fungieren als *Leittexte* für vier verschiedene „weil ..."-Aspekte (ökologische Kreisläufe, Wirtschafts- und Gesellschaftsstrukturen, Entwicklungshilfe-Strategien, Medienschlagzeilen); dies ist genauer ausgeführt im Text Nr. 3 „Garten, Regenwald und Erdbeben" in diesem Band.

2   Auch mit solchen pauschalen historischen Irrtümern wie hier betr. Nordkorea muss man umzugehen lernen, durch Dekonstruktion der Aussage in ihrem Sachgehalt und ihrem historischen und ideologischen Kontext. (Anm. d. V. f. im Nachhinein)

20. Die Geschichte von „Einem Tag der Welt" schreiben

Unterschiedliche Empfindungen beim Lesen imaginativer Texte

Das ungeheure Wunder der Gleichzeitigkeit (...)
dir zu denken: du sitzt auf dem Hof der Fabrik und frühstückst,
hier in Berlin, etwa in der Köpenicker Straße,
und gleichzeitig, während du das tust,
weht – heute, angenommen, morgens ½ 11 Uhr –
der Wind oben auf einem Gletscher der Jungfrau
ein bisschen Schnee zusammen, rings ist es totenstill (...)
und zur gleichen Zeit kochen wirbelnd dreitausend Mexikaner
im Rund einer Arena wie in einem Topf
um einen irrsinnigen Stier
und die Eingeweide zweier Pferde (...)
und zur gleichen Zeit
stehen sich in einem hohen Haus zu Chicago
zwei Männer gegenüber, Blick in Blick,
die Hände fest auf dem Tisch (...)
und irgendwo brüllt einer auf, im Echo des Waldes,
und Wilde stoßen auf Kanus vom Lande ab (...)
Alles, während du frühstückst."

(Kurt Tucholsky 1912: Gleichzeitigkeit. In: Deutsches Tempo, Reinbek 1990, 42)

Zwei allgemeine Einsichten vorweg, durch offene Türen hindurch: Schule soll zum Verstehen führen, verständnisintensiv, damit etwas bleibt für jetzt und auch für das spätere Leben; Verstehen lässt sich *nicht* als Lernen gesicherter und gemeinsamer Erkenntnis organisieren.

Mein Geographiedidaktik-Büro in Jena ist gespickt mit Anstößen zum Verstehen, aber die Besucher reagieren ganz unterschiedlich, von fröhlich über gar nicht bis zur völligen Irritation.

An einer Säule hängen z. B. kleine Zitate, die etwas zu tun haben mit dem Staunen über die Welt und die nötigen zum Nachdenken und Gespräch. Zumal dann, wenn ständig von Konstruktivismus und Relativität und Subjektzentrierung geredet wird. Zum Beispiel Woody Allen: „Was, wenn alles nur eine Illusion wäre und nichts existierte? Dann hätte ich für meinen Teppich definitiv zu viel bezahlt." Bei einer Examensfeier vor zwei Wochen hat mir immerhin eine Absolventin mit den Fächern Mathematik und Geographie eröffnet: „Der Konstruktivismus hat mein Leben verändert ..." (In ihren ersten Semestern hatte sie noch verzweifelt gefragt: „Was soll denn rauskommen?")

Die Postkarte „Bitte zuhören! Ich danke für Ihr Verständnis." macht das Fass pathologischer/paradoxer Sprechakte auf. „Sei doch mal spontan" ist so eine Floskel, an der Paul Watzlawick die Paradoxien menschlicher Kommunikation für Generationen von Lehramtsstudenten plausibel gemacht hat.

Es ist gleichwohl zu befürchten, dass es im Alltag von Schule wimmelt von derartigen Ungereimtheiten und (Un)Gleichzeitigkeiten, die Schüler in eine double-bind-Situation zwingen, ohne dass das den Beteiligten bewusst wird. Das kennt jeder auch aus dem sonstigen eigenen Leben, der schon mal spätabends mit der Deutschen Bahn gefahren ist und dann im Lautsprecher hört: „Der letzte Anschlusszug wird nicht erreicht. Wir bitten um ihr Verständnis."

An der Wand hängt ein Satellitenfoto „rund um die Welt", Feuerland und Australien „oben", Grönland und Island „unten". Einige Studenten fragten anfangs. „Hängt die Karte nicht falsch herum?". Darauf warte ich ja nur, um dann zu erklären: Erstens ist das keine Karte, sondern ein Foto. Ähnliches gilt für die Postkarte „On Top Down Under".

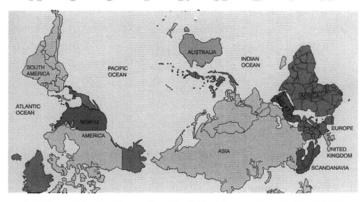

Und zweitens gibt es beim Aufhängen sowohl eines Fotos wie auch einer Karte kein richtig oder falsch, sondern nur die *Konvention*, dass Norden oben ist. Ein Student der Geoinformatik brachte mir dann ein „Galgenlied" von Christian Morgenstern (1905) ins Büro, das geht so:

> *„Bilder, die man aufhängt umgekehrt,*
> *mit dem Kopf nach unten, Fuß nach oben,*
> *ändern oft verwunderlich den Wert,*
> *weil ins Reich der Phantasie erhoben."*

Damit ich nicht als Sänger von Galgenliedern erscheine und im Sachfach Geographie ins Gerede komme, gibt es darunter noch eine Kopie aus der „Zeit"-Kolumne „Stimmt's?" von Christoph Drösser (DIE ZEIT 47/1999). Die Frage unter der Überschrift „Welt über Kopf" lautet:

> „Das Bild der Welt steht bekanntlich auf der Netzhaut verkehrt herum und wird erst im Gehirn umgedreht. Diese Fähigkeit lernt der Mensch angeblich während der ersten Lebensmonate. Wenn man nun eine Brille aufsetzt, die das Bild auf den Kopf stellt, so soll sich nach einiger Zeit das Gehirn auf die neue Situation einstellen und das Bild wiederum korrigieren. Stimmt das?". Die Antwort des Naturwissenschaftlers lautet: „Es funktioniert tatsächlich. Sehen ist nicht nur eine ‚objektive' Projektion der Außenwelt ins Hirn – unser Denkapparat verarbeitet das Bild auf vielfältige Weise und kann sich auch erstaunlich flexibel an Veränderungen anpassen. (...)"

Ein anderes Arrangement befindet sich auf dem runden Besprechungstisch, wo wir auch während der Examensprüfungen sitzen. Neben der Uhr und der Lampe stehen zwei ziemlich identische Pflastersteine, lithographisch ausgedrückt sieht es aus wie Granit. Gut, wenn man irgendwann in der Schule mal den kurzen Text „Die Bäume" von Franz Kafka kennen gelernt hat. Er endet mit den Worten „Aber sieh, sogar das ist nur scheinbar." Dem Leser wird die Peinlichkeit erspart, die die Kandidaten verspüren, wenn nämlich der eine Stein sich bald als Kerzenobjekt entpuppt. Von da an wird man nicht mehr sagen: „Das *ist* ein Granit", sondern „Das *sieht aus wie* ein Granit."

Das ist auch absolut nützlich für das außerschulische Leben, wenn man plötzlich in der Produktwerbung etwa für große billige Sonnenschirme das Wort „Teakootik" entdeckt – und versteht. Das Gestänge dieses Sonnenschirms kann aus Presspaope sein, so wie „Fruchtnektar" fast nur Wasser und Zucker sein darf. Etwas sieht nur aus wie Teakholz, etwas klingt nur wie „Nektar". Das muss man erst einmal lesen gelernt haben, durchaus auch einmal schmerzlich wie im Examen, und dann wird man sprach- und sachkundig werden.

Es soll aber nicht nur von Irritationen bis hin zur Fallenstellung gehen, wenn junge

eigenes Foto

Menschen das Lesen von Sachen lernen sollen, um zu verstehen. Es gibt auch einen großen Holzwürfel von 1 Meter im Kubik im Büro, der veranschaulicht, wie ein Gegenstand, der in diesem Würfel aufgehängt ist, in verschiedenen Dimensionen hängt und in der jeweiligen Beobachtung definiert werden kann/muss[1].

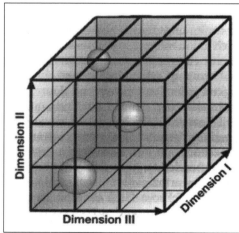

Dimension I:
Fachliche Leitbilder (Paradigmen)
a) Kenntnis von „Land und Leuten"
b) Sozialtechnik – Planung
c) engagierte Weltaufklärung
    (nach Johnston 1993)

Dimension II:
Maßstäbe – Reichweiten – Betroffenheit
a) individuell
b) lokal – regional
c) überregional – global

Dimension III:
„Fenster/Masken" der Weltbeobachtung
a) „logos" (Beschreibung und Analysen)
b) „ergon" (praktische Anwendung)
c) „paideia" (Bildung und Erziehung)
d) „poiesis" (Erzählung/Dichtung)
    (nach BUTTIMER 1984)

Man kann eine Sache in verschiedenen *Maßstäben* betrachten, von Individuum bis zur Satellitenperspektive. Man kann eine Sache betrachten aus verschiedenen professionellen *Fenstern der Weltbeobachtung* (nach Anne Buttimer können das sein das Fenster der *paideia*, also der Erziehung, das Fenster der *poiesis*, also der Erzählung/Dichtung, das Fenster des *logos*, also der Sachanalyse, und das Fenster des *ergon*, also der technischen Anwendung). Man kann eine Sache auch betrachten nach verschiedenen fachlichen Leitbildern (und sich dabei in einem Fach bis aufs Blut zerstreiten), z. B. für die Geographie das Leitbild „Kenntnis von Land und Leuten" oder das Leitbild von der „Engagierten Weltaufklärung" oder das Leitbild von der „Sozialtechnik und Planung". Besucher können so in wenigen Minuten eine Vorstellung darüber entwickeln, was mit dem Verstehens-Paradigma vom *Perspektivenwechsel* gemeint ist und dies unmittelbar auch anwenden.

Derartige Objekte und Arrangements dienen allesamt als Lern- und Kommunikationsanlässe und sind als solche unmittelbar effektiv. Es gibt aber noch eine andere „Textsorte", die eben nicht unmittelbar zu einem richtigen oder zumindest erwünschten Lerneffekt führt. Da hängt zum Beispiel ein großformatiger Text an der Wand, den ich dem Buch „Die Welt im Notizbuch" des polnischen Journalisten Ryszard Kapuściński entnommen habe (2002, 9 f.).

Die Geschichte von „Einem Tag der Welt schreiben"

- wie die Sonne über Tibet aufgeht, über der Sahara, über Florenz und Lima,
- wie die Kinder erwachen, wie die Frauen erwachen,
- wie die Arbeiter erwachen,
- wie die Krieger erwachen,
- wie sich der Duft von Kaffee, Tee, gebratenen Eiern, dem Blut eines frisch geschlachteten Huhns, von Maniok verbreitet,
- wie die Bauern zur Arbeit gehen,
- wie die Maultiere losziehen,
- wie die Züge losfahren,
- die Panzer,
- wie die Frauen, die am Ufer der Flüsse stehen, mit ihrer Wäsche beginnen,
- wie die Bildhauer mit Holz arbeiten, mit Ton, mit Stein, mit Metall, wie Diamanten geschliffen werden,
- wie sie Maniok zerstoßen, Kartoffeln ausgraben, wie sie Schiffe und Flugzeuge lenken,
- wie überall irgendwelche Maschinen zu hören sind,
- wie die Arbeit beendet wird, man von der Arbeit nach Hause geht,
- wie alles langsamer wird,
- die Dämmerung hereinbricht,
- der Abend,
- wie Lagerfeuer entzündet werden, die Lichter in den Fenstern aufleuchten, Laternen und Glühwürmchen, die Augen der Boa Constrictor,
- wie die Savanne brennt, wie ein Dorf brennt, eine Stadt nach einem Luftangriff,
- wie sich in Tschernobyl die Tore der Hölle auftun,
- wie wir uns zum Abendessen setzen, fernsehen,
- wie das Kleine (Patscherl, Würmchen, Herzchen) schlafen will (oder auch nicht),
- wie endlich doch alles langsam einschlummert,
- wie vorher die Körper zueinander drängen,
- wie das zu hören ist,
- Raunen, Reden, Rufen, Schreien (ein ganzer Turmbau zu Babel von Stimmen, Tönen, Klängen, Geräuschen, Inkantationen, B-Mollen und C-Duren),
- langsames Übergehen in die Dunkelheit, in die Nacht,
- in die Qual der Schlaflosigkeit, in Trugbilder und Albträume, oder in kräftiges Schnarchen, in Vergessenheit, in Träume,
- wie die Erde im Nichts versinkt und nach einigen Stunden, im Morgengrauen, wieder daraus auftaucht.

Das Lesen dauert immerhin einige Minuten und deshalb machen das nicht viele Besucher. Einige lesen es aber doch und sind durchaus verstört. Es handelt sich ja nicht um einen Moral- oder Erziehungstext zur „Nachhaltigkeit", zu „Pro Asyl" oder zum Denkmalschutz. Es ist einfach eine Liste der Handlungen, die auf der Welt gleichzeitig-ungleichzeitig ablaufen, nicht mehr, nicht weniger. „Die Welt an einem Tag schreiben", das heißt den Blick vom eigenen Herdfeuer über Florenz bis in den Kongo lenken. Mehr Aufforderung liegt nicht darin.

Ich habe nun mit jungen Kollegen während einer Kaffeestunde ein wenig darüber diskutiert und merkte schnell – und mal wieder: Meine Antennen sind andere als die anderer. Das weiß man ja bereits aus dem Deutschunterricht und aus der Unmöglichkeit einer einheitlichen oder gar „richtigen" Interpretation von Texten; was es gibt, sind Lesarten und womöglich gute Gründe dafür. Das Gespräch über den Text ist also auch ein Gespräch über Lesarten und deren Gründe. Da hatten wir die Idee: Wir teilen uns solche Lesarten mit, damit teilen wir zugleich etwas über uns und unser Lesen der Welt mit. Das ist gut und notwendig in einem Fach, das sich – jedenfalls in einem bestimmten traditionellen Leitbild – nach wie vor als Fach über die Dinge in einem Container versteht.

Also haben wir ein Internet-Forum eingerichtet, in dem man zu dem Text und auch zu der voranstehenden Lesarten etwas schreiben kann. Das geht auch in der Schule, das ist ein nicht mehr neues, aber reizvolles Format der Kommunikation und Verständigung in einer „Subjektzentrierten Geographie".

Die Autoren des Internet-Forums (einige davon haben beim Geographentag in Trier 2005 unter der Leitung von Egbert Daum die Fachsitzung „Didactical Turn – Die Bedeutung der Neuen Kulturgeographie für die Didaktik" gestaltet) sind einverstanden, dass wir diesen Selbstversuch wenigstens teilweise veröffentlichen.

---

1. Tilman Rhode-Jüchtern, (c9rhti@uni-jena.de) am 11.5.2006: *Er heißt Ryszard Kapuściński, ist Auslandskorrespondent für die polnische Nachrichtenagentur gewesen und hat also mit wenig Geld die Welt bereist und beschrieben. Er ist damit für mich ein bedeutender „Geograph", der mich inspiriert und imaginiert wie kaum jemand sonst. In „Die Welt im Notizbuch" nimmt er sich vor, die Welt an einem Tag zu schreiben. Darf man das eine „Dichte Erzählung" nennen, die Welt an einem Tag auf einer Seite? Was ist es für eine Vorstellung von Welt, die alles in Gleichzeitigkeit sieht/riecht/hört und fühlt? Oder sich wenigstens davon eine Imagination baut – im Sessel? Wenn es anderswo brennt und nach Blut riecht und Panzermotoren wummern und Kindersoldaten am Leim schnüffeln, oder wenn kleine Alltage ablaufen bis zum Allabend und Kaffee duftet und die Liebe raunt – ist es dann nicht Luxus, zusammenzudenken, was nicht zusammen*

gehört? Oder gehört es bei der Beschreibung der Welt, der lebendigen Geographie, gerade und genau doch zusammen? Weil alles irgendwie auch die Rückseite vom anderen ist und man nicht von Liebe reden kann, ohne auch vom Tod zu reden? Die Welt ist ja nicht nur Bürgerkrieg, nicht nur Kaffeeduft, nicht nur Arbeit und Feierabend, sie ist es doch nicht nacheinander, sondern alles und gleichzeitig, oder? Kann man nicht in zehn Minuten hineinhören in diese ganze Welt an einem Tag und dann langsam wieder auftauchen in die eigene kleine Welt in der großen? Ist das wirklich ohne Bedeutung, Luxus oder gar Kitsch? Da es ein harter Weltreisender so aufgeschrieben hat, ein armer, ein mutiger und empathischer, lese ich es ohne die ganzen „Ja-Aber". Ich stelle mir Kontexte vor und Situationen und denke das jeweils eine Hier-und-Jetzt-Ding „relational". Voll auf der Gefühlsschiene und also mit allen Sinnen, und doch auch als wissenschaftliche Betrachtungsweise. Bedeutungszuweisungen sind Teil von Problemdefinitionen, damit unvermeidlich subjektiv. Und wenn man die Welt ernst nimmt, auch unvermeidlich emotional. Oder?

2. Antje Schneider, (an.schneider@uni-jena.de) am 11.5.2006,12:19: Ist es Luxus oder ohne Bedeutung oder gar Kitsch, „die Welt an einem Tag" zu denken? Es scheint mir wie ein luxuriöses Ausschweifen, kein Kitsch und dennoch von Bedeutung, immer dann, wenn die eigene Haustür nicht mehr zur Befriedigung taugt. Oder gerade, weil wir so satt und dicht sind? Es scheint erhaben, daran zu glauben, was wir zu sehen imstande sind. In der Hoffnung das andere zu verstehen, sind es doch zwangsläufig die Bilder von uns selbst. Was wird beobachtet? Die Welt in Ereignissen, Begegnungen, an Schauplätzen und Tatorten. Nein, wir beobachten uns selbst, indem wir ablenken, sorgfältig Ort und Zeit auswählen, nach Belieben zugreifen auf die eine Welt, indem wir nach Worten suchen, in Zahlen übersetzen, Erzählungen stimulieren und Bilder konstruieren. Wir sind gesund und satt, wenn wir das tun, wir haben die Zeit, die Freiheit, immer dann, wenn das existentielle Tagesgeschäft vorüber ist. Wenn die Arbeit und der Einkauf erledigt, die Körper fit und die Gedanken frei genug sind, dann greifen wir zu auf die eine Welt. Wohldosiert ist dieser Zugriff und medial bestens vorbereitet – die Tageszeitung, das Internet, TV, Hörfunk und Herr Kapuściński, der uns in einer „dichten Erzählung" vorführt, was für ihn als polnischer Auslandskorrespondent und Reisender die „Welt an einem Tag" ist, zwischen den Zeilen vielleicht auch, was sie bedeutet. Auf polnisch an der Welt interessiert zu sein, heißt seine Sehnsucht mit wenig materiellen Ressourcen zu bedienen. Aber was ist das für eine Armut, die ganze Welt zu bereisen und Beschreibungen zu liefern, die unsere eigenen Wände und Regale schmücken oder füllen. Ist es arm, mir eine Vorlage zu liefern, über die ich mir im Garten, bei Kaffee, Sonnenschein und der Tastatur zwischen den Fingern Gedanken machen darf? Gefällt mir dieses

Bild? Sind diese Interpretationen gut für mich? Wieviel Welt an einem vermeintlich wohlverdienten Sonntag kann ich vertragen? Wie beobachte ich Herrn Kapuściński und seine, meine Welt gleichzeitig? Wohl etwas misstrauisch und sichtlich irritiert. Fällt mir doch auf, während ich im Garten genüsslich throne, wie viel Welt sich vor mir ausbreitet. Der blühende Kirschbaum lädt ein zum Spekulieren, darüber wie viel polnische Erntehelfer in diesem Jahr die Obstplantagen leerackern und dabei für Monate ihre Familien verlassen. Ein milder Ostwind erinnert an Irina, die im Moloch Moskau 5 Jobs gleichzeitig koordiniert. Das Laptop, ein Auslaufmodell – ich sehe, wie eine indische Frau im Hinterhof europäischen Elektroschrott zerlegt. Ich überlege, wann ich das letzte Mal hart körperlich gearbeitet habe. Da kommt auch schon ein alter Freund in den Sinn, der völlig entnervt vom Business deutscher Couleur via Rundmail von den intensiven Erfahrungen bei fruitpicking und sheepsharing in Australien berichtet. Selbstverständlich freiwillig, auf Zeit und mittendrin im Strom postmaterialistischer Sinnsuche. Vorsicht, ein Trend geht um mit den Labels arm, mutig, empathisch und hart. Weil wir es so wollen, können, aber auch müssen. Was ein Pole im Spargelfeld oder ein Arbeitsloser in Eisenhüttenstadt dazu sagen würde? Ich möchte noch mehr erzählen, aber die Zeit ist um. Mehr als eine Stunde ist für die eine Welt zum Sonntag nicht eingeplant. Ich werde unruhig, fühle mich gehetzt. Wieso? Gleich kommen die Freunde. Um den nächsten Trip zu planen. Natürlich nicht auf ausgetrampelten Pfaden, sondern neuartig, originell und befriedigend muss er sein. Warum nicht gemeinsam die Welt an einem Tag bereisen? Ist das bedeutsam? Gnadenlos kalkuliert, durch die eigenen Lebensumstände motiviert, durch mediale „Selbstzeugnisse" inspiriert und nach Bedarf selektiert ein Bild von der Welt an einem Tag zu entwerfen. Wahrhaftig luxuriös, aber ich glaube daran, dass genau das einen Sinn macht, irgendwann!

3. Antje Schlottmann, (c8scan@uni-jena.de) am 4.6.2006,21:08: *Die Welt zu denken, sich das globale Anderswo zu denken, das ist ein empathischer Holismus, der versucht, das Eigene in der Fremde zu verstehen, das ist aber auch romantisierter Luxus einer sich als globalisiert, zumindest aber global verstehenden Gesellschaft. Das Lagerfeuer ganz nah an Tschernobyl gedacht kommen Werte zueinander, die wenig über den Kaffeebauern und seine Denkwelt sagen, aber ganz viel über unseren Blick in die Welt als Ganzes, ein Über-Blick, der nur denen vergönnt ist, die sich diese gedankliche Schwelgerei der Zweite-Ordnung-Beobachtung (und den zeitlichen Aufwand ihrer sonntäglichen Artikulation) erlauben können. Die Geographin als gehobene Weltenbummlerin – wie wenig Geld auch immer in der Tasche – kann dabei ihre analytischen Instrumente in der Tasche lassen und, genau, ausschweifen und über-sehen. Wenn man aber genau hinsieht bei dieser wunderbaren Luxusbeschäftigung, dann sieht man viel-*

leicht, wie der afrikanische Bauer zwischen den Kaffeepflanzen den Kopf schüttelt über die Denklandschaften der post-postmodernen Gesellschaften. Kann man es ihm verdenken? Nein. Können wir anders denken? Auch nicht. Jedenfalls nicht jetzt gleich. Was bleibt, ist die Vorstellungsgebäude dynamisch und verhandelbar zu halten – morgen ist dann vielleicht ein ganz anderes.

4. Mirka Dickel, (dickel@uni-mainz.de) am 1.7.2006: *„Die Welt an einem Tag" – narrative Spiegelung des Disparaten, Präsenz des Ungleichzeitigen, Vervielfältigung des Augenblicks. Eine wahn-sinnige Herausforderung für leidenschaftliche, engagierte Leser, sich dem Kaleidoskop gelebter Welten zu stellen, es sich zuzumuten, sich ihm auszusetzen. Im Lesen finde ich eine Antwort, meine Entgegnung auf Kapuścińskis Welt, mit meinem eigenen Wünschen und Fürchten. Ich erwecke den Text lesend zum Leben und vollende ihn dadurch: Jeder Satz, jedes Wort brodelt in mir, holt persönliche Kontexte, Visualisierungen, Gerüche, Töne, Geschmäcke aus ungeahnten Tiefen hervor, lässt sie in mir aufsteigen, umfängt mein Herz, meinen Kopf, meinen Körper. Beim Lesen potenziere ich die Fiktion, liefere mich aus an die Lust und die Liebe, an das Elend und den Hass, an meine Vorstellungen, die meine Lider müde machen, meine Ohren betäuben, auf meiner Haut pulsieren, in meinem Herzen wühlen. Wieviel Welt kann ich mir zumuten, wie viel Leben aushalten, wie sehr darauf vertrauen, immer wieder neu Bedeutung erschließen, Unsinn aushalten zu können? Mein innerer Film läuft nach ganz eigenen Gesetzen ab, entgleitet mir, entzieht sich meiner Kontrolle. Die Geschichte von der Welt an einem Tag zu lesen heißt also etwas zu wagen, das eigene Leben zur Disposition zu stellen. Ich lese weiter meiner Sehnsucht und Neugier folgend, das Risiko herausfordernd und gleichzeitig hoffend, nicht zu zerspringen, angesichts der Härte der Bilder, der Grenzenlosigkeit meiner Phantasie, nicht zu verzweifeln angesichts unerträglichen Leids, meiner Hilf- und Machtlosigkeit, angesichts der Vielfalt der Möglichkeiten und der Einfalt meiner Existenz, meiner inneren Unruhe, und dem Wissen, das alles veränderbar ist, sich aber nichts ändert. Und dann: mit der Welt im Nichts versinken und nach einigen Stunden, im Morgengrauen, wieder daraus auftauchen. Hoffentlich.*

5. Andreas Thierer, (andreas.thierer@gmx.net) am 16.10.2006: *Den Luxus, die „Welt an einem Tag" zu bereisen, leiste ich mir hin und wieder, ohne mich dafür in fremde Länder zu begeben, sondern lediglich in Raum 008, dem Erdkunderaum unser Schule. Nachdem die ersten Schüler ihre Aufgaben erledigt haben, genieße ich, wie diese ihre Streifzüge durch die schöne bunte Welt der Atlas-Karten beginnen, nur um mal im Fernen Osten, in Chicago oder in Tübingen stehen zu bleiben und in ihren Welten zu versinken. Ich versuche dann hineinzuhören, wie Paul die Karte „Kalkutta – sozialräumliche Gliederung" mit Bildern, Ge-*

> rüchen und Geräuschen zum Leben erweckt oder wie Luise sich ihr Japan fern-
> ab von Raumenge und Aufschüttungsflächen macht, indem sie vielleicht die
> Sonne aufgehen oder die Lichter in den Fenstern aufleuchten lässt. Allein zu ima-
> ginieren, wie die Kinder ihre Geographien machen, führt mich durch ganze Welt
> an einem Tag – um schließlich bei mir selbst zu landen.

Der Beitrag ist ursprünglich erschienen in: Schomaker, Claudia; Stockmann, Ruth (Hrsg.) 2007:
Der (Sach-)Unterricht und das eigene Leben.
Bad Heilbrunn, 116-129. (Festschrift für Egbert Daum)

Anmerkung

1   Würfel im Foto auch als Grafik im Text Nr. 16 „Perspektivenwechsel als Verstehenskultur".

21. Geographieunterricht

Weltverstehen in Komplexität und Unbestimmtheit

Wirklichkeiten werden konstruiert, Geographie wird gemacht, Unterricht entwickelt Kompetenzen im funktionalen und im bildungstheoretischen Sinne einer „Kategorialen Bildung" nach Wolfgang Klafki (1964, 1985, 1997), einfache Antworten werden durch alternative Lösungsoptionen ersetzt – nun stellt sich die Frage, wie dieses erkenntnistheoretische und didaktische Strickmuster heutzutage mit fachlich-inhaltlicher Wolle ausgestattet werden kann und welche Referenzpunkte und Dimensionen ein zeitgemäßer Geographieunterricht hat.

Fallbeispiel: Das Wissen vom „Wo der Dinge"

Bei einer großen Stiftungstagung 2007 in Hamburg zum Thema „Europa" ging es um die Interdisziplinarität und die Frage, ob derartige komplexe Themenkreise auch in der Schule fachübergreifend unterrichtet werden sollten. Die Hamburgische Bildungssenatorin sah in ihrem Grußwort hierin eine Selbstverständlichkeit. „Seit alters her geschieht das doch. Die Geographie sagt uns ‚Wo liegt welches Land?' Die Geschichte sagt uns, ... Die Sozialkunde sagt uns, ..."

Die Geographen unter den Zuhörern sahen aus dem Fenster, in Fremdscham.

Leitfragen zur Fallanalyse

1. Was hatte diese Bildungssenatorin für ein Bild vom Fach Geographie?
2. Welche Referenzpunkte sind für den Geographieunterricht bedeutsam?
3. Welche Leitgedanken hat ein zeitgemäßer Geographieunterricht?
4. Was könnte man der Bildungssenatorin antworten?

Referenzpunkte für eine zeitgemäße Geographiedidaktik

Geographieunterricht ist kein verkleinertes Abbild geographischer Fachwissenschaft und nicht identisch mit den Aufgaben der Geographiedidaktik; aber es gibt doch viele Gemeinsamkeiten. Geographie ist insgesamt sehr ambitioniert.

- Geographie befasst sich mit der „ganzen Welt als Feld",
- verbindet gewisse sozialwissenschaftliche mit naturwissenschaftlichen Fragestellungen,

- versucht Vernetzungen zu identifizieren und entsprechend zu denken,
- arbeitet nicht nur grundsätzlich „allgemein-geographisch", sondern auch „alltäglich", aktuell und eingreifend,
- hat Teil an der Entwicklung neuer Arbeits- und Denkweisen in Wissenschaft und Gesellschaft.

Verbreitet ist noch das historische Selbstbild der Geographie von der Einheit des Faches; es basiert auf der Idee vom „Brückenfach" zwischen Natur- und Geisteswissenschaft. Und angesichts des Themenkanons des Schulfaches Geographie halten viele auch fest am „Zentrierungsfach", indem hier alle möglichen anderen Fächer versammelt/„zentriert" werden (vgl. geographische revue 2008). Dies ist eine alte Tradition; aber der Anspruch als Superfach ist nicht wirklich einlösbar, er begründet kein solides tragfähiges Konzept. Trotzdem ist eine Debatte weiterhin nötig, denn Fachinhalt und -grenzen beunruhigen immer wieder die Fachvertreter; sie brauchen Anschluss auch an den Diskurs anderer Fächer und in der Öffentlichkeit und möglichst ein realistisches Konzept, das die Identität des Faches und seine Leistungsfähigkeit plausibel macht (vgl. weiter unten die „Dritte Säule")

Es beginnt bei den Erwartungen der Öffentlichkeit an den Geographieunterricht; diese sind ambivalent: Einerseits wird geographisches Orientierungswissen (auch Topographie) als ein Kerngeschäft des Faches eingefordert, das zur Teilhabe an Beruf und gesellschaftlichem Alltag befähigt. (Hier wäre auf die Unterscheidung von Emanzipation/Mündigkeit und funktionaler Allgemeinbildung zu achten.) Andererseits weiß man, dass ein eigenes topographisches Wissen offenkundig immer mehr ersetzt wird durch digitale Informationssysteme von GPS über Google-Earth-Zoom-Satellitenbilder bis zum interaktiven Weltatlas der online-Tagesschau. Neben den neuen Techniken zur Ortsbestimmung ist ein ganzes Zeitalter des *Ubiquitous Computing* (Mattern 2003) konkret in Sichtweite, ja bereits längst Alltag; wer funktionieren und gesellschaftlich teilhaben will, muss sich hier kundig machen. Eine vom Internet der Dinge und von der Informationstechnik durchdrungene Welt will verstanden, reguliert und „gemacht" werden (vgl. Rhode-Jüchtern 2013).

Das Wissen vom bloßen „Wo der Dinge" kann längst nicht mehr ein ganzes Schulfach legitimieren; dafür wäre im Übrigen eine Unterrichtsstunde pro Woche zugleich zu viel und zu wenig. Außerdem wäre Geographieunterricht in Konkurrenz zum außerschulischen Informationsangebot im Hintertreffen; es würde das Fach angesichts der Ansprüche der modernen Gesellschaft und der anderen Schulfächer marginalisieren. Die sog. Neuen Medien sind inzwischen mindestens so sehr zur Sozialisationsagentur geworden wie die Schule und das Schulfachwissen.

Eine eigene *topographische Orientierung* soll zwar durchaus erhalten bleiben, damit die Bürger von den „Helfer"-Geräten nicht analphabetisiert und bei der Vernetzung und

Nutzung persönlicher Daten nicht einer unsichtbaren Hand ausgeliefert werden. Aber auch ganz allgemein sind Topographie und klassisches Faktenwissen durchaus attraktiv; der Blick in manchen alltäglichen Unterricht, in die Fragenkataloge der beliebten alljährlichen „GEO-Wissen"-Wettbewerbe und gewisse Vorurteile in den Köpfen von Eltern oder Schulpolitikern transportieren noch immer das traditionelle Verständnis von Geographie (das ja in einem problemorientierten Kontext durchaus auch einen Sinn haben kann).

Man kann auch anders fragen: Ist nicht das Lesen von Karten, das Deuten von Bildern über Naturereignisse, das Verstehen von Pressemeldungen und -kommentaren über Hunger/Klima/Rohstoffe etc. eine elementare Lesefähigkeit (*literacy*) im weiteren Sinne? Oder sind wir – neben den eher geographieunspezifischen PISA-Aufgaben – vielleicht auch längst dabei, geographisches Wissen auf einem niedrigen Niveau von Quizfragen zu handeln, so dass von *Bildung*szielen und -standards keine Rede mehr sein kann? Oder müssen wir mit einer gespaltenen Gesellschaft (und einem entsprechend gegliederten Schulwesen) rechnen, in denen die einen ein wenig Lesen, Rechnen und Schreiben lernen („no child left behind") und die anderen mit anspruchsvollen Operatoren wie „Erklären", „Erörtern" und „Reflektieren" gefordert werden? „Geography Education" heißt vorerst noch beides, aber darin können sich (un-)sichtbar verschiedene Schul- und Sozialwelten verbergen. Wenn man künftig von der Philosophie des Faches und seinen Bildungszielen spricht, sollte man diesen Blick in die pädagogische Alltags- oder Unterwelt nicht versäumen.

Diese Fragenkreise markieren bereits mögliche Referenzpunkte für eine künftige geographische Bildung:

• Erwartungen der Öffentlichkeit und das „Geographie-Machen" der Schulpolitik,
• informationstechnische Vernetzung und Auslagerung von Wissenserwerb aus der Schule,
• *Geography Education* in der doppelten Bedeutung von Wissen und Bildung.

Dazwischen pendelt das Fach Geographie, zwischen Selbstbewusstsein und Überlebenskampf, zwischen alten und neuen Paradigmen, zwischen Minimalstandards und Befähigung zur Teilhabe in einer Wissens- und Partizipationsgesellschaft.

Wir haben es heute in der Wissenschaft, in der Lehrerausbildung und im Schulunterricht mit einem Fach Geographie zu tun, das mal wieder und vielleicht mehr als je zuvor in einem Paradigmenwandel herausgefordert ist. (Paradigma: gültige Grundüberzeugung, bestimmte wissenschaftliche Denkweise und Art der Weltanschauung). Wollte man nun fragen, was denn „das" Paradigma eines zeitgemäßen Geographieunterrichts sei, käme es sehr darauf an, *wer* fragt und *wen* man fragt[1].

Die *eine* fachliche Grundüberzeugung gibt es nicht; was es gibt, sind Fach- und Machtpolitiken sowie persönliche Prioritäten. „Bewahrung der Erde", „Globales Lernen" „Bildung für eine nachhaltige Entwicklung" etc. lauten einige solche Leitbilder der letzten Jahre in der Geographiedidaktik, angedockt an Fragen zu Natur-Kultur-Verhältnissen, Global Change, Syndromkomplexen, globalen Ressourcenkonflikten, Hazards etc. in der Fachwissenschaft[2].

Man kann die Relativität der existierenden Fachparadigmen auch als Ausdruck einer willkommenen *Pluralität* deuten; es gibt eine große Freiheit, das Fach zu bearbeiten und darin eigene Beiträge zu leisten, in der Hoffnung auf Resonanz und Wirkung.

Damit erweitern sich die Referenzpunkte:

- Welche Fachparadigmen gibt es? Wie sind sie begründet? Welchem schließe ich mich an und warum?
- Weiter: Wie bestimmt man theoretisch und dann auch praktisch die Aufgabe der Geographie in der Schule? Will man nur einen minimalen Beschäftigungsstoff („Erwähnungsgeographie") bewegen oder will man grundlegend Wissen, Können und Metakognition entwickeln und dieses „Geographische Gesamt-Kompetenz" oder „Bildungsstandards" nennen? (Hier ist allerdings eine breite Debatte notwendig, ob man *funktionales Wissen und Können* überhaupt verbinden kann mit einer *Haltung von Reflexivität*[3].)
- Wie definieren wir die Aufgabe von Schule, die Aufgabe des Faches, einen bildungstheoretisch-konstruktiv gefassten Standardbegriff bis hin zur Reflexionsfähigkeit („Metakognition")?

Dieser Beitrag wird anstelle der Lesart eines vermeintlichen *Main Streams* und fertiger Rezepte dazu einladen, sich aus dem Angebot bestimmter Positionen eigene und begründete Entscheidungen abzuleiten. Im Folgenden wird eine solche Programmatik vorgestellt; sie kann Punkt für Punkt (s. o.) beurteilt und bewertet werden und im Ergebnis das eigene Unterrichtshandeln legitimieren. Es braucht dafür eine große Klarheit im Hinterkopf der Geographie Lehrenden, analytisch in der *Sache* und reflektiert im *Tun*.

Acht Dimensionen und Leitsätze zur Geographiedidaktik

Die folgenden ,Acht Leitsätze' sind Ausdruck von pädagogischer und fachdidaktischer *Erfahrung* und *Überzeugung*. Wir umkreisen damit die Frage „Um was alles geht es?" und öffnen dafür acht Fenster: (1) Unterricht, (2) Lehrer, (3) Schüler, (4) Geographieunterricht, (5) Fach Geographie, (6) Kompetenzen, (7) Operatoren, (8) Ergebnisse und Leistungen. Es gilt, das Schulfach Geographie immer wieder anschlussfähig zu machen an den *Bildungsauftrag* von Schule und ihrer Fächer, an eine effektive und nachhaltige *Arbeitsweise* und nicht zuletzt an den *Fachdiskurs* außerhalb der Schule.

1. Der **Unterricht** ist institutioneller Rahmen für das Lehren und Lernen in der Schule. Lehren ist keine Einbahnstraße zur Reproduktion und zur Kontrolle; Lehren ist viel-

mehr Anleitung zur *Eigentätigkeit* der Schüler im kooperativen Lernen; Lehren ist die Herstellung von anregenden *Lernumgebungen*; Lehren ist Entwicklung einer konstruktiven *Lehr-/Lernkultur;* Lehren und Lernen sind eine kooperative Haltung in einem *pädagogischen Bezug*, mit dem Ziel einer gelingenden Beziehung zwischen Schülern und Lehrern. Dies schließt die Achtsamkeit auf soziale, kulturelle und individuelle Lebenslagen und Gefühle von Schülern und Lehrern ein.

2. Die **Lehrerinnen und Lehrer** ändern/differenzieren ihre Rolle, indem sie *vielfältig* arbeiten. Sie arrangieren den Unterricht als Arbeitszusammenhang in kooperativen Lehr-/Lernformen. Dabei sind sie Vortragende, Organisatoren, Anreger, Moderatoren, kritische Freunde, Vorbilder, engagierte Zeitgenossen u.v.m. Immer aber sind sie *Verantwortliche* für das Gelingen von Prozessen und Produkten.

3. Die **Schülerinnen und Schüler** entwickeln sich zu *eigentätigen Partnern* im Unterricht. Sie können sich darauf verlassen, dass sie neben dem Erwerb von *Fachwissen* vielfältige *Kompetenzen* entwickeln dürfen und sollen: Sie lernen *Methoden* im Fach kennen, sie können darin die Herkünfte des Wissens erkennen, sie können Methoden erproben und die *Konstruiertheit von Fachwissen* reflektieren. Sie können sich in den *Basistheorien* ihres Faches orientieren; im Fall der Geographie sind das z.B. räumliche Ordnungen der Welt, das Denken in Systemen und das alltägliche „Geographie-Machen". Sie können vor dem Hintergrund konkreter *Problemstellungen* sachliche und fachliche *Urteile* fällen, ihre persönliche *Bewertung* abgeben und Entscheidungen fällen. Sie können all diese kognitiven Operationen *kommunizieren*, im schulischen Alltag ebenso wie im Zusammenhang gesellschaftlicher Kommunikation. Sie können schließlich diese Kompetenzen nutzen für eine *Orientierung ihres Handelns* in einer modernen Gesellschaft und multikulturellen Welt. Diese Kompetenzen gelten in der Deutschen Gesellschaft für Geographie (DGfG) als *Bildungsstandards* bereits im Mittleren Schulabschluss. (compute.ku-eichstaett.de/hgd/dokumente)

4. **Geographieunterricht** ist längst nicht mehr nur das Vermitteln einer Container-Geographie („Stadt-Land-Fluss"). Die Vielzahl von Zugangsweisen und *Raumkonzeptionen* ist durch das Dokument „Curriculum 2000+" der Deutschen Gesellschaft für Geographie verfügbar gemacht: „Räume" sind definierbar als (1) Sachverhalte der *physisch-materiellen Welt* als Wirkungsgefüge und Prozessfeld, (2) *Systeme von Lagebeziehungen* (Standorte, Lage-Relationen, Distanzen mit gesellschaftlicher Wirksamkeit), (3) *Sinneswahrnehmung* und *Anschauungsformen* zur räumlichen Differenzierung von Handlungen, (4) soziale, technische, wirtschaftliche und politische *Konstruktion* und deren Reproduktion durch *Kommunikation* und alltägliches *Handeln*. (www.geographie.de/docs/curiculum2000.pdf)

5. Das **Fach Geographie** bewegt sich zumeist in einem Kanon klassischer Themenfelder der zwei Säulen Physische Geographie und Humangeographie. Dieser Kanon

wird aber im Sinne von *epochaltypischen Schlüsselproblemen* immer wieder neu *legitimiert* und in einzelne aktuelle oder exemplarische *Problemstellungen* in einer „Dritten Säule"[4] überführt. Das Schulfach wird dabei in die *Welterfahrung* von Schülern durch Medien und Aktionen eingepasst, indem alternative *Arten der Erfahrung und Beobachtung*, die Vielfalt der *Aspekte* in der fachlichen Analyse, der *Wechsel von Perspektiven* in Zeit, Raum und Gesellschaft thematisiert werden. Dies unterscheidet die gründliche *Kompetenzentwicklung* in der Schule von der Sozialisation im medialen und sozialen Alltag. Dass die Welt und ihre *Probleme ungefächert* und nicht von der Struktur einzelner Fächer abhängig zu machen sind, versteht sich im Sinne einer neuen Allgemeinbildung ebenfalls von selbst.

6. Die **Kompetenzen** werden durch verschiedene *Operationen/Kompetenzbereiche* entwickelt; sie werden in *Niveaustufen* und unterschiedlichen *Anforderungsbereichen* geordnet. Dadurch sollen alle Schüler im basalen Lernen gemeinsam arbeiten, aber darüber hinaus nach oben offen gefordert und gefördert werden. Die Anforderungsbereiche sind dabei nicht nach Schulstufen exklusiv, sondern – altersgemäß – prinzipiell in allen Altersstufen zu nutzen. Die Aufgaben sind ergebnisoffen zu gestalten und dürfen nicht zur Zensurengebung benutzt werden. *Reflexivität* als Haltung und *Reflexion* als Operation gelten als Metakompetenz.

7. Die **Operatoren** für den Unterricht sind reflexiv zu nutzen. Es ist nicht davon auszugehen, dass ein Operator jeweils nur einem der „Anforderungsbereiche I-III" zugehört. Auch einfach erscheinende Operationen wie „Beschreiben" haben eine handwerkliche und reproduzierende, eine anwendende und transferierende sowie eine kritisch-reflexive Dimension: Wer beschreibt was und wie (und was nicht, warum nicht, warum so und nicht anders)?

8. **Ergebnisse** und **Leistungen** im Unterricht sind in der Logik des kooperativen Lehrens und Lernens gemeinsames Resultat von Lehrern und Schülern. Ein Begriff wie „Leistungskontrolle" verbietet sich in dieser Kultur ebenso wie die Annahme, dass nur erwartete, eindeutige und fehlerfreie Ergebnisse wertvoll seien; auch *Schulnoten* sind allein kein zuverlässiges und valides Messinstrument für die Kompetenzentwicklung. Es sollten deshalb auch *alternative Beurteilungen und Bewertungen* von Unterrichtsprozessen und -produkten einbezogen werden. Notenrelevante Aktionen und Aufgaben sollen (anstelle der Kontrollfunktion) zugleich eine erkennbare *Funktion für den Unterrichtsfortschritt* selbst erhalten. Es ist nicht das reine *Sachergebnis* (Sachurteil), sondern auch die Qualität seiner *Begründung* in die schulische Bewertung einzubeziehen; das gilt ebenso für die – erwünschten – subjektiven *Werturteile und Handlungsorientierungen*.

Aber: Diese Leitsätze sind Soll-Sätze: So kann oder so sollte man es sehen und daraus sollte man Unterrichtshandeln ableiten bzw. legitimieren – sagt der Autor. Es werden sich womöglich nicht alle Geographiedidaktiker und -lehrer darin wieder finden oder damit einverstanden sein. Das ist zugleich eine Tugend: Es wird – wenn man sich nicht ganz verweigert – darüber *kommuniziert* und es werden dabei die *Argumente* offengelegt und eingefordert. Diese Leitsätze liefern den Stoff zur Klärung des Selbstverständnisses eines/einer jeden Geographie Unterrichtenden.

Im Folgenden wird ergänzend darüber informiert und erläutert, was sich in den letzten Jahren neues getan hat in den unterschiedlichen Denkwelten. Auch dies in der Absicht, daraus die eigene Fort- und Meinungsbildung der Leser zu unterstützen. Hierzu könnte man auch die (ehem.) Bildungssenatorin von Hamburg (vgl. Fallbeispiel im ersten Abschnitt) einladen.

Die Welt entsteht im Kopf: Konstruktivistisches Paradigma

Früher galt Geographie als ein „Realienfach"[5]. Die weißen Flecken auf der Landkarte mussten gefüllt werden, die Natur musste erforscht, die Heimat und das Leben fremder Völker sollten beschrieben werden. Man befasste sich mit realen Dingen im Raum bzw. mit dem Raum als Container, in dem Sachverhalte und ihre kausalen Wechselwirkungen gespeichert sind[6]. Alles andere – Subjektives, Spekulatives, Interpretiertes, Relationales und Relatives, Polyvalentes – wurde der Metaphysik, anderen Fächern zugewiesen, den Sozialwissenschaften, der Ethik, der Philosophie etc. Das stimmte aber schon zu Zeiten Alexander von Humboldts (1845) nicht: „Getäuscht, glauben wir von der Außenwelt zu empfangen, was wir selbst in diese gelegt haben" (Humboldt 1845: Kosmos I, 16).

Seit längerer Zeit hat sich – wieder[7] – der wissenschaftstheoretische Gedanke durchgesetzt, dass alles, was wir betrachten – unvermeidlich – durch eine bestimmte Perspektive gesehen wird und dass wir nichts als „Ganzes" sehen können. Die Dinge, die Themen werden also immer in zwei Dimensionen sichtbar gemacht: In bestimmten *Eigenschaften der Sache* (von vielen möglichen) und in einem bestimmten *Blickwinkel und Interesse des Beobachters*. Das geht nicht anders, man kann es allenfalls verdrängen. Die Welt wird also *konstruiert*, sie wird als jeweilige *Wirklichkeit* konstituiert. Aus einer unendlichen Menge von vorhandenen Aspekten und Sacheigenschaften werden diejenigen ausgewählt, die für eine bestimmte Aufgabe oder für den Betrachter nützlich sein könnten. Die Welt wird in der unendlichen Komplexität der äußeren Realität *viabel*, d. h. gehbar gemacht. Die *Viabilität* (lat. via = Weg) ist das Funktionskriterium einer *gemachten Wirklichkeit* in einer unendlich komplexen *äußeren Realität*.

Wenn man dagegen die Dinge so betrachten würde, als hätten sie ganz feste, begrenzte und eindeutig definierbare Eigenschaften, dann suchte man nach einer *Essenz* (lat. essentia = notwendige Eigenschaft, Wesen). Diese Denkweise wird demgemäß *Es-*

sentialismus genannt. Sprachlich wäre das zu erkennen an einer Feststellung wie z. B. „Das *ist* so." Für Naturgesetze trifft das zu, für eine vernetzende Betrachtung gilt das aber nur relational (d. h. die Naturgesetze und deren Kausalitäten gelten, sie unterliegen aber vielerlei gesellschaftlichen, technischen, wirtschaftlichen und kulturellen Randbedingungen, unter denen sie dann nur eine Relation unter mehreren sind). Die Schwerkraft *ist* ein Gesetz; aus einem Naturereignis *entwickelt* sich vielleicht unter bestimmten Relationen eine Katastrophe; eine Stadt wird *gemacht*.

Wenn man also bedenkt, dass alle Definitionen und Sichtweisen in menschlichen Gehirnen erzeugt werden, in bestimmten Prägungen, Rahmenbedingungen und Aufgabenstellungen, dann erkennt man: eine Sache wird konstruiert *als etwas*. Diese Denkweise wird *Konstruktivismus* (Foerster et al. 1999) genannt. Nun gibt es den Einwand, dass ein Konstruktivismus immer subjektiv gebunden und von daher relativ sei, bis hin zum postmodernen Schlagwort des *anything goes*. Eine solche radikale Überdehnung des konstruktivistischen Paradigmas ist denkbar; man kann ihr aber dadurch begegnen, dass man eher die Konstruktionsprinzipien *dekonstruiert*, d. h. erkennbar und diskutierbar macht: „Warum spricht Person A von einer Sache als X und Person B von derselben Sache als Y?" oder „Eine Sache erscheint als etwas ..." oder „... kann gesehen werden als ..." Hierin liegt auch der tiefere Sinn des in manchen Lehrplänen enthaltenen *Kontroversitäts-Prinzips*. Die „Sachen" sind nicht „einfach".

Für die Wissenschaft und für den Unterricht gilt es, diese Erkenntnis-Tatsache offenzulegen (vgl. Schneider 2012). Wir sehen also unser Objekt immer und unvermeidlich

- aus unterschiedlichen Blickwinkeln
- in einem bestimmten Maßstab
- in einer bestimmten Zeitlichkeit[8]
- mit bestimmten blinden Flecken
- mit (oder ohne) Selbstreflexivität
- orientiert auf die gesellschaftliche Kommunikation.

Dadurch wird nicht unser Objekt/Thema relativiert; vielmehr wird die *Relativität der Beobachtung* offenbart und mitgedacht. Damit wird Kommunikation möglich und auch mögliches Missverstehen erkannt.

„Es ist so!" – „Ist es so?"

Die Komplexität der Welt und die Perspektivenabhängigkeit der Erkenntnis können also nicht mehr mit einfachen Wahrheiten erfasst werden. Einfache Wahrheiten gäbe es nur noch dort und dann, wo man sich selbst auf entsprechend einfache Dinge oder schlichte Alternativen beschränken würde (z. B. „Die Glaziale Serie", „Erdöl – Segen oder Fluch?"). Dann wäre man unterkomplex gebildet. Man muss also lernen, stets die Bedingungen zu klären, unter denen etwas gilt oder eben anders ist. (Man könnte dann also fragen: „Was kann man aus der Glazialen Serie folgern für das Hochwassermanagement an Oder oder Elbe?" Oder: „Erdöl: Segen für wen/Fluch für wen? Und ist das unabänderliches Gesetz?") Manche Geographielehrer meinen zwar, dass Schüler überfordert wären, wenn man sie in eine ergebnisoffene Aufgabe schickt; die Schüler verlangen angeblich Orientierung durch klare (notfalls unterkomplexe) Antworten[9]. Dagegen steht die pädagogische und didaktische Erfahrung, dass gerade die Herausforderung durch eine echte, also ungelöste Problemstellung die Neugierde und Arbeit lohnt. Die Welt selbst ist differenziert und „ungleichzeitig", die modernen Gesellschaften haben verschiedene Rationalitäten und Optionen zum Handeln. Das muss gesehen und verstanden werden. „Man soll die Welt so einfach darstellen wie möglich, aber nicht einfacher" (Einstein).

Für einen Ersatz der alten Einheitsgeographie als Natur- und Geisteswissenschaft kann die Idee von der „Dritten Säule" sorgen (Gebhardt et al. 2007, 65-73, Weichhart 2003 und 2005). Das additive Hettnersche Schichtenmodell wird abgelöst; der schematische Organisationsplan der Geographie aus den 1970er Jahren als solcher wird durch die alltägliche Forschung und Lehre im Fach überholt; die Eigenständigkeit von Physiogeographie und Humangeographie wird weiterhin respektiert, aber für die praktische und schulische Relevanz der Geographie wird ein spezifischer Bereich der Gesellschaft-Umwelt-Forschung definiert. So können sich die zwei unterschiedlichen Wissenschaftskulturen zur Natur und Gesellschaft/Kultur als solche weiter entwickeln. Aber es ist nunmehr (wieder) die Gesellschaft-Umwelt-Interaktion, die die relevanten Fragestellungen enthält; diese werden sich der einzelfachlichen Erkenntnisse dann und insoweit bedienen, als sie als nützlich erscheinen (aber nicht mehr als Selbstzweck für die rhetorische Einheit des Faches): Politische Ökologie, Humanökologie, Global Change, Ressourcenkonflikte, Hazards und Naturgefahren etc.

Neben dieser Modernisierung der fachlichen Perspektivität gibt es Kategorien einer neueren Denkweise zu erproben, die für eine „andere Intelligenz" (Mutius 2004) stehen. Stellvertretend seien vier Begriffe genannt, in denen man Wirklichkeit – „anders intelligent" – begreifen kann (vgl. Rhode-Jüchtern/Schmidtke/Krösch 2009). Diese sind *Kontingenz, Emergenz, Resilienz und Pfadabhängigkeit.*

Andere Intelligenz soll bedeuten, dass anders gedacht werden soll als in alten Konventionen: statt einfacher Modelle von Kausalität etwa in einem elektrischen Schaltplan, in denen B aus A folgt, steht nun die Einsicht, dass etwas so, aber auch ganz anders sein kann. Diese Gegenfigur zur einfachen Kausalität nennt man **Kontingenz**. Das ist einerseits eine „Falle", weil man einer Erklärung nie ganz sicher sein kann; das ist andererseits notwendig und unvermeidbar, wenn man nicht in Kurzschlüsse und zu schnelle Erklärungen verfallen will, die am Ende nicht belastbar sind. Die Antwort lautet also nicht mehr abschließend: „Das ist so!", sondern dies wird zu einer selbst ge-

fundenen Hypothese, die zu prüfen ist: „Ist es so?" Diese Frage reagiert auf die prinzipielle Offenheit wirklicher Verhältnisse und menschlicher Erfahrung. Aus Sicherheit
kann Unsicherheit werden und umgekehrt – nehmen wir einen Deich gegen die Flut
als Beispiel: Er kann halten oder brechen oder sich von hinten oder unten selbst zerstören, und zwar nicht wegen des Verhältnisses von Wasserstand und Höhe, sondern
als Funktion der Planung, der Technik, des Materials, fehlender Retentionsflächen und
der Zeit.

„**Emergenz** ist die spontane Herausbildung von neuen Eigenschaften oder Strukturen auf der Makroebene eines Systems infolge des Zusammenspiels seiner Elemente.
Dabei lassen sich die emergenten Eigenschaften des Systems nicht – oder jedenfalls
nicht offensichtlich – auf Eigenschaften der Elemente zurückführen, die diese isoliert
aufweisen" (Wikipedia 2012; Rhode-Jüchtern 2009, 145-148). Es kann also sein, dass
wir vereinzelte Eigenschaften in einer komplexen Sache richtig beschreiben und doch
ihr Zusammenwirken nicht verstehen oder vorhersehen. Nehmen wir als Beispiel die
unvorhergesehene wirkliche AKW-Katastrophe von Fukushima, wo alles für sich „richtig" gebaut zu sein schien und plötzlich alles zusammenbrach. Aus dem „größten an-
zunehmenden Unfall", dem GAU, war ein Super-Gau geworden, jenseits nämlich des
Angenommenen. Die Naturereignisse Erdbeben und Tsunami zusammengenommen
waren schon unbeherrschbar, das Element AKW machte die Sache zur menschengemachten Katastrophe. Das sollte man künftig als Struktur von Hazards und Desastern
mitdenken, aber auch in kleineren Fällen des alltäglichen Geographie-Machens.

Resilienz (lat. resilire = abprallen) ist ebenfalls ein Begriff aus der Systemtheorie; er
bezeichnet die Fähigkeit eines Systems, Einwirkungen von außen abzufangen und sein
Gleichgewicht im Zweifel schnell wieder herstellen zu können. Eine Metapher dafür ist
das Stehaufmännchen. Man kann dies mit der Idee und Erfahrung der Selbstheilungs-
kraft des Körpers vergleichen, die dem versorgenden Arzt überlegen ist oder sein kann
(das wäre die Unterscheidung von lat. curare = sorgen, versorgen, und lat. salvare =
heilen). Man kann aber einige Prinzipien der Biokybernetik für das Systemische Denken und Management der Natur ablauschen (Vester 1999). Die Natur würde selbst
dann weiter leben, wenn die Menschheit sich abgeschafft hätte, sie wäre dann nur keine „Umwelt" für die Menschheit mehr.

Pfadabhängigkeit ist ein sozialwissenschaftliches Konzept, in dem eine Problemlösung als Prozess auf einem bestimmten gewählten Weg (Pfad) verfolgt wird. Eine kleine Abweichung am Anfang kann am Ende zu einer großen Abweichung führen. Das
kann auf vergangene Entscheidungen zurück verweisen oder die Risiken bei einer gegenwärtigen Entscheidung kalkulieren helfen. Der Umstieg von der Atomenergie auf re-
generative Energiequellen in Deutschland ab 2011 ist ein massives Beispiel für die
Pfadabhängigkeit aufgrund unterschiedlicher Weltbilder und Rationalitäten oder historischer Bedingungen.

Im Geographieunterricht kann man die Idee der *Pfadabhängigkeit* als *Szenario-Methode* organisieren: Was ist auf diesem Pfad zu erwarten, was auf jenem? Was spricht für diesen und was für jenen? Hätte man das nicht vorher bedenken können? Haben wir heute alle wichtigen und möglichen Pfade skizziert? *Emergenz* sollte im Geographieunterricht stets als Option mitgedacht und nachgefragt werden, soweit es vom Problem her geboten ist. *Resilienz* kann im Unterricht das Vertrauen in die Allmacht der menschlichen Fähigkeiten ergänzen/ersetzen; das Leben geht weiter, auch wenn Ignoranz oder falsch eingesetzte Technik eine Katastrophe erst erzeugt haben. Und *Kontingenz* sollte im Unterricht stets als Möglichkeit gesucht werden, wenn eine Problemstellung die *eine* richtige Lösung noch nicht in sich trägt oder Alternativen falsch vorgegeben sind.

Die genannten vier Begriffe eröffnen einen Denkhorizont in einer wirklichen Welt der Unbestimmtheit und Komplexität.

Reflexionsaufgaben

(1) Man kann Geographie (= Erdbeschreibung) wie einen *Container* betrachten. Dies ist aber mehr als nur ein Behälter von „Stadt/Land/Fluss", also einzelner ausgewählter *Dinge*. Die Dinge haben auch eine *Beziehung* zu anderen Dingen. – Suchen Sie dafür ein Beispiel und formulieren dafür eine Schüleraufgabe. (z. B. „Die Hauptstadt von Nigeria heißt ...., sie liegt ..., und befindet sich damit in einer besonderen Lagebeziehung, nämlich ...")

(2) Ein Teil der Erdbeschreibung besteht darin, *Orte/Linien/Grenzlinien* etc. zu benennen; dies betrifft das scheinbar objektive „Wo der Dinge" (= Topographie). Suchen Sie ein Beispiel, wo bereits eine solche objektive Benennung zu (fachlichem oder politischem) Grenz-Streit führen könnte.

(3) Wählen Sie ein beliebiges Stichwort aus dem geographischen Kanon aus (z. B. „Die Alpen") und nennen Sie fünf verschiedene *Sach-Aspekte*, die dieses interessant für die Schule machen könnten. Stellen Sie daneben die *subjektiven Perspektiven,* die diese Eigenschaften jeweils sichtbar machen (z. B. Politiker, Wirtschaft, Verkehrsplaner, Glaziologen, Künste, Touristen etc.)

(4) Im Jahre 2012 wurde von Vulkanologen ein mittelstarker Ausbruch des Vesuv simuliert[10]; hunderttausende Anwohner sind in Lebensgefahr, das Risiko für Neapel wird offenbar unterschätzt. Kann man bei einem Vulkanausbuch von „Naturkatastrophe" sprechen oder befinden wir uns hier in einer „Dritten Säule"? Klären Sie die Begriffe Naturereignis, Naturgefahren, Hazard, Katastrophe, Kalamität, Risikogesellschaft, Vorsorge, Anpassung.

(5) Wählen Sie ein größeres Naturereignis (z. B. Vulkanausbruch auf Island) und beschreiben Sie dieses in seiner *Komplexität* unter Verwendung der Begriffe *Kontingenz, Resilienz, Emergenz* und *Pfadabhängigkeit.*

(6) Erläutern Sie (am Beispiel Vesuv o. a.), ob und warum aus einer unendlichen äußeren Wirklichkeit (Natur und Gesellschaft) immer bestimmte Sachaspekte aus einer subjektiven Perspektive *ausgewählt* werden und daraus eine relative/relationale *Wirklichkeit konstruiert* wird und werden muss.

Der Beitrag ist ursprünglich erschienen in: Detlef Kanwischer (Hrsg.) 2013: Geographiedidaktik. Ein Arbeitsbuch zur Gestaltung des Geographieunterrichts. Reihe: Studienbücher der Geographie. Stuttgart, 21-33.

Anmerkungen

1 Haubrich (2006, S. 91) bestreitet, dass der Geographieunterricht sich um die „Probleme der Fachwissenschaft kümmern" müsse und dass dies überhaupt Aufgabe einer Didaktik der Geographie sei. „Das Schulfach Geographie leidet nicht unter einer der Fachwissenschaft analogen Zersplitterung und muss sich deshalb nicht auf Kosten der Lösung eigener Probleme um die Probleme der Fachwissenschaft kümmern. Das Schulfach Geographie leidet in manchen Bundesländern unter der Integration in Fächerverbünden und muss dort klare Konturen gewinnen, um nicht in Vergessenheit zu geraten". (vgl. auch Fußnote 6)

2 Vgl. z.B. Gebhardt et al. (2007), Teil VI (931-1076), Rhode-Jüchtern, Schneider (2012)

3 Vgl. z.B. Kanwischer (2011), Dickel (2011), Rhode-Jüchtern (2012), Gruschka (1988/2002)

4 Vgl. Gebhardt et al. 2007: Geographie. 65-75

5 Diesen Begriff gibt es auch heute noch im deutschsprachigen Ausland. Vgl. z.B. Bildungsdirektion Kanton Zürich (2006); dort wird unterschieden zwischen den „mathematischen Fächern", den „sprachlichen Fächern" und den „Realienfächern", diese sind: (1) Heimat und Welt – Das Fach Geografie, (2) Vergangenheit, Gegenwart, Zukunft: Das Fach Geschichte, (3) Natur und Technik: Die Fächer Biologie, Physik, Chemie. Vgl. allgemein Oelkers 2002

6 Aus dieser dinglich-realen Vorstellung hat sich in Phasen eine Vielzahl von Forschungsansätzen entwickelt, die sich heute vielfach mischen und im Handbuch „Geographie" nachgelesen werden können (Gebhardt et al. 2007, 70 f.).

7 Man kann die Idee der Perspektivität der Wahrnehmung mit Verweis auf Platons Höhlengleichnis auch bereits in die griechische Antike datieren.

8 Es gibt zuweilen die naive Vorstellung, dass „der Raum" die wesensmäßige „essentielle" Kategorie der Geographie und „die Zeit" diejenige der Geschichte sei. Deshalb sei hier an die Selbstverständlichkeit erinnert, dass die Geographie durchdrungen ist vom Prinzip der Zeit/ Genese: Geographien erdgeschichtlicher Entwicklung/zeitliche Prozesse *langer* Reichweite/ Geochronologie; Geographien kulturhistorischer Vorgänge/zeitliche Prozesse *mittlerer* Reichweite (Gesellschaft-Umwelt-Beziehungen und Umweltveränderungen); Geographien plötzlicher Ereignisse/zeitliche Prozesse von *kurzer* Dauer (Ereignisse, raumbezogene Konflikte, Zeitgeist) (Gebhardt et al. 2007, 32-38)

9 Vgl. Text Nr. 1 „Wissen ...", („Die Sonne geht im Osten auf") in diesem Band

10 Spiegel-online 27. April 2012: Zukunftsszenario – Forscher simulieren Vesuv-Ausbruch (http:// spiegel.de/wissenschaft/natur/0,1518,druck-830058.html (26.4.2012)

Literatur

Bildungsdirektion Kanton Zürich 2006: Informationsblatt Abschluss Sekundarstufe I für Erwachsene im Kanton Zürich. Zürich. Elektronisch verfügbar unter http://www.mba.zh.ch/downloads/Projektstellen/Informationsblatt%20neues%20CI%20April%2006.pdf [12.04.2012]

Dickel, Mirka 2011: Geographieunterricht unter dem Diktat der Standardisierung: Kritik der Bildungsreform aus hermeneutisch-phänomenologischer Sicht. GW-Unterricht, H. 123, 3-23.

Foerster, Heinz von et al. 1999: Einführung in den Konstruktivismus. München

Gebhardt, Hans/Rüdiger Glaser/Ulrich Radtke/Paul Reuber (Hrsg.) 2007: Geographie. Physische Geographie und Humangeographie. München

geographische revue 2008: Themenheft „Brückenfach Geographie" mit Beiträgen von Zahnen, Barbara (Schleichende Naturrisiken), Köck, Helmuth (Innergeographische Integration), Dirksmeier, Peter (Komplexität und Einheit), Weichhart, Peter. (Mythos Brückenfach). Heft 1/2008

Gruschka, Andreas 1988: Negative Pädagogik. Einführung in die Pädagogik mit Kritischer Theorie. Wetzlar

Gruschka, Andreas 2002: Didaktik – Das Kreuz mit der Vermittlung. Elf Einsprüche gegen den didaktischen Betrieb. Wetzlar

Haubrich, Hartwig 2006: Konzeption und Erfahrungen mit dem Standardwerk „Geographie unterrichten lernen. Die neue Didaktik der Geographie konkret". Geographische Revue H. 2/2006, 85-93.

Humboldt, Alexander von 1845. Kosmos – Entwurf einer physischen Weltbeschreibung. Hgg. von Hanno Beck. Teilband 1, Darmstadt 1993

Kanwischer, D. 2011). Kompetenzorientierung im Geographieunterricht. Von den Leitgedanken zur Praxis. GW-Unterricht, H. 122, 12-14.

Klafki, Wolfgang 1964): Das pädagogische Problem des Elementaren und die Theorie der kategorialen Bildung. Weinheim

Klafki, Wolfgang 1985: Neue Studien zur Bildungstheorie und Didaktik. Weinheim

Klafki, Wolfgang 1997: Epochaltypische Schlüsselprobleme. In: Kaiser, Astrid (Hrsg.) 1997: Lexikon Sachunterricht. Baltmannsweiler

Mattern, F. 2003: Die technische Basis für das Internet der Dinge. In: F. Mattern (Hrsg.), Total vernetzt: Szenarien einer informatisierten Welt. 1-41. Berlin. Digital verfügbar unter http.www.vs.inf.ethz.ch/publ/papers/internetdinge.pdf [11.04.2012]

Mutius, B. v. (Hrsg.) 2004: Die andere Intelligenz: Wie wir morgen denken werden. Stuttgart

Oelkers, J. (2002): Politische Bildung und demokratische Erziehung. Vorlesung SoSe 2002 (paed-services.uzh.ch/user_downloads/336/004_gesamt.SS02.pdf (24.4.2012)

Rhode-Jüchtern, Tilman 2009: Eckpunkte einer modernen Geographiedidaktik. Mit je einem Glossar von Volker Schmidtke und Karen Krösch. Velber

Rhode-Jüchtern, Tilman/Antje Schneider 2012: Problemorientierung, Wissen, Themenfindung. Schwalbach/Ts.

Rhode-Jüchtern, Tilman 2012: Diktat der Standardisierung oder didaktisches Potenzial? Die Bildungsstandards Geographie praktisch denken. GW-Unterricht, H. 124, 2-14

Rhode-Jüchtern, T. 2013: Weltwissen und/oder Weltverstehen 2.0? Gedanken zum Potenzial der geo@web-Techniken für die Bildung. In: Gryl, Inga/Tobias Nehrdich/Robert Vogler (Hrsg.) 2013: geo@web. Medium, Räumlichkeit und geographische Bildung. Wiesbaden, 145-161

Schneider, Antje 2012: Erkenntnisfiguren. Werkzeuge geographischer Reflexion. (www.geographie.uni-jena.de/geogrmedia/Lehrstuehle/Didaktik/Personal/Schneider/ArtisticResearchWürfel.pdf)

Vester, Frederic 1999. Die Kunst, vernetzt zu denken. Stuttgart.

Weichhart, Peter 2003: Physische Geographie und Humangeographie – eine schwierige Beziehung: Skeptische Anmerkungen zu einer Grundfrage der Geographie und zum Münchner Projekt einer „Integrativen Umweltwissenschaft". In: Heinritz, G. (Hrsg.): Integrative Ansätze in der Geographie – Vorbild oder Trugbild? (Münchener Geographische Hefte 85) München, 17-34

Weichhart, Peter 2005: Auf der Suche nach der „Dritten Säule". Gibt es Wege von der Rhetorik zur Pragmatik? In: Müller-Mahn, D./U. Wardenga (Hrsg.): Möglichkeiten und Grenzen integrativer Forschungsansätze in Physischer Geographie und Humangeographie. Leipzig, ifl-Forum 2, 109-136

Wikipedia: Emergenz [de.wikipedia.org/wiki/Emergenz, 24.4.2012]

22. Komplexität im Fall entfalten

Empirische Illustrationen zum Syndromansatz

Vorbemerkung

Im Folgenden wird die Frage nach dem Transfer- und Exemplaritätspotenzial geographischen Unterrichts mit Hilfe des Syndromansatzes verfolgt. Es gibt dazu ein kollegiales Vorgespräch, eine Unterrichtskonzeption zum Themenkreis Erdbeben, Auszüge aus zwei beobachteten Unterrichtsstunden sowie Befunde aus einer zugehörigen Klassenarbeit und als resümierende Betrachtung ein kollegiales Nachgespräch. Damit sollen einige der wesentlichen Fragen aufgedeckt werden, die bei einer idealen Kooperation zwischen Fachwissenschaft, Fachdidaktik, Schulpraxis und Lehrernachwuchs entstehen könnten.

Kollegiale Beratung

Wir führen ein Gespräch zum geplanten Unterricht und zum Beobachtungsschwerpunkt *Transfer* und *Exemplarität* in einer idealtypischen Manier: Vier verschiedene Rollenträger werden kollegial, d. h. nicht hierarchisch oder hegemonial, an die gemeinsame Aufgabe gesetzt:.

- ein Fachdidaktiker (A)
- eine Fachwissenschaftlerin (B)
- ein Lehrer (C)
- eine Lehramtsstudentin (D)

Alle vier betrachten die Aufgabe aus einer je eigenen Perspektive und Erfahrung; sie teilen aber die Philosophie des Faches und des Unterrichtens im Sinne eines konstruktivistischen und systemischen Paradigmas. Ebenfalls gemeinsam ist ihnen die Akzeptanz der zwei offiziellen Dokumente der DGfG, des „Curriculum 2000+" (2003) und der „Bildungsstandards für den Mittleren Schulabschluss" (2007). Aber es gibt noch Fragen.

C (Lehrer): Ich mache seit zwei Jahren Versuche mit dem Syndromansatz. Darin werden – nach einem Vorschlag des Wissenschaftlichen Beirats für Globale Umweltveränderungen (WBGU) von 1996 – eine Reihe von Kernproblemen des Globalen Wandels als komplexe Krankheitsbilder (Syndrome) vorgestellt (vgl. Cassel-Gintz & Harenberg 2002; Schindler 2005). Mir gefällt das Konzept vor allem deshalb, weil man damit gro-

ße Problemlagen im Geographieunterricht gliedern und aufräumen kann, von der Sphäre Boden über die Sphäre Bevölkerung bis hin zur Sphäre Technik/Wissenschaft. Man kann die Arbeiten verteilen und danach eine Gesamtbetrachtung anstellen. Schließlich können so die einzelnen Themenbereiche in einen größeren Zusammenhang eingebettet und beobachtet werden. Meine Hoffnung ist, dass diese Art der Betrachtung sich im Prinzip auf jedes Problem übertragen lässt. Nach meiner Erfahrung wird es dadurch auch möglich, die Denkfigur des Syndroms in angepasster oder abgewandelter Form auch in verschiedenen Altersstufen einzusetzen (vgl. Schindler 2008).

Meine Frage ist aber, ob dieses Konzept bei mehrmaliger Wiederholung nicht zu schematisch wird und dadurch einen Transfer behindert statt fördert.

D (Lehramtsstudentin): Wir haben den Syndromansatz in einem Bodenkunde-Seminar behandelt. Die Pedologie ist dabei eine der „9 Sphären". Und ohne Boden geht ja bekanntlich gar nichts. Mich erinnert die Beobachtung einzelner Sphären wie z. B. Boden an die klassische Analyse von Geofaktoren. In der Fachdidaktik haben wir aber gehört, dass die Geofaktorenlehre mit Vorsicht zu genießen sei, weil sie zu Determinismus und linear-kausalen Kurzschlüssen führen kann.

Was unterscheidet denn den vielgerühmten Syndromansatz von der vielgescholtenen Geofaktorenlehre?

B (Fachwissenschaftlerin): Auf den ersten Blick sieht es in der Tat so aus, dass zwischen beiden Auffassungen, also Probleme als Syndrome oder als Wirkungsgefüge von Geofaktoren zu erkennen, große Ähnlichkeiten bestehen. Diese Ähnlichkeiten sind jedoch nur scheinbar, weil die Beschreibung und Analyse von Geofaktoren zumeist in Form eines „Schaltplans" für ein Geoökosystem/Wirkungsgefüge dargestellt wird. Das ist eher technisch und standardisiert gedacht und für die Praxis zumeist unterkomplex. Ein Syndrom betrachtet zwar auch Komplexität in der Reduktion auf Sphären („Kompartimente"), diese werden aber von vornherein in Relationen, in Emergenz und Kontingenz gedacht. Emergenz bedeutet dabei, dass Wirkungen weder kausalistisch vollständig erklärbar noch in ihren erwarteten Systemeigenschaften vollständig vorhersagbar sind; z. B. wird ein Deich standardmäßig richtig konstruiert sein, aber auf verschlungenen Wegen kann er trotzdem plötzlich aufgeweicht sein (Regenbogen & Meyer 2005, 178). Kontingenz bedeutet, dass ein Sachverhalt weder notwendigerweise besteht (wie z. B. der, dass jedes Hochwasser notwendig zu vielen Todesopfern führt), noch notwendigerweise nicht besteht (wie der, dass jeder Deich jedes Hochwasser verhindert) (Regenbogen & Meyer 2005, 358.). Umgangssprachlich: „Kann sein, muss aber nicht."

Meine Frage ist in Anbetracht dieser metatheoretischen Feinjustierung, ob ein solches philosophisches Denken die Schule nicht hoffnungslos überfordert?

A (Fachdidaktiker): Generell kann man ein Konzept nicht einfach deshalb stoppen, weil es „philosophisch" oder komplex ist. Nichts ist gefährlicher, als die Realität zu einfach darzustellen (vgl. Mitchell 2008, Mainzer 2008). Die Frage lautet also nicht „ob", sondern „wie" man das Konzept einsichtig, nützlich und übertragbar macht. Ein Ökosystem als „Schaltplan" zeigt uns lediglich ein einfaches Modell, reduziert um viele Randbedingungen und alltägliche Praktiken.

Gesellschaft und Ökologie lassen sich aber nicht einfach kausal berechnen und vorhersagen. Wir müssen sehen wollen, dass etwas auch anders sein kann und dass nicht alles mechanisch-kausal ist. Das macht unsere Themen doch rätselhaft, irritierend und lösungswert; gerade darum werden sie ja zum lohnenden Thema. Und der Transfer und die Exemplarität gehen nicht in Richtung Standardisierung und Schematisierung, sondern in Richtung Ambivalenz, Realitätsnähe und Erklärungsstärke.

Leider missverstehen manche Lehrer dies als zusätzlichen Ballast: „Was sollen wir denn noch alles machen?!"

Meine Frage ist, ob und vor allem wie wir es zusammen mit den Praktikern schaffen, eine solche Denkweise zu trainieren und daraus zudem eine besondere Befriedigung für Lehrer (Berufszufriedenheit) und für Schüler (Schulzufriedenheit) zu ziehen?

C: So oder so: In einem Ein- oder Zweistundenfach wie der Geographie sind wir darauf angewiesen, dass die Schüler ihr Wissen und ihre Erkenntnisse zunehmend selbstständig einsetzen (Transfer) und dass jedes Fallbeispiel sich als Exempel bewährt. Sicher verhindert die Zeitknappheit, aber auch die Vielfalt und Komplexität jeder geographischen Problemstellung an sich, eine allumfassende und gleichzeitig detailliert differenzierte Behandlung von Themen im Unterricht. Jedoch sollte der Geographieunterricht nicht vor der Komplexität von Welt resignieren. So gesehen verbietet sich eine bloße Anhäufung von Wissen oder ein bloßes Abfragen aus dem Kurzzeitgedächtnis. Jeder Inhalt soll die Wolle sein, mit der die Schüler stricken lernen. Dass sie sich dabei mit Inhalten befassen, ist das eine; dass sie dabei eine Kompetenz entwickeln, ist das andere. Früher hätte man mit Klafki (1991) „materiale" und „formale Bildung" unterschieden. Heute sagt man dazu auch: Wissensbasierung und Kompetenzentwicklung.

D: Dann wäre also das Thema Erdbeben die „Wolle" und die Syndromanalyse das „Strickmuster"; der Unterricht wäre dann das gemeinsame Stricken lernen?

B: Der Syndromansatz ist nur ein Strickmuster, eine Art der Beobachtung. Wenn sie sich bewährt, wird man gerne so weiter arbeiten. Allerdings sollte das Muster und die Wolle und der Zweck stets zusammen passen. Ich brauche nicht zwanghaft die Pedologie oder die Hydrologie einzustricken, wenn das Problem offensichtlich in einer anderen Sphäre verfolgt werden muss; vielleicht ist die „Krankheit" ja noch eingegrenzt und eine Totaluntersuchung würde ablenken und dadurch sogar schaden.

A: Methode, Erkenntnisgewinnung, Kompetenz und Interesse müssen „passen" Geographieunterricht ist deshalb auch künftig nicht nur Syndromanalyse. Aber die berechtigten Fragen und Vorabkritiken dürfen uns auch nicht blockieren.

Probieren wir doch einmal das Konzept „Syndrom" praktisch aus; beobachten wir dabei besonders, ob die Kompetenz zum Transfer befördert wird, weil der Fall offenkundig unter bestimmten Aspekten exemplarisch ist.

Konkret: Ein Erdbeben ist nicht per se exemplarisch für alle Naturereignisse; aber die Strukturen, in denen ein Naturereignis zur Katastrophe wird, lassen sich ggf. wieder erkennen. Der Transfer würde also z. B. unter dem Aspekt Vor-/Nachsorge gegenüber Naturereignissen stattfinden können.

Im Übrigen erinnere ich an die klassische Unterscheidung von Wolfgang Klafki (1991) von der elementaren Sache und dem fundamentalen Erlebnis. Erkenntnisleitender Unterricht und verständnisintensives Lernen führen dann nicht zur Konditionierung von Schülern durch Lehrer, sondern zu einem Habitus von Lehrern und Schülern gegenüber dem Problem und den Methoden, damit klar zu kommen. Klafki nannte dies Kategoriale Bildung, wonach die Sache aufzuklären sei und dadurch auch die Subjekte – wenn es denn gelingt. Nebenbei bemerkt: Die Begriffe Exemplarität und Transfer werden in der didaktischen Literatur zwar benutzt, aber selten bis gar nicht definiert (vgl. Haubrich 2006[2], Gudjons 1997[5]).

„Erdbeben *als* Katastrophe" – Unterrichtskonzept zur komplexen Betrachtung von Naturereignissen

Unter praktischen Gesichtspunkten wird nun ein Unterrichtskonzept im Themenspektrum „Erdbeben als Katastrophe" vorgestellt, welches einerseits auf die Entwicklung von Transferkompetenz gerichtet ist und andererseits (selbst-)reflexive Beobachtungselemente gleichermaßen berücksichtigt (Abb. 1).

Phase I – Erster Zugriff: Als Instrument zur Initiierung und Förderung eines Denkhabitus im o. g. Sinne dient der Syndromansatz. Um diesen als erkenntnisleitende Figur im Unterricht einsetzen zu können, ist er zunächst aus seiner Verankerung mit den allgemein benannten Kernproblemen des Globalen Wandels herauszulösen. Das *Denken in Syndromen* wird so für die Beobachtung exemplarisch ausgewählter Problemfälle (im Unterricht der Sekundarstufe I) übersetzt. Aus den konzeptionell vorgegebenen „9 Sphären" werden sechs geographische Betrachtungsbereiche benannt (Abb. 2) und anstatt eines allgemeinen Kernproblems des Globalen Wandels rückt der Fall „Erdbebenereignisse auf den japanischen Inseln" ins Zentrum der Betrachtung. Analog zu den Betrachtungsebenen sind nun die für den Problemfall „Erdbeben in Japan" spezifischen Symptome, insbesondere ihre Kopplungseffekte zu erarbeiten. Die Symptome und

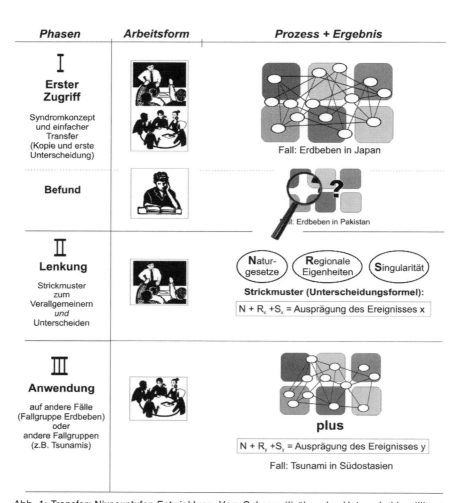

Phasen	Arbeitsform	Prozess + Ergebnis

I

Erster Zugriff

Syndromkonzept und einfacher Transfer (Kopie und erste Unterscheidung)

Fall: Erdbeben in Japan

Befund

Fall: Erdbeben in Pakistan

II

Lenkung

Strickmuster zum Verallgemeinern *und* Unterscheiden

Natur- gesetze   Regionale Eigenheiten   Singularität

Strickmuster (Unterscheidungsformel):

$$N + R_x + S_x = \text{Ausprägung des Ereignisses x}$$

III

Anwendung

auf andere Fälle (Fallgruppe Erdbeben) oder andere Fallgruppen (z.B. Tsunamis)

plus

$$N + R_y + S_y = \text{Ausprägung des Ereignisses y}$$

Fall: Tsunami in Südostasien

Abb. 1: Transfer: Niveaustufen-Entwicklung. Vom Schema (I) über das Unterscheiden (II) zur selbstständigen Problemanalyse (III) (Entwurf: Schindler).

Boden/ Erdkruste	Klima/ Wasser	Vegetation/ Tierwelt
Bevölkerung	Gesellschaftliches Zusammenleben	Wirtschaft/ Technik

Abb. 2: Ausgewählte („geographische") Betrachtungsbereiche im Syndromkonzept.

Symptombeziehungen machen verschiedene Wirkungsmuster sichtbar, die abstrahiert vom Fallbeispiel Japan auch für andere Regionen diskutiert und damit zunächst einfach transferiert werden können.

Eine erste eigenständige Anwendung dieser vereinfachten Syndromfigur bildet deren Übertragung auf die Erdbebenkatastrophe in Pakistan 2006. In der dargestellten Unterrichtseinheit wird dies mit Hilfe einer schriftlichen Leistungsabfrage realisiert. Eine einfache Transferleistung (besser: Anwendung) beschränkt sich hierbei auf ein weiteres regionales Beispiel mit anderen Bedingungen. Jedoch bleibt der thematische Rahmen „Erdbeben" zwecks Wiedererkennungswert identisch.

Phase II – Lenkung: Die Leistungsfeststellung in Form einer einfachen Transferübung dient auch als Evaluationsressource. Sie ist Grundlage für weitere didaktische Überlegungen. Zu entscheiden ist, inwieweit die Anwendung der einfachen Syndromfigur *wiederholt* und/oder die Transferkompetenz sukzessiv *erweitert* werden soll. Wird das Ziel auf beides gleichzeitig ausgerichtet, muss an dieser Stelle verstärkt auf die Förderung vernetzender Denkstrukturen fokussiert werden.

Dementsprechend geht es in dieser zweiten Runde weniger um die Entwicklung eines erneuten Beziehungsgeflechts an einem weiteren regionalen Beispiel; vielmehr sollen *einzelne* und *komplexe Beziehungen* zwischen verschiedenen Symptombereichen nachvollzogen werden. Einem simplen Kopiereffekt dieser einfachen Syndromfigur kann durch diese *bewusste Lenkung* entgegen gewirkt werden. Dies entspricht einer lupengenauen Betrachtung; erkennbar werden die Komplexität und Kontingenz der Beziehungen, die ein Erdbeben als Katastrophe bedingen.

Erst die Anwendungen der Syndromfigur als „Schema" (vgl. Phase I) zur (Vorab-)Strukturierung eines Problembereichs *und* als „Lupe" für die Scharfeinstellung ausgewählter Beziehungen führen zur Herausbildung eines *Strickmusters*. Gleichzeitig beobachtbar wird damit das Typische *und* das Besondere einer (Erdbeben-)Katastrophe.

Für die Mikrostruktur des Unterrichts bedeutet das, mit Bild- und Fragestimuli zu operieren, welche die Fähigkeit zur *Unterscheidung* trainieren. Für die Erdbebenthematik bieten sich z. B. der Vergleich zwischen Stadt und Land bzw. Zentrum und Peripherie in der betroffenen Beispielregion (Pakistan) an. Diese kann schlicht durch visuelle Impulse mit Hilfe kontrastierender Bildkombinationen angeregt werden[1].

Die Unterscheidung Stadt/Land für die Entstehung, Erscheinung und Wirkung eines Naturereignisses *als* Katastrophe kann dann ihrerseits wieder hinterfragt werden. Zu untersuchen wäre ihre Bedeutung z. B. in einem anderen regionalen Kontext. Für Pakistan ist sie bedeutungsvoll. In den USA (Kalifornien) tritt sie durch die zunehmende Verstädterung (urbane Lebensformen auch in ruraler Umgebung) weniger deutlich hervor. Aspekte wie wirtschaftliche Strukturen, Zugang zu Hilfsorganisationen oder Anteil der Selbsthilfe bzw. Fremdhilfe in Risikogebieten können mit dem Fokus auf Stadt/Land Unterschiede hier kaum noch differenziert betrachtet werden. Andere Unterscheidungsmerkmale, wie Entwicklungsstand, ethnische Spannungen, kulturelle Gegebenheiten kommen dann im jeweiligen regionalen Kontext zur Geltung. Darüber hinaus müssen auch die *singulären* Rahmenbedingungen der verschiedenen Fallbeispiele berücksichtigt werden.

Philosophisch ausgedrückt: Durch das Einüben von Unterscheidungen kann kontinuierlich und ohne simple kausale Kurzschlüsse eine Anbindung an die übergeordnete Symptome (zum *Syndromkonzept als Schema*) hergestellt werden. Unübersichtlichkeit in den Beziehungen wird zum Dreh- und Angelpunkt der Beobachtung. Mit Hilfe der Syndromfigur wird diese aufgeräumt und in *eine* Ordnung gebracht. Ein *Strickmuster* der Beobachtung komplexer Naturereignisse lenkt also auf das Besondere durch kontextbezogene Unterscheidungen. Diese sind dann in einer typischen Manier zu abstrahieren und letztlich zu sortieren. Mit dem *Syndromkonzept als Lupe* ist das *Syndromkonzept als Schema* weniger ein Instrument zur Deklarierung von einfachen Unterschieden und Gemeinsamkeiten; vielmehr ist es ein Ordnungsinstrument, mit dem eine typische Abstraktion auf eine höhere Beobachtungsebene erfolgen kann, die jedoch im Kern *immer* auch auf Differenz verweist.

Beide Betrachtungen – *schematisch* und *lupengenau* – ermöglichen es in einem weiteren didaktisch-inhaltlichen Schritt, einzelne erkenntnisleitende Fragen und Merksätze zu erarbeiten, die als Orientierung für die Analyse ähnlicher komplexer Naturereignisse dienen können. Zum Beispiel:

> *Entscheidend für die katastrophale Wirkung eines Naturereignisses ist nicht allein die Frage, wo es stattfindet und wie es ausgeprägt ist, sondern welche regionalen Bedingungen vorherrschen und wie sich diese in ihrem Zusammenspiel auf die Menschen auswirken.*

Phase III – Anwendung: Ein so verstandenes Denken in Syndromen kann dann durch Variationen der Fallbeispiele und entsprechende Reflexionsschleifen sowie eine zunehmende Offenheit im Unterrichtsgeschehen weiter eingeübt werden. Dafür ist es notwendig, die mikrostrukturell engmaschige Lenkung durch gezielte Bild- und Fragestimuli langsam fortschreitend durch eigenständige Erarbeitungsphasen abzulösen. Im vorliegenden Konzept wird diese Selbstständigkeit am Fall „Tsunami in Südostasien" als weiteres Transferthema angestrebt. Die Schüler erarbeiten selbstständig entlang der vereinfachten Syndromfigur und der Strukturierungshilfe (vgl. Abb. 2 und Kasten) ein Beziehungsgeflecht zum Naturereignis „Tsunami *als* Katastrophe". Auch hier dient eine Leistungsfeststellung zur Beurteilung vorhandener Transferfähigkeiten und als Voraussetzung für weitere didaktische Planungsschritte.

Dem Anspruch an sukzessiv steigende Transferleistungen, die weit über einfache Anwendungen hinausgehen, wird gefolgt. Dies geschieht, indem sie theoriegeleitet, exemplarisch und argumentativ gehaltvoll die kontinuierliche Entwicklung eines Denkhabitus fördern.

Empirische Illustrationen zum Unterrichtskonzept

Ein Unterricht, der verstärkt auf die tiefgründige Entwicklung von Kompetenzen zielt, setzt ein hohes Maß an Selbstreflexivität auf Seiten des Lehrenden voraus. Dementsprechend sind selbstkritische Fragen bezüglich der eigenen Denkfiguren, deren Umsetzung in der Unterrichtsplanung und in der Durchführung ständige Begleiter des Unterrichtsgeschehens. Sicher lässt sich im alltäglichen Lehreralltag die Beobachtung des eigenen Denkens und Tuns nur „nebenbei" realisieren. Prinzipiell unmöglich ist dies jedoch nicht; z. B. können die eigenen Reflexionen mit Schülerprodukten als Selbstevaluationsressource in Beziehung gesetzt und kritisch abgeglichen werden (vgl. Altrichter & Posch 1998). Um jedoch der Aporie der eigenen blinden Flecken bei der Beobachtung des Unterrichts bewusst entgegen zu wirken, wurde eine Unterrichtsbeobachtung auf verschiedenen Ebenen arrangiert (vgl. Abb. 3). Damit wird für die folgenden empirischen Illustrationen immerhin ein gewisses Maß an Intersubjektivität hergestellt. Die Beobachtung verfolgt hier zunächst einen illustrativen Zweck, sie ist explorativ (fragenentdeckend) angelegt und somit empirisch nicht gesättigt. Sie zeigt aber trotz ihrer bewussten Einfachheit auf, wie Selbstreflexivität als Instrument des Erkennens von Transferfähigkeiten/-fehlern gelingen kann. Sie verdeutlicht, welche Potenziale in ihr verborgen sind, um erfahrungsbasiert und flexibel einen Lernprozess zu arrangieren, der tatsächlich auf wichtige Schlüsselkompetenzen ausgerichtet ist. Am Ende liefert diese Art der Beobachtung ein empirisches Lehrstück; als alltägliche Aktionsforschung lässt sich diese durchaus im Unterricht anwenden, um die blinden Flecken beim Blick über die eigene Schulter überhaupt wahrzunehmen und teilweise aufzuklären (vgl. Altrichter & Posch 1998).

Explizit ist die empirische Beobachtung auf die Art und Weise des Verständigungsprozesses zwischen Lehrer und Schülern ausgerichtet. Wird ein solcher Dialog als voraussetzungsvoll für das Lernen akzeptiert, geht es bei der empirischen Analyse um die Frage, wie die Verständigung über ein (geographisches) Problem und die Entwicklung eines Denkhabitus (auf beiden Seiten) gelingen kann. Dann wird das Hauptaugenmerk darauf gelegt, welche Schnittstellen in der Mikrostruktur des Unterrichts ausfindig gemacht werden können, an denen die Fähigkeit zum Transfer eher blockiert *oder* gefördert wird. So sind die folgenden Illustrationen vor dem Anspruch zu lesen, Transferpotenziale und -fehler als Resultate von Kommunikation überhaupt erkennbar zu machen. Die Befunde sind weniger allgemein, sondern fall- und situationsspezifisch zu verste-

Beobachtung...

(1) im Medium Unterricht   (2) im Medium Unterricht   (3) des Unterrichts als Objekt
    durch den Lehrer   durch teilnehmende   (Vor- und Nachgespräche)
    (Selbstevaluation durch   Beobachter
    Dokumentenanalyse)

Abb. 3: Ebenen der Unterrichtsbeobachtung (Entwurf: Schindler).

hen; entsprechend situativ sind auch ihre didaktischen Implikationen zu formulieren. Dreh- und Angelpunkt ist also das Denken in Syndromen und von da aus die Art und Weise, über ein solches Konzept unter dem Aspekt von Exemplarität und Transferkompetenz im Unterricht zu kommunizieren.

Das Syndromkonzept als Schema oder einfacher Transfer

Erste differenzierte Befunde zu „einfachen" Transferfähigkeiten, also zur Identifikation/ Übertragung einzelner typischer Kompartimente des Syndromkonzeptes zeigen die Schülerdokumente einer Klassenarbeit am Ende der ersten Unterrichtsstation.

Am Fallbeispiel „Erdbeben in Pakistan" unter dem zusätzliches Aspekt von Vor- und Nachsorgemöglichkeiten sollen die Schüler verschiedene Symptome identifizieren und deren wechselseitige Wirkungsmechanismen verbalisieren. Damit besteht weniger der Anspruch, ein umfangreiches Beziehungsgeflecht zu erarbeiten; vielmehr soll an dieser Stelle die Fähigkeit, vernetzende Strukturen zu bilden, im Ansatz erkennbar sein.

„In Beziehungen-Denken" oder Einfachheit diesseits von Komplexität

In einem ersten rekonstruktiven Schritt wurden die Textdokumente der Schüler auf die Frage untersucht, ob und inwieweit einfache Strukturen der Vernetzung überhaupt ausfindig zu machen sind.

> (1) *„In Kaschmir kann z. B. kaum Hilfe geleistet werden, weil Neu-Delhi den Hilfsbedarf nicht ernst nimmt bzw. weil Pakistan im Konflikt mit Indien ist".*

Ausgehend von diesem Beobachtungsposten zeigt das einführende Zitat (1) stellvertretend für den Großteil der Schüler, dass hinsichtlich eines einfachen Transfers Fähigkeiten und Bemühungen vorhanden sind. Sie sind zumindest in der Lage, bekannte Aspekte einer Katastrophe mit einem besonderen Ereignis in Beziehung zu setzen (z. B. Ereignis Erdbeben und Nicht-Hilfe, weil ...). Dass diesen einfachen Beziehungen tatsächlich ein schematisches Syndromdenken vorausgeht, zeigen die folgenden Äußerungen (2, 3, 4, 5):

(2) *„Da sehr viel Armut herrscht, gibt es keine erdbebensicheren Häuser und das erhöht die Opferzahlen".*

(3) *„Dazu kommt, dass durch die schlechte Infrastruktur nur langsamere Hilfe gebracht werden kann."*

(4) *„Ein anderer Vorschlag ist, dass sich die Regierung für den Frieden zwischen Indien und Pakistan einsetzt. Dann [...] könnten andere Länder Hilfsorganisationen in die Armuts- und Krisengebiete schicken".*

(5) *„Die Armut in Pakistan wird auch dadurch sichtbar, dass sie kein Geld dafür haben, um den Kindern in der Schule ein Katastrophenschutzprogramm beizubringen, wie z. B. in Japan".*

Die eher schematische Struktur der Aussagen zeigt sich auffällig oft in den ähnlichen Lösungsstrategien der Aufgaben. Verschiedene Einzelaspekte werden entlang bekannter Symptome aufgelistet und bestimmte Wirkungen beschrieben. Neue Informationen werden so im vertrauten Stil bearbeitet. Erkennbar ist eine Transferleistung, die auf einfache und typische Elemente des Syndromansatzes aufbaut. Besonders deutlich zeigt sich das, wenn Vergleichselemente aus dem bekannten Fallbeispiel Japan herangezogen und gleichzeitig Voraussetzungen und Folgen der Katastrophe in Japan und Pakistan richtig unterschieden werden (5).

„In-Beziehungen-Denken" oder Komplexität durch Aufzählung

Neben einem Denken in einfachen und unterkomplexen Beziehungen zeigen einige Schülerdokumente (6) bereits erste Ansätze einer fortgeschrittenen, stärker vernetzenden Problemanalyse auf.

(6) *„Bewegungen der Platten in der Erdkruste führen zu Erdbeben und Vulkanausbrüchen. Diese wiederum führen dazu, dass es viele Opfer gibt und dass Menschen ihre Arbeits- und Wohnstätten verlieren. Das führt zu hoher Armut in der Bevölkerung. Durch Erdrutsche werden Regionen verschüttet und dadurch ihre Bewohner von der Außenwelt abgeschnitten."*

Hierbei wird die Komplexität des Beziehungsgeflechts der Erdbebenkatastrophe in Pakistan zumindest quantitativ angedeutet. So wurden mehrere Zusammenhänge und Folgewirkungen erkannt. In den meisten Fällen reduzieren sich die Erkenntnisse jedoch auf das Zusammentragen von klassisch linearen Kausalbeziehungen (z. B. „Verlust der Wohnstätte führt zu Armut"). So lässt sich zwar eine Fähigkeit zur Identifikation und Verknüpfung verschiedener Symptome erkennen, wobei aber die Qualität der Vernetzung eher beschränkt bleibt.

Zum Zeitpunkt der Klassenarbeit gelingt die beabsichtigte Anwendung der *Syndrom-figur als Schema* durchaus. Sie dient als Instrument zum Erkennen und Strukturieren einzelner Wirkungsketten; diese werden als einfache Beziehungen zunächst aufgezählt.

„In-Beziehungen-Denken" oder Komplexität durch Unterscheidung

Darüber hinaus gehen einzelne Schüler in ihrer Darstellung des Gesamtproblems qualitativ komplexere Wege. Sie beschreiben die katastrophalen Auswirkungen weniger als Summierung sich *wiederholender* und *übertragbarer* Beziehungen; vielmehr berücksichtigen sie auch die sich verändernden Bedingungen von Fall zu Fall (7):

> (7) *„Durch die Plattenbewegung entstehen immer wieder Spannungen, die sich schließlich in Erdbeben lösen. Dadurch kommen viele Menschen ums Leben, begünstigt durch die hohe Bevölkerungsdichte. Durch die Todesfälle können aber auch z. B. Familien nicht mehr ernährt werden, wodurch die Armut wächst. Weil schnelle Hilfe behindert wird, ist da aber auch keine Abhilfe in Sicht. [...] Die schlechte Entwicklung des Landes hat auch eine schlechte Architektur der Häuser und Gebäude zur Folge, die bei einem Beben sofort einstürzen und viele Menschen unter sich begraben. [...] Pakistan gibt zudem viel Geld falsch aus, zum Beispiel für Atomwaffen. [...] Die katastrophale Armut behindert aber auch eine Weiterentwicklung des Landes, bessere Hilfe und Katastrophenschutz. Es müsste also versuchen, die vorhandenen Geldmittel nicht nur auf Militärausgaben zu verwenden, sondern für die Bekämpfung der Armut zu nutzen."*

Durch diese Unterscheidungen werden Ansätze und Bestrebungen sichtbar, die ein Denken in über-einfachen Beziehungen zunehmend aufbrechen. Vernetzte Strukturen zum Verstehen des Erdbebens als Katastrophe zeigen sich deutlicher. Bemerkenswert in der Schüleräußerung (7) ist auch die Fähigkeit, im Hinblick auf eine mögliche Vorsorge eine spezifische Kernproblematik zu identifizieren und Handlungsoptionen anzubieten.

Transferfehler – Kausale Fehlschlüsse

Neben den Schüleräußerungen, die Transferleistungen – auf unterschiedlichem Niveau – erkennen lassen, existieren häufig auch Aussagen, die zwar Übertragungen anstreben, deren Formulierungen jedoch auf eindeutige Transferfehler hinweisen.

Zu finden sind Beschreibungen, die um logische Beziehungen zwischen einzelnen Elementen bemüht sind, allerdings in ihrer Ausführung kausale Fehlschlüsse produzieren. Das Beispiel (8) zeigt einen solchen Fehlschluss, der es nicht ermöglicht, die Problematik tiefgründiger zu erfassen. Umgekehrt kann beim Vorkommen derartiger Fehler auch davon ausgegangen werden, dass das bekannte Kernproblem „Erdbeben als Katastrophe" gar nicht erst als komplexes Phänomen für Pakistan identifiziert wird:

(8) *„In Pakistan ist die Bevölkerung sehr arm und es können sich sehr wenige leisten in die Schule zu gehen. In der Schule allerdings lernen sie, wie man sich bei Erdbeben verhält."*

Der Fehlschluss würde durch den Umkehrschluss dieser Aussage besonders sichtbar: Wer in die Schule geht, kann sich in der Katastrophe schützen (?). Solche Fehler verweisen auf voreiliges Schließen oder die mangelnde Fähigkeit zur Orientierung in vorhandenen Informationen. Wäre dem nicht so, dann müssten zur Problemlösung andere Fragen berücksichtigt werden, z. B.: Wieso finden sich besonders viele Kinder unter den Opfern? Was helfen Katastrophenübungen, wenn schon die schlechte Baustruktur die Gebäude wie Kartenhäuser zum Einsturz bringt? Die Schwierigkeiten, wenn nicht sogar Unfähigkeit zur Übertragung einfacher Beziehungen oder eines bekannten Musters auf einen anderen Fall sind hier auffallend.

Es gibt weitere Strategien, die zu kausalen Fehlschlüssen führen: z. B. wird ein bekanntes Symptom- bzw. Syndrommuster angelegt, dieses jedoch nicht auf die Spezifik des regionalen Beispiels angewendet. Ein Denken in Beziehungen findet zwar statt, bekannte syndromspezifische Elemente und einzelne Symptome werden sogar verwendet; die Beziehungen klingen auch (scheinbar) logisch, sind aber trotzdem schlichtweg falsch (9):

(9) *„Durch das Erdbeben und Vulkane gibt es viele Opfer und Obdachlose, so lässt sich auf eine niedrige Bevölkerungszahl schließen."*

Die Aussage veranschaulicht die Einbeziehung eines bekannten Elementes/Symptoms (Vulkanausbruch), welches zwar in Japan eine Rolle spielt, in Pakistan aber gar nicht vorkommt. Dieser Transferfehler wird weiter noch mit einer Aussage (niedrige Bevölkerungszahl) in Verbindung gebracht, die man nicht einmal als Fehlschluss, sondern einfach als Unsinn bezeichnen muss.

Transferfehler – Kopierte Beziehungen

Die folgenden Schüleraussagen (10, 11) zeigen das vollständige Ausbleiben eines echten Transfers. Nahezu deckungsgleich werden einzelne Symptome und deren Beziehungen aus dem Unterrichtsbeispiel Japan übernommen und scheinbar auf das Erdbebenproblem in Pakistan transferiert.

(10) *„Durch die Bauten für den Schutz sieht die Bevölkerung das Risiko eher positiv."*
(11) *„In den Schulen wird Kindern beigebracht, was sie bei Erdbeben zu tun haben. Das verstärkt die positive Risikobewertung, genauso wie die Messungen und (versuchte) Vorhersagen."*

Auffällig ist, dass einzelne Wirkungen aus einem komplexeren Gefüge herausgelöst werden; nicht erkennbar ist dabei ein sinnvoller Bezug zu einem übergeordneten Aspekt wie z. B. die Frage, in welchem Zusammenhang es Sinn machen könnte, über eine *positive Risikobewertung* der Bevölkerung zu reden. Ein Transfer der Denkweisen auf eine neue Problematik wird so lediglich als das Kopieren bekannter Elemente aus einem bekannten Beziehungsgeflecht verstanden.

Ähnliches findet sich auch in den folgenden Aussagen (12, 13), wenngleich der Fokus hier nicht auf der Situationsbeschreibung liegt, sondern in der Formulierung von Handlungsoptionen zur Vor- und Nachsorge im Erdbebenfall. Für sich betrachtet erscheinen diese logisch und richtig, da sie wohl in anderen Regionen funktionieren. Allerdings wird auch hier die Spezifik des Problems in Pakistan nicht erkannt. Bekannte Vorsorgemöglichkeiten werden gut abgerufen, sind aber für die Situation in Pakistan wenig angemessen.

(12) *„Man könnte auch schon sehr früh die Kinder darauf vorbereiten [...], dass sie im Kindergarten, Schule usw. Katastrophenübungen durchführen, damit wenn so eine Katastrophe ausbricht, man [...] genau weiß, wie man sich zu verhalten hat. Außerdem könnte man erdbebensichere Häuser bauen.“*

(13) *„Ein anderer Ansatzpunkt wäre auch, dass alle Häuser mit Schutzkellern versehen werden, um Familien besser vor plötzlichen Erdbeben zu sichern.“*

Insgesamt werden in diesen Fällen die besonderen regionalen Bedingungen nicht mit einbezogen. Ein zielführender Transfer findet nicht statt; Hinweise, die erste Ansätze einer Kompetenz zur komplexen Problemanalyse liefern könnten, sind in diesen Aussagen nicht vorhanden. Durch die reine Reproduktion bekannter Sachverhalte werden Ansätze zu einem vernetzenden Denken lediglich vorgegaukelt.

Das Syndromkonzept als Schema und Instrument der Unterscheidung

Aus dem Fundus der Schüleraussagen in der Klassenarbeit lassen sich folgende Thesen ableiten:

• Bekanntes Wissen wird reproduziert oder vereinfacht angewendet. Bekannte Elemente des Syndromansatzes werden entweder falsch oder ohne jeglichen Bezug zum neuen Fall wiedergegeben. Die Transferleistung beschränkt sich tatsächlich nur auf das Abrufen von Fakten.

• Auch bei den Beispielen, die zumindest die Informationen aus den Textmaterialien irgendwie einbringen und entlang der bekannten Elemente darstellen, dient das Syndromkonzept lediglich als Kopiervorlage.

• In mehreren Fällen kann konstatiert werden, dass komplexe Zusammenhänge auf pauschale Kausalitäten reduziert werden.

• In Ausnahmefällen wird jedoch quantitativ und qualitativ höherwertig die Komplexität des Problems berücksichtigt.

Eine erste Deutung zu diesem differenzierten Bild führt zur Annahme, dass bis zum Zeitpunkt der Leistungsfeststellung (Klassenarbeit) die Erarbeitung und Anwendung des Syndromansatzes zu kleinschrittig und zu komplex erfolgt sein muss. Möglicherweise eingegrenzt wurde dadurch das Erkennen eines Strickmusters als solches.

Diese Befunde galt es für die Fortführung der Unterrichtseinheit fruchtbar zu machen. Einmal, bestärkt durch die positiven Ergebnisse, ging es um den Ausbau und die Festigung bereits vorhandener einfacher Transferfähigkeiten. Die Befunde, die offensichtlich Transferfehler markieren, galt es ebenso zu integrieren. Wie im Unterrichtskonzept (Station II) dargelegt, wurde entsprechend der Differenziertheit vorhandener Transferfähigkeiten auf drei allgemeine Maßnahmen gesetzt:

1. Inhaltlich wurde die übergreifende Thematik Erdbeben als Katastrophe beibehalten, die Analyse jedoch durch regionsspezifische Vergleiche (Stadt/Land, Pakistan/USA) erweitert.
2. Methodisch wurden Feinabstimmungen in der Mikrostruktur des Unterrichts – eine bewusst immer noch kleinschrittige (!) Lenkung durch Bild- und Fragestimuli – angestrebt.
3. Die inhaltliche und methodische Vorgehensweise wurde jedoch um einen weiteren Schritt ergänzt. Im Stundenverlauf sollte eine Handreichung in Form von Leitfragen (vgl. i. f. die Fragen 1-9) erarbeitet werden, die eine kontinuierliche Rückbindung an die Syndromfigur als Ordnungsinstrument ermöglichen.

Zu fragen ist an dieser Stelle, wie sich die aufgeführten Interventionen am konkreten Fall von zwei beobachteten Unterrichtsstunden darstellen: Wie ist die Lenkung des Unterrichts durch den Lehrer charakterisiert? Was kann diese Art der Impulsgebung für die Erweiterung der Transferkompetenz leisten?

Die Lenkung des Unterrichts durch den Lehrer (Meyer 2004, 28) basiert hier auf einem *Muster der Impulsgebung.* Impulse sind gezielte Fragen, Denkanstöße durch erklärende Interventionen, Wiederholungen zur inhaltlichen Präzisierung, aber auch Provokationen.

Die Impulsgebung startet mit *Bildstimuli.* Durch gezielte Aufgaben/Fragen werden diese ersten Imaginationen gelenkt, um den *Anschluss* an Bekanntes – die Syndromfigur als Schema – zu verfolgen. Explizit geht es um das Wiedererkennen von Symptomen zum Thema Erdbeben in Pakistan und damit um einen einfachen Transfer (1):

(1) „Eure Aufgabe ist es jetzt, die einzelnen Bilder von Pakistan anzuschauen und zu überlegen, wofür diese stehen, also welche Symptome zum Thema Erdbeben ihr wieder erkennt und welchen der geographischen Betrachtungsbereiche ihr das zuordnen würdet."

In einem weiteren Schritt wird die Lenkung auf *Unterscheidungen* ausgerichtet (Syndromfigur als Lupe). Verschiedene Regionen werden lupengenau hinsichtlich einzelner

Symptombeziehungen analysiert. Kennzeichnend ist hier eine methodisch-inhaltliche Linie, die kontinuierlich durch fallvergleichende Frageelemente geführt wird (2, 3, 4):

> (2) *„Welche Unterscheidung lässt sich aus diesen Bildern ableiten?"*
> (3) *„Wie unterscheidet sich Versorgung mit Hilfsgütern im Erdbebenfall in ländlichen oder städtischen Regionen Pakistans?"*
> (4) *„Wie kann der Schaden an der Infrastruktur in beiden Regionen bewertet werden? Was wird zerstört?"*

Eine *mittlere Abstraktion* besteht nun in der Zusammenführung beider Aspekte – *Anschluss* und *Unterscheidung* – im Kontext des übergeordneten Themas Erdbeben. Dafür werden entsprechende Informationen zusammengefasst und Merksätze erarbeitet z. B. (5, 6):

> (5) *„Ein Faktor, der das Ausmaß einer Katastrophe beeinflusst, sind die Bauformen."*
> (6) *„Ein zweiter Faktor, der sich in irgendeiner Weise auf die Stärke der Folgen auswirkt, ist die Art der Infrastruktur."*

Abschließend wird ein *höheres Abstraktionsniveau* angestrebt. Ausgehend vom Thema Erdbeben wird die Entwicklung von Leitfragen initiiert, die als Orientierungshilfe für die allgemeinere Betrachtung von Naturereignissen als Katastrophe dienen (7, 8):

> (7) *„Bisher haben wir das Thema Erdbeben in verschiedenen Regionen betrachtet und einzelne Verflechtungen analysiert. Das Zusammenwirken der Faktoren bedingt, wann ein Erdbeben zur Katastrophe wird. Sind euch andere Naturereignisse bekannt, die zu einer Katastrophe geführt haben?"*
> (8) *„Welche Fragen müssen wir uns stellen, wenn wir eine Naturkatastrophe verstehen wollen? Denkt an das Thema Erdbeben und daran, welche Symptome wir dort untersucht haben!"*
> (9) *„Was sind typische Bedingungen, die eine Katastrophe (z. B. bei Erdbeben, Hurrikan, Tsunami) auslösen? Was ist immer gleich und was ist anders?"*

Inwieweit das dargestellte Muster der Impulsgebung auch geeignet ist, Transferfähigkeiten zu festigen und zu vertiefen, lässt sich empirisch nicht eindeutig beantworten. Jedoch liefern die Beobachtungen des Unterrichts einige Hinweise, die im Hinblick auf ihre didaktischen Implikationen kurz zusammen gefasst werden.

Die Lenkung des Unterrichts in der Abfolge Stimulus, Anschluss, Unterscheidung, mittlere und höhere Abstraktion hat sich bewährt. Spiegelt die Klassenarbeit im Umgang mit der „Syndromfigur als Schema" noch erhebliche Defizite (Transferfehler), so zeigt die Interaktion im Unterricht, dass ein Anschluss als einfacher Transfer erstaunlich rasch hergestellt werden kann.

Möglicherweise sind vorhandene Transferpotentiale durch den Einsatz einer Klassenarbeit, die auf eine strenge und eigenständige Arbeitsform setzt, am Ende der ersten Unterrichtsphase noch nicht abrufbar. Der Unterricht zeigt, dass es einem voreiligen Schluss gleichkäme, von rudimentären oder gar nicht vorhandenen Transferfähigkeiten auszugehen. Es kann angenommen werden, dass erst die aktive Öffnung des Unterrichts die Schülerpotenziale sichtbar gemacht hat. Begünstigt wurde so, dass Schüler in einer offenen und gleichberechtigten Arbeitsatmosphäre miteinander in den Dialog treten konnten.

Durch die Kooperation der Schüler und eine entsprechend feinfühlige Moderation des Lehrers werden die Entwicklung und der Ausbau gedanklicher Verbindungen gefördert. Der Grund für ein syndromspezifisches Denkmuster wird durch den offenen Dialog gesetzt.

In einer Vertiefungsphase wird versucht, das langsame Voranschreiten zu einem Transfer durch Unterscheidung anzuregen; auch dies impliziert den ergebnisoffenen Dialog als didaktische Prämisse. Gerade beim Einüben von Unterscheidungen zeigte die Beobachtung die dringende Notwendigkeit, Schülern freie Denkräume zu ermöglichen. Gemeint ist Zeit und Geduld bei der Diskussion einzelner Symptombeziehungen sowie genügend Raum für Ausschweifungen und gedankliche Irr- und Umwege. Soll ein Denken in Beziehungen angeregt werden, wird eine Lenkung notwendig, die sich durch ein langsames Vor- und Zurückschreiten charakterisiert. Eine solche Lenkung muss die Wege und Irrwege der Schüler transparent machen.

Das Ungewohnte daran ist wohl vor allem, dass wir nicht „einfach" vom Konkreten zum Abstrakten schreiten, wie man eine typisch geographieunterrichtliche Lenkungslinie zeichnen könnte, sondern in einer zweiten Ebene (vgl. Phase II) auch vom Konkreten zum Konkreten, von Fall X zu Fall Y. Ungewohnt wäre, dass die Schüler *sowohl* das Regelmäßige *als auch* das Singuläre im Zusammenhang sehen lernen, nicht als Stufenleiter oder als Polarität („nomothetisch" vs. „idiographisch"). Die Lenkungslinien sind also doppelt zu beschriften, so dass im Fall X und im Fall Y und im Fall Z das Allgemeine und das Besondere als oft irritierend vernetzt und doch unterscheidbar erkannt werden.

Kollegiales Nachgespräch

D (Lehramtstudentin): Ich bin beeindruckt, wie sich im Unterricht ein komplexer Inhalt *und ein komplexer* **Prozess** *wechselseitig aufschaukeln und was da alles zu bedenken wäre. Und der* Lehrer *ist ja nicht außerhalb, sondern mittendrin und Teil der Komplexität. Aber wenn er nun kritisch reflektiert, tut er das doch auch nur innerhalb seines Horizontes. Wie kann man da von* Reflexion *oder* Evaluation *sprechen?*

C (Lehrer): Klar, ich bin befangen, in meinen Zielen, meinem Handwerk und meiner Persönlichkeit. Ich kann versuchen, den Unterricht ordentlich zu planen, zu halten und zu beobachten, und ich kann dabei eine Menge dokumentieren. Ich kenne die „Sechs Qualitäten des Verstehens", vom Anknüpfen zum Erklären und zum Anwenden, zum Erweitern und Einfühlen, schließlich zum Deuten (Hartmann et al. 2007, 125). Ich kenne die Figur der „Lenkungslinien" von Hilbert Meyer (2004, 28). Ich gewinne meinen Standpunkt auch aus den „Didaktischen Orientierungen" in Bezug auf mein Unterrichtskonzept, meine Unterrichtsplanung, Abweichungen von der Planung, Routinisierung des didaktischen Handelns und die Reflexion des Unterrichts (Heursen 2007, 29 f.). Aber über meinen Schatten kann ich nicht springen. Und so sind z. B. manche meiner Formulierungen in Aufgabenstellungen etwas kompliziert ...

B (Fachwissenschaftlerin): In der Systemtheorie spricht man von „Selbstreferentialität", das heißt, jedes Teilsystem kreist zunächst mal um sich selbst und reproduziert sich nach den eigenen Regeln. Das gilt natürlich auch für die Schule. Deshalb braucht man neben der Selbstreflexion noch eine „Beobachtung zweiter Ordnung", also den fremden Blick über die eigene Schulter. Man kann sich nicht selbst über die Schulter blicken; das kann nur jemand anders, aber der ist auch wieder in sich befangen. Deshalb und trotzdem machen wir ja dieses kollegiale Nachgespräch.

A (Fachdidaktiker): Es geht bei der Reflexion um eine aufgeräumte Beobachtung unter einer bestimmten Frage- und Zielstellung. Da können die Akteure und die Beobachter zusammen arbeiten und sie müssen das Rad nicht neu erfinden (vgl. Altrichter & Posch 1998; Burkhard & Eikenbusch 2000; Helmke 2006; Horster & Rolff 2001; Meyer et al. 2007). Wir wollten hier nun herausfinden, wie wir ein Problem, einen Fall exemplarisch machen und wie wir die gewonnenen Einsichten transferieren können. Ein Erdbeben ist zum einen ein Thema für elementare inhaltliche Einsichten, zum anderen Gelegenheit, die Schüler fundamental aufzuschließen für einen solchen Inhalt. Dazu kommt, dass man diese Einsichten gezielt als Kompetenz entwickeln kann. Didaktisch ausgedrückt: Man kann Transferkompetenz anbahnen, einüben, korrigieren, sichern. Und man kann dies gezielt tun als räumliche Orientierung, inhaltlich-kognitiv, methodisch, in Kommunikation oder handlungsorientierend.

C: Ich habe mehrfach gespürt, dass das Ziel „Transferkompetenz" zu einem Denken in Kopien verführt, nach dem Motto: Erdbeben ist Erdbeben, man muss nur noch die Orte austauschen. Das stimmt natürlich nicht. Deshalb habe ich im Nachgang, z. B. in einer zweiten Klassenarbeit, gezielt auch auf die Unterschiede hingelenkt, in der Situation, in der Vorgeschichte, in der kulturellen, wirtschaftlichen, politischen Einbettung etc. Dann merken die Schüler: Ein Wirbelsturm in den USA ist das Gleiche und zugleich etwas ganz anderes als in Birma. Oder auch: Ein Erdbeben in China vor der Olympiade / im Tibetstreit / in einer Region mit Atomanlagen ist etwas anderes als ein Erdbeben zu anderer Zeit irgendwo in der chinesischen Provinz. Es wird also nicht ein-

fach nur vom Fall zur Abstraktion gesteuert, sondern daneben immer noch von Fall zu Fall. Die Schüler lernen also beim Transfer nicht nur abstrahieren, sondern auch unterscheiden. Da habe ich also in der Reflexion meines Unterrichts und der Schüleräußerungen nachgesteuert. Das Typische herausfinden ist ein Teil des Transfers auf mittlerer Stufe, die Unterscheidung herstellen, ist Transfer auf hoher kognitiver Stufe.

D: Verstehe ich das richtig: Transfer ist kein Lernziel/Lehrziel im konkreten Unterricht, sondern eine Kompetenz, die über lange Zeit hinweg entwickelt wird? Man kann das also gar nicht sofort abfragen und sicher erkennen? Wer hat denn dann noch die Kontrolle darüber?

C: Richtig verstanden. „Transferieren" ist kein sogenannter Operator, den man einfach einsetzen und abfragen kann. Aber man muss auch nicht drei Jahre warten. Man sollte die Entwicklung der Transferkompetenz immer wieder arrangieren und fokussieren, z. B. durch eine entsprechende Klassenarbeit, in der sehr genau nach dem Typischen und nach Unterscheidungen gefragt wird.

A: Daraus kann sich eine Routine der Beobachtung und Analyse ergeben, die sich nicht zu schnell zufrieden gibt mit abfragbarem Wissen oder unterkomplexen „Vernetzungen". Ein Beispiel: Es wäre keine hilfreiche Elementar- oder Fundamentaleinsicht zu sagen: „Naturkatastrophen sind lebensbedrohend". Erkenntnisfördernd wäre es stattdessen zu sagen: „Naturereignisse können katastrophale Auswirkungen haben, wenn ..." (und dann folgen die zentralen Bedingungen, von Siedlungen und Bauweise über Politik, Korruption, Armut etc., die aus dem Ereignis eine Katastrophe machen können). Es läuft also darauf hinaus, sich über die Art der Beobachtung klar zu werden, und das hängt zusammen mit der Frage: Wer beobachtet und wie wird beobachtet? Damit kommt man Denkfehlern und Kurzschlüssen gut auf die Spur und kann auch die eigene Kompetenz als Lehrer weiter entwickeln. Umso besser, wenn man sich dabei kollegial unterstützt; denn blinde Flecken hat jeder, aber die lassen sich aufklären.

B: Der Syndromansatz ist kein Zaubermittel für alle Schlüsselprobleme unserer Epoche. Er ist eine Art der Beobachtung, des gemeinsamen Ratschlags aus verschiedenen Fach- und Denkrichtungen an einem Fall. Ein solcher Ratschlag checkt nicht einfach nur eine Liste von Fragen und Infos ab, sondern vernetzt die Hinweise in eine neue und dynamische Betrachtung. Dafür ist die Geographie nun wirklich – potenziell – das ideale Fach.

Der Beitrag entstand zusammen mit Antje Schneider und Achim Schindler (verantw. Lehrer und Aktionsforscher) und erschien 2008 ursprünglich unter dem Titel Transfer und Exemplarität. Empirische Illustrationen zum Syndromansatz, in: Geographie und Schule Heft 176, 19-26.

Anmerkung

1   Verwendete Bildkombinationen sind: eingestürzte Wohnblöcke und eingefallene Hütten; blockierte Straßen und Eseltrecks; US-amerikanische Bulldozer und Dorfbewohner mit Schaufeln; große Hilfskonvois und einzelne Hubschrauberflüge in den Bergen; großflächig organisierte Hilfslager und provisorische Zeltplanen im verschneiten Gebirge; zerstörte Fabriken und weitgehend unbeschadete Terrassenfelder.

Literatur

Altrichter, Herbert/Peter Posch 1998: Lehrer erforschen ihren Unterricht. Eine Einführung in die Methoden der Aktionsforschung. Bad Heilbrunn

Burkard, Christoph/Gerhard Eikenbusch 2000: Praxishandbuch Evaluation in der Schule. Berlin

Cassel-Gintz, Martin/Dorothee Harenberg 2002: Syndrome des globalen Wandels als Ansatz interdisziplinären Lernens in der Sekundarstufe. (= Werkstattmaterialien Bildung für eine Nachhaltige Entwicklung, Nr. 1). Berlin

Gudjons, Herbert 1997: Pädagogisches Grundwissen. Überblick, Kompendium, Studienbuch. Bad Heilbrunn

Hartmann, Martin/Kerstin Mayr/Michael Schratz 2007: Neue Methoden zur Unterrichtsentwicklung. In: Friedrich Jahresheft: „Guter Unterricht", 118-127

Haubrich, Hartwig et al. (Hrsg.) 2006: Geographie unterrichten lernen. Die neue Didaktik der Geographie konkret. München/Düsseldorf/Stuttgart

Helmke, Andreas 2006: Was wissen wir über guten Unterricht? In: Pädagogik, Jg.58 H. 2, 42-45

Heursen, Gerd 1997: Ungewöhnliche Didaktiken. Hamburg

Klafki, Wolfgang 1991: Neue Studien zur Bildungstheorie und Didaktik. Weinheim

Mainzer, Klaus 2008: Komplexität. Stuttgart

Meyer, Hilbert 2004: Was ist guter Unterricht? Berlin

Meyer, Hilbert/Wolfgang Feindt/Andreas Fichten 2007: Skizze einer Theorie der Unterrichtsentwicklung. In: Friedrich Jahresheft: „Guter Unterricht", 11-115

Mitchell, Sandra 2008: Komplexitäten. Warum wir erst anfangen, die Welt zu verstehen. Frankfurt/M.

Regenbogen, Arnim/Uwe Meyer (Hrsg.) 2005: Wörterbuch der philosophischen Grundbegriffe. Hamburg

Schindler, Joachim 2005: Syndromansatz. Ein praktisches Instrument für die Geographiedidaktik. (= Praxis Neue Kulturgeographie, Bd. 1). Münster

Schindler, Joachim 2008: Tsunami – Tektonik, Wellenphysik und was noch? Eine Unterrichtseinheit zur vernetzenden Betrachtung einer Katastrophe. In: Praxis Geographie 6/2008, 48-42

23. „Vernetztes Denken" – Zauberwort mit Januskopf

Vernetzung als Prinzip in der Natur und vernetzendes Denken als Erkenntnisweg und Methode haben sich herumgesprochen und verheißen Aufklärung. Am Institut für Pädagogik der Naturwissenschaften (IPN) in Kiel läuft eine Pilotstudie, inwieweit das Systemdenken auch für die Schule ernsthaft zu gebrauchen ist. Die jahrzehntelangen Bemühungen von Frederic Vester zeigen überall Spuren, bis hinein in Planungsämter und Talkshows. Was da geschrieben steht, ist alles richtig und wichtig. Aber: Wenn man an die Operationalisierung (also an das „Machen" in der Simulation) herangeht, macht sich Enttäuschung breit. Nicht so sehr bei den Schülern, die spielen gern am Computer. Aber bei denjenigen, die am Ende eine Reflexion über das Lernziel, Programm und Ergebnis wünschen. „Das wussten wir eigentlich schon vorher", sagen dann manche Anwender, z. B. in der Planung. Und: „Das ist nur eine neuartige black box und verlockendere Art von Instruktion", sagt der skeptische aufklärerische Pädagoge. Eine Zwischenbilanz, eine Reflexion und eine bescheidenere Methodik könnten gut tun.

Einleitung: *Black boxes* und die neue Parole

Wir wissen, dass auch die sog. exakten Wissenschaften in extremer Spezialisierung bestimmte Scheuklappen benutzen und auch brauchen; diese sollen einerseits der Orientierung dienen, sie können andererseits aber auch zur Desorientierung führen, wie bei einem hochnervösen Kutschpferd. Die Atom- und die Gentechnik zum Beispiel sind zwei Anwendungen der klassisch-modernen Physik und Biologie, die Chancen versprechen (und sich so legitimieren), aber auch Risiken erzeugen (und genau dies nicht *als gleichzeitig* wissen oder veröffentlichen wollen). Die aktuelle sog. BSE-Krise ist Symptom dafür, dass zwischen erkannten und unerkannten Risikofaktoren „etwas" entstanden ist, das man nicht mehr beherrschen kann; das technische oder politische Versprechen einer „hundertprozentigen Sicherheit" steht auf tönernen Füßen.

Man muss also sehen, dass alle (um-)gestaltenden Eingriffe des Menschen in die Natur zwei Gesichter haben: Chance und Gefahr. Man muss ebenfalls erkennen, dass die Menschen mit der Uneindeutigkeit von zwei gleichzeitigen Gesichtern nicht gut zurechtkommen; sie kaufen deshalb lieber eine *black box* ohne lange Listen von Risiken und Nebenwirkungen; sie lassen den Zauberbesen (vgl. Goethes Gedicht vom „Zauberlehrling") tanzen, ohne die Formel zum Aufhören zu beherrschen.

Eine Überfülle des Wissens, eine Vielzahl von Wissensarten und Verstehenswegen: „Wer denkt das wo zusammen?" fragt der Pädagoge Hartmut von Hentig in seinem Buch „Die Schule neu denken" (1993, S. 79). Daran versuchen sich interdisziplinäre

Projekte und Enquete-Kommissionen etwa zur Technikfolgenabschätzung und das seriöse Feuilleton. Hier wird freilich zunächst bestimmt, was die einzelnen Wissenschaften an Differenz in ihren Erkenntnisweisen aufgebaut haben und *dass* sie mehr kooperieren müssten (vgl. z. B. der Mikrobiologe Jens Reich in seinem ZEIT-Essay (52/00) „Unruh in Mendels Garten. Ein Plädoyer für mehr Kooperation zwischen Geistes- und Naturwissenschaften"). Erst dann wäre etwa an eine belastbare Politikberatung zu denken.

Ganz sicher aber sind für das „Zusammendenken" von Wissen und Verstehen, alternativen Perspektiven und Kulturen, Optionen und Handeln die Schule und eine Neue Allgemeinbildung zuständig. „Scholae" (griech.) heißt schließlich „Muße" und hier ist oft die einzige langjährige und sozialisierende Gelegenheit zum freien Denken, vor den Zwängen der Erwerbsarbeit und gesellschaftlichen Subkulturen. (Und wenn schon vom „Weltverstehen" die Rede ist und von der Kooperation zwischen Geistes- und Naturwissenschaften, dann ist die Geographie gleich mehrfach gefordert.)

Eine neue Formel macht nun seit über 20 Jahren auch in der Geographie Karriere, nämlich das „Vernetzte Denken" (richtiger: vernetzendes Denken), gegen ein bloß beschreibendes oder einfältig-kausales Weltbild. Diese Begriffskarriere wurde in der populärwissenschaftlichen Diskussion wesentlich gefördert durch Frederic Vesters Studie: „Ballungsgebiete in der Krise – Vom Verstehen und Planen menschlicher Lebensräume" (1976, 5. Aufl. 1994), gefolgt von verschiedenen „kybernetischen Umweltbüchern" (Kreisläufe des Wassers, 1987, Fensterbilderbücher über den Wert eines Vogels, 1983, oder über den Baum, 1985), bis hin zu praktischen Sensitivitätsmodellen für die Raum- und Verkehrsplanung. Neueste Produkte aus dieser Denkweise und für unsere Zwecke sind das Buch „Die Kunst vernetzt zu denken – Ideen und Werkzeuge für einen neuen Umgang mit Komplexität" (1999) und das Simulationsspiel „ecopolicy – ein kybernetisches Strategiespiel" auf CD-ROM (2000).

Mit den beiden letztgenannten Produkten habe ich im laufenden Jahr Versuche mit Lehramtsstudenten der Geographie gemacht, in Lektüre und Simulation am Computer. Diese Erfahrungen werden kurz vorgestellt und in ihren Grenzen problematisiert. Daran schließt sich ein philosophischer Exkurs über die verschiedenen Wissens- und Erkenntnisformen der Wissenschaften und über den Begriff der Natur und ihre Ordnungen an, den ich in der Ausbildung von Lehrern und für eine reflektierte Praxis in der Schule für notwendig halte. Schließlich skizziere ich an einem kleinen (beliebigen) Beispiel (Verkehrspolitik/Stadtplanung: Die Stadtbahn und der Rollstuhl), wie ich mir (mit einem reduzierten und definierten Anspruch) vernetzendes Denken für die schulische Handlungsorientierung und die soziale Praxis vorstellen kann.

Das Zauberwort vom „Vernetzten Denken"

Seit 1972 werden wir wissenschaftlich und politisch sozialisiert mit den berühmten Kurven des Club of Rome aus „Grenzen des Wachstums" und der Selbstgefährdung der menschlichen Existenz. Frederic Vester nennt als Ausweg und als seine Hauptwerke „Das kybernetische Zeitalter" (1976) und „Neuland des Denkens" (1980), in denen Leitlinien für den Umgang mit Komplexität von der Maßstabsebene der „Urban Systems" (Ballungsgebiete in der Krise, 1976) bis in die globale Entwicklung gezeichnet werden: Die Welt als vernetztes System (1983, 10. Aufl. 1999). Heute heißen ähnlich anspruchsvolle Parolen „Erdpolitik" (E. U. v. Weizsäcker, 1994), „Faktor Vier" (Wuppertal-Institut, 1995) oder „Nachhaltigkeit". Haben wir den richtigen Zugang zur Komplexität, verstehen wir sie eigentlich?

Der Versuch, durch eine immer umfangreichere Erfassung und Auswertung von Informationen mittels elektronischer Datenverarbeitung zu einer besseren Handhabung von Komplexität zu kommen, erweist sich zunehmend als Irrweg: „... Die Informationsflut trägt eher zum Unverständnis und zu unserer Unsicherheit bei. Trotz allem, der Mensch soll kein Sklave der Komplexität, sondern deren Meister sein" (Geleitwort zu Vester 1999). Der Anspruch von Frederic Vester ist nun, die Vernetzung von Systemzusammenhängen aus bio-kybernetischer Sicht aufzuspüren, zu analysieren und für Planung und Entscheidung nutzbar zu machen. Dies soll aber nicht mechanistisch geschehen; vielmehr gehe es darum, „Realitäten intuitiv, gewissermaßen künstlerisch, anhand von Mustern mit Unschärfen zu erfassen" (Hochleitner, in: Vester 1999, 8). Das Buch „Die Kunst vernetzt zu denken" von 1999 enthält eigentlich nichts Neues und lohnt sich vor allem für diejenigen, die sich neu mit dem Denkansatz befassen wollen.

Man lernt dann etwas über die Fehler beim linearen Denken, über die (falsche) Scheu vor sog. weichen Daten, über das Erkennen von Mustern, über das Problemlösen in Unbestimmtheit und Komplexität und die typischen sechs Fehler (nach Dietrich Dörners „Logik des Mißlingens" von 1989); man erkennt falsche Aufteilungen von Wirklichkeit, die Fuzzy-Logik der Mustererkennung in der Unschärfe und sechs methodische Defizite (Vermengung von Systemebenen, fehlende Einsicht in Interdependenzen, Ignorieren qualitativer „weicher" Komponenten, falsche Exaktheit von Planungen und Hochrechnungen); man lernt etwas über die Paradigmen der Natur bei Wachstum, Stabilität, Dichteschwellen und vor allem über die Bedeutung verschiedener Zeithorizonte. Man lernt die acht Grundregeln der Biokybernetik kennen (Rückkopplungen, Systemfunktion, Mehrfachnutzungen, Recycling, Symbiose, Feedback-Planung). Und schließlich belehrt uns der Biologe über die Existenz verschiedener Erfahrungsebenen und Sichtweisen in Zitaten von Wilhelm von Humboldt und Friedrich Schiller.

Das ist alles entscheidend wichtig und hat vielfältige Resonanz gefunden, seit 1994 beim Rat von Sachverständigen für Umweltfragen („Für eine dauerhaft-umweltgerechte

Entwicklung" 1994) ebenso wie beim Institut für Pädagogik der Naturwissenschaften (IPN):

"Gefordert ist nach Auffassung des Umweltrates die Einbindung der Zivilisationssysteme in das sie tragende Netzwerk der Natur ... Die hier maßgebliche ethische Kategorie heißt also ,Gesamtvernetzung' (Retinitätsprinzip)" (Umweltgutachten 1994, 9). "Komplexität verstehen – eine Herausforderung ... Im Rahmen einer Pilotstudie ... steht im Vordergrund, unter welchen Bedingungen Schülerinnen und Schüler in der Lage sind, relevante Strukturprinzipien zu erkennen" (IPN-Blätter 1/2000 und 2/2000).

So ausgerüstet, gestärkt und legitimiert begibt man sich womöglich an die Anwendung im Simulationsspiel "ecopolicy".

Zwei Ergebnisse vorweg: Es macht jungen Leuten Spaß. Und: Es ist sehr bedenklich. Spaß macht die Anwendung selbst, das Simulieren der Lenkung eines Staates (richtigerweise differenziert und wahlweise spielbar in einem Industrieland, einem Schwellenland, einem Entwicklungsland: Kybernetien, Kybinnien, Kyborien). "Dort können Sie ausprobieren, was es heißt, komplexe Systeme zu steuern, indem sie durch Investitionen in Geld, Einfluss und Ideen eine florierende Wirtschaft, gesunde Umweltbedingungen sowie persönliches Wohlbefinden zu erreichen suchen und die Lage in ,Ihrem' Land stabilisieren" (Handbuch zur CD-ROM, S. 12).

Die "Interaktionen" bestehen lediglich im Vergeben von Aktionspunkten (wohl identisch mit Geld), im Betrachten von intervenierenden "good/bad news" und der Wirkungen (Durchfluss von undurchschaubaren Wirkungen durch Röhren), nicht im Austausch von Argumenten oder Anwenden verschiedener Mittel. Man hat vielleicht schon nach drei Spielrunden (Haushaltsjahren) einen "Staatsstreich" (richtiger: einen Aufstand) am Hals, die anderen Spielgruppen erkennen das auch von ferne an einem Sirenengeheul und: sie freuen sich mit ...

Wenn man den Gründen der Wirkungen nachsteigt, weil man sich nicht erneut einer black-box-Willkür aussetzen mag, stößt man auf Programm-Kurven (vgl. Abb. 1). Hier erkennt man dann, dass man sich doch wieder linearen Gesetzmäßigkeiten zu unterwerfen hat, nur diesmal einem Netzwerk solcher Kurven.

Entscheidend wichtig ist also in jedem Fall eine Nachreflexion des Spiels, mit allen ernsten Fragen nach Erkenntniswegen und Wissensformen, nach Handlungsorientierung, auch nach Natur-, Politik- und Subjektbegriff.

Stattdessen endet das Handbuch mit der Gleichsetzung von Abgebildetem und Abbildung: Man gewinnt angeblich ein "wirkliches Verständnis der Steuerungs- und Selbstregulationsvorgänge eines Lebensraumes eigentlich überhaupt nur in einer Simulation. Denn nur hier können wir ohne den Stress der realen Gefahren, aber dennoch in voller Aktion erleben, wie die komplexen Vorgänge in der Umwelt, in Wirtschaft und Landesentwicklung ablaufen ..." (Handbuch S. 107 f.). Da das Spiel programmiert ist und da es ein Modell in großer Vereinfachung der Wirklichkeit(en) ist und da es eine Simulation ist, stimmt in diesem Zitat fast kein Wort mehr: „wirkliches Verständnis", „Selbstregulationsvorgänge", „Lebensraum", „eigentlich", „überhaupt nur", „volle Aktion", „Erleben", „komplexe Vorgänge", „die Umwelt", „die Wirtschaft", „die Landesentwicklung".

So wird durch die Verführungskraft des Mediums die knappe Unterrichtszeit im Nu verbraucht, schlimmer noch: die Zeit für andere Inhalte wird mitverzehrt (Zeitbedarf für das reine Spiel: „mindestens 4-6 Stunden", nicht gerechnet die Einführung, der Regieaufwand zum Hochfahren der Rechner und Disziplinieren der Kleingruppen, schon gar nicht eine ernste Nachbereitung etc.). Das Spiel erzeugt mediengemäß („Moorhuhnjagd") ein trügerisches Allmachtsgefühl mit poker-face, als könnte man sich durch die gesamte und komplexe Politik hindurchklicken. „Die" Wirklichkeit bleibt virtuell *anstelle* von „Erleben" und „Aktion" und „wirklichem Verständnis". Als Operationalisierung des Ansatzes „Vernetzt denken" wirkt das Spiel – gemessen am eigenen Anspruch – m. E. kontraproduktiv und eher zeitgeistig (Krise der Schule/Bildung? Laptops für alle!). Wie lässt es sich erklären, dass eine Denkweise zur Aufklärung von Welt in der Anwendung als Instrument überfordert wird und wieder derart in die Irre führt?

Eine Erklärung dafür lässt sich bei Köck (1995) und Dörner (1989) entlehnen. Die Vernetzungstheorie (man sollte generell hier nicht von Systemtheorie sprechen, weil diese inzwischen konzeptionell und begrifflich höherrangig durch die Soziologie, z. B. Niklas Luhmann, besetzt ist) betrachtet Systeme als kognitive Konstrukte. Konstrukte sind also schon Interpretationen der realen Welt durch den Menschen; diese hängen ab von einer Fragestellung und vom Erkenntnisinteresse des jeweiligen Betrachters. Da die Terminologie der Vernetzungstheorie aber naturwissenschaftlich-technisch geprägt ist, ist der Verlockung kaum zu widerstehen, auch den subjektiven Faktor in der eigenen Betrachtungsweise wie Sachzusammenhänge zu betrachten. Vester hat offenkundig auch das Interesse, seine Denkweise so für andere zu operationalisieren, dass sie verkäuflich wird, mit der Gefahr der unzulässigen Vermischung von Systemen und Banalisierung von Politik.

Man kann der Falle entgehen, wenn man die Systemfunktionen und die Variablen radikal selbst beschränkt, wie es Köck in der Definition *und* Anwendung tut: „Raum entsteht mithin dadurch, dass ein Subjekt interessegeleitet die Lagemerkmale bestimmter geosphärischer Objektmengen ermittelt, gedanklich verknüpft, strukturiert und als relative Ganzheiten interpretiert. Folglich sind die jeweils „erkannten" Räume, analog den [...] Systemen, keine empirischen Gegebenheiten, sondern lediglich gedankliche Konstrukte je bestimmter empirischer Korrelate" (Köck 1995, 3).

Im konstruktivistischen Grundsatz lautet das: „A erkennt B als C". Köck (A) betrachtet also z. B. die finnische Seenplatte (B) als System (C). Das Seensystem sieht er dabei als „nur relative und dabei interesse- bzw. perspektiveabhängige Ganzheit" unter den Aspekten a) Subsystem des Ostseeraums, b) eiszeitlich bedingtes Seensystem, c)

Kurve 4

**Produktion auf
Umweltbelastung**

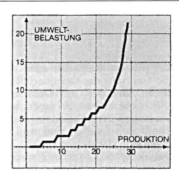

Die Wirkung der **Produktion**
(Industrie, Handwerk, Landwirtschaft, Dienstleistung)

auf die **Umweltbelastung**
(Abgase, Abwässer, Abwärme, Lärm, Raubbau, Landschaftszerstörung,
Trennung natürlicher Kreisläufe, Verkehrschaos, Städtezerfall)

entspricht einer exponentiellen, d.h. sich beschleunigenden Entwicklung. Dies
ist ein Erfahrungswert, wie ihn die letzten 30 Jahre ergeben haben. Mit anderen Worten, eine Verdopplung der Produktion bedeutet nicht eine Verdopplung der Umweltbelastung, sondern wegen der dabei ja oft noch intensivierten
Verfahren, der dazu nötigen Zusatzenergie und Hilfsmittel bei gleichzeitig immer schwierigerer Entsorgung – von der Verkehrsbelastung ganz abgesehen –
eher eine Vervierfachung gegenüber kleineren Eingriffen.

Abb. 1: Kurvenerklärung zum Simulationsspiel.

Dichte- und Vernetzungsunterschiede. Außerhalb der geographisch-räumlich-systemi-
schen Betrachtung bleiben nach Köck aus Definitionsgründen und auch aus Kompe-
tenzgründen etwa das biologische System, das physikalisch-chemische Substrat, das
ökologisch geschädigte/gefährdete Potenzial, das ästhetische Ensemble (Köck 1995,
5 f.). Sinngemäß nach Köck mit anderen Worten: Diese Aspekte und empirischen Gegebenheiten gibt es auch, aber wir würden uns als Geographen überfordern, auch diese noch in die „geographische" Ganzheit zu übernehmen oder gar zu analysieren.
Wohlgemerkt: Das gilt für die reduktionistische systemische Betrachtungsweise, nicht
für andere Interessen und Methoden in der Geographie.

Wenn man im eigenen Systemkonstrukt bleibt, kann man die Innenbeziehungen auf
jedes Beispiel und auch auf verschiedene Maßstäbe im Prinzip übertragen (z. B. Fluss-
Systeme): Reagieren, Speichern, Regeln, Aufnehmen, Abgeben, Bewegen, Fließen ge-

mäß Masse, Energie und Information. Nach Köck (1995, 19) ist es das Ziel des synergetischen Ansatzes, „für ganz unterschiedliche Systeme analoge räumliche, zeitliche und funktionale Ordnungsstrukturen aufzudecken." Die Überfülle des Wissens und der Sachverhalte soll auf eine überschaubare Zahl grundlegender polyvalenter Ordnungsstrukturen bzw. die „äußerst vielfältige raumgesetzliche Ordnung der Geosysteme aus wenigen Grundelementen" abgeleitet werden (Köck 1995, S. 20). Hier nun nähern wir uns einer gefährlichen Grenzüberscheitung der Idee. Nicht nur wegen der „dramatischen qualitativen Änderungen von Strukturen als Folge der kritischen, nämlich grenzwertüberschreitenden Änderung bestimmter äußerer Parameter" (Köck 1995, S. 20). Die Gefahr liegt vor allem in der Gleichbehandlung biologischer/physikalischer Gesetze und gewisser Regelhaftigkeiten im menschlichen/sozialen Verhalten und Handeln – ein altbekanntes und grundsätzliches Problem auch in der Geographie wegen ihres Doppelcharakters als Natur- und als Sozialwissenschaft.

Der Psychologe Dietrich Dörner hat in seinen vielfachen Simulationsversuchen zu Entscheidungen in Unbestimmtheit und Komplexität (Bürgermeister, Fabrikant, Entwicklungshelfer etc.) regelmäßig ein entmutigendes „kognitives Defizit" der Subjekte festgestellt. Die Versuchspersonen planen alle linear-kausal (wenn-dann) und sind unfähig, „die Systemvernetzung aus den Wirkungen ihrer Maßnahmen richtig zu bewerten" (vgl. auch Verbeek 1994).

Ist das bei Schülern/Studenten als Versuchspersonen bei „ecopolicy" anders zu erwarten? Kann der Programmierer das kognitive Defizit weg- bzw. gegenprogrammieren? Kennt er selbst denn überhaupt „die" Systemvernetzungen und „richtig/falsch"? Wäre nicht schon der Versuch allein der Beweis für ein eigenes kognitives Defizit? – Zur Erinnerung: Systeme sind gedankliche Konstrukte unter bestimmten Aspekten und Erkenntnisinteressen und entsprechenden Interpretationen. Und wenn das für die Versuchspersonen gilt, dann gilt das auch für die Konstruktion bzw. Konstrukteure der Versuchsanordnung selbst, z. B. das Simulationsspiel „ecopolicy".

Wenn man nun trotzdem den hohen methodischen Reiz eines solchen Simulationsspiels nutzen und die Kritik an einer mechanistischen Entartung der Vernetzungsmethode konstruktiv wenden will, dann kann man beginnen bei einer „Fortschreibung" der Kurvendiskussionen (vgl. oben Vesters Kurvenbeispiel „Produktion", Abb. 1). Der Erläuterungstext von Vester wäre fortzuschreiben (z. B. als Gruppenaufgabe/Leistungs-/Reflexionsnachweis oder auch als Vorgabe des Lehrers) beispielsweise wie folgt:

„Die in der Kurve zusammengefassten Wechselwirkungen zwischen zwei (hoch · aggregierten!) Variablen würden sich in dieser Weise ‚ceteris paribus' entwickeln, d. h. unter sonst gleichen Umständen. Damit ist aber nicht zu rechnen. Auf die langjährigen Trends haben nämlich Wissenschaft, Politik, Verwaltung und Öffentlichkeit auf jeweils verschiedene Weise zu reagieren begonnen."

- Die **Wissenschaftler** haben z. B. aus der Analyse der Produktionslinien, Transport-ketten und Entsorgungspfade die Methode der „Ökobilanz" entwickelt, mit deren Hilfe man die Produktion, Distribution und Konsumtion durchleuchten und einzel-nen Produkten und Verhaltensweisen zuschreiben kann (sog. Ökologische Ruck-säcke).
- Die **Techniker** befassen sich mit der Effizienzsteigerung bis hin zu einem „Faktor Vier" oder „Faktor Zehn" (z. B. 3-Liter-Auto, 1-Liter-Auto) in der Produktion und Emission.
- Die **Politik** reagiert oder agiert mit Gesetzen zum nach- und zum vorsorgenden Umweltschutz; sie lässt sich beraten in Hearings, von Beiräten und Enquete-Kom-missionen.
- Die **Verwaltung** sorgt mit Verordnungen und als Exekutive für die Umsetzung und Kontrolle; sie wird ihrerseits kontrolliert durch eine **Verwaltungsgerichtsbarkeit**, durch **Rechnungshöfe** etc.
- Da alle Organisationen von Menschen besetzt werden, gibt es natürlich trotzdem noch und auch Missbrauch, Korruption, Irrtümer und Pannen; die **Öffentlichkeit** (Presse, Verbände, Bürger) sorgt dafür, dass die Subjektivität in Wissenschaft, Politik und Verwaltung nicht unerkannt bleibt.
- Alle **Subjekte** handeln schließlich generell als gesellschaftliche Individuen immer auch nach eigenen Interessen, helfend oder störend: Entweder sie kaufen ein 3-Liter-Auto oder sie kaufen es trotzdem nicht.
  Beachte: Man kann das System ‚Marktwirtschaft' nennen, dann können Korrup-tion und Schwarzgeld und Lebensmittelverseuchung zum Ordnungsgesetz der Kapitalverwertung/Profitmaximierung/shareholder values dazugehören, wären also systemstabilisierend/-erhaltend. Man kann aber auch in diesem System Kar-telle verhindern, Korruption bekämpfen, ‚Ökomanager des Jahres' werden oder eine Initiative Ökologischer Unternehmer gründen und damit ein anderes System (‚die' Umwelt?) stärken; oder wieder anders: die Marktwirtschaft vorausschauend gegen ihre eigenen Ideologen stärken (vgl. den Streit: Umweltschutz vernichtet – schafft Arbeitsplätze). Zunehmend wird auch der Versuch gemacht, die Maß-stabsebenen ‚global' bis ‚lokal' zusammenzudenken und vernetzt zu handeln, von ‚Rio' bis zur ‚Lokalen Agenda' usw."

So oder ähnlich könnte eine Fortschreibung der linearen Extrapolationen nach Vester aussehen. Sie macht deutlich, wie komplex und fraktal „die" Wirklichkeit und „die" Funktionsmuster sind/sein können, dass es verschiedene Weltbilder und Ideologien dazu gibt und wie es *systemisch* unmöglich ist, so etwas konkret zu programmieren. Man kann lediglich versuchen, die *Idee* davon zu skizzieren, *dass* alles mit allem zusammenhängt, und dann versuchen, dies mit *verschiedenen* Methoden in den *jeweiligen* Zusammenhängen zu bearbeiten.

Gibt es eine Ethik (in) der Vernetzung?

Nach diesem langen Abschnitt über den Sinn des vernetzenden Denkens und die Bedenklichkeit zu hoch gehängter Modelle ist noch eine weitere Reflexion erforderlich. Das hat uns der Rat von Sachverständigen für Umweltfragen eingebrockt, indem er in seinem Umweltgutachten 1994 nachholend das Prinzip der Vernetzung/Retinität und der Nachhaltigkeit als „ethisch" verkündete. Gefordert wird die „Einbindung der Zivilisationssysteme in das sie tragende Netzwerk der Natur", „die maßgebliche ethische Kategorie heißt also ‚Gesamtvernetzung'". Auch Köck spricht von einem „raumethischen Imperativ": „Verhalte dich so, dass Du zur Erhaltung oder Wiederherstellung sozial- oder naturräumlicher Systemgleichgewichte beiträgst!" (Köck 1993, 20). (Köck ist sich der Vertracktheit des Problems bewusst, wenn er an anderer Stelle, 1985, 17; 1997, 141, ein sozialräumliches Gleichgewicht nur dann als maßgeblich erhaltenswert betrachtet, wenn dieses „begründet" ist. Aber damit ist die Vertracktheit noch nicht aus der Welt, denn auch die Begründung ist ja niemals eindeutig, sondern stets auch interesse-/positionsgebunden. Es gibt zudem gute und schlechte Gründe, die nicht ohne weiteres als solche zu erkennen sind oder gar ihre Ladung historisch umkehren.)

Deshalb soll hier kurz reflektiert werden, ob das „Netzwerk der Natur" ernsthaft *ethisch* genannt werden soll und ob die Natur wirklich Vorbild/Maßstab für das Verhalten/Handeln der Menschen sein kann/soll. (Dann hätte man nämlich der Evolution ständig in den Arm fallen und z. B. die Dinosaurier in ihrem ökologischen Gleichgewicht retten müssen. Dann dürfen wir als Geographen auch nicht mehr von Naturkatastrophen sprechen, sondern müssten die Bevölkerung über die homöostatische – und also ethische(?) – Bedeutung eines Vulkanausbruchs oder eines Bergrutsches oder eines Schneesturms aufklären.) Gemeint ist sicherlich, dass man sich in seinem Verhalten und Handeln *orientieren* soll an der Existenz und Kenntnis der Natursysteme (also nicht am Vesuvhang siedeln und nicht bei Schneesturm Auto fahren), nicht aber, dass man sie absolut *erhalten* soll[1].

Wer das Leben und die Welt erklären darf und wie, wird in der Philosophie i.w.S. schon immer diskutiert. Lohnend wäre es z. B. noch einmal unter „Höhlengleichnis/Platon" nachzuschlagen, wo die Welt sich den Bewohnern einer Höhle nur als Schattenbild widerspiegelt. Oder unter „Kopernikus/Galilei/Inquisition", wo die Erde – nach der Empirie – nicht mehr Mittelpunkt des Universums ist, aber – unter Androhung der Folter – doch bleiben soll. Und so weiter. Wenn das Wort „Dogma" auftaucht, ist genauso Vorsicht geboten wie beim Wort „Axiom": „Das nicht Hinterfragbare".

Derzeit läuft eine Reihe „Zukunft der Geisteswissenschaften" in der „ZEIT", die bei der Orientierung auch für Geographen als Grenzgänger zwischen Natur- und Geisteswissenschaft helfen kann, z. B.: „Wer sagt, was Leben ist?" (49/00), „Im Irrgarten der Empirie" (50/00), „Wer denkt die Welt" – Streitgespräche zwischen Hirnforscher und Philosoph (50/00), „Unruh in Mendels Garten" (52/00).

Der Übersichtlichkeit, Orientierung und Nachlesbarkeit halber nehme ich i. F. Bezug auf ein dreijähriges interdisziplinäres Projekt an der Universität Basel: „Mensch – Gesellschaft – Umwelt". Das zugehörige lohnende Buch heißt „Natur erkennen und anerkennen – Über ethikrelevante Wissensbezüge zur Natur" (Altner u. a. 2000). Projekt und Buch befassen sich aus der unterschiedlichen Perspektive von Biologen, Chemikern, Theologen und Physikern mit unserem Dilemma:

> „Wäre die Natur als ganzes nichts anderes als ein funktionierender Mechanismus, den man immer besser erforschen, vorausberechnen, kontrollieren kann, dann wäre sie nichts weiter als ein Objekt für uns Menschen. Sie könnte keine ethische Beziehung in uns wachrufen. Die überwiegende Mehrheit unter den Naturwissenschaftlern betrachtet die Natur heute so – mit den bekannten Folgen von Umweltzerstörung und geklonten Schafen" (Altner et al., 2000, Klappentext).

Anders gesagt: Wäre die Natur nur ein System von gesetzmäßigen Zusammenhängen und würden wir dies als ethische Richtschnur übernehmen, hätten wir den Kreis zum Quadrat gemacht, ohne es zu merken. Deshalb ein kurzer Abriss zur (Nicht-)Identität von Natur und Mensch. Der Schreck, der uns heute zuweilen erfasst, ist bestimmt durch die Entdeckung, dass in Zukunft der Mensch über den Gang der Evolution entscheidet/ zu entscheiden gewillt ist. Freilich differenziert sich „der" Mensch: in den nutznießenden Teil bei der technischen Verfügung über die Natur und den im „Taumel der Orientierungslosigkeit" erschreckenden und philosophierenden Teil.

Der Grenzgänger zwischen Physik/Mathematik und Philosophie Gernot Böhme (2000) widmet sich der Frage nach der Orientierung zwischen der *Natur als Gegebenes* und *Natur als Gemachtes*. Er zeigt, dass Natur im europäischen Selbstverständnis stets ein fester Topos war als „das Gegebene", während der Mensch seine Kultur/Gesellschaft/Technik als „das Gemachte" verstehen konnte, dass aber auf Grund der Technologie im 20. Jahrhundert „der Mensch an sich fast nichts mehr als gegeben zu akzeptieren gezwungen ist" (Böhme 2000, 13). Der moderne Mensch sucht nun seine Stellung im Ganzen, ohne dieses Ganze voraussetzen zu können, indem er dieses durch Technik und Produktion selbst ständig verändert.

In den traditionellen Konzepten der „Bewahrung der Schöpfung", aber auch der „Erhaltung des natürlichen Gleichgewichts" wird Natur etwa so verstanden: „Wenn das Naturganze als *Kosmos* bezeichnet wird, so wird diesem Ganzen eine gefügte Ordnung unterstellt, nach dem dieses Ganze eine stabile, besser gesagt, sich selbst reproduzierende Ordnung ist, deren innere Beziehungen stimmig sind und dem Ganzen ein schönes Aussehen verleihen. Das ist mit dem Konzept *Schöpfung* nicht sehr viel anders, nur dass hier explizit diese Ordnung als eine göttlich gesetzte verstanden wird. Auch hier gilt, dass das Ganze gut, schön und seinen inneren Beziehungen nach zweckmäßig eingerichtet ist (vgl. 1. Moses 1, 31 und Psalm 104)" (Böhme 2000, 14).

Heute erscheint es nicht mehr sinnvoll, „Natur als ein durch eine stabile Reproduktionsordnung geregeltes Ganzes zu verstehen. Die wissenschaftlichen Theorien und Erkenntnisse von der Thermodynamnik über die Evolutionstheorie bis hin zur Kosmologie zwingen uns dazu, gerade Instabilität als ein wesentliches Element des Naturgeschehens zu akzeptieren" (Böhme 2000, 15). „Alle bisherigen Modelle einer Bestimmung des Menschen im Ganzen der Natur" (ebd., 22) sind nach *Böhme* hinfällig geworden:

> „Menschliches Handeln in der Natur ist eben keineswegs nur, wie Marx noch wollte, Naturaneignung, nämlich Hineinholen der Natur in den menschlichen Bereich – wobei dann die Restnatur unverändert bliebe. Vielmehr ist diese Restnatur, und zwar in der Regel über nichtintendierte Nebenfolgen menschlichen Handelns, global durchweg durch anthropogene Faktoren bestimmt" (ebd., 21).

> „Stabilität ist in der Natur kein immanentes Ziel. Die eigentliche Forderung wäre, dass der Mensch seine Wirkung auf die Natur und in der Natur von der Stoffdissipation bis zur Veränderung von Ökosystemen kontrolliert und bewusst wahrnimmt" (ebd., 21).

Für diesen bewussten und kontrollierten Umgang mit der Natur nennt Böhme (24-27) vier Formen des Naturwissens, die die Zusammengehörigkeit von Mensch und Natur „aus der Mitte heraus" und *von vornherein* unter ethischen Gesichtspunkten denken:

1. Natur ist eine *subjektive Tatsache* im Modus des *Für-uns*. Das, was Natur ist, bestimmt sich aus unserer Teilhabe am Naturprozess. Das Wissen der Naturwissenschaften ist als Orientierungswissen ungeeignet, weil es das Sein des Menschen in der Natur nicht selbst mitthematisieren kann.
2. Das Prinzip der Selbstorganisation ist als ein Prinzip zu verwenden, das geologische und kulturelle Evolution zusammenfasst. Das „anthropische Prinzip" betrachtet die Natur als einen Prozess, in dem der Mensch entstanden ist und vorkommt.
3. Wissen davon, dass *wir selbst Natur* sind, beruhend auf Selbsterfahrung (nicht in der Fremderfahrung der Naturwissenschaften).
4. Wissen von der Natur, in der die Bestimmung der Naturzustände durch den Menschen als Wirkfaktor berücksichtigt wird: *Sozial konstituierte Natur*. Der Mensch geht dabei nicht nur als natürlicher Faktor wie andere ein, sondern als einer, dessen Verhalten normativ geregelt ist (Bedürfnisse, Wirtschaftsverhalten, Rechtsordnung etc.). Natur wird nicht nur als das Faktische, sondern auch als das Wünschbare/Nichtwünschbare betrachtet.

Eine „soziale Naturwissenschaft" als Zwitterwesen aus klassischer Naturwissenschaft und Sozialwissenschaft macht Verständnis- und Verständigungsprobleme (diese sind aber der Geographie, soweit sie noch „eine Welt" betrachtet, angeboren). Es geht um Begriffspaare wie Sein – Sollen, Erklären – Verstehen, nomothetisch – idiographisch, Richtigkeit – Wahrheit. Aus verschiedenen Wissenszugängen und Absichten entwickeln sich verschiedene wissenschaftliche Sprachen und Denkstile: Eindeutigkeit – Vieldeutigkeit, Konkretheit – Abstraktheit, Faktenwelt – Lebenswelt (vgl. dazu Heinrich Ott in Altner 2000, 259-277).

Der Physiker Jan C. Schmidt stellt fest, dass die klassisch-moderne Physik extremistisch ist, fernab vom Menschen und seiner Lebenswelt Dies gilt für den Fokus „Kosmos" wie für den Fokus „Teilchenphysik". Makroskopische Strukturbildungen wie mikroskopische Effekte führen zum Verlust der lebensweltlichen Natur; in der „Naturvergessenheit" ist Dialog nicht möglich. Fruchtbare Ansätze sieht Schmidt dagegen in der Natur mittlerer Größenordnung, im lebensweltlichen Mesokosmos. Dieser ist in der Chaostheorie vorgedacht. Der je eigene Zugang der Naturwissenschaft und der Lebenswelt fokussiert sich in der „chaosfähigen Natur". Natur ist dann nicht mehr nur das, was mess- und wiegbar ist, objektiv und fremd. Die Länge der Küste von England ist nicht messbar, wegen der Gezeiten und wegen der Wellen nicht und wegen der unterschiedlichen Maßstäbe bis in die molekulare Dimension, sagt Benoît Mandelbrot. Keine zwei Muscheln sind identisch trotz gleicher Genetik, sagt der Biomediziner Friedrich Cramer. Die Natur formt sich *fraktal,* dahinter stehen allgemeine Gesetzmäßigkeiten der Chaostheorie, sie führen zur Selbstähnlichkeit, aber zu phänomenologisch bemerkbaren Variationen.

Fazit: 1. Chaos ist das strukturlose und strukturierende Prinzip im Anfang der Welt; der Begriff ist aber kulturbelastet (zwischen Ur-Kraft und Wirrnis); 2. Chaos ist nicht Zufall und Beliebigkeit, sondern verbleibt als Prinzip – unter spezifischen Aspekten – im Ursache-Wirkungs-Kontext; 3. Chaos ist Zeichen für Sensitivität; 4. Chaos ist Zeichen für die prozesshafte Natur, in der Neues entstehen kann; 5. Chaos ist die Ordnung einer chaosfähigen Natur; es ermöglicht erst Ordnung in pulsierenden, dynamischen Ordnungen des Lebens. Der „rote Faden" wird nachträglich transparent.

Gegenstand des vernetzenden Denkens und der Geographie wäre also die lebensweltlich zugängliche Natur der mittleren Größenordnung. „Natur wird wieder unter mesokosmischen, unter prozesshaften, relationalen, phänomenologisch-morphologischen, partizipatorischen Aspekten zu einem Thema für die Naturwissenschaften" (Schmidt 2000, 297 f.). Und dies gilt sinngemäß auch für das System und die Praxis von Gesellschaft und von Politik.

Vernetzendes Denken als ständige praktische Übuung

Ernsthaft vernetzend denken kann man nur aus Selbsterfahrung und darauf aufbauendem Perspektivenwechsel; es ist eine kreative Arbeit, das Gegenteil von Instruktion. Vernetzend denken ist eine Herausforderung, die vom Subjekt als hoher Reiz im fortschreitenden Verstehen empfunden werden kann, zudem von Immanuel Kant geadelt: *Habe Mut, dich deines eigenen Verstandes zu bedienen.*

Im Unterricht sollte man deshalb auf „zu große", „zu fremde" und zu allgemeine Themen verzichten. Ich selbst mache seit langem damit unterrichtspraktische Versuche, z. B.: Vernetzung oder Verstrickung? (1994), Den Raum in Netzen erzählen (1994), Was ist der Fall und was steckt dahinter? (1995), Der Dilemma-Diskurs (1996), Stadt als narrativer Raum (1996), Weltverstehen durch Perspektivenwechsel (1996), Wie breit ist eine Autobahn? (1996), Wir leben in verschiedenen Welten (2000), Wir stochern mit der Stange im Nebel (2001)[2].

Es geht immer um Übungen, indem über den Fall (Bild, Problem, Tabelle, Karte) hinaus und auch „von der Rückseite" her fast detektivisch gefragt wird: Wer ist beteiligt, sichtbar und/oder unsichtbar? Wie lautet das Problem, für wen? Wer hat welche Interessen, welche Sehweisen? Gilt das Problem nur für eine begrenzte Zeit? Kurz-, mittel-, langfristig? Gilt das Problem in jedem Maßstab? Global, kontinental, regional, lokal, individuell? Welche Lösungen werden vorgeschlagen, von wem und aus welchem vermutlichen Interesse? Gibt es Alternativen? Welche Folgen sind von der Lösung zu erwarten, welche unbeabsichtigten Nebenfolgen? Kann es einen realistischen Konsens über Ziele und Mittel geben? – Eine solche hypothetische Analyse kann tabellarisch oder als *mind-map* eine erste Ordnung ins Chaos bringen und ist Anstoß für eine weitere Runde des „fact-finding" (Interviews, Pressearchiv, Internetrecherche etc.); beides zusammen ist Grundlage für eine seriöse Debatte, Bewertung und Problemlösung/ Handlungsorientierung.

Das Foto „Breite Rollstühle" ist von 1997; Ende 2000 wurde im Stadtrat die Ergänzung fehlender Hochbahnsteige erneut und ausdrücklich abgelehnt. Rollstuhlfahrer haben also zwei raumstrukturelle Probleme: Wie rein/raus und wie rauf/runter? Rollstuhlfahrer sind aber gar nicht sichtbar im Foto (und aus den genannten Gründen auch kaum in der Praxis). Was ist nun das Problem? Wer hat zu entscheiden? Wer plant und baut? Wer bezahlt? Was hat man 1997 für 2000 erwartet? Gibt es eine Problemlösung und eine Zielsetzung? Wo sind die Schnittstellen zwischen den verschiedenen Expertisen? Und so weiter, siehe oben.

Das Foto wird im Unterricht aufgefüllt und umgeben mit Sachaspekten, Zeit- und Raumbezügen, Sichtweisen und Perspektiven. Das Problem wird immer reizvoller, eine Bewertung und Entscheidung am Ende unausweichlich (denn: Man kann sich nicht *nicht* entscheiden!).

Abb. 2: Presseartikel „Breite Rollstühle passen nicht in jede Bahn" –
Anstoß zum vernetzenden Denken und Perspektivenwechsel.

Vor allem aber: Schüler können am Problem und an seiner Wahrnehmung und Behandlung partizipieren, sie können jedes Argument durchschauen und prüfen, sie finden die
maßgeblichen Variablen selbst und aus der lebensweltlichen Erfahrung, sie lernen in
Alternativen und unterschiedlichen Perspektiven denken und begründet urteilen.

Ursprünglich in: Geographie und Schule. Themenheft „Vernetztes Denken". 23. Jg., Heft 132, Aug. 2001, 3-8.

Anmerkung

1 Vgl. dazu Text Nr. 3 „Garten, Regenwald und Erdbeben" in diesem Band
2 Nachweis in: www.geographie.uni-jena.de/lehrstühle/didaktik/personal/rhode_jüchtern/
   publikationen-p-308.html

Literatur

Altner, Günter/Gernot Böhme/Heinrich, Ott 2000: Natur erkennen und anerkennen. Über ethikrelevante Wissenszugänge zur Natur. Zug/Schweiz

Altner, Günter 1991: Naturvergessenheit – Grundlagen einer umfassenden Bioethik. Darmstadt

Böhme, Gernot 2000: Die Stellung des Menschen in der Natur. In: Altner et al. 2000. 11-30

Breuer, Reinhard 1984: Das anthropische Prinzip. Der Mensch im Fadenkreuz der Naturgesetze. Frankfurt/M.

Cramer, Friedrich 1995: Gratwanderung – Das Chaos der Künste und die Ordnung der Zeit. Frankfurt/M.

Dörner, Dietrich 1989: Die Logik des Misslingens. Strategisches Denken in komplexen Situationen. Reinbek

Köck, Helmuth 1985: Systemdenken – geographiedidaktische Qualifikation und unterrichtliches Prinzip. In: Geographie und Schule Heft 33, 15-19

Köck, Helmuth 1993: Raumbezogene Schlüsselqualifikationen. In: Geographie und Schule Heft 84, 14-22

Köck, Helmuth 1995: Räume als Systeme. Eine kleine Übung im geographischen Perspektivenwechsel (unveröff. Antrittsvorlesung) Landau

Köck, Helmuth 1997: Der systemtheoretische Ansatz im Geographieunterricht. In: Convey, A./Nolzen, H. (Hrsg.): Geographie und Erziehung. München, 137-146

Kasko, Bart 1995: Fuzzy Logisch – Eine neue Art des Denkens. Düsseldorf

Mandelbrot, Benoît B. 1989: Die Fraktale Geometrie der Natur. Basel

Ott, Heinrich 2000: Verständigungsprobleme im Gespräch zwischen Naturwissenschaften und Geisteswissenschaften. In: Altner et al. 2000, 259-277

Rat von Sachverständigen für Umweltfragen (1994), Umweltgutachten 1994: Für eine dauerhaft umweltgerechte Entwicklung. Stuttgart

Rhode-Jüchtern Tilman/Detlef Kanwischer 2001: Wir stochern mit der Stange im Nebel – Konflikte und Konfliktbehandlung in Afrika. In: Geographie heute, Heft 190, 36-41

Schmidt, Jan C. 2000: Ethische Perspektiven einer politischen Naturphilosophie. In: Altner et al. 2000: 73-100

Verbeek, Bernhard 1994: Die Anthropologie der Umweltzerstörung. Die Evolution und der Schatten der Zukunft. Darmstadt

Vester, Frederic 1976/1991: Ballungsgebiete in der Krise. Vom Verstehen und Planen menschlicher Lebensräume. Stuttgart/München

Vester, Frederic 1999: Die Kunst vernetzt zu denken. Ideen und Werkzeuge für einen neuen Umgang mit Komplexität. Stuttgart

Vester, Frederic 2000: ecopolicy – das kybernetische Strategiespiel auf CD-ROM (mit Handbuch). Braunschweig

Weizsäcker, Ernst Ulrich von 1994: Erdpolitik. Ökologische Realpolitik an der Schwelle zum Jahrhundert der Umwelt. (4. Aufl.) Darmstadt

Weizsäcker, Ernst Ulrich von et al. (1995): Faktor Vier. Doppelter Wohlstand, halbierter Naturverbrauch. Der neue Bericht an den Club of Rome. München

24. Wissenschaftstheorie
Orientierung im Grenzgängerfach

Wissenschaftstheorie – ein wiederentdecktes Stichwort?

In den letzten 10 Jahren ist ein Teil der geistigen Unruhe, vor allem an den Universitäten, über Fragen entstanden wie: Was wird hier eigentlich geforscht und gelehrt, lassen sich die Inhalte und Methoden begründen, wem nützt das, wie lassen sich der Mitteleinsatz der Gesellschaft für die Wissenschaft und deren Macht beurteilen und kontrollieren, welche neu entstandenen Probleme bedürfen einer Lösung? Es wurde verstärkt bewusst, dass es „die" Wissenschaft als ein Wesen, das in einer gradlinig historischen Entwicklung nur der objektiven Suche nach der Wahrheit verpflichtet ist, nicht geben kann; außerwissenschaftliche Einflüsse und Abhängigkeiten, das jeweilige Bewusstsein der Wissenschaftler, Politiker und gesellschaftlichen Gruppen, sich wandelnde Notwendigkeiten und Nützlichkeiten, wissenschaftliche Moden und Machtkämpfe u. v. m. ragen in die einzelnen wissenschaftlichen Disziplinen oft sehr massiv hinein. Wenn sich das politische System, die wirtschaftliche Lage, die Großprobleme und damit auch das Bewusstsein einer Gesellschaft ändern, kann das für die Einzelwissenschaften einschneidende Folgen haben; das Image und die Förderung können zur Hochkonjunktur oder auch zur existenzbedrohenden Krise führen (vgl. z. B. den Niedergang der Altphilologien und einiger Geisteswissenschaften und den Aufstieg von technischen Disziplinen und Naturwissenschaften). Solche Prozesse, die Entstehung und Begründung einzelner Erkenntnisinteressen sowie Methoden und die Rechenschaft über die Verwendung wissenschaftlicher Resultate sind im weiten Sinne Gegenstand der *Wissenschaftsforschung* und der *Wissenschaftstheorie*.

Entsprechend den bohrenden Fragen an „die" Wissenschaft ist auch die Diskussion um die Didaktik und Methodik fast aller Schulfächer wiederbelebt worden. Je stärker die Verunsicherung des gesellschaftlichen Normenhorizontes auf ein Fach durchschlug oder hier eine Entsprechung fand, desto intensiver waren die Versuche zur Reform oder auch zu deren Verhinderung. Die Fächer Deutsch, Geographie, Geschichte, aber auch Musik und Kunst u. a. sind nach den vergangenen 10 Jahren weithin neu konstituiert und legitimiert worden. Das Exemplarische eines Inhalts, die Bedeutung des Inhalts für das jetzige geistige Leben der Schüler und für deren Zukunft (so einige Grundfragen zur didaktischen Analyse nach Klafki, 1963) sind aber für den Lehrer stets neu zu prüfen und zu begründen; auch dafür braucht er eine einigermaßen klare Vorstellung, in welchen geistigen „Fußstapfen" er selbst sich in einer verwissenschaftlichen Welt und als Vermittler von Fähigkeiten zum Leben der Schüler in dieser Welt bewegt.

Wissenschaften haben verschiedene Erkenntniswege

Seit vor allem in der Philosophie eine Klärung gesucht wird, was die Wissenschaften zur Erklärung der Welt und des Geistes tun können und tun, gibt es Systeme oder auch Annahmen für die Zuweisung einzelner Disziplinen zu unterschiedlichen Erkenntniswegen.

Beispiele:

In der *aristotelischen Denkweise* wird nach *Gesetzlichkeiten* gesucht; diese ergeben sich aus der *Häufigkeit* etwa geographisch-historischer Einzeldaten (für die Psychologie heißt das z. B.: die Tatsache, dass 3-jährige Kinder relativ häufig trotzig sind, lässt den Trotz als etwas zum Wesen des Dreijährigen gehöriges erscheinen, vgl. Lewin). Mit den Gemeinsamkeiten der Individuen einer Klasse soll zugleich das „Wesen" dieser Individuen erfasst werden.

In der *galileischen Betrachtungsweise* ergibt sich Gesetzlichkeit nicht aus der Kumulation von vorfindbaren Einzeldaten; vielmehr geht sie aus von der *Gültigkeit* eines Gesetzes für den Einzelfall; statt eines Durchschnitts wird der „reine Fall" untersucht; schon eine einzige Ausnahme gilt als Beweis gegen die Allgemeingültigkeit eines Gesetzes.

Diese beiden Erkenntniswege zeigen bereits grundlegende Unterschiede: Der eine versucht, von der Erfahrung am Einzelfall zu allgemeinen Aussagen zu kommen (*Induktion*), der andere gewinnt aus der Annahme allgemeinverbindlicher Gesetze einen „Typus", wobei dieser „reine Fall" durch Hinzufügung historischgeographischer „Restfaktoren" oder Randbedingungen in der Realität anwendbar wird (*Deduktion*). Mit der Lösung etwa vom Monopol der Kirche oder von der Beschränkung auf wenige große Geister und mit zunehmender Ausdifferenzierung der Wissenschaften im 19. Jahrhundert wurde eine Einteilung auch nach Gegenstandsbereichen möglich. Während sich die Naturwissenschaftler damals freilich darüber noch wenig Gedanken machten, wurden in den Geisteswissenschaften bis heute wirksame Theorien entwickelt. Seit Dilthey (gest. 1911) etwa gibt es eine reflektierte methodologische Trennung von Natur- und Geisteswissenschaften.

Danach gibt es eine Gruppe von Naturwissenschaften, „in der die Naturgesetze zur Erkenntnis kommen", und eine Gruppe von Naturwissenschaften, „welche die Welt als Einmaliges nach ihrer Gliederung beschreiben, ihre Evolution im Zeitverlauf feststellen und zur Erklärung ihrer Verfassung die in der ersten Gruppe gewonnenen Naturgesetze anwenden" (Dilthey, 1905/1970). Die Lehre von der Mechanik und der Chemie etwa gehören zur ersten Gruppe, die Geomorphologie ließe sich in die zweite einordnen.

Den Naturwissenschaften gegenüber steht eine Gruppe von Erkenntnissen „aus den Aufgaben des Lebens selbst". Eine Disziplin (z. B. Geschichte, Nationalökonomie,

Rechts- und Staatswissenschaft, Religionswissenschaft, Literaturwissenschaft und Dichtung etc.) gehört nur dann den Geisteswissenschaften an, wenn ihr Gegenstand uns durch das Verhalten von Menschen – und zwar von fremden und uns selbst bzw. unserer eigenen Erfahrung – zugänglich wird, das im Zusammenhang von Leben, Ausdruck und Verstehen fundiert ist (*Hermeneutik*). Der Unterschied beider Arten von Wissenschaften besteht also vor allem darin, dass in der einen Erscheinungen der äußeren Natur in einer Verbindung abstrakter Begriffe ein Zusammenhang untergelegt wird; in der anderen wird dagegen der Zusammenhang in der geistigen Welt erlebt und nachverstanden; „die sich unermeßlich ausbreitende menschlich-geschichtlich-gesellschaftliche äußere Wirklichkeit wird zurückübersetzt in die geistige Lebendigkeit, aus der sie hervorgegangen ist" (Dilthey 1905).

Dieser relativ klare Dualismus wird komplizierter in dem Maße, wie sich nicht mehr nur die Methode oder nur der Gegenstand zur Unterscheidung verwenden lassen. Der austro-englische Wissenschaftstheoretiker und geistige Vater der „empirisch-analytischen Theorie" („Kritischer Rationalismus") K. R. Popper (1972) unterscheidet folgendermaßen: *1. Theoretische, generalisierende Wissenschaften* (wie Physik, Biologie, Soziologie) mit der Suche nach universellen Gesetzen oder Hypothesen, *2. Angewandte Wissenschaften* (wie Ingenieurwissenschaften) mit der Aufgabe praktischer Problemlösung aufgrund von Prognosen, *3. Historische Wissenschaften* zur Erklärung spezifischer, besonderer Ereignisse aufgrund allgemeiner Interpretation.

Diese Einteilung beruht auf Konventionen darüber, was eine Wissenschaft anerkanntermaßen und nach eigenem Bewusstsein – paradigmatisch – tut und was daraus für die methodischen Besonderheiten gegenüber anderen Disziplinen folgt; sie beruht nicht darauf, was die Wissenschaften wirklich tun oder bewirken. Die Unterscheidung z. B. zwischen Physik als reiner Wissenschaft und Technik als deren Anwendung mag für die beteiligten Individuen subjektiv gelten; in der Realität dagegen lassen sie sich nicht als unterscheidbare Wissenschaften, sondern nur als verschiedene Tätigkeiten oder Phasen in einer wissenschaftlichen Arbeit trennen. Ein anderes Beispiel: Ein Soziologe, der das gesellschaftliche Phänomen des Selbstmordes erforscht und dabei generalisierbare Hypothesen prüft, gewinnt sein Thema aus der gesellschaftlichen Praxis und er wirkt mit seinen Ergebnissen hierher zurück, über Prognose, über Therapievorschläge oder auch, indem er schweigt und das gesellschaftliche Problem so unbeeinflusst lässt. Außerdem kann er hier nicht nur mit theoretischen Daten zur Ermittlung von Gesetzmäßigkeiten arbeiten, sondern ist wesentlich angewiesen auf das Verstehen des „Sinns" von Selbstmorden, auf Interpretation des Ereignisses mit Hilfe seiner eigenen Lebenserfahrung, also auf das, was man mit „Hermeneutik" bezeichnet. Der fragliche Soziologe liegt also genau quer zur dargestellten Einteilung nach Popper.

Ähnliches gilt für den Geographen; in einem Teil seiner Wissenschaft wird nach universellen Gesetzen gesucht, aus denen sich z. B. Theorien über die planetarische Zirkulation oder den Masseneffekt im Hochgebirge oder über die Entwicklung der Industriestädte im 19. Jahrhundert ergeben; in einem anderen Teil oder auch in einer anderen Situation zieht man ausdrücklich praktische Konsequenzen aus klimatologischen, geomorphologischen, stadt- und industriegeographischen Erkenntnissen/Theorien; in einem weiteren Teil der Disziplin beschäftigt man sich z. B. mit der Erklärung des Wanderungsverhaltens in Verdichtungsgebieten oder mit dem Verstehen von Standortentscheidungen mittelgroßer Unternehmen. Einfache Grenzziehungen im Sinne der Trennung unterschiedlicher Wissenschaften werden hier offenbar den Forschungsrichtungen innerhalb der Geographie nicht gerecht, weil sie sich letzten Endes nur auf die verschiedensten Aspekte des Generalthemas „Der Mensch/die Gesellschaft in Raum und Geschichte" ausrichten und dafür unterschiedliche Methoden ansetzen müssen.

Eine weitere, aber missverständnisträchtige Konkurrenz wird heute zwischen „wertfreier" und „parteilicher" Wissenschaft ausgetragen; sie ist missverständlich insofern, als sie sich oft unbemerkt auf verschiedenen Ebenen abspielt. Die eine Ebene ist diejenige, auf der Probleme als bedeutsam und lösungsbedürftig erkannt und ausgewählt werden (*Entdeckungszusammenhang*), die andere Ebene ist die der eigentlich wissenschaftlich-logischen Bearbeitung, bei der bestimmte objektive Regeln, eine „Forschungslogik" angewendet und Aussagen darüber gemacht werden, ob etwas immanent gültig ist oder nicht (*Geltungszusammenhang*); auf einer dritten Ebene schließlich erweisen sich die wissenschaftlichen Aussagen über entdeckte und ausgewählte Probleme als nützlich, verwendbar, verkäuflich, schädlich, etc., d. h.: Wissenschaft wird praktisch (*Verwendungszusammenhang*).

Wenn sich nun zwei Wissenschaftstheoretiker streiten (was sie im sog. „Positivismusstreit" tatsächlich und persönlich tun), wer Recht hat, verstehen sie sich schon deshalb kaum, weil sie oft von verschiedenen Dingen reden. Für den einen ist Wissenschaft nur die „rein wissenschaftliche" Tätigkeit im Labor oder am Schreibtisch, wo er mit objektiven Daten objektive, also für jedermann nachvollziehbare und gültige Ergebnisse sucht. Der andere bezieht in seine Position mit ein, dass jedes Forschungsvorhaben von Menschen ausgewählt und bearbeitet wird, also an subjektive Interessenlagen gebunden ist, und dass die Ergebnisse sich hinterher praktisch auswirken, sei es, dass sie zur Veränderung verwendet oder auch, dass sie zur Bewahrung einer Situation verschwiegen werden. Bekanntes Beispiel für dieses Problem ist das Drama „In der Sache Robert Oppenheimer" (für das Theater dramatisiert von H. Kipphardt, 1964) jenes amerikanischen Atomphysikers, der bei der Arbeit an der Wasserstoffbombe (zunächst eine „rein wissenschaftliche" Tätigkeit) plötzlich Klarheit über die möglichen Folgen seiner erfolgreichen Arbeit gewinnt und sich gegen eine Weiterführung der wertfreien Arbeit im Labor entscheidet; da er aber inzwischen Geheimnisträger geworden ist, liegt es im staatlichen Interesse, ihn am Verlassen des angeblichen Elfenbeinturms seiner Wissenschaft zu hindern.

Diese grundsätzliche Auseinandersetzung ist um 1967 unter dem Kennzeichen „Der Positivismusstreit in der deutschen Soziologie" eingeführt und in wissenschaftlichen Streitgesprächen ausgetragen worden (vgl. Adorno 1972). Inzwischen ist er durch Debatten über die Analyse einer Gesellschaft mit Hilfe der Systemtheorie oder einer kritischen, auf Emanzipation ausgerichteten politischen und intellektuellen Bewegung (vgl. Kontroverse Habermas – Luhmann 1990) abgelöst und taucht jetzt als Problem der „Finalisierung", d.h. der Zweckgebundenheit von Wissenschaft (Auftragsforschung, staatliche Forschungsförderung) etwa im Zusammenhang mit der Demoskopie, der Atomenergie, der Erforschung von Bürgerinitiativen für die Exekutive wieder auf. Es geht also um die Probleme einer impliziten oder expliziten Parteilichkeit wissenschaftlicher Forschungen und Erkenntnisse.

Kein Streit um die Forschungslogik

Wissenschaft muss höhere Ansprüche bei der Bearbeitung von Problemen erfüllen als Alltagsbewusstsein (das selbstverständlich seinerseits wissenschaftlich analysiert werden kann); sie muss Methoden verwenden, die objektiv (besser: „intersubjektiv") verstehbar, begründbar und prüfbar sind. Die Wissenschaftstheorie des „Kritischen Rationalismus" legt entsprechend ihren Schwerpunkt auf die Ebene der Forschungslogik, d.h. auf Fragen von der Art, ob und wie ein Satz begründet werden kann, ob er nachprüfbar ist, ob er von gewissen anderen Sätzen logisch abhängt, oder aber mit ihnen im Widerspruch steht usw. (Popper, Logik der Forschung, 1934). Fragen der Subjektivität des Forschers, der Interessen und Auftragsbindung, der Parteilichkeit werden zwar nicht abgestritten, aber die Objektivität der Wissenschaft soll garantiert sein durch den sozialen oder öffentlichen Charakter der wissenschaftlichen Methode, die für jeden gilt (vergröbert gesagt: Ich kann zwar rechnen, *was* ich will, aber: ich muss *richtig* rechnen).

Wenn wir ein Problem erkannt haben, können wir den Versuch einer Erklärung machen. Jede wissenschaftliche Erklärung, jeder Lösungsversuch muss in sich widerspruchsfrei und logisch sein und die konkreten Beobachtungen (die sog. Randbedingungen, die den Einzelfall kennzeichnen) enthalten. Wenn wir eine Theorie, eine allgemeine Gesetzesaussage am gewählten Einzelfall prüfen, also das Einzelne aus dem Allgemeinen heraus erklären wollen, verwenden wir den sog. *deduktiven Schluss* (vgl. zum *induktiven Verfahren* das nächste Beispiel).

Ein Beispiel aus der Politischen Geographie: Es lässt sich die singuläre Aussage (Beobachtung) machen: „In der BRD leben unterschiedliche Volksstämme friedlich nebeneinander"; dies ist die Beschreibung eines konkreten Falles. Erklärt werden soll, warum es in der Bundesrepublik weniger Separationsbestrebungen einzelner Regionen gibt als z.B. in Frankreich. Die Aussage: „Wenn ein Staat föderalistisch verfasst ist, vermindern sich die Separationsbestrebungen", ist eine *Gesetzesaussage* (wenn – dann, oder: je – desto). Die Aussage: „In der BRD gibt es kaum Separationsbestrebungen" ist der zu erklärende Sachverhalt (Explanandum).

Dieser deduktive Schluss aufgrund von Gesetzesaussagen und konkreten Randbedingungen gilt solange als vorläufig bestätigt (verifiziert), wie er nicht durch ein Gegenbeispiel widerlegt (falsifiziert) worden ist. Bei diesem Verfahren erhebt sich allerdings die Frage, wie man zu neuen Gesetzen kommt.

Der Methode der *Deduktion* (der Erklärung des Einzelfalles aus dem Allgemeingültigen) steht die der *Induktion* gegenüber.

Beispiel: Die singuläre Aussage: „Person X wohnt in einer Mietskaserne" könnte z. B. gesetzmäßig erklärt werden wie folgt: Von den Personen, die das Merkmal „Arbeiter" haben, leben 60 % in Mietskasernen//Person X hat das Merkmal „Arbeiter"//Person X wohnt in einer Mietskaserne.

Es ist offensichtlich, dass diese induktiv-statistische Erklärung nicht hinreichend oder sicher ist, sondern nur einen gewissen Grad an Wahrscheinlichkeit hat (vgl. Friedrichs 1973).

Trotz ihres *logischen* Aufbaus und „Beweischarakters" handelt es sich in Wahrheit um das Erfinden von Theorien und deren *pragmatische* Prüfung an der Wirklichkeit. Eine Instanz bei der Prüfung der Triftigkeit bzw. Wahrscheinlichkeit ist dabei einfach der gesunde Menschenverstand: Der statistische Beweis der Industrie, dass ein Super-GAU in einem Atomkraftwerk praktisch auszuschließen sei, wird durch die extrem unwahrscheinlichen Lottohauptgewinne in jeder Woche des Jahres widerlegt, ganz zu schweigen von der tatsächlichen Beinahe-Katastrophe von Harrisburg 1979.

Streit um Voraussetzungen und Ziele der Wissenschaft

Die gegenwärtigen Auseinandersetzungen im Bereich der Wissenschaftstheorie drehen sich weniger um die *Methoden*, mit denen gerechnet, geprüft, geschlussfolgert wird, sondern darum, mit welchen *Grundannahmen* und mit welchem *Ziel und Zweck* man überhaupt forscht. Hier stehen sich (vereinfacht) drei große Richtungen gegenüber (vgl. Holtmann, 1976). Zur Illustrierung der spezifischen Interessenrichtung und Leistung nehmen wir als Beispiel die Einwanderung einer fremden Volksgruppe, etwa Saison- oder Gastarbeiter und deren Konsequenzen, etwa in der Ghettoisierung und fehlenden Integration in die soziale Umwelt.

Normativ-ontologische Theorien

Prämisse: Es gibt objektive Wahrheiten in Form ethischer Normen und natürlicher Ordnungen (Ontologie). Das wissenschaftliche Problem besteht im Widerspruch zwischen dem normativen Anspruch und der gesellschaftlichen Wirklichkeit. Ziel ist die Stärkung ethischer Normen und natürlicher Ordnungen im Rahmen des geschichtlich Bewährten und Möglichen. Das praktische Interesse richtet sich auf eine politische Handlungslehre zur Realisierung von überzeitlich gültigen „Grundwerten" in einer „guten Gesellschaft".

Ein Geograph einer solchen „geisteswissenschaftlichen Schule" würde nun vielleicht in der Erforschung der Herkunft und Lebensweise unserer Gastarbeiter Authentisches der alten Heimat (z. B. beibehaltene Bräuche, Kleidung, „Wirtschaftsgeist") tätig und die „natürliche" Selbstregulation weg aus der heimatlichen Arbeitslosigkeit hin zu einer Sicherung der Existenz durch Arbeit beschreiben. Der relative Fortschritt im materiellen Bereich, die subjektive Zufriedenheit und deren soziale Selbstsicherung durch Zusammenschluss in Großfamilien, Wohnsiedlungen und Arbeitsstätten, wären Belege für eine „natürliche Ordnung" und deren Orientierung an weiterhin gültigen Grundwerten.

Empirisch-analytische Theorien (Kritischer Rationalismus)

Prämisse: Wissenschaftliche Aussagen stützen sich nur auf Tatsachenurteile, Werturteile liegen außerhalb der wissenschaftlichen Tätigkeit. Objektivität wird durch die Regeln wissenschaftlicher Kritik und die Kontrolle der Öffentlichkeit in einer offenen (d. h. nicht unterdrückten oder gespaltenen) Gesellschaft gewährleistet. Wissenschaftliche Probleme ergeben sich aus der Spannung von Wissen und Nichtwissen. Ziele sind logisch widerspruchsfreie Erklärungen und Voraussetzungen unter Ausschaltung verschleierter normativer Gehalte. Einsicht in soziale oder historische „Gesetze" im naturwissenschaftlichen Sinne gibt es nicht, wohl aber das Verfahren von „Versuch und Irrtum" („trial and error"), die „Scheinwerfertheorie" (Popper), nach der knappe Forschungsenergie ziel- und zweckbestimmt auf ausgewählte Probleme gerichtet werden soll. Praktische Ziele ergeben sich aus diesem mit der wissenschaftlichen Methodik begründeten Ansatz nicht unmittelbar; mittelbar wird aber eine Handlungshilfe für eine vorsichtige schrittweise „Sozialtechnik" (Popper) z. B. zum Abbau von Armut. Konsequenzen für die Sozialwissenschaft oder die praktische Politik in unserem Gastarbeiterbeispiel könnten bei diesem theoretischen Ansatz (der übrigens z. B. dem Langzeitprogramm '85 der SPD explizit zugrunde liegt) etwa darin bestehen, dass für die Integration der Gastarbeiterkinder einige zusätzliche Lehrer an Brennpunkten gefordert werden, um später wesentlich mehr Polizisten und Resozialisierungshelfer nicht einstellen zu müssen. Oder man könnte über soziale Kosten und Nutzen homogen oder heterogen zu belegender Neubauviertel nachdenken. Oder ein aufgeschlossener Stadtplaner würde durch eine geschickte Grundstückspolitik in einem Sanierungsviertel für den späteren Einfluss der Stadt bei der Neubelegung, der Gestaltung der öffentlichen Einrichtungen, bei den Mieten etc. vorsorgen – kurz: alle Konsequenzen zielten in Richtung auf eine schrittweise Sozialtechnik („piecemeal engineering").

Ausgeschlossen wird hier aber ausdrücklich die Beteiligung der Wissenschaft am Entwurf künftiger Gesellschaftsformen aufgrund von angeblich übergreifenden ökonomischen, historischen und sozialen Gesetzen.

Dialektisch-historische Theorien (Marxismus, Kritische Theorie der „Frankfurter Schule")

Prämisse: Gesellschaftliche Verhältnisse und menschliches Bewusstsein sind wesentlich materiell bedingt. Die Geschichte der Menschen und ihrer Gesellschaften ist als Fortschritt aus Abhängigkeit, Fremdbestimmung und Not auf die objektive Möglichkeit einer besseren Gesellschaft hin angelegt. Daraufhin orientierte Werturteile sind grundlegende Bezugspunkte wissenschaftlicher Erkenntnis, „Parteilichkeit" ist für die Erreichung objektiver Möglichkeiten notwendig. Ziel ist also Entwurf und Durchsetzung der konkreten Utopie einer besseren Gesellschaft über die Kritik und Veränderung der bestehenden Gesellschaft. Die analytischen Kategorien ergeben sich aus der Wechselwirkung zwischen materieller Basis und dem Bewusstsein, „Tatsachen" haben stets die beiden Seiten von oberflächlicher *Erscheinung* und zugrundeliegendem *Wesen*. Ziel ist also, aus der Entdeckung der bestehenden Gesellschaft und ihrer Kritik die Gesetze ihrer Entstehung und Weiterentwicklung zu erforschen und in ihrer *Geltung* nachzuweisen und durch deren Verwendung schließlich die konkrete Utopie einer besseren Gesellschaft durchzusetzen.

Nach dieser wissenschaftstheoretischen Grundposition wäre die räumliche Verteilung unserer Gastarbeiter in Ghettos, deren Ausbeutung durch Wuchermieten und fehlende soziale Vorsorge ein Symptom für eine an Eigennutz und am Recht des Stärkeren orientierte Gesellschaftsform und zugleich Antrieb für einen Abbau solcher historisch und ökonomisch überholter Disparitäten. Der Maßstab für die Wertung des Problems wäre danach nicht mehr der relative Fortschritt zwischen einer Hütte in Anatolien und einer Unterkunft in Frankfurt, sondern die entwickelten und bereitstehenden Möglichkeiten, auf Ausbeutung von Menschen „zweiter Klasse" zu verzichten oder eben doch noch zwischen der „ersten" und der „zweiten" Klasse kämpfen zu müssen.

Die Hinwendung jedenfalls auch der sozialwissenschaftlichen Geographie zu Demokratie- und Sozialstaatsgeboten, zum Abbau historisch überholter räumlicher und sozialer Disparitäten, zum Erhalt einer menschenwürdigen Umwelt, zum engagierten Einsatz der knappen Forschungs- und Arbeitsenergien läge dem dritten wissenstheoretischen Ansatz am nächsten. Man sollte weniger nur über die Grundpositionen an sich, sondern mehr über deren praktische Leistungskraft nachdenken, ehe man sich selbst „einordnet". Hilfsfragen zum Wiedererkennen der eigenen Stellung und Wertung auch der wissenschaftlichen Arbeit der Geographen können sein: Was geschieht/was tue ich, für wen, mit welchem Interesse, welchem Ziel verpflichtet, auf wessen Kosten und mit welchen Folgen (→ Sozialgeographie, sozialgeographische Probleme im Unterricht, → Disparitäten/räumliche Ungleichgewichte).

Wissenschaftstheorie für die Schule

Ohne einige metatheoretische Einsicht könnte ein länderkundlich ausgebildeter Geographielehrer angesichts der problemorientierten und sozialwissenschaftlich anspruchsvoller werdenden „Neuen Geographie" nur resignieren, sich passiv der neuen „Vorschrift" fügen oder offensiv das Alte vertreten. Der Wechsel von der wertfreien Länderkunde nach einem einheitlichen Schema (Relief, Klima, Verkehr ...), bei der nicht viel falsch, aber auch wenig Nützliches gemacht werden kann, hin zu einer „Engagierten Geographie", in der z. B. Fragen der sozialen Gerechtigkeit und Ungleichheiten („Disparitäten") in ihrer räumlichen Widerspiegelung oder Bedingtheit dominieren, muss verstanden werden können; ebenso müssen andere Wechsel in ihren geänderten Voraussetzungen und Rahmenbedingungen nachvollziehbar gemacht werden, wie sie z. B. von einer Quantitativen zur Theoretischen Geographie und Sozialgeographie vollzogen wurden (vgl. Harvey 1973 u. a.).

Der Beitrag erschien ursprünglich in: Jander, L./Schramke, W./Wenzel, H. (Hrsg.)1982: Stichworte und Essays zur Didaktik der Geographie. Osnabrück (Osnabrücker Studien zur Geographie Bd. 5 = Supplementband zum Metzler Handbuch für den Geographieunterricht) Stuttgart, 9-22.

Literatur

Adorno, Theodor W. (Hrsg.) 1972: Der Positivismusstreit in der deutschen Soziologie. Darmstadt und Neuwied (= Sammlung Luchterhand 72). Darin bes.: Karl R. Popper: Die Logik der Sozialwissenschaften (103-123) sowie Jürgen Habermas: Analytische Wissenschaftstheorie und Dialektik, 155-191

Dilthey, Wilhelm 1905: Der Aufbau der geschichtlichen Welt in den Geisteswissenschaften. Frankfurt/M. 1970

Friedrichs, Jürgen (1973: Methoden empirischer Sozialforschung. Reinbek. Besonders: Kapitel „Zur Funktion empirischer Sozialforschung" (13-49) und „Wissenschaftstheoretische Bedingungen empirischer Sozialforschung", 50-111

Habermas, Jürgen/Niklas Luhmann 1990: Theorie der Gesellschaft oder Sozialtechnologie. (10. Auflage) Frankfurt/M.

Harvey, David 1973: Social Justice and the City. University of Georgia Press; Revised edition (October 15, 2009)

Holtmann Antonius 1976: Können wissenschaftliche Methoden den Unterrichtsverlauf bestimmen? In: Tagungsband „Unterrichtsplanung und Unterrichtsbeurteilung". (= „materialien zur kooperationzwischen schule und universität", universität oldenburg). Oldenburg, 67-100

Kipphardt, Heinar 1964: In der Sache J. Robert Oppenheimer. Frankfurt/M.

Karl Popper, Karl R. 1979: Die beiden Grundprobleme der Erkenntnistheorie. Tübingen

Popper, Karl R. 1935 (1934): Logik der Forschung. Berlin (Tübingen 1966, [11]2005)

Weingart Peter (Hrsg.) 1972: Wissenschaftliche Entwicklung als sozialer Prozess. Frankfurt/M. Besonders: Einführung, 11-42

25. Paradigma –

„normal science" und andere Grundüberzeugungen

Zum Zusammenhang von gesellschaftlicher Entwicklung und Wissenschaft

Das neue Nachdenken über die Theorie der Geographie etwa in den letzten zehn Jahren fiel zusammen mit dem Gefühl und der Tatsache, dass mit dem Fach in Schule, Hochschule und Gesellschaft nicht mehr alles ‚stimmte'. Das Fach war in eine Krise geraten, die sich zunächst als Druck von außen darstellte: Stellen wurden nicht mehr neu besetzt, in neu errichteten Universitäten fehlte die Geographie oft ganz, die Stundentafeln für Geographie in der Schule wurden gekürzt, das Schulfach sollte aufgehen in neuen Integrationsfächern wie Gemeinschaftskunde und Gesellschaftslehre, die Berufsperspektiven für Geographen wurden düster gezeichnet.

Im Lamento über diese vielfachen Angriffe von außen wurden eine kritische Bestandsaufnahme und der Entwurf einer Zukunftsperspektive innerhalb des Faches selbst noch lange erstickt. Das Buch von Bartels (1968) „Zur wissenschaftstheoretischen Grundlegung einer Geographie des Menschen" zum Beispiel war – mit nur 182 Textseiten, aber 36 Seiten Literaturverzeichnis – nur mit Mühe als geographische Habilitationsschrift durchzusetzen; es wurde später Studenten nicht in seinem Inhalt, sondern als Beitrag zur „Zerstörung der Einheit der Geographie" vorgestellt, geriet dann doch in viele Literaturverzeichnisse und wurde – wohl meist unverstanden oder auch ungelesen – eher zur Legende als zum wirklichen Diskussionsstoff.

Eine klarere Erkenntnis und Beschreibung von Fachproblemen wird wie in der Medizin oder Atomphysik, so auch in der Geographie, nicht als Tätigkeit für die ganze Forschergemeinschaft betrachtet, sondern zunächst von Außenseitern geleistet. So hat Hard (1973, 159) die vielbeschworene „Malaise der Geographie" beschrieben als „Folgeerscheinung ihrer Entfremdung vom wissenschaftlichen und außerwissenschaftlichen ‚Zeitgeist' (d.h. den Denkinhalten und Erkenntnisinteressen, die in den tonangebenden Gruppen dominieren), Folgeerscheinung ihrer Isolierung von den fortgeschrittensten Wissenschaften vom Menschen, ihrer weitgehenden Kontakt-, Kommunikations- und Kooperationsunfähigkeit mit solchen Disziplinen".

Das Ende der sechziger Jahre in der Bundesrepublik war gekennzeichnet von der ersten wirtschaftlichen Krise nach dem 2. Weltkrieg, politischen Basisbewegungen, dem Beginn der Dritten Industriellen – der elektronischen – Revolution, dem Streit über den Vietnamkrieg und das Elend in der Dritten Welt u.v.m. Diese neuartige und komplexe Realität mit ihren vielfach drückenden und ungelösten Problemen passte nicht mehr in ein einfaches Weltbild, wie es sich aus der traditionellen Beschreibung des Gegenstandsfeldes der Geographie ergab; umgekehrt ausgedrückt: diese Realität stellte ein solches Weltbild als traditionell, übereinfach und oft auch trivial bloß. Der Geograph Bartels (1968, XI) vermutete entsprechend bereits 1968, die Malaise der Geographie sei auch „eine Erscheinung mangelnder Integration einer Forschungsdisziplin in das bestehende Sozialsystem ... und damit ein aktuelles Problem der gesellschaftlichen Gegenwartsanalyse und -bewältigung".

Man muss nun die Frage stellen, ob sich Zusammenhänge zwischen der gesellschaftlichen Entwicklung und den Grundüberzeugungen und Weltbildern in einer Wissenschaft finden und erklären lassen. Eine weitere Frage ist, wie der etwaige Wechsel von Grundperspektiven und Begriffsapparaten innerhalb eines Faches abläuft, oder philosophischer ausgedrückt: Was ist zuerst da, das Ei oder die Henne, die Krise oder die Kritik?

Bei der Aufklärung dieser Fragen hat uns erneut das seit 1967 auch auf deutsch vorliegende Buch des von der Physik zur Wissenschaftsgeschichte gewechselten Princeton-Professors Thomas S. Kuhn (1962) „Die Struktur wissenschaftlicher Revolutionen" angeregt. Ulrich Eisel hat ihn bereits 1971 in der Berliner Studentenzeitschrift „Geografiker" auch in die geographische Theoriediskussion eingeführt. David Harvey hat als renommierter Theoretiker geographischer Methoden („Explanations in Geography", 1969) als erster die Unfähigkeit der alten Theorien und Modelle erkannt, die äußere Realität angemessen zu beschreiben und zu erklären oder gar über praktische Zielsetzungen zu verändern; er hat in seiner Person den Wechsel zu neuen Grundüberzeugungen einer „engagierten" oder „radikalen" Geographie zur Zeit der Diskussion um Kuhn selbst vollzogen.

Im zweiten Abschnitt sollen zunächst die Kerngedanken Kuhns erläutert werden, um danach vor deren Hintergrund den Wechsel von Paradigmen auch in der Geographie zu fassen.

„Paradigma", „Normale Wissenschaft", „Wissenschaftliche Revolution"

„Paradigma" bedeutet zunächst wörtlich: Beispiel, Muster; das lateinische Wort ‚amica' ist so z. B. Paradigma für alle lateinischen Substantive der a-Deklination. Übertragen verwendet man *Paradigma* als Sammelbegriff für einen Satz von Theorien, Methoden und Normen, der eine Einzelwissenschaft mit Richtlinien für die Erstellung des von der Forschergemeinschaft allgemein anerkannten Forschungsplans versorgt. Solange z. B. das ptolemäische Weltsystem (Erde als Kugel und als Mittelpunkt des Universums) allgemein akzeptiert wurde, arbeiteten die traditionellen Wissenschaftler im Zeichen dieses Paradigmas; sie verhielten sich „normal" und entwickelten ihre „normale Wissenschaft" („normal science") durch Sammlung signifikanter Fakten, durch gegenseitige Anpassung von Fakten und Theorie und durch Präzisierung der Theorie. Die Forscher der normalen Wissenschaft sind Rätsellöser, keine Paradigmenprüfer; bei der Suche nach Lösung eines bestimmten Rätsels erproben sie, wie ein Schachspieler, Alternativen, stellen aber nicht das Paradigma, also die Spielregeln selbst in Frage.

Die Prüfung eines Paradigmas erfolgt nach Kuhn erst, wenn aus den dauernden Unvermögen, ein bemerkenswertes Rätsel zu lösen, eine Krise entstanden ist. Das ptolemäische Paradigma (Erde als Mittelpunkt) konnte aber auch dann erst radikal geprüft werden, als mit dem Weltbild des Kopernikus (Sonne als Mittelpunkt des Planetensystems) ein Gegenkandidat gegen das alte Paradigma bereitstand. – Allerdings wird hier die Frage wichtig, wann und unter welchen Bedingungen tatsächlich eine Krise entsteht. Denn es ist empirisch belegbar, dass es „Wissenschaftler" gab, die zeitlebens Abstraktes bis Absurdes geforscht haben, woraus sich dann keine Krise entwickelte.

Neben der Frage, wie denn nun die größere „Wahrheit" des neuen Paradigmas gegenüber dem alten zu beweisen wäre, erhebt sich das wissenschaftssoziologische Problem, wie die Gefolgschaft der Forschergemeinschaft für ein neues Paradigma zu gewinnen ist, ehe sich also eine „kopernikanische Wende" auch bis in den normalen Wissenschaftsbetrieb hinein auswirkt.

Vier Hauptprobleme kennzeichnen den Prozess einer *wissenschaftlichen Revolution*:
1. Der Wettstreit zwischen Paradigmen wird nicht durch Beweise entschieden.
2. Es gibt oft keine Übereinstimmung über die Rangfolge der Probleme, die ein Paradigma lösen muss; die Normen oder Definitionen der Wissenschaft weichen voneinander ab.
3. In einem neuen Paradigma treten alte Ausdrücke, Begriffe und Experimente in ein neues Verhältnis zueinander; daraus ergeben sich Missverständnisse zwischen den konkurrierenden Schulen.
4. Die konkurrierenden Gruppen von Wissenschaftlern arbeiten in verschiedenen Welten und sehen deshalb verschiedenen Dinge und diese in unterschiedlichen Beziehungen zueinander.

Zu Kopernikus bekannten sich noch ein Jahrhundert nach seinem Tode erst wenige – nicht weil er die Erde in seiner Theorie bewegte, sondern weil sein Paradigmenwechsel eine völlig neue Bedeutung von „Erde" und von „Bewegung" voraussetzte, die erst der Vorstellung einer sich bewegenden Erde ihre „Verrücktheit" nehmen konnte.

Die Metapher von der Revolution enthält parallele Aspekte für die Politik und die Wissenschaft: Die existierenden Institutionen/das existierende Paradigma hören auf, der Umwelt oder der Erforschung eines Aspektes der Natur adäquat zu begegnen; die Änderung von Institutionen gegen die alten Vertreter dieser Institutionen führt zur Polarisierung, zur Massenüberredung, zur Gewalt: „Wie bei politischen Revolutionen gibt es auch bei der Wahl eines Paradigmas keine höhere Norm als die Billigung durch die maßgebliche Gemeinschaft" (Kuhn).

Die Erklärung der Durchsetzung eines Paradigmenwechsels aus dem Verhalten der beteiligten Wissenschaftler hatte bereits Max Planck (Leipzig 1928) in seiner wissenschaftlichen Autobiographie resümiert: „Eine neue wissenschaftliche Wahrheit pflegt sich nicht in der Weise durchzusetzen, dass ihre Gegner überzeugt werden und sich als belehrt erklären, sondern vielmehr dadurch, dass die Gegner allmählich aussterben und dass die heranwachsende Generation von vornherein mit der Wahrheit vertraut gemacht ist".

Eine solche Sicht von der inneren Dynamik einer Wissenschaft ist natürlich ihrerseits eine bestimmte Grundüberzeugung, die sich durchsetzen oder aber auch blockiert werden kann. Die Annahmen und Belege Kuhns über Entstehung und Wechsel von Paradigmen gründen sich zum Teil auf eine idealistische (d.h. auf kollektive oder subjektive Bewusstseinslagen zielende) Interpretation wissenschaftlichen Fortschritts. Nach den Untersuchungen des englischen Wissenschaftshistorikers J. D. Bernal („Science in History", 1954, deutsch: „Wissenschaft", 4 Bde., Reinbek 1970) und der auf Kuhn gerichteten Kritik aus historisch-materialistischer Sicht kommen dabei Momente wie z.B. staatliche Forschungsfinanzierung, Manipulationen und wirtschaftliche Sonderinteressen zu kurz. So ist eine Frage der materiell-interessengebundenen Interpretation von Geschichte und gesellschaftlicher Entwicklung, ob etwa die Arbeitslosigkeit der Dreißiger Jahre, zugleich Krise der vor-keynesianischen Wirtschaftslehre, zu einem Wechsel in das Paradigma von Keynes oder in das Paradigma sozialistischer Produktionsverhältnisse veranlasste.

Ähnliches geschieht heute z.B. mit der forschungsleitenden Grundüberzeugung, Vorsprung und Wohlstand der hochentwickelten Industriestaaten müssten weiter wachsen und dies könne nur geschehen durch Energiesicherung mittels Atomtechnologie; konkurrierende Paradigmen, wie eine an den „Grenzen des Wachstums" orientierte, bewusste gesellschaftliche Entwicklung (und die das natürliche, soziale und politische System langfristig weniger gefährdenden alternativen Energiearten), können sich nicht durchsetzen, solange die auf materiellem Interesse und entsprechendem Forscherverhalten beruhende normale Wissenschaft nicht durch ‚Anomalien' revolutioniert wird.

Beispiel: Die Beinahe-Katastrophe im Atomkraftwerk Harrisburg im Frühjahr 1979 hatte eine Wahrscheinlichkeit von 1:250.000 (völliger Ausfall des Kühlsystems) bzw. 1:17.000.000 (Bersten der Reaktorhülle). Für das derzeit gültige Politikmuster, die entscheidungsleitende Grundüberzeugung, ist es nun wichtig, ob das tatsächliche Eintreten der geringen Wahrscheinlichkeit als *vernachlässigbare Panne* oder als *grundlegende Anomalie/Verletzlichkeit* des Paradigmas „Atomenergiegewinnung ist sicher beherrschbar und unverzichtbar" interpretiert wird. Dieser Widerspruch zieht sich durch die Atomphysik selbst, durch die kontrollierenden Aufsichtsbehörden und durch die die Interpretationen inwertsetzende Politik. Ob hier ein Paradigmenwechsel eintreten kann, hängt von der wissenschaftlichen, politischen und gesellschaftlichen Entwicklung (Energiebedarf, Durchsetzbarkeit, Wahlergebnisse etc.) ab; er wird nicht per „Beweis" entschieden.

Paradigmen in der Geographie

Das Erklärungsmuster von Kuhn und Nachfolgern ist hilfreich, die Entwicklung innerhalb eines Faches auf ihre systematischen, historischen, subjektiven Elemente hin zu identifizieren; Impulse und Vollzug eines Paradigmenwechsels können über Einzelfälle hinaus in ein Kontinuum gestellt werden.

Für einen Abriss der Paradigmengeschichte der Geographie ist hier nicht der Ort (vgl. dazu z. B. Schramke 1975, Bartels/Hard 1975, Hard 1973, Lichtenberger 1975). Eine Aufzählung der wichtigsten geographischen Forschungsperspektiven im 20. Jahrhundert sollen aber wenigstens das *Resultat* der verschiedenen Bewegungen und einige typische Zitate die dahinterstehenden Grundüberzeugungen erkennen lassen.

Bartels und Hard grenzen in ihrem „Lotsenbuch für das Studium der Geographie als Lehrfach" (1975) allein 18 Forschungsperspektiven innerhalb der Kultur-/Sozialgeographie und der Physischen Geographie ab; sie meinen damit nicht die durch ihre Gegenstände definierten Stoffgebiete (z. B. Siedlungs-, Verkehrs-, Industriegeographie), sondern die unterschiedlichen Fragestellungen und zugehörigen Problemlösungsstrategien. Man kann sich bei jedem Absatz fragen: Trifft er auf gesellschaftlich lösungswerte Probleme, hat er Chancen für eine Konjunktur, wer in der Öffentlichkeit und wer vom wissenschaftlichen Nachwuchs interessiert sich dafür und warum, wie sind seine Stärke und sein Image für die Vergangenheit und für die Zukunft zu beurteilen?

Als Forschungsansätze – die lediglich eine bestimmte Breite der vorhandenen Ansätze ausdrücken, ohne dass sie auf die o. a. Fragen alle in vergleichbarer Relevanz antworten können – lassen sich nach Bartels/Hard (1975 95 ff.) u. a. abgrenzen:

a) *Der erdoberflächliche Verortungsansatz* (räumliche Datenerfassung, räumliche Beschreibung, Computergraphik etc.)

b) *Raumgliederungsansatz* (Gliederung von Teilräumen hinsichtlich bestimmter Merkmale, z. B. naturräumliche Gliederung Deutschlands, Abgrenzung von Verdichtungsräumen *in* der BRD)

c) *Sozialgeographie nach landschaftlichen Indikatoren* (empirischer Zugang zu Sozialphänomenen über die Beobachtung von bestimmten landschaftlich sichtbaren Erscheinungen, z. B. Sozialbranche)

d) *Der sozialgeographische Ansatz im engeren Sinne* (Erklärung der räumlichen Entscheidungen von den vorhandenen räumlichen Mustern her, bzw. Erklärung des räumlichen Musters aus den getroffenen Entscheidungen, z. B. Mobilität in der Großstadt)

e) *Ansatz „Umweltwahrnehmung"* (Studium menschlicher Entscheidungen und menschlichen Verhaltens, sofern sie beeinflusst werden von der Kenntnis, Wahrnehmung und Bewertung der räumlichen Umwelt durch den Menschen, z. B. Nutzung von öffentlichen Verkehrsmitteln, Attraktivität eines Urlaubsortes)

f) *Raumordnungs-Ansatz* (Frage nach räumlichen Standort- und Nutzungsmustern, der eigenen Gesetzmäßigkeiten und der Eingriffe von außen für die räumliche Ordnung einer Stadt, einer Region, eines Landes, z. B. Zentralität, Bodenpreise, Neugliederung, Wirtschaftsförderung)

g) *Kulturgeographischer Ansatz* (Beschreibung und Erklärung des Bildes der Kulturlandschaft durch die zugrundeliegenden historischen, kulturellen, wirtschaftlichen Kräfte, z. B. historische „Schichten" in der heutigen Kulturlandschaft oder im Bild alter Städte)

h) *Landschaftsgeographischer Ansatz im engeren Sinne* (Erkenntnis des ganzheitlichen Zusammenhangs der Einzelerscheinungen der Landschaft in einem Wirkungsgefüge aus Natur und Kultur, z. B. die Lüneburger Heide, Südtirol als konkrete Landschaften und als Typus)

i) *Der länder-/landeskundliche Ansatz* (Erkenntnis des „Wesens" und der „unverwechselbaren Individualität" eines Landes oder einer Region, z. B. „Das Siegerland als Beispiel wirtschaftsgeschichtlicher und wirtschaftsgeographischer Harmonie" oder als gesellschaftlich aktuelle „Problemländerkunde": Fischer Länderkunde – Lateinamerika)

j) *Der kulturökologische Ansatz* (Analyse der Beziehungen der menschlichen Gruppen in ihren jeweiligen soziokulturellen Vorgängen mit ihrem natürlichen Milieu, der Technologie und den daraus resultierenden Verhaltensmustern, z. B. „Die geographischen Grundlagen des Inkareiches" oder „Steinkohlenbergmann – Braunkohlenarbeiter; eine sozialgeographische Studie")

k) *Der ressourcenanalytische Ansatz* (Frage nach den in einem Raum vorhandenen Naturgrundlagen, deren Verteilung und Reserven, z. B. Nahrungskapazität und Bodennutzung, sichere und vermutete Minerallagerstätten und Abbaukosten)

l) *Der vegetationsgeographische Ansatz* (Beschreibung der Pflanzengesellschaften und Vegetationsformen, Erklärung ihres Vorkommens und ihrer Verbreitung, z. B. Vegetationszonen im tropischen Hochgebirge)

m) *Der landschaftsökologische Ansatz* (Studium der Verhältnisse von Ökosystemen, (Un-)Gleichgewichtszuständen, Prozessabläufen, menschliche Nutzungs- und Steuerungsmöglichkeiten im regionalen bis zum globalen Maßstab, z. B. Korrelation von Klima, Vegetation und Boden im rekultivierten Braunkohlentagebau)

n) *Der klimageographische Ansatz* (räumliche Verteilung und Muster verschiedener Klimate, weltweit oder innerhalb kleinerer Gebiete, z. B. Stadtteil-Klimate)

o) *Der geomorphologische Ansatz* (Beschreibung der Erdoberfläche, in erster Linie Formen mittlerer landschaftlicher Größenordnung, Erklärung der System-Prozesse des Zusammenwirkens innerer und äußerer Kräfte, z. B. Bodenerosion und Hangentwicklung)

Diese Ansätze sind nicht trennscharf voneinander abgegrenzt, viele Bearbeiter werden sich weiterhin voll und ganz nur als „Geographen" fühlen und die Spezialisierung und Grenzüberschreitungen zu anderen Disziplinen kaum wahrnehmen; sie werden oft auch gar nicht wissen, wie und warum sie in einen Ansatz hineingeraten sind (z. B. Schwerpunkt am Institut, Suche nach zukunfts- oder bewertungs-/evaluationssicheren Themen, Hobby etc.). Die Fülle und Breite der Ansätze zeigt, dass es inhaltlich gar nicht *ein* gültiges Paradigma gibt. Wenn überhaupt, gibt es eine gemeinsame Grundüberzeugung eher für den *Kontext* der eigenen Tätigkeit: man fühlt sich in einer Forschergemeinschaft mit einer Identität gegen außen, man muss offensiv gegen Positionsverluste des Einzelfaches auftreten, man pocht auf die Freiheit der Forschung („Wertfreiheit") und ist zugleich stolz über gesellschaftliche Anerkennung in Form eines Auftrags oder Beiratssitzes. „Institutsfürsten" machen hinter den Kulissen weiterhin Macht und Einfluss geltend, Fachzeitschriften haben ein von außen undurchschaubares Auswahlgebaren, Stipendien sind abhängig von Empfehlungen und Gutachten zur Person, Schulbuchverlage haben in der Regel ein Kartell von Autoren unter Vertrag. All diese Machtinstrumente sorgen insgesamt für eine kontrollierte und indirekt auch zensierbare Auswahl dessen, was geforscht, gelehrt und gedruckt wird. Hier finden sich auch die machtpolitischen Mechanismen, die einem möglichen Wandel durch die Fortschreibung der Bestehenden entgegenwirken.

Inwieweit die genannten 15 Forschungsansätze in der modernen Geographie und die Anwendung moderner statistischer, physikalischer, sozialwissenschaftlicher Methoden im Hinblick auf die traditionelle Fachdefinition bereits einen Wechsel des Paradigmas bedeuten, lässt sich nicht pauschal bewerten. Eine Antwort hängt zum Beispiel davon ab, ob hier nur alter Wein in neue Schläuche gefüllt, ob hier nur modernisiert und aufgepäppelt wird oder ob tatsächlich im Hinblick auf explizit begründete und legitimierte Problemauswahl, auf methodisch neuesten Stand, auf reflektierte und bewusste Verwendung der Resultate hin revolutioniert wird.

Beispiel für eine fragwürdige „Revolutionierung" ist der Durchbruch der sog. „Sozialgeographie der Münchner Schule" im Anschluss an die Dissertation von Schaffer (1968) für die sozialen Belegungs- und Mobilitätsmuster in einem neuen Großwohngebiet (Ulm-Eselsberg). So wird z. B. nach einer Sozialstatistik mit den „Oberflächenmerkmalen" Alter, Beruf, Schicht etc. die Bewohnerschaft eines Viertels kartographisch differenziert (was sinnvoll sein kann) und mit z. T. vielen banalen Aussagen aufgefüllt (was sinnlos ist, da es sich nur um verbale Wiederholung der Bestandsaufnahme handelt und daraus weder für die Theorie noch für die Planungspraxis etwas folgt, was den Aufwand rechtfertigt). Es ist keine Revolution, als Arbeitsmittel statt wissenschaftlicher Hilfskräfte und Kartographen nun einen Computer mitsamt Plotter und als Methode einen rationelleren Forschungsplan einzusetzen, ohne dass sich an Interesse- und Zielrichtung des Forschenden erkenn- und begründbar Entscheidendes geändert hat.

Ein zweites Beispiel: Man kann mit sozialgeographischen Methoden den gesetzlich vorgeschriebenen Sozialplan für ein Sanierungsgebiet erstellen, in dem die Oberfläche der Situation (Zahl und Größe der Wohnungen, Wohnungsausstattung, Familiengröße, Altersstruktur etc.) zutreffend abgebildet ist und aus dem sich Zahl und Art der Sanierungsmaßnahmen der Umsiedlungen etc. ablesen lassen; damit wäre die Technik einer Sanierung empirisch abgesichert. Man kann aber auch einen entscheidenden – „revolutionären" – Schritt weitergehen, und in die Bestandsaufnahme die Einstellung der Bewohner, deren finanzielle Belastbarkeit und Bereitschaft, die subjektive Sinnhaftigkeit eines technischen Fortschritts im Einzelfall etc. aufnehmen; dazu gehört vor allem, sich nicht wieder mit „Oberflächenantworten" zufriedenzugeben, sondern in den Fragen bereits die Konsequenzen der Antwort mit zu erklären. Niemand wird z. B. etwas gegen ein neues Badezimmer an sich haben; wenn das aber zugleich bedeutet, dass sich dadurch die Miete verdoppelt, Sozialschwache an der Rückkehr gehindert oder zum Auszug gezwungen werden, zehn Badewannen also eine gewachsene Nachbarschaft zerstören können, sehen die Forschungsrichtung und die Konsequenzen daraus völlig anders aus.

Je nachdem, was ein Forscher wissen will, kann so empirische Sozialforschung zum platten Datensammeln oder zur politischen Aktion werden.

Ein Beispiel für eine eindeutige *Revolutionierung* der forschungsleitenden Grundüberzeugung liefert der Geograph D. Harvey (1971, 1974). Er begründet am Beispiel der Ghettobildung in den Großstädten der USA a) seine Angriffe gegen den emsigen Empirismus, der nur „noch mehr Aufschlüsse über die offensichtliche Unmenschlichkeit von Menschen kartographiert", b) sein revolutionäres Paradigma von der Erklärung des Zusammenhangs von räumlicher Gestalt und sozialen Prozessen mit Hilfe der politischen Ökonomie, c) seine Absicht, die Welt nicht nur zu verstehen, sondern auch zu verändern.

Der praktische und politische Einsatz für die Erklärung und Gestaltung der räumlichen und damit auch sozialen Umwelt ist die gemeinsame forschungsleitende Grundüberzeugung der, wie D. Bartels (1978) sie nennt, „engagierten" neuen Geographie. Bestandteile der angestrebten neuen „normalen Wissenschaft" sind also neben der intersubjektiv nachvollziehbaren analytischen Methode die Suche nach Legitimation und bewusst normative Lösung gesellschaftlicher Probleme (etwa der Umweltvergiftung

oder räumlicher Ungleichheiten („Disparitäten") bei der Wahrnehmung von Lebens-
chancen).

Der Paradigmenwechsel hat Folgen natürlich auch für die *Schulgeographie;* vielleicht ist hier schon besonders früh die Unzulänglichkeit des alten Paradigmas gespürt
worden und evtl. hat hier die Krise des Schulfaches zu seiner Anomalie in der normalen Wissenschaft von der Geographie beigetragen. Heute wäre es kaum noch denkbar,
das Weltbild von Schülern auf ein Puzzle geographischer Spezialitäten oder gar Kurio-
sitäten (Eskimos und Indianer, Vulkane, Schichtstufen, Talformen usw.) zu gründen,
ohne die Frage nach dem inhaltlich Exemplarischen, dem Praktischen, dem wissenschaftlich Legitimen und dem Schüler Angemessenen im Schulunterricht noch einmal
neu zu beantworten. Das ergibt sich zumindest aus der Interpretation einiger neuerer
Schulbuchinhalte und deren Präsentation. Als wissenschaftspolitische Entscheidung
könnte man im Sinne einer „engagierten Geographie" und als Paradigma für alle denkbaren Einzelfälle im Unterricht (und auch in der Hochschulausbildung) setzen: Die Welt
ist nicht mehr als unendliche Vielfalt von Einmaligkeiten, als „Welt an sich" darzustellen:
sie ist vielmehr eine Welt mit unterschiedlichen Gesellschaftsformationen, „big problems" im naturwissenschaftlichen und sozialen Bereich, wachsenden globalen Widersprüchen und Spannungen und tiefgreifenden Veränderungen im einzelnen Sozialsys-
temen, – sie ist als „Welt für uns" zum Problem geworden.

Der Beitrag erschien ursprünglich in: Jander, L./Schramke, W./Wenzel, H. (Hrsg.) (1982): Stichworte und
Essays zur Didaktik der Geographie. Osnabrück (Osnabrücker Studien zur Geographie Bd. 5), 23-34.
Supplementband zum Metzler Handbuch für den Geographieunterricht. Stuttgart.

Literatur

Bartels, Dietrich 1978: Raumwissenschaftliche Aspekte sozialer Disparitäten. Vortrag für Hans Bobek zum 75. Geburtstag (unveröff. Manuskript)

Bartels, Dietrich/Gerhard Hard 1975: Lotsenbuch für das Studium der Geographie als Lehrfach.
Bonn/Kiel

Bubner, Rüdiger 1973: Dialektische Elemente einer Forschungslogik. In: ders.: Dialektik und Wissenschaft. Frankfurt/M. 1973, (edition suhrkamp 597), 129-174

Hard, Gerhard. 1973: Die Geographie. Eine wissenschaftstheoretische Einführung. Berlin/New
York

Harvey, David 1972: Revolutionäre und gegenrevolutionäre Theorie in der Geographie und das
Problem der Ghettobildung. (=Beiheft zur Textsammlung „Sanierung – für wen?") Baltimore
1971. Berlin/Kopenhagen

Harvey, David 1974: Klassenmonopolrente, Finanzkapital und Urbanisierung. In: Stadtbauwelt
41/1974, 25-34

Kuhn, Thomas S. 1973: Die Struktur wissenschaftlicher Revolutionen. Frankfurt/M. Dazu „Post-
skript" in: Peter Weingart (Hrsg.) 1972: Wissenschaftssoziologie. Frankfurt/M., 287-319

Lichtenberger, Elisabeth 1975: Forschungseinrichtungen der Geographie. Das Österreichische
    Beispiel 1945-1975. In: Mitteilungen der österreichischen Geographischen Gesellschaft 117
Schramke, Wolfgang 1975: Zur Paradigmengeschichte der Geographie und ihrer Didaktik. (= Geo-
    graphische Hochschulmanuskripte Heft 2). Göttingen
Wirth, Eugen 1979: Theoretische Geographie. Stuttgart. (Rezension dazu von D. Bartels (1980):
    Die konservative Umarmung der „Revolution". Zu Eugen Wirths Versuch in „Theoretischer Geo-
    graphie". In: Geographische Zeitschrift, Heft 2/1980, 121-130)

IV.
Lehren in der Schule und Lernumgebungen

26. Gestaltung von Lernumgebungen im Geographieunterricht

Kritik am herkömmlichen Unterricht – Stofffixiertheit, Lehrerzentriertheit, Prüfungsorientiertheit etc. – verpflichtet zu praktikablen und plausiblen Alternativen. Wissen und Können, ergebnisoffene und eigenverantwortliche Problemlösungen, Kommunizieren und Argumentieren, vor allem auch Reflektieren wären Kompetenzen, die in einem modernen „bildenden" Unterricht entwickelt werden sollen. Derartige Kompetenzen ergeben sich nicht aus einem Drill von Kurzzeitwissen oder *Teaching-to-the-Test*, sondern in der Auseinandersetzung mit motivierenden, echten und lösungsbedürftigen Themen im Fach.

Fallbeispiel: Pisa-Koordinator Manfred Prenzel über das Lernen für den Test und neue Wege der Lehrerbildung

Herr Professor Prenzel, 42 Prozent der Schüler, die Sie in Folge der zweiten Pisa-Studie getestet haben, wussten nach einem Jahr Mathematik-Unterricht so viel wie vorher. Wird in der Schule gar nichts gelernt?

Doch. Die Schüler müssen ja etwas gelernt haben, sonst hätten sie ihr Schuljahr nicht erfolgreich absolviert. Nur: Am Ende des Jahres hatten sie das meiste schon wieder vergessen.

Wie kann das passieren?

Sie haben für ihre Klassenarbeiten kurzfristig und oberflächlich typische Aufgaben und Lösungswege gelernt und so die Prüfungen bestanden. Für schulischen Erfolg reicht das – Lehrer, Schüler und Eltern sind glücklich. Aber wem nutzt das, wenn von dem Wissen nichts übrig bleibt?

Woran liegt das?

Unsere Schulen setzen zu wenig auf Nachhaltigkeit, tiefes Verstehen und gründliches Beherrschen. Das ist nicht einmal überraschend: Auf die verschiedenen Schüler und ihre Verständnisprobleme wirklich einzugehen ist für Lehrkräfte ungleich komplizierter als zu sagen: Nun übt mal schön diese Aufgaben, morgen prüfen wir das! Und: Wer tieferes Verständnis fördert, muss nahezu zwangsläufig Abstriche an der Fülle des Stoffes machen, braucht also Mut angesichts überfrachteter Lehrpläne [...]

Was muss sich verbessern?

Nachholbedarf besteht im Umgang mit heterogenen Klassen und neuen Lernmethoden und auch darin, die Schüler nicht nur zu unterrichten, sondern auch zu motivieren. (...)

Interview mit Jeanette Goddar in der Frankfurter Rundschau vom 3. August 2011:
„Nirgends gibt es so viel zu tun wie am Gymnasium"

Leitgedanken zur Fallbetrachtung

1. Welche Anforderungen werden heutzutage an das Lehren und Lernen gestellt, von wem?
2. Welche Ansätze eignen sich zur Gestaltung von Lernumgebungen?
3. Worin unterscheiden sich klassische und zeitgemäße Ansätze zur Gestaltung von Lernumgebungen?
4. Wie lässt sich demnach ein zeitgemäßer Geographieunterricht strukturieren?

Situiertes Lernen, Authentizität und Problemorientierung

Damit die gesuchten Alternativen tatsächlich bessere Lernergebnisse bringen, müssen sie – neben der Hoffnung auf optimale Einzelleistung der Lehrpersonen – auch von geeigneten Theorien geleitet werden. „Theoriegeleitet" soll heißen: Man hat Kategorien und Kriterien, mit denen das Lernen *arrangiert* und die Ergebnisse *analysiert* und *bewertet* werden können, vergleich- und übertragbar und in überzeugender Passung. Eine dieser pädagogisch-psychologischen Theorien ist die vom „Situierten Lernen" als „Motor des Lernprozesses".

Im situierten Lernen sind v.a. authentische Problemstellungen der Motor des Lernprozesses.

- *Authentizität der Problemstellung und des Materials* bedeutet, dass diese echt sind und nicht für den Unterricht als Zweck und als Scheinproblem manipuliert wurden.
- *Authentizität der Schüler* bedeutet, dass diese bewusst, ehrlich und auch nach eigenen Werten handeln und noch nicht vollständig in eine schulische oder gesellschaftliche Pflicht genommen und funktionalisiert worden sind.
- Das Lernen soll eine lohnende *Perspektive und Zweckbestimmung* bekommen.
- Die Spannung zwischen *Systemzwang und Selbstbestimmung* (Hartmut von Hentig 1968) ist so etwas wie ein Drahtseil; wäre dieses nur an einem Ende befestigt – also nur Systemzwang oder nur Selbstbestimmung – könnte man darauf nicht tanzen. Die Spannung zwischen diesen beiden Prinzipien erhöht zugleich die kognitive Flexibilität der Schüler (und übrigens auch der Lehrer).

Damit werden klare Anforderungen an das Arrangement des Lehrens und Lernens gestellt. Das gilt für die große Themenstellung ebenso wie für einzelne Schritte/Phasen des Unterrichts. Dies wird nachfolgend am Fall „Nil (1) und „Nil (2)" deutlich gemacht.

Ein realer Fall „Der Nil (1)"

In einer Unterrichtseinheit „Der Nil – Mutter Ägyptens" für eine 6. Klasse stellt der Lehrer eine durchaus übliche Eingangsfrage: „Wer war denn schon mal am Nil?". Ein Schüler meldet sich, der Lehrer fordert ihn auf: „Erzähl doch mal!".

Mit der Lehrerfrage „Wer war denn schon mal ...?" wird eine *Situation* hergestellt, in der scheinbar alle Schüler angesprochen werden; tatsächlich wird hier aber bereits differenziert in diejenigen, die „schon mal da" waren und diejenigen, die das nicht waren. Wenn nun der privilegierte Schüler einen guten Vortrag halten würde über eine vereinbarte oder erkennbare Fragestellung, wäre die Lehrerfrage zur Anbahnung vielleicht noch zu retten. Es wäre immerhin denkbar, dass in dem „Erzähl doch mal!" ein Aspekt auftaucht, der zur *Aufschließung* des großen Themas „Der Nil" taugen könnte. Und wenn das gelänge, könnte es sein, dass auch die übrigen Schüler aufgeschlossen würden durch und für das Thema.

Fall „Der Nil (2)"

Da aus dieser (1) Frage keine für die Sache und für die Schüler erhellende Antwort entsteht, stellt der Lehrer die Folgefrage: „Was habt Ihr denn schon mal über den Nil gehört?". Einige Schüler geben Ein-Wort-Antworten, der Lehrer scheibt diese zur Konstruktion einer *Mind Map* an die Tafel.

Die Fehlanzeige der Schülerantwort auf die erste Frage ist absehbar, weil der Schüler, wenn überhaupt, den Nil vermutlich im Rahmen einer Pauschalreise gesehen hat, im Vorbeifahren, allenfalls bei einer Touristenfahrt mit einer Feluke oder Fähre (es sei denn, der Lehrer hätte bereits vorab genaueres über die Schülerreise gewusst, so dass vereinbarte Nachfragen die Eingangsfrage hätten entfalten können).

Die Ideal-Situation „Ein Schüler eröffnet aus Vorgewusstem kooperativ das neue Thema" wird in der im Nil-Beispiel geschilderten Form vermutlich kein „Motor des Lernprozesses" sein. Andere Schüler würden *exkludiert*; die Frage war zu allgemein für eine *aspektreiche* oder *irritierende* Antwort; es ist erkennbar keine echte Frage, sondern nur irgendeine Eröffnung. Damit aus der Schüleräußerung überhaupt eine authentische Antwort entstehen könnte, müsste die Frage geändert werden; z. B. „Hast Du dort einmal Angst gehabt?" oder „Gab es dort einen Ort, an dem Du gerne mal länger bleiben würdest?" oder „Nenne mal ‚Deine' drei persönlichen Wörter über den Nil!". Damit wäre der Schüler aufgefordert, etwas über sein Verhältnis zum Stichwort („Nil") zu äußern, und daraus könnten sich Nachfragen auch der anderen Schüler ergeben: „Warum?/Wie meinst Du das?/Das verstehe ich nicht!" Damit könnte sowohl eine authentische Position des einzelnen Schülers sichtbar werden als auch ein erstes Interesse der anderen Schüler geweckt werden.

Man sieht: Bereits in der Feinstruktur kann eine Situation angebahnt werden, die zu einem weiteren Kommunikationsprozess führt oder die sofort versandet. Die Kriterien eines situierten Lernens machen darauf aufmerksam, wie diese Feinstruktur aussehen könnte. Grob und vorab gesprochen: Frage und Antwort sollen weiter führen, sie sollen Teil eines fortschreitenden Prozesses sein. Die Fragen im vorgestellten Fall „Nil (1)" und „Nil (2)" haben dafür wenig Potenzial, ebenso wenig wie die berüchtigten „Ostereier-Fragen", wo der Lehrer bereits vorher weiß, was die Schüler vorher wissen, was der Lehrer gefunden haben will (eine Fundgrube dazu ist z. B. Menzel 1995).

• *Traditioneller Unterricht* setzt oftmals den Erwerb von Wissen, die Instruktion zum Ziel, als absolute Voraussetzung für spätere Anwendungen; praktisch erhält Wissen den Rang eines Selbstzwecks („Stoff"), ohne dass immer und genau auf das Verstehen und Kommunizieren geachtet wird. Prüfbare „Leistung" ist so im Kurzzeitgedächtnis oder mit bestimmten Reproduktionstechniken auch ohne tieferes Verstehen möglich.

• *Fallbasiertes, problemorientiertes Lernen* wird dagegen als Konstruktion organisiert. „Das Lernen anhand von Fällen kann dazu beitragen, dass Lernende durch authentische Probleme ein Wissen erwerben, das sowohl Grundlagen als auch Anwendung in sich vereint; allesamt Eigenschaften einer integrierten Position zwischen Instruktion und Konstruktion" (Zumbach et al. 2007, 1).

• *Problemlösungen* werden dabei durch Erfahrung optimiert, vor allem durch Wiedererkennen von erfolgreichen früheren Lösungen (*Prototypen*). Der *Novize* wird langsam zum *Experten*; das ist bei Ärzten so und bei Juristen, bei Ingenieuren und bei Politikern. Wer nicht nur reproduzierender oder listenführender Sachbearbeiter werden will, sollte sich dem offenbar plausiblen Modell anschließen.

Man kann den angestrebten Prozess beschreiben „als Theorie dynamischer Erinnerungen, bei denen die Kontextgrenzen von gelernten Informationen überwunden werden" (Schank 1982, zit. nach Zumbach et al. 2007, 3). Solche Erinnerungen verbinden ein Ereignis/einen Ort/einen Zweck/einen Zeitpunkt etc. zu einer *Szene*; diese kann wiedererkannt, modifiziert und auf den neuen Fall transferiert werden. Am Prototyp Nil kann man unschwer andere Gesellschaften an Flüssen als Lebensadern wieder erkennen: Euphrat und Tigris, Jordan, Colorado-River etc. („hydraulische Gesellschaften", K. A. Wittfogel 1931). Das ist insofern anspruchsvoll, als jeder Fall/jede Szene singulär ist; aber sie haben strukturelle Gemeinsamkeiten. Die Aufgabe des Lehrers besteht hier darin, gespeichertes Wissen aus den Prototypen und neue Informationen sowie Situationen sinnvoll zu verbinden. *Generalisiertes Wissen* und *spezifisches/episodisches Wissen* werden im Format der Problem-/Fallarbeit zusammengebracht. Nach und nach ergibt sich eine „Fall-Bibliothek" (*case library*), in der die gesamte bisher gesammelte, fachlich und subjektiv als sinnvoll erkannte Expertise (Wissen und Erfahrung) gespeichert ist.

Zur Fall-Expertise und *case-library* der Schüler gehören – neben den fachlichen und subjektiven Aspekten – demnach auch Erfahrungen mit geeigneten Methoden und Arbeitsweisen. Kein Schüler sollte z. B. „lernen", dass Zahlen in Statistiken einfach eindeutig und unzweifelhaft richtig sind, nur weil sie „amtlich" sind. Sie sollen an Fällen erfahren, dass die Zahlen richtig sein können und trotzdem mehrdeutig oder nicht valide (wertvoll) oder nur halb wahr – dass sie also *interpretiert* werden müssen.

Es bleibt das Problem, wie nun Experte (Lehrer) und Novize (Schüler) kooperieren. Die Lehrkraft soll ja einerseits seine Expertise nicht verstecken, andererseits den Schüler aber auch nicht dominieren. Es kreuzen sich die erfahrene, *vorwärtsgerichtete* (Experten-)Problemösungsstrategie und die noch wenig erfahrene, Vorwissen suchende *rückwärtsgerichtete* (Novizen-)Problemlösungsstrategie. Umfangreiches Hintergrundwissen und die wissensbasierte Strategie des Experten sind aber ein Angebot für vorangegangene Problemlösungen/-lösungsversuche des Novizen; sie sollen im schulischen Lernen diesen Lernprozess nicht einfach ersetzen, können ihn aber durch Schaffung der entsprechenden Situationen (z. B. Internet-Suchwort-Tipps, Hilfsaufgaben, Beratung) instruktiv beschleunigen. Einfach gesagt: Der Lehrer lädt nicht alles Wissen ab, das er zu einem Themenfeld hat, er „schiebt nicht vorwärts"; er hält es bereit für Impulse, Steuerung, Beratung. So bauen sich Vorwissen und neue Konzepte zu Pfaden der Problemlösung auf, Hypothesen werden generiert und geprüft und ggf. revidiert; auch Um- und Irrwege gehören dazu (Lob des Fehlers). Eine Mathematikaufgabe soll üblicherweise gelöst werden durch Anwendung bekannter Formeln und Übungs-Routinen. Die Aufgaben, die das Leben stellt, sind aber meist nicht unterlegt mit einer eindeutigen (Auf-)Lösung; sie müssen erkannt, definiert, dekonstruiert werden. Diese Tätigkeit, das Tun, ist die Herausforderung außerhalb bzw. neben einer mathematischen oder kausalen Logik.

Komplexität strukturieren

Die *Lernumgebung* wird gestaltet als eine reflektierte Mischung von Instruktion, Beratung und Eigentätigkeit. Der Paradigmenwechsel besteht in der Verschiebung vom *Objekt* des Lernens hin zum *Subjekt* des Lernens. Lernende (und Lehrende) werden nicht mehr als Rezipienten, sondern als Konstrukteure betrachtet. Eine (gemäßigt) konstruktivistische Sichtweise entfaltet eine Sache in alle möglichen *Aspekte* (*Was* wird beobachtet?) und rückt diese ins Licht verschiedener *Perspektiven, Methoden und Legitimationen* (*Wer* beobachtet? *Wie* wird beobachtet? *Wozu* wird beobachtet?). Lernen wird ein aktiver, selbstgesteuerter, konstruierender, situierter und sozialer Prozess. Dabei werden auch die Lehrenden als Lernende tätig, da sie sich nicht nur als Verwalter von Lehrplan, Schulbuch und fertigen Unterrichtseinheiten verstehen; auch der Lehrer wird dann eine ergebnisoffene Problemstellung und Arbeitsweise wertschätzen.

Problemorienteriung spielt die entscheidende Rolle für eine gelingende Unterrichtsarbeit. Lehrer sollen „Probleme in den Mittelpunkt ihres Unterrichts stellen, die entweder authentisch sind oder Bezug zu authentischen Situationen/Ereignissen haben, für die Lernenden relevant sind, eine gewisse Aktualität haben und deshalb neugierig und betroffen machen" (Reinmann-Rothmeier/Mandl 2001, 626). Zu ergänzen ist: Auch Schüler sollen diese mitentdecken dürfen, denn es sind immer mehrere Aspekte und Perspektiven bei der Problemorientierung zu bedenken.

Ein Lernzyklus für problemorientiertes Lernen baut sich auf in den folgenden Phasen/ Schritten, die auf immer höhere Berge führen (zusammengefasst nach Reinmann-Rothmeier/Mandl 2001, 630f., vgl. auch Wahl 2006):
- *Look ahead!* Konkrete Vorstellungen wecken, Fragen stellen, Bewusstmachen des eigenen Wissens und Nichtwissens als Motiv für Lernbedarf, Identifizieren eines Rätsels.
- *Initial challenge.* Stehen vor dem ersten Berg, einfache Schritte, später ansteigend.
- *Generating ideas.* Erste spontane Antworten sichten, mögliche Lösungsmöglichkeiten erkunden.
- *Multiple perspectives.* Kennenlernen der Vorstellungen/Sichtweisen anderer (Lernender, Akteure), Ausloten verschiedener Aspekte der Sache/des Problems, evtl. mit Hilfe konstrastierender Fälle (unentdeckte Sachverhalte?).
- *Resarch & revise.* Aktivierung/Erwerb von Kenntnissen und Fertigkeiten für eine sachgerechte Bewältigung der Aufgabe; Einsatz instruktionaler Methoden und Materialien zur aktiven Unterstützung.
- *Test your mettle.* Integration von (Selbst-)Evaluation und Instruktion: Überprüfung des Wissens, Lernen aus Irrwegen, Fehlerentdeckung und -korrektur ohne Erwartung von Sanktionen.
- *Assessment.* Öffentliche Vorstellung der Arbeits-/Lernergebnisse, Kennenlernen anderer Perspektiven, Lösungs- und Präsentationsmöglichkeiten.
- *Reflect back.* Reflexion des Lernfortschritts, Vergewisserung vor dem „nächsten Berg".

Damit aus einem diffusen Themenfeld ein Arbeitsthema/Problem werden kann, muss es strukturiert beobachtet werden: Es werden mögliche Sachaspekte für eine Problemstellung gesucht, und diese Suche wird reflektiert in ihrer Perspektivität (Person, gesellschaftliche Gruppe, eine bestimmte Profession, ein bestimmtes Fach, ein bestimmtes Paradigma). Beides hängt zusammen: Auch die Sachaspekte ergeben sich aus einer bestimmten Perspektive der Beobachtung und die Beobachtung reagiert auf bestimmte Sichtbarkeiten (Evidenzen) einer Sache. Etwas erscheint und ist dann so aus einer bestimmten Sicht. Es könnte auch anders gesehen werden aus einer anderen Sicht. Etwas ist nicht an sich so. Der Satz „Das ist einfach so!" ist damit für eine Problemlösung i. A. unzulässig.

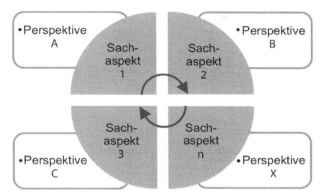

Abb. 1: Strukturschema: *Wie* wird beobachtet (*wer* und *wozu*)? *Was* wird beobachtet? (eig. Darstellung)

Abb. 2: Allgemeine Perspektiven (gesellschaftliche Funktionsbereiche oder Akteure) und Sach-Aspekte für eine geographische Themenstellung. (eig. Darstellung)[1]

Natürlich gibt es nicht einfach nur vier Sach-Aspekte und vier Perspektiven; das Schema hilft allgemein, die Vielzahl von Aspekten und Perspektiven zu ordnen und zu verschränken. Die Perspektiven und Sachaspekte im Strukturschema sind in zwei Kreisen angeordnet: (1) Relevante allgemeine Perspektiven in einer Gesellschaft, (2) allgemeine thematische Schwerpunkte in Clustern. Für ein konkretes Thema werden dann spezifische Stichworte aus dem Themenfeld in diese zwei Kreise bzw. zugeordneten Spalten eingeordnet. Für (1) wird hier vorgeschlagen, die für das Funktionieren einer (modernen) Gesellschaft maßgeblichen Funktionsbreiche nach Niklas Luhmann (1986) zu nutzen: 1. Wirtschaft, 2. Recht, 3. Wissenschaft, 4. Politik, 5. Religion, 6. Erziehung. (Natürlich kann diese Liste erweitert werden, z.B. um den Funktionsbreich „Presse/Massenmedien" oder „Soziale Bewegungen".) Diese Bereiche funktionieren sowohl in einem eigenen Code/einer eigenen Logik und Interesselage, als auch in einer strukturellen Koppelung mit anderen Funktionsbereichen. Sie kommunizieren und zwar vereint in dem Interesse, sich jeweils in einer Umwelt zu behaupten.

Ein Anwendungsbeispiel für den Geographieunterricht: Tropischer Regenwald

Der Tropische Regenwald als Klassiker ist jedem Schüler begegnet, meist schon in einem frühen Jahrgang. Es werden Bilder gezeigt, es werden Begriffe kennengelernt (z.B. Stockwerksbau, Brettwurzeln, Laterit), es werden auch lebensweltliche Kontexte (z.B. Baumfällung, Transamazônica, Indianer) eingebaut. Es wird sicher auch gelernt, dass der Tropische Regenwald ein Ökosystem ist und darüber hinaus wichtig z.B. für das Klima und den Artenreichtum incl. Heilpflanzen. Das ist sicher eines der attraktiven Schulfach-Themenkreise, aber natürlich noch kein bearbeitbarer *Fall*.

Die Theorie des Situierten Lernens kennt verschiedene Ansätze des Lernens mit Fällen und authentischen Problemen. Für unser Feld des Geographieunterrichts kommt davon das (zirkuläre) problembasierte Lernen (*Problem/Closed-Loop* bzw. *Reiterative Problem-Based Learning*) in Frage (vgl. Zumbach et al. 2007, 8f.). Dabei werden die Fälle zunächst ohne theoretischen Rahmen und Lösungsansätze präsentiert, in Kleingruppen erörtert, mit prototypischen bekannten Lösungen abgeglichen; das Hintergrundwissen kann selbstständig oder mit Hilfe von Experten, Vorträgen, empfohlener Literatur, Internet erhoben werden. Dieses Verfahren wird im Folgenden idealtypisch skizziert (vgl. Rhode-Jüchtern/Schneider 2012).

Ausgangsfeststellung: „Tropischer Regenwald" ist kein Thema/kein Problem/kein Fall, es ist nur ein Rahmen für alle möglichen Themen. Es muss erstens geklärt werden, in welcher Beobachter-Perspektive ein bestimmter Aspekt identifiziert wurde und nun behandelt werden soll: „Das Problem betrachtet aus der Perspektive von ...". Der Tropische Regenwald gerät in ein Fadenkreuz von Wer/Wie/Wozu und Was (vgl. Strukturschema Abb. 1). Es muss zweitens gesagt werden, unter welchem sachlich-fachlichen Aspekt der Tropische Regenwald nun beobachtet werden soll: „Tropischer Regenwald als ...".

Beispiel Tropischer Regenwald

Mögliche *Perspektiven* (Akteure) – *Wer beobachtet, wie und wozu?*

- Internationale/nationale/regionale/lokale Politik
- Großfarmer
- Kleinbauern
- Naturschützer
- Erdölkonzerne
- Völkerrechtler
- Ökologen
- Filmemacher
- Naturschutzpaten (NGOs, Firmen)
- Soja- und Orangensaft-Exporteure
- Baumärkte (Tropenholz)
- Mafia/Biopiraten
- ...

Dies sind allesamt Stichworte, die sich nicht selbst erklären (wie dies z. B. Begriffe wie „Stockwerksbau" oder „Tropen" erlauben); allesamt verweisen sie auf spezifische Problemkreise mit einer „unbefriedigenden Struktur", einer Irritation: Was ist denn nun zu *beschreiben, zu analysieren, zu verstehen, zu diskutieren, zu tun?*

Die *Irritation als Lernanlass und -legitimation* bezieht sich darauf, dass keine einfachen und eindeutigen Lösungen existieren, sondern zunächst nur Sichtweisen von Akteuren auf einzelne Aspekte. (In einzelnen Lehrplänen ist in dieser Hinsicht auch in früheren Jahren schon vom Kontroversitäts-Prinzip die Rede.)

Ein Thema wird gefunden und als Problem definiert; darauf bezogen wird Fachwissen und Methodenkompetenz aktiviert und ein Kommunikationsprozess über die Beurteilungen und Bewertungen in Gang gesetzt. Das ist situiertes Lernen, in Ungewissheit und Komplexität, in Welt- und Lebensnähe und in kognitiver und diskursiver Herausforderung.

Die nachfolgende Handzeichnung (Abb. 3) ist ein authentisches Material aus dem Bericht einer Enquete-Kommission des Deutschen Bundestages (nach-/umgezeichnet für ein bsv-Schulbuch wegen schlechter Qualität des Originals). Das heißt nicht, dass es „einfach wahr" ist; es heißt nur, dass es die Sicht der Enquete-Kommission ausdrückt und von Schulbuchautoren für wertvoll gehalten wird. Damit ist es für einen „Situierten Unterricht" unmittelbar geeignet.

Das Bild wird also entsprechend dem didaktischen Ansatz nicht dazu eingesetzt, die einfache „Wahrheit" über den „Zusammenbruch im gestörten Ökosystem ‚Tropenwald'" zu vermitteln, sondern um eine Irritation zu stiften: Nach der Zeichnung sind es – „vereinfacht" die Indianer, die durch Brandrodung das Ökosystem Tropenwald stören und

M 5 Zusammenbruch im gestörten Ökosystem „Tropenwald" (vereinfacht)

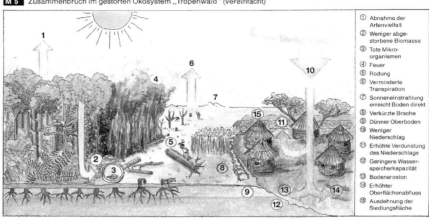

① Abnahme der Artenvielfalt
② Weniger abgestorbene Biomasse
③ Tote Mikroorganismen
④ Feuer
⑤ Rodung
⑥ Verminderte Transpiration
⑦ Sonneneinstrahlung erreicht Boden direkt
⑧ Verkürzte Brache
⑨ Dünner Oberboden
⑩ Weniger Niederschlag
⑪ Erhöhte Verdunstung des Niederschlags
⑫ Geringere Wasserspeicherkapazität
⑬ Bodenerosion
⑭ Erhöhter Oberflächenabfluss
⑮ Ausdehnung der Siedlungsfläche

Nach Enquete-Kommission des Deutschen Bundestages 1994, S. 520

Abb. 3: „Zusammenbruch eines Ökosystems" – eine mögliche Darstellung/Lesart.

zum Zusammenbruch bingen. „Es ist so!" sagt das Bild; die Betrachter aber fragen: „Ist es so?" (*Prinzip der Kontingenz*). Man kann versuchen, über die Größenverhältnisse dieses Eingriffs zum Regenwald und im Verhältnis zu den Eingriffen von großen Holzkonzernen auf die Spur zu kommen.

Start zu einem *Leittext*[2] (Bild und Fragestellungen):

• Wie groß ist der dargestellte Eingriff? Was tun die Indianer genau im Ökosystem?
• Wie groß wäre der Eingriff eines internationalen Holzkonzerns? Was tut dieser genau?
• Wie wird „Ökosystem" fachlich verstanden?
• Bei dieser Gelegenheit: Was versteht man unter „Stabilität" und „Resilienz"?
• Wann führt ein Eingriff faktisch zum Zusammenbruch eines Ökosystems und/oder wann kann es sich selbst heilen?

Diese Fragen/Aufgaben leiten hinein in Probleme; sie erweitern die bloße Anschauung eines Bildes und seiner Legende hinein in einen „Leittext." Dazu muss im Internet recherchiert werden. Die Suchwörter dazu werden vom Lehrer empfohlen und vorab geprüft. Ergebnis wird sein, dass die Brandrodung zwar ein Eingriff in das Ökosystems ist, dass dieser aber qualitativ und quantitativ nicht ausreicht, um das Ökosystem Tropischer Regenwald insgesamt und nachhaltig zu schädigen („Zusammenbruch"). Nach Erschöpfung der Nährstoffe für den Ackerbau in der *shifting cultivation* ziehen die Indianer weiter und das System regeneriert sich. Großflächigkeit, Straßenbau, Lohn-

(Sklaven-)Arbeit, Einsatz von Chemikalien etc. sind damit nicht verbunden, ganz anders als beim großflächigen Eingriff von Holzkonzernen und Rodungen für Großfarmen (Rinder, Soja, Ethanol etc.).

Das Bild wird in Frage gestellt durch konkrete Nachfragen mit dem Metatext: *Wer beobachtet hier was, wie und wozu?* Damit ist das Themenfeld geöffnet für alle eigenen Themenstellungen und Fälle, z.B. aus den folgenden Bereichen:

- Rinderfarmen
- Cash-Crop-Großfarmen
- Naturverhältnis von Indianern
- Biopiraterie (Heilpflanzen)
- Bodenrecht
- Konsumentenmacht
- Nachhaltigkeitsprinzip im Alltag
- ...

Man kann sicher sein, dass aus dieser Liste stets aktuelle Meldungen in den Medien auftauchen; wenn nicht, bedient man sich im Archiv von Zeitungen/Internet. Wer z.B. „Biopiraterie" am Beispiel der Patentierung von Heilpflanzen klären will, stößt im Internet sofort auf das „Nagoya-Protokoll" oder/das „UNO-Abkommen über die biologische Vielfalt/CBD" – das würde auch ein erfahrener Lehrer nicht ohne weiteres wissen, aber die (Such-)Frage würde er stellen können. Man kann so mit geringem Aufwand erste sachliche Hinweise für das *fact finding* sammeln, auch wenn man von der Sache bis dahin keine Ahnung hatte und nicht einmal fachliche Suchwörter hätte nennen können. Man kann also im Prinzip zu fast jedem Themenkreis eine Problemdefinition versuchen, ohne dass man auf ein Stoffmonopol veralteter Schulbücher oder das Zeitungsarchiv des Lehrers angewiesen bliebe. Man wird auch sehr bald und immer auf Vernetzungen stoßen, so dass es nicht beim Einstiegsfall bleibt. Das ist technisch und unterrichtspraktisch relativ neu, ermöglicht ganz neue Fragestellungen; mit diesen Werkzeugen („tools") lässt sich sogar in einem Einstunden-Fach wieder problembasiert, kooperativ und eigenverantwortlich Schul-Arbeit machen.

Arbeits- und Reflexionsaufgaben

1. In Abb. 3 soll der „Zusammenbruch im gestörten Ökosystem. (vereinfacht)" dargestellt werden. Inwieweit kann man einen *Eingriff* in ein System mit der Zerstörung („Zusammenbruch") des Systems gleichsetzen, inwieweit nicht?
2. „... die Schüler nicht nur zu unterrichten, sondern auch zu motivieren" fordert der Münchener Pisa-Koordinator Prenzel. Diskutieren Sie diese Forderung im Hinblick auf die Kritik an einer „Spaßpädagogik".

3. Die Forderung nach „authentischen Themenstellungen" setzt voraus, dass Schüler-Innen und Lehrkräfte sich davon ansprechen lassen; die Erfahrung zeigt aber, dass sie oft eine einfache und ergebnissichere Aufgabenstellung bevorzugen. Verweist dieser Widerspruch auf zwei verschiedene Typen von SchülerInnen und LehrerInnen? Diskutieren Sie dies am „Fall Nil" und hier möglichen Unterrichtseinstiegen.

4. „Komplexität reduzieren", das ist eine der großen Herausforderungen und Chancen für den Schulunterricht gegenüber einer oft unterkomplexen Weltsicht in den Massenmedien. Komplexität besteht in den Sachaspekten und in den Perspektiven der Beobachter, beide kreuzen sich. Befüllen Sie das Schema Abb. 1 und die Liste in Abb. 2 mit drei alternativen Themenideen für den Themenkreis „Der Nil" (vgl. das Exempel Tropischer Regenwald im Text).

5. Beziehen Sie Stellung zu folgenden Aussagen:

a. „Ein Problem setzt nicht so sehr eine Lösung voraus, im analytischen oder auflösenden Sinne, als vielmehr eine Konstruktion, eine Kreation. Es löst sich im Tun" (de Unamuno 2000, 114).

b. „Probleme sind nur dann Probleme, wenn sie nicht isoliert, Stück für Stück bearbeitbar und gelöst werden können. Gerade das macht ihre Problematik aus" (Luhmann 1984, 84).

Der Beitrag ist ursprünglich erschienen in: Detlef Kanwischer (Hrsg.) 2013: Geographiedidaktik. Ein Arbeitsbuch zur Gestaltung des Geographieunterrichts. Reihe: Studienbücher der Geographie. Stuttgart, 105-116.

Anmerkungen

1 Vgl. Text Nr. 3 „Garten, Regenwald ..." in diesem Band
2 Vgl. den Begriff „Leittext" http://de.wikipedia.org/wiki/Leittextmethode

Literatur

Zum Weiterlesen empfohlene Literatur
Reinmann-Rothmeier, Gabi/Heinz Mandl 2001: Unterrichten und Lernumgebungen gestalten. In: Krapp, Andreas/BerndWeidenmann (Hrsg.) 2001: Pädagogische Psychologie. Weinheim, 603-646

Wahl, Diethelm 2006: Lernumgebungen erfolgreich gestalten: Vom trägen Wissen zum kompetenten Handeln. Bad Heilbrunn

Weitere zitierte Literatur
Hentig, Hartmut von 1968: Systemzwang und Selbstbestimmung. Stuttgart
Luhmann, Niklas 1968: Ökologische Kommunikation. Kann sich die moderne Gesellschaft auf ökologische Gefährdungen einstellen? Opladen

Luhmann, Niklas 1984: Soziale Systeme. Grundriss einer allgemeinen Theorie. Frankfurt/M.

Menzel, Peter 1995: So lebt der Mensch. Familien aus aller Welt zeigen, was sie haben. GEO-Buch, orig. Material World. A Global Family Portrait. 1994)

Rhode-Jüchtern, Tilman/Antje Schneider 2012: Wissen, Problemorientierung, Themenfindung. Schwalbach/Ts.

Schank, Roger C. 1982: Dynamic Memory: A theory of reminding and learning in people and computers. New York

Unamuno, Miguel de 2000: Wie man einen Roman macht. Graz

Zumbach, Jörg/Karin Haider/Heinz Mandl 2007: Fallbasiertes Lernen. Theoretischer Hintergrund und praktische Anwendung. In: Zumbach, Jörg/Heinz Mandl (Hrsg.) 2007: Pädagogische Psychologie in Theorie und Praxis. Ein fallbasiertes Lehrbuch. Göttingen, 1-11

27. Die Anamorphose

Über das schulische Lernen in der ungefächerten Welt

Die Experten für das Mögliche können
den Fachleuten für das Wirkliche
auf der Suche nach Wahrheit helfen.

Deutscher Kongress für Philosophie, Leipzig 1969

Es ist doch so einfach und einleuchtend: *Die Welt ist nicht gefächert.* Aber ach: Die Welt soll in der Schule im Rahmen und in der Struktur von Fächern verstanden, „gelernt" werden. Und schließlich: Die Welt*erklärungs*fächer, insbesondere die sogenannten Bildungswissenschaften, sind ins Gerede gekommen – weil sie angeblich nicht empirisch-quantitativ arbeiten und deshalb nicht richtig wissenschaftlich seien[1]. Egal: Die Schüler in Deutschland sollen testfest werden, die Grundoperation dafür lautet: Bildungsstandards. Darin werden die Struktur und Philosophie des jeweiligen Faches in die Form von Aufgabenstellungen gebracht; diese erlauben Abprüf- und Vergleichbarkeit.

Damit befinden wir uns in einem Magischen Viereck, das sich eben dadurch definiert, dass es unmöglich herzustellen ist: Weltverstehen – Welt in Fächern – empirisch-analytisches Wissenschaftsverständnis – standardisierte Abprüfbarkeit.

Der folgende Beitrag widmet sich – in Anbetracht der laufenden Schulreformen unter der Fuchtel von PISA-Rankings – der Frage, in welchen Grundoperationen die Verzerrungen der äußeren Welt im Spiegel von Fächern zu erkennen und zu behandeln seien. Dem liegt ein Verständnis von Lernen zugrunde, das die drei Anforderungsniveaus des Abiturs (reproduktives Wissen – Anwendung und Transfer – Werten und Urteilen) als Zielrichtung ernst nimmt und das die gesuchten Bildungsstandards (in Schule und Lehrerbildung) um die Dimension *Reflexion* erweitert (bzw. an diese Dimension erinnert). Dazu gehört auch die Frage, welche Inhalte in den Schulfächern das Zeug für eine *kategoriale Bildung* haben und wie man Lernen in der Schule *verständnisintensiv* machen kann.

Das im Folgenden gewählte Format der *Anamorphose* zur Legitimation und Metakognition von Lernen in der Schule erreicht nach meiner Erfahrung Lehrer in Fortbildungen besonders gut[2]. Sie ist eingängig, fächerübergreifend und nicht bedrohlich. Sie lässt Einseitigkeiten und Verzerrungen als zunächst unvermeidlich zu und weist einen Weg, sich davon wieder zu befreien. Sie erzeugt einen Habitus von kritischer Distanz und Konstruktivität und macht damit Lehrende wieder zu Subjekten ihres Stoffes und auf ihrem Feld.

Wie lernen wir die Welt verstehen? Warum überhaupt und zu welchem Ende? Kann das überhaupt sein: *Welt verstehen* und aneignen, für das Leben in der Gemeinschaft, in der lokalen wie der globalen Maßstäblichkeit, *in der Schule*, nach Lehrplänen und Schulbüchern, bei einzelnen zufällig zugewiesenen Lehrern, nach Schemata und in Richtung so genannter Bildungsstandards, mit dem formalen Maßstab „Vergleichbarkeit", und am Ende womöglich dem Instrument des *multiple-choice*-Tests untergeordnet?

Ich beginne dieses wahrlich dicke Brett anzubohren mit einer kleinen Geschichte. (Dies ist in der *imaginativen* und/oder *narrativen Didaktik* die Form, Vorstellungen zu wecken und dahinter stehende große Strukturen schrittweise sichtbar zu machen).

Im März war ich zwei Wochen in der Sahara, zu Fuß, mit den Tuaregs. Wenn es 50 Menschen waren, denen ich vorher davon erzählt habe, dann hat nur einer spontan gesagt: „Toll!". Alle anderen hatten, fast wortgleich, gefragt: „Willst Du Dich entführen lassen?". Und die Anteilnahme vor der Abreise war wirklich außergewöhnlich groß.

Die Erfahrung dieser Freunde mit der Sahara, nein: mit dem *Wort Sahara*, stammte aktuell aus den Medien und dem Ereignis einer Entführung in Süd-Algerien ein Jahr zuvor. Die Wörter „Sahara", „zu Fuß" und „Tuareg" reichten aus, um aus dieser Sekundärerfahrung eine präzise und einheitliche und schreckerfüllte Vorstellung über die geplante Reise zu entwickeln.

Es war nicht – wenigstens auch – die Vorstellung von einer Wüste, die größenmäßig der Entfernung Portugal-Nordkap entspricht. Nicht die reflektierte Vorstellung von einem Ereignis, das lediglich überproportional in den Medien erschienen war, mit letztlich einer einzigen toten Touristin, Lösegeld und einem ständig abgefilmten Airbus der deutschen Luftwaffe auf den Bildschirm. Nicht die Vorstellung von Vergleichzahlen, z.B. jährlich (früher) 6000 oder auch nur (heute) 3000 Verkehrstoten allein in Deutschland in einem Jahr. Sonst müsste man auf die Ankündigung: „Ich fahre morgen nach Hannover" beantworten mit der Frage „Willst Du dich plattfahren lassen?". Es wird entsprechend kaum unterschieden zwischen der Vorstellung von Räuberbanden und Milizen, wie es viele gibt auf der Welt, und dem Volk der Tuareg, die lediglich in derselben Wüste leben[3].

Kurz: Man machte sich *eine* Vorstellung und zugleich *einen* Begriff von der „Sahara" mit einem semantischen Hof, der nur noch in dem Codewort „Entführung" bestand und ein geradezu reflexartiges Verhalten auslöste. Hätte man eine multiple-choice-Frage zur Sahara gestellt, wäre „Entführung" der Favorit vor allen anderen Antworten zur Wüste gewesen.

Aber: „Man *muss Nomade sein, durch die Ideen ziehen, wie man durch Städte und Straßen zieht*[4] (Francis Picabia)

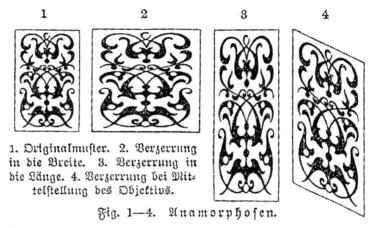

1. Originalmufter. 2. Verzerrung in die Breite. 3. Verzerrung in die Länge. 4. Verzerrung bei Mittelstellung des Objektivs.

Fig. 1—4. Anamorphosen.

Abb. 1: Die Anamorphose.

Das Begriffskonnotation Sahara/Entführung ist ja nicht schlichtweg falsch, aber sie verzerrt. Diese absolute Bedeutung der Vokabel „Sahara" beschränkt sich auf einen Nebenaspekt, statistisch unbedeutend, historisch marginal, aber hochwirksam für Vorstellungen aus dem Tunnelblick in die Sensationsröhre – getreu der Definition von Niklas Luhmann 1996: „Was wir über unsere Gesellschaft, ja über die Welt, in der wir leben, wissen, wissen wir durch die Massenmedien"[5].

Wir können uns das klarmachen mit der *Anamorphose*, dem Zerrspiegel, wie ihn jeder kennt aus Spiegelkabinetten auf dem Jahrmarkt. Wenn ich das Prinzip begriffen habe, kann ich das Ganze systematisch auch wieder entzerren; wenn aber nicht, nehme ich die Verzerrung für das Wirkliche und Ganze.

These Nr. 1

„Die Grenzen meiner Sprache sind die Grenzen meiner Welt" (Ludwig Wittgenstein).

Aber: „Das Schlimmste, was man machen kann, ist die Welt für simpel zu halten"; dies sagt der Chefredakteur der Financial Times Deutschland, Christoph Keese[6]. Schlimm, weil es in der Wirtschaft richtig teuer werden, ein Bildungssystem schädigen, sogar ganze Staaten ins Straucheln bringen kann. So beklagen derzeit 20 Nobelpreisträger in den USA, dass ein Krieg geführt und die Wissenschaft massiv zensiert wird von „flat earthers", also von Leuten, die die Erde wie eine Scheibe betrachten und manichäistisch einfach in gut und böse einteilen[7].

These Nr. 2

Die Welt zu einfach zu machen, ist schädlich und gefährlich; zwar geeignet für Macht und Herrschaft, aber nicht für differenzierte Problembeschreibungen und -lösungen. Das gilt für das Lenken von Staat und Wirtschaft ebenso wie für die Schule.

Dem wird sicher jeder zustimmen. Aber das Verstehen von Welt ist so einfach nicht, selbst wenn man bereit ist zu Differenzierungen aller Art. Was zu tun ist, will ich in vier Schritten und Beispielen versuchen zu erklären.

Erster Schritt
Alle Beobachtungen, auch die wissenschaftlichen, sind *auch* subjektiv, finden statt in bestimmten Situationen und fachlichen Kontexten; sie sollen zweckmäßig und wahrhaftig sein und sich eignen für den Aufbau eines begehbaren Bildes der Welt. „Ich verstehe das alles nicht" ist ebenso wenig ein Ausweg aus der Komplexität wie ein Abhängigmachen von der täglichen Weltinterpretation der BILD-Zeitung nach dem Muster „Wir sind Papst!".

„Alle Erkenntnis beginnt mit Problemen. In allen Fällen, ohne Ausnahme, ist es der Charakter und die Qualität des Problems, die den Wert oder Unwert der wissenschaftlichen Leistung bestimmt", sagt der Sozialphilosoph Karl Popper[8]. „Problem" heißt: Da ist etwas der Beobachtung wert, es ist bisher nicht gelöst, es reizt zur Betrachtung in der Spannung von Wissen und Nichtwissen. Hinter dem Problem stehen allgemeine Strukturen, auch diese werden bei der Arbeit bemüht oder mit entdeckt.

Wenn wir z.B. „Afrika verstehen" wollen, dann genügt nicht eine Broschüre mit diesem Titel vom Studienkreis für Tourismus in Starnberg. Es genügen nicht Reproduktionen einfacher Tatsachen wie der afrikanische Grabenbruch oder Klimatabellen oder die Hautfarben der Menschen oder Fotos von Hackbauern oder nomadisierenden Viehhaltern wie in manchem Schulbuch.

Vielmehr müssen wir uns zunächst der Begrenztheit unserer Beobachtung vergewissern. Zum Beispiel so, wie es der Kenner Bartholomäus Grill (2003, 10)[9] tut:

„So wie im kongolesischen Urwald erging es mir oft in Afrika. Ich fühlte mich wie ein Elementarteilchen, das durch eine riesigen Kosmos treibt. Ich kam zum ersten Mal in ein großes Land, nach Nigeria, Angola oder in den Sudan, und fragte mich: Wo anfangen? Wie einen Überblick gewinnen, wo ich doch nur ein paar Splitterchen vor Augen bekomme, nur mit einem Dutzend Leute spreche, zwei, drei Orte besuchen werde? Ich sah ein Ritual, ein Symbol, eine Geste, hörte eine Geschichte, erlebte eine Begebenheit und konnte das Wahrgenommene nicht einordnen oder begreifen. Es fehlten die historischen Kenntnisse, der religionssoziologische Hintergrund, das ethnografische Bezugssystem. Da stand ich dann und tat, was ein kluger Kopf einmal „hermeneutischen Kolonialismus" genannt hat: interpretieren, hineindeuten, spekulieren. Man kann sich lebhaft vorstellen, dass dabei oft Zerrbilder, Wunschvorstellungen oder Projektionen entstehen, und wir müssen zunächst über uns selber reden, über die Fallstricke der Wahrnehmung und über die Interessen, die unsere Erkenntnisse leiten. Eine Landmasse, in der Europa zehn Mal Platz fände, 650 Millionen Menschen, vielleicht 700 Millionen oder noch mehr, fünfzig Staaten, Tausende von großen Völkern und kleinen Ethnien, Kulturen und Religionen – ist es nicht vermessen, sich ein Urteil über diesen Erdteil zu erlauben?"

These Nr. 3

Wir sind Gefangene eines subjektzentrierten (oder eurozentrischen oder gesellschafts- und kulturspezifischen) Blicks; das können wir nicht vermeiden, aber einsehen und bewusst machen. Wir konstruieren Bilder und eine Deutung dieser Bilder, nach dem Grundsatz „A erkennt B als C in der Situation D".

Das nennt man *Konstruktivismus*; man verabschiedet sich damit von der scheinbaren Eindeutigkeit einer Welt, die nur aus vermeintlichen Tatsachen besteht und insoweit rational und eindeutig zu beschreiben wäre – ohne dass man skeptisch und ständig auch nach möglichen Verzerrungen im Zerrspiegel sucht.

Zweiter Schritt

Wir lassen uns ein auf lohnende Probleme und versuchen sie einzukreisen, zu definieren und in Einzelthemen bearbeitbar zu machen. Der Soziologe Niklas Luhmann hat in seiner Bielefelder Abschiedsvorlesung (1993)[10] die dazu gehörenden zwei Sichtweisen von zwei Soziologien in die knappe Formel gefasst: „Was ist der Fall?" „Und was steckt dahinter?". Das heißt: Die Beschreibung eines Falles ist das eine; das andere ist, dies in Kontexten mit Bedeutung zu versehen und zu interpretieren.

Wählen wir als Beispiel aus der Domäne der Sozialwissenschaften und der Geographie ein Land von über 200 UNO-Mitgliedern, z. B. Samoa[11]. Auch hier wird eine nationale Statistik geführt, Tatsachen werden in Zahlen gegossen und stiften damit eine bestimmte Vorstellung.

Wir versuchen, diese Zahlen mit Bedeutung zu versehen, etwa durch den Vergleich mit Zahlen aus der eigenen Erfahrungssphäre, Deutschland, Thüringen, Jena. Die Bevölkerung von Samoa ist nur so groß wie die von Jena und Weimar zusammen; sie besteht aber zu 77 % aus Menschen auf dem Lande. Das Pro-Kopf-Einkommen ist mit 69 € nur 10 % des BAFöG-Satzes. Nach diesen Tatsachen ist Samoa ein agrarischer

Fläche
2831 km^2

Einwohnerzahl
164 000

Bevölkerungsdichte
57,9 Menschen pro km^2

Kinderzahl pro Frau
4,5

Die Bevölkerung verdoppelt sich
in 28 Jahren

**Anteil der städtischen/ländlichen
Bevölkerung**
23%/77%

Lebenserwartung
Frauen: 70 Jahre
Männer: 63,8 Jahre

Säuglingssterblichkeit
47 auf 1000 Geburten

Auf einen Arzt kommen
3570 Menschen

Bruttosozialprodukt pro Kopf
940 US-$

**Rang auf der Entwicklungsliste
der Uno**
104

Entwicklung der terms of trade

Durchschnittliche Weltmarktpreise
(US $/t zu konstanten Preisen
von 1985)

	50er J.	60er J.	70er J.	80er J.
Kopra	729	624	593	365
Kakao	310	186	327	183
Bananen	654	486	355	364

*Quelle: Western Samoa Seventh Development Plan
1992-1994. Apia 1992*

Abb. 2: Amtliche Länderstatistik für Samoa.

Zwergstaat mit ebenso bettelarmen Menschen. Kategorie: *LDC (=Least Developed Countries).*

Mit diesen objektiven Tatsachen und einer passenden Kategorie könnten wir übergehen zum nächsten Thema, nach dem alten Schema der Länderkunde.

Samoa wäre in 10 Minuten abgehakt, das exemplarische Potenzial wäre durch die Typisierung als armes Entwicklungsland ausgeschöpft. Aber Samoa ist nicht nur eine Statistik auf der Maßstabsebene des Landes/Staates. Wir sollen nach dem, was auf der Makroebene „der Fall ist", nunmehr fragen: „Was steckt dahinter?"

Didaktische Operation in der Domäne der sozialwissenschaftlichen Geographie ist ein Maßstabswechsel, ein Heranzoomen des Problems. Ein Bild aus dem Fotoband „So lebt der Mensch" von Peter Menzel (Abb. 4)[12] zeigt uns, was – auch – dahinter steckt: Wie leben die Menschen, wie fühlen sie sich, was ist ihnen wichtig, was ist ihre Vorstellung von ihrem Land und der Welt? Durch die Methode von Menzel können wir einen Blick in die Häuser und Ökonomie und Gesichter der Menschen tun; wir erfahren – im Vergleich mit 27 anderen Ländern dieser Welt – etwas zu acht existentiellen Fragen in der Sicht der beobachteten Menschen: „Was ist Dein wertvollster Besitz?", „Was bedeu-

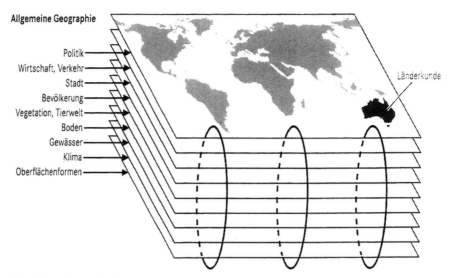

Abb. 3: Länderkundliches Schema
(nach diesem Schema wurde in der traditionellen Geographie die Welt abgeschichtet wie in Folien und damit – im Blick durch alle Folien hindurch – vermeintlich in der Ganzheit beschrieben; man hatte eine verlässliche einheitliche Betrachtungsweise für alle Länder in der Welt und konnte so „wissensbasiert" Geographie, i. e. „Erdbeschreibung" betreiben.)

tet Dir die Religion?", „Was denkst Du über den Rest der Welt?". Ergebnis: In Samoa leben wohlgenährte und zufrieden aussehende Menschen; Samoa erscheint ihnen als „sicherer Ort". Ein Widerspruch zwischen Makro- und Mikromaßstab.

Eine Besonderheit, ein Fokus auf ein Detail führt noch (entscheidend) weiter beim Verstehen: der gelbe Helm des einen Sohnes (im Bild: oben rechts). Er ist Lohnarbeiter auf dem Bau, verdient das Bargeld, mehr als die anderen in seiner Familie. Dieses Geld macht wohl die 69 $ pro Kopf/Monat aus und reicht für Batterien, Öl, Maschendraht und Wellblech. Zum Leben würde es nicht reichen, das gelingt nur in der Selbstversorgung aus dem Lande, mit einem dazu passenden Bodenrecht und einem entsprechenden Sozialsystem. *Die Subsistenz subventioniert die Lohnarbeit* – eine überraschende Erkenntnis für uns und unsere Schüler. Sie kommt zwar in der UN-Länderstatistik nicht vor, löst aber den Widerspruch zwischen Makro- und Mikroebene plausibel auf. Käme nun die Weltbank mit einem großen Entwicklungsprojekt nach Samoa, incl. Privatisierung der Produktionsmittel, Lohnarbeit für alle, Erhöhung der täglichen Arbeitszeit von 3 auf 9 Stunden und entsprechenden Auflagen für die Sozialpolitik, könnte das schnell zur oft beklagten „Tödlichen Hilfe"[13] (Brigitte Erler) werden.

Im einzelnen sind zu sehen: Auseuga (65) und Frau Faaleo (60), Sohn Uiti (21, ganz links), Tochter Laufafa (37, rechts), Schwiegersohn Alatupe (37), sowie die Enkelinnen Teuila (10), Pauline (5), Faaleo (4) und Enkel Junior (1).

Abb. 4: Eine Familie in Samoa im Mikromaßstab (nach einem Foto von Peter Menzel: So lebt der Mensch. 1995).

Diese Strukturen auf der Makroebene sind andere als die auf der Mikroebene, sie passen scheinbar nicht zusammen, sind nicht einfach neutrale Tatsachen; sie sind vielmehr historisch und gesellschaftlich hoch differenziert und kaum vergleichbar und schon gar nicht vereinheitlichbar, es sei denn um den Preis des „messing up", des Durcheinanderbringens.

These Nr. 4

Eine Sache betrachten heißt, sie genau, von mehreren Seiten, mit verschiedenen Filtern betrachten. Der systematische Wechsel der Maßstabsebenen und sozialen Perspektiven hilft Vorurteile und vorschnelle Schlüsse zu vermeiden. Er erzeugt Widersprüche und gibt Hinweise zu deren Auflösung.

Der Perspektivenwechsel erzeugt mit dem Begreifen, quasi nebenbei und authentisch, auch Begriffe (wie in unserem Beispiel „Subsistenz" und „informeller Sektor"). Lehrer und Schüler haben damit gemeinsam ein Problem identifiziert, Vorstellungen dazu entwickelt und etwas begriffen, auch mit Begriffen.

Dritter Schritt

Begriffe bilden/vereinbaren/verständig verwenden. Bei einer Fortbildung von/mit Leistungskurslehrern des Faches Geographie wurden Begriffslisten zusammengestellt für das Abitur und die zu verwendende Fachsprache, hier: „Entwicklungsländer"/„Schwellenländer"/„Industrieländer" und „Nachhaltigkeit". Die Lehrer waren sofort bereit, den Auftrag auszuführen und stellten diese Listen her; diskutiert wurde dabei eher über „wichtig – unwichtig" als über die Logik und Güte der Begriffe.

Deshalb habe ich dazu eine Übung vorgeschlagen, die die vier gefragten Begriffe und zugehörigen Unterbegriffe nach Inhalt, Gültigkeit und Zuverlässigkeit beleuchtete. Wenn die Schüler daraufhin bewertet werden, müssen die Begriffe selbst ja belastbar sein.

Nehmen wir den Begriff „Schwellenland" und ziehen dazu drei Lexika zu Rate[14].

- Lexikon 1 sagt, es gebe überhaupt keine international vereinbarte Liste, „da die Bestimmungskriterien von Weltbank, IWF und anderen Organisatoren sehr unterschiedlich ausfallen" (Schüler-Duden Erdkunde II, 2001).
- Lexikon 2 (Diercke Wörterbuch der Allgemeinen Geographie, Westermann/dtv, 1984) schreibt: „Gemeinsames Negativmerkmal der Schwellenländer ist, dass die gesellschaftliche und soziale Entwicklung im Lande mit der wirtschaftlichen nicht Schritt halten kann".
- Lexikon 3 (Lexikon der Geographie, Spektrum Verlag, 2003) behauptet das genaue Gegenteil: „In der Tat ging und geht wirtschaftliches Wachstum immer mit einer breitenwirksamen Verbesserung der Lebenssituation der Menschen in jenen Ländern einher."

Wenn Schüler also für das Abitur lernen und sich auf fachsprachliche Begriffe einstellen, bekommen sie nicht nur eine doppelte, sondern dreifache Botschaften, die sich gegenseitig ausschließen bzw. in verschiedene Richtungen aneinander vorbei zielen.

Das heißt nun nicht, dass man die Lexika in den Ofen stecken oder ganz auf Begriffe verzichten sollte. Es heißt aber: Nachdem man sich eine Vorstellung gebildet hat von der Mehrdimensionalität des Begriffs und nachdem man dann die Uneindeutigkeit im Lexikonvergleich entdeckt hat, ist die eigentlich spannende Frage: Woher kommen die Widersprüche? Sind es einfach schlechte Autoren und Fehler, oder was steckt dahinter? Beim genauen Hinsehen fällt dann den hellen Köpfen unter den Lehrern/Studenten/Schülern auf, dass dahinter verschiedene Theorien/Ideologien stecken könnten. Bei Lexikon 1 eher der Versuch einer *statistischen Ordnung*/Taxonomie; bei Lexikon 2 eher die *Dependenztheorie* von der strukturellen Abhängigkeit der Entwicklungsländer und den sich verstärkenden Disparitäten; bei Lexikon 3 eher die *Modernisierungstheo-rie* mit der Utopie gesellschaftlichen Wohlergehens durch wirtschaftliches Wachstum.

Lexikon 3 setzt noch einen drauf: „Die Weltbank bezeichnet als Schwellenländer jene Länder mit einem Bruttosozialprodukt über 100 Mrd US-$." Eine solche absolute Zahl, also ohne Relation zu Landesgröße, Bevölkerungszahl und Wertschöpfungsquellen, ist schierer Unfug. Kleine Länder könnten so, selbst wenn sie nur noch aus Computerchips bestehen würden, so niemals Schwellenländer werden. Auch hier lohnt eine kurze De-batte über die Qualität von Lexika mit namentlich ansprechbaren Autoren oder verant-wortlichen Redaktion, anstatt einfach Vokabeln zu lernen. Die möglichen Inhalte der Be-griffe lernt man nebenbei kennen, verständnisintensiv erkennt man aber weit mehr als nur eine allgemeine Definition, nämlich Wort-Setzungen und „Fenster der Weltbeobach-tung".

Das alles dauert im Unterricht nicht viel länger als das bloße zur-Kenntnis-Nehmen und Reproduzieren fremder Begriffe und Daten. Es erzeugt aber eine Spannung des Mehr-Wissen- und Verstehen-Wollens bei Schülern und Lehrern.

Ich weiß aus Erfahrung, dass einzelne Lehrer das alles für Haarspalterei, Zeitver-schwendung oder Überforderung halten werden. Oder – umgekehrt – sagen „Das ist doch sowieso klar, darüber braucht man nicht extra zu sprechen". Verständnisorientier-te Lehrer (und Studenten) sagen dagegen: „Das ist eine weitere Lerngelegenheit".

Es geht dabei nicht um einzelne Begriffe als solche, sondern um die Logik und Plau-sibilität von Anschauungsformen und Erklärungen, die in den Begriffen versteckt sind und entdeckt werden wollen.

These Nr. 5

Man macht Erfahrungen mit verschiedenen Sprach- und Textformen, bildet sich Vorstel-lungen über ein Bild und seine Interpretation, begreift Widersprüche und Zusammen-hänge und abstrahiert diese über Begriffe; dies schließt die Diskussion der Entstehung, der Logik und Güte von Begriffen ein.

Diese drei Stufen stehen anstelle einer vorgefertigten Erklärungskonserve wie Indikato-renlisten und Teufelskreise, eindimensionale Kausalitäten und Büchergläubigkeit, an-stelle einer *selektiven Ordnung nach Kategorien.* Dieser Lernprozess beobachtet, er-klärt und prüft Ereignisse in einer empirischen Ordnung nacheinander sich entfaltender Erscheinungen, in eine Ordnung des Fortschreitens, eine *fortschreitende Ordnung der Wirklichkeit.*

Vierter Schritt

Ein letzter Schritt besteht in der *Reflexion* dieses Prozesses, etwa über die Frage: Was wäre passiert, wenn ich eine fertige Lehrerfolie mit Merksätzen zeilenweise aufgedeckt hätte? Antwort wird sein, dass es mehr Freude macht und effektiver ist, selbst etwas herauszufinden und zusammenzubauen, detektivisch nach Unstimmigkeiten zu forschen und auch diese zu erklären, dabei zu erkennen, dass auch Wissenschaft (ebenso wie Lehrplan und Schulbücher und Schule) eine gesellschaftliche Praxis von Subjekten ist, die durch verschiedene Fenster die Welt beobachten, und dass man lernen muss, auch damit umzugehen und sich zu verständigen. Nicht relativistisch oder zynisch, sondern diskursiv und mit guten Gründen. Das genaue Hinsehen ist also nicht nur mäßig anstrengender als das Wegsehen, es ist vor allem auch befriedigender, es ist effektiv und persönlichkeitsbildend, kurz: ein Zeichen der Reifung und der Reife. Und darum soll es doch gehen, nicht um das Ankreuzen vorgefertigter Antwortkästchen.

Perspektivenwechsel ist kein Luxus, sondern Notwendigkeit beim Betrachten der Dinge und beim Verstehen und Gestalten der Welt. Das schließt ein den Wechsel der Perspektiven zwischen Lehrer und Schüler, zwischen Makro und Mikro, Global und Lokal, zwischen Theorie 1 und 2, so wie zwischen Vater und Sohn (Abb. 5): „Want to know something, Dad?"

"Want to know something, Dad?"

Abb. 5: Richtig gemalt, falsch gedacht.

Es ist merkwürdig: Diese Karikatur am Ende eines Fortbildungsvortrags zu unserem Thema oder allgemein zur erkenntnistheoretischen Reflexion braucht immer eine gewisse Zeit zur Wirkung, man kann das am Schmunzeln oder leisen Lachen sehen und hören und könnte das auf einer Zeitleiste notieren. Sie ist als Gag zum „Ausstieg aus der Nummer" ungeeignet. Sie hat nämlich ebenfalls den Rang einer kleinen Erzählung, hinter der sich eine große Struktur verbirgt. Und eine solche braucht Zeit und eine vorsichtige Anleitung, so wie es der vorliegende Beitrag mit der Metapher von der *Anamorphose* versucht.

Der Beitrag erschien ursprünglich in: Beutel, Silvia-Iris/Karin Kleinespel/Heidrun Ludwig (Hrsg.) 2006: Entwickeln – Forschen – Beraten. Beltz: Weinheim. (Festschrift für Will Lütgert) 137-147.

Anmerkungen

1 Reinhard Kahl/Martin Spiwak: Nur bedingt wissenschaftlich. Die Erziehungswissenschaften haben in der Forschung und der Lehrerausbildung versagt. Eine Polemik. In: Die Zeit 11/2005, 33 f.

2 In Variationen habe ich diesen Beitrag als Vortrag oder workshop-Impuls bereits einige Male erprobt und dabei in allen drei Phasen der Lehrerausbildung und in der Schulentwicklung erstaunliche Resonanz bemerkt; dabei handelt es sich dabei streng genommen um ein anstrengendes Stück Erkenntnistheorie, wenn auch unter anderem Namen: Anamorphose.

3 Diese Bewertung stellt sich aktuell in Zeiten der IS-Terrormilizen in Nordafrika allerdings wieder anders dar.

4 „Il faut être nomade, traverser les idées comme on traverse les villes et les rues." (Francis Picadia, Maler, Grafiker, Schriftsteller und Dadaist, 1879-1953)

5 Luhmann, Niklas 1996 (3.2004): Die Realität der Massenmedien. Wiesbaden, 9

6 In: Frankfurter Rundschau vom 15.3.2004

7 In: Die Zeit 13/2004

8 Karl R. Popper 1969: Logik der Sozialwissenschaften. In: Adorno u. a.: Der Positivismusstreit in der deutschen Soziologie. Darmstadt/Neuwied, 104 f.

9 Bartholomäus Grill: Ach Afrika. Berichte aus dem Inneren eines Kontinents. Siedler: Berlin ²2003

10 Niklas Luhmann: „Was ist der Fall" und „Was steckt dahinter?" – Die zwei Soziologien und die Gesellschaftstheorie. In: Zeitschrift für Soziologie, Jg. 22, 245-260 (urspr.: Bielefelder Universitätsgespräche und Vorträge 3/1993)

11 Länderkennziffern aus: Peter Menzel 1995: So lebt der Mensch. Familien in aller Welt zeigen, was sie haben. GEO-Buch, Hamburg, urspr. in: GEO 9/1994, 10-29

12 Menzel, Peter (1995): So lebt der Mensch. Hamburg. Zeichnung nach Foto aus: Praxis Geographie 4/1996, 12

13 Brigitte Erler 1985: Tödliche Hilfe. Bericht von einer Dienstreise. Bonn

14 Vgl. Text Nr. 1 „Wissen, Nicht-Wissen, Nicht-weiter wissen" in diesem Band.

28. „Wir decken einen Frühstückstisch"

Experimente zur Aneignung des öffentlichen Raums

Synomorphie – Ordnung und Unordnung

Wenn ein Raum bestimmungsgemäß genutzt wird, fällt niemandem etwas auf. Autos fahren auf der Straße, Radfahrer auf dem Radweg, Bürger betreten eine Einkaufspassage und abends ein Theaterfoyer usw. „So ist's in Ordnung", sagt die Deutsche Bahn, wenn sich alle *synomorph* verhalten. („Synomorphie" ist die Übereinstimmung/Passung von Verhalten und Milieu/Umwelt, das Milieu konstituiert sich aus Materie und Sinnzuweisungen[1].) Man könnte fast denken, dass die *Dinge* dafür sorgen, dass sie und die *Akteure* und die *Handlungen* zueinander passen; dafür sorgen Schilder und Gewohnheiten.

Aber was ist, wenn etwas nicht „passt"? Wenn z. B. eine Demonstration eine Straße besetzt, oder wenn Punks in einer Einkaufszone lagern oder wenn neue Kneipen mit nächtlichem Biergarten die alten Mieter vertreiben oder wenn sich jemand mit Macht an einem Ort breit macht und diejenigen ohne Macht vergrault, wenn naturgemäß friedliche Orte zu Angst-Räumen werden?

Man kann diese Nichtpassung als Zeichen für Pluralität und Spielraum halten oder als Störung einer gesetzten Ordnung, also positiv oder negativ bewerten; das hängt vom Ereignis und von der Perspektive ab. Jedenfalls merkt man erst in der Abweichung, dass die „Orte" nicht von selbst funktionieren, sondern auf Grund von Symbolen, Intentionen, Macht und Handlung. Orte sind sozial konstituiert und wirken dann wieder materiell, in Wechselwirkung. Man kann die Bedeutungen auch in Frage stellen oder sogar ändern.

In diesem Beitrag wird ein Fall/Ereignis zur Diskussion verwendet, um das Grundproblem zu verstehen (ergebnisoffen): „Die Autos sind doch geil!". Daneben werden zwei Experimente aus dem Geographieunterricht vorgestellt, die in Aktion und Reaktion das wechselseitige Funktionieren von Raum und Handeln ermöglichen. Entweder werden diese Erfahrungen mit soziologischer Phantasie fortgeschrieben (z. B. in zwei alternativen vorgestellten Szenarien) oder man plant ein eigenes Experiment, mit geringem Aufwand und viel Erkenntnispotential.

Fall 1: „Die Autos sind doch geil!"[1]

Eigentlich machen die jungen Leute nichts Ungewöhnliches: Da ist erst einmal eine große Straße (Raum 1). Die Jugendlichen legen mit ihrem Golf-GTI an der Ampel einen Blitzstart hin und freuen sich darüber. Es ist auch normal, dass zwei Autos nebeneinander in Wettstreit treten, das passiert doch jede Stunde auf der Autobahn tausendmal. Dass einige Zuschauer dabei sind und dass mehrere Autos nacheinander antreten, ist auch noch im Rahmen einer normalen Straße vorstellbar. Wenn dies nachts geschieht, ist das Ganze sogar im Rahmen des normalen Verkehrs ohne größere Störung denkbar (Raum 2). Nun wird das Ganze aber als Rennen (Raum 3) inszeniert, und um das zu verhindern, sperrt die Polizei die ganze Straße und für alle (Raum 4).

Diese Bedeutungvielfalt wird über eine Erzählung (ursprünglich Zeitungsartikel) erschlossen: Was ist da eigentlich passiert? Dabei wird der Text in zwei Versionen fortgeschrieben und in Alternativen diskutiert (vgl. z. B. auch Skelton/Valentine 1998).

M1

Beispiel: „Die Autos sind doch geil!"

Irgendwo in Deutschland: Es geht auf Mitternacht zu. Etwa hundert Jugendliche, vor allem junge Männer, haben sich an einer Einfallstraße zur Stadt versammelt. Die Stimmung ist locker, etliche kennen sich. Hier vor Ort ist eine Tankstelle, ein großer Supermarkt lockt am Tag die Einkäufer, die mit ihren Familienkutschen vorfahren. Doch zurzeit ist der dazugehörige Großparkplatz gesperrt. Die Polizei will die Ansammlung von weiteren Schaulustigen nämlich verhindern. Warum hierher Schaulustige kommen?

Es hat sich herumgesprochen, dass hier an der Straße gegen Mitternacht illegale Autorennen starten. Dann dröhnen 200 PS starke Motoren, quietschen Reifen, lassen plötzliche Handbremsen-Drehungen die Autos gewagt über die Straße wirbeln.

Etliche aufgemotzte Golf-GTI fahren schon vor. Luigi schreit laut: „Ich hasse Opel." Sein Beifahrer: „Autos sind geil!"

Doch heute will die Polizei das Spektakel verhindern und die heimliche Rennstrecke für normale Autofahrer sichern.

Die Straße ist aber doch für alle da, oder!?

Aufgaben

1. Was macht den Reiz dieser Rennen und dieser Orte aus?

2. Welche Symbole verwenden die Jugendlichen (Status-Symbole, Abgrenzung nach außen)?

3. Erzähle den Fall zu Ende in zwei möglichen Versionen:
a) Die Polizei beobachtet nur – was machen die Jugendlichen?
b) Die Polizei sperrt die ganze Straße für eine halbe Stunde – was machen die Jugendlichen?

4. Ordne die Akteure ein nach Art und Tiefe der Handlung im Aktionsraum Straße und baue dies ein in die Erzählung/Szenarien[2].

Beide Versionen (Szenarien) werden diskutiert im Hinblick auf die Opportunität/ Zweckmäßigkeit und auf die zugrunde liegenden „Action Settings" und Programme. (Dazu gehört z. B. die genaue Unterscheidung des alltäglichen Rennens im normalen Verkehr und des inszenierten Rennens um Mitternacht.)

5. *Was sind die Wirkungen der Handlungen, was die Absichten, was die Folgen?* Danach soll das Ganze vom Einzelfall gelöst und als größere Erzählung gesehen werden.

6. *Welche anderen Besetzungen eines Raumes auf Zeit und außerhalb der normalen Ordnung fallen uns ein? Was bedeutet das für das normale Setting-Programm von Räumen und für die Ausnahmen?* (z. B. Demonstrationen, Karneval, Zirkus im Park, Marathons auf großen Stadtstraßen etc.)

Die Schüler erkennen, dass das „Action Setting" und damit auch der Raum selbst auf Zeit sozial konstituiert und programmiert wird; darüber soll in Alternativen nachgedacht werden, um zu vernünftigen Urteilen zu kommen.

Experiment 1: Der Möglichkeitsraum[3]

Der Geographiekurs diskutiert das Thema „Öffentlicher Raum in der Stadt", oder etwas politischer formuliert: „Wem gehört die Stadt?". Hintergrund ist, dass Plätze in der mitteleuropäischen Stadt für das Funktionieren des Gemeinwesens, ökonomisch und sozial, immer von zentraler Bedeutung waren, dass aber durch den Funktionswandel der modernen Großstadt, durch Gentrifizierung und durch Privatisierungen diese Bedeutung nur noch eingeschränkt zugeschrieben wird. Wer „passt", darf sich weiterhin fühlen wie im öffentlichen Raum, wer nicht, bekommt Platzverweis.

M2

Der Möglichkeitsraum

Diskutieren Sie im Geographiekurs das Thema „Öffentlicher Raum in der Stadt" oder – etwas politischer formuliert: „Wem gehört die Stadt?"

Hintergrund ist, dass Plätze in der mitteleuropäischen Stadt für das Funktionieren des Gemeinwesens, ökonomisch und sozial, immer von zentraler Bedeutung waren, dass aber durch den Funktionswandel der modernen Großstadt, durch Gentrifizierung und durch Privatisierungen diese Bedeutung nur noch eingeschränkt zugeschrieben wird. Wer passt, darf sich weiterhin fühlen wie im öffentlichen Raum, wer nicht, bekommt Platzverweis.

Betrachten Sie dazu folgendes Experiment (vgl. Abb. 1 und 2):

Abb. 1+2: Öffentlicher Raum als Möglichkeitsraum[3] (eig. Fotos).

In Abb. 1: Die Kursgruppe transportiert einen Tisch und 8 Stühle (schöne einheitliche Stühle, kein Sperrmüll) auf einen öffentlichen Platz, deckt dort einen Frühstückstisch in ausgesucht edler Manier (darf nicht punkig oder WG-mäßig aussehen, um nicht stereotype Wahrnehmungen zu fördern) und nimmt dann auf 6 der 8 Stühle Platz; zwei Stühle bleiben frei mit dem Schild „Bitte Platz nehmen!" (Abb. 2). Dann wird friedlich und ordentlich gefrühstückt (der Rest der Gruppe beobachtet „unbeteiligt" die Reaktionen der Öffentlichkeit). – Es passiert viel; nach innen das Gefühl der problemlosen Aneignung des Platzes, also die Entdeckung eines *Möglichkeitsraumes* (und z. B. der Wandel des Verkehrsgeräusche vom Lärm zu einem Grundgeräusch wie ein Wasserfall), von außen die Ratlosigkeit: „Was machen die da?" oder „Darf ich mich dazu setzen?"; auch die Auflösung diverser Imaginationen und Ängste vor dem abweichenden Verhalten („Was ist, wenn die Polizei kommt?" – „Warum sollte sie denn kommen?") und das Auftauen der Reaktionen der Passanten innerhalb weniger Sekunden von Misstrauen zu Lächeln (die Bürgermeisterin kommt vorbei: „Dass die das einfach so machen!"). Zufällig kommt dann noch eine Pressefotografin vorbei und das Ganze wird zu einer Aktion im „gelebten Raum", ohne simple Formel.

Man kann dieses Experiment im Unterricht auch kommentieren, ohne es direkt nachzuspielen.

Aufgaben

1. Gibt es Vorschriften, nach denen das einstündige Frühstücken auf einem öffentlichen Platz (ohne Behinderung Dritter) verboten wäre? (Das wäre praktisch zu testen oder im Ordnungsamt oder auf einer Polizeiwache zu recherchieren.)

2. Formuliere einen Kommentar zu dem Frühstückstisch aus drei verschiedenen Perspektiven (z. B. Obsthändler in der Nähe, Zeitungsredakteur, Ratsmitglied etc.)

3. Könnte man – mit der Erfahrung des Frühstücks – das nächste Mal auch seinen Geburtstag auf dem Platz feiern? Wie könnte man das arrangieren, was könnte man dabei tun?

4. Findest Du prinzipiell derartige Aktionen geeignet, einen Platz zu beleben und wirklich öffentlich zu machen?

Experiment 2: Der blaue Strich[4]

Wieder erforscht eine Gruppe die Funktionsweise des Öffentlichen Raumes. Sie macht einen kleinen Sitzkreis auf in einer Passage, außerhalb des Fußgängerstroms vor einem Schaufenster. Gepflegte Kleidung, ein Kerzenständer und ein CD-Player mit Barockmusik machen deutlich, dass es sich nicht um eine übliche Punkersituation handelt. Innerhalb von Minuten aber kommt der Ladenpächter und verweist die Gruppe des Platzes. Die jungen Leute fragen nach seiner Berechtigung und erfahren, dass er das Hausrecht hat auch über 40 Zentimeter vor seinem Ladenfenster, die habe er nämlich mitgepachtet. In der Tat findet man oft solche Streifen mit einer sog. „Sondernutzung", die gegen Gebühr von der Stadtverwaltung privatisiert und der Öffentlichkeit damit entzogen werden. In Passagen kommt oftmals/meistens dazu, dass es sich nur scheinbar um einen öffentlichen Raum handelt, dass ein Centermanagement das Hausrecht besitzt und dass zuweilen auch die Stadt den öffentlichen Raum in die Verwaltung von Privat übergibt (wie im vorliegenden Fall). Das kann der normale Bürger alles nicht wissen, aber es gibt dafür ein Symbol: In unserem Fall einen blauen Strich vor den Schaufenstern und im Verkehrsraum, der diese Sonderzone markiert. Man muss das bei „normalem" Verhalten (Kaffeetrinken, Einkaufen, Durchgehen) auch gar nicht wissen. Aber wenn man sich ein wenig abweichend verhält, werden einem die Augen für den blauen Strich geöffnet und man muss den Raum anders „lesen" als zuvor (vgl. M4).

M3 Der Blaue Strich

Abb. 3: Das Geheimnis und das Spurenlesen.
Der blaue Strich auf dem Boden der Passage markiert vor den Schaufenstern einen privatisierten mitverpachteten Streifen, an anderer Stelle ist er nur Ornament. „Den Raum lesen lernen" heißt es für die Bürger. (eig. Foto)

M4

Die Vierzehnte Straße in Manhattan. Das Anderssein[5]

Hier überlagern sich die Unterschiede an einem Ort. Diese Überlagerung von Unterschieden schafft das eigentliche humane Zentrum der Vierzehnten Straße. Hier werden Elektronikartikel, Reisetaschen und Koffer, Schmuck und Bilder als Billigangebot oder vom „grauen Markt" hauptsächlich an Schwarze, Latinos und arme Weiße verkauft. Auf diesem Abschnitt begegnet man einem merkwürdigen Phänomen. In New York ist es einem Ladenbesitzer gestattet, seine Schaufenstervitrine oder seine Auslagen vierzig Zentimeter über die Front seines Ladens auf den Bürgersteig hinausragen zu lassen. Einige Kaufleute vermieten diese Vierzig-Zentimeter-Streifen an Straßenhändler. Die Händler zahlen dafür, dass sie dort Decken ausbreiten dürfen, auf denen sie „fast neue" Waren feilbieten, also zum Beispiel ein Radio, auf dem noch die Fingerabdrücke eines Kindes sind, das dieses Radio vor kurzem irgendwo geklaut hat. [...]

Die meisten Versuche, für diese Straße ein soziales Umfeld zu schaffen, sind, soweit sie nicht mit dem Konsum zu tun haben, gescheitert; den Kirchen an beiden Enden der Vierzehnten Straße ist es nicht gelungen, größere Gemeinden an sich zu binden. Es gibt ein Rekrutierungsbüro der Army, das Jugendliche von der Straße holen soll. [...]

Die Schwierigkeit, hier zu überleben, hat die Besucher dazu veranlasst, bestimmte Grenzen zu vereinbaren. ... In mancher Hinsicht schützen sich die Konkurrenten auf der Straße gegenseitig; der Widerstand gegen Schutzgeldforderungen der Mafia oder der Polizei ist inzwischen ziemlich gut organisiert. Ein Ladendieb, der aus einem der Geschäfte flieht, läuft Gefahr, dass er auch von anderen Ladeninhabern verfolgt wird. Nach einiger Zeit sieht man auch, wie viele Kinder es hier gibt – dem flüchtigen Blick bleiben sie verborgen. Es sind die Kinder der Ladenbesitzer und der Käufer, die hier alle möglichen Nischen und Schlupfwinkel gefunden haben. [...]

Es ist eine Straße, auf der die Menschen die Grenzen, an denen sie aufeinanderstoßen, ständig verändern und anpassen – mit ihren Augen und ihren Körpern. Dieses Leben ist in vieler Hinsicht nur deshalb möglich, weil nicht darüber gesprochen wird – auch dies ist eine Überlagerung: das Gesagte und das Ungesagte sind übereinandergeschichtet. Das Leben auf der Vierzehnten Straße beruht nicht auf einem einmal hergestellten Gleichgewicht. Es befindet sich in ständigem Fluss. [...]

Die Überlagerung auf der Vierzehnten Straße hat keinen Architekten. Mehr noch, diese Straße ist unzweifelhaft voller Leben, aber dieses Leben ist aufs Überleben ausgerichtet; der Austausch, der Handel, das Geschäft vollziehen sich unreflektiert.

Trotzdem ist auf der Vierzehnten Straße ein gestalterisches Prinzip am Werke: die Zerbrechung der linearen Abfolge.

Richard Sennett: Civitas. Die Großstadt und die Kultur des Unterschieds. Frankfurt/M. 1991, 214-6

Aufgaben

1. Hast Du Bilder von privaten/kommerziellen „Sondernutzungen" im Öffentlichen Raum vor Augen? Beschreibe diese nach der räumlichen und der sozialen Situation.

2. In M3 und M4 werden zweimal „40 Zentimeter" im Öffentlichen Raum vorgestellt. Welches Programm verfolgt die Stadtverwaltung/das Centermanagement in Deutschland? Welches Programm verfolgen die Ladenbesitzer in der Vierzehnten Straße?

3. Sennett (M4) spricht von der „Zerbrechung der linearen Abfolge". Was ist damit gemeint? Was wäre dagegen das gestalterische Prinzip einer linearen Abfolge?

4. Was ist Dir persönlich sympathischer: eine klare Ordnung oder eine überraschende Vielfalt in der Stadt? Weil ...

Anregungen für weitere Experimente

Es geht also um ein Verstehen der Wechselwirkungen zwischen räumlicher Ordnung und Verhalten und Handeln und um die Einsicht, dass „der Raum" selbst gar nichts macht, sondern dass die darin enthaltenen sozialen Bedeutungszuweisungen wirken.

Dafür kann man praktische Experimente wie oben machen. Man kann z. B. das Frühstück auffällig arrangiert am Ende des Schulflures, in der leeren Aula oder auf dem Schulhof machen und dabei die eigenen Gefühle und die Reaktionen der anderen beobachten.

Es sind aber auch verschiedene kleine (Gedanken-)Experimente denkbar[6]. Ausgangslage:

- Umbauen der Sitzordnung in der Klasse weg von der gewohnten Ordnung, (keine) herausgehobene Position des Lehrers (Beschreibung der Wirkung, Botschaften der räumlichen Sitzordnung)
- Dasselbe Experiment, aber radikaler: Alle sitzen auf dem Fußboden.
- Gedankenexperiment: Der Pastor sitzt im Gottesdienst mitten in der Gemeinde und predigt von Gleich zu Gleich.
- Gedankenexperiment: Der Richter sitzt an einem Tisch mit dem Angeklagten.
- Gedankenexperiment: Der Staatsmann empfängt seinen Gast oben auf einer großen Treppe stehend.// Der Staatsmann empfängt seinen Gast, indem er ihm entgegen geht.

- Gedankenexperiment: Der US-Präsident lässt sich im menschenleeren Mainz empfangen.// Der US-Präsident trifft sich mit dem Bundeskanzler auf dem US-Militärflug-
  hafen Ramstein.
- Gedankenexperiment: Man feiert ein privates Fest in einer Kirche (möglich z. B. in
  Holland) (Frage nach der Aura eines Ortes, Symbole, Raumfunktion auf Zeit)
- Gedankenexperiment: Man klingelt an einer fremden Haustür und wartet 5 Meter da-
  vor// man wartet 1 Meter davor// man geht gleich ins Haus und stellt sich erst dort
  vor (Frage nach funktionalen und sozialen Distanzen).

Immer geht es um alltägliches Geographiemachen, in einem vorhandenen materiell-
räumlichen Rahmen, in einem vorhandenen Setting-Programm, nach eigenen Intentionen und mit sozialen Interaktionen. Man wird merken: Es gibt keine Automatik (Determinismus) zwischen Raum und Handeln, man kann abweichen, die Wirkungen sind plural; aber auch: es gibt starke Bestrebungen, Raum und Handeln zueinander „passend"
(synomorph) zu machen und damit Gesellschaft, Raum und gelebtes Leben zu normieren und zu kolonisieren.

Die Kompetenzentwicklung richtet sich auch hier auf *Fachkompetenz* (Was ist wie
strukturiert?), auf *Sozialkompetenz* (Wie lauten die anerkannten Regeln?) und auf
Selbstkompetenz (Was sind meine Interessen, wie kann ich sie sozialverträglich durch-
setzen?), verbunden mit der *Methodenkompetenz* einer treffenden Beobachtung und
Versuchsanordnung. Die Gelegenheit dazu liegt zwischen einem Exkurs im laufenden
Unterricht („ach, übrigens ...") und einem Miniprojekt von einem Tag oder mehr, mit der
Gelegenheit für Gruppenarbeit, für ein Produkt, eine Hausarbeit oder ein notenwirksa-
mes, reflektierendes Kolloquium.

Der Beitrag erschien im Themenheft „Versteckte Geographien" Praxis Geographie 4/2006, 28-31.

Anmerkungen

1 Vgl. Text Nr. 6. „Wo die grünen Ameisen träumen" und 10. „Der Blaue Strich" in diesem Band
2 (mögliche Lösung: Stufe 1: Zuschauer, 2: Gäste, 3: Mitglieder/Kunden, 4: aktive Funktionäre,
   5: „joint leaders", 6: „single leaders")
3 Vgl. Text Nr. 7 „Raum des Wirklichen ..." in diesem Band
4 Vgl. Text Nr. 10 „Der Blaue Strich" und Nr. 12 „Sense of place" in diesem Band
5 Vgl. Text Nr. 6 „Wo die grünen Ameisen ..." in diesem Band
6 Vgl. Text Nr. 4. „Es ist, wie es ist" (bes. Abb. 4) in diesem Band

Literatur

Bourdieu, Pierre 1991: Physischer, sozialer und angeeigneter Raum. In: Wentz, Martin (Hrsg.): Stadt- Räume. Die Zukunft des Städtischen. Frankfurt/M./New York, 25-34

Certeau, Michel.de: Kunst des Handelns. Berlin 1988

Rhode-Jüchtern, Tilman 1999: Der blaue Strich – Zur Handlungsbedeutung aktionsräumlicher Zeichen. In: Geographische Zeitschrift, Heft 3/1999, 211-222

Rhode-Jüchtern, Tilman 1998.: Raum des „Wirklichen" und Raum des „Möglichen". Versuche zum Ausstieg aus dem Container-Denken. In: Erdkunde 52, 1-13

Rhode-Jüchtern, Tilman 1998.: Handlungsräume und Lebenswelten in der „glokalisierten" Stadt. (Regensburger Beiträge zur Didaktik der Geographie 5), 39-49

Scheiner, J. 1998: Aktionsraumforschung auf phänomenlogischer und handlungstheoretischer Grundlage. In: Geographische Zeitschrift, Heft 86 (1), 50-66

Sennett, Richard 1991: Civitas – Die Großstadt und die Kultur des Unterschieds. Frankfurt/M.

Skelton, Tracey/Gill Valentine (Hrsg.) 1997: Cool Places – Geographies of Youth Cultures. London/New York. Darin: Massey, Doreen: The spatial construction of Youth Cultures. 121-129

29. La Gomera unter dem Aspekt von ...

Fünf Dimensionen einer konstruktiven Exkursionsdidaktik[1]

La Gomera „Isla Ecologica" – Strohhalmparole im Globalismus!?

In der imaginativen Geographie erscheint La Gomera als Vulkaninsel im Kanarischen Archipel, als UNESCO-Welterbe der Menschheit (Lorbeerwald in saharischen Breiten), als Paradies für Wanderer, als Bananeninsel, als Alternative zu Teneriffa und Cran Canaria: „Isla Ecologica" (Abb. 1).

Eine Passatwolke macht den Norden grün. Der Süden ist heiß, wasser- und vegetationsarm, aber zugleich das Ziel für alternative Sonnensucher im europäischen Winter und für das 4-Sterne-Golfspiel.

Fast die Hälfte der Bevölkerung ist in den letzten 40 Jahren abgewandert (von 30.000 auf 17.000 Inselbewohner). Die Landwirtschaft wird noch immer in Halbpacht betrieben, also halbfeudal und mit privaten Wasserrechten. La Gomera ist teuer für Touristen, die weltweite Konkurrenz andernorts leicht erreichbar. Jeder Dachziegel und jede Dose Nescafé muss per Schiff transportiert werden.

Die Banane ist die einzige *cash-crop*, aber nur durch Marktprotektionismus in der EU verkäuflich, ihre Ära endet.

Was bleibt als Möglichkeit der Wertschöpfung? Erstens die künstliche Stützung durch EU-Fonds. Zweitens die „Vierte Fruchtfolge" – der Tourismus. Doch welche Touristen passen zu Gomera, welches Gomera passt zum Tourismus? Die Besucherzahlen sinken, Fremdenzimmer stehen oft leer, Wanderer bringen ohnehin nicht das große Geld. Kein weiteres Zimmer mehr und Pflegen des komparativen Vorteils um den Nationalpark, also der „Isla Ecologica"?

Oder die Tore öffnen für jede Gelegenheit zum Geldverdienen? Auch Tagestouristen von Teneriffa, auf Foto-Safari per Landrover auf perfektem EU-Asphalt? „Casas Rurales" vermarkten an deutsche Pensionäre? Investoren anlocken für Neubauten am Berghang, mit perfektem Blick zum Teide, dem sagenumwobenen Vulkan des Alexander von Humboldt?

Das Potential ist groß, aber die Konkurrenz schläft nicht und die Arbeitslosigkeit ist hoch – lässt sich das Leitbild der ökologischen Insel halten, in einer globalisierten und ökonomisierten Welt?

Abb. 1: Luftbild von La Gomera.

Diese verdichtete Erzählung bildet Imaginationen der Insel ab, die vor allem in der Fach- und Reiseliteratur zu recherchieren sind (Fernandez u. a., o. J.; Filser, 2004; Buchholz & Fischer, 2006). Es handelt sich um bekannte Vorstellungen von La Gomera als „Isla Ecologica", die in geographischer Hinsicht den Anlass für die Durchführung der Studentenexkursion lieferte.

Unter fachlichen Gesichtspunkten war Ziel der Exkursion, die Frage nach der Verträglichkeit des Leitbildes der ökologischen Insel La Gomera und aktueller Tourismusentwicklung forschungspraktisch zu operationalisieren und sich entsprechend empirisch vor Ort anzunähern.

Neben der Orientierung an reinen Fachinhalten war es ein weiteres Anliegen der Exkursion, über eine *Didaktik des (exkursions-)didaktischen Denkens* zu reflektieren. Eine *Didaktik der Didaktik* heißt in dem Fall, wie für angehende Geographielehrer Erfahrungsräume vor Ort geschaffen werden können, in denen die Prinzipien einer konstruktiven Exkursionsdidaktik ernst genommen werden.

Damit wäre der erste Eckpfeiler für ein Exkursionskonzept benannt, eine dezidiert *konstruktivistische Perspektive*, sowohl unter fachtheoretischen als auch didaktischen Erwägungen. Ein zweiter Pfeiler trägt die didaktische Inszenierung, das Arrangement von *Lerninhalten* sowie die methodische Organisation von *Lernprozessen*. Nimmt man das Postulat einer Didaktik der Didaktik ernst, lassen sich daraus weitere konzeptionelle Implikationen ableiten. In ein Exkursionskonzept zu integrieren sind dann auch jene Fragen, die sich verstärkt den Möglichkeiten der *(Selbst-)Reflexion* im Umgang mit Lernarrangements und -methoden widmen.

Diese Dreiecksbeziehung – Fachphilosophie, Lernarrangement und (reflexive) Lehr-kultur – wird in fünf Dimensionen beschreibbar, die das gesamte Exkursionskonzept abbilden und im Folgenden diskutiert werden:

1. La Gomera unter dem *Aspekt einer konstruktivistischen Geographie* widmet sich den übergreifenden metatheoretischen (Voraus-)Setzungen der Exkursion, also der Frage, von welcher Art geographischer (Welt-)Beobachtung die Untersuchungen vor Ort geleitet sind.

2. Konstruktivistisches Denken meint allgemein eine „Epistemologie des Beobachtens" (von Foerster, 2006, 44) und zielt damit auf das Erkennen und Verstehen der Me-chanismen und Prinzipien (geographischer) Wissensproduktion. Damit wäre die Be-deutung der zweiten Dimension – die Möglichkeiten der *Erfindung von lohnenden Problemstellungen* – benannt.

3. Eine fachtheoretische Zuspitzung erfahren beide Dimensionen durch die Anbindung an das *Handlungszentrierte Paradigma* innerhalb der Geographie (Werlen, 2004[2], 2007[2]), welches auch für eine *subjekt- und handlungszentrierte Didaktik* lohnende Anschlusspunkte liefert.

4. Speziell unter exkursionsdidaktischen Gesichtspunkten wird die Handlungszentrie-rung durch eine verstärkte Hinwendung zur Verbindung von Körperlichkeit und Geo-graphie erweitert (Dickel, 2006, 110 ff.). La Gomera unter dem *Aspekt von Leiblich-keit und Geographie* versucht die Möglichkeiten einer Subjektzentrierung als Kör-perzentrierung zu diskutieren, in der die Bedeutung individueller Körpererfahrungen für die Generierung von Raumbildern bedeutsam werden.

5. Über die genannten Aspekte hinaus, wird in der letzten Dimension der Fokus darauf abgestellt, wie *Selbstreflexion* bezüglich der individuellen Lern- und Lehrkultur in ein solches Exkursionskonzept integriert werden kann.

La Gomera unter dem Aspekt einer konstruktivistischen Geographie

> Situation: Exkursionsvorbereitung, im Seminarraum, die Studierenden sitzen auf dem Boden. Die Literaturlage haben wir alle vor Augen. Wir haben in verschie-denen Quellen unterschiedliche Beobachtungen vorgefunden. Darin stecken vie-le Vorstellungen und Imaginationen. Man kann auch sagen, in den Texten wird ein Bild von La Gomera gemacht, also konstruiert. Die Frage ist nun: Was ma-chen *wir* auf La Gomera, warum müssen wir überhaupt dort hin? Antwort: Um ei-gene Bilder der Insel zu machen, zu konstruieren ...

Geographien sind nicht, Geographien werden gemacht. Dies ist die wohl wirkmäch-
tigste Parole, die sich hinter gegenwärtigen Ansätzen in der Geographie verbirgt, die
sich um eine erkenntnistheoretische Neujustierung des Faches bemühen. Gemeint sind
jene Ansätze, die allgemein unter der Bezeichnung *Neue Kulturgeographie* subsumiert
werden, unter diesem Dach jedoch weniger inhaltliche Fixierungen geographischer Forschung abbilden, als vielmehr eine (Forschungs-)Perspektive bzw. einen erkenntnistheoretischen Zugriff (Gebhardt u. a., 2007, 13). Das Gemeinsame aller Ansätze – trotz der
Vielzahl wissenschaftstheoretischer und methodologischer Variationen – ist der konstruktivistische Blick (Gebhardt u. a., 2007, 14).

Der sogenannte konstruktivistische Blick ist in erster Linie als besonderer Denk- oder
Beobachtungsstil zu begreifen. Im metatheoretischen Sinn verbirgt sich dahinter ein Be-
obachtungsprogramm zweiter Ordnung, indem jegliche Form der Weltbeschreibung um
die Frage nach dem *Wie* ihrer Beobachtung erweitert wird (Redepenning, 2006, 33,
64 ff.). Die dahinter stehende Forderung nach expliziter Reflexivität begründet sich aus
der Annahme, dass „Beobachter und Beobachtetes untrennbar miteinander verknüpft"
sind (von Foerster, [9]2006, 44), und dass die zu beobachtenden Phänomene nicht im
phänographisch-objektiven Sinn – also in der Beobachtung erster Ordnung – abschließend erschließbar sind. Eine bestimmte Art ihrer Erscheinung und Beschreibung maßgeblich bestimmt – ist durch die impliziten Vorannahmen, Seh- und Denkgewohnheiten
des Beobachters. Das, was wir *als* Wirklichkeit erkennen und zu verstehen versuchen
ist – mit den Worten Watzlawicks formuliert – „nicht das Abbild objektiv bestehender,
sozusagen platonischer Wahrheiten, deren sich gewisse Menschen besser bewusst
sind als andere, sondern sie sind überhaupt nur innerhalb eines bestimmten Kontexts
denkbar. In Indien kann einem als *swami*, als Heiliger, vorgestellt werden, wer im Westen als katatoner Schizophrener diagnostiziert würde. Weder die eine noch die andere
Einschätzung ist in irgendeinem objektiven Sinne wahr oder wirklich, die Folgen dieser
aber erschaffen konkrete Resultate persönlicher und gesellschaftlicher Natur" (Watzlawick, 2006, 90).

Das, was wir *als* Tatsachen bezeichnen, ist in konstruktivistischer Lesart immer kon-
text- bzw. beobachterabhängig. Um die Entstehung, Erscheinung und Wirkung solcher
Tatsachen zu verstehen, bedarf es somit eines Perspektivenwechsels hin zu den spezifischen Sinnzuschreibungen ihrer Betrachter. Was Watzlawick für die psychotherapeu-
tische Konstruktion von Bedeutungen ausführt, ist auch für geographische Betrachtungen und ihre raumbezogenen Tatsachen relevant.

Einer Neuen Kulturgeographie geht es dann in erster Linie um Dekonstruktion
(Gebhardt u. a., 2007, 14). Gemeint ist das Sichtbarmachen der Beobachterabhängig-
keit von ansonsten unhinterfragten räumlichen Wirklichkeiten. Ziel ist dabei weniger
eine Abkehr von traditionell objektivistischen Betrachtungen, sondern ihre Komplemen-
tierung durch eine konsequente Sensibilisierung für die gesellschaftliche Konstruiertheit

von Wirklichkeiten, geographisch gewendet die Entstehung und Funktion gesellschaftlich objektivierter Raumdeutungen (Schlottmann, 2005; Redepenning, 2006).

Was ist mit dem Postulat der *Beobachtung der Beobachtung* für empirisch-geographische Betrachtungen intendiert? Welche grundlegenden Erkenntnisprinzipien für didaktisch-konzeptionelle Erwägungen bei der Durchführung von Exkursionen müssen berücksichtigt werden?

Als wichtigste *Erkenntnisprinzipien* zu akzeptieren sind jene, die sich in Heinz von Foersters Aufforderung zur *Verantwortung* verbergen. Die Prämissen eines konstruktivistischen Denkstils implizieren Verantwortung (von Foerster, 2006[9], 44). Als wissenschaftlicher Beobachter hat man danach verantwortungsvoll einzutreten für die Selektion von relevanten Fragestellungen, für die Bestimmung von Beobachtungskriterien und -methoden sowie für die Ergebnisse als Resultate eigener Beobachtung.

Jede empirische Beobachtung schwimmt dann in einem unerschöpflichen Meer an Auswahlbegründungen entlang der Fragen: *Was* wird beobachtet? *Wozu* wird beobachtet? *Wie* wird beobachtet?

Um unter der Begründungslast einen Erkenntnisgewinn überhaupt zu ermöglichen, sind Kriterien für die *Auswahl lohnender Forschungsfragen* zu entwickeln, die auf die Unvermeidbarkeit von Subjektivität, Selektivität, Relationalität und Kontingenz jeder Problemstellung verweisen. Für die Legitimation eines Problems außerordentlich bedeutsam ist dann die „Wozu-Frage" (Janich, 2005, 97). Die Produktion von Wissen bzw. Wahrheiten dient nicht zum Selbstzweck, sondern muss als Mittel für etwas bestimmt werden. „Die Orientierung an der Wozu-Frage dient [...] der Abgrenzung bestimmter Bereiche des Redens, für die sich [...] die Frage nach der Wahrheit, ihren Kriterien und ihrer Definition, beantworten lässt" (Janich, 2005, 98). Dies impliziert wiederum die Reflexion der beobachtungstheoretischen und -methodischen Voraussetzungen, unter denen Wahrheiten als solche produziert werden. Die Frage nach dem *Wie* der Beobachtung bedeutet so die Absage an eine an Objektivitätskriterien orientierte Forschungsmethodologie und dadurch die Hinwendung zu einem kritisch-reflexiven Umgang mit Subjektivität.

Geographisch betrachtet ist dann einerseits der Konstruktion von räumlichen Gegebenheiten Aufmerksamkeit zu schenken. Möglich wird das u. a. in der Perspektive des handlungszentrierten Paradigmas (Werlen, [2]2004, [2]2007), in dem geographische Wirklichkeiten als gelebte Wirklichkeiten aufgefasst werden. Geographien werden so als situativ und subjektiv bestimmte Wirklichkeiten verstanden, die erst durch die Wahrnehmungen und Handlungen von Menschen sozial wirksam werden. Werden „Räume" in der Perspektive ihrer gesellschaftlichen Konstruiertheit aufgefasst, dann muss danach gefragt werden, „wer unter welchen Bedingungen und aus welchen Interessen wie über bestimmte Räume kommuniziert und sie durch alltägliches Handeln fortlaufend produziert und reproduziert" (Arbeitsgruppe Curriculum 2000+ der DGfG, 2002, 5). Andererseits muss der forschende Blick auch darauf abgestellt werden, wie jene geographischen Konstruktionen ihrerseits *beobachtet* werden. Das mündet in Fragen zur *Selbstreflexivität* und darauf, wie konstruktivistisches Beobachten überhaupt möglich werden kann (Lippuner, 2003, 8). Es erweist sich demnach als unzureichend, lediglich auf die Konstruiertheit von Wirklichkeiten zu verweisen, ohne der eigenen Perspektivität Reflexions- und Artikulationsräume zu eröffnen. Selbstreflexivität meint die kontinuierliche Auseinandersetzung mit dem eigenen Wissen um das zu beobachtende Problem und dessen Funktion für die Konstitution von Bedeutungen. Abzustellen ist u. a. auf individuelle Präferenzen und Selbstverständlichkeiten, dabei insbesondere auf die Funktion tradierter und unhinterfragter geographischer Normalverständnisse (Schlottmann, 2005, 64).

Für die Übersetzung in ein Exkursionskonzept bedeuten diese Erkenntnisprinzipien eine große Herausforderung. Anzubieten sind Erfahrungsräume, die zu einem sukzessiv ansteigenden Reflexionsniveau – von einer Beobachtung erster Ordnung zur Beobachtung zweiter Ordnung – fachlich fundiert und (schul-)praktisch relevant – anleiten können. Exkursionsdidaktische Erwägungen müssen also voraussetzen, dass nicht instruktiv und im objektiven Sinn vermittelt werden kann, was nur subjektiv bedeutsam und erfahrbar ist. Die „Was-ist-Gomera"-Frage wird also nicht gestellt. Es wird auch nicht einfach eine Literaturlage nach- oder abgearbeitet. Auch das bloße Zählen von Menschen und Mäusen wird nicht stattfinden.

La Gomera unter dem Aspekt von lohnenden Problemstellungen

Ein kleiner Dialog vor Ort könnte so klingen: „Wie heißt dieser Strauch?" Antwort: „Baumheide." „Was ist Inversion?" Antwort: „Temperaturumkehr." – So wollen wir jedoch nicht arbeiten. Diese Fragen stellen wir erst, wenn sie für uns wichtig werden. Wichtig wofür? Für echte Problemstellungen, die wir so in der Literatur noch nicht nachlesen konnten. Zur Erinnerung: Reproduktion ist der niedrigste Anforderungsbereich im Abitur.

Was wird beobachtet? Erste inhaltliche Konsequenz einer konstruktiven Exkursionsdidaktik, ist also das Finden gehaltvoller und lohnender Probleme durch die Begegnung vor Ort. In der vorgestellten Perspektive bedeutet das, der *Erfindung* (von Foerster, [9]2006, 46) eines Problems größere Aufmerksamkeit zu widmen.

„Die Erkenntnis beginnt mit Problemen [...]. In allen Fällen, ohne Ausnahme, ist es der Charakter und die Qualität des Problems, [...], die den Wert oder Unwert der wissenschaftlichen Leistung bestimmt [...]. Und was dann zum Ausgangspunkt der wissenschaftlichen Arbeit wird, ist nicht so sehr die Beobachtung als solche, sondern die Beobachtung in ihrer eigentümlichen Bedeutung" (Popper, 1969, 104 f.) In dieser wissenschaftstheoretischen Logik ist es auch die Qualität des Problems, die die Qualität des Lernens bestimmt.

Unter welchen Voraussetzungen wird nun ein Problem gehaltvoll und wie können lohnende Fragestellungen ge- und erfunden werden? Gehaltvoll unter didaktischen Gesichtspunkten ist ein Problem, wenn es exemplarisch ist, wenn es gegenwärtig und zukünftig Relevanz für epochaltypische Schlüsselprobleme aufweist und wenn es subjektiv anschließt an die Erfahrungswelt der Lernenden (Klafki, 1991[2]). Für die Problemsuche auf La Gomera werden alle Kriterien erfüllt, wenn die Forschungsfragen auf einen Erkenntnismehrwert bezüglich der Ambivalenz des Leitbildes der „Isla Ecologica" und gegenwärtiger Wertschöpfungstrends verweisen.

Für den Erkenntnisprozess vor Ort bedeutet das jedoch nicht, den suchenden Blick auf die Bestätigung nach Literaturlage entwickelter Hypothesen abzustellen, um zu erkennen, was sowieso schon bekannt ist. Es geht als nicht um die „Feststellung überprüfbaren Wissens, sondern [um eine] kontrollierte Form von Ungewissheitssteigerung" (Baecker, 2007, 101). In diesem Sinne bedarf es einer grundlegenden Offenheit und der Bereitschaft zur Irritation. Verunsicherung erweist sich als Motor, um ein Phänomen überhaupt als Problem wahrnehmen zu können. Sämtliche Hypothesen sind so als relativ und vorläufig zu halten und im Prozess der Erfindung einer Forschungsfrage ständig zu modifizieren.

Nun ist es aber mit der Bereitschaft zur Irritation – der bewussten Akzeptanz, Probleme in der „Spannung von Wissen und Nichtwissen" (Popper, 1969, 104) zu definieren um damit überhaupt Erkenntnis zu ermöglichen – realiter nicht ganz so einfach. Studierende möchten oft sehr gern und sehr schnell wissen, „was ist" und „was sie tun sollen". *Verunsicherungskompetenz* muss im wahrsten Sinne des Wortes akzeptiert und gelernt werden. Somit sind die Begegnungen vor Ort in den ersten Annäherungen hauptsächlich dem Prozess der Entstehung von lohnenden Fragestellungen gewidmet. Für den Problemfindungsprozess wird deshalb plädiert, weil ein Thema konstruktivistisch betrachtet niemals an sich existent und bearbeitbar ist, sondern im Prozess der Beobachtung erst zu einem Problem gemacht wird. Pointierter formuliert geht es unter dem Postulat der „Verunsicherung des geographischen Blicks" (Lossau, 2000, 23) um einen reflexiven Prozess kontingenter Fragen und Antworten der „nicht im Wissen kulminiert, sondern in der Kunst der Problemstellung" (Baecker, 2007, 102). Das Beispiel soll dies verdeutlichen.

Der isohypsische Bach –
Eine kleine Erzählung zur Nachhaltigkeit

Der Beginn jeder Problemfindung ist die Kunst der Beobachtung und der passenden Frage – oder umgekehrt. Auffällig ist ein Phänomen dann, wenn es als Rätsel überhaupt wahrgenommen wird, bezogen auf eine Fragestellung: Einige Meter oberhalb der eigentlichen Erosionsbasis des El-Cedro-Baches, der seine Fracht talabwärts befördert, verläuft fast parallel zur Höhenlinie ein zweites Fließgewässer. Der geographische Blick ist irritiert. Wie kann das sein? Handelt es sich bei dieser Besonderheit um eine – talaufwärts gelegene – natürliche Bifurkation oder um eine künstlich angelegte Abzweigung für wasserwirtschaftliche Nutzung?

Abb. 2: Isohypsischer Bach
(eigene Aufnahme)

Ein strenge Beobachtung beider Gewässer in Fließrichtung erbringt folgende Antworten: Ein alter Düker wird aufgespürt und liefert einen Hinweis. Ursprünglich angelegt, um Wasser im Überlauf für landwirtschaftliche und private Zwecke in das El-Cedro-Hochtal zu leiten, ist dieser Düker eine Spur für die traditionellen Geographien von Menschen in dieser Region.

Die „kleine Erzählung" über vergangene Formen des alltäglichen Geographie-Machens wäre beendet, würde nicht jetzt eine „große Erzählung" beginnen. Die Spuren-Suche geht weiter: Unweit des Dükers befindet sich eine Wasserpumpstation als Zeichen einer technischen und fortgeschrittenen Wasserwirtschaft. Die elektrische Pumpe ist Symbol für die veränderten Lebensbedürfnisse von Menschen im Kontext einer zunehmend modernisierten und technisierten Welt. Sie spiegelt die Intensivierung des Bedarfs an

Abbildung 3: Düker
(eigene Aufnahme)

Nutzwasser für Landwirtschaft, private und gewerbliche Verbraucher, der gleichsam durch ihre Technik gesichert ist.

Das Traditionelle betont die Form des Eingriffs in die naturräumlichen Bedingungen unter dem Prinzip der Nachhaltigkeit. Nachhaltigkeit im originären Sinn (Carlowitz, 1713, zit. in Mathe, 2001) heißt, dass der Natur nur soviel entnommen werden kann, dass sich ihre Möglichkeiten zur Regenerierung nicht erschöpfen. Dies symbolisiert der Düker: eine Wasserwirtschaftsweise, bei der die Balance zwischen Entnahme und Zufuhr garantiert ist. Sind damit die Fragen um den isohypsischen Bach geklärt?

Die moderne Wasserwirtschaft im El-Cedro-Hochtal (und nicht nur dort) ist damit nicht ausschließlich ein Eingriff in den natürlichen Wasserhaushalt, sondern potentiell auch ein Problem. Ist durch den traditionellen Düker Nachhaltigkeit garantiert, ist durch die moderne Pumpe dieses Prinzip möglicherweise gestört. Es gilt also weiterzufragen und zu suchen. Gibt es Spuren von Störungen hinsichtlich einer naturverträglichen Wasserwirtschaft?

Das potentielle Problem verdichtet sich an der Mündung des El-Cedro-Baches im Hermigua-Tal. Es wird wirklich an einer Kläranlage im Küstenbereich, die ihre Kapazität weit überschritten hat. Davon zeugen zumindest die Schaumkronen vor dem Strand, die sich auch in der bewegten Brandung nicht auflösen. Es ist die Spur des fäkalischen Abwassers, die deutlich macht, dass die Belastungsgrenzen einer naturverträglichen Wassernutzung überdehnt sind.

Die Selbstreinigungskraft des Baches reicht längst nicht mehr aus; auch die Technik ist überfordert.

Abb. 4: Wasserpumpe
(eigene Aufnahme)

Abbildung 5: Schaumkronen
(eigene Aufnahme)

Die Kläranlage verweist aber auf mehr als „nur" ein Wasserproblem: Mit allen Sinnen erfahrbar erinnert sie an die Diskussionen um die Möglichkeiten einer Insel. Das zerstörerische Potential von Tourismus, Landwirtschaft & Co. ist also groß. Lässt sich das offizielle Leitbild der ökologischen Insel halten, in einer globalisierten und ökonomisierten Welt? Die kleine Erzählung zeigt: Die Möglichkeit einer wirklichen „Isla ecologica" ist eng begrenzt.

Die permanente Irritation im Wechselspiel von Fragen und Antworten verdeutlicht hier sehr anschaulich, wie sich ein kleines Rätsel um den „isohypsischen" Bach als ein kurzer Moment der Verwunderung im Feld zu einem echten Problem einer potentiell gestörten naturverträglichen Wassernutzung verdichtet. Was das abschließend bedeutet für die Möglichkeiten einer ökologischen Insel, kann nicht nebenher beantwortet werden und müsste durch weiterführende Untersuchungen ermittelt werden. Ein Erkenntnismehrwert ist es jedoch allemal. Zeigt doch das Beispiel, wie erst die Beobachtung vor Ort in eine handfeste Deutungshypothese mündet.

In diesem Sinne avancieren Irritation und Offenheit im gesamten Exkursionskonzept zur Methode.

Ist La Gomera eine wirkliche „Isla ecologica"? Oder steht das Leitbild für eine Strohhalmparole, eine letzte Rettung im Globalismus? Der Prozess der Entwicklung lohnender Problemstellungen entlang dieser zentralen Frage wurde zunächst ganz klassisch im Seminarraum angeregt. Ein eingehendes Literatur- und Quellenstudium und die Produktion erster Erzählungen anhand von „Daten und Fakten" beschreiben La Gomera *als Objekt*. Ziel war es, zu sensibilisieren für die Schönheiten und für die Kehrseiten der Insel, um erste Imaginationen zu entwickeln. Diese Vorstellungen galt es vor Ort kräftig zu verunsichern, das durch offene Fremdbeobachtungen und der kontinuierlichen Beobachtung des eigenen Handelns, der eigenen Haltungen, Erfahrungen und Befindlichkeiten als Reisender auf La Gomera.

Anfänglich waren es die subjektiven Erfahrungen aus einer teilnehmenden Beobachtungsperspektive – die Beobachtung der Insel *im Medium*[2], so wie das Schwimmen in einem Aquarium – die das Wissen aus zweiter Hand der Forschungs- und Reiseliteratur erweiterten und erste Modifikationen von Thesen und Fragestellungen bedingten. Den weiteren Lernprozess bestimmte die ständige Reflexion vieler durcheinander wirkender Eindrücke. Dieses Durcheinander galt es theoriegeleitet und argumentativ gehaltvoll zu strukturieren und sukzessive in ein wissenschaftlichen Maßstäben genügendes empirisches Untersuchungsdesign zu überführen. Für den Einzelnen erfahrbar wurde so die Zirkularität, das Vor- und Zurückschreiten sowie das Wechselspiel von Lust und Frust bei Forschungsprozessen. Hinzu kamen Erfahrungen geistiger und kommunikativer Anstrengungen, die sich fortwährend um die Begründung und Passung von Thesen und Fragen mit theoretischen und methodischen Strategien bei der Auseinandersetzung mit der jeweiligen Untersuchungsaufgabe bewegten. In Studierendensicht besonders zu Beginn der Exkursion war es nur schwer nachvollziehbar, dass all diese Mühen zunächst „nur" die Aussicht bedeuteten, am Ende des Aufenthalts mit einer soliden, gehaltvollen und empirisch fundierten Forschungsfrage die Heimkehr anzutreten. „Billiger" war es aber nicht zu haben, denn es handelt sich um echte und ergebnisoffene Problemstellungen anstelle bloßer Reproduktion von Literatur.

Die Tafel (Abb. 6) gibt abschließend einen Überblick über die Ergebnisse des Problemfindungsprozess in einzelnen Themenbereichen. Gegenüber gestellt sind die Ausgangsfragen der inhaltlichen Exkursionsvorbereitung (La Gomera *als Objekt*) und ihre Weiterentwicklung zu gehaltvollen Forschungsproblemen (durch die Beobachtung der Insel *im Medium*).

Beobachtung der Insel La Gomera als *Objekt*	Beobachtung der Insel La Gomera im *Medium*
Länderkundliche Einblicke Wie lässt sich die geographische Lage der Insel beschreiben? Welche natürlichen Prozesse bedingen die Entstehung der Insel? Welche Etappen markieren die Siedlungsgeschichte?	**„Gomera im Großen, Gomera im Kleinen" – Probleme *einer* möglichen Regionalisierung** Wie werden Regionen gemacht?
„Naturwunder" Welche klimatischen, geomorphologischen und vegetationsgeographischen Voraussetzungen sind kennzeichnend? Was macht die Insel zum Reiseziel?	**Vegetationsgeographie, Pflanzenbestimmung und die Bedeutung von Taxonomien** Wie und mit welcher Funktion entstehen natur- und sozialwissenschaftliche Ordnungssysteme? Wie passen sie zur umgebenden Realität? Sind sie hier wissenswert/wertvoll?
Wasserknappheit Welche hydrologischen Voraussetzungen und Besonderheiten der Wasserwirtschaft sind kennzeichnend?	**Der isohypsische Bach – Eine kleine Erzählung zur Nachhaltigkeit** Inwieweit begrenzt die Wasserwirtschaft die Möglichkeit einer ökologischen Insel?
Landwirtschaft Welche Formen landwirtschaftlicher Nutzung sind durch die naturräumlichen Bedingungen möglich? Wie gestaltet sich die Situation der Landwirtschaft unter zunehmend ökonomisierten und globalisierten Lebensverhältnissen (Selbstversorgung und Marktprotektionismus)?	**Landwirtschaft – Alles Banane!?** Subvention, Innovation oder Substitution des Bananenanbaus: Ist es erträglicher und nachhaltiger, anstatt Bananen, Touristen „anzubauen"?

Beobachtung der Insel La Gomera als *Objekt*	Beobachtung der Insel La Gomera im *Medium*
Tourismusentwicklung Welche Tourismusaktivitäten kennzeichnen die gegenwärtige Entwicklung (Klientel, Kapazitäten, Besucherzahlen)?	**Hui, TUI, Pfui – Touristentypen und ihre Handlungsmuster** Edel-, Pauschal- und Abenteuertourist: Welche Touristentypen passen aus ökonomischer, sozialer und ökologischer Perspektive zu La Gomera?
Fred. Olsen-Konzern Welchen Beitrag leistet der Fred.Olsen Konzern für die Tourismusentwicklung (Hotel, Golf, Fähre)?	**„Fred. Olsen bringt alles auf Saharahöhe" – Expressfähre, 4 Sterne & Golf** Inwieweit ist der Fred.Olsen-Tourismus auf La Gomera aus ökonomischer, sozialer und ökologischer Perspektive vertretbar? Wie stellt sich diese Frage vor Ort dar?
EU-Förderpolitik Welche Ziele, Projekte und Höhe der Mittel bestimmen die EU-Förderpolitik auf La Gomera?	**„Cofinanciado por la Union Europea" – La Gomera als spanisches Sizilien?** Asphalt, Hotels & Co.: Wie gestaltet sich die Intensität der Zweckentfremdung von EU-Geldern (Subventionsbetrug) und welche Folgen sind damit intendiert?

Abb. 6: La Gomera als Isla Ecologica?

La Gomera unter dem Aspekt von Subjekt-/ Handlungszentrierung

Eine immer wiederkehrende Frage lautet: „Können Sie uns jetzt einmal sagen, was wir genau machen sollen?" Eine mögliche Antwort lautet: „Nein, wir können nur sagen, was *wir* machen würden, weil wir schon eine Idee für eine Themenstellung haben, die uns interessieren könnte. Deshalb könnten wir auch sagen, wie *wir* jetzt anfangen würden zu beobachten. Vielleicht können wir mit einer gemeinsamen Übung beginnen: Kartieren Sie das Gelände unter der Fragestellung: Ist ein Zeltplatz verträglich mit einer Isla Ecologica? Wir sind nun selbst gespannt, wie Sie diese Aufgabe anpacken."

Unter konstruktivistischen Vorzeichen und dem konkreten Rückgriff auf das Paradigma des alltäglichen Geographie-Machens wurde unter fachinhaltlichen Aspekten für die Verunsicherung des geographischen Blicks plädiert. In handlungszentrierter Perspektive ist Ziel geographischer Forschung über die Erklärung von objektiven Raumstrukturen hinaus, ein Verständnis für die Menschen in ihren Formen der Raumaneignung zu ermöglichen. Am Beispiel der kleinen Erzählung zur Nachhaltigkeit des El-Cedro-Baches wurde aufgezeigt, wie analog zu diesem Perspektivenwechsel und dem Prinzip der Verstörung/Irritation, ein gehaltvolles Problem entwickelt und beobachtet werden kann. In didaktischer Hinsicht offen ist jedoch die Frage, wie es möglich wird, dem Konzept der „Irritation als Methode" praktisch gerecht zu werden. Zunächst wehren sich die Lernenden vehement dagegen, weil sie „etwas lernen wollen" und dieses „etwas" ist in der Regel container-dinglich gemeint. Statt des „Was?" sollen sie aber nun zunächst das „Wozu?" und das „Wie?" diskutieren.

Warum wird es notwendig für eine Verunsicherung des fragenden Blicks einzutreten und diese methodisch konsequent anzuregen? Irritation bedeutet in erster Linie das Aufbrechen der eigenen Seh- und Denkgewohnheiten; außerdem gilt es eine Bereitschaft dafür zu entwickeln, auch andere Wege geographischer Erkenntnisgewinnung zu akzeptieren. Studierende sind aufgrund ihrer oft einseitig traditionell geprägten geographischen Weltsicht, aber auch durch die Erfahrung einer unübersichtlichen Koexistenz vieler Fachphilosophien nebeneinander, kaum gewohnt und schon gar nicht darin trainiert, multiperspektivische Weltsichten auszuhalten und im Sinne eines Erkenntnismehrwertes ernst zu nehmen (Schneider, 2006; Rhode-Jüchtern u. a., 2008). Geographie haben sie zumeist aus dem Lehrbuch oder in singulären Vorlesungen oder Referatsthemen studiert.

Exkursionen bieten für erste Begegnungen mit einem konstruktivistischen Denkstil potentiell günstige Voraussetzungen. Dies deshalb, weil außerhalb des Seminarraumes die Möglichkeiten von *Selbsterfahrung* und *Selbstreflexivität* nahezu unerschöpflich sind. Selbsterfahrung meint die bewusste Auseinandersetzung mit den Möglichkeiten und Grenzen eigener Raumaneignung. Das erlaubt *erstens* mit dem Ziel einer reflexiven Beobachtung für das eigene Denken und Handeln zu sensibilisieren. Durch das Erkennen der eigenen Perspektivität wird *zweitens* eine Öffnung für die Relationalität und Perspektivität allen Wissens und damit für konstruktivistisches Denken überhaupt möglich. Dient Selbsterfahrung der Selbstreflexivität, folgt das – *drittens* – einem wichtigen Erkenntnisprinzip. Gemeint ist die Hinwendung des fragenden Blicks zum *Wie* der eigenen Beobachtung eines Problems. Und schließlich kann sich *viertens* der Grundüberzeugung eines erkenntnistheoretischen Konstruktivismus und einer handlungszentrierten Geographie eben nur eine konstruktive und handlungszentrierte Didaktik anschließen. Ist Selbsterfahrung und Selbstreflexivität mit einem Exkursionskonzept intendiert, wird ein methodisches Konzept der Irritation unumgänglich. Dazu folgt beispielhaft ein verstörender Moment der Exkursion.

„Menschen tun, was sie tun!" Oder wie erfinde ich eine Region?

Menschen tun, was sie tun – diese berühmte Aussage der Soziologen Luhmann/ Schorr (1981) regt dazu an, von Instruktionen in Form durchdeklinierter Arbeitsanweisungen innerhalb eines Lernprozesses Abstand zu nehmen und, wenn notwendig, lediglich in Form von unterstützenden Maßnahmen hinzu zu füttern. Lernende tun zwar meist, was der Lehrer sagt, aber warum wirklich und mit welchen Wirkungen sie dies tun, bleibt ihr Geheimnis. Es wäre also didaktisch zu arrangieren, dass die Lernenden etwas tun, was zu ihnen wie zu ihrer Sache „passt". Dieses Eindringen in die (vermutete) Motivationslage wurde mit einer zunächst ganz klassisch anmutenden Kartierungsübung versucht. Der Auftrag lautete: Kartieren des Untersuchungsgebietes. Im Areal des El-Cedro-Hochtals wurden die Studierenden also gebeten, eine eigene kleine Kartierung auszuprobieren und ihre Ergebnisse in einer Faustskizze zu dokumentieren. Dieser Auftrag schloss aber nicht ein, dass die Lehrenden die Grenzen oder den Inhalt dieser Region vorgegeben hätten; diese würden sich vielmehr aus der jeweils unterstellten Problemdefinition ergeben und konnten von den unmittelbaren Grenzen des Zeltplatzes (also Nettofläche) über das Tal (als Immissionsregion) bis hin zum Verkehrsnetz (als Folge der Erschließung bzw. Erweiterung eines Zeltplatzes) weit in die Insel hinein reichen. Als Hilfestellung bereitgestellt wurde nur technisches Wissen zu den Gütekriterien einer geographischen Karte (Winkeltreue, Längentreue, Flächentreue) sowie zu einfachen Kartierungstechniken (Kompass, Schrittmaß, Faustskizze). Durch das eigenständige Arbeiten lieferte diese Übung zunächst die Möglichkeit, den Entstehungsprozess einer Karte selbst nachzuempfinden. Die Studierenden machten sich auf den Weg, spürten einen Tag lang angestrengt und engagiert den Tücken des Messens nach und taten, was sie taten. Mehr oder weniger stolz und erstmalig irritiert nahmen die jungen Kartographen am Abend die Variationsbreite der Faustskizzen zur Kenntnis. Unverkennbar wurde das Nebeneinander vieler kartographischer Wirklichkeiten. Die eigenen Faustskizzen gaben ein anschauliches Zeugnis zutiefst subjektiver Kartenprojektionen, d. h. einer technisch durchaus versierten Produktion der eigenen Raumbilder. Was war passiert? Die „Falle des Messens" wurde für jeden erfahrbar, nämlich dass die Fragen, was und wozu überhaupt gemessen wird, vollkommen ausgeblendet wurden. Resultat war, dass ein tradiertes geographisches Normalverständnis – die Annahme, einen Ausschnitt der materiellen Welt objektiv abbilden zu können – aus der Versenkung geholt, kritisch reflektiert und als zutiefst problematisch erkannt wurde. Nun war mit einer solchen Übung nicht intendiert, jeglicher Form kartographischer Weltbeschreibung eine Absage zu erteilen. Ziel war es vielmehr, für die Probleme einer möglichen Regionalisierung zu sensibilisieren und damit zu erkennen, dass Regionen gemacht werden, also immer nur im Kontext eines Problems beschrieben und abgegrenzt werden können. Das beförderte die Erkenntnis, dass die Was-,

Wozu- und Wie-Frage kartographischer Beobachtung sorgfältig ausgewählt, diskutiert und offengelegt werden müssen.

Wie gestaltete sich die Lösung des Problems? In einem ersten Schritt durch das Akzeptieren der Notwendigkeit, einen thematischen Aspekt zu fixieren, unter dem die Region im El-Cedro-Hochtal kartographisch beschrieben werden soll. Man einigte sich auf Art, Ausmaß und Reichweite touristischen Einflusses, um letztendlich der Frage einer nachhaltigen Tourismusentwicklung ein stückweit näher zu kommen. Dann begab man sich auf Spurensuche (Wanderwege, Trampelpfade, Zeltplatz, Müll etc.) und begann im Anschluss daran ein zweites Mal zu messen. Resultat war folglich wieder eine Kartenprojektion, aber nun mit dem Wissen um ihren Charakter als „Projektion".

La Gomera unter dem Aspekt von Leiblichkeit und Geographie

> Wir befinden uns am ersten Tag im Steilaufstieg (800 Höhenmeter) zwischen Hermigua und dem Zeltplatz La Vista. Dazu einige Studierende: „Das ist ja lebensgefährlich!" „Konnten Sie das vorher nicht sagen!?" „Ich gehe keinen Schritt weiter!" „Voll cool!" „Ich bin total glücklich!" „Über den Wolken ..." – Was wäre die Alternative? Nach 20 Stunden Bahn, Flug und Schiff nun mit vier Taxi-Vans zum Zeltplatz zu kurven und todmüde vom Fahren im Dunkeln das Zelt aufzubauen? La Gomera als Paradies für Mini-Vans oder für Wanderer?

Die Bereitschaft zu Irritation, Selbsterfahrung und Selbstreflexivität ist Voraussetzung für die Akzeptanz und den kreativen Umgang mit einer vielperspektivischen Weltsicht. Diese Prinzipien sollten nun im Kontext von geographischen Exkursionen um die Betrachtung des Verhältnisses von Körper und Raum erweitert werden. Dabei geht es erstens um die Wirkungen bestimmter methodischer Arrangements – wie das Wandern mit Rucksack – für individuelle Körpererfahrungen und zweitens um die Organisation eines Lernprozesses, der gezielt auf die Auseinandersetzung mit eigenen *spürbaren Erfahrungen* und ihrer Bedeutung für die Generierung subjektiver Raumbilder setzt.

Unter welchen theoretischen Grundannahmen wird diese Hinwendung zur Körperthematik plausibel und was kann eine körperzentrierte Sicht für die Integration in ein Exkursionskonzept leisten?

Dazu ein kleiner Exkurs in eine phänomenologisch inspirierte Körpersoziologie, der es „entscheidend um die soziale Prägung und Bedeutung leiblicher Erfahrungen [geht] und damit um die Frage: *Wie wird der Körper gespürt?*" (Gugutzer, 2007, 16). Körperlich-leibliche, also spürbare Erfahrungen bestimmen, wie sich Menschen selbst wahrnehmen und thematisieren. Diese Erfahrungen sind bedeutsam für die Konstruktion individueller Identitätsvorstellungen. Entscheidend dafür, wie die eigene Körperlichkeit in verschiedenen Situationen des Lebens erfahren wird, ist ein spezifisches Körperwissen. Dieses Wissen existiert nicht an sich, sondern ist, wie jedes Wissen, ein Kulturprodukt. Damit ist auch die Art, *wie* wir uns spüren ein kulturelles Produkt (Lindemann, zit. in Gugutzer, 2007, 16). Somit ist letztlich die Bildung personaler Identität durch Körpererfahrung immer auch kulturell vermittelt.

Nun scheint es mit Blick auf die Reisedidaktik in Schule und Hochschule, dass eben jener Zusammenhang nur selten berücksichtigt wird.

Wenn man bedenkt, dass „leibliche Erfahrungen die vorbegriffliche Grundlage von Sprache und Denken" bilden (Gugutzer, 2002, 139), sind diese auch für Lernprozesse, die auf kognitive Reflexivität setzen, nicht unwichtig. Es ist also erkenntnisfördernd, vorbewusste körperliche Praktiken – bezeichnet als Körpereigensinn (Gugutzer, 2007, S. 19) – als Bedingungen für bewusste, zielgerichtete und reflexive Handlungen und damit für kognitive Leistungen zu akzeptieren. „Denn an Beispielen eigensinnigen körperlichen Handelns wird deutlich, dass der Körper keineswegs jederzeit kontrollierbar ist. Er ist eben auch eigenwillig und widerspenstig. Das Entscheidende dabei ist, dass er gerade weil er nicht jederzeit willentlich kontrollierbar ist, sinnhaft ist und soziale Relevanz erlangt" (Gugutzer, 2007, 19). Somit konstruieren Menschen niemals allein durch intentionale Praktiken, sondern auch im Medium eigensinnigen körperlichen Handelns ihre Wirklichkeit(en), einschließlich der geographischen.

Nun lässt sich „Körper als Objekt der Identitätskonstruktion absichtsvoll einsetzen" (Gugutzer, 2002, 14), wenn in didaktischer Hinsicht *Körper* eben auch *als erkennendes Subjekt* konzipiert wird. Die Auffassung des vorbewussten, eigensinnigen Körperhandelns impliziert lohnende methodische Anschlusspunkte für das dargestellte Prinzip der Irritation. Es geht dann um die gezielte Integration körperlich-spürbarer Widerstände in ein Exkursionskonzept, die den Prozess von Selbsterfahrung und Selbstreflexivität in Gang setzen und im gesamten Verlauf unterstützen können.

Spürbare Widerstände ergaben sich für die Studierenden insbesondere durch das Aufbrechen alltäglicher Gewohnheiten wie das Reisen mit Zelt- und Rucksack. Es kam einer „Erdung", einer „Befreiung von Zivilisationslasten", aber auch einer „Grenzerfahrung" gleich, wie es einige Studierende sehr anschaulich formulierten. Als Reisen mit Zelt und Rucksack war die Exkursion dominiert von Wanderungen, einer teilweise angst-, schmerz-, aber zugleich freud- und glücksbetonten Aneignung von Raum. Die materielle Welt wurde so zu einer Art spürbarer Widerstand, die es bei Auf- und Abstiegen, bei Irrwegen, bei „herrlichen Aussichten", „dem Passat zum Anfassen", auf „Erinnerungspfaden" und unter „Glückstränen" zu überwinden und zu genießen galt. Das individuelle Bild der Insel wurde so erst einmal geprägt durch eigene Körpererfahrungen und Sinneseindrücke. Für den einen wurde La Gomera zum „Paradies", für den anderen zur „Qual" mit entsprechender „Erlösung". Insbesondere die Wanderungen auf „eigene Faust", initiiert als räumliche Orientierungsschulung, vermittelten einen Eindruck der Insel, indem die Existenz vieler Wirklichkeiten hautnah erlebt wurde. Die Wirklichkeit der körperlichen Konstitution, die Wirklichkeit von Wegweisern, die Wirklichkeit der Karte sowie diejenige von Kompass und Sonnenstand galt es zu erkennen, aufeinander abzustimmen und gemeinsam auszuhandeln, um das ersehnte Ziel zu erreichen.

Der Aneignung der materiellen Welt zu Fuß wurden im Verlauf der Exkursion zielgerichtet andere Mobilitätsarten entgegen gesetzt – die An- und Abreise per Bahn, Flugzeug und Schiff, längere Busfahrten, Taxiausflüge und Versuche des Trampens markieren einen *modal split* der Bewegung. Auch hier spielte unter didaktischen Aspekten eine körperzentrierte Perspektive die zentrale Rahmenbedingung. Übelkeit und Langeweile im Bus machten La Gomera zu einem Ort „dröger Pauschaltouristen", Trampen und Wandern hingegen zu einem faszinierenden und gefährlichen Ort für Aussteiger und Abenteurer.

Auch ein Kulissenwechsel, hervorgerufen durch den Aufenthalt in einer Pension im zweiten Teil der Reise, folgte dem Prinzip vielseitiger spürbarer Erfahrungen. Der Umzug vom Zeltplatz La-Vista im El-Cedro-Hochtal in eine gepflegte und komfortable Pension im Hermigua-Tal kam einem gefühlten Bruch gleich. Mit weichem Bett, geregelten Mahlzeiten, warmer Dusche und dem Supermarkt gleich um die Ecke bedeutete die Pension den Einstieg in eine andere Welt des Reisens, die für die meisten der Studierenden als ein „dekadenter Zivilisationsüberschuss" erlebt wurde. Trotz der Aussicht auf körperliche Erholung und Unversehrtheit erschien der Aufenthalt in der Pension durch das Übermaß an zivilisatorischer Ordnung eher langweilig und enttäuschend.

Dies sind nur einige Beispiele, die gezielt auf die Auseinandersetzung mit der eigenen Gefühlswelt und Körperlichkeit setzen. Ziel dabei war es außerdem, die vorbewussten, körpereigensinnigen Erfahrungen einem bewussten Reflexionsprozess zugänglich zu machen, um ihre konstitutive Funktion für die eigenen Raumbilder herauszustellen. Besonders eine Selbstbeobachtungsaufgabe wurde auf einen solchen Zusammenhang abgestellt. Die Studierenden wurden zu Beginn der Exkursion aufgefordert, für jeden Tag der Reise drei Worte zu formulieren, die die individuell bedeutsamsten Erlebnisse zusammenfassten. Einerseits bedeutete dies für den Einzelnen ein Resümee des Tages, aber auch Einblicke in die eigenen Wahrnehmungsveränderungen der gesamten Exkursion. Andererseits ist der Fundus an Prägewörtern auch für die Lehrenden eine kleine Evaluationsressource, die Hinweise liefert für die individuellen Lernerfahrungen der Studierenden und damit für die Bandbreite möglichen Erkenntnisgewinns.

Ohne eine fundierte Analyse dieser Selbstbeschreibungen zu betreiben, soll an dieser Stelle lediglich auf einen Aspekt hingewiesen werden, der die Bedeutung eines subjekt- und körperzentrierten Lernprozesses unterstreicht. Das Auffälligste bei einer retrospektiven Betrachtung der Prägewörter ist deren konsequente Formulierung als körperlich-leibliche Erfahrungen; Ausdrücke wie das „weiche Bett", die „warme Dusche", das „leckere Essen", den „Atlantik in der Hand", den „Passat zum Anfassen", die „schmerzenden Füße", die „Angst vorm Abstieg", die „atemberaubende Kraft des Meeres", das „Glücksgefühl am Ziel", der „Blick zum Teide", der „Sonnenaufgang", das „Schweben über den Wolken", die „Ernüchterung", das „Heimweh", das „Lachen", die „Übelkeit im Bus", „die harte Matratze", der „Blick in den Sternenhimmel", der „Sonnenbrand im Februar", die „Affenhitze", das „Eselgebrüll am Morgen" oder das „Belohnungsbier am Abend" sollen dies abschließend illustrativ verdeutlichen.

La Gomera unter dem Aspekt einer (selbst-)reflexiven Lern- und Lehrkultur

> Eine abschließende Diskussionsrunde auf der Pensionsterrasse über den Bananenstauden von Hermigua brachte folgende Äußerungen zum Exkursionsverlauf zutage: „Schlimmer geht's immer!" „Das kennen wir alles sowieso schon!" „Mir ist egal, ob auf dieser Insel Bananen oder Melonen wachsen; mir geht es darum, was da alles dran hängt!" „Ich habe soviel gelernt, vor allem zu denken."

La Gomera unter dem Aspekt von konstruktivistischer Geographie, von lohnenden Problemstellungen, von Subjekt-, Handlungs- und Körperzentrierung verweist auf ein hohes Maß an subjektiver Bedeutsamkeit. La Gomera avanciert so zu einem Ort oder einer Gelegenheit für vielseitige Erfahrungen und dauerhafte Prägungen. La Gomera steht dann als Exempel für Erinnerungen, die in ihren vielen Einzelheiten ganz bewusst die eigenen Weltbilder speisen. La Gomera verweist auch auf zukünftige Relevanz, wenn das Erleben des Erkenntnispotentials von Irritation, (körperbetonter) Selbsterfahrung und Selbstreflexivität auch in Grundüberzeugungen als Geographielehrer mündet. La Gomera leistet durch das Zusammenspiel der Dimensionen einen Beitrag für die Entwicklung einer Lehrkultur unter konstruktivistischen Vorzeichen.

Wenn eine konstruktivistische Geographie ihre Prinzipien (Subjektivität, Selektivität, Relationalität von Wissen etc.) ernst nimmt, dann muss sie diese auch für die didaktische Gestaltung von Erkenntnisprozessen voraussetzen. Nachholbedarf diesbezüglich zeigt sich deutlich für Lehramtsstudierende in der gegenwärtigen universitären Lehr- und Exkursionspraxis. Aus diesem Grund wurde die Exkursion in erster Linie zum Möglichkeitsraum für eine *Didaktik des (exkursions-)didaktischen Denkens*. Möglich wurde das durch die dargestellten Anregungen zur Selbstbeobachtung wie

- die Beobachtung der Insel als Objekt und im Medium und ihre Bedeutung für die geographische Wissensproduktion,

- die Beobachtung der Wirksamkeit räumlicher Arrangements (z. B. Zeltplatz, Pension) für subjektive Befindlichkeiten und die Gruppendynamik,
- die schriftliche Fixierung subjektiver Wahrnehmungen im Prozess der Exkursion,
- und ergänzend die Integration freizeit- und erlebnispädagogischer Elemente für den Erfahrungsaustausch in der Gruppe.

All diese Selbstbeobachtungselemente unter fachinhaltlichen, didaktischen und pädagogischen Aspekten bilden die Grundlage für eine selbstreflexive Lern- und Lehrkultur. Gerade mit konstruktivistischem Blick sind angehende Geographielehrer einmal mehr herausgefordert, sich der eigenen impliziten Theorien als Geograph und Geographielehrer bewusst zu werden. Ein Didaktik der Didaktik heißt dann zunächst nichts anderes, als sich mit den eigenen Seh- und Denkgewohnheiten kritisch auseinander zu setzen.

Sich selbst als Lehrer zu beobachten und zu erkennen, erwies sich im Verlauf der Exkursion nicht immer einfach. Schließlich war genau darin ein großes Potential an Unsicherheiten verborgen. Die Studierenden waren mit ihren eigenen Einseitigkeiten und Schwächen konfrontiert: „Mich ärgert es, wie einseitig ich bin!" Manchmal war auch gänzlich der Verlust eines als stabil geglaubten Verständnisses von Geographie zu ertragen: „Weißt du noch, was Geographie ist? Ich nicht!" Hinzu gesellte sich die Angst, sich in der Vielzahl an Perspektiven zu verlieren: „Das ist doch alles immer viel zu schwammig, pauschal und subjektiv. Ich bin ganz verwirrt, irgendwann muss das doch einmal in eine Ordnung gebracht werden!" In dieser didaktisch provozierten Unordnung war es dennoch Anliegen, Orientierung zu stiften. Das bedeutet eine Orientierung, die Offenheit, Unsicherheit und Widersprüche akzeptiert und als grundlegende Prinzipien für das Verstehen von Welt voraussetzt. In immer neuen Annäherungen zersprang dann plötzlich bei vielen der Erkenntnisknoten, es wurden eine ganze Reihe eigener Problemstellungen entdeckt und mit eigenem Feuereifer verfolgt: Das Fred. Olsen-Golfresort, die Korruption mit EU-Geldern, die Erfindung neuer Produkte („Bananenwein") wurden plötzlich als Thema ge- und erfunden und von Kleingruppen angeeignet; und so wurde auch fachliche „Zufriedenheit" gestiftet.

Für einige wenige war die Exkursion mit der Erkenntnis „Schlimmer geht's immer" oder mit der Erleichterung, dass das „Gesülze endlich vorbei" ist, beendet; sie blieben erkennbar uninspiriert, machten sich dabei durchaus auch zum Gespött der anderen. Für die meisten dagegen avancierten die Prinzipien Irritation, Selbsterfahrung und Selbstreflexivität zur Stärkung der eigenen Denkfähigkeiten: „Ich habe so viel gelernt, vor allem zu denken!" In diesem Sinne ist auf La Gomera nicht alles „nur Banane". La Gomera erscheint mit Blick auf den Gewinn fundierter fachlicher und persönlicher Erkenntnisse vielseitig und zukunftsträchtig. Es wird zum Ort „Kategorialer Bildung" im Sinne von Wolfgang Klafki, wonach die *äußere Realität* und dadurch zugleich die *erken-*

nenden Subjekte kategorial, also ordnend und geordnet, aufgeschlossen werden (Klafki, ²1991).

Der Beitrag von T. Rhode-Jüchtern und A. Schneider *La Gomera unter dem Aspekt von ...*
Fünf Dimensionen einer konstruktiven Exkursionsdidaktik erschien ursprünglich in:
Dickel, M./Glasze, G. (Hrsg.) (2009): Vielperspektivität und Teilnehmerzentrierung –
Richtungsweiser der Exkursionsdidaktik. Praxis Neue Kulturgeographie Bd. 6. LIT Verlag, Berlin, 141-163.

Anmerkungen

1   Vgl. Text Nr. 4 „Es ist, wie es ist" in diesem Band
2   Zur Unterscheidung „Objekt" und „Medium" vgl. Gibson, 1982. Es geht darum, bei der Beobachtung eines Gegenstandes zu unterscheiden in die Perspektive von innen (wie ein Fisch im Aquarium) und der Perspektive von außen (wie der Betrachter des Aquariums)

Literatur

Arbeitsgruppe Curriculum 2000+ der DGfG 2002: Curriculum 2000+. Grundsätze und Empfehlungen für die Lehrplanarbeit im Schulfach Geographie. In: Geographie heute, Jg. 23 (2002), H. 200, 4-7

Baecker, Dirk 2007: Studien zur nächsten Gesellschaft. Frankfurt/M.

Buchholz, Wolff/J. Fischer 2006: Der feuchte Atem Gottes. Die Hochebene von Gomera ist ein legendenumranktes Reservat, dessen Bewohner vom behutsamen Tourismus leben. In: Süddeutsche Zeitung, 7.9.2006

Dickel, Mirka 2006: Reisen. Zur Erkenntnistheorie, Praxis und Reflexion für die Geographiedidaktik. Berlin (= Praxis Neue Kulturgeographie, Bd. 2)

Fernández, Angel (o.J.) (Hrsg.): Leitfaden zum Nationalpark Garajonay La Gomera. o. O.

Filser, Hubert 2004: Lebenslust im Nebelwald. Nach den Hippies kommen die Profiteure. Auf der zweitkleinsten Kanareninsel tobt der Kampf um die Gunst der Touristen. In: Süddeutsche Zeitung, 26.10.2004, 41

von Foerster, Heinz 2006⁹: Entdecken oder Erfinden. Wie lässt sich Verstehen verstehen? In: Gumin, H./Meier, H. (Hrsg.): Einführung in den Konstruktivismus. (= Veröffentlichungen der Carl Friedrich von Siemens Stiftung, Bd. 5) München/Zürich, 41-88

Gebhardt, Hans/Annika Mattissek/Paul Reuber/Günter Wolkersdorfer 2007: Neue Kulturgeographie? Perspektiven, Potentiale, Probleme. In: Geographische Rundschau, Jg. 59, H. 7/8, 12-20

Gibson, James 1982: Wahrnehmung und Umwelt. Der ökologische Ansatz in der visuellen Wahrnehmung. München/Wien

Gugutzer, Robert 2006: Der *body turn* in der Soziologie. Eine programmatische Einführung. In Ders. (Hrsg): *body turn*. Perspektiven der Soziologie und des Sports. Bielefeld, 9-53

Gugutzer, Robert 2002: Leib, Körper und Identität. Eine phänomenologisch-soziologische Untersuchung zur personalen Identität. Wiesbaden

Janich, Peter 2005³: Was ist Wahrheit? Eine philosophische Einführung. München

Klafki, W. 1991²: Neue Studien zur Bildungstheorie und Didaktik. Weinheim

Lippuner, Roland 2003: Alltag, Wissenschaft und Geographie. Zur Konzeption einer reflexiven Sozialgeographie. Vortrag vor der Chemisch-Geowissenschaftlichen Fakultät der Friedrich-Schiller-
Universität am 12.02.2003. http://www.uni-jena.de/Lippuner.html (Zugriff am 10.10.2007)

Lossau, Julia 2000: Für eine Verunsicherung des geographischen Blicks. Bemerkungen aus dem
Zwischen-Raum. In: Geographica Helvetica, Jg. 55, H. 1, 23-30

Luhmann, Niklas/Karl Eberhard Schorr (1981): Wie ist Erziehung möglich? In: Zeitschrift für Sozialisationsforschung und Erziehungssoziologie, H. 1, 37-54

Mathé, Peter 2001: Die Geburt der „Nachhaltigkeit" des Hans Carl von Carlowitz – heute eine Forderung der globalen Ökonomie. In: Forst und Holz, Jg. 56, H. 7, 246-248

Popper, Karl R. 1969: Die Logik der Sozialwissenschaften. In: Adorno, T.-W./Dahrendorf, R./Pilot,
H. (Hrsg.): Der Positivismusstreit in der deutschen Soziologie. Darmstadt/Neuwied, 103-124

Redepenning, Marc 2006: Wozu Raum? Systemtheorie, *critical geopolitics* und raumbezogene Se-
mantiken. (= Beiträge zur Regionalen Geographie, Bd. 62) Leipzig

Rhode-Jüchtern, Tilman/Joachim Schindler/Antje Schneider 2008: Studienreform durch Ausbil-
dungsforschung. Eine Studie zur Passung von erster und zweiter Phase in der Geographielehr-
erausbildung. In: Lütgert, W./Gröschner, A./Kleinespel, K. (Hrsg.): Die Zukunft der Lehrerbildung. Jena

Schlottmann, Antje 2005: RaumSprache. Ost-West-Differenzen in der Berichterstattung zur deutschen Einheit. Eine sozialgeographische Theorie. (= Sozialgeographische Bibliothek Bd. 4)
München

Schneider, Antje 2006: Didactical turn – *An*turnen? *Ab*turnen? Zum Verstehen und Lehren einer
neuen Denkweise. In: Dickel, M. & Kanwischer, D. (Hrsg.): TatOrte. Neue Raumkonzepte didaktisch inszeniert. (= Praxis Neue Kulturgeographie, Bd. 3) Berlin, 247-275

Watzlawick, Paul 2006: Wirklichkeitsanpassung oder angepasste „Wirklichkeit"? Konstruktivismus
und Psychotherapie. In: Gumin, H./Meier, H. (Hrsg.): Einführung in den Konstruktivismus. (= Veröffentlichungen der Carl Friedrich von Siemens Stiftung, Bd. 5) Zürich, 89-107

Werlen, Benno 2007[2]: Globalisierung, Region und Regionalisierung. Sozialgeographie alltäglicher
Regionalisierungen Band 2. Stuttgart

Werlen, Benno 2004[2]: Sozialgeographie. Eine Einführung. Bern, Stuttgart, Wien

30. Das Ich auf Reisen
Sechs Stufen der „Erdung" des Subjekts

Es gibt eine Vielzahl von Reisestilen, denn die Sehnsucht nach dem „Anderen" wird ganz unterschiedlich verfolgt; je nachdem, wer das „Ich" ist und welche Motive es für das eigene Leben bewegen. Der amerikanische Historiker *Daniel J. Boorstin* hat in einer Klage über „die verloren gegangene Kunst des Reisens" unterschieden zwischen den einstigen „Reisenden" und den neueren „Touristen": „Der Reisende war aktiv; er suchte ernsthaft nach Menschen, Abenteuern und Erfahrungen." Der Tourist hingegen sei passiv, er erwarte, „dass etwas mit ihm geschieht" (vgl. *Bausinger* u. a. 1999, 349).

Aber stimmt es denn wirklich, dass die Touristen nichts tun? Sie haben auch bestimmte Motive für ihr Handeln, auch dann, wenn sie die Möglichkeiten der Erfahrung der Fremde/des Anderen nur unvollkommen nutzen. Sie suchen vielleicht Erholung oder Ruhe, Geselligkeit, bestimmte Muster und Symbole und machen sich dann auf die Socken. Und der Reisende folgt ebenso bestimmten Vorstellungen/Imaginationen und Zwecken/Absichten, sei er nun ein Wallfahrer, Handwerker, Kaufmann, Entdecker, Auswanderer, Altertumskundler, Heilungssuchender, Sportler oder gar Schiffbrüchiger. Egal, wo man seinen Platz sucht, dieser ist immer definiert durch Entscheidungen und Handlungen. Reisen ist Handeln; das Handeln geht dem dann aufgesuchten Ort im Range vor. Wenn man einen Ort ausgewählt oder erreicht hat, hat dieser eine subjektive Bedeutung, meist entsprechend dem Motiv des Reisens. Ein Ort wird durch Wahrnehmung und Handlung „konstituiert".

„space" und „place"

Eine andere Unterscheidung ist hilfreicher als die zwischen Reise und Tourismus, nämlich die zwischen „space" (allg. Raum) und „place" (Ort einer Handlung). Es ist einem Ort nicht angeboren, was er „ist", er „wird" zu einem Ort durch Bedeutungszuweisungen. Die Bedeutung der Riviera (oder Mallorca oder Kapstadt) liegt zwischen dem Ort der Reichen und Schönen einerseits und dem „Ballermann" andererseits, auf einer Insel und zur selben Zeit. Der Strand von Amrum mit seinem kilometerbreiten Kniepsand ist nicht an sich ein „schöner" Raum oder eine typische „Ferienlandschaft"; vielmehr wird er als solche empfunden, aber das auch nur von einigen Subjekten und in bestimmten historischen Kontexten. Andere Menschen würden es schrecklich finden, im Hochsommer bei Sturm und Regen und hohen Preisen mit den Kindern einen solchen Platz zu besuchen, für „die schönste Zeit des Jahres". Die Bedeutungen, die ein Ort haben kann bzw. aktuell hat, müssen aber nicht jeweils „individuell" konstituiert werden;

sie können vielmehr auch „kollektiv" wirken und die Wahrnehmung der Einzelnen präformieren.

„Das wahre Afrika"

Zu früheren Zeiten lernte man „Afrika" (und alle anderen Länder und Kontinente) in der Schule nach einem Objekt-Schema: Relief, Gewässer, Bodenschätze, Städte, Häfen. Auch die Menschen kamen vor, in Form von Bevölkerungspyramiden, Verteilung auf primären bis tertiären Sektor usw. Aber es befriedigt nicht, ein Land als Container von Dingen zu „lernen", diese Fakten haben für sich genommen keine Bedeutung – außer für Testfragen – und sie haben der Geographie das graue Image eines anspruchslosen Fachs mit trägem Wissen („Stadt-Land-Fluss") verschafft, das allenfalls bei irgendwelchen 32 000-Euro-Fragen in RTL hilfreich sein kann.

Wie wird die Geographie bedeutungsvoll für die Menschen? Indem man nach den Bedeutungen sucht, die die Dinge der äußeren Realität für die Menschen haben – genauer: die Bedeutungen, die die Menschen den Dingen geben bzw. die sie von anderen übernehmen. Diese Bedeutungen konstituieren fortan die Objekte (das Matterhorn erscheint als Symbol für die Schweizer Alpen und funktioniert auch als Zeichen für Schweizer Schokolade) und sie nehmen so Einfluss auf das Handeln. Aber die jeweilige Bedeutung liegt nicht in der „Natur der Dinge", sondern in Zuschreibungen.

„*Thulis* Traum vom wahren Afrika" – so ist ein Bericht im Reiseteil der Süddeutschen Zeitung (4.12. 2001) überschrieben. Die schwarze Südafrikanerin (Frau eines Deutschen) macht Führungen durch Soweto. „Ich möchte erreichen, dass Südafrika-Besucher in unserem Land nicht nur auf Safari gehen und Bilder von Elefanten, Giraffen und Nashörnern im Kopf haben, wenn sie wieder nach Hause fliegen. Die Touristen sollen auch einmal ein Township gesehen, gespürt und gerochen haben, denn auch das ist Südafrika. Es ist unglaublich schwer, die jahrzehntelang bestehenden, überwiegend weißen Seilschaften in der Reisebranche zu durchbrechen und sich mit neuen Ideen durchzusetzen. Viele Touristen haben einfach auch Angst vor solchen Ausflügen. Aber wir wissen genau, wo wir hingehen können und welche Ecken wir besser meiden." Da werden also Bilder erzeugt, von „weißen" Seilschaften in der Reisebranche oder von der „schwarzen" Reiseführerin, da wird gespürt und gerochen, da haben bestimmte Ecken die Bedeutung von Gefahr. Da wird Afrika wirklich oder „wahr", konstituiert von Subjekten. Auf den Punkt gebracht: Die „bestimmte Ecke" im Township ist nicht von Natur aus gefährlich, sondern sie wird gefährlich gemacht oder als solche wahrgenommen.

Erlebnistyp	soziales Milieu	Bildungsschichten	Reiseziele	Reiseformen	Reisestile
A	Niveaumilieu	ältere Bildungsschicht	Städte, z. B. Rom, Florenz; „pittoreske" Landschaften	klassische Bildungsreise; Studienreise	Zurücknahme des Körpers; Suche nach Stille, Bildung und persönlicher Entwicklung
B	Selbstverwirklichungsmilieu	jüngere Menschen der gehobenen Bildungsschicht, z. B. Ärzte, Studenten, Lehrer	„untouristische" Orte, z. B. Gomera, Cinque Terre, Himalaya Treck, Toskana, Andalusien	unkonventionelle Reisen, klassische Bildungsreise	anti-konventionell
C	Integrationsmilieu	mittlere Bildungsschicht	z. B. Adria, Balearen, Gardasee, Österreichische Berge z. B. Paris, Provence	erprobte, bekannte, durch touristische Infrastruktur gut erschlossene Orte Bildungsreisen	skeptisch gegenüber dem Fremden, Neuen; Konformität; vertraute Umgebung, Sprachkenntnisse des Personals, einheimische Gerichte erwünscht, Interesse am klassischen Bildungskanon
D	Actionmilieu	Angehörige der jüngeren Generation, schichtunabhängig	Orte, „an denen etwas los ist" z. B. Paris, London, Berlin; Orte mit Unterhaltungsangebot, Aktivitätsmöglichkeiten	Bade- und Skiurlaube, Abenteuer-/Städtereisen, Sportferien, InterRail-Touren	Dynamik, körperliche Bewegung; Suche nach Abwechslung und Action
E	Harmonie milieu	ältere Jahrgänge mit niedriger Schulbildung	Inland oder deutschsprachiges Ausland, z. B. Schwarzwald und Südtirol	dem Reisen eher fernstehend	gemäßigte körperliche Bewegung, Gemütlichkeit, Geborgenheit in der Familienpension; Neues macht Angst;

Tab. 1: Milieu-Typologie des Reiseerlebens
(nach: Christoph Hennig (1997) in Anlehnung an Gerhard Schulze).

Die „natürliche Einstellung"

Wie bekommt man nun das geographische Objekt Township/Matterhorn/Riviera etc. in
Zusammenhang mit dem Handeln der Menschen? Wie können wir einen Ort als „Sinn-
bereich" erkennen im Sinne von Ordnungen der symbolischen Bedeutungen, die durch
das Handeln konstituiert werden und für das Handeln konstitutiv sind? Indem wir diesen wechselseitigen Prozess zum Thema machen, statt ihn als naturgegeben voraus-
zusetzen. Das beginnt mit der entsprechenden Fragestellung, die nicht mehr fragt: Was
sind die geographischen („natürlichen") Merkmale von Afrika? Sondern: Welche Bedeutung hat ein Ort/ein natürliches Ereignis für wen und warum? Welche Bedeutungszuschreibungen haben sich verfestigt zu einer Norm im Bereich von Produktion und Konsum, der Informationen und Zeichen, der politischen Aneignung und Kontrolle? Denn
die Menschen machen ihre Geographien selbst, aber sie tun dies auch unter vorgefundenen Umständen und nur in bestimmten Lebenswelt-Ausschnitten (vgl. Marx: „Die
Menschen machen ihre eigene Geschichte" ...).

Um dies nicht psychoanalytisch oder empirisch-analytisch (Statistik, Verhaltensmes-
sung, Einstellungsbefragung o. ä.) tun zu müssen wie spezialisierte Wissenschaftler, bietet sich die klassische phänomenologische Methode an, in der wir etwas (ein Phänomen) so betrachten und erkennen, wie es den betroffenen Menschen auch erscheint
und wie es konstituiert worden ist: in der „Lebenswelt" und in „natürlicher Anschauung".

Die *Lebenswelt* ist danach „die raumzeitliche Welt der Dinge, so wie wir sie in unserem vor- und außerwissenschaftlichen Leben erfahren" (Husserl 2002, 141). Die *natürliche Einstellung* ist ein Modus, ein Stil der Wirklichkeitskonstitution:

> „Wir beginnen unsere Betrachtungen als Menschen des natürlichen Lebens, vorstel-
> lend, urteilführend, wollend, ‚in natürlicher Einstellung' ... Ich bin mir einer Welt be-
> wusst, endlos ausgebreitet im Raum, endlos werdend und geworden in der Zeit: Ich
> finde sie unmittelbar anschaulich vor, ich erfahre sie: durch Sehen, Tasten, Hören
> usw., in den verschiedenen Weisen sinnlicher Wahrnehmung sind körperliche Dinge
> in irgendeiner räumlichen Verteilung für mich einfach da, im wörtlichen oder bildlie-
> hen Sinne ‚vorhanden', ob ich auf sie besonders achtsam und mit ihnen betrach-
> tend, denkend, fühlend bin, wollend beschäftigt bin oder nicht" (Husserl 2002, 131).

Wenn wir nun das Handeln von Menschen in ihrer Lebenswelt und in natürlicher Einstellung vor aller Theorie als Phänomen gefasst haben, also erklären (oder genauer:
verstehen) wollen, werden wir auch theoretische Erkenntnisse benutzen, etwa das Wissen über die Globalisierung als Form des Zugangs zur Welt und als eine Funktionsweise zur Verknüpfung des Lokalen und Globalen. Oder wir werden uns mit Wahrneh-
mungstypen und Handlungsmustern (im Horizont der Möglichkeiten) befassen und diese anwenden. Wir werden Theorien über das Reisen prüfen und wiedererkennen oder

modifizieren. Wir werden Behauptungen von Theorie unterscheiden lernen, etwa die Behauptung vom „Sanften Tourismus" auf den Prüfstand stellen, phänographisch und in wechselnder Perspektive und in begründeter Bewertung.

Das Paradigma von der subjektzentrierten Geographie (gegen eine reine Dingbetrachtung der Welt „da draußen") soll an zwei kleinen Texten noch einmal unmittelbar plausibel gemacht werden:

1. „Tatsächlich gibt es ja da draußen weder Licht noch Farben, es gibt lediglich elektromagnetische Wellen; es gibt da draußen weder Schall noch Musik, es gibt nur periodische Schwankungen des Luftdrucks; da draußen gibt es weder Wärme noch Kälte, es gibt nur Moleküle, die sich mit mehr oder minder großer kinetischer Energie bewegen, usw. (...) Schließlich gibt es da draußen ganz gewiss keinen Schmerz."
(Foerster, Heinz von (1985).: Das Konstruieren einer Wirklichkeit)

2. „Seit viereinhalb Milliarden Jahren bescheint die Sonne die Erde. Ohne Lebewesen jedoch, die sehen können, wäre es finster auf der Welt."
(Arzt, Volker: Einleitung zur arte-Dokumentationsreihe „Logbuch der Schöpfung", Dezember 2001)

„Erdung" und „eigenes Leben"

Das Wort „Erdung" ist hier eher ein Bild als ein Begriff. Es soll daran erinnern, dass jeder Mensch auch körperlich und somit auch räumlich existiert und dass diese Räumlichkeit geistig und körperlich konstituiert wird. Jedes Handeln findet auch in lokalen Kontexten statt, in räumlicher Nähe, in territorialen Bindungen (Recht, Normen, Symbole etc.). Zugleich findet aber das Handeln auch mehr und mehr „delokalisiert", in globalen Bezügen statt. Ein derartiger (rätselhafter) Bezug wäre zum Beispiel, dass es wesentlich billiger ist, einen Urlaub in Antalya oder Sri Lanka als auf Spiekeroog zu verbringen; bei Last-Minute-Reisen ist das Ziel oft ganz unwichtig, Hauptsache Sonne und weg und jetzt. Billiges Flugbenzin und -management machen den Flug nach London (jedenfalls bei Ryanair) billig wie eine S-Bahnkarte in Berlin. Entfernungen werden somit „enträumlicht" und für das Handeln, hier das Reisen, von Widerständen befreit.

Erdung soll auch bildlich daran erinnern, dass es sich auf zwei Beinen besser steht und dass es ohne zwei Pole und ohne Erdungsphase zum Kurzschluss und beim Blitzschlag zur Überspannung kommt. Wer nur noch im virtuellen Raum leben wollte, würde bleich und einsam. Auch die „Global City" braucht Körperlichkeit und Räumlichkeit zum Erden: Restaurants, Theater, Parks etc. Das Motiv zum Hinausgehen, zum Reisen liegt aber weniger in der bloßen physischen Qualität des Ortes, als vielmehr in der Abwechslung, der Kommunikation, dem Ungewöhnlichen. Es sei denn, jemand reist beruflich oder zwangsweise; aber auch da wird er versuchen, dem Draußen eine eigene Bedeutung zu geben. Wenn der Radrennfahrer Eric Zabel auf Mallorca trainiert, tut er das nicht nur wegen spezieller Steigungen im Bergland, die gäbe es auch im Sauerland.

Das Thema im Unterricht

Traditionell werden die so genannte „Raumwirksamkeit" und „Raumprägung" durch den Tourismus unter Berücksichtigung verschiedener Tourismuskonzepte im Geographieunterricht behandelt. Themen wie „Ferntourismus in Kenia" oder „Sanfter Tourismus an der Müritz" machen das deutlich. Das Reisen wird hier als homogene Tätigkeit, in seiner Wirkung auf den Raum betrachtet, oft auch einer moralisierenden Bewertung unterzogen (Massentourismus = falsch, Sanfter Tourismus = richtig). Aber das Thema ist „die Region", „die Wirtschaft", „die Kultur", nicht das Handeln.

Ziel der Unterrichtseinheit und der Aufgaben zu den sechs Materialien ist es, das Phänomen „Reisen" als Handeln in einem Horizont von Möglichkeiten sehen zu lernen. Ausgehend von eigenen Reiseerfahrungen der Schüler, die als Einstieg genutzt werden können, werden sie mit Erlebnissen von Reisenden konfrontiert, die wie sie der modernen westlichen Gesellschaftsformation entstammen und gleichwohl sehr unterschiedlich das eigene Leben mit der äußeren Realität und den Zwängen und Möglichkeiten der Globalisierung in Verbindung bringen. Den Schülern wird dabei auch deutlich, dass die Nähe der Reisenden zur Welt und ihre Erfahrungsdichte unterschiedlich intensiv sein kann (vgl. *Tab. 2*). Sie erkennen, dass die Welt für die Reisenden verschiedene Bedeutungen annimmt, dass sie in verschiedenen Wirklichkeiten reisen, die nebeneinander existieren. Indem sie die unterschiedlichen Reisestile reflektieren, werden ihnen persönliche und fremde Vorlieben, Wünsche und Abneigungen bewusst, sie werden gegenüber „Anders"-Reisenden toleranter. Darüber hinaus können sie überprüfen, ob sich ihre Sehnsüchte und Neigungen mit ihrem bisherigen Reisestil realisieren lassen, oder ob sie in Zukunft ihre Reisestile ändern möchten. Die Materialien bieten ihnen eine Orientierungshilfe, um aus der Vielfalt der Möglichkeiten, die für sie aktuell richtige Form der Reise auswählen und verantworten zu können. Auch wenn die Schüler durch die theoretische Auseinandersetzung noch nicht in der Lage sein sollten, Wunschdenken und Handeln in Einklang zu bringen, so haben sie sich allein schon dadurch verändert, dass sie um alternative Handlungsweisen wissen und diese nicht allein theoretisch betrachten und bewerten können. Den eigenen Reisestil aus der Distanz zu betrachten und Gründe für das eigene Handeln zu kennen, ist die Voraussetzung, um sich auf Reisen selbst verwirklichen und sich gegenüber dem Fremden verantwortlich fühlen zu können. Schließlich wird aus der Reflexion des Reisens eine Reflexion der zu Grunde liegenden Weltbilder und Konstitutionen von Wirklichkeit. Eine Existenzialaussage wie „Afrika ist ..." wird es dann nicht mehr geben; die Aussage lautet konsequenterweise „Afrika ist für mich (oder für XY) ..."

Nähe zur Welt, Dichte der Erfahrung, „Erdung"	Bezeichnung, Inhalt und Art der Materialien	Merkmale des Reisestils (Erlebnistyp nach *Hennig*)
gering	*M4:* Zimmer mit Aussicht	maximale Distanz; nur Optik; zweidimensional; unveränderlich (räumlich/zeitlich) *(Erlebnistyp* E)
?	*M2:* Ein Besuch im Bazar von Luxor mit Reiseleiterin Traudl	Standarderfahrung; potenziell mehrere Sinne; Fremdbestimmung, „Geleitet-sein"; geringes Risiko *(Erlebnistyp* C)
?	*M1:* Kurven zum Kotzen – Reisebericht eines Kindes	mittendrin; Wechsel von der Objekt- zur Subjektrolle *(Erlebnistyp* B)
?	*M3:* Im Erdboden versinken – Biken in einem Salzbergwerk	mittendrin; körperlich extrem aktiv; geistig abwesend *(Erlebnistyp* D)
?	*M6:* Abseits der Trampelpfade: Warum? – Darum!	Reisen als Anstrengung; rationale Herausforderung; Selbsterfahrung; mentale Strapaze *(Erlebnistyp* B)
hoch	*M5:* Den Triumph des Todes würdig betrachten … in Pisa	kontemplativ; große physische Nähe zwischen Ich und „wirklicher" Welt; größte Erdung, Erfahrungsdichte *(Erlebnistyp* A)

Tab. 2: Materialienübersicht – Reisestilmerkmale.

Typologie des Reiseerlebens

Obwohl die Urlauber in der Masse scheinbar kaum voneinander zu unterscheiden sind, ist die Vielzahl der unterschiedlichen Reisestile bei genauem Hinsehen unendlich groß. Denn die Sehnsucht nach dem Tapetenwechsel, dem „Anderen" wird ganz unterschiedlich verfolgt, je nachdem, wer das „Ich" ist und welche Motive es für das eigene Leben bewegen. Eine Typisierung der Reiseerlebnisse bedeutet einerseits eine unerwünschte Nivellierung dieser Vielfalt. Andererseits ist sie als Orientierungshilfe unersetzlich, um einen Überblick über die Vielfalt der Handlungsmöglichkeiten zu gewinnen oder zu behalten.

Hennig (1997) entwirft seine Klassifizierung in Anlehnung an Schulzes Theorie der Erlebnisgesellschaft (vgl. Tab. 1). In Wohlstandsgesellschaften strebt man nicht mehr länger nach der Existenzsicherung, sondern danach, ein „schönes, interessantes, angenehmes, faszinierendes Leben" zu führen. Der Sinn des Lebens/Reisens, der früher darin bestand, äußere Ziele zu erreichen, besteht nun in der Erlebnisorientierung, den subjektiven Prozessen.

Hennig untersucht die Struktur der Reiseerlebnisse und fasst diejenigen, die auf ähnliche Weise reisen, zu einer Erlebnisgemeinschaft, einem sozialen Milieu zusammen: Sie zeichnen sich durch ähnlichen Bildungsstand und durch ähnliche Interessen bezüglich ihrer Reiseziele, Reiseformen und Reisestile aus.

Literatur

Bausinger, Hermann. u. a. (Hrsg.) 1999: Reisekultur. Von der Pilgerfahrt zum modernen Tourismus. München 1999

Foerster, Heinz von 1985: Das Konstruieren einer Wirklichkeit. In: Watzlawick, Peter (Hrsg.): Die erfundene Wirklichkeit. Wie wissen wir, was wir zu wissen glauben? Beiträge zum Konstruktivismus. München 1985

Held, Klaus 1985: Die phänomenologische Methode. Ausgewählte Texte I. Stuttgart 1985

Hennig, Christoph 1997: Reiselust. Touristen, Tourismus und Urlaubskultur. Frankfurt/M., Leipzig

Husserl, Edmund 1936 (2002).: Die Krisis der europäischen Wissenschaften und die transzendentale Philosophie. Den Haag 2002 (zuerst 1936) in: Phänomenologie der Lebenswelt II. Stuttgart, 220-228, 245-292

Schulze, Gerhard 1992: Die Erlebnisgesellschaft. Frankfurt/M., New York 1992

Werlen, Benno 2000: Sozialgeographie. Bern, Stuttgart, Wien 2000

M1 Kurven zum Kotzen – Reisebericht eines Kindes

„Wir hatten lange einen alten hellgrünmetallicfarbenen BMW und wenn ich mich an Ferien mit meiner Familie erinnere, erinnere ich mich an diesen Wagen. Meine Oma vorne, wie sie mit sehr geradem Rücken neben meinem Vater sitzt, den Autoatlas auf dem Schoß. Auf der Rückbank meine Mutter mit riesiger Sonnenbrille, mein Bruder mit Quartettkarten und ich mit meinem Wau-Wau. Im Kofferraumdas pinke Schlauchboot. Jedes Jahr schaukelten wir so in die Ferien, immer nach Italien, immer über den Brenner. Ja, wir schaukelten, wogten hin und her, schwammen in den weichen Sitzen, suchten Halt bei den Armlehnen. Denn dieser hellgrün-metallicfarbene BMW bewegte sich wie ein altersschwacher Tanker. Auf dem ich regelmäßig seekrank wurde. Immer. Schon auf der Autobahn wollte ich nicht mehr mit meinem Bruder Quartett spielen, schaute stattdessen mit stierem Blick nach vorne, an meinen Wau-Wau geklammert. Ich begann zu schwitzen, sobald es in die Berge ging bekam ich Angst, wenn meine Eltern sich wieder für die mautfreie, schrecklich kurvige Brenner-Bundesstraße entschieden. Ich wusste: Spätestens an der Europabrücke ist mein Kampf gegen den hellgrün-metallicfarbenen BMW verloren und ich muss kotzen. So war es immer. Jahr für Jahr. Den unvermeidlichen Stopp unter der Europabrücke verband meine Familie übrigens meist mit einem Picknick. Und während die anderen Salat, Cabanossi und Baguette aßen, dachte ich nur an die verbleibenden Kurven bis zum Brenner. Dieses unmenschliche Leiden fand ein Ende, als ich den Wau-Wau – ein gräuliches, einäugiges Wesen mit Schlappohren – verlor. An dem Rastplatz unter der Europabrücke. Ich bemerkte den Verlust kurz vor Verona, fing furchtbar an zu weinen, wollte aussteigen: Ohne den Wau-Wau fahre ich nicht in den Urlaub. Meine Eltern drehten um. Wir fuhren noch mal die Kurven. Ich kotzte noch mal. Wir fanden den Wau-Wau verdreckt im Gebüsch. Meine Eltern sind nie mehr mit mir die Brenner-Bundesstraße gefahren."

aus: FR Magazin vom 3. März 2001, S. 20

M2 Ein Besuch im Bazar von Luxor mit Reiseleiterin *Traudl* (eig. Foto)

M3 Im Erdboden versinken

Ihnen geht beim Mountainbiken der ewige Wald mit den blöden Bäumen auf den Keks? Auch frische Luft bis zum Abwinken ist Ihnen ein Gräuel? Und die schönen Aussichten gehen Ihnen sowieso an einem Körperteil sprichwörtlich vorbei? Dann haben wir etwas für Sie: 700 Meter tief unter der Erde im finstern Tunnel durch trockene Luft kurbeln, um sich in salziger Hitze die Lunge zu frittieren. Und sich, wenn's klappt, mit 80 Stundenkilometern unangespitzt in die Stollenwand bohren. Die Weltelite der Profi-Abfahrtsradler (Downhill) hat das kürzlich auf Einladung der Sponsoren versucht und war hell begeistert vom „Race down to the Middle of the Earth". Was sich nach einem Traumtrip für Masochisten anhört, genießt bei Mountain-Bikern Geheimtipp-Status. Es ist einfach etwas ganz anderes – und deshalb per se schon mal interessant. Anstatt mit dem Auto in den Wald, geht's mit dem Fahrstuhl ins aufgelassene Salzbergwerk. „Glückauf" heißt die Grube bei Sondershausen im Norden Thüringens, die nicht nur mehrmals im Jahr für ganze Scharen von Hobbybikern zur Rennstrecke wird. Die findigen Manager des vor zehn Jahren stillgelegten Schürfbetriebs fingen Mitte der 1990er Jahre an, im 250 Kilometer langen Stollen ein „Erlebnisbergwerk" aufzubauen. (...) Wer will, kann auch zwischen den begehrten Rennterminen durch die Gänge fegen. Sobald sich etwa 20 Leute zu einer Gruppe zusammengefunden haben, präparieren die Betreiber den mit saftigen Anstiegen und prickelnden Kurven versehenen fünf Kilometer langen Rundkurs. Der Reiz daran: Für Licht muss der Fahrer größtenteils selber sorgen (Grubenlampe am Helm, eine Batterie Scheinwerfer am Lenker). Der Untergrund wechselt von spiegelglatten Platten zu tiefem Sand. Die leichte, bittere, salzstaubige Luft weist null Prozent Feuchtigkeit und teilweise an die 30 Grad Celsius auf – da muss man eigentlich gar nicht mehr Radeln, um mit einer kräftigen Salzkruste ans Tageslicht zu kommen. Ach ja, um dahin zurückzukehren empfiehlt es sich, den abgesteckten Kurs nicht zu verlassen, sonst wird es ganz still.

aus: FR Magazin vom 3. März 2001, S. 18

M4 Zimmer mit Aussicht

Vor zwei Jahren hatten wir die Idee mit der Fototapete für unser Wohnzimmer, weil wir in dem Jahr einfach nicht dazu gekommen sind, Urlaub zu machen. Seitdem haben wir von unserem Palmenstrand schon viel gehabt. Das exotische Motiv haben wir ausgewählt, weil ein einsamer Palmenstrand bei Sonnenuntergang unser absoluter Traum ist. Hier können wir das alltägliche Einerlei vergessen, uns

in die Ferne sehen, in eine unbekannte Welt, die mit unserem Alltag nichts mehr zu tun hat. In unserer Oase haben wir schon so manchen romantischen Abend gemeinsam verbracht, uns prima erholt und neue Kräfte getankt. In dieser Märchenlandschaft fallen uns die unglaublichsten Geschichten ein, unsere Fantasie bekommt Flügel! Das Tolle an der Fototapete ist auch die absolute Zuverlässigkeit und Wiederholbarkeit der Erlebnisse: Der Traumstrand ist immer ruhig und abgeschieden, immer für uns zwei reserviert, der Sonnenuntergang immer so bezaubernd, wie wir ihn in Erinnerung hatten. Besonders bei nassem und kaltem Wetter bietet der Ausblick einen beruhigenden Lichtblick! Nein, unsere Idylle möchten wir nicht mehr missen. Wir sind jetzt absolut unabhängig von Reisezeit, Urlaubsquartieren, Flügen und der lästigen Organisation, die bei einer Reise anfällt. Langweilig wird der Anblick nicht, denn man entdeckt immer wieder Neues. Je nachdem in welchem Abstand man die Tapete betrachtet, ändert sich ihre Farbe. Die einzelnen Pixel, die man bei ganz geringem Abstand sehen kann, haben eine ganz andere Farbe als die Fläche, die sie bilden.

www.Anke-Jakob.de/ip/events/stendal/index.php3

M5 Den Triumpf des Todes würdig betrachten ... in Pisa

Wen hier nicht ein Gefühl von Ehrfurcht und heiligem Schauer überwältigt, der ist vergebens nach Italien gekommen. Er wird keinen zweiten Ort finden, von dem ein Stück des alten Italien sich rein und edel erhalten hat. Nach dem Erwachen aus dem ersten ehrfürchtigen Staunen wendet sich unwillkürlich die erste Neugierde dem Campanile, dem berühmten schiefen Turme zu. Auch mir ging es so, vom ersten Augenblick an war es mir rätselhaft, dass viele der Ansicht sind, dieser Turm sei mit Absicht schief angelegt worden. Denn wenn die beiden schiefen Türme von Bologna den erstrebten Eindruck des apart Bizarren wirklich machen, so kann man den Pisaner Turm nur mit tiefstem Bedauern über seine schiefe Neigung betrachten, welche den einzigen Missklang in einer vielleicht nirgends sonst so großartig vornehmen Harmonie gibt. Nachdem ich den wundervollen Turm betrachtet und erstiegen, den Dom mit der glänzenden Fassade und den Bildern des *Andrea del Sarto,* sowie das Baptisterium mit der streng schönen, reliefgeschmückten Kanzel des *Giovanni Pisano* besucht hatte, wandte ich mich zu dem wenige Schritte entfernten Campo Santo, in dessen Innern ich einen Eindruck besonderer Art auf mich warten wusste. Der Campo Santo ist ein rechteckiger, grüner Platz, von nach innen offenen Hallen umgeben, deren Wände die berühmten Fresken bedecken. Der ganze Raum ist totenstill, abgelegen und feierlich und hat die Stimmung der Weltferne und des nachdenklichen Ernstes. Die Steinböden der Hallen sind aus Grabplatten zusammengesetzt, auf denen eine wichtige Sammlung antiker und mittelalterlicher Plastiken aufgestellt ist. Ich hatte Glück, der einzige Besucher zu sein; nichts störte meine stille Betrachtung, kein Laut als der meiner eigenen Schritte traf mein Ohr. Ich besah die bunte Reihe der Fresken, fand bei den Skulpturen einige höchst anziehende etruskische Stücke und ließ dann mein Auge auf dem grün bewachsenen Hof ausruhen, um dann das Hauptbild, den Triumph des Todes würdig zu betrachten. Während dieses Ausruhens in der vollkommenen Stille war meine Fantasie mit dem Bilde der Zeit beschäftigt, in welcher diese Wände erbaut und bemalt wurden, die durch die Vermittlung der englischen Präraffaeliten wieder einen so enormen Einfluss auf die Kunst der letzten Jahrzehnte geübt haben. Bei allem Reiz hatte das historische Fantasieren an diesem Ort der Vergangenheit etwas Traurigmachendes; ich riss mich los und stellte mich nun dem „Triumph des Todes" gegenüber auf.

aus: V. Michels (Hrsg.): Hermann Hesse Italien. Schilderungen, Tagebücher, Gedichte, Aufsätze, Buchbesprechungen und Erzählungen, 1996, 11 ff.

M6 Abseits der Trampelpfade: Warum? – Darum!

M6a: Reflexionen zur Wanderung auf dem Jakobsweg/Nordspanien

Mit den anderen Wanderern auf dem Weg nach Santiago de Compostela verbindet mich die Ungewissheit der Weiterreise, denn noch ist nicht überschaubar, was uns noch bevorsteht, noch ist nicht abzusehen, was wir uns noch zumuten können, müssen und werden. Manchen Umweg haben wir bisher in Kauf genommen, uns im Schneckentempo bewegt, wenn unsere Kraft nicht ausreichte. Hauptsache es geht vorwärts, denn mittlerweile sind wir schon so weit, dass wir weder zurück noch aufgeben können. Der Weg nach vorn ist paradoxerweise der einzige Ausweg aus dem Dilemma. An manchen Tagen geht es mir, als ginge ich in die Irre, in einem Labyrinth, orientierungslos, mit leeren, tastenden Händen, denen der Ariadnefaden entglitten ist. An anderen Tagen schmerzt jeder Schritt. Wie bringe ich Fuß und Weg möglichst sanft miteinander in Berührung, wie rolle ich geschickt ab, um die Reibungsfläche gering zu halten? Meine Gedanken drehen sich im Kreis. Wie halte ich die Enge meiner inneren Begrenztheit und die Langsamkeit des Forstschritts aus? Ich muss, will und werde weitergehen! Muss und will ich wirklich? Was treibt mich? Wenn ich schon da wäre! Es ist zum Verrücktwerden!

aus: Mirka Dickel 2001: Nur ein Verrückter geht nach Santiago. Eigenes Reisetagebuch

M6b: Interview mit dem Reiseschriftsteller *Paul/Theroux*

Und was schreckt Sie wirklich?

Die Plätze, die ich nicht sehen will, sind das Filmfestival in Cannes, Rio de Janeiro, Miami, Baden-Baden. Ich will nirgendwo hingehen, um ein tolles Essen zu haben, am Strand zu sitzen, feinen Wein zu trinken. Ich hasse Tipps wie: Du musst die Krabben in Maryland probieren, lass dir bloß nicht den Hummer in Maine entgehen, du musst nach Süditalien wegen der Gnocchi – eh mangiare, eh bella! Auch der Kartoffelsalat und die Weine in Deutschland interessieren mich nicht besonders. Das hat mit Reisen nichts zu tun, das ist Urlaub. Ich habe lieber eine schlechte Zeit, denn darüber kann ich schreiben. Und außerdem erfahre ich dann etwas über mich selbst. Birmingham im Winterregen und eine Menge englischer Städte am Sonntagnachmittag dagegen sind einfach nur trostlos und unglaublich langweilig. Das ist nichts für die Selbsterfahrung.

Abseits der Trampelpfade treffen Sie häufiger auf Rucksack-Reisende. Sind das die besseren Touristen?

Das sind interessante Leute. Rucksack-Reisende hassen die Touristen, müssen ständig sparen und wollen unabhängig sein. Natürlich sind sie auch nur Touristen, aber sie sind mutiger, erleben mehr. Sie schlafen halt lieber auf dem Bahnhof, um Geld zu sparen. Mir ist es sympathisch, wenn jemand allein reist und mit Leidenschaft bei der Sache ist. Ich habe Leute getroffen aus Europa oder den USA – niemals aus Japan oder Indien – die ganz außergewöhnliche Orte besuchen und hohe Risiken in Kauf nehmen. Mir sind diese Menschen sicherlich näher als andere Touristen, aber verstehen kann ich sie dennoch nicht. Am meisten wundert mich, dass sie nicht schreiben wollen, sondern nur Eindrücke sammeln. Eine solche Unabhängigkeit und Losgelöstheit beeindruckt mich.

FR-Magazin vom 3. März 2001. 4 f.

Aufgaben

1. Beschreibe, wie die „Urlauber" der Welt begegnen (*M1-M6*).
2. Vergleiche ihre Reiseerlebnisse miteinander. Bringe die Materialien mit Hilfe geeigneter Unterscheidungskriterien in eine sinnvolle Ordnung (*M1 – M6*).
3. Entwirf mit Hilfe deiner Ergebnisse aus Aufgabe 1 und 2 ein Schaubild, das zeigt, wie die Reisenden der Welt begegnen.
4. Stell dir vor, du könntest in die Haut eines der Reisenden schlüpfen. Am Abend schreibst du einen Eintrag in dein Reisetagebuch „Ein Tag auf der Reise von ..." (wahlweise *M1-M6*).
5. Du kannst einen der Reisenden näher kennen lernen. Welcher von ihnen würde dein Interesse wecken (wahlweise *M1-M6*)?
   a) Formuliere Fragen, die du ihm stellen würdest.
   b) Wie könnte euer Gespräch verlaufen?
6. Zwei oder mehrere der Reisenden treffen sich zufällig unterwegs. Stelle ihr Zusammentreffen szenisch dar. Entwirf zuvor den Handlungsstrang mit Regieanweisungen: Ort, Zeit, Requisiten, Gestik, Mimik, Körperhaltung, usw. (*M1-M6*).
7. Du kannst eine der Reisen selbst erleben. Welche würde dich am ehesten/auf gar keinen Fall reizen (*M1-M6*)? Begründe deine Meinung.
8. Was macht für dich eine gute Reise aus? Halte deine Fantasievorstellung in Form eines Assoziations-Igels zum Stichwort „Meine Traumreise" fest.
9. Vergleiche deine Traumreise mit deinen bisherigen Reiseerlebnissen. Setzt du deine Vorstellungen von einer gelungenen Reise in die Tat um? Wer/was hilft dir dabei bzw. hindert dich daran?

Der Beitrag entstand zusammen mit Mirka Dickel und erschien ursprünglich in: Sozialgeographie – Geographie des eigenen Lebens. Themenheft Praxis Geographie April 4/2002, 21-27.

31. Diktat der Standardisierung oder didaktisches Potenzial?

Die Bildungsstandards Geographie praktisch denken

Erziehung und Bildung: „Das edelste Feld"

Im Jahre 1759 wurde Friedrich Schiller geboren. Er kam für sieben Jahre auf das Eliteinternat „Karlsschule" bei Stuttgart, das offiziell (!) auch „Militär-Pflanzschule" genannt wurde; der zeitgenössische Dichter Daniel Schubart nannte sie „Sklavenplantage".

Im Jahre 1858 wurde zur Eröffnung der Zehnten Allgemeinen Deutschen Lehrerversammlung ein Festgesang von Franz Liszt aufgeführt: „Wir bau'n und bestellen das edelste Feld".

Man könnte also denken, dass sich im Laufe dieser hundert Jahre über Romantik und Restauration die Wertschätzung von Schüler/innen (und Lehrer/innen) derartig zum pädagogischen Ethos entwickelt hat: *Wir bau'n und bestellen das edelste Feld.*

Was wäre dann aber von dem verstörenden Film „Das weiße Band" (2009) zu halten, der von einem deutschen Dorf in den Jahren 1913/14, erzählt, der „schmerzhaften Kinderstube der Nazi-Generation"[1]? Was ist zu halten von dem Millionen-Bestseller von Bernhard Bueb „Lob der Disziplin" (2006), wieder hundert Jahre später? Buebs aktuelle These ist, dass eine „demokratische" Erziehung ohne Hierarchie, Respekt, Disziplin und deren sanktionierte Befolgung nicht möglich ist. „Nur wer früh gelernt hat, Verzicht zu üben, Autoritäten anzuerkennen und Verantwortung zu übernehmen, kann später sein Leben selbstbestimmend in die Hand nehmen."[2]

Es gibt also keine einfache progressive Entwicklungslinie der Pädagogik in Richtung von Aufklärung, Emanzipation und Individualität. Es gibt lange Wellen, Konjunkturen, Legenden, Parallelwelten; es gibt Zeitgeist, Definitionsmacht, auch pures Stammtisch-Geplapper.

Neben dem Wort „Erziehung" ist es immer und vor allem das deutsche Wort „Bildung", das da in Anspruch genommen wird, die Gemüter erhitzt und weitreichende Entscheidungen verlangt. (Das scheint im Englischen mit dem *catch-all*-Begriff *education* etwas einfacher). Lehrerausbildung, Lehrpläne, Schulbücher, soziale/wirtschaftliche/politische Situationen und Personen geben hierfür den Kontext ab – plural, widersprüchlich, ideologisch und subjektiv.

Nun beobachten wir eine kritische Diskussion um die „Bildungsstandards Geographie". Auf der einen Seite wird befürchtet und kritisiert, dass hier im Mantel einer pädagogischen und didaktischen Reform eine Steigerung der funktionalen Qualifizierung von Schüler/innen betrieben werde (Kompetenzen werden bedeckt mit „dem neuen Verständnismäntelchen diverser Interpreten"[3]). Auf der anderen Seite wird behauptet, dass die Bildungsstandards dem Wesen nach eben keine abprüfbare Programmierung seien, sondern mit ihren fünf oder sechs Kompetenzbereichen eine echte Arbeit an lohnenden Problemen fördere.

Die Diskussion geht also bildlich um die Alternative „Militärische Pflanzschule" oder „Edles Feld".

Vehemente Kritik gegen ein „Diktat der Standardisierung"

Mirka Dickel hat in einem gründlichen und engagierten Artikel in GW-*UNTERRICHT* 123/2011 für die Geographiedidaktik die Bildungsreform „unter dem Diktat der Standardisierung" kritisiert (Dickel 2011; vgl. auch Kanwischer 2011). Sie benennt auch die Referenzpunkte dieser Kritik: Für einen sinnstiftenden Bildungsprozess brauche es „offene, ereignisreiche, zeitraubende und risikoreiche Erfahrungsprozesse" für Lehrer/innen und Schüler/innen. Im Zentrum sollen sich entfaltende Persönlichkeiten stehen; angezielt werden soll eine menschliche Selbstbestimmung, die gesellschaftlichen Vereinnahmungen entzogen ist und eine kritische Distanz zu den gegenwärtigen Verhältnissen einzunehmen erlaubt, nicht aber wirtschaftlich funktionstüchtige Standardschüler/innen. – Dies ist seit langem („seit Klafki") Konsens in der kritisch-konstruktiven Bildungstheorie und -praxis und insofern theoretisch unstreitig; streitig ist es für diejenigen, die das Ideal des problem- und subjektorientierten Unterrichts insgesamt skeptisch sehen oder ablehnen (vgl. u. a. Anm. 5). Die Frage wird eher sein, wie man dies – theorie- und prinzipiengeleitet – ins alltägliche Werk setzen kann.

Die Verurteilung der „Bildungsstandard"-Bewegung könnte härter kaum sein: „Wer Teamfähigkeit, Flexibilität und Kommunikationsbereitschaft als Bildungsziele verkündet, weiß schon, wovon er spricht: von der Suspendierung jener Individualität, die einmal Adressat und Akteur von Bildung war" (Liessmann 2006, 71, vgl. auch 2010); dies sei eine reduktionistische Auffassung von Bildung, gar Unbildung. (Dies wurde übrigens bereits vor Jahrzehnten in der Debatte um funktionale „Qualifikationen" kritisiert.)

Es ist nicht zu bestreiten, dass es gute Gründe für derartige Kritiken in der Geographiedidaktik gab und noch immer gibt. Paradigmenwechsel bis in den Alltag dauern etwas länger als es ihre reine Logik erwarten ließe. Aber kann man (wie Liessmann) ernsthaft behaupten, dass „Teamfähigkeit, Flexibilität und Kommunikationsbereitschaft" eindeutige Zeichen für „Unbildung" seien und ein „Sündenfall" gegen ein kritisch-konstruktives Bildungsverständnis?[4] Man kommt ins Grübeln – ich habe das Buch von Liessmann schon seines Titels wegen längst selbst im Regal.

Hinter der Vehemenz dieser Kritik kann man die berechtigte Befürchtung vermuten, dass sich hinter der Idee der Standardisierung im Sinne von Vereinheitlichung und Vergleichbarkeit ein permanentes bildungspolitisches, pädagogisches[5] und fachliches *rollback* versteckt, in unserem Fall auch noch mit dem Segen der Deutschen Gesellschaft für Geographie (DGfG), und dass dies dann auf lange Zeit in der Welt ist. Da ist in der Tat höchste Aufmerksamkeit und Sorgfalt geboten. Polemische Affekte gegen eine vermeintliche „Selbstlernidyllik" und die „Fanatiker des Offenen" verweisen m.E. zurück auf ihren Autor (Felten, Anm. 5); es geht sehr wohl darum, Schule immer wieder neu zu denken – und praktisch zu gestalten. Wenn es jemand noch nicht bemerkt hat: Derzeit ist *alles und alles* neu zu denken, vom großen Geld bis zur kleinen Geographiestunde.

Aber es könnte zugleich sein, dass sich hier falsche Fronten aufbauen – Etwas *können* hier, etwas *wollen* dort.

Ich setze deshalb an den Anfang meiner Überlegungen einen pädagogischen Leitsatz von Friedrich Schiller[6], der die Erfahrung der „Militär-Pflanzschule" hinter und in sich hatte:

> *„Man muss können,*
> *was man will".*

Was *Können* und was *Wollen* in der schulischen Bildung und in unserem streitigen Zusammenhang sein sollte, wird im Folgenden diskutiert. Wenn wir uns darüber noch klarer werden und das auch praktisch wenden, sind wir nicht nur einig, sondern auch stark.

Versuch einer Erörterung im hermeneutischen Paradigma

Es gibt noch immer und vielerorts unsäglich schlechten Geographieunterricht, der jedem lächerlichen Klischee entspricht, der allzu gerne fertige Fragenbatterien „inputet" und der auf Befragung dezidiert „reflexionsavers" ist (Gryl 2011). Diese Fraktion gilt es zu identifizieren und als eigene Fallgruppe zu kommentieren.

Zum zweiten: Die Schulbücher und geographiedidaktischen Zeitschriften haben längst bereitwillig die Systematik der Bildungsstandards aufgegriffen, und die Kompetenzbereiche vorgestellt und interpretiert.

Schließlich: Die sog. „Kompetenzstufenforschung" wird mit dem Segen der DFG für die nächsten fünf Jahre nicht zu stoppen sein; hier wird weitestgehend quantitativ („empirisch-analytisch") gedacht, und dies wird nach meiner Erfahrung niemals in der Schule ankommen (u.a. weil sie gar nicht als *formative* Evaluation oder mit dem Ziel der Intervention in den Unterricht gedacht wird – und bei DFG-Förderung auch nicht gedacht werden darf).

Aber ist deshalb das oben zitierte totale Schreckbild von den Bildungsstandards und ihren Kompetenzbereichen unabweisbar und gut bewiesen? Die Warnerin Dickel schreibt selbst von den „enormen begrifflichen und logischen Problemen" (2011, 3) der Kritik. (Dies gilt natürlich ebenso für die Verfasser und Anwender der Bildungsstandards; auch sie verwenden die Schlüsselbegriffe wie Kommunikation oder System o. a. gern eher exklusiv als relativ.)

Ich selbst habe an den „Bildungsstandards Geographie" in der kleinen vierköpfigen Arbeitsgruppe mitgewirkt; insoweit sitze ich nun zwischen vielen Stühlen. Auf der einen Seite: Wenn ich ein Zitat wie das von Liessmann lese (s. o. „Wer ... verkündet, weiß genau, wovon er spricht, nämlich ...") bin ich unmittelbar betroffen und verwahre mich gegen eine solche hegemoniale und eindimensionale Unterstellung. Auf der anderen Seite fühle ich mich – wie Mirka Dickel – seit langem dem Paradigma einer vielperspektivischen, handlungszentrierten und emanzipatorischen Geographie(didaktik) verpflichtet, in einer theoretischen und in einer praktischen „Tag-für-Tag"-Variante. Gegen die oben zitierte Schmähkritik kann man sich nicht wehren, aber für die belegbaren Texte (hier: Bildungsstandards Geographie) habe ich eine andere Lesart zur Konstruktion und Funktion. Auch und gerade vor dem Hintergrund einer eigenen kritischen Position zur sog. Wissensbasierung und einem „teaching/learning to the test" (vgl. Rhode-Jüchtern 2010b) ist es mir wichtig, diese noch einmal zu skizzieren. Hier liegt nämlich ein ernstes kommunikatives Problem vor und dieses gilt es zu identifizieren.

Doppelbödigkeit

Vorab ein Hinweis zum Vorwurf der „Doppelbödigkeit": Vieles unterliegt diesem Verdikt, auch bekannt unter dem Begriff „dual use"; so wie jedes Messer nützlich und zerstörerisch sein kann, sind auch viele Begriffe nicht vor einem *dual use* gefeit. Das gilt umso mehr für *unbestimmte* immaterielle Begriffe wie Erziehung, Bildung, Werte, Demokratie, Gemeinwohl, Handlung, Persönlichkeit etc. Unbestimmte Begriffe können nicht einfach wie bestimmte Begriffe verwendet werden, sondern müssen zu ihrem jeweiligen Hintergrund-Konzept in Relation gebracht und offengelegt werden. Z. B.: „Ich verstehe unter *Bildung* das und das, und grenze dies von *Qualifikation* und *Schlüsselqualifikation* ab wie folgt: ...". Nicht zulässig ist es, diese Begriffe in der Existenzialform („Bildung *ist* ...") zu verwenden. Man kann die Selbstreflexion und Kommunikationswilligkeit eines Begriffe-Anwenders geradezu an dieser feinen Unterscheidung messen.

Das Wort „Standard"

Ich beginne mit dem Wort „Standard". Ich lese es nicht ausschließlich im Sinne von Einheitlichkeit, sondern auch von Niveau. Ich wünsche mir in der Geographiedidaktik einen gewissen Standard der Debatte, der Belesenheit, des intellektuellen Anspruchs, dessen, was man kognitiv und fachlich bei allen voraussetzen kann. Es kann nicht jeder machen, was er will, Pluralismus ist kein Freibrief für beliebiges „Weitermachen". Deshalb sehe ich den Anspruch zunächst gegenüber den Lehrer/innen, die ihrerseits gewisse Standards erfüllen sollten, ehe sie Ansprüche an Schüler/innen stellen (vgl. Rhode-Jüchtern 2010a).[7] Auch die Klieme-Expertise zur Entwicklung Nationaler Bildungsstandards mit der immer wieder zitierten Kompetenzen-Definition von Weinert geht hier differenziert vor; es wird nicht nur abfragbares Wissen/Denken nachgesucht, es sollen (dürfen!) auch keine Noten und Rankings damit erzeugt werden. (Man achte strikt darauf, ob genau dies in der Alltagsverwendung auch respektiert wird. Sachkompetenz ist nicht dasselbe wie Wissen, das Nachfragen von Kompetenzen ist nicht dasselbe wie eine Klausur oder ein Test.)

Das Wort „Kompetenz"

Der (pädagogische) Begriff „Kompetenz" weckt ebenso große Emotionen; er erscheint manchen als fachunspezifisch oder als alter Wein in neuen Schläuchen oder als Prunkwort ohne Substanz. Zur Vermeidung weiterer historischer, unscharfer oder privatistischer Definitionen zitiere ich einfach die Fassung der relativen Bedeutung nach Wikipedia; diese macht zumindest den Horizont der Relativität des Begriffs deutlich, ohne ihn damit zu zerstören. (Immerhin verwendet auch ein Kritischer Theoretiker wie Jürgen Habermas in seiner aufklärerischen Studie zur „Kommunikativen Kompetenz" dieses Wort.):

> „Der Begriff der Kompetenz ist vieldeutig. Je nach Standpunkt und Verwendungszusammenhang gibt es unterschiedliche Definitionen, woraus sich Kompetenzen zusammensetzen. Etwa seit 1990 wird verstärkt von Kompetenz statt von Qualifikation gesprochen. Der Qualifikationsbegriff wurde problematisch, weil er die Passung von situativen Anforderungen (etwa einer Tätigkeit) einerseits und den personalen Voraussetzungen zu deren Bewältigung in einen (zu) engen Zusammenhang bringen wollte. Kompetenzen sind weniger eng auf Anforderungen von Berufen oder Tätigkeiten bezogen, sondern allgemeine Dispositionen von Menschen zur Bewältigung bestimmter lebensweltlicher Anforderungen. Dazu zählt die menschliche Fähigkeit zur Teilhabe an gesellschaftlicher Kommunikation (s. etwa auch der bereits in den 1980er Jahren etablierte Begriff der kommunikativen Kompetenz von Habermas). Der Begriff der Schlüsselqualifikation wird, v. a. in der beruflichen Bildung, weitestgehend synonym zu Kompetenz verwendet".[8]

Damit ist der Begriff zwar nicht vor jeglicher Kritik gerettet, aber doch eingebettet in relative Bedeutungen und Verwendungen. Der oben zitierte pädagogische Leitsatz von Friedrich Schiller: „Man muss können, was man will" lässt sich in meiner Lesart damit unmittelbar verbinden.

Fachlichkeit

Dieses Können ist natürlich angewiesen auf Fachlichkeit, auf das „Stricken mit Wolle". Niemand kann doch etwas können (Dispositionen entwickeln, situative lebensweltliche Anforderungen bestehen, an gesellschaftlicher Kommunikation teilhaben), ohne damit zugleich etwas zu wollen. Es ist geradezu eine notwendige Bedingung für ein emanzipatorisches Können, dass man nämlich dieses mit Zielen, mit einem Wollen legitimiert und zweckmäßig macht. Dass man ein Können dann auch für andere Zwecke anwenden kann, z. B. für einen ungewollten Test, schadet ihm nicht. Schädlich wird es dann, wenn ein schulischer Test das eigene Wollen ersetzt oder gar zerstört. Wenn ich ein bestimmtes logisches Denken in Zahlen oder in Wortfeldern nur dafür entwickeln würde, *um* bei einem Intelligenztest gut abzuschneiden, wäre es hohl; wenn ich damit *auch* einen Intelligenztest bestehen (oder auch in Frage stellen) kann, wäre dagegen nichts einzuwenden. Doppelzüngig wäre es dann, wenn jemand behauptet, die Schülerin/der Schüler lerne fürs Leben, damit aber die Schule meint. Jedenfalls sind alle „Standards" und Aufgaben in den Bildungsstandards Geographie definitiv fachlich formuliert (vgl. unten: Aufgaben)[9].

Philosophie des Faches: „System"

Richtig schwierig wird es, wenn man eine/die Philosophie des Faches definieren soll, einerseits vereinbar mit dem *state of the art* und andererseits mit einem relevanten *common sense*. Die in Jena m.o.w. geltende Philosophie für die Sozialgeographie und die Didaktik ist die einer subjekt- und handlungszentrierten Geographie im Kontext einer konstruktivistischen Weltanschauung. Diese kann man zwar vertreten, entwickeln und anwenden; aber man kann sie (noch) nicht für die gesamte Fachgemeinschaft als gültig unterstellen.

Deshalb hat die Arbeitsgruppe Bildungsstandards die Systemtheorie gewählt, wohl wissend, dass hierunter verschiedene Fachmitglieder Verschiedenes verstehen. Die einen werden eine naturwissenschaftlich-kausale Wechselwirkung im Auge haben, die anderen eine konstruktiv- sozialwissenschaftliche Theorie inkl. *Kontingenz* („Es könnte auch ganz anders sein"), *Emergenz* („Nicht alles kann verstanden werden"), *Resilienz* („Es gibt undurchschaute Überlebenskräfte in einer Gesellschaft und in der Natur") sowie *Pfadabhängigkeit* („Es kommt darauf, was ich als System definieren will und wofür und was ich also in seine Grenzen hinein nehme.") (vgl. Rhode-Jüchtern/Schmidtke/Krösch 2009, 92-115). Schaden kann es sicher nicht, wenn man im Fach und im Geographieunterricht den Alltagssatz von vielfältigen Zusammenhängen („Alles hängt mit allem zusammen" oder „Das Ganze ist mehr als die Summe der Teile") in eine analytische Figur – hier: den Würfel – übersetzt, die als solche erkenntnisförderlich sein kann.

Philosophisch-praktisch wird diese Theorie dadurch, dass sie in ihren verschiedenen Reichweiten und Theoremen unterschieden und dass sie auch für Laien zur Erkenntnisgewinnung praktisch gemacht wird. Dies geschieht in den Bildungsstandards dadurch, dass sie „System" als eine Dimension in einem Würfel festsetzt und unterteilt in drei Unterdimensionen: *Struktur, Funktion* und *Prozess.* Struktur steht dabei für die Oberfläche und evidenten Zusammenhänge einer Sache/Problemstellung. Funktion steht für die analytische und theoretisch gültige (ideale) Charakteristik eines Zusammenhangs. Prozess steht für ein aktuelles Ereignis oder einen tatsächlichen Verlauf im „Alltag" eines Systems. Damit soll vermieden werden, dass einfach nur von „den" Wechselwirkungen gesprochen werden kann; erreicht werden soll, dass die Anwender/innen ein System sowohl als *Oberfläche* als auch als *Soll-* als auch als *Istzustand* analysieren und unterscheiden. Das ist alles andere als banal und schon gar nicht banal kausalistisch gedacht.

„Es ist, wie es ist" – Wie wird beobachtet?

Auch eine andere der drei Dimensionen im Bildungsstandard-Würfel, der *Maßstabswechsel,* ist keineswegs banal „raumwissenschaftlich" gemeint. Vielmehr erscheint eine Sache oder ein Problem in verschiedenen Maßstäben als etwas anderes, kann sogar krass widersprüchlich sein.

Mein Standardbeispiel dafür ist Samoa; dieser kleine Inselstaat rangiert in der UN- Entwicklungsskala auf Rang 104, ist also ein „least developed country". Dies gilt jedenfalls nach bestimmten Kennziffern aus der vergleichenden Länderstatistik, z. B. dem Export bestimmter Rohstoffe oder der Handelsbilanz, also auf einem mittleren Maßstab. Wenn man nun nach Samoa hinein zoomt bis auf den Maßstab einer typischen Familie, verändert sich das Bild komplett: Die Menschen sind satt und zufrieden, für sie ist Samoa darüber hinaus etwas ganz Besonderes, nämlich „ein sicherer Ort" (Menzel 1994, 29; 1995). Das Rätsel und der Widerspruch lösen sich teilweise dadurch, dass mit den Maßstäben auch die Parameter/Kategorien verschoben werden, z. B. wird jetzt nicht nach der abstrakten Außenhandelsbilanz, sondern implizit nach der Funktionsweise von Subsistenzwirtschaft am Ort gefragt.

Dasselbe gilt übrigens auch für die *Zeitlichkeit,* die im „Jenaer Würfel" von Antje Schneider (2012)[10] so definiert wird:

> „Das Problem ist so, wie es ist, weil es in (einer) bestimmten zeitlichen Perspektive(n) betrachtet wird. – Wenn Du Dich von dieser Seite dem Problem zuwendest, dann beobachtest Du ganz konkret, wie das Problem beobachtet wird. Du erkennst, dass die Beobachtungen rund um das Problem in unterschiedlichen zeitlichen Perspektiven erfolgen können. Du solltest fragen, ob das Problem in der Perspektive des jeweiligen Beobachters eher als kurz-, mittel- oder langfristiges Problem betrachtet und behandelt wird. Dann wird erkennbar, dass je nach zeitlicher Perspektive ganz

verschiedene Aspekte eines Problems zum Vorschein kommen. Deine erkenntnisleitende Frage lautet: Wie wird das Problem bezogen auf seine Zeitlichkeit beobachtet?"

Und wo ich schon über den Würfel als erkenntnisleitendes Instrument mit größtem praktischem Potential spreche: Auch die anderen Seiten des Jenaer Würfels sind Relationen der Beobachtung, die zum eigenen Verstehen einer Sache/eines Problems notwendig sind: Die Kommunikation, die Selbstreflexivität, die Blinden Flecken:

- Kommunikation: Das Problem ist so, wie es ist, weil so und nicht anders darüber kommuniziert wird.
- Selbstreflexivität: Das Problem ist so, wie es ist, weil ich es so und nicht anders beobachte.
- Blinde Flecken: Das Problem ist so, wie es ist, weil es so beobachtet und genau dadurch nicht anders beobachtet wird.

Der Würfel in den Bildungsstandards Geographie aus den Jahren 2006 ff. ist bei weitem noch nicht so elaboriert wie Antje Schneiders „Jenaer Würfel" von 2012, aber im Prinzip sind seine Dimensionen genauso zu lesen.

Hier könnte nun der Einwand vorgetragen werden, dass diese erkenntnistheoretisch reflektierte Lesart zwar möglich und nötig wäre, dass sie aber in einer vulgären Anwendung schnell untergeht. Standards wären dann doch wieder nur abfragbare Einfachaufgaben und -antworten, Kompetenzen wären dann einfache Qualifikationen. Aber davor ist man niemals gefeit, sonst gäbe es ja auch im Rahmen der Pressefreiheit in der freiheitlich-demokratischen Grundordnung ja vielleicht auch keine BILD- und keine Kronenzeitung.

Auch die Schimäre der Zwei Säulen von Physischer und Humangeographie ist im Bildungsstandard-Würfel bereits im Sinne einer auszufüllenden mittleren Ebene (vgl. Peter Weichharts „Dritte Säule". Gebhardt et al. 2007, 65-75) aufgehoben. Hier – und nicht in der einzelfachlichen Spezialisierung als Naturwissenschaft und/oder Sozialwissenschaft und also in Konkurrenz zu den harten Fachdisziplinen – liegt das eigene Potential der Geographie. (Natürlich gilt auch hier der Einwand, dass sich in vielen Fällen jeder aus der Säule der Physischen Geographie und der Humangeographie immer das heraussucht, was ihm gerade gefällt, ohne Rücksicht auf die tragende Idee einer problemorientierten Geographie, die sich in der Dritten Säule orientiert. Man kann eben niemanden zwingen, theoriegeleitet und reflektiert Geographie zu betreiben. Aber da hilft dann eine Radikalkritik am Missbrauch auch nicht mehr weiter.)

In den Bildungsstandards Geographie spielt die *Reflexivität* (bzw. Metakognition) durchgehend eine zentrale Rolle. Das musste – in der Arbeitsgruppe und in der Community – erst einmal durchgesetzt werden. Wenn dies auch in Wirtschaft und Funktionsgesellschaft ankäme („was machen wir hier eigentlich?"), wenn es „funktioniert" und

wenn die Geographiedidaktik einen bescheidenen Beitrag zu einer solchen angewandten Erkenntnistheorie und Bildung (!) geliefert hätte, wäre ich zufrieden, sehr zufrieden.

„Standard"-Aufgaben – Abfragen oder Argumentieren?

Die Gretchenfrage der Bildungsstandards aller Fächer lautet am Ende: Erfüllen die
Schüler/innen den Standard XY? Dazu gehört die Frage: Wie kann man das „abfragen"? Hier zeigt sich – diesseits des möglichen Wohlklangs von Präambeln und vor-
geblicher Fach-Philosophie – der tatsächliche Geist des Instruments[11].

Die Bildungsstandards Geographie enthalten eine Reihe von Musteraufgaben (als
Anregung zum selbständigen Entwerfen von Aufgaben durch die Lehrer/innen). Alle
Geographielehrer/innen in Deutschland waren aufgerufen, hierzu Ideen beizusteuern.

Es zeigt sich bereits im Erscheinungsbild der Aufgaben, dass von etwaigem Abfragen, Ankreuzen, Richtig-Falsch-Denken keine Rede mehr sein kann. Jede Aufgabe beginnt mit einem kleinen Text, in dem die Relevanz der Aufgabenstellung legitimiert und
begründet wird. Danach folgen ein sachlich- fachlicher Teil und ein Teil zur Beurteilung
und Bewertung. Diese finden in der Regel statt im Horizont von Alternativen/Optionen
und gelten als Vorbereitung einer Handlungsorientierung: Was kann getan werden und
mit welchen Gründen?

Als Motto könnte man zunächst darüber schreiben: „Lerne Dich richtig zu entscheiden!" und dann streiche man das Wort „Richtig" sofort mit einem dicken roten Kreuz
durch. Der Satz heißt dann: „Lerne Dich **X** zu entscheiden!", und anstelle des Kreuzes
wäre einzusetzen: „mit guten Gründen, fachlich-sachlich und persönlich".

Hier wird schon deutlich, dass fachliches Denken und das Finden begründeter Entscheidungen aus einer Mehrzahl von Optionen die eigentliche Herausforderung ist[12].
Das ist ein Angelpunkt einer handlungszentrierten Geographie, die das *Machen* von
Geographien auf *Handlungen* von Subjekten rückverfolgt; das wäre auch ein Angelpunkt einer Geographiedidaktik, die Schüler/innen (und Lehrer/innen) zu verantwortli-
chen Nachdenkern erzieht. Nicht mehr richtig oder falsch machen die Note oder den
Erfolg von Unterricht aus, sondern die Qualität der Problemstellung, die Suche nach
Lösungen und das Kommunizieren von Gründen incl. dem Nachdenken über Folgen
und Folgen der Folgen. – Das ist m. E. ein gewaltiger Fortschritt, ein „neuer Standard".

Beispiel: Aufgabe zum Klimawandel. In diesem Aufgabenbeispiel der Bildungsstandards Geographie werden einige fachliche Inputs gegeben bzw. nachgefragt, diese
werden dann aber sofort in eine regionale Differenzierung überführt (also nicht einfach:
„Meeresspiegelanstieg", sondern regionale Differenzierung: „Meeresspiegelanstieg wo
und für wie viele Menschen (Szenarien)?", weiter: „Welche Optionen gibt es theoretisch
(Flüchten, Standhalten, Anpassen) und in welchen Regionen der Welt lassen sich die-

se einsetzen/finanzieren?" Weiter: „Wie kann über diese Optionen entschieden werden, wenn man das in verschiedenen Verantwortungen/Rollen tun muss?" – Hier wird nicht abgefragt, sondern Komplexität sichtbar und bearbeitbar gemacht.

Einen Mangel hat auch diese Aufgabe: Können Schüler/innen ernsthaft und seriös die Rolle einer Bürgermeisterin/eines Bürgermeisters oder einer Naturschützerin/eines Naturschützers einnehmen, und das auch in Vanuatu? Antwort: Nein, das können sie natürlich nicht. Man kann also mit dieser Aufgabe nur darauf aufmerksam machen, wie differenziert das Problem ist (vgl. Jenaer Würfel), in der *Sache* und in der Art der *Beobachtung*, und dass man mit diesen *Differenzen* umgehen muss, genauer: dass man sie mitdenken muss, auch dann, wenn man sie selbst nicht lösen kann.

Das wäre zugleich auch ein zentraler Aspekt der Phänomenologie: „Dreh mich doch nach allen Seiten!" Suche nach dem, was mitgewusst und mitgedacht werden muss für einen bestimmten Zweck! Ermögliche mit Deiner Kommunikationsleistung eine wechselseitige Kommunikation; rechne dabei auch mit asymmetrischer Machtverteilung! Bleibe selbstreflexiv! Halte am Ende auch Blinde Flecken/Überraschungen/Irritationen für möglich!

Damit erfüllt das *Konzept* der Aufgabenstellung, bei allen verbliebenen Schwächen, die zentrale Forderung an einen bildenden Unterricht im Fach, weitab vom Abfragen, vielmehr im Sinne der ganz oben definierten pädagogischen und gesellschaftlichen Zielstellung. So jedenfalls lese ich das.

Chancen und Risiken der Bildungsstandards

„Sobald man sich entschieden hat, ist es vorbei mit der Objektivität" – so heißt es in der Handlungs- und Entscheidungsforschung.

Ich habe mich entschieden, dass die Formulierung von Bildungsstandards Geographie mit der benannten Konzeption und angesichts ihrer Unvermeidbarkeit viele Chancen für eine gute Praxis bietet. Sie machen jedenfalls nicht mehr kaputt, als es vorher schon war; sie stellen aber eine Reihe von konzeptionellen Gedanken zur Debatte und fordern zur praktischen Umsetzung auf. Sie stellen das Fachwissen in eine Reihe mit fünf anderen Kompetenzbereichen und machen erst alle zusammen zu einer geographischen Kompetenz (vgl. die „Analysespinne"). Sie bieten die Chance auf Kommunikation im Fach und im gesellschaftlichen Diskurs; sie machen die Ergebnisse transparent, in ganzen Sätzen und nicht nur im Ja/Nein. Dies alles gab es als Vereinbarung so vorher nicht, jedenfalls nicht durchgehend. Da gab es vielerlei private Praktiken, dominante Verlautbarungen von selbstreferentiellen Fraktionen und wenig Diskurs.

Den Diskurs gibt es jetzt, wie man sieht. Mein Anteil daran ist die Mitwirkung an den Bildungsstandards, ist meine alltägliche Praxis, die auch in vielen Veröffentlichungen offen gelegt ist, und ist dieser Beitrag. Im Sinne der Selbstreflexivität und mitgedachter blinder Flecken halte ich für möglich, dass ich etwas blauäugig und gutgläubig bin; ich erwähne das deshalb, weil es systemisch immer mitgedacht werden muss.[13]

[...]

Jedenfalls ist es in meinen Augen ein großer Fortschritt, dass so etwas wie *Kommunikationskompetenz* oder die *Unterscheidung* von Beurteilen und Bewerten und eine immer mitlaufende *Metakognition* nun verbindliche Kompetenzbereiche auch des Geographieunterrichts werden sollen oder schon sind; ich kann darin *nicht* einen Verzicht auf Fachlichkeit, auf Subjektivität und Selbststeuerung, auf Offenheit in der Sache und im Prozess, auf Denken und Handeln in Alternativen sehen.

Im Gegenteil: Ich erkenne die Möglichkeit einer gemeinsamen Reform des Geographieunterrichts als konstruktiven Akt und als große Vereinbarung. Darum sollte geworben werden, auch durch Klärung möglicher Missverständnisse. Hier sollte man sich noch stärker verbünden, ehe man Scheitern oder Missbrauch beschwört oder gar programmiert. Die Kräfte der pädagogischen Beharrung oder der Destruktion von Unterricht als „regelmäßiges Misslingen" gegenüber dem Anspruch an Mündigkeit und Emanzipation schlafen schließlich nicht und sind froh, immer mal wieder das Kind mit dem Bade auszuschütten.

„Können *und* Wollen" – auf diesen zwei Beinen gehen lernen, das wäre ein lohnendes Ziel beim täglichen Beackern eines „edlen Feldes".

Der Beitrag erschien unsprünglich in: GW-Unterricht, Wien, Heft 124/2011, 3-14
(hier leicht gekürzt/verändert).

Anmerkungen

1   Zander, Peter: „Das weiße Band". Die schmerzhafte Kinderstube der Nazi-Generation. – Welt online http://www.welt.de/kultur/article4843004/Die-schmerzhafte-Kinderstube-der-Nazi-Generation.html (Stand: 15.10.2009)

2   Bueb, Bernhard (2006): Lob der Disziplin. Eine Streitschrift. Berlin, Buch-Klappentext

3   Briefliche Mitteilung von Christian Vielhaber (Nov. 2011) zur laufenden Debatte: „Wie weiß ich, ob und in welchem Zusammenhang Kompetenzen nützen oder schaden, wenn nicht klar ist, was Kompetenzen, bedeckt mit dem neuen Verständnismäntelchen diverser Interpreten, überhaupt sind? (...). Enger gefasst: Wie weiß ich, ob Kompetenzen im Sinne der Bildungsstandards nützen oder schaden, wenn nicht wirklich klar gelegt wird, ob das ‚neue' didaktische Kompetenzverständnis das hält, was an Versprechungen in der einschlägigen Literatur kolportiert wird – nämlich persönliche Handlungs- und Entscheidungsfähigkeit in Bezug auf komplexe Problemzusammenhänge bzw. Fragestellungen am Ende der schulischen Fahnenstange? Ob und inwieweit die Bildungsstandards kompatibel sind mit den geforderten Individualisierungen von Lernprozessen und Erkenntnisfindungen (mit dem ja der Weg zur Kompetenz gepflastert sein sollte)?"

4   Zum Beispiel diskutiert der amerikanische Soziologe Richard Sennett in seinem eindrücklichen
    Buch „Der flexible Mensch" (1998) die Flexibilisierung der Arbeitnehmer im Interesse einer
    nahtlosen Verwertbarkeit am Markt; dies ist *eine* Lesart des Begriffs, aber nicht die einzige und
    nicht exklusiv. Und der amerikanische Originaltitel lautet ohnehin ganz anders: „The Corrosion
    of Character".
5   In der „Zeit" 45/2011 („Doch, er ist wichtig!") und bei ZEIT-online (www.zeit.de/2011/45/C-
    Lehrer-Studie) verkündet z.b. der Lehrer Michael Felten im November 2011: „Der ,Triumph des
    Selbst' hat seinen Zenit längst überschritten. (...) Die Bildungsdebatte war viele Jahre eine
    ideologische." Die „Fanatiker des Offenen" erwiesen sich als „zäh und gut vernetzt". „Vier Jahr-
    zehnte Schulsystemdebatte umsonst, Regalkilometer an didaktischen Beschwörungen des Of-
    fenen und Autonomen überflüssig!" „Nahezu alles, was die moderne Schulpädagogik für fort-
    schrittlich hält" – so warnt der Göttinger Erziehungswissenschaftler Hermann Giesecke schon
    seit Langem – „benachteiligt die Kinder aus bildungsfernem Milieu". Die Befunde der jüngsten
    Hattie-Studie („Visible Learning") „sprechen für die Verfeinerung des Bewährten" – „beileibe
    kein Freibrief für monotonen Lehrervortrag – aber eine Absage an jede Selbstlernidyllik". „Es
    geht nicht darum, Schule permanent neu zu denken".
6   Zit. nach Engelmann/Kaiser (2005), 15
7   Vgl. Text Nr. 33 „Lehrerbildung und Bildungsstandards" in diesem Band
8   http://de.wikipedia.org/wiki/Kompetenz_(Pädagogik)
9   Die berühmte Tschadsee-Aufgabe bei PISA wäre übrigens kaum eine geographiespezifische
    Aufgabenstellung, nur weil da der Tschadsee und seine Verdunstung thematisiert werden; es
    ist vielmehr eine Rechenaufgabe. Eine geographische Aufgabe würde es, wenn darin die Grün-
    de und Ursachen und Folgen und möglichen Handlungsoptionen diskutiert werden sollten. Nur
    wäre es dann keine PISA-Aufgabe mehr.
10 Vgl. Text Nr. 40 „Der Jenaer Würfel" in diesem Band
11 Hier wäre der eigentliche Streit zu führen, was die Standards und Kompetenzen in den Bil-
    dungsstandards für Schüler/innen und Lehrer/innen leisten sollen/können/werden. Eine wei-
    ter gehende Empirie, ob sie das tatsächlich auch tun, kann erst danach versucht werden, Leh-
    rer/innen für Lehrer/innen, Schüler/innen für Schüler/innen, Stunde für Stunde, Thema für The-
    ma. Das würde dann entsprechend eine quantitative Auswertung fast ausschließen und eine
    fallbezogene Unterrichtsdokumentation nahelegen. Aber auch deren Interpretation ist wieder-
    um ein heikles Geschäft, wie jede hermeneutische Arbeit immer mit dem Zirkel von Objekt und
    beobachtendem Subjekt zu tun hat.
12 Für handlungstheoretische Forschung, insb. in der Ökonomie, gibt es Nobelpreise, so wichtig
    ist sie. Für Laien lässt sich darüber nachdenken z.b. mit Hilfe von Psychologie heute, Com-
    pact 28/August 2011, Themenheft „Die Qual der Wahl" oder mit Hilfe der DVD „Die Entschei-
    dung – Grenzsituationen: drei Schicksale" (GEO-Wissen, 2008).
13 In der Logik des Würfels ist dies die Seite der Selbstreflexion oder der Blinden Flecken.

Literatur

Bueb, Bernhard 2006: Lob der Disziplin. Eine Streitschrift. Berlin

Dickel, Mirka 2011: Geographieunterricht unter dem Diktat der Standardisierung. Kritik der Bildungsreform aus hermeneutisch-phänomenologischer Sicht. In: GW-Unterricht 123, 3-23

Engelmann Christina/Kaiser Claudia 2005: Möglichst Schiller. Ein Lesebuch. München

Gebhardt Hans et al. 2007: Geographie. Physische Geographie und Humangeographie. München (Kap 4: Das Drei-Säulen- Modell der Geographie, 65-75)

Gruschka, Andreas 1988: Negative Pädagogik. Einführung in die Pädagogik mit Kritischer Theorie. Wetzlar

Gruschka, Andreas 2002: Didaktik: Das Kreuz mit der Vermittlung – Elf Einsprüche gegen den didaktischen Betrieb. Wetzlar

Gryl, Inga 2011: Geographielehrende, Reflexivität und Geomedien. Empirisch fundierte Konstruktion einer Typologie. Unveröff. Manuskript

Kanwischer, Detlef 2011: Kompetenzorientierung im Geographieunterricht. Von den Leitgedanken zur Praxis. In: GW-Unterricht 122, 12-14

Klieme-Expertise 2003: „Zur Entwicklung nationaler Bildungsstandards" hgg. vom Bundesministerium für Bildung und Forschung. Bonn

Liessmann, Konrad Paul 2006: Theorie der Unbildung. Die Irrtümer der Wissensgesellschaft. Wien

Liessmann, Konrad Paul 2010: Was der Glaube an Statistiken bewirkt. Eine Nachlese zu PISA. In: FAZ 23.12.2010, 6.

Menzel P. 1995: So lebt der Mensch. Hamburg (Kurzfassung in GEO 9/1994)

Rhode-Jüchtern, Tilman/Schmidtke, Volker/Krösch, Karen 2009: Eckpunkte einer modernen Geographiedidaktik. Hintergrundbegriffe und Denkfiguren. Seelze-Velber. (Darin bes. Kap. 6: Der polyvalente Systembegriff. Zur Basistheorie „Erde als System", 92-115)

Rhode-Jüchtern T. 2010a: Lehrerbildung und Bildungsstandards – Oder: Haben Lehrer selbst die Kompetenzen, die sie bei Schülern entwickeln sollen? In: *kentron*, Journal zur Lehrerbildung 22. Ausgabe, Potsdam. 41-54

Rhode-Jüchtern, Tilman. 2010b: Wissen – Nichtwissen – Nicht-weiter-Wissen. Sieben Versuche zu einem angestrengten Begriff. In: Zeitschrift für Didaktik der Gesellschaftswissenschaften 1, 1-41

32. Didaktisches Strukturgitter

Vorbemerkung

Seit etwa 1965 haben sich in Überwindung der alten Schulerdkunde nach dem länderkundlichen Schema sehr viele Ideen durchgesetzt: Man suchte und fand zeitgemäßere und vorzeigbare Lernziele, man orientierte sich an Lebenssituationen und deren Bewältigung, man kooperierte mit den Inhalten anderer Fächer. Das Ergebnis solcher Wandlungen ist eine völlige Umstrukturierung der Schulbücher und eine „Neue Geographie". Momentbilder aus dieser Entwicklung „Von der Erdkunde zur raumwissenschaftlichen Bildung" hat J. E. Engel (1976) herausgegeben. Neben der Dokumentation einer Zeitgeschichte der Schulgeographie versucht A. Schultze (1979) auch ein Urteil über die Gründe, ob und warum neue Ideen in der geographischen Fachdidaktik „zünden"; eine der neuen Ideen, die danach im Fach allerdings nicht oder noch nicht gezündet haben, ist nach seiner Meinung die Konstruktion eines „fachdidaktischen Strukturgitters".

In der Tat handelt es sich hier um eine Idee, die zunächst in der Pädagogik und Curriculumtheorie diskutiert wurde und damit in einer ganz anderen gedanklichen und begrifflichen Systematik stand. Andererseits gibt es seit etwa 1977 auch in der geographischen Fachdidaktik Überlegungen zu einer Übernahme der Idee (Rhode-Jüchtern 1977). H. Schrand (Münster) hat eine erste Bilanz der Diskussion (1978) gezogen und gemeinsam mit E. Kroß (Bochum) im Frühjahr 1978 in Bochum ein erstes geographisches Symposion zu diesem vielschichtigen Thema organisiert. ·

Hier soll nun dargestellt werden,
1. was sich als Idee hinter dem zunächst sehr unspezifischen Begriff „Didaktisches Strukturgitter" verbirgt,
2. wie ein konkreter Entwurf für die Unterrichtsplanung und -legitimation aussehen und begründet werden kann, und
3. wo eine „Zündung" im Fache noch durch offene Fragen, Darstellungsprobleme oder die Notwendigkeit von politischen und fachlichen Setzungen behindert wird.

Die Zielsetzung im „Didaktischen Strukturgitter"

Als man unter der Leitung des Berliner Erziehungswissenschaftlers S. B. Robinsohn („Bildungsreform als Revision des Curriculums", Neuwied/Berlin 1967) daranging, die *gewollte* Bildungsreform auch zu *machen,* war der naheliegende Ansatz zugleich eine Frage: Was müssen Schüler eigentlich lernen und erfahren, um künftige Lebenssituationen zu meistern? Diese Frage führte zu einem alle Schulfächer und -stufen betreffen-

den globalen Modell; erster Schritt zu einer Gesamtrevision sollte die nicht fachgeleite-
te Bestimmung und Analyse der fraglichen Lebenssituationen durch Experten aus verschiedenen gesellschaftlichen Bereichen sein. Nun erwies sich aber bereits diese erste Aufgabe als so uneindeutig und kompliziert, dass das Curriculumkonzept als
Ganzheit nicht mehr realisierbar schien. Entsprechend konnten (oder mussten) Probleme der schulfachlichen Didaktik und Methodik auf mittlerer Ebene und Konsequenzen
für das praktische Handlungsfeld Schule (von der Lehrerbildung bis zu den Unterrichts-
materialien) gar nicht erst zu Ende gedacht werden.

Als Alternative wurde ab 1969 der Strukturgitteransatz unter Leitung von Herwig
Blankertz am Institut für Erziehungswissenschaft der Universität Münster entwickelt. Es
geht darum, Kriterien zu finden, die politische und pädagogische Absichten mit fach-
spezifischen Sachverhalten zu verklammern und den konkreten Unterricht in einem
bestimmten Aufgabenfeld (in der Regel also Fächern) in seinen zugrundegelegten theoretischen Entscheidungen sichtbar zu machen. Voraussetzungen dieses Ansatzes ergeben sich aus folgenden vier Ebenen:

- Es gehen in jeden Lehrplan *politische und gesellschaftliche Absichten und Theori-
en* ein; es kommt darauf an, diese zu begründen und offenzulegen.
- Die „Welt" – Kultur und Natur – soll mit *Hilfe fachwissenschaftlicher Erkenntnisse*
auch in der Schule aufgeklärt werden. Es geht aber nicht mehr um (Fach-)Wissen
um seiner selbst willen, sondern um die Aneignung und Nutzung von Fachwissen
für einen wohl begründeten Verwertungszusammenhang im Leben in dieser Gesellschaft und in dieser Welt.
- *Im konkreten Unterricht* sind neben den allgemeinen auch sehr *spezielle Bedingungen* anzunehmen, die sich aus der Herkunft und Zusammensetzung der Schüler, der
Persönlichkeiten, der Lehrer, Ort und Umgebung der Schule u. v. m. ergeben. Darum
verbietet sich die Verwendung fertiger Lernkonserven; Bedürfnis- und Handlungsla-
gen der tatsächlich am Unterricht Beteiligten sind eine wichtige Leitlinie der Unter-
richtsentscheidungen.
- Die *Unterrichtsmethodik* muss bis in die einzelne Stunde hinein die oben genannten Voraussetzungen widerspiegeln, über den für die Schüler oft undurchschauten
Vollzug also hinausgehen.

Setzungen, die in ein „Didaktisches Strukturgitter" eingehen

Im ersten Abschnitt werden kurz die Voraussetzungen angeschnitten, die in die *Konstruktion* eines Didaktischen Strukturgitters eingehen und dann dessen Anwendung anleiten können.

Danach wird zum Verständnis dieser beiden Ebenen eine mögliche Setzung für die oben skizzierten Voraussetzungen (sog. „Referenzpunkte") begründet, bevor im dritten Abschnitt ein Beispiel für die Realisierung des Strukturgitters in der praktischen Anwendung gegeben wird.

Für den hier vorgestellten Entwurf eines für die Geographie angewendeten Strukturgitters gelten folgende Setzungen (die also vor Aneignung und Anwendung des Unterrichtsplanungsinstruments „Strukturgitter" zu prüfen und zu akzeptieren bzw. zu kritisieren wären):

a) *Gesellschaftstheoretische Annahmen*
Wir richten uns/die Erziehung ein auf eine verfasste Demokratie; diese beruht freilich weniger auf einer politischen Revolutionierung der monarchistischen und folgenden diktatorischen Staatsform durch das Volk, sondern auf einem zweifachen militärischen und folgenden staatlichen Zusammenbruch; wir rechnen mit den Chancen und Konsequenzen einer freien Marktwirtschaft und deren staatlicher Absicherung durch Intervention und soziale Sicherungen; wir sehen den historischen Fortschritt und die Bedeutung der Verfassung und die Probleme, die Machtrealität schrittweise auf diese hin zu verändern; wir rechnen mit der weitgehenden Veränderung der Gesellschaft durch eine dritte industrielle (Mikrochips-)Revolution und einer problematischen Phasenverschiebung im Bewusstsein der Bevölkerung bei Erkenntnis und Handhabung der daraus entstehenden Gefahren für die natürliche und soziale Umwelt; wir sehen die Notwendigkeit und Schwäche wissenschaftlicher Politikberatung und der öffentlichen Kontrolle und Meinungsbildung.

b) *Fachwissenschaftlich aufgeklärte Realitätssektoren*
Die Welt ist so kompliziert geworden, dass wir sie mit dem Alltagsbewusstsein und traditionellen Bildungsmethoden nicht mehr verstehen oder gar gestalten können; wir müssen uns Gedanken machen, wie wir die Kompliziertheit reduzieren können, ohne sie unzulässig zu simplifizieren. Die Aufklärung der Realität kann nicht mehr nur durch traditionelle Fachwissenschaften nach dem jeweiligen Bewusstsein ihrer Vertreter bestimmt werden; die Probleme der Realität selbst definieren vielmehr, in welchen Sektoren aktuell und vorrangig fachwissenschaftliche Aufklärung nottut; Fachwissenschaftler übernehmen die Aufgabe, wenn sie sich dafür kompetent fühlen. Großprobleme sind z. B.: Sicherung der Stabilität des Ökosystems, Überleben der Gesellschaft unter demokratischen und lebenswürdigen Rahmenbedingungen, Herstellung gerechter Chancen für die Entwicklung der Gesellschaften in der „Dritten" und „Vierten Welt".

c) *Voraussetzende und anzustrebende kognitive Strukturen der Lernenden*
Klärung, wie und mit welchen Wirkungen die Schüler in ihrer unterschiedlichen Herkunft und einigen gemeinsamen gesellschaftlichen Grunderfahrungen heute sozialisiert wer-

den, wo authentisches Lern- und Erfahrungsinteresse bereits vorliegt, wie – außer durch Existenzbedrohung mit Schulnoten schon im Kindesalter – für neue Erfahrung und Anstrengung motiviert werden kann, kurz: welche Menschen wir in der heutigen Welt für die Welt von morgen heranbilden wollen.

d) *Unterrichtsmethodische Gesichtspunkte*

Es geht bei der Orientierung an den genannten Referenzpunkten nicht nur um neu legitimierte Inhalte; dass sie wirksam werden können, setzt entsprechend durchdachte und realisierbare Instrumente für die konkrete Unterrichtsarbeit voraus. Diese müssen die Subjektrolle der Schüler ebenso berücksichtigen wie ein Frage- und Lösungsverhalten, das der Offenheit der bearbeiteten Probleme gerecht wird. Es geht nicht an, für überlebenswichtige Fragen sensibilisieren zu wollen und als Medium dafür „abgegriffene Konserven" in Form veralteter Lehrbücher, -meinungen oder -verhaltensweisen zu benutzen. Auch das Verfahren des Unterrichts muss ständig deutlich halten, dass dem inhaltlichen Anspruch auf eine aktiv-demokratische Gesellschaft auch die Arbeits- und Verkehrsformen auf allen Ebenen des gesellschaftlichen Alltags – einschließlich der Schule – entsprechen können und müssen.

Diese gesetzten Annahmen sind von ihrem Wesen her *Positionen,* die man begründet haben oder begründet ablehnen kann. Wenn sie in ihrer Begründung akzeptiert sind, sind die daraus abgeleiteten Kriterien auch in diesem Sinne zu interpretieren. Das heißt zum Beispiel hier: Wir betrachten im Geographieunterricht nicht nur räumliche Verbreitungsmuster an sich, weil wir die Entdeckung von Mustern so interessant oder so schön modellierbar finden. Sondern: Wir interpretieren ein Muster auch in seiner Entstehung aus den Rahmenbedingungen der jeweiligen Gesellschaft und sagen, was daraus z. B. für den Abbau von krassen Disparitäten für Konsequenzen zu ziehen sind.

Die konkrete Ausfüllung der vier Ebenen, auf denen wir uns als Curriculumkonstrukteure und als Lehrer stets gleichzeitig verhalten müssen, ist hier nur im Abriss möglich, aber doch hoffentlich so deutlich, dass es keine Flucht in folgenlose Formeln wie „Da spielt natürlich auch das Politische hinein" mehr zulässt oder provoziert. Die Übersetzung in ein *fachdidaktisches* Strukturgitter ist nun ebenso nach Plausibilität und Vernünftigkeit (was nicht gleichbedeutend mit willkürlich ist) vorzunehmen und zu prüfen. Wir haben zu fragen: Wenn die eben begründeten vier allgemeinen Annahmen akzeptabel sind, was könnte man daraus für die spezifische Leistung des Schulfaches Geographie gewinnen, so dass der Zusammenhang erhalten bleibt und doch das einzelne Fach klar zu erkennen ist? – Die Erläuterung der so übertragenen fachlichen Kategorien folgt im dritten Abschnitt.

Wenn nun die genannten Referenzpunkte konkreter ausgefüllt und in die Konstruktion eines Strukturgitters eingegangen sind, liegt ein Instrument vor, mit dessen Hilfe man einen Unterrichtsinhalt aufschlüsseln kann. Das heißt, man kann ihn in seine *inhaltlichen*

Aspekte zerlegen (die durch das Gitter immer im Zusammenhang erkannt werden können) und man kann bestimmen, welche *didaktischen Absichten* jeweils realisiert werden sollen (ob also z. B. die Schüler an diesem Punkt nur Wissen erwerben, ob sie auch selbst sich um eine Erklärung bemühen, oder ob sie sogar das Angeeignete selbst bewerten und oder in Handlung umsetzen sollen). Fachliche Kriterien und didaktische Kriterien sind damit zugleich die beiden Dimensionen der zweidimensionalen Matrix.

Wenn ein Strukturgitter konstruiert und begründet ist, bleiben immer noch zwei Komplexe unerledigt: Die *Auswahl der Inhalte* und die konkrete *Verlaufsplanung* des Unterrichts. Die Inhaltsbestimmung, also die Antwort auf die Frage, was die Schüler in der Schule von heute für ihr Leben in dieser Gesellschaft und in dieser Welt lernen sollen, ist ein Problem der jeweils gültigen Paradigmen bzw. ihrer Veränderung und der bildungspolitischen Entscheidungen. Die konkrete Unterrichtsverlaufsplanung ist abhängig vom gewählten curriculumtheoretischen Modell; dieses kann aus dem Spektrum von offenen über halboffene bis hin zu geschlossenen Curricula bestimmt werden.

Fachdidaktisches Strukturgitter für die Geographie – ein Entwurf

Der Begriff „Strukturgitter" ist in der geographischen Fachdidaktik bis heute leider für ganz und gar unterschiedliche Konzeptionen verwendet worden; daraus und aus der unterschiedlichen Sprache der einzelnen Autoren erklären sich zunächst einmal eine Reihe von Missverständnissen, die nicht in der Sache selbst liegen. Zum Beispiel hat auf dem Bochumer Kolloquium zum Strukturgitteransatz in der Geographie der Begriff „Medium" zu längeren Debatten geführt, bis sich herausstellte, dass die einen von „Medium" als Mittel der Unterrichtsgestaltung (Dia, Film etc.) redeten, die anderen bei „Medium" etwa an Sprache als Medium der Vergesellschaftung des Individuums dachten – die ganze Debatte war also inhaltlich absolut sinnlos und diente am Ende nur der Aufdeckung eines Missverständnisses bzw. unterschiedlicher Begriffsverwendung. Tiefer gehen das unterschiedliche Fach- und Didaktikverständnis der Verfasser und die Undefiniertheit des Begriffs „Strukturgitter" selbst. Die didaktische Matrix von J. Birkenhauer (vgl. Kroß 1976, 29-50) etwa ist in Wirklichkeit und auch nach eigener Aussage eine *Inhaltsmatrix;* geographische Kategorien (hier: Raumorientierung, Raumaufteilung, Raumnutzung, Raumbelastung) werden zugleich verwendet zur Auffächerung „der zentralen, auf den Menschen bezogenen Aktivitäten der Geographie" und als Darstellung „didaktischer Leitlinien für die kognitive Strukturierung des Unterrichts". Der Ansatz einer geographischen Inhaltsmatrix ist mit dem oben dargestellten Münsteraner Ansatz gar nicht kompatibel; vor allem deshalb, weil hier die unterrichtsdidaktische und -methodische Ebene noch fast völlig fehlt.

Im Sinne des gesellschaftstheoretisch angeleiteten, fachdidaktisch orientierten und auf konkrete Unterrichtsplanung hin orientierten Ansatzes der Blankertz-Arbeitsgruppe gibt es für die Geographie zur Zeit nur den hier vorgestellten Entwurf (Rhode-Jüchtern 1977); er wird im Fach Geographie in der Curriculumwerkstatt des Oberstufen-Kollegs an der Universität Bielefeld in übertragbaren Unterrichtseinheiten erprobt und weiterentwickelt und steht so oder ähnlich auch an einigen anderen Stellen der praktischen Curriculumentwicklung mit im Versuch und in der Verbesserung (z. B. die RCFP-Erprobungsfassung „Verkehr im ländlichen Raum", München 1979, oder: G. Ströhlein, in Kroß 1979, 186-197, oder: E. Füldner, ebd., 101-111).

Nach dem Anspruch des Münsteraner Blankertz-Modells sind die gesellschaftstheoretischen Annahmen so zu übersetzen, dass sie sich in den Möglichkeiten der Fachwissenschaft widerspiegeln und umgekehrt. Außerdem: Trotz der Aufwändigkeit, mit der eine *Gesellschaftstheorie* nur in Kategorien zu fassen und zu begründen ist, und trotz der Probleme der *Fachwissenschaft*, ihre Forschungsansätze in Kategorien zu fassen, die ihren Beitrag bei der Aufklärung der Welt erkennen las-

Themenstichwort: Umweltschutz (Weserverschmutzung – Klöcknerwerke)	Didaktische Kriterien		
(gesellschaftstheoretisch angeleitete) fachwissenschaftliche Kriterien	deskriptiv	analytisch–prospektiv	kritisch–präskriptiv (divergente Ansätze)
„Arbeit"			
Produktion			
Technologie	①	②	③
Auseinandersetzung Mensch–Natur	○		
„Verfügung über Ressourcen"			
soziale Struktur/Disparitäten			
regionale Struktur/Disparitäten	○	○	○
Konkurrenz räumlicher Funktionen			
Gesellschafts-organisation			
Herrschaftsrahmen	○		
Machtrealität	④	⑤	⑥
Konflikte			

Rhode-Jüchtern 1977

Geographiedidaktisches Strukturgitter
(Anm: die Ziffern in den Kreisen stellen eine mögliche Auswahl und Reihenfolge im Unterricht dar; auch die jeweils nicht gewählten Schwerpunkte bleiben auf diese Weise sichtbar.)

sen, muss das gesuchte Strukturgitter einfach sein. Es schließt deshalb eine Menge von Theorien und einzelnen Zusammenhängen ein, auch wenn ein solcher Satz von Kategorien hier in der Umgangssprache gehandhabt wird.

Es sei noch einmal an die Leitfrage erinnert, mit deren Hilfe wir versuchen können, a) aus wohlbegründeten gesellschaftstheoretischen Annahmen, b) für Ausschnitte aus der Realität, die sich vermutlich mit Hilfe der Fachwissenschaft aufklären lassen, c) für die Denkstrukturen der Schüler und d) die Umsetzung der Ziele und Bedingungen in den alltäglichen Unterricht eine Matrix so zu konstruieren, dass der allgemeine gesellschaftstheoretische Rahmen und die spezifische Problemlösungsfähigkeit der Geographie sich verbinden.

Versuchen wir zunächst, die gesellschaftstheoretischen Annahmen zu übersetzen in Kategorien, die eine Brücke schlagen zur Leistungsfähigkeit der Geographie, Probleme zu bearbeiten, die im weiteren Sinne aus dem Leben von Gesellschaften im Raum entstehen. Es handelt sich dabei, wie bereits wiederholt erwähnt, *nicht* um eindeutige Ableitungen, sondern um eine möglichst kreative Übertragung, die durchaus durch eine bessere verändert oder ersetzt werden könnte.

Die hier (im Schema) eingetragenen Kreise könnten für ein Themenstichwort (hier: Weserverschmutzung) die gewählten Aspekte, Schwerpunkte und deren Reihenfolge im Unterricht sein. Die gesellschaftstheoretisch angeleiteten Fach-Kategorien finden sich in den drei senkrechten Spalten.

- Die Menschen arbeiten, um zu überleben und ihr Leben zu erleichtern *(Produktion)*.
- Sie haben zu diesem Zweck Verfahren entwickelt, Material beschafft und Wissen angehäuft *(Technologie)*.
- Sie haben es mit Folgen der Produktion und Technologie zu tun, die in der Geschichte die *Auseinandersetzung Mensch-Natur* immer neu darstellt. (Um den Zusammenhang dieser Kriterien zur Aufschlüsselung bestimmter Aspekte eines Themenstichwortes mit den allgemeinen gesellschaftstheoretischen Annahmen erkennbar zu halten, werden sie in diesem Entwurf zusammengefasst in der Kategorie „Arbeit".)
- Der Gesamtprozess der Arbeit findet nun in jeweils einer bestimmten Organisationsform und Wirklichkeit statt, die sich beobachten lässt in Gestalt einer bestimmten *sozialen Struktur* (Schichten, Klassen) und spezifischen Ungleichheiten *(Disparitäten)*.
- Dieser Prozess findet ebenso statt in einer bestimmten *räumlichen Situation* von Ausstattungen bzw. Gelegenheiten. Sozialstruktur und Raumstruktur und deren jeweilige Disparitäten, die sich *zunächst* auch getrennt beobachten und analysieren lassen, bestimmen über die jeweiligen Nutzungen der sozialen und räumlichen Gelegenheiten, anders ausgedrückt: über die *Verfügung über die (sozialen und räumlichen) Ressourcen*.
- Diese Verfügung über Ressourcen in der Welt (vom Maßstab der Einzelperson bis

in globale Maßstäbe) ist nun nicht schaumgeboren, sondern findet statt in einer bestimmten gesellschaftlichen Organisationsform.

- Dazu gehört zunächst ein bestimmter formalen Rahmen von Gesetzen und Regeln *(Herrschaftsrahmen)*.
- Diese Regeln werden nicht einfach nach ihrem Wortlaut angewandt, als Rahmen von „opportunities" realisiert; aus dem Wortlaut wird eine bestimmte Wirklichkeit *(Machtrealität)*.
- Dieses Verhältnis von formalem Rahmen und Machtrealität kann explizit in Spannung und *Konflikte* auf allen Ebenen der Beobachtung und Erklärung geraten.

Diese Kategorien (und Unterkategorien) decken jeweils *einen* Aspekt jedes für die Geographie in Frage kommenden Problems/Themas auf; im Zusammenhang der eben gegebenen Ableitung dieser Kategorien ergeben sich daraus die Aspekte, unter denen man ein Problem betrachten und bearbeiten kann, ohne den übergreifenden Kontext aus dem Auge zu verlieren.

Die Entscheidung über die *fachliche* Schwerpunktsetzung im Unterricht reicht aber noch nicht aus, um zugleich die didaktische Ebene mitzubestimmen. Auf welcher kognitiven Anspruchsebene die Schüler arbeiten, ist jeweils eine *didaktische* Entscheidung; sie macht die zweite Dimension des Gitters (waagerecht) aus.

Der Entwurf geht von der – mittlerweile hoffentlich selbstverständlichen – Voraussetzung aus, dass Schüler jedenfalls in Fächern, die wie die Geographie auf eine dynamische Realität bezogen sind, eine ausgeprägte Subjektrolle (mit eigenen Interessen, Erfahrungen, Betroffenheit, Mitverantwortlichkeit) übernehmen sollen. Sie bekämen demnach nicht mehr einfach „Stoff vermittelt" oder eine Schulbuchkonserve häppchenweise verabreicht, sie sollen aber auch nicht im anderen Extrem völliger „Freiheit" alleingelassen werden. Es lässt sich im schulischen Arbeitsprozess bereits im groben ausprobieren, was in Wissenschaft und Politik der „Ernstfall" ist: Man entdeckt aus einem subjektiven Interesse ein Problem, formuliert es zum Thema, entscheidet aus seiner Sehweise oder auch seinen Arbeitsmöglichkeiten über die Aspekte der Bearbeitung, versucht dann eine möglichst saubere Bestandsaufnahme bzw. Beschreibung der Sache, um die es da eigentlich geht, zerlegt das Problem dann in seine Elemente und deren Funktionen bzw. Wechselbeziehungen, um schließlich aus einer kritischen Wertung das Ergebnis oder sogar Konsequenzen für das weitere Handeln zu ziehen. Mit einer gängigen Formel aus der politischen Bildung zusammengefasst besteht dieser Arbeitsprozess aus den Phasen: Sehen – Erkennen – Handeln.

Etwas präziser lassen sich die Stationen, die natürlich alle aufeinander bezogen bleiben, wie folgt kennzeichnen: Schüler können etwas zunächst an der Oberfläche beschreiben, zur Kenntnis nehmen, sammeln – d. h. sie arbeiten auf eine *deskriptive* Weise. Sie können darüber hinaus Erklärungsmomente suchen oder ermitteln, wie sich etwas nach einer erklärten Genese wohl weiterentwickeln würde – sie arbeiten auf dieser Ebene *analytisch* oder auch *prospektiv*. Hierauf baut die Fähigkeit zu sach- und problemgerechter Wertung, Kritik oder Veränderung auf – auf dieser *kritischen* und *präskriptiven* Ebene sind im allgemeinen, je nach Wertentscheidung, Alternativen oder auch Kontroversen denkbar oder sogar erwünscht.

Ein kleines Beispiel soll zeigen, wie das Strukturgitter angewendet werden kann (vgl. auch die Erläuterung des Beispiels „Weserverschmutzung" in GR 1977, 340-343). Ich wähle als Lehrer für den Geographieunterricht das Problem „Altstadtsanierung" und stehe vor der Frage: Wie anfangen, ohne an der Fülle der Details zu ersticken? Die Checkliste des Strukturgitters leitet hilfreich diese Frage an, nämlich: Inwieweit hängt die Notwendigkeit einer Sanierung der alten Stadtteile mit der Entwicklung der gesellschaftlichen *Arbeit* zusammen, etwa mit alten Funktionsmischungen von Produktion und Wohnen, mit Standortverlagerungen durch Änderung der Technologie und damit verbundenen unzumutbar gewordenen Belastungen der Umwelt (Luft, Lärm, Wasserbedarf o. ä.)? Inwieweit ist dieses Problem Ausdruck für die Art und Weise, in der in unserer Gesellschaft über die Ressourcen (also die Hilfsmittel/Vorräte an Rohstoffen, Energie, Arbeitskraft, Boden, Geld usw.) verfügt wird; konkret: Wie entstehen über Miet- und Bodenpreise und Planungsleitbilder soziale Mischungen oder Segregationen bis hin zu Elendsvierteln oder Ghettos, wie entstehen daraus räumliche Muster und Ungleichgewichte, welche gesellschaftlichen Gruppen und welche räumlichen Ansprüche treten mit welchen Chancen in Konkurrenz? Wie fügt sich das gewählte Problem in die *Organisation unserer Gesellschaft* ein, wie ist also der rechtliche und verfahrensmäßige Rahmen abgesteckt? Greifen die Gesetze, wie sie gemeint oder begründet waren? Welche Konflikte sind typisch für den gesellschaftlichen Alltag, für das Politikerverhalten, für die Rolle von Verwaltungen, z. B. der Sanierungs- oder Stadtentwicklungsgesellschaften und der Justiz?

Zweifellos entstehen hier viele offene Fragen:

Lohnt sich die Zumutung für den Unterrichtspraktiker überhaupt, die Themen so relativ aufwändig zu strukturieren und schließlich auch zu legitimieren, oder bleiben die guten und die gleichgültigen Lehrer so oder so, was sie sind? Bleiben angesichts des Trends zur Bürokratisierung und Zentralisierung auch der fachlichen Schulaufsicht überhaupt noch hinreichende Freiräume zu so anspruchsvoller Selbsttätigkeit von Lehrern (und Schülern), oder ist vielleicht umgekehrt sogar der andauernde Länderstreit in der Bildungspolitik – üblicherweise als eine Ursache für den bildungspolitischen roll back angesehen – der beste Garant für weiterbestehende „ökologische Nischen" im Klassenraum?

Der Ansatz des Didaktischen Strukturgitters und seine konkreten Entwürfe sind aufgebaut auf einem recht hohen Anspruch, nämlich erstens bisherige Fehler und Unzulänglichkeiten möglichst zu vermeiden, zweitens alle Ebenen von der Gesellschaftstheorie bis zur einzelnen Schulstunde einzufangen und drittens auch noch praktikabel zu

werden. Wer so etwas unternimmt, kann angesichts des Risikos, überhaupt zu scheitern, nur bescheiden von einem Versuch sprechen und vielleicht etwas unbescheide-
ner noch hinzufügen: aber ein notwendiger Versuch! So gesehen ist es durchaus ein
zwiespältiger Trost, wenn der Didaktiker Hilbert Meyer anlässlich des Kolloquiums 1978
in Bochum wenigstens die erste oben genannte Frage an das fachdidaktische Strukturgitter für sich beantwortet: „Ich bin selbst erstaunt, dass das zu gehen scheint!"

Alle pädagogisch-didaktischen Kriterien gehören, wie die angeschnittenen Fragen zeigen, zum Thema; trotzdem wird man auswählen und in Schwerpunkte strukturieren müssen. Alle Kriterien sollten auch geeignet sein, von den Schülern auf verschiedene Weise
bearbeitet zu werden. Eine soziale Struktur in einem bestimmten Gebiet kann man – immer natürlich schon abhängig von subjektiven Sehweisen und Vor-Wertungen – einfach
zunächst feststellen (*deskriptiv*), man kann aber auch den zugrundeliegenden Prozess
nach Ursachen und weiterer Entwicklung diskutieren (*analytisch-prospektiv*), und man
kann das Problem der Homogenität/Heterogenität in einem Wohngebiet oder das der
Ghettobildung kritisch werten und über Veränderungen nachdenken (*kritisch-präskriptiv*).

Man kann so an mehrere Kriterien herangehen; es kann aber auch genügen, wenn
man aus Zeitgründen z. B. die Bestimmungen des Städtebauförderungsgesetzes nur
deskriptiv behandelt und auf eine Wertung verzichtet, weil das Problem der regionalen
Disparitäten in der Stadtstruktur als Schwerpunkt verlockend erscheint.

Im Verlauf der Unterrichtsplanung kann man dann die gewählten Schwerpunkte in
das Gitter eintragen und wenigstens vermeiden, dass immer nur dieselben Spezialitäten oder kognitiven Ebenen (z. B. nur „Wissen anhäufen" oder nur „kritisieren") zum Tragen kommen.

Chancen der Einführung

Ein fachdidaktisches Strukturgitter könnte mithelfen, Unterrichtsplanung und -dokumen-
tation theoretisch begründeter, transparenter, insgesamt weniger privat zu machen und
gleichzeitig bei einiger Routine auch zu erleichtern. Es wäre zugleich ein zentrales Instrument für ein Curriculum, das weder emphatisch offen noch technokratisch geschlossen, sondern ein halboffener Rahmen für bewusst handelnde Subjekte im Unter-
richtsprozess sein will.

Die Konstruktion eines fachdidaktischen Strukturgitters für die Geographie kann allerdings nicht einfach die notwendigen, in der Erziehungswissenschaft vorgedachten
Entwürfe abbilden; sie ist vielmehr auch im Kontext der gesellschaftlichen und curriculumtheoretischen Situation der Geographie zu bedenken. Auch die Erfassung dieses
Kontextes ist wiederum von subjektiven Perspektiven abhängig.

Wie sich der gegenwärtige Zustand nach der Fachliteratur darstellen lässt, zeigen
beispielhaft 6 Thesen von H. Schrand (sinngemäß wiedergegeben nach Kroß, 16-22):

- Die Heterogenität der Forschungsansätze und Aufgabenfelder, verbunden mit traditioneller Theoriescheue, erschwert die Identifizierung geographischer Grundstrukturen.
- Die wissenschaftliche Fundierung einer der Fachwissenschaft gegenüber weitgehend eigenständigen Fachdidaktik steht noch aus.
- Der gesellschaftliche Verwertungszusammenhang wird nur marginal diskutiert, eine gesellschaftskritische Theorie der Geographie fehlt weitgehend.
- Der Bezug auf gegenwärtige und zukünftige Lebenssituationen als Legitimationsformel wird innerhalb der Geographie weder begründet oder gar gerechtfertigt.
- Die Geographiedidaktik hat sich an ein Gesellschaftsverständnis gebunden, das als funktionalistisch bezeichnet werden kann; sie ist in einem pädagogisch-technischen Effizienzdenken ausschließlich auf Qualifikationen für die Verwendung in gegenwärtigen Lebenssituationen gerichtet und schließt ideologiekritische Wertgesichtspunkte mehr und mehr aus dem Verfahren aus.
- In vielen geographischen Lernzielkatalogen wird das Legitimationsproblem durch Operationalisierung und Hierarchisierung unterlaufen, obwohl die Verfahren der *Lernzielanalyse* (Operationalisierung, Hierarchisierung) nicht zur Legitimation der Lernzielauswahl herangezogen werden können.

Erst wenn diese Thesen nicht mehr gültig sein werden, ist das curriculumtheoretische Paradigma des „Didaktischen Strukturgitters" als Instrument zwischen den Ebenen „Inhaltsentscheidung" und „Unterricht" in die Fachdidaktik zu verpflanzen. Das Urteil von der fehlenden Zündung im Fache (vgl. Schultze 1979) lässt sich also nicht nur aus dem neuen Ansatz, sondern durchaus auch aus Desiderata im Fach selbst heraus begründen.

Ob der Ansatz dann vielleicht doch zündet, hängt auch von der Lösung weiterer Fragen ab:

- Gelingt es, seinen theoretischen Ansatz in der *Community* als notwendig zu begründen und anschließend praktizierbar zu machen?
- Ist das Instrument „Strukturgitter" nicht nur als neuer Anspruch, sondern auch als echte Dienstleistung für die Praktiker zu formulieren?
- Reichen die wenigen Gelegenheiten und Aktivitäten in der Bundesrepublik, Curriculumentwicklung und -erprobung zusammen zu betreiben, aus, die Ergebnisse für die breite Fachöffentlichkeit anwendungsreif und glaubwürdig zu machen?

Der Beitrag erschien ursprünglich in: Jander, L./Schramke, W./Wenzel, H.-J. (Hrsg.) 1982:
Metzler Handbuch für den Geographieunterricht. Stuttgart. 49-54 und ungekürzt
auf der Basis der Arbeit zum Zweiten Staatsexamen erstmals in:
Geographische Rundschau Jg. 29, 10/1977, 340-343.

Literatur

Blankertz, Herwig 1975: Analyse von Lebenssituationen unter besonderer Berücksichtigung erziehungswissenschaftlich begründeter Modelle: Didaktische Strukturgitter. In: Karl Frey (Hrsg.): Curriculum Handbuch, Bd. II. München, 202-214

Engel, J. (Hrsg.) 1976: Von der Erdkunde zur raumwissenschaftlichen Bildung. Theorie und Praxis des Geographieunterrichts (Texte zur Fachdidaktik). Bad Heilbrunn/Obb.

Kroß, Eberhard (Hrsg.) 1976: Geographiedidaktische Strukturgitter (Erziehung und Didaktik, Geographiedidaktische Forschungen Bd. 4). Braunschweig

Lenzen, Dieter/Hilbert Meyer 1975: Das didaktische Strukturgitter- Aufbau und Funktion in der Curriculumentwicklung. In: Dieter Lenzen (Hrsg.): Curriculumentwicklung für die Kollegschule. Frankfurt/M., 185-251

Rhode-Jüchtern, Tilman 1977: Didaktisches Strukturgitter für die Geographie in der Sekundarstufe II. Ein praktisches Instrument für Unterrichtsplanung und -legitimation, in: Geographische Rundschau 10/1977, 340-343

Schrand, Hermann 1978: Neuorientierung in der Geographiedidaktik? Zur Diskussion um geographiedidaktische Strukturgitter. In: Geographische Rundschau 1978, 336-342

Schultze, Arnold 1979: Kritische Zeitgeschichte der Schulgeographie. In: Geographische Rundschau 1979, 2-9

33. Lehrerbildung und Bildungsstandards

Oder: Haben Lehrer selbst die Kompetenzen, die sie bei Schülern entwickeln sollen?

„Das Ameisenbüchlein": Vernünftige Erziehung der Erzieher

Wovon ich sprechen möchte, ist ein altes Tabu, nämlich die – ernsthaft gestellte, also nicht polemische – Frage, ob die *Lehrer* insgesamt und als Körperschaft selbstverständlich und professionell in der Lage sind, die anvertrauten Schüler angemessen auszubilden und zu bilden. Das Tabu liegt aber eigentlich woanders bzw. es beginnt schon vorher, nämlich in der Ausbildung und Bildung der *Lehrer* durch die *Hochschullehrer*, die *Fach- und Seminarleiter* und nicht zuletzt die *Schulaufsicht*. Niemand fragt wirklich und nachhaltig nach *deren* Lehr-Qualifikation, wenn sie denn erst einmal berufen sind.

Damit dies kein Tabu bleibt und damit die Lehrerbildung an der Quelle nicht weiterhin marginalisiert und fragmentiert ist, gibt es neuerdings und vielerorts Zentren für Lehrerbildung, die nicht nur administrativ, sondern *konzeptionell* aufgestellt werden. Auch hier wäre im infiniten Regress zu fragen: *Wer* gründet, *wie* lautet das *Konzept*, wie *tauglich* ist es, die Lehrerbildung zügig und tiefgründig zu verbessern? Was bewirken die neuen Zentren in der tatsächlichen *Lehre* und wer behält dies forschend im Auge? Immer stellt sich also die Frage nach den *Personen*, die sich im Rahmen der bildungspolitischen Umstände und doch auch relativ autonom kümmern.

Es ist also, vor der Frage nach der Erziehung der Schüler, die Frage zu stellen nach der *Erziehung der Erzieher*. Das muss man ins Auge fassen, wenn das alte Schwarze-Peter-Spiel aufhören soll, das den *Schülern*, die angeblich immer schlechter werden oder den *Lehrern*, die angeblich zu jung oder zu alt oder zu weltfremd seien, die Schuld zuschiebt.

Die 68er unter uns werden sich an das rowohlt-Buch erinnern mit dem kleingeschriebenen Titel: „erziehung der erzieher: das bremer reformmodell. Ein lehrstück zur bildungspolitik" (1994). Wir erinnern uns, dass das Modell mit dem Herzstück Projektstudium scheiterte und sich auch selbst desavouiert hat im Überschwang der Reformideen; ich glaube aber, dass es weniger an den Ideen, als an den Reformern lag. Nicht nur die einphasige Lehrerbildung, auch die einphasige Juristenausbildung verschwanden nach einiger Zeit wieder sang- und klanglos in der Gegenreform. Der Grund für das Scheitern war also möglicherweise, dass auch die 68er zu sehr auf die *Strukturen*, und zu wenig auf die *Subjekte* geachtet haben. (Ich selbst möchte jedenfalls nicht ein Berufsleben lang auf neue Strukturen warten, sondern die erkannten Probleme auch „mit Bordmitteln" lösen, aber dazu braucht man eben gute Macher.)

Das Stichwort „Erziehung der Erzieher" tauchte schon lange vorher auf, z. B. 1806 beim Reformpädagogen und Aufklärer Christian Gotthilf Salzmann, dem Gründer einer Lehranstalt im thüringischen Schnepfenthal bei Gotha, die bis heute (bzw. heute wieder) besteht. Gelehrte aus ganz Europa interessierten sich dafür, in deutschen Landen u. a. Klopstock, Wieland, Jean Paul, Goethe und Fichte.

Im „Ameisenbüchlein. Oder: Anweisung zu einer vernünftigen Erziehung der Erzieher" schreibt Salzmann, was jeder, der in die Gesellschaft der Erzieher treten will, von Herzen glauben und annehmen müsse:

„Von allen Fehlern und Untugenden seiner Zöglinge muss der Erzieher den Grund in sich selber suchen."

Wenn wir unterstellen wollen, dass der *Lehrer* das *Curriculum* ist[1], stellt sich die Frage nach der professionellen Ausstattung der Lehrer. Salzmann seinerseits war so frei, einen Regelkatalog dazu aufzustellen:

„Das Erste: Sey gesund! Das Zweyte: Sey immer heiter! 3) Lerne mit Kindern sprechen und umgehen! 4) Lerne mit Kindern dich zu beschäftigen! 5) Bemühe dich, dir deutliche Kenntnisse und Erzeugnisse der Natur zu erwerben! 6) Lerne die Erzeugnisse des menschlichen Fleißes kennen! 7) Lerne deine Hände brauchen! 8) Gewöhne dich, mit der Zeit sparsam umzugehen! 9) Suche mit einer Familie oder einer Erziehungsgesellschaft in Verbindung zu kommen, deren Kinder oder Pflegesöhne sich durch einen hohen Grad von Gesundheit auszeichnen! 10) Suche dir eine Fertigkeit zu erwerben, die Kinder zur innigen Überzeugung ihrer Pflichten zu bringen! 11) Handle immer so, wie du wünschest, dass deine Zöglinge handeln sollen!"

Die Formulierungen klingen natürlich heiter-altbacken, und nach der alten erziehenden Volksschule würde man den Katalog heute erziehungswissenschaftlich ergänzen. „Was ist guter Unterricht?" fragen Hilbert Meyer und Andreas Helmke; dabei verbirgt sich freilich das verantwortliche personale Subjekt. In meinem Sinne müssten die Merkmale guten Unterrichts also beispielsweise nicht heißen: „Sinnstiftende Kommunikation", sondern: „Die Lehrer kommunizieren sinnstiftend mit ihren Schülern". Nicht: „arbeitsförderliche Raumumgebung", sondern: „Die Lehrer sind Gastgeber". Man kann sagen, diese Differenzierung sei Haarspalterei und das sei doch immer mit gemeint. Aber wenn man es personalisiert, werden die Vollzugsprobleme klarer. Denn nicht der Raum ist schuld, sondern diejenigen die ihn planen, bauen, pflegen, arrangieren und zum Lebensraum machen – oder eben nicht; nicht „die Schule" ist schuld, nicht „der Lehrplan" und auch nicht „das Geld", sondern die Akteure, die darüber entscheiden und damit hantieren.

Aber andererseits: Wer von uns würde auch nur die Salzmannschen Regeln für sich erfüllen? Gesund sein und heiter? Mit Kindern sprechen, innige Überzeugung von Pflichten vorleben, im eigenen Handeln reversibel denken? Noch mehr: Tun und Gelingen, Versuch und Misserfolg, Beobachten und Überdenken, Erfahrung und Einsicht – diese Ziele einer „erlebten Pädagogik" nach Salzmann brauchen wir nicht neu zu erfinden. Wieder andererseits: Welcher Lehrer würde heute das „Lob des Fehlers" singen, wenn die zentralen Tests nur noch multiple-choice-Antworten erlauben? Stellen Sie sich vor, ein junger Lehrer würde in seiner Examenslehrprobe einem Schüler sagen: „Ich danke Dir, dass Du diesen Fehler gemacht hast. Ich suche den Grund für Deinen Fehler in mir selber. Jedenfalls freue ich mich, dass ich es noch einmal erklären kann." Das kann zwar sachlich zutreffen, aber ist für die Lehrerrolle scheinbar nicht statthaft, und für die Schülerrolle auch nicht.

Mit anderen Worten: Was Lehrer standardmäßig können und tun sollten, scheint klar zu sein; wer dieses professionelle Können dann auch wirklich handhaben soll, ist weniger klar; dieses dann im Alltag auch zu tun, scheint nahezu selbstmörderisch.

Ich will im Folgenden zunächst mit Hilfe von drei einfachen Sätzen aus der Lehrerausbildung, aus einer Unterrichtsstunde und aus einem Wissenstest den Fokus richten auf den Alltag und diesen interpretieren. Danach werde ich anhand des Kompetenzmodells der neuen Bildungsstandards nachfragen, was die Lehrer eigentlich *noch* können müssen neben dem Kerngeschäft der Wissensvermittlung. Es geht schließlich darum, *Kompetenzen* zu entwickeln bei Schülern, und das geht wohl kaum ohne entsprechende Kompetenzen bei ihren Lehrern (und bei deren Lehrern).

Einfacher Satz Nr. 1:
„Eine Einsichtnahme ist nicht möglich"

Wie werden Lehrer gemacht? Am Schwarzen Brett eines universitären Fachinstitutes hängt ein Zettel mit der Aufschrift:

> *„Eine Einsichtnahme in die korrigierten Klausuren ist nicht möglich."*

Dieser Satz kommt so harmlos daher, und ist doch ein Monstrum. Was steckt alles darin? Was bekommen da künftige Lehrer von ihren (Hochschul-)Lehrern (oder Sekretärinnen) für eine Botschaft übermittelt? Was ist das für eine Inszenierung von Macht und Herrschaft? Was folgt daraus? Zunächst einmal verbirgt sich der Satz im Indikativ und hat kein handelndes Subjekt. „Eine Einsichtnahme ist nicht möglich": Das ist syntaktisch und semantisch eine Tatsachenaussage: *Es ist einfach so!* Da gibt es keine weitere Begründung und keine Selbsterklärung, die man für sich erkennen und akzeptieren könnte.

Ich bin diesem Aushang nachgestiegen bei dem zuständigen Hochschullehrer und habe ihn konfrontiert mit dem, was die Studierenden soeben in der Didaktik bei mir gelernt haben, nämlich das *Lob des Fehlers*; aus Fehlern könne man nämlich auch noch etwas lernen, und zwar individuell hoch differenziert, was aber die Einsichtnahme in eben diese Fehler voraussetze.

Die Antwort war ebenso abwiegelnd wie beharrlich. Zum einen habe diesen Aushang nur die Sekretärin geschrieben, vielleicht etwas ungeschickt. Zum anderen aber könne man bei 140 Klausuren nicht jedem Einsicht gewähren; das würde einfach zu lange dauern und sei deshalb praktisch unmöglich. Auch im Nachhinein sei eine Einsichtnahme unmöglich, diesmal aus Rechtsgründen, weil die Klausuren im Prüfungsamt zu einem Prüfungsdokument geworden seien; eine Einsichtnahme sei also erst möglich nach Abschluss des Studiums, wo die Kandidaten dann ja auch Einsicht in die übrigen Arbeiten und Korrekturen hätten.

Damit sind ganz verschiedene Ebenen der Argumentation beschrieben, von der *kleinen* Pragmatik begrenzten Sekretärinnenhandelns über die *mittlere* Pragmatik der Zeitbelastung und der „Wenn-da-jeder-käme"-Phantasien. (Mein Einwand, dass eine zentrale Nachbesprechung möglich sei und dass dazu nach meiner Erfahrung ohnehin nur 10 oder 12 Personen erscheinen würden, wird vermutlich als weltfremd oder „reformpädagogisch" abgetan.) Die *große* Pragmatik besteht schließlich darin, dass auch keine Musterlösung für alle ausgehängt werden könne, weil man damit diese Fragen für den nächsten Test im folgenden Semester verbraucht/„verbrannt" hätte.

Auch die formalistisch-rechtliche Seite kommt zum Tragen: Die Klausuren wandeln ihre Charakteristik von einem Leistungsnachweis zu einem geheimen Prüfungsdokument. Dazwischen liegt aber *keine* einzige juristische Sekunde, man kommt also nicht dran.

Weiterhin zeigt sich die Ebene der Pädagogik: Lernende bekommen keine Einsicht in ihre Fehler, weil sie keine Fehler machen sollten und andernfalls dafür einfach zahlen müssen. Das Lernen ist auf Punkte-Wissensbestände beschränkt, da braucht man auch keine Diskussion über mögliche Mehrdeutigkeiten oder abweichendes Denken. Dass die Korrekturen ihrerseits fehlerhaft sein können, auch aus reiner Flüchtigkeit, bleibt damit prinzipiell unentdeckbar oder im Nachhinein ohne Folgen. Und dass die Fragestellung selbst fehlerhaft oder sinnarm sein könnte, wird ganz ausgeschlossen;

die Aufgaben sind *reifiziert* (das heißt zu einer Sache geworden) und außer Diskussion gestellt.

Damit sind tief gestaffelte Verteidigungslinien geschaffen, die mit Einzelargumenten nicht zu überwinden sind; der Streit-Partner könnte sofort auf eine andere Ebene wechseln.

Schließlich ist zu erkennen die Ebene einer *persönlichen Hermetik* der Lehrenden, die andere Sehweisen gar nicht für legitim halten. Dabei ist der betreffende Dozent ein freundlicher und kluger Mensch, ohne zynische Attitüde (die es zuweilen ja auch noch gibt).

Mit dem Satz „Einsichtnahme ist nicht möglich" wird ein *strukturelles* Macht-Hindernis aufgebaut, hinter dem sich persönliche *Machtinhaber* ohne weitere Argumentation und auf wechselnden Bezugsebenen verbergen können.

Wenn man den Text des Aushangs interpretiert, hat er einen verborgenen, einen heimlichen Subtext: „Einsichtnahme und also *Einsehen* ist gar nicht *erwünscht"* (die Norm „nicht erwünscht" wird aber sprachlich verborgen und versachlicht hinter der Tatsachenbehauptung „nicht möglich"). Der Text ist damit doppelt kodiert und entzieht sich jeglicher Kritik; die normative und die intentionale Setzung bleiben unausgesprochen und also unkommunizierbar.

Insgesamt zeigt der kleine Satz eine prinzipielle Verachtung gegenüber den Studierenden als lernende Individuen, die sich für ihren eigenen Lernprozess interessieren. Wer unter solchen Sätzen den Lehrerberuf gelernt hat, findet sich entweder damit ab und „merkt nichts mehr", oder er wird selbst zynisch: „Nur die Harten kommen in den Garten". Oder, dritte Möglichkeit, man sucht ein Forum, derartiges überhaupt zu kommunizieren und für Lehrerbildungsstandards zu thematisieren. Zentren für Lehrerbildung können ein solches Forum sein, indem sie einen solchen Befund überhaupt zum Thema machen und Resonanz bieten für Studierende, die sich damit nicht abfinden wollen. Auch in Evaluationsfragebögen könnte dieser Problemkomplex zum Thema werden.

Einfacher Satz Nr. 2: „So müsst Ihr Euch das vorstellen."

Nach dem Beispiel zur Konditionierung der künftigen jungen *Lehrer* durch ältere Hochschullehrer und ihren Büro-Apparat nun ein Beispiel der Belehrung von sehr jungen *Schülern* durch ältere Lehrkräfte.

Im Rahmen einer Unterrichtsforschung[2] mit Hilfe von Videoaufzeichnungen stellte sich ein Lehrer der älteren Generation der Beobachtung; damit hatte er freundlich seine prinzipielle Bereitschaft zur Beobachtung, Beurteilung und Bewertung gegeben. Auch das Verfahren der Diskussion wurde vorher einvernehmlich geklärt und das Ergebnis wurde veröffentlicht. Deshalb ist die Diskussion des Befundes auch keine Denunziation und ich darf hier darüber sprechen.

Ich will es wieder bei einem einzigen Satz belassen, Sie können darin eine Menge über den Unterrichtshabitus erkennen. Der Satz lautet: „So müsst Ihr Euch das vorstellen."

Dazu verteilte der Lehrer an seine 7. Klasse ein (schlecht) kopiertes Profil, und zwar ein Profil durch das Niltal (es ging insgesamt um den „Nil – die Mutter Ägyptens"). Normalerweise würde man so einen Satz fast überhören, aber das Verb „vorstellen" soll unser Interesse erregen (dass da auch noch steht: „So *müsst* Ihr ...", soll hier nicht auf die Goldwaage gelegt werden). „Vorstellungen bilden" ist eine der vier zentralen Dimensionen im sog. „Verständnisintensiven Lernen" Jenaer Provenienz.

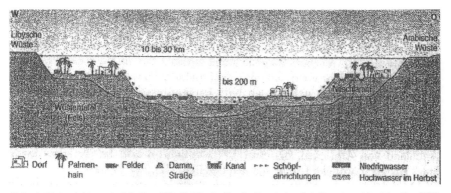

Abb. 1: Unterrichtsmaterial „Das Niltal" (Kopie für die Hand des Schülers in schlechter Qualität).

Wenn man das Material und Werkzeug „Profil eines Tales" im Kompetenzmodell einordnen wollte, gehört es zunächst in die Rubrik „Fachwissen", im speziellen Fall in die „Methodenkompetenz". Neben Karte, Diagramm etc. soll jeder Schüler auch wissen, was ein Profil ist, was es soll und leistet und wie man damit umgeht. Methodenkompetenz hat auch einen reflexiven oder metakognitiven Anteil, nämlich Einsicht in das Zustandekommen, die Charakteristik und Gültigkeit von fachlichen Aussagen. Dies macht nun den entscheidenden Unterschied: Betrachte ich das Profil als ein Modell der Wirklichkeit mehr oder weniger naturalistisch, stelle mir also ein Flusstal mit „bis zu 200 m Tiefe" vor? Dann bin ich, was den „wirklichen" Nil angeht, auf dem völlig falschen Dampfer. Oder achte ich ganz besonders und explizit auf die technischen Details der Zeichnung und erkenne nun: Ein 10-30 km breites Tal ist bis zu 200 m tief, das macht ein Verhältnis von 10-30.000 Metern zu 200 Metern, also ein extremes Verhältnis von 1:50 bzw. 1:150. Dazu kommt, dass die Stufung ja zumeist erst ganz am Rande zur Wüste liegt. Das Modell wäre also so zu lesen, dass das „wirkliche" Niltal nahezu eben ist, mit kaum wahrnehmbaren Terrassen aus Jahrtausenden von schlammbringenden Nilfluten. Die fachliche und methodische Kompetenz der Schüler müsste also darin bestehen, das Phänomen der zeichnerischen Überhöhung des Profils zu erkennen und sich vorzustellen, dass die 200 Meter Höhenunterschied (auf 30 km) nur im Profil zu sehen sind, nicht aber in der Wirklichkeit. Das Profil ist ein Instrument zur Erkenntnisgewinnung, es darf sich nicht „als Wirklichkeit" verselbständigen.

Der tatsächliche Unterricht machte aber diesen entscheidenden Unterschied nicht weiter auf. Es ging vielmehr weiter mit Hinweisen auf Pyramiden und Pumpen und Bewässerungssysteme. „So müsst Ihr Euch das vorstellen", heißt also auch hier: Verzicht auf jede „wirkliche" Vorstellung, Unterricht an der kurzen Leine, keine verstörenden oder irritierenden Einsichten oder Debatten.

Wo im ersten Fall („Einsichtnahme ist nicht möglich") die persönliche Auseinandersetzung mit dem „Sender" stand, wurde im zweiten Fall („So müsst Ihr Euch das vorstellen") ein geordnetes Verfahren der Verständigung verwendet.

Die „ganz normale Stunde" wurde nicht einfach nachbesprochen oder gar „von oben"/„top down" beurteilt und bewertet, sondern zum Kommunikations-Anlass gemacht. Der Lehrer stellt zuerst seinen Unterricht und die Konzeption seinen Lehramtsanwärtern vor, er ist noch immer in der asymmetrisch-überlegenen Rolle. Danach wird er von einem universitären Fachdidaktiker analysiert und kommentiert. Damit dies nicht als die höherwertige asymmetrische Beurteilung stehen bleibt, wird dieser Fachdidaktiker seinerseits von einem universitären Allgemeindidaktiker beobachtet und danach in ein Gespräch gezogen.

Dies ist unsere Matroschka-Inszenierung, in der man weiß, dass man nicht alleine ist, weder als Beurteilter noch als Beurteiler. Jeder Beteiligte steht seinerseits unter Beobachtung, es gibt kein Oben – Unten und kein letztes Wort. Es entsteht viel Material aus den Beobachtungen und der Kommunikation und dies ist mindestens ebenso erkenntnisträchtig wie die Unterrichtsdokumentation selbst: Wie kommunizieren die Lehrer mit den Schülern und mit den Lehramtsstudierenden, wie die Lehrerausbildner mit den Lehrern und mit ihresgleichen, was wird davon von den anderen verstanden, relativiert und am Ende als wertvolle Erkenntnis mitgenommen? Eine simple und eindimensionale Erziehung der Erzieher ist nicht mehr so einfach zu haben.

Wir sehen: Die Fragestellung hat sich zunächst verschoben. Wir fragen nicht unmittelbar „Was ist guter Unterricht?", sondern wir fragen: „Wie wird beobachtet?". Damit verlassen wir zunächst das Tableau der Wertbegriffe und bewegen uns auf dem Tableau der Kommunikation: Was sind die richtigen Problembeschreibungen? Was ist die wahre Fragestellung in der Praxis? Gehen die Partner miteinander wahrhaftig um? Kann es echte Erkenntnis geben, die vornehmlich aus der Kommunikation entsteht, und nicht aus der einfachen Empirie etwa der Unterrichtsmitschrift oder aus der Herrschafts- und Machtposition der Partner?

Entscheidende Operation: Die Metakognition

Ich würde mir wünschen, dass künftig die Metakognition als eine entscheidende Kompetenz angesehen würde. Einfach übersetzen würde ich dieses Fremdwort mit „Wissen, was man tut", und das würde den Menschen vom Tier unterscheiden. Tiere „wissen" auch viel, sie haben Erfahrung und Überlebensinstinkt. Aber sie *verhalten* sich, sie *handeln* nicht. Sie haben keine alternativen Optionen zwischen A oder B, sie haben keine unterschiedlichen Rationalitäten. Wenn sie solche hätten, würden sie verhungern wie der Esel des Bauern Buridan, der sich nicht zwischen zwei Heuhaufen entscheiden konnte.

Also: Neben der Wissensbasierung, neben der Erfahrung und der Fähigkeit für alternative Vorstellungen stünde künftig das Üben im Reflektieren: Was haben wir jetzt gemacht? Wäre das auch anders gegangen? Welche Erfahrung und Erkenntnis wollen wir festhalten, welche können wir vergessen? Damit wäre das Programm des verständnisintensiven Lernens, wie es in Jena Peter Fauser etabliert hat, skizziert: Lernen aus *Erfahrung*, Bilden von *Vorstellungen*, *Begreifen* über Begriffe und schließlich die *Metakognition*.

Am Beispiel des Profils aus dem Niltal und für die Verständigung in den Nachbesprechungen wäre das doch schon mal eine gute Folie. Welche Vorstellung ist mit Hilfe des Profils zu entwickeln? Zum einen eine fachinhaltliche (Niltal) und zum anderen eine fachmethodische (Profilüberhöhung). Welche Erfahrungen kann man dazu mobilisieren (außer dem Mitbringen von Fotos von einer Reise an den Nil)? Welche sinnstiftenden Begriffe kann man daraus ableiten und festhalten (z. B. Bewässerungssysteme, Archimedische Schraube, Sediment, die sieben fetten und die sieben mageren Jahre im 1. Buch Mose Kap. 41 etc.). Wie kann man lernen, sein Tun stets zu reflektieren nach Sinn und Zweck?

Die Metakognition wäre eine Operation, die zu einer Kompetenz führt, nämlich die Reflexion, die sachgerechte Auswahl von Lerngegenständen und -gelegenheiten, die gemeinsame Evaluation der Güte des Unterrichts. Und der Unterricht wird bei der Gelegenheit gleich zu einer gemeinsamen Sache, anstelle von Instruktion oder Beschäftigung. Das gleiche gilt für die Nachbesprechung von Unterricht zwischen Lehrern, Ausbildern, Schulaufsicht etc.

Das neue Kompetenzmodell in den Bildungsstandards: Sechs Fäden machen ein Seil

Was unter Bildungsstandards verstanden wird

Bildungsstandards greifen allgemeine *Bildungsziele* auf. Sie benennen die *Kompetenzen*, welche die Schule ihren Schülerinnen und Schülern vermitteln muss, damit bestimmte zentrale Bildungsziele erreicht werden. Die Bildungsstandards legen fest, welche Kompetenzen die Kinder oder Jugendlichen bis zu einer bestimmten Jahrgangsstufe erworben haben sollen. Die Kompetenzen werden so konkret beschreiben, dass sie in Aufgabenstellungen umgesetzt und prinzipiell mit Hilfe von *Testverfahren* erfasst werden können.

Bildungsstandards stellen damit innerhalb der Gesamtheit der Anstrengungen zur Sicherung und Steigerung der Qualität schulischer Arbeit ein zentrales Gelenkstück dar. Schule und Unterricht können sich an den Standards orientieren. Den Lehrerinnen und Lehrern geben Bildungsstandards ein Referenzsystem für ihr professionelles Handeln. Die Kompetenzanforderungen einzulösen, so gut dies unter den Ausgangsbedingungen der Schülerinnen und Schüler und der Situation in den Schulen möglich ist, ist der Auftrag der Schulen.

BMBF 2003 – „Klieme-Expertise", 19

Nach Weinert versteht man unter *Kompetenzen* „die bei Individuen verfügbaren oder durch sie erlernbaren kognitiven Fähigkeiten und Fertigkeiten, um bestimmte Probleme zu lösen, sowie die damit verbundenen motivationalen, volitionalen [Volition = willentliche Steuerung von Handlungen und Handlungsabsichten, d. V.] und sozialen Bereitschaften und Fähigkeiten, um die Problemlösungen in variablen Situationen erfolgreich und verantwortungsvoll nutzen zu können" (Weinert 2001, 27 f.).

Das wäre also noch mal die Ebene der *Proklamation*; jetzt muss diese überführt werden in die Ebene eines professionellen *Programms*. Die Definitionen der Klieme-Expertise lauten:

„Bildungsstandards geben ein Referenzsystem für professionelles Handeln von Lehrerinnen und Lehrern. Die Kompetenzanforderungen sind einzulösen, soweit dies unter den Bedingungen von Schülern und Schulsituation möglich ist".

Dies wäre nach meinem Verständnis zu ergänzen, nämlich um die Nennung der Akteure in der Schule:

Die Lehrerinnen und Lehrer müssen die dafür nötigen Kompetenzen zuvor selbst erwerben in ihrer Aus- und Weiterbildung. Die Institutionen und Personen in der Aus-

und Weiterbildung müssen ihrerseits die Kompetenz für professionelles Handeln im Sinne dieses Kompetenzmodells besitzen oder erwerben.

Was sind das nun für Kompetenzbereiche, die da in den Bildungsstandards mehr oder weniger ähnlich in allen Schulfächern ausgeschrieben werden? Und vor allem: Wie werden diese definiert?

Die Grafik (Abb. 2) zeigt sechs Bereiche (von denen einer, die räumliche Orientierung, speziell für die Geographie als Alleinstellungsmerkmal ausgewiesen wurde und hier außer Betracht bleiben kann). Das Bild ist zunächst mal so zu lesen, dass (1) alle Bereiche gleichrangig gesehen werden und dass (2) alle zusammen die (Gesamt-) Kompetenz bilden. So wie einzelne Fäden zusammen gedreht einen starken Zwirn ausmachen, jeder für sich aber fast gar nichts halten würde.

Vertreter der Fach-Wissensbasierung finden sich also weiterhin prominent wieder, aber sie müssen sich zugleich im Budget mit anderen Bereichen arrangieren. Das ist jedoch nicht additiv zu sehen, sondern integrativ. Die Wissenskompetenz muss nicht die Stunden mit anderen Kompetenzbereichen teilen, sondern sie muss sich mit diesen verbinden.

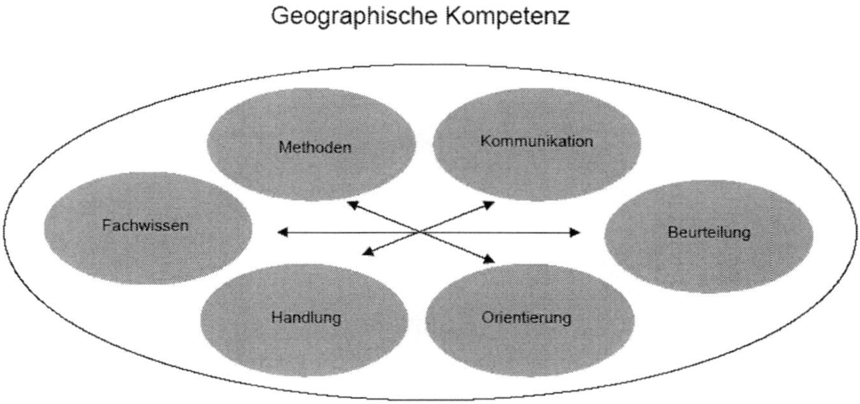

Geographische Kompetenz

Abb. 2: Bildungsstandards Geographie (2006/2008): Kompetenzbereiche einer (geographischen) Gesamtkompetenz.

Wenn man Fachwissen vermittelt, geschieht dies zugleich als Kommunikationsakt und mit einer bestimmten Methode. Insofern kann man noch sagen: „Das haben wir doch immer schon gemacht". Der Unterschied ist nun, dass die Fachmethoden ihrerseits zum Thema gemacht werden und nicht nur ein Handwerkszeug sind, das man automatisiert benutzt. Ich erinnere an die Profilzeichnung, die jedes Kind in der 5. oder 7. Klasse gerne malen und ansehen kann, die aber jetzt als Medium der Erkenntnisgewinnung thematisiert wird. Dieses Thema kann dann z.B. lauten: „Lügen mit Profilen" (wie auch

Lügen mit Statistik oder Lügen mit Karten oder, natürlich, Lügen mit Wörtern immer schon ein wichtiges Thema waren oder hätten sein sollen).

Der Unterschied ist auch, dass die Kommunikation nicht nur kurzgeschlossen als Sprechen und Sich-Melden im Klassenzimmer verstanden wird, das auch. Aber Kommunikation ist zugleich ein Akt der Konstitution von Wirklichkeit, nicht nur im Klassenzimmer, sondern auch in der Presse und im öffentlichen Diskurs. Wenn man sich z. B. an die Katastrophenkurven zum Klimawandel von AlGore erinnert und wie er auf eine hohe Leiter klettert, um die Kurven für die nächsten 50 Jahre überhaupt noch an die Leinwand zeichnen zu können in ihrem steilen exponentiellen Verlauf, ist dies offensichtlich ein Akt der *Konstruktion* von *Bewusstsein* über eine bestimmte Art der *Zeichnung*. Und so kann man auch das Nilprofil unter die Frage stellen: Könnt Ihr Euch damit das Niltal vorstellen? Antwort: Nein, wenn man nicht die Methodik der Verzerrung, die Anamorphose[3], kennt und reflektiert.

Fazit: Mit dem reinen Wissen (Niltal = 30 km breit) und mit der reinen Methode (Profil vom Niltal) hat man nichts erkannt, nichts vorgestellt, nichts begriffen, wenn man nicht die Kompetenzen miteinander entwickelt.

Einfacher Satz Nr. 3: „Die Sonne geht im Osten auf"

Ich gebe noch ein letztes Beispiel aus dem Fach- und also allgemeinbildenden Unterricht, und zwar den Satz „Die Sonne geht im Osten auf". Dieser Satz findet sich in einem Testheft zur Physischen Geographie als Lückensatz, einzutragen ist von den Schülern (laut Lehrerfolie) das Wort „Osten".

Nun kann man diesen Satz als einfache kleine Wahrheit lehren und lernen lassen und abfragen und dann hat sich das. Die Schüler lernen die Himmelsrichtungen und darin den Lauf der Sonne und damit ist die Kapazität von Schülern und Schule erschöpft.

Meine Idee ist nun, diesen Satz zu benutzen als Lerngelegenheit und zwar auch wieder über eine Irritation. Die Aufgabe lautet dann nicht „Trage die richtige Antwort ein", sondern „Finde mindestens drei gute Gründe, wonach dieser Satz *nicht* zutrifft." Der Satz trifft zu, wenn man danach ganz grob wandern wollte. Er trifft aber nicht zu im Winter oder wenn man in höheren Breiten wohnt (am Nordpol gibt es den Grenzfall, dass überall Süden ist!) und wenn man den Satz astronomisch meint. Die Sonne „geht" nämlich in unserem Planetensystem überhaupt nicht, vielmehr ist es die Erde, die „geht". Mit anderen Worten: Der Satz muss vorab pragmatisch definiert werden: Wann gilt er (in bestimmten Grenzen), wann gilt er nicht und wann ist er völlig falsch? Die Philosophie der Pragmatik nach Charles S. Peirce macht genau dies zum Thema, nämlich die verschiedenen Wahrheiten je nach der Wirkung eines Satzes zu beobachten. Die Wirkung für den Wanderer ist positiv, für den Astronomen negativ. Die Art der Beobachtung und die Absicht der Handlungen ist der Maßstab für richtig oder falsch.

Ich weiß, dass Schüler und auch Lehrerstudenten diese Differenzierung zunächst als Irritation empfinden („Was soll das denn jetzt werden?"), dass sie danach aber gerne detektivisch auf die Suche nach den Gründen gehen, die diesen Satz problematisieren. Ich merke dann, wie wenig sie sich darüber bisher Gedanken gemacht haben, weil sie eine einfache *Tatsache* im Kopf hatten, aber keine reflektierbare *Konstruktion von Wirklichkeiten*. Bis ins Staatsexamen hinein kann es geschehen, dass die künftigen Lehrer keine Vorstellung vom Planeten Erde haben und auch nicht wirklich vom Gradnetz oder den Zeitzonen (die bekanntlich aus politischen Gründen in keinem Fall mit den Längengraden übereinstimmen, wie man in jedem Taschenkalender nachschlagen kann.) Sie verstehen daraufhin auch nicht, wieso die Zeitzonen eine Konstruktion sein sollen, weil sie meinen: „Das ist einfach so". Und sie verstehen zuweilen nicht einmal den umwerfenden Hinweis, dass am Nordpol überall Süden sei.

Und selbst wenn sie es verstehen, gibt es einige, die das alles für Haarspalterei halten und für eine Verunsicherung der Schüler, die in der Schule doch Vergewisserung suchen. Dass man aber nicht mit falschen oder halben Wahrheiten Schüler zu Bürgern machen darf, das denken sie nicht mit. Und selbst Hochschullehrer sagen in einem solchen Fall: „Ist doch egal!"

Inszenierung von Lerngelegenheiten durch lohnende Fragen

Die Lerngelegenheiten und Erfahrungen müssen so arrangiert werden, dass man mehr Kompetenzen braucht als das abfragbare Wissen. Sie werden dann zünden können, wenn es sich um echte Fragen handelt und nicht um multiple-choice-Kästchen oder eingekleidete Textaufgaben wie früher im Mathematikunterricht. Das dürfte vielen Lehrerausbildern schon schwer fallen; sie haben ja selbst meist nicht gelernt, lohnende Fragen von trägem Wissen zu unterscheiden.

Wenn es denn gelungen ist, in längerer Zeit daraus einen Habitus zu machen, nämlich den Sinn einer Aufgabe zu legitimieren und die Arbeitsweise zu reflektieren, und wenn daraus endlich eine größere Zufriedenheit mit dem eigenen Tun einhergeht, kommt die illegitime Mutter aller Fragen für den Schulunterricht: *Können* die Schüler das denn auch? Oder noch illegitimer: *Dürfen* wir das als Referendare an der Schule denn auch so machen – Lernen durch Irritation, Lob des Fehlers, Aufgaben in Frage stellen? Kriegen wir da nicht Ärger mit den Fachleitern oder den Eltern? Ich habe beobachtet, wie nach einer Lehrprobe der Schulleiter dem Kandidaten leise zuraunte: „Gut, dass Sie keine Gruppenarbeit gemacht haben!"; das sagte er rein nachsorglich und mit seinem eigenen impliziten Begriff von „Gruppenarbeit"; es hatte gar nichts dergleichen stattgefunden, dieser Kommentar wird aber eine nachhaltige habituelle Wirkung weit über diese Stunde hinaus entfalten. Spätestens dann lernen unsere jungen Lehrer, dass es verschiedene Referenzpunkte und Maßstäbe in der Schule gibt, in den Fächern, bei den Bezugspersonen, bei den Eltern und in der Öffentlichkeit, und sie meinen, dass sie einem System mit grundverschiedenen Standards und einer doppelten Moral angehören, sie fragen sich instinktiv, wie sie ihr Überleben organisieren und wem sie dabei vertrauen dürfen. Im Zweifel bleiben sie in der strukturkonservativen Routine oder aber sie trauen sich zu, als Einzelkämpfer die Bildungsstandards im weiteren Sinn zu entwickeln.

Ich darf Ihnen dazu aus dem Brief eines erfahrenen Hauptseminarleiters (Volker Schmidtke, Köln) vorlesen, der sich mit jungen Lehrern befasst, die Veränderungen implementieren, aber zugleich im System überleben wollen.

„Referendare machen zu Beginn ihrer Ausbildung immer eine intensive Phase der biographischen Selbsterkundung mit, finden das auch ganz spannend, bei sich selber mal genau hinzugucken, warum sie Lehrer (und was für einer) werden wollen, was sie für Unterrichtsbilder und Schülerbilder und Lehrerbilder und war für Gesellschaftsbilder im Kopf haben, und dann war's das meistens. Dann kommen der Druck und der Stress und die Korrekturen und die Erlasse, und die meisten fallen spätestens nach dem Examen sehr schnell in alte Methoden und Gewohnheiten und Handlungsmuster zurück und entwickeln Routinen, die sie „eigentlich nicht wollten". Im System überleben heißt dann die Devise. Übrigens ist Lehrerfortbildung in der dritten Phase von ihrem Ansatz her – bei allem Wollen und guten Willen! – oft auch eher kontraproduktiv, gerade weil Lehrerverhalten und der tief handlungsleitende, inkorporierte Habitus sowie starre, oft sogar unbewusste Routinen so schwer nur veränderbar sind. Und viele Lehrer wollen in der Regel auch gar nicht sich selbst und ihren Unterricht als solchen verändern, sondern sie wollen ,unmittelbar umsetzbare Materialien' und Verfahren."

Was ich auch beobachte: Es genügt bei weitem nicht, dies alles in einer Vorlesung oder einem Fortbildungsvortrag zu entfalten und mit Beispielen zu unterlegen. Es dauert mehrere Jahre, bis sich ein Habitus verändert, wenn überhaupt. Grundsatz dafür scheint zu sein: *Dazu*lernen ist möglich, *Um*lernen ist nahezu unmöglich. Die Entwicklung von Kompetenzen aus dem neuen Modell der Bildungsstandards für alle Fächer und für alle Lehrer und für alle Schüler ist im Prinzip nicht so schwer vorzustellen, vergleiche das Bild von den einzelnen Fäden (Abb. 2), die zusammen ein Seil bilden; sie müsste aber im Konsens und mit Emphase auch gestaltet werden. Und davon sind wir wohl leider noch weit entfernt. Reflektieren, irritieren, innovieren – das kommt in keiner „Operatoren"-Liste vor, und wenn, haben viele Lehrer Angst vor Relativierung der Sache und Autoritätsverlust der Person. Diese Angst müssen wir als erstes nehmen, denn Angst ist ein schlechter Ratgeber. Und vor allem: Fangen wir nicht bei den Schülern an oder bei den Lehrern an, sondern bei der Lehrerausbildung. Womit wir wieder bei den Zentren für Lehrerbildung wären.

Zum Ausblick möchte ich Ihnen berichten, wie das Zentrum für Lehrerbildung und Didaktikforschung an der Universität Jena mit diesem selbst gestellten Auftrag umgeht. Dies geschieht in unserem heutigen Zusammenhang vor allem auf drei Feldern.

Zum einen wurde die gesamte Lehrerausbildung in Kooperation zwischen der ersten und der zweiten Phase mittendrin mit einem *Praxissemester* ausgestattet. Nach dem vierten Semester prüfen alle Beteiligten, ob der Lehrerberuf das richtige ist. Dafür haben erfahrene Fach- und Seminarleiter der Studienseminare und die universitären Didaktiker mehrere Jahre in Jena diskutiert und geplant, bis es am Ende ein Curriculum für ein solches Praxissemester gab. Auch die Fachmentoren in den Schulen und die dortigen Ausbildungsbeauftragten sollen konzeptionell erreicht und koordiniert werden. Da wird also nicht nach irgendeiner ministeriellen Vorgabe ein solches Semester eingeführt, sondern es wird vorher durch kollegiale Kommunikation konstruiert und dann professionell beobachtet (beurteilt und bewertet). Schon im ersten tatsächlichen Durchlauf wurde z. B. in einer Belastungsstudie empirisch erhoben, wie sich die Modularisierung des Studiums und die landesweit koordinierte Verteilung auf Ausbildungsschulen auf die Arbeitskraft der Studierenden auswirken. Die gesamte alltägliche Praxis dieser Innovation beruht auf einem soliden Konsensbildungsprozess; es gibt keine Sündenböcke mehr und keine böse Nachrede; die Erste und die Zweite Phase sind nicht mehr fragmentiert.

Das zweite Feld einer nachhaltigen Lehrerbildung ist die „Fortbildung Didaktik". Hier bewerben sich erfahrene Lehrkräfte für ein dreisemestriges Begleitstudium mit Zertifikat, um danach für herausgehobene Positionen vorbereitet zu sein. Fast alle Fachdidaktiken beteiligen sich daran, auch die allgemeine Schulpädagogik und die pädagogische Psychologie. Hier ist beiderseits Gelegenheit, den Stand der Kunst mit den Regeln des Alltags zu verbinden und in Produkten und deren Verteidigung sichtbar zu überprüfen.

Ein drittes Feld ist die planmäßige Förderung wissenschaftlichen Nachwuchses; in einem jeweils dreisemestrigen (zertifizierten) *Doktorandenkolleg* entwickeln hervorragende Lehramtsanwärter ihre Projekte und werden dafür methodisch geschult.

Alle diese Felder brauchen mündige Partner, die die Standards erfüllen, die man auch gerne bei den Schülern hätte: sie sind sach- und fachkundig, methodenkundig und reflexionsfähig, beurteilungs- und bewertungssicher, innovativ und kreativ, kommunikationsfähig und handlungsorientiert oder zumindest öffnen sie sich der Entwicklung dieser Kompetenzen.

Aber ich weiß auch: Wir sprechen dabei vorerst von einer Elite. Indem ich nämlich diese Kompetenzbereiche noch einmal aufzähle, erinnere ich mich daran, wie hakelig die Kooperationen am Anfang waren, geladen mit alten Erfahrungen aus Studium und Beruf, bis hin zum habituellen wechselseitigen Misstrauen zwischen Schule und Hochschule, und natürlich immer noch kompliziert durch die Eigenschaften der Einzelpersonen und deren Biographien. Mit diesen Hypotheken kooperativ, prozess- und ergebnisorientiert arbeitsfähig zu werden, braucht Zeit und Erfahrung. Dies kann aber kultiviert und muss nicht immer wieder neu erfunden werden.

Der Beitrag ist ein Vortrag im Forum Fachdidaktische Forschung
an der Stiftung Universität Hildesheim. Symposium zur Gründung am 24.10.2008.

Anmerkungen

1   Vgl. den Hype um die Studie von John Hatttie: Lernen sichtbar machen für Lehrpersonen. Überarbeitete deutschsprachige Ausgabe von „Visible Learning for Teachers" (2012) Baltmannsweiler 2013 und Ewald Terhart: Die Hattie-Studie in der Diskussion. Seelze 2014.

2   Kanwischer/Köhler/Oertel/Rhode-Jüchtern/Uhlemann: Der Lehrer ist das Curriculum!? Eine Studie zu Fortbildungsverhalten, Fachverständnis und Lehrstilen Thüringer Geographielehrer. Thüringer Institut für Lehrerfortbildung, Lehrplanentwicklung Medien, Materialien Bd. 108, 2004, 85.

3   Vgl. Text Nr. 27 „Die Anamorphose" in diesem Band.

34. Der Lehrer ist das Curriculum!?

Lehrerbiographien, gesellschaftliche Umbrüche, Schulentwicklung

Heterogene Lehrerschaft: Gefahr und Chance

„Plötzlich bewundert: Das Schulsystem der DDR" – so lautet die Titelseiten-Schlagzeile der Süddeutschen Zeitung vom 19.6.2002. Und hinter vorgehaltener Geographenhand hatte man schon kurz nach der Wende 1990 die Empfehlung von West nach Ost hören können, bitte so weiter zu machen; „so", das bedeutete hier: vorwiegend Physische Geographie, Länderkunde und Wissensorientierung. Flankierend baute sich langsam und mal wieder das Gefühl auf, am Autoritätsverfall von Schule und Wissensverfall von Schülern seien „die" Reformen schuld. Schülerorientierung, Offener Unterricht, Fächer-übergreifender Unterricht und Projekte, Gruppenarbeit und Verbal-Beurteilung waren ursprünglich gemeint als Innovation, als Trittsteine von der Paukschule zum „Haus des Lernens"; aber dies blieb nahezu Privatsache für diejenigen Lehrer, die das wollten und konnten. Die anderen nahmen bereitwillig das destruktive Wort des ehemaligen Bundespräsidenten Roman Herzog von der „Kuschelpädagogik" auf und einige missverstanden die Aufforderung zum „Ruck", der durch Deutschland gehen müsse, als „weiter so". Neben der politischen Weihe der Gegenreform erschienen – Schlag auf Schlag – zwei dickleibige pädagogische Kampfschriften, die vielen erschöpften und enttäuschten Lehrern gerade auch der 68er Generation aus der Seele sprachen: „Wozu ist die Schule da?" (1996) und „Reformpädagogische Illusionen" (1998) von Hermann Giesecke.

Aus den gefühlten Gräben, die sich da auftaten – Autorität plus Wissen hier und romantisch-individualisierende Bildungs- und Schulidee dort – stiegen antipädagogische und antiakademische Ressentiments („Lehrer sind doch faule Säcke"). Und schließlich geriet Schule in die „Standort-Deutschland"-Debatte, in der die Wirtschaft neben banalem Wissen auch weitergehende Kompetenzen (anfänglich „Schlüsselqualifikationen" genannt) einfordert, die man der traditionellen Schule nicht mehr zutraute und einer reformpädagogischen schon gar nicht.

Die Schule und ihre Lehrer sind also in verschiedenen Zwickmühlen: einerseits wird von ihnen nützliche Modernisierung unter restriktiven Bedingungen verlangt, andererseits sollen sie demokratische Teilhabe und soziale und personale Kompetenzen entwickeln. Einerseits stehen alle am PISA-Pranger, andererseits fühlen sich einige im Län-

dervergleich relativ bestätigt. Einerseits sollen sie Selbstbestimmung und Selbststeuerung fördern, andererseits wird ihnen dies in Zeiten von Ergebnisorientierung/Vergleich-
barkeit/Standardisierung erschwert. Und schließlich die Zwickmühle, zwischen echten
und unechten Fragen, zwischen sachlichen und ideologischen Motiven unterscheiden
zu müssen.

Nun gibt es allerdings ein Bild von Schule, in dem eine – negative oder positive –
Vision von Einheitsschule nicht funktionieren kann, das Bild nämlich von einer Schule,
in der der *Lehrer das Curriculum* ist[1]. Wenn die Lehrerin/der Lehrer ihr/sein Handwerk
nicht versteht und nicht inspiriert ist und nicht inspirieren kann, sind alle KMK-Beschlüs-
se, Lehrplan-Präambeln und Schulbücher das Papier nicht wert, auf dem sie geschrieben stehen. Und alle Großdebatten ziehen über die Unterrichtswirklichkeit hinweg, oder
in einem drastischen Bild von Jürgen Oelkers auf einer Tagung der Sächsischen Akademie für Lehrerfortbildung 2002: „Da wird auf den Karton gehauen, und alle Hühner
drinnen flattern auf, und dann setzen sie sich wieder hin ...“

„Auf die Organisation kommt es nicht an“. Worauf dann? „Auf die Lehrer“, sagt der
Staatssekretär im Stuttgarter Kultusministerium (Kahl 2002, 31). Der Lehrerberuf sei immer noch mehr eine Sache der Persönlichkeit als der erworbenen Qualifikation, sagt
der Präsident des Stifterverbandes für die deutsche Wissenschaft, Arend Oetker (FR
12.9.2002). Vielleicht haben beide Recht. Andererseits: Wer die Schuld (oder den Erfolg) für die Ergebnisse der PISA-Studie „vor allem bei den Lehrern sucht, geht einen
einfachen, keineswegs jedoch den richtigen Weg“, sagt der Jenaer Erziehungswissen-
schaftler Will Lütgert (Uni-Journal Jena 1/2002, 27). Aber schon lange vor PISA hatte
die KMK 1995 speziell die konservativen Unterrichtsformen und das traditionelle Be-
rufsverständnis der Gymnasiallehrer kritisiert. (Auch deshalb wendet sich z. B. ein neuer postgradualer Studiengang „Didaktik“ in Jena an Lehrer mit besonderen didaktischen Aufgaben, in der Hoffnung auf eine Multiplikatorwirkung (vgl. auch DVLFB 2003).

Die Lehrer sind in jedem Fall eine entscheidende Schnittstelle, weil alle Anforderungen und Konzepte durch sie hindurch laufen; *input* von außen und *output* in der Qualität von Schule und Schülern werden hier in einer *black box* arrangiert. *Black Box*, weil
die Lehrerschaft eine heterogene Mischung und auch jeder Einzelne eine zunächst un-
durchschaubare Mischung aus Fachlichkeit, Erfahrung und sonstiger Biographie ist.
Dies ist Gefahr und Chance zugleich.

Referenzrahmen und Ziele der Studie

Die bisherigen Ausführungen haben aufgezeigt, welche Rolle dem Lehrer von unterschiedlichen Seiten zugewiesen wird. Der Referenzrahmen, in dem sich die Lehrer bewegen, wird gebildet aus der gesellschaftlichen und politischen Situation, dem Schul-
und Lernbegriff und den praktischen Anforderungen von innen und außen.

Die vorliegende Studie ist im Zusammenwirken zwischen universitärer Fachdidaktik, Fachleitern und dem Thüringer Landesinstitut für Lehrplanentwicklung, Lehrerfortbildung und Medien (ThILLM) entstanden. Mit der Beforschung von „Fortbildungsverhalten, Fachverständnis und Lehrstile" wollen wir herausfinden, ob es einen Typus des „Thüringer Geographielehrers" tatsächlich gibt, für den sich ein regionales und adressatenbezogenes Fortbildungskonzept erarbeiten ließe („abholen, wo die Adressaten stehen"). Wir erforschen dies gemeinsam und partnerschaftlich zwischen Universität und Lehrern, weil nur so jede Hegemonie vermeidbar ist und als gemeinsames Bemühen Vertrauen stiftet. Die Studie könnte zu einem Vergleich entweder zwischen Bundesländern (vgl. PISA-E) oder verschiedenartigen Fächern anregen.

Diese Zielstellung ist allerdings nicht unumstritten, weil einige Bildungspolitiker eine solche „weiche", auch pädagogisch interessierte Vorarbeit lieber durch eine *administrative Strategie* mit Kerncurricula und nationalen Vergleichstests „Standards" (vgl. dazu zuletzt: von Hentig 2004) umgehen wollen. Andererseits würde doch auch und gerade die *pädagogische Strategie* der Stärkung in der Heterogenität Verfechtern eines föderalen Konkurrenzmodells entgegenkommen (vgl. z. B. Friedrich Jahresheft XXII 2004). Inzwischen spricht man von Bildungsstandards als „Outputorientierung" und dem selbstbestimmten Weg dorthin als „Inputorientierung". Was „herauskommen" soll, wird offiziell bestimmt; wie man diese Fremdbestimmtheit erreicht, ist Sache der „autonomen Schule" und der Lehrerschaft (vgl. Expertise des BMBF 2003).

Sei es wie es sei – auch die OECD konzipiert inzwischen nach PISA („Students Assessment") eine Lehrerstudie, die dann wohl PITA (*Programme for International Teacher Assessment*) heißen wird. Die generelle Frage dabei ist, ob man neben Ergebnissen (und in engen Grenzen auch Prozessen) so etwas wie „Lernkultur" testen kann: „Es ist möglich – auch wenn wir noch in den Anfängen sind, mentale Grundmuster der Schüler und die Stimmung in den Schulen zu ergründen", sagt Andreas Schleicher von der OECD, der 1995 begonnen hat, gegen das „Geschwafel bei der Bildung" PISA zu konzipieren (Die Zeit 37/2002). Eine Lehrerstudie „muss ganz gründlich vorbereitet werden"; ein Wissenstest für Lehrer soll es nicht sein. Statt dessen: Unterrichtsstil, Lernklima, Kooperation zwischen Lehrer und Schüler. Ob es damit getan ist, bloßes „Geld in Bildung zu verwandeln", darf bezweifelt werden; aber dass Bildung und Ausbildung eine lohnende Investition in das sog. Humankapital sind, ist unbezweifelbar. Was man organisatorisch tun kann, zeigt das – hier – erfolgreiche Japan: Die Pflichtstunden reduzieren, für Schüler, um Freiräume für selbständiges Lernen zu schaffen, für Lehrer, um bei erhöhter Präsenzpflicht Fortbildung und Kooperation zu stärken.

Unserer Studie liegt ein Modell von Schulentwicklung zugrunde, in dem im Kontext gedacht werden:
1. die Voraussetzungen, nämlich Bildungsziele, Leistungen, Einstellungen, Haltungen;

2. die Merkmale von Schule und Unterricht: Schulkultur, Schulmanagement, Kooperation und Personalentwicklung (für Schule), sowie Inhalte, Materialien, Lehr- und Lernprozesse (für Unterricht);
3. der Ergebnisse nach kurzfristigem *output* und langfristigen *outcomes* (ein gutes Testergebnis muss noch keine Kompetenz nachweisen).

Der heikle Punkt ist sicherlich die Personalentwicklung, also die Entwicklung der Kompetenzen der (vorhandenen) Lehrerinnen und Lehrer. Deswegen setzt hier die Studie an, indem sie die Voraussetzungen klärt: Bildungsziele, Einstellungen und Haltungen der Lehrer, Inhalte, Materialien, Lehr- und Lernprozesse ihres Unterrichts.

Wenn man standardisiert danach fragt, bildet dies natürlich zunächst nur eine Oberfläche ab, zeigt Spuren. Nicht *ob* im Geographieunterricht der Atlas benutzt wird, sondern – mikroskopisch genau – wann, mit welcher Aufgabenstellung und mit welcher Wirkung, lässt etwas über die Lehr-/Lernkultur erkennen. Nicht *ob* Topographie wichtiger ist als z. B. Diskursfähigkeit, sondern wann und wozu sie einen *Sinn* erhält, ist zu erforschen. Und auf Grund dieser Spuren: Warum macht der eine Lehrer das so und der andere anders, *ceteris paribus*, unter sonst gleichen Umständen?

Das Design der Studie: Methodenmix, „verzögerte Strukturierung" und „Matroschka-Methode"

Keine einfache Forschungsfrage, heterogene Probanden, eine dynamische und strittige Leitbilddiskussion in der Gesellschaft, Optimierung der Lehreraus- und Weiterbildung in Ressourcenknappheit und Differenz, – all dies verpflichtet zu einem Methodenmix und einer „verzögerten Strukturierung", d. h. ein halboffenes Design (vgl. Hoffmann-Riem 1980; Oswald 1997; Kelle 1995). Eine weitere Besonderheit ist einzubauen: Da die Forscher selbst auch Beteiligte an dem beforschten Prozess und Personenfeld sind (Aktionsforschung), müssen auch sie wenigstens prinzipiell mit betrachtet werden: Wer sind die Forscher, wer sind die Fortbildner, was haben sie für eine Prägung und Konzeption von Schule und Fach, sind sie selbst überhaupt reflexiv in ihrer Tätigkeit, und: wie ge- oder misslingen Verständigung, Kooperation und Entwicklung?

Das bedeutet erstens: Die Konzeption der Erhebung wird mit Teilen der Probanden gemeinsam entwickelt. Das ist mehr als die Phase der üblichen Exploration, in der geprüft wird, ob eine Frage greift oder nicht. Es wird gemeinsam über die *Validität* einzelner Fragen und des gesamten Unternehmens diskutiert. Gleichzeitig wird geklärt, ob das Verfahren funktioniert und zu zuverlässigen Ergebnissen (*Reliabilität*) führen wird; dazu gehen in Pretests auch Probanden selbst zu anderen Probanden und merken dabei mehr oder anderes als die scheinbar distanzierten Forscher.

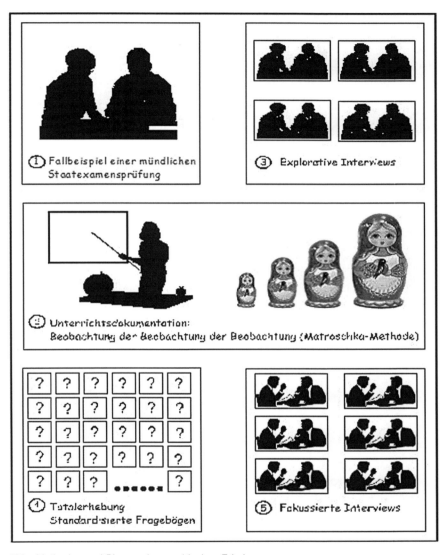

Abb.: Methoden und Phasen der empirischen Erhebung.
Die komplette Studie hat 222 Seiten; die weiteren Kapitel lauten (2) Beobachtungstheoretische Annäherungen (19-40), (3) Explorative Annäherungen 41-74), (4) Methodik der Hauptuntersuchung, Ergebnisse der Hauptuntersuchung (83-191), (6) Empfehlungen (191-196) und Literatur (197-202)

Zweitens: Die empirische Arbeit ist durch eine *Methodentriangulation* gekennzeichnet. Es werden unterschiedliche Methoden zur Datenerhebung und -auswertung verwendet. Der Einsatz und die Kombination unterschiedlicher Erhebungs- und Auswertungsmethoden dient dazu, die Validität der Ergebnisse zu erhöhen und die Schwächen der einen Methode durch die Stärken der anderen Methode auszugleichen. Dies bedeutet insbesondere, dass Untersuchungsaspekte, die bei der Anwendung von nur einer Methode nicht ermittelt werden können, durch die Anwendung einer anderen Methode erschlossen werden (vgl. Flick et al. 2000).

Das methodische Vorgehen gliedert sich in fünf Phasen (s. Abb.), die aufeinander aufbauen[2].

1. Phase: Fallbeispiel einer Nachbesprechung im mündlichen Staatsexamen
2. Phase: Fallbeispiel einer Unterrichtsstunde
3. Phase: Explorative qualitative Interviews
4. Phase: Fragebogenerhebung
5. Phase: Fokussierte Interviews

Die Phasen 1 bis 3 dienen der explorativen Annäherung an den Untersuchungsgegenstand und die Zielgruppe. Im Rahmen der Hauptuntersuchung werden eine Fragebogenerhebung und fokussierte Interviews durchgeführt. Die Darstellung der konkreten Umsetzung der einzelnen Phasen erfolgt in den jeweiligen Kapiteln.

Der Beitrag *„Der Lehrer ist das Curriculum!?"* – *Eine Studie zu Fortbildungsverhalten, Fachverständnis und Lehrstilen Thüringer Geographielehrer"* erschien ursprünglich 2004 zusammen mit Detlef Kanwischer, Peter Köhler, Hannelore Oertel und Kerstin Uhlemann 2004: Thüringer Institut für Lehrerfortbildung, Lehrplanentwicklung und Medien. Bad Berka. Einleitung 13-40.

Anmerkungen

1 Vgl. aktuell z.B. den Hype um die *Hattie*-Studie: Ich bin superwichtig! – ZEIT ONLINE – Die Zeit www.zeit.de/2013/02/Paedagogik-John-Hattie-Visible-Learning. Vgl. auch Text Nr. 33 „Lehrerbildung und Bildungsstandards" in diesem Band
2 Vgl. auch Text Nr. 22 „Komplexität im Fall entfalten" in diesem Band

Literatur

(nur die hier (Einleitung) erwähnten Titel; ausführliches Literaturverzeichnis in der Studie)

BMBF (= Bundesministerium für Bildung und Forschung) (Hrsg.) 2003: Zur Entwicklung nationaler Bildungsstandards. Eine Expertise. Bonn
DVLFB (= Deutscher Verein zur Förderung der Lehrerinnen- und Lehrerfortbildung) 2003: Lehrerfortbildung im Wandel. Hildesheim/Grebenstein

Flick, Uwe/Ernst v. Kardoff/Ines Steinke (Hrsg.) 2000: Qualitative Forschung. Reinbek

Giesecke, Hermann 1996: Wozu ist die Schule da? Stuttgart

Giesecke, Hermann 1998: Pädagogische Illusionen. Stuttgart

Hoffmann-Riem, Christa 1980: Die Sozialforschung einer interpretativen Soziologie. Der Datengewinn. In: Kölner Zeitschrift für Soziologie und Sozialpsychologie. Nr. 32, 338-372

Kelle, Udo 1995: Empirisch begründete Theoriebildung. Zur Logik und Methodologie interpretativer Sozialforschung. Weinheim

OECD 2001: „Schooling for Tomorrow"/„Lernen in der Wissensgesellschaft"

Oswald, Hans 1997: Was heißt qualitativ forschen? In: Friebertshäuser, Barbara/Annedore Prengel (Hrsg.): Handbuch qualitative Forschungsmethoden in der Erziehungswissenschaft. Weinheim, 71-87

Oelkers, Jürgen 2002: Und wo bitte bleibt Humboldt? In: Die Zeit, PISA-Spezial. 27/2002, 36

V.
Geographie und Politik

35. Welt *als* System und Welt *im* System

Strukturen und Prozesse in der spätmodernen Stadtentwicklung

„Developer" als Boten eines „New Deal"

Anfangs haben wir noch gelacht über den komisch klingenden wichtigtuerischen Ausdruck vom „Developer". Das war so vor 10-15 Jahren, als die Städte noch ihre Planungshoheit hatten und der Planungsamtsleiter ein wichtiger Mann war. Aber dann kam plötzlich das Gerücht auf, dass da ein solcher Developer mit Namen B. mit dem Planungsdezernenten der Stadt per Hubschrauber nach einem Standort für eine „Bali-Therme" gesucht haben soll, möglichst mit unverbaubarem Fernblick ins Abendrot. Die beiden waren auch fündig geworden, am Rand einer naturschutzwürdigen Aue, die nur wegen der Planungsoption auf einen künftigen See nicht förmlich unter Naturschutz stand.

Dann fuhren wir nach Holland zur Besichtigung integrierter Einkaufspassagen in Altstädten; derselbe Investor B. war mit von der Partie, und bei der Vorfahrt am Renaissance-Rathaus stellte er sich mit seinem Wagen der S-Klasse vor den der Oberbürgermeisterin. Dieser Developer/Investor B. ist inzwischen bankrott. Aber er hatte uns in zwei kleinen und eher symbolischen Handlungen – Hubschrauber-Perspektive und Parkordnung –gezeigt, wo es künftig langgehen soll mit der Entwicklung der Städte.

„Wir" – das ist z. B. der Beirat bei der Landschaftsbehörde der Stadt, der über die Einhaltung des Landschaftsgesetzes zu wachen hat, die Behörde berät und bei Fehlentwicklungen die Öffentlichkeit unterrichten darf. „Wir" – das sind die nach dem Bundesnaturschutzgesetz zu beteiligenden Verbände, die ehrenamtlichen Natur- und Denkmalschützer. „Wir" – das sind z. B. die Lehrer, insbesondere der Fächer Geographie und Sozialkunde, die jungen Menschen die Welt verstehbar machen sollen.

„Wir" alle merkten nach und nach, dass die Regeln und Verfahren unbemerkt ihre Substanz verloren. Man wurde zwar nach Recht und Gesetz beteiligt, aber danach regelmäßig „weggebündelt" in der „abgestimmten Verwaltungsmeinung". Wenn man z. B. bei einer großen Baumaßnahme wie einem Bahnfrachtzentrum nach der Umweltverträglichkeitsprüfung fragte, bekam man die – formell völlig korrekte – Auskunft: „Die Baugenehmigung *ist* die UVP".

Wer nun als Bürger und als Fachmann sich jahrzehntelang mit der Entwicklung der Städte befasst hat, beschreibend, analysierend, handelnd, der muss seit 10 oder 15 Jahren völlig umlernen. Es hilft nicht mehr zum Verstehen, sich mit Stadtmodellen der funktionellen Gliederung oder mit Schemata zu Verfahrensabläufen in der Planung zu bescheiden; die sind nur mehr Folie. Die Karten sind neu gemischt, es gelten neue Regeln, aber niemand weiß, ob es überhaupt noch die alten Karten sind und wie diese neuen Regeln eigentlich lauten. Mit Beharrlichkeit und Engagement kann man aber die Geheimnisse ein wenig lüften und irgendwann wieder mitspielen im neuen System.

„System" bekommt damit einen doppelten Sinn; zum einen die *Struktur* aus Beziehungen von Elementen zueinander und ihre *Funktionen*; zum anderen der *Prozess*, der da unter bestimmten – systemischen – Regeln abläuft. Das neue System im zweiten Sinn ist natürlich nicht willkürlich oder chaotisch in Betrieb, sondern in bestimmter Weise rational; nur gibt es eben verschiedene Rationalitäten, gebunden als Zweckmäßigkeiten an Interessen. Ehe man also am Ende eines Prozesses ein „fertiges" materielles System beschreibt, z. B. die oben erwähnte Therme am Naturschutzgebiet, ist man zum Verstehen dieses neuen Gebäudes im Kontext, also eines Systems, auf die Genese in Gesetzmäßigkeiten, Rationalitäten und Randbedingungen verwiesen. Diese gilt es zu de- oder rekonstruieren, wenn man wissen will: „Was ist da eigentlich passiert?"

Weltverstehen, auch Welt als System verstehen, braucht also mehr als Lehrbuch- und Abstraktionskonzepte. Es braucht konkrete gesellschaftlich-geographische Erfahrung und Phantasie im Feld. Es braucht eine Methodik des „Sinnverstehens" von konkreten Handlungen Dritter. Und es braucht eine – offengelegte – Normorientierung bei der Abwägung verschiedener Rationalitäten.

Kategorial gesprochen: Wir brauchen eine Einheit von vernetzendem und verstehendem Denken. Die Welt *als* System wird verstanden aus Prozessen und Handlungen *im* System.

Machen wir dies deutlich am konkreten Fall, hinter dem sich die großen Strukturen, die Leitlinien und Grundmuster des Handelns verbergen. Nehmen wir die neuen Handlungsstrukturen und Kooperationsformen im „New Deal" in den Städten und verstehen wir diese mit Hilfe eines einzelnen Vorhabens im Kontext.

Eine kurze Problemliste des „New Deal"

Der oben genannte Problemkreis beschäftigt uns offiziell z. B. seit dem 52. Deutschen Geographentag in Hamburg im Rahmen des Themas „Neue Handlungsstrukturen und Kooperationsformen in der Stadtplanung". Es geht darum, „wie kommunale Politik in den traditionellen Feldern kommunaler Selbstverwaltung und Daseinsvorsorge auf die veränderten ökonomischen und finanziellen Rahmenbedingungen reagiert" (Tharun 2000, 57).

1. Zu den Reaktionen gehört zum einen die Neuaufstellung der städtischen Verwaltungen. Sie werden gespalten in einen kleinen verwaltungstechnischen bzw. hoheitlichen Bereich und einen größeren Bereich der Eigenbetriebe. Beide rechnen ihre Leistungen wie ein Betrieb ab, so dass die Arbeiten transparent werden, aber auch jedes Mal etwas kosten. Wenn ein Rat also künftig einen Prüfauftrag an die Verwaltung stellt oder ein Amt einem anderen etwas zuarbeitet, dann kostet das buchhalterisch etwas. Außerdem werden viele ehemalige Ämter ausgegründet als GmbH; aus dem ehemaligen Sport- und Bäderamt wird z.B. die „Bäder- und Freizeit-GmbH", aus dem alten Garten-, Forst- und Friedhofsamt wird der „Umweltbetrieb". Diese bleiben zwar Töchter der Stadt, Rechenschaft legen sie aber ab gegenüber ihren Aufsichts-/Verwaltungsräten und nicht gegenüber dem Parlament oder dem Souverän, dem Volk. Dieses Phänomen wird kurz gekennzeichnet durch die Formel „Stadt als Betrieb/Konzern".

2. Eine weitere Reaktion ist die faktische Auflösung der städtischen Planungshoheit (Rat und Verwaltung, „Legitimation durch Verfahren") in eine Vielzahl von Instrumenten, z.B. die sog. Vorhaben- und Erschließungspläne, städtebauliche Verträge, Gründung von Entwicklungsgesellschaften und Public-Private-Partnership (PPP). Damit werden andere Akteure in das Planungshandeln der Kommunen einbezogen, mit Aufträgen versehen oder in ihren Partialinteressen bestätigt. Wenn z.B. ein Investor plant, ein Spaßbad zu bauen, dann fragt er bei der Stadtverwaltung an, ob er das mal planen darf; der Rat ist in der Regel froh über jeden Investor und wird das Vorhaben vorläufig „begrüßen". Damit hat der Investor zwar noch keine förmliche Genehmigung, aber grünes Licht für eine teure Planung und damit Vertrauensschutz für die Genehmigungsfähigkeit und spätere Genehmigung. Anders würde eine Stadt ihren guten Ruf als Partnerin im PPP schnell verspielen.

3. Eine dritte Reaktion ist die Konkurrenz der Städte für ihre Ökonomie und ihr Image durch Attraktion und Festivalisierung. Dies wird verbunden mit der Gentrifizierung der Innenstädte, einer Beschränkung des Öffentlichen Raumes durch Teilprivatisierung incl. privater Sicherheitsdienste und durch Ordnungsrecht (vgl. Häußermann 2000). Es gibt mehr denn je Möbel auf den Plätzen und Straßen, aber nur noch gegen Rechnung in den Cafes und Bistros; Bänke zum bloßen Verweilen gibt es immer weniger bis gar nicht mehr, allenfalls in Parks mit eigener Benutzungsordnung.

4. Man kann in der Liberalisierung und Ökonomisierung der Stadtentwicklung nicht von allen Akteuren verlangen, dass sie die Aufgaben der Kommune in der Daseinsvorsorge, beim Abbau von Disparitäten, bei der Schaffung gleicher Lebensverhältnisse pauschal mit übernehmen. Es werden – vierte Reaktion – systemlogisch die Einzelprojekte (Einkaufsgalerie, Multiplexkino, Urban-Entertainment-Center) als Rosinen heraus gepickt, während die unrentierlichen Aufgaben an der Stadt hängen bleiben. Theater, Stadthalle, Sportarena etc. werden als Eigenbetriebe mit einem kleinen Etat

versehen und auf die freie Wildbahn entlassen, die Preise der Eintrittskarten lassen diesen Paradigmenwandel klar und deutlich erkennen. Sozialamt, Drogenberatung, Jugendzentrum etc. bleiben städtisch, Schulen, Verkehrsbetriebe, sogar Gefängnisse werden z. T. auch noch an Privat vergeben und zurückgeleast, was die monatlichen Kosten für den (Sach- und Personal-)Haushalt zunächst verringert.

5. Bei einer projektorientierten Stadtentwicklung mit passendem Instrumentarium im Rahmen einer PPP soll es nicht mehr darum gehen, die alten Standards von „Legitimation durch Verfahren" (Luhmann) mit rechtsstaatlicher Priorität aufrechtzuerhalten; auch normative Standards von Partizipation und Diskussion erscheinen als Hindernis oder Luxus. Daraus folgt die fünfte Reaktion: Beschleunigung und Deregulierung, zu Recht oder auch zu Unrecht zusammengefasst unter der patenten Formel „Abbau von Bürokratie". Die Suche nach Alternativen, die Optimierung einer Planung bei Zielkonflikten, weiche Verfahren der Konfliktlösung wie Mediation oder Runde Tische werden kaum noch betrieben; dabei werden vermeidbare Fehler oder „suboptimale" Lösungen in Kauf genommen, wenn es denn nur schnell geht. Da ein Diskurs dann manchmal nur noch vor dem Verwaltungsgericht möglich ist (was aber extrem langwierig ist), wird auch hier versucht, die Instanzenzüge abzukürzen. (Der Bundesverkehrsminister wollte 2005 Einsprüche gegen Verkehrswegeplanungen überhaupt nur noch auf eine Instanz beschränken, und zwar ausgerechnet vor dem Bundesgericht. Das alte Prinzip „Wer ist am nächsten dran?" und der Gedanke von der Lokalisiertheit von Planungen – und deren Auswirkungen – in den Regionen werden damit geradezu verspottet.

6. Eine sechste Reaktion sind neue Managementmodelle und Netzwerke. Bekannt sind die Interessenvertretung durch die Kammern (IHK, Handwerkskammer), dazu treten die Einrichtung von Konferenzen (z. B. Regionalkonferenzen), Zweckbündnisse (z. B. interkommunale Gewerbegebiete), Handlungsprogramme (z. B. in NRW die „Vitale Stadt" oder im Bund die „Soziale Stadt") oder sogar die Übernahme städtischer Kostenanteile bei Landesförderungen durch private Stiftungen oder Vereine (z. B. Gewässerrenaturierung).

7. Eine siebte Reaktion klingt nach alldem logisch und doch noch überraschend, sie lautet aus dem Munde von Kommunalpolitikern: „Wir lehnen jede Verantwortung ab!". Wer nur noch auf fremdes Geld hoffen darf, wer auch gesetzliche Pflichtaufgaben nicht mehr finanzieren kann, wer unter der Knute von Haushaltssicherungskonzepten (Aufsicht über die städtischen Finanzen durch den Regierungspräsidenten) steht, der kann nicht „auf Augenhöhe" mit Investoren verhandeln; diese sprechen mit einer Unmenge von anlagewilligem Kapital vor, sind aber an der konkreten Stadt – in ihrer eigenen Logik und Rationalität – nur am Rande interessiert („am Rande" heißt, sie sind natürlich an Standort- und Bedarfsanalysen interessiert, aber schon nicht mehr an eventuellen Verdrängungswirkungen oder folgenden Leerständen). Wenn z. B. ein Investor wie IKEA seinen Standort gefunden hat, kann man si-

cher sein, dass der blaugelbe Quader auch hierher kommt; Versuche der Stadt, den städtischen Einzelhandel etwa durch eine Beschränkung des Katalogangebotes zu schonen, würden nicht akzeptiert und allenfalls zum Verlassen des Standortes führen. Das gilt auch dann, wenn eine ganze Innenstadt ausblutet bzw. nur noch Läden aus dem 1-€-Bereich („MäcGeiz" o.ä.) behält wie im Falle Oberhausen gegenüber dem CentrO auf der grünen Wiese (s.u.).

Es gibt eine lange Reihe auch sehr großer Fälle aus den letzten Jahren, die die genannten Problemladungen 1.-7. in sich tragen.

- Da wurde z.B. von einem der größten Bankhäuser der Welt in einer Fast-Global-City ein Stadtquartier für 6,5 Milliarden DM (die Frankfurter „Messestadt" von Deutscher Bank und Helmut Jahn) aus dem Hut gezaubert, als gäbe es keine Verfahren, keine Gremien, keine Stadtplanung, keine Wettbewerbe, keinen Planungsstand und keine Oberbürgermeisterin. Eine Planung zumal, von der der Frankfurter Städtebaubeirat meinte, diese Pläne würden bei einem internationalen Wettbewerb vermutlich sehr früh ausgeschieden sein.
- Da setzt sich die Deutsche Bahn als Grundeigentümerin mit dem „Europaviertel" gegen die Deutsche Bank durch. Wegen des Zeitverlustes will die Bahn als Unternehmen der Öffentlichen Hand aber keinen europaweiten Wettbewerb ausschreiben. Der Messe-Aufsichtsrat übergibt deshalb das Messegrundstück einfach in Erbpacht an einen privaten Investor. Ein solcher muss keinen Wettbewerb ausloben.
- Da wird ein Internationaler Großflughafen Berlin-Brandenburg ausgeschrieben und an einen Baukonzern (Hochtief) vergeben, in dessen Aufsichtsrat auch Entscheidungsträger über die Ausschreibungen sitzen (z.B. die Berliner Finanzsenatorin), mit der Folge, dass ein Verwaltungsgericht an das ordentliche Verfahren erinnert und alles auf Anfang setzt – teuer, langwierig, peinlich.
- Da wird von einem englischen Investor eine „Neue Mitte Oberhausen" („CentrO") auf die grüne Wiese geplant, gebaut, milliardenschwer finanziert, von der Öffentlichen Hand gefördert, ohne dass die Folgen für die Innenentwicklung der Städte bedacht oder erforscht oder kompensiert wären.
- Auch der offizielle Pavillon der Bundesrepublik Deutschland für die Expo Hannover wurde der Einfachheit halber von einem Generalübernehmer geplant und gebaut. Die ursprünglichen Wettbewerbssieger konnten ihre preisgekrönten Entwürfe aus der Schublade von irgendwelchen Entscheidungsträgern abholen. Vom Pavillon der Schweiz und von Holland ist noch heute die Rede, vom deutschen Pavillon mit dem Charme eines großen Autohauses hat niemand mehr geredet.

Die Idee von der PPP (auf deutsch: Öffentlich-Private Partnerschaft „ÖPP") hat sich dermaßen verbreitet, dass sie sogar vom Gesetzgeber als flächendeckendes Instrument förmlich gefasst, sprich: erleichtert werden soll, ähnlich wie in Großbritannien, Spanien oder den Niederlanden (Steuerrecht, Vergaberecht, Entgeltgestaltung). „Investitionen in Bildung, Forschung und Entwicklung, eGovernment, Kultur, internationale Entwicklungs- zusammenarbeit, soziale Infrastruktur können mit ÖPP häufig schneller, effizienter und damit kostengünstiger realisiert werden" (Klaus Brandner, wirtschaftspolitischer Spre- cher der SPD-Bundestagsfraktion, 2005). Kritiker in der Politik argumentieren dabei vor allem ökonomisch; sie warnen vor der Gefahr, dass am Ende die Sache zwei- bis drei- mal so teuer wird, als wenn es die Öffentliche Hand selber gemacht hätte; sie nennen dies eine verschleierte Form der Verschuldung. Es geht also nicht nur um eine neue politische Figur der Effizienzsteigerung, sondern vor allem um den akuten Sanierungs- bedarf und die wachsende Infrastrukturlücke bei Schulen, Verwaltungsgebäuden, Ge- fängnissen, Krankenhäusern und Verkehrswegen. Allein der Bund hat vor zehn Jahren 14,4 % seines Budgets für Investitionen verwandt, inzwischen liegt dieser Anteil unter 10 % (ähnlich bei den Ländern und Kommunen).

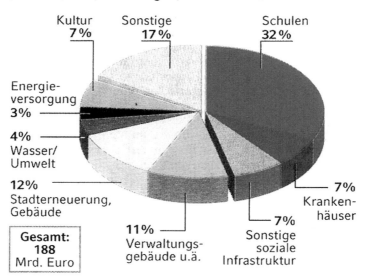

Was Gemeinden bauen müssten
(ohne Straßen, Wohnungen, Kanalisation)

Kultur 7 %
Sonstige 17 %
Schulen 32 %
Energie- versorgung 3 %
4 % Wasser/ Umwelt
12 % Stadterneuerung, Gebäude
Gesamt: 188 Mrd. Euro
11 % Verwaltungs- gebäude u.ä.
7 % Sonstige soziale Infrastruktur
7 % Kranken- häuser

Quelle: Schätzung des Deutschen Instituts für Urbanistik   FR-InfoGrafik

Abb. 1: Was Gemeinden bauen müssten.

Weitere Beispiele:

- Der Kreis Offenbach lässt in ÖPP seine 90 Schulen sanieren; der Landrat rechnet nicht nur mit Einsparungen von 179 Millionen Euro, sondern auch mit einer immensen Zeitersparnis. Zwei private Projektgesellschaften (eine davon: der Baukonzern Hochtief) bewirtschaften die Schulen für die nächsten 15 Jahre, bei einem Gesamtvolumen von 780 Millionen Euro; der Kreis zahlt jährliche Raten von 52 Millionen Euro an die Projektgesellschaften, das Zinsrisiko trägt der Kreis. Die Kostenreduktion von geschätzten 20 % resultieren u. a. daher, dass alle Leistungen aus einer Hand angeboten werden; Aufträge müssen nicht mehr einzeln ausgeschrieben werden, die Gewerke werden zentral und mit geringerem Personalaufwand gemanagt. Kritiker warnen deshalb vor Lohndumping, Stellenabbau, Nachteilen für das lokale Handwerk und Mittelstand und vor den Folgen von möglichen Pleiten auch bei sehr großen Partnern (vgl. Holzmann & Co).
- Die Alte Oper in Frankfurt war anfänglich ein Renommierprojekt der Kommune. Sie ist eine GmbH mit der Stadt als einzigem Gesellschafter, hatte in den ersten Jahren ihrer Existenz als Konzerthaus und Veranstalter etwa 300 Angestellte bei einem städtischen Zuschuss von 12,7 Millionen Euro/Jahr. Nach der Beratung durch den Unternehmensberater Berger&Partner gab es noch etwa 30 Angestellte; der städtische Zuschuss beträgt 5,3 Millionen Euro/Jahr. Der Konzertbetrieb besteht zu einem hohen Anteil aus Eigenveranstaltungen mit Hilfe von Sponsoren; ein Förderverein schafft eine halbe Million Euro herbei; die Programmgestaltung/Bewerbung und Form der Präsentation wird von diesem Partnern mit beeinflusst. Damit haben Projekte, für die es keine Sponsoren gibt, kaum noch Realisierungschancen.
- Das Frankfurter Wohn- und Bürogebiet „Westhafen" liegt auf einer überholten Nutzungsfläche; 125.000 Quadratmeter wurde mit Hilfe einer „Grundstücksgesellschaft Westhafen GmbH" gekauft, erschlossen und baureif gemacht, durch ein Privat-Konsortium dreier Immobilienunternehmen mit Neubauten überplant und als Luxuswohnungen und High-Tech-Büros verkauft. Die Wertsteigerungen der Grundstücke fließen zur Hälfte an die Stadt zurück (anders als früher, wo die Städte von Wertsteigerungen durch Baurecht selber nichts hatten).
- „A-" und „F-Modelle" beim Verkehrswegebau. Fünf Autobahn- (A-)Projekte werden derzeit von Staat und Privatwirtschaft gemeinsam organisiert. Ein privater Investor baut und sichert den Betrieb und erhält dafür 25 Jahre lang die Einnahmen aus der LKW-Maut garantiert; als Ausgleich für die mautfreien PKWs zahlt der Bund eine Anschubfinanzierung für die Investition. Daneben gibt es die komplett mautfinanzierten „F-Modelle", Tunnels, Brücken oder Passstraßen; hier zahlt der Staat nur noch 20 % der Investitionskosten. Beispiel: Warnow-Tunnel in Rostock. Risiko: Wie viele Autofahrer lassen sich für die eingesparte Zeit die Maut kosten? Die LKW-Maut bringt der Betreiberfirma TollCollect einen zugesicherten Anteil an den Einnahmen, wobei die Aufteilung des Risikos zwi-

schen Staat und Privatwirtschaft derzeit umstritten ist (ein Schiedsgericht muss über die Maut-Ausfälle wegen der Pannen beim Start entscheiden).

Zusammengefasst: Private Wirtschaft kann ökonomisch effektiver arbeiten, besonders wenn die Gewinne beim privaten Investor verbleiben und die Risiken weiterhin von der Öffentlichen Hand getragen werden. Was wo neu gebaut wird, ist nicht mehr ableitbar aus Landesnatur, Distanz und Lage oder aus geregelten intersubjektiven Verfahren. Die „Aktionsparameter der Politik" (Bartels) sind längst verflochten mit den Handlungen von „sonstigen" Akteuren und Netzwerken. Diese sind kaum noch zweckrational etwa auf den optimalen Standort orientiert. „Localities" sind vielmehr „key places" zur Akkumulation von Kapital in Geld oder Symbolen. Ob ein Spaßbad nun am Bahnhof oder in der Naturschutz-Aue steht, spielt für die Kapitalverwertung kaum eine Rolle; gebaut wird so oder so. Investoren sind an rentablen Investitionen, Expansion und sogar an Verlustabschreibungen interessiert; ob sie das mit guten oder schlechten Produkten und Dienstleistungen erreichen, ist zweitrangig. Die ehedem als hart geltenden Standortfaktoren sind bei Standortanalysen fast beliebig zu be- und umzuwerten: Die Legitimation durch Verfahren (wo z. B. ein Verwaltungsgericht noch so etwas wie Abwägungsdefizit oder -fehlgebrauch feststellen könnte), verbindlich für Behörden und für jedermann, sind relativ geworden. Was der Königsweg zur Entstaatlichung zu sein scheint, kann auch zur Entdemokratisierung und zur Vorherrschaft von Kapitalgesellschaften führen.

Was PlanerInnen also lernen müssen, neben Ablaufschema und Organigrammen etc., ist soziologische Phantasie für das Lesen „narrativer" Räume, Symbole und Interaktionen (so wie im August 1999 auch Deutsche-Bank-Chef Breuer nach der Pleite mit der „Messestadt" bekennen musste: „Wir haben die Stadt besser kennen gelernt.").

Eine wirkliche Geschichte[1]

Erzählt wird die Geschichte eines neuen Stadtquartiers, das der Verfasser zusammen mit einer von ihm mitgegründeten Zukunftswerkstatt (und im einstimmigen Auftrag des Rates der Stadt) mit einer Machbarkeitsstudie vorbereitet hat. Das Quartier ist derzeit kurz vor der Fertigstellung (vgl. u. a. Rhode-Jüchtern 2000).

Schritt 1: *Das Kreative.* Hinter dem Bahnhof liegt eine Industriebrache, wie in vielen Großstädten, deren Betriebe in der Zeit der Stadtsanierung (1970/80er Jahre) an die neuen Stadtränder ausgesiedelt sind. Im Sanierungskonzept war den kommunalen Planern hierfür nur eine Grünfläche eingefallen. Die Zukunftswerkstatt überplante dagegen das Areal mit Nutzungen, die ohnehin anstanden oder die anderswo Probleme machten, z. B. das innerstädtische Großstadion im reinen Wohngebiet, oder die erwähnte Bali-Therme am Naturschutzgebiet oder die Großdisko im Gewerbegebiet ohne Anschließung an den öffentlichen Nahverkehr u. v. m. Alle waren begeistert, es gab offenbar ein kreatives Milieu und ein Zeitfenster von vielleicht 6 Monaten, in denen eine „große Erzählung" über die eigene Stadtentwicklung möglich war. Zugleich fand in Venedig die große Biennale-Ausstellung statt: „Die Renaissance der Bahnhöfe – Die Stadt im 21. Jahrhundert". Die Konzeption war damit glänzend bestätigt, man fühlte sich kollektiv an der Seite der Avantgarde.

Schritt 2: *Das Antagonistische.* In dem Moment, wo das Projekt realisierbar schien, standen die Geier Schlange: Investoren, Architekten, Banken, Baufirmen (genauer gesagt: sie hatten sich teilweise über Seilschaften schon vorher über Kopien und Hinweise auf dem Laufenden gehalten und ihr Terrain vorbereitet). Ein wildes Gerangel im Tagestakt ging durch die Gremien und Medien, man kann die Schlagzeilen dazu wie in einem Daumenkino über 12 Monate abspielen (s. Abb. 3).

Schritt 3: Das „messing up". Es begann eine Zeit der Gleichzeitigkeit des Ungleichzeitigen. Baugenehmigungen wurden vorab erteilt als Einzelvorhaben; städtische Parzellen vorab einem Investor versprochen und am Tage der Ratsentscheidung wieder zurückgeholt; der Baudezernent verstrickte sich in allen möglichen Zusagen und Verhandlungen und flüchtete aus seinem Amt; eine Bank zog sich zurück, weil sie nur (!) 16 % Rendite erwartete; die Landesentwicklungsgesellschaft (LEG) verlangte plötzlich Honorar in sechsstelliger Höhe von der Stadt für Leistungen, die sie für die inzwischen gegründete Projektentwicklungsgesellschaft (s. Abb. 2) erbracht hatte, usw. „Messing up" heißt soviel wie „Alles-Durcheinander-Bringen", nichts ging mehr, der Stadtrat lehnte die Verantwortung ab, gebaut wurde aber trotzdem weiter, von einzelnen Investoren und Interessenträgern.

Heute steht das Stadtquartier vor aller Augen, mit großem Reichtum im Inneren der Großdisko, der Fitnesshallen mit eigenem Hallenbad, des Großkinos, des Spaßbades etc., aber mit beschämender Mickrigkeit im öffentlichen Raum. Wer dem Schild „Boulevard" folgt, findet eine gepflasterte Strecke mit nur einer Baumreihe und ohne jegliche nichtkommerzielle Sitzgelegenheit. Eine Freitreppe musste von einzelnen Firmen gesponsert werden, die Projektentwicklungsgesellschaft hatte das allein nicht hinbekommen im Umlageverfahren. Diese und andere Spuren führen in die Strukturen – unter anderem die vom privaten Reichtum und der öffentlichen Armut – hinein, unter denen heute große Vorhaben in der Stadtentwicklung stattfinden. Das ist alles in einer langen Reihe von Ordnern dokumentiert und wird so oder ähnlich in vielen Städte ablaufen.

Zusammengefasst nach den Kategorien einer neuen Planungstheorie:

1. *Verfahren.* Die Planungshoheit der Gemeinde ist gestutzt. Sofortige Besitzeinweisungen, Dringlichkeitsentscheidungen, Vorabgenehmigungen, Seilschaften innerhalb und außerhalb der Parteien etc. unterlaufen die Berechenbarkeit und den Diskurs.
2. *Stadt als Konzern.* Die Grunddifferenz zwischen wirtschaftlicher Rationalität und Politik/Daseinsvorsorge kommt ins Schlingern. Zuständigkeiten, Finanzierungen, Hier-

archien und Verantwortlichkeiten sind undurchschaubar geworden. Selbst der Stadtrat bekommt von den Entscheidungen seiner eigenen Töchter nur noch Mitteilung
gemacht, er hat keinerlei Durchgriffsrecht mehr.

3. *Kreatives Milieu.* Die Auflösung und Liberalisierung der Verfahren gibt vielen Akteu-
ren eine neue Mitwirkungschance, auch den nichtkommerziellen Kreativen in einer
Stadt. Dies beschränkt sich aber auf ganz kleine Zeitfenster, bis die kommerzielle
Kohorte nachgerückt ist („bis sich der Daumen bewegt").

4. *Interdependenzmanagement.* Hinter diesem Begriff verbirgt sich das Zusammenwir-
ken/die Kombination von gesellschaftlicher Selbstregelung und politischer Steuerung; ein nichthierarchisches Verhandlungssystem muss sich organisieren in den Risiken des Antagonismus, z. B. Entscheidungsblockaden, einseitigen Beeinflussun-
gen, suboptimalen Ergebnissen, Einigungen zu Lasten Dritter, fehlenden Bindungs-
wirkungen. Die daraus folgende „antagonistische Kooperation" (Mayntz 1997, 267 f.,
vgl. auch Marin 1990) überfordert die Stadt (Rat und Verwaltung) als Managerin.
Viele Akteure haben eigene Loyalitäten zu erfüllen, Partnerschaften können wechseln bis zum Verrat; aus Idee und Konzept werden Steinbruch und Pfründe.

5. *Endogene lokale Strategien.* Auch wenn ein Stadtquartier unter dem Leitbild der Urbanität geplant wird, werden hier noch immer die alten Routinen der Segregation,
der Kommerzialisierung, des Abschiebens von Verantwortung verwendet. Neue Lösungen werden von den alten Köpfen nicht gesucht und gewollt.

6. *Strukturation und Lebenswelt.* Für die Geographie ist diese Kategorie besonders
wichtig. Das Handeln konstituiert den Raum aufgrund jeweiliger Bedeutungszuweisungen. Wenn es einem Akteur gelingt, seine Bedeutungen (z. B. über die Sinnhaftigkeit eines Multiplex-Kinos) an diesem Ort (z. B. am Bahnhof) zu kommunizieren,
wenn er über materielle Ressourcen verfügt und auch über Personen, wenn er es
schafft, seine Handlung zu legitimieren (z. B. als gemeinwohlorientiert), hat er eine
Situation und eine Planung strukturiert. Diese Strukturation im System von semantischen Regeln, allokativen und autoritativen Ressourcen und moralischen Regeln ist
im Ergebnis Ausdruck von Macht (vgl. Werlen 2004). Sie wird somit in der Sphäre
der Lebenswelt nicht weiter hinterfragt, sie findet einfach statt und man sieht lediglich hinterher, was dabei herauskommt. Sinn, Werte, Normen und Ethik sind hier un-
passende Kategorien. „Raumbezogene Handlungskompetenz" kann man von einem
„Developer" erwarten, von einem Bürger dagegen kaum noch.

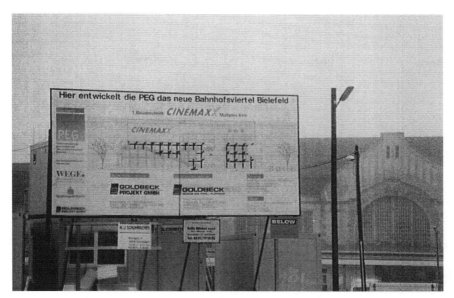

Abb. 2: Akteure der Projektentwicklung: Die Stadt fehlt auf dem Bauschild zu einem neuen Stadtquartier (eig. Foto).

Fazit

Das Fazit ist ebenso einfach wie komplex. Wenn man so etwas wie Stadtentwicklung unter spätmodernen und globalisierten Bedingungen noch verstehen will, muss man eine neue Planungstheorie entwickeln. Dies geht durch Narration und durch Erfahrung; in Lehrbücher passt sie kaum noch hinein.

　　Wenn man den Raum als *Containerraum* beschreiben will, ist man noch auf der sicheren Seite: Da befindet sich ein Kino, ein Stadion, ein Bad. Punktum. Wenn man die Dinge in ihren *Lagebeziehungen* und funktionalen *Vernetzungen* untersuchen will, braucht man neben einer raumwissenschaftlichen Rationalität, neben einem fiktiven bzw. relativen Optimum einen tiefen Einblick in sonstige Rationalitäten, die nicht immer am Gemeinwohl oder am kollektiven Optimum orientiert sind. Wenn man den Raum als *Wahrnehmungsphänomen* untersucht, braucht man eine Liste von wahrnehmenden Subjekten und deren Fenster/Perspektive der Weltbeobachtung. Wenn man den Raum als *Konstrukt* betrachtet, braucht man Phantasie und Kenntnis über viele verschiedene Baupläne und Konzepte, die den Raum für einen Akteur/eine Gruppe jeweils viabel (gehbar und nützlich) machen (vgl. das „Curriculum 2000+" der Deutschen Gesellschaft für Geographie (2003).

Abb. 3: Daumenkino zum Planungsprozess und -diskurs.

Man muss das alles dann „nur" noch umsetzen; d. h. man muss lernen, einen Einzelfall kategorial neu zu dekonstruieren und dabei die dahinter stehenden Strukturen des (neuen) Systems wieder zu erkennen. Das geht, das ist notwendig, man muss aber nicht nur *dazu* lernen, man muss auch in manchem *um*lernen.

Der Beitrag erschien ursprünglich unter dem Titel *Welt als System und Welt im System. Wahrnehmen und Verstehen von Prozessen in der spätmodernen Stadtentwicklung,* in: Geiger, Michael/Armin Hüttermann (Hrsg.) 2007: Raum und Erkenntnis. Köln, 179-189 (Festschrift Helmuth Köck).

Anmerkung

1   Vgl. Text Nr. 36 „Machbarkeitsstudie" in diesem Band

Literatur

Albers, Gerd 1993: Über den Wandel im Planungsverständnis. In: Raum-Planung. Heft 61, 97-103

Augé, Marc 1994: Orte und Nicht-Orte. Vorüberlegungen zu einer Theorie der Einsamkeit. Frankfurt/M.

BUND Misereor (Hrsg.) 1996: Zukunftsfähiges Deutschland. Ein Beitrag zu einer global nachhaltigen Entwicklung. Studie des Wuppertal-Instituts für Klima, Umwelt, Energie. Basel

Bund Deutscher Architekten/Deutsche Bahn/Förderverein Architekturzentrum (Hrsg.) 1997: Renaissance der Bahnhöfe Die Stadt im 21. Jahrhundert. Berlin

Butzin, Bernhard 1996: Bedeutung kreativer Milieus für die Regional- und Landesentwicklung. (= Arbeitsmaterialien zur Raumordnung und Raumplanung der Universität Bayreuth, Bd. 153), 9-15

Deutsche Gesellschaft für Geographie (2003): „Curriculum 2000+". Grundsätze und Empfehlungen für die Lehrplanarbeit im Schulfach Geographie. Bonn

Ganser, Karl 1995: Stichwort „Public-Private-Partnership" in: Handwörterbuch der Raumordnung, hgg. von der Akademie für Raumforschung und Landesplanung Hannover, 731 f.

Harlander, Tilman (Hrsg.) 1998: Stadt im Wandel – Planung im Umbruch. Stuttgart/Berlin/Köln

Häußermann, Hartmut 1993: Festivalisierung der Stadtpolitik. Opladen

ders. (Hrsg.) 2000: Großstadt. Soziologische Stichworte. Opladen

Kleger, Heinz (Hrsg.) 1996 ff.: Reihe „Europäische Urbanität – Politik der Städte". Amsterdam

Loo, Hans van der/Willem van Reijen 1992: Modernisierung. Projekt und Paradox. München

Marin, Bernd (Hrsg.) 1990: Generalized Political Exchange: Antagonistic Cooperation an Integrated Policy Circuits. Frankfurt/M.

Mayntz, Renate 1997: Soziale Dynamik und politische Steuerung. Frankfurt/M., bes. 263-292

Rhode-Jüchtern, T. (2000): Public-Private-Partnership im „Konzern Stadt". In: Alternative Kommunalpolitik (AKP) Heft 4/2000, 58-61

Tharun, Elke 2000: „New Deal" in den Städten? Neue Handlungsstrukturen und Kooperationsformen. In: Alternative Kommunalpolitik (AKP) Heft 4/2000, 57

Werlen, Benno 2004: Sozialgeographie. München

36. Machbarkeitsstudie für ein Neues Bahnhofsviertel

Im Folgenden wird in kleinen Ausschnitten dokumentiert, wie eine autonome Zukunftswerkstatt, ohne politisches Mandat, aber mit der Lizenz zum „Befreiten Denken", einen
weißen Fleck im Stadtkörper mit möglichen Optionen und Nutzungen überplant hat.
Eine Industriebrache hinter dem Bahnhof einer Großstadt von 320.000 Einwohnern war
zwar unübersehbar, das Planungsdezernat hatte aber andere Baustellen und Prioritäten. Die Bürgergruppe plante in Eigeninitiative und bot dem Rat der Stadt an, eine
Machbarkeitsstudie für ein integriertes Stadtquartier zu erstellen und diese dem Rat zu
schenken. Der Rat nahm das Angebot an (gegen eine minimale Kostenerstattung von
50.000 DM). Ausbau und Aufwertung von Bahnhöfen wurden gerade zum Zeitgeist
(auch das heute umstrittene Projekt „Stuttgart 21" stammt aus dieser Zeit). Der Studie
folgte eine intensive Debatte in der Stadtgesellschaft nebst Gestaltungswettbewerben;
viele neue Akteure sprangen auf den Zug auf, auch Banken suchten nach neuen Ren-
ditepfaden. Diese Debatte und dieser Prozess werden hier nicht mehr dokumentiert.
Das Quartier steht nun hinter dem Bahnhof, anders als von der Zukunftswerkstatt gedacht, nämlich jetzt als Renditeprojekt mit privatem Wohlstand und öffentlicher Armut
(in Gestalt eines kläglich ausgestatteten „Boulevards"). Und als nach Jahr und Tag die-

OSTWESTFALEN
ZENTRUM

Eine Jahrhundert-Chance für Bielefeld ...

... zur Jahrtausendwende

ses Projekt eingeweiht wurde im public space eines Cinemaxx, war die Initiatorengruppe auf der Liste einfach vergessen worden. Das gehört zu der Geschichte auch dazu: Bürgerliche Verkehrsformen enden, „sobald sich der Daumen bewegt" – dieses Bild musste die Zukunftswerkstatt erst einmal verstehen lernen und wird es in künftige Aktionen einplanen.[1]

Vorwort

Der Rat der Stadt Bielefeld hat am 22.06.1995 den Auftrag erteilt, zur Verwertung des Grundstücks Droop & Rein eine Machbarkeitsstudie auf der Grundlage der Vorschläge der Zukunftswerkstatt und in Zusammenarbeit mit ihr zu erstellen. In einer gemeinsamen Vereinbarung haben die Verwaltung und die Zukunftswerkstatt festgelegt, dass beide Parteien eng kooperieren und die Zukunftswerkstatt diese Zusammenarbeit mit einer eigenen, von ihr zu verantwortenden Machbarkeitsstudie abschließt.

Diese Machbarkeitsstudie wird hiermit vorgelegt.

Sie beruht auf der Idee, die Flächen hinter dem Bahnhof als eine Jahrhundertchance zu begreifen und als eine entsprechend große Herausforderung anzunehmen.

Die Herausforderung besteht u. a. darin

- dass das Gestaltungsmittel Geld der Stadt zur Zeit nicht mehr zur Verfügung steht;
- dass die Stadt sich dennoch im Reigen der europäischen Städte und Regionen behaupten muss;
- dass Stadtentwicklung heute nicht nur ökologisch, sozial und kulturell verträglich, sondern auch nachhaltig sein muss.

Und es ist eine Jahrhundertchance, wenn mitten in der Stadt, am Verkehrsknotenpunkt Bahnhof, noch einmal Stadtgestaltung möglich wird.

Die Zukunftswerkstatt hat etwa ein halbes Jahr intensiv daran gearbeitet, die Herausforderung anzunehmen und diese Chance beim Schopf zu fassen. Das ging nur, weil unsere Arbeitsweise frei war von lähmenden Verwaltungsroutinen und blockierenden parteipolitischen Gegensätzen; weil sie mit „Blick von unten" Neugier entfalten konnte; weil sich in Zusammenarbeit mit der Verwaltung Fachkompetenz und kommunikatives Handeln optimieren ließen.

Der Auftrag des Rates vom 22.06.95 hat die Chance eröffnet, dieses neue und ungewöhnliche Planungsverfahren in Bielefeld auszuprobieren.

Das Ergebnis der Arbeit lautet: Das Gedachte ist machbar.

Unsere Studie ist ein Gesamtkonzept, das Vielfalt und Urbanität gezeichnet und gerechnet hat. Wesentliche Bausteine des Paketes sind bereits sehr konkret durchdacht, einige sind nur angedacht und noch gestaltungsbedürftig. Die Kosten sind von zwei namhaften Baufirmen vorkalkuliert worden. Es gibt zahlreiche Finanzierungsideen, die realisierbar werden, je konkreter die Planungsbedingungen sind. Letztlich hängt die Finanzierbarkeit jedes Gesamtkonzepts auch davon ab, ob es von einer großen Mehrheit akzeptiert und von gemeinsamen Anstrengungen der ganzen Stadt getragen wird.

Das vorgelegte Gesamtkonzept ist – entsprechend der Größe der Herausforderung – eine große Lösung. „Große Lösungen" bergen immer Risiken: Sie sind vielleicht nicht offen genug für andere Zukunftsoptionen; oder sie wecken die Erinnerung an andere, geplatzte und folgenreiche Großprojekte. Aber das spricht nicht für Kleinmut und Zögerlichkeiten. Im Gegenteil.

Gefragt ist Mut, der auf Erfahrung, Solidität und Kreativität gründet. Wer sich mit dem Spatz in der Hand begnügt, wird immer sehnsüchtig nach der Taube auf dem Dach schauen.

Die klassische Frage der Stadtentwicklung lautet: Wem gehört die Stadt?

Natürlich nicht der Zukunftswerkstatt. Selbst ihre Ideen sind nicht ihr alleiniges Eigentum. Sie werden hiermit der Stadt übergeben. Es ist in ihrem Sinne, dass die „Ressource Stadtbürger" nun auch anderwärts sprudelt.

Die öffentliche Meinung und der Rat haben nun die Entscheidung zwischen Spatzen und Tauben.

Mitten in unsere Denkarbeit platzte die Nachricht vom Wegzug der Firma Droop & Rein. Etwa 4 ha Gewerbefläche standen zur Verfügung. Direkt neben den etwa 4,5 ha zwischen Güterbahnhof und OWD, die wegen des neuen Bahnfrachtzentrums auch planerisch zur Verfügung standen. Jetzt ging es also darum, nicht nur den Bahnhof als die Schnittstelle zwischen Bahn- und PKW-Verkehr aufzuwerten, sondern in ein städtebauliches Konzept einzubinden. Die Zukunftswerkstatt hat deshalb ihre Ausgangsidee von der Überbauung der Gleise konsequent erweitert (durch die Überbauung des Tunnelmundes des OWD entstehen 10.000 qm neue Grundfläche!) und überlegt, was hinter dem Bahnhof geschehen sollte und könnte.

Unserer Stadtentwicklungsziel: der City- Achse neben der Kunsthalle am einem Ende einen zweiten Pol am Bahnhof zu geben.

Diese Gestaltungsmöglichkeit erschien der Zukunftswerkstatt als eine städtebauliche Jahrhundertchance, die unter keinen Umständen verspielt werden sollte; beispielsweise durch ein Nullsummenspiel, bei dem der Gewinn des einen der Verlust des anderen ist. Die Zukunftswerkstatt hat unter diesem Gesichtspunkt ihre Zukunfts-Vision entwickelt und in vielen Gesprächen nach grundsätzlicher Akzeptanz und Machbarkeit gefragt.

Mittlerweile beginnt der von der Zukunftswerkstatt ins Wasser geworfene Stein Kreise zu ziehen.

Arbeitsweise der Zukunftswerkstatt

Die Zukunftswerkstatt Bielefeld e. V. ist ein Kreis von Bürgern und Bürgerinnen dieser Stadt, die – in zuweilen neuer Zusammensetzung – seit mehr als 8 Jahren an Themen diskutieren, die sie stadtpolitisch für bedeutsam halten. Die Mitglieder stehen von Beruf und Herkommen für unterschiedliche Seh- und Denkweisen: Industrie, Gewerbe, Verwaltung, Umweltschutz, „Kreatives". Je nach Thema werden sachkundige Gäste eingeladen: etwa der Geschäftsführer des Einzelhandelverbandes, wenn es um eine Straßenberuhigung in der City geht, oder ein Geschäftsführer der Milchwerke für die Ökobilanz zwischen Flasche und Karton. Es geht immer um die Vielfalt der Hinsichten auf ein Problem und um Übungen im Verständigen bezüglich der Lösungsmöglichkeiten. Anstelle von Verdrossenheit über unterschiedliche Interessen und Sehweisen versucht die Zukunftswerkstatt den Verständigungswillen zu setzen. So sind die Übungen im Verständigen der oft langwierige und anstrengende Versuch, mit Blick auf die Zukunft Lösungen zu finden, die kreativ (d. h. neue Wege ausprobieren) und produktiv (d. h. möglichst alle sollen gewinnen) sind.

„Das Unvermögen des Steuerungssystems," schreibt Peter C. Dienel in seinem Buch „Die Planungszelle", „die zukunftsrelevanten Probleme wahrzunehmen, geschweige denn sie zu lösen, hängt zum Teil mit dem Gewicht zusammen, das den kurzfristigen Eigeninteressen der Institutionen und Personen eingeräumt ist, die an der Problemlösung beteiligt sind". Den Mangel an Legitimation und an Interaktion mit dem Bürger versucht er durch „Planungszellen" zu beheben, in denen interessierte Bürger, die nach dem Zufallsprinzip ausgewählt werden, die ihnen zustehende Rolle im Entscheidungssystem erhalten. Die Zukunftswerkstatt hat etwas von einer „Planungszelle", deren Mitglieder ohne kurzfristige Eigeninteressen mit Blick auf zukunftsorientierte Lösungen quer und vernetzt denken wollen, dürfen und können.

Zukunftswerkstätten nach der Idee von Robert Jungk arbeiten idealerweise in vier Phasen.

1. Was geht uns an? Phase autonomer Themenfindung und Problemdefinition
2. Was passt uns nicht und warum? Phase von Beschwerden und Kritik
3. Was wollen wir? Phase von Phantasie und Utopie
4. Was ist machbar? Phase der realitätsnahen Umsetzung in die Praxis

Die städtebauliche Problematik – zwei (stadt)-soziologische Exkurse

„Erlebnisgesellschaft"

Viele reden davon, als wäre das der neue Name für unsere Gesellschaft. In Wirklichkeit ist das nur ein Name neben anderen, z. B. „Zweidrittelgesellschaft", „Aushandelungsgesellschaft", „Postindustrielle Gesellschaft", „Risikogesellschaft", „Informationsgesellschaft" etc. Der Begriff entstammt dem Titel eines Buches von Gerhard Schulze, ein soziologischer Bestseller von 1992 (1993 bereits in 4. Auflage). Das Buch hat 765 Seiten und besagt im Kern folgendes:

„Erlebnis" ist ein Aspekt des Subjektseins; das Subjekt besteht (teilweise) in Erlebnissen.

Eine „Erlebnisgesellschaft" ist eine Gesellschaft, bei der im historischen und interkulturellen Vergleich innenorientierte Lebensauffassungen eine relativ große Rolle für den Aufbau der Sozialwelt spielen. (Gegen- oder Ausgleichsbegriff wäre die „kommunitaristische Gesellschaft", in der gegenseitige Abhängigkeiten, sich überschneidende Gemeinschaften und Werte des Allgemeinwohls den Bestand persönlicher Freiheit sichern. Namhafter Vertreter des „Kommunitarismus" ist der US-Soziologe Amitai Etzioni: „Die Entwicklung des Gemeinwesens" (1995) und „Jenseits des Egoismus" (1994).

Charakteristika einer differenten Erlebnisgesellschaft sind u. a.: – soziale Milieus, – Zeichensysteme, – existentielle Anschauungsweisen, – Erlebnismarkt.

„Soziale Milieus" gibt es nach Schulze fünf; alle gehören zur Gesellschaft, ohne Rangfolge: – Niveaumilieu (Streben nach Rang) – Integrationsmilieu (Streben nach Konformität) – Harmoniemilieu (Streben nach Geborgenheit) – Selbstverwirklichungsmilieu (Streben nach Selbstverwirklichung) – Unterhaltungsmilieu (Streben nach Stimulation).

„Zeichensysteme" haben intersubjektive Bedeutung für das jeweilige Milieu; es gibt alltagsästhetische Schemata für die Hochkultur (z. B. klassische Musik), es gibt das Trivialschema (z. B. Blasmusik) und das Spannungsschema (z. B. Rock, Disco).

„Existentielle Anschauungsweisen" sind subjektive Wirklichkeitsmodelle; sie bringen das Subjekt in seinem Milieu mit der erfahrenen Welt in Zusammenhang.

Der „Erlebnismarkt" reagiert auf all das durch Zusammenbringen von Erlebnisangebot und -nachfrage.

Manche meinen, dass der Weg unserer Gesellschaft in die „Erlebnisgesellschaft" im Sinn der extremen Innenorientierung unausweichlich sei; andere verwenden den Begriff eher abwertend („Freizeitpark Deutschland"). Der Begriff ist aber weder Leitbild noch Kritik; er ist Leitbegriff für eine kultursoziologische Beschreibung der Gegenwart.

Deshalb ist er – bewusst oder unbewusst – auch Eckpunkt einer Stadtplanung, die in einer Stadt, die eigentlich „alles" hat, ein Gelände von über 8,5 ha gestalten will. Man kann das „Unterhaltungsmilieu" nicht ausklammern, im Gegenteil. Der „Erlebnismarkt" muss bedient werden, wenn „reproduktionsfähige Strukturen" geschaffen werden sollen.

Aus diesen Überlegungen heraus ist es kein Zufall, dass die Planung eines neuen, modernen Fußballstadions ein Schwungrad für die Machbarkeitsstudie gewesen ist.

Tragfähige Stadtstruktur oder Stadt des „Irgendwie"

Die Situation hinter dem Bielefelder Bahnhof ist historisch leicht erklärt: Der Bahnhof vor den Toren der alten Stadt, die Anziehungskraft der Schiene und des freien Feldes für Gewerbe und Industrie, die Stadterweiterung über dieses Areal hinweg. Das erzeugt die typische Flächennutzung der Stadt des 19. Jahrhunderts und die Überformung dieses Grundrisses im 20. Jahrhundert. Diese Struktur ist historisch „logisch", aber heute überholt; die Zonierungen passen räumlich und sozial nicht mehr; ehemals wertschaffende Gebäude sind nun Hinterhof oder Restetruhe. Die Betriebe haben ihre Standorte des 19. Jahrhunderts mit denen für das 21. Jahrhundert getauscht; die Restflächen werden planmäßig „saniert" oder verfallen als Brache oder füllen sich hinter dem Rücken der Stadt „irgendwie".

Gleichzeitig ist in dieser Phase des Abarbeitens der Konsequenzen die Stadt ganz neuen Herausforderungen ausgesetzt:

* die Ökologie als Krise und Modernisierungsaufgabe
* die Zuwanderungen
* das soziale „Oben – Unten" der Menschen und das ökonomische „Drinnen – Draußen" der Erwerbsarbeit
* die Individualisierung bis hin zum autistischen Egoismus

Gesucht ist nun die neue Struktur, die wir heute – in Zeiten des öffentlichen Sparens und des privaten Reichtums – bestimmen müssen; generell in allen europäischen Städten, aktuell hinter dem Bielefelder Bahnhof.

„Unter dem Titel Struktur geht es um die Leistung städtischer Zusammenhänge. Leistung ist dabei nicht einseitig als Abarbeiten bestimmter, stets einseitig definierter Funktionen zu verstehen, sondern als Frage der Belastbarkeit. Erfolgreiche Stadtstrukturen sind mit sozialer Erfahrung angefüllt" (Hoffmann-Axthelm: Die dritte Stadt. Frankfurt/M. 1993, 190).

Der Schlüsselsatz lautet: „Dass das Zusammenschalten kleiner Einheiten sinnvoller ist als die Konstruktion von Großmaschinen, ist zeitgenössische Denkfigur schlechthin" (ebd.).

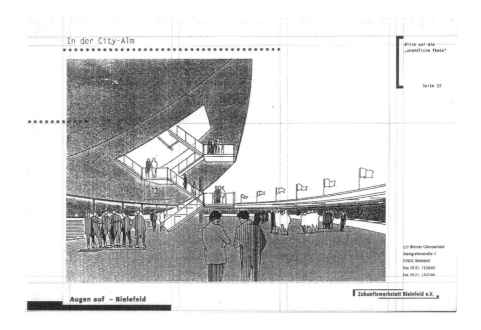

In der City-Alm

Blick auf die
„unendliche Theke"

Seite 33

c/o Werner Glenewinkel
Markgrafenstraße 1
33602 Bielefeld
Fon 0521. 132640
Fax 0521. 132248

Augen auf - Bielefeld

Zukunftswerkstatt Bielefeld e.V.

Das Planungscredo (Hobrecht): Jede Stadtparzelle enthält die ganze Komplexität der Stadt selbst; öffentliche und private Einrichtungen werden in einem Gleichgewicht zwischen öffentlicher Kontrolle und privaten Interessen ausgewogen.

Bei der Planung einer belastbaren Struktur in der zu verhandelnden „Dritten Stadt" (nach Antike und 19. Jahrhundert) soll eine maximale Mischung der Funktionen auf kleiner operativer Ebene und eine strukturelle Komplexität der Bausubstanz zur Sortierung und Tolerierung für die widersprüchlichen Interessen gefunden werden. „Kleine Einheiten" und „Zusammenschalten" sind die Schlüsselwörter.

Kritische Fragen: Wann ist die „kleine Einheit" zu groß? Und wird das „Zusammenschalten" nicht nur technisch-funktional verstanden?

Die Aufgabe eines Plans ist es, Verdichtung zu organisieren und dies in reproduktionsfähigen (also selbsttragenden) Strukturen auszudrücken. Ein Publikum muss von selbst kommen, man kann es zum Konsumieren oder Flanieren nicht herbeitragen. Eine einseitige Struktur ist eben nicht komplex, nicht „synergetisch", und also als Stadtstruktur nicht leistungs- und tragfähig.

Letzter Grundsatz für die künftige Herausforderung an die „Dritte Stadt": Städte sind Individuen; die jeweilige Kultur, die ihr Bewegungsmuster bestimmt, ist eingewurzelt; jede Stadt hat ihren eigenen Gründungsvertrag; die historisch erworbene Fähigkeit großer Städte, sich konjunkturunabhängig treu zu bleiben, ist verlässlicher als die taktische Einschätzung der Marktchancen; größte und wichtigste Ressource sind die Bewohner; die glücklicheren Stadtindividuen setzen sich durch als Orte einer aus Selbstsicherheit und Entscheidungskraft ihrer Bewohner erwachsenen Überlegenheit.

Innovation: Das „2-Ohren-Konzept"

Die Stadt des „sowohl-als-auch"

Die Stadt des „sowohl als auch" lebt von privatem und von öffentlichem Raum. Die beiden stadtsoziologischen Exkurse haben dieses „sowohl als auch" auf verschiedene Weise verdeutlicht:

- Die Stadt wird erlebt in verschiedenen Milieus; diese sind nicht gegeneinander auszuspielen, sondern machen die Komplexität einer leistungsfähigen Struktur aus.
- Neben den 5 Milieus einer „Erlebnisgesellschaft" gibt es zwei andere differenzierte Polaritäten, die eine bindungskräftige und leistungsfähige Stadtstruktur aushalten muss: Das soziale „Oben – Unten" und das ökonomische „Drinnen – Draußen" (Erwerbsarbeit und Rentierlichkeit).
- Eine Stadtstruktur entsteht aus „Gründungsverträgen" in ihrer jeweiligen Zeit; wenn die Struktur nicht mehr passt, muss sie neu verhandelt werden. Derzeit ist das öffentliche Sparen und der private Reichtum zusammenzuschalten, damit die Struktur leistungsfähig und belastbar bleibt.
- Der ökonomische Egoismus würde vor allem für das eigene Interesse und das eigene Milieu sorgen. Planung muss die privaten, rentierlichen Elemente mit den öffentlichen, nichtrentierlichen „zusammenschalten". Das heißt: Der öffentliche Raum ist so wichtig wie der private; Piazza und Allee sind so wichtig wie Großkino und Disco. Wenn man das ignoriert und sich auf schlüsselfertige Investorenplanungen verlässt, gibt es eine „Indoor"-Stadt (Spiegelglas nach außen) oder eine Stadt des „Irgendwie" („Wer zuerst kommt, mahlt zuerst" = Windhundprinzip).
- Die Stadtpolitik ist nicht nur Vehikel fortgesetzten wirtschaftlichen Wachstums. Die Aufgabe der Stadt in der ökonomischen Krise ändert sich nicht, sie ist Normalfall, aber erschwert, nämlich den auf Beisammensein großer Menschenmengen angelegten Anteil gesellschaftlicher Verrichtungen so gut wie möglich unterzubringen.
- Maximale Mischung der Funktionen und strukturelle Komplexität der Bausubstanz (anstelle rentierlicher Monostrukturen) sind die zeitgenössische Denkfigur.

Die für das 19. und die ersten Zweidrittel des 20. Jahrhundert passende Struktur hinter dem Bahnhof passt heute nicht mehr; sie muss nicht nur als Hinterhof saniert/modernisiert, sondern ganz neu städtisch strukturiert werden. Sie muss nicht nur die Belastungen (Ökologie, Zuwanderung, soziale Krise, Individualisierung) aushalten können.

Die Konkurrenz der Städte/Stadtindividuen entscheidet sich auch an deren Entscheidungsfähigkeit und Selbstsicherheit und an der Ressource „Bewohner", eben an der eingewurzelten Stadtkultur.

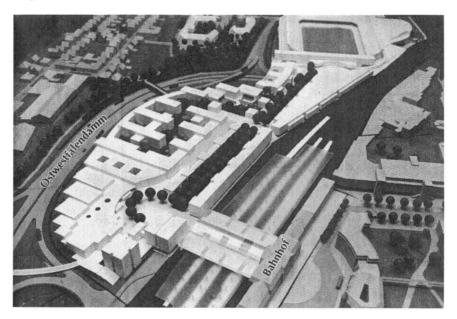

Die Paketlösung

Der Ratsbeschluss vom 22.06.1995 fordert in erster Linie die Machbarkeit eines neuen, vielseitig verwendbaren Fußballstadions. Arminia Bielefeld hat in diesem Jahr sein 90-jähriges Bestehen gefeiert. Vermutlich geht die Stadt davon aus, dass der Fußball – auch in Bielefeld – in den nächsten (90) Jahren nichts von seiner Attraktivität einbüßen wird. Dann ist es sinnvoll, sich als Stadt über ein neues Stadion Gedanken zu machen. Gleichzeitig will der Rat, dass die städtebaulichen Entwicklungsmöglichkeiten des Gesamtgeländes dargestellt werden. Das bedeutet, ein Stadion muss sich in eine städtebauliche Konzeption einbinden lassen und mit den unterschiedlichen Nutzungen und Funktionen dieses Konzepts korrespondieren. Es geht nicht nur darum, ein Stadion oder ein Multiplexx-Kino zu bauen, sondern die damit erwarteten und gewünschten Abläufe mitzudenken. Urbanität entsteht eben auch aus der Durchmischung verschiedener Funktionsbereiche. Am Bahnhof darf – anders als auf der grünen Wiese – ein Stadion nicht die 14 Tage zwischen zwei Heimspielen leer stehen.

Anders formuliert: Das Areal hinter dem Bahnhof ist nicht nur eine Fläche von 2 mal 4 bzw. 4,5 ha, die man als Restetruhe irgendwie verschleudern oder füllen dürfte; es ist auch nicht einfach ein B-Plan-Gebiet, das nach und nach in den üblichen und zeitaufwendigen Verfahren verplant werden sollte. Das gesamte Areal ist eine Jahrhundertchance, die ergriffen und von einem großen stadtbürgerlichen Konsens getragen werden muss. Das geht u. E. nur mit einer „Paketlösung."

Das Konzept der Zukunftswerkstatt ist ein Paket. Es füllt beide „Ohren" hinter dem Bahnhof, weil man nur auf zwei Ohren räumlich hören kann. In diesem Paket hängt alles mit allem zusammen. Sein Inhalt: Drei Bausteine. Sie heißen:

1. Das Bahnhofsdach: Die Brücke
2. Das City-Quartier
3. Die City-Alm

Und darum herum – wie der Bindfaden um ein Paket – die Verkehrslinien für Fußgänger, Radfahrer, Auto, Bus, Stadtbahn und Deutsche Bahn.

Zur Paketlösung gehört auch, die Situation „Menschen am Rande" mit zu bedenken und in die Planung mit einzubeziehen. Die (stadt-)soziologischen Exkurse liefern dafür die theoretische Begründung. Das bedeutet konkret:1. Diese Menschen gehören zur Stadtgesellschaft. 2. Sie brauchen Raum in der Stadt. 3. Das Verdrängen dieser Einsichten führt nur dazu, dass das Problem verlagert wird oder sich im Nachhinein auf eigene Weise Bahn bricht.

Der Beitrag ist ein Auszug aus der Machtbarkeitsstudie Ostwestfalen-Zentrum.
Eine Jahrhundertchance zur Jahrtausendwende.
Machbarkeitsstudie im Auftrag des Rates der Stadt Bielefeld zur Überplanung einer Industriebrache.
Gutachten 1995. 57 Seiten (Auszug aus dem theoretisch-konzeptionellen Teil, 1-10).

Anmerkung

1 Das Projekt wird auch vorgestellt im Text Nr. 35 „Welt als System".

37. Stadt wird gemacht

Die Grenzen der Parteiendemokratie und die Bürgerschaft als Ressource

Eine Stadt entwickelt sich nicht von selbst; sie wird gemacht, von Akteuren mit Mandat, Kapital und/oder Ideen. Das Management der Stadt ist dafür aber nicht immer gut gerüstet, es regieren oft Macht, Geld und Zufall. Dabei ist die Bürgerschaft als Ressource der Stadtentwicklung potenziell von höchstem Wert.

Im Jahre 2011 wurde die Frage und Aufforderung „Bielefeld 21 – Reden wir früher?!"[1] im vollbesetzten Historischen Saal der Ravensberger Spinnerei diskutiert und seitdem immer wieder aufgerufen. Der Satz bezieht sich auf die Zeitsignatur ‚Stuttgart 21'; hier ging und geht es um eines der größten Bauprojekte in der Republik im neuen Jahrtausend, vergleichbar dem neuen Flughafen Berlin-Brandenburg, der Hamburger Philharmonie und den offshore-Windkraftanlagen etc. Es streiten sich der Investor, die Landes- und Kommunalpolitik, verschiedene Fachplaner, Polizei, ‚Wut-' und ‚Mutbürger' sowie die Presse über die Frage, ob derartige Jahrhundertprojekte überhaupt sach- und fachgerecht beurteilt und bewertet und auf welchem Wege die Argumente dazu vorgetragen und abgewogen werden können. Einerseits geht hier vieles ein, und vieles geht auch durcheinander; es gibt kaum erprobte und belastbare Verfahren der Streitschlichtung (nicht zu verwechseln mit den behördlichen Erörterungsterminen am Ende einer Planung oder mit einer normalen Mediation zwischen Streithähnen). Andererseits muss irgendwann und -wie entschieden werden. Es offenbart sich dann, dass „Legitimation durch Verfahren" (Niklas Luhmann[2]) oftmals eine Legende ist und dass es sogar einen Widerspruch von Legalität und Legitimität geben kann. Am Ende derartiger Planungs- und Entscheidungsprozesse steht dann oft das Scheitern oder die Kostenexplosion oder doch die Erkenntnis, dass man am Ende immer schlauer ist als am Anfang.

Auch wenn ‚Stuttgart 21' nur eine ‚Kleine Erzählung' ist, ist es doch ein typischer Fall und damit Teil des Systems politischer und privater Planung, also einer ‚Großen Erzählung'. Und derartige kleine Erzählungen gibt es in jeder Gemeinde, die womöglich alle ein und dieselbe Problematik enthalten: Wie kann in einer Zeit verschiedenartiger Kalküle und Rationalitäten – Leitbilder, Zielstellung, Nützlichkeit, Finanzierbarkeit, Nachhaltigkeit, Alternativen usw. – überhaupt noch geplant werden?

Entscheidungen in Unbestimmtheit und Komplexität – Partizipation

Es ist offensichtlich, dass es hier keine Autorität mehr gibt, die alles überblicken und für alles gerade stehen kann; eine etwaige Haftung endet oft durch die Pleite einer Firma oder die Abwahl von Politikern oder die Versetzung oder Pensionierung von Beamten oder durch den Meinungswandel eines Chefredakteurs. Diese nehmen dann das (Herrschafts-)Wissen über die Gründe des Scheiterns einfach mit und überlassen den Blick in die Zukunft neuen Akteuren („Jetzt müssen wir nach vorne schauen!").

Offenbar kann die Fachkenntnis nicht mehr von Experten allein beansprucht werden, da auch sie sich irren können und es zu jeder Expertenmeinung auch eine Gegenmeinung geben kann. Der Präsident des Deutschen Bundestages bringt diese Erkenntnis 2012 auf ein irritierendes Fazit: „Von allen denkbaren Verfahren in der Bewältigung dieser Krise in den vergangenen Monaten ist das am wenigsten taugliche die Umsetzung von Expertenempfehlungen gewesen. – Würden sich darauf politische Entscheidungsinstanzen verlassen wollen, würden sie damit ihre Entscheidungsunfähigkeit zu Protokoll geben."

Gleichzeitig teilte der Vorsitzende des Stadtentwicklungsausschusses des Rates der Stadt Bielefeld dem Verein Pro Grün mit: „Ich glaube nur Gutachtern" und meinte damit wohl zugleich, dass er Bürger oder überhaupt andere Argumente nicht ernsthaft anhören wolle. Für einen solchen Politiker vertreten fachlich versierte Bürger ohne Mandat und Gutachterauftrag also Argumente minderen Ranges.

Demgegenüber hat die Bertelsmann-Stiftung – auch als Teilnehmerin an dem oben genannten Podium ‚Bielefeld 21' – die Partizipation zum ‚Thema des Jahrzehnts' erklärt.

Das Bundesumweltministerium hat 2012 eigens eine Unterabteilung für Bürgerbeteiligung eingerichtet: „Bürgerbeteiligung und Transparenz als Voraussetzung erfolgreicher Umweltpolitik." Die Staatskanzlei in Baden-Württemberg hat seit 2011 einen Staatsrat für Zivilgesellschaft und Bürgerbeteiligung bestellt. In Stuttgart nennen sich engagierte Bürger auf der Suche nach einem neuen Oberbürgermeister selber ‚Meisterbürger'.[3]

Die ZEIT fordert in einem Forum: „Mehr Demut bitte. Reformland D – Vision einer besseren Zukunft" und macht das Kleeblatt auf von der ökologischen Erneuerung, der Bürgergesellschaft, der Wissensgesellschaft und der Wir-Gesellschaft.[4]

„Kaum ein politischer Begriff hat in den letzten Jahrzehnten eine vergleichbare Karriere zu verzeichnen wie die Partizipation. Einst von den Neuen Sozialen Bewegungen gegen einen Politikbetrieb erstritten, der dergleichen noch als ungebetene Einmischung in seine inneren Angelegenheiten begriff, wird sie mittlerweile von links bis rechts allseits begrüßt als Fortentwicklung der demokratischen Gesellschaft und als probates Mittel gegen die Sklerose des repräsentativen Systems."[5] Es geht offensichtlich um eine Zeitsignatur.

Was hat das alles mit einem Stadtbuch für Bielefeld zu tun, wo sich viele Autoren über die Schönheiten und Stärken der Stadt Gedanken machen? Ganz einfach: Die Schönheiten und Stärken der Stadt sind zu einem großen Teil aktiven Bürgern zu verdanken, die – neben den ordentlichen Verfahren der parlamentarischen Demokratie – eigene Formen der Einmischung ersonnen und erprobt haben. Dadurch sind ungezählte Kultur- und Naturschätze in der Stadt erhalten und geschaffen worden, die es sonst nicht mehr oder nicht so gäbe.[6] Und weil Bielefeld eine Person im Stab des Oberbürgermeisters bräuchte, die fachkundige und ideenreiche Bürger anhört und mit Rat und Tat auf die geeigneten Bahnen auch in der Rathausroutine lenkt. In Bielefeld kommentiert die Presse: „Bürgerbeteiligung ist Chefsache"[7] und „Schlechtes Zeugnis für die Stadt."[8]

Partizipationsklassiker für Bielefeld: Die Ravensberger Spinnerei

Sachverstand und Engagement von Bürgern können eine Ressource sein, die effektiv und sparsam und identitätsstiftend wirkt. Nehmen wir für diese vielleicht kühn klingende These das Beispiel der Ravensberger Spinnerei, zum einen, weil dieses ‚Fabrikschloss' ein besonders prächtiges und stadtbildprägendes Ensemble ist; zum anderen, weil das Gedeihen dieses ‚weißen Elefanten', wie das Projekt anfangs von seinen Gegnern genannt wurde, heute und seit langem unstreitig ist.

Zur Erinnerung: Die Stadt Bielefeld hatte diese alte Fabrik nach der Aussiedlung des Spinnereibetriebes aufgekauft, um durch den Abriss Platz zu schaffen für ein großes Straßenkreuz; dieses war nach damaliger fachlicher und politischer Ansicht angeblich unverzichtbar, in heutiger Unwortsprache: „alternativlos". Es gab heftigen Widerstand von einem Förderkreis angesehener Bürger zur Rettung der Spinnerei, bis die Politik sich darauf zurückzog, nur noch den Park vor dem Gebäude zu nutzen für einen großen Trog.[9] Auch dieser Kompromiss wurde von der engagierten Öffentlichkeit nicht akzeptiert, obwohl alle Ratsbeschlüsse nach Recht und Gesetz, also „demokratisch" gefasst worden waren.

Nach langem Hin und Her wurde dann auf die Straßenplanung ganz verzichtet; der Verkehr fließt heute um die alten Parkmauern herum ganz ausgezeichnet. Im Jahre 1986 gab es für die Rettung der Ravensberger Spinnerei die „Silberne Halbkugel" vom Deutschen Nationalkomitee für Denkmalschutz. Die Stadt führt ihre Besucher hierher, und die Parteien halten hier oft ihre Neujahrsempfänge ab. Inzwischen ist das historische Ensemble durch ein Historisches Museum, das Museum Huelsmann für Kunst und

Abb. 1: Die Ravensberger Spinnerei zur Zeit der Verleihung des Deutschen Denkmalschutzpreises 1986.

Design, durch ein wunderbares Filmkunsttheater, das Lichtwerk in der alten Tischlerei, ergänzt und macht die Bürger dankbar und froh. Im Jahre 2012 begann dann – wiederum durch private Initiative angestoßen und maßgeblich realisiert – die Renovierung der Weißen Villa als Teil des Museums Huelsmann. Raum wäre nach wie vor auch für ein Naturkunde-Museum. In dieser Zeit und aus dieser Erfahrung entstand 1977 der Gemeinnützige Verein Pro Grün;[10] später wurden eine projektorientierte Zukunftswerkstatt Bielefeld e. V. und der Verein Pro Lutter e. V.[11] ausgegründet und eigenständig tätig.

Das Management einer modernen Stadt – Good Governance

„Stadt wird gemacht" – das ist ein harmlos klingender Satz. Aber er hat es in sich, wenn man dazu fragt: Wem gehört die Stadt? Wer spricht? Mit wem? Wer bezahlt? Wer haftet? Wer gewinnt und wer verliert?

Dazu einige Zeilen Theorie, weil sich das Management der modernen Stadt bzw. Good Governance, also eine gute Regierungsführung und ein gutes Verhältnis von staatlichen bzw. kommunalen und nichtstaatlichen Akteuren, unter den Bedingungen von Konkurrenz und Mangel an öffentlichen Geldern neu orientieren muss.[12] Anders versteht man die Stadtentwicklung nicht mehr oder arbeitet suboptimal. Die „Große Erzählung" von der modernen Stadt hat sich grundlegend gewandelt: Der Habitus der Bürger ist das kulturelle Kapital, die Netzwerke sind das soziale Kapital.

Eine Polis (Stadt und Staat) in der modernen Gesellschaft wird ihre Logik ändern, sie ist nicht mehr die erleuchtete Polis, die marktwirtschaftliche Polis, die Regulations-Polis, die familienweltliche Polis oder die Industriepolis, sondern sie wird zu einer projektbasierten Polis.

Projekte gründen, heißt Netze bilden. Dafür braucht es Vermittler, die dafür „Wertigkeitsträger" und gerade nicht nur Experten sind. Auf einer Ebene sind die Individuen angesiedelt, die sich um ein Projekt kümmern und sich hier bewähren, auf einer zweiten Ebene die Konventionen, die die Philosophie des Projektes definieren, beispielsweise die politische Philosophie des Allgemeinwohls.

Eine projektbasierte Polis ist gefährdet, wenn geschlossene Netzwerke zu Nepotismus neigen, zu Günstlingsnetzen, mit körperschaftseigenen Zielen anstelle eines vereinbarten Gemeinwohls. Das können Investoren oder Finanzfonds sein, die ein Projekt nur im eigenen Interesse verfolgen und sich dafür strategisch in der Stadtpolitik vernetzen. Man kennt derartige Grauzonen nicht nur aus Südeuropa; schließlich hat Deutschland nicht gerade den Spitzenplatz im Antikorruptionsindex von Transparency International.

Erzählungen aus Bielefeld – Germers Haus, Stadtring, Teutotherme, Bahnhofsviertel, Lutter u. a.

Betrachten wir einige Beispiele in Bielefeld, wie die Stadt außerhalb der Verwaltungs- und Politikroutine und mit der Bürgerschaft als Ressource für kulturelles Kapital gemacht werden kann.

Germers Haus (Galerie Rodin) am Nebelswall Nr. 13

Am Nebelswall Nr. 13, direkt hinter der Kunsthalle, sollte eine Zufahrt zum Hof der umgebauten ‚55er Kaserne' geschaffen werden, angeblich, um hier einige von der Stadt nachzuweisende Behindertenparkplätze zu bündeln. Ein heruntergekommenes Gebäude sollte dafür abgerissen werden. Ein Geschäft der laufenden Verwaltung. Ein Sachzwang oder eine einfache Lösung?

Pro Grün sah in dem Gebäude und in der Lage am Nebelswall einen Teil eines klassizistischen Ensembles und intervenierte auf dem ganz kurzen Dienstweg; nach der Erinnerung des Verfassers genügte dafür ein einziger Tag. Das politische Milieu, in dem dieser Fall schnell gut ausging, kann man als ruppig-partnerschaftlich beschreiben, ein Widerspruch, der bei starken Persönlichkeiten durchaus konstruktiv sein kann.

Abb. 2: Germers Haus am Nebelswall 13 (eig. Foto).

Grüner Stadtring

Der Kunsthallenleiter Ulrich Weisner hatte zur Zeit der Basaltstelen von Josef Beuys auf der Kasseler documenta (‚Stadtverwaldung') die Idee, die beim autogerechten Umbau der Stadt verschwundenen Bielefelder Wallanlagen wieder sichtbar zu machen, damit auch die charakteristische Hufeisenfigur der Altstadt. Worin lag das Problem? Zum einen darin, dass jemand die Idee haben musste; zum anderen darin, dass sich jemand darum kümmern musste; und zum dritten darin, dass viele Bedenkenträger gehört und befriedet werden mussten. Aber das Projekt hatte offenkundig Potenzial für eine Identifizierung der Bürger mit dem Stadtbild. Große Firmen spendeten als Baumpaten jeweils 150 DM pro Lehrling, auch viele Bürger sind im großen Buch zum ‚Grünen Stadtring' (heute im Stadtarchiv) als Paten vermerkt. Pro Grün übernahm das Management. Heute ist alles gut – nein, es gibt schon wieder Bedenkenträger, diesmal wegen wachsender Baumäste im Bereich von Oberleitungen der Stadtbahn, und es droht die Neutrassierung einer wieder oberirdischen Stadtbahn nach Sennestadt im grünen Stadtring.

Teutotherme

Ein Stichwort zum ungebauten Bielefeld und den Alternativen. In der Aue des Johannis-bachs hatte die Stadt vor Jahrzehnten für 23 Millionen DM ein großes Gelände gekauft, offiziell um hier Hochwasserschutz zu betreiben und tatsächlich, um unter dem Namen ‚Untersee' zugleich einen Freizeitsee zu betreiben. Das Land hätte im Rahmen einer Verbandslösung den Löwenanteil bezahlt, wenn es zu dieser Hochwasserschutzmaß-nahme gekommen wäre. Das Seeprojekt ging durch viele Schleifen, aber es ging nicht weiter; die Optionen Hochwasserschutz und Landesförderung sind nun längst passé.[13]

Für die Seerealisierung wurden dann lange andere Möglichkeiten der Gebührenfi-nanzierung, zum Beispiel durch eine zehnjährige Baudeponie und Möglichkeiten für pri-vat-kommerzielle Investments, gesucht. Eine solche Idee sollte der Bau eines Spaßba-des genau in die Mitte der Aue sein, mit Blick auf die romanisch anmutenden Bögen des Viadukts und in die Abendsonne. Ein Investor war sich mit einem Dezernenten (dem Vernehmen nach aus dem Helikopter) schnell einig geworden; endlich würde et-was passieren, fast egal was. Es war ein ‚Günstlingsnetz' zu befürchten. Eine öffentliche Debatte musste von den Naturschützern immer wieder erzwungen werden, u.a. mit ei-nem großen Pro-Grün-Fest am Viadukt mit langer Tafel und reizvollen Musikdarbietun-gen.

Nun ist es für Naturschützer und für Beiräte (Landschaft und Stadtgestaltung) immer schlecht, wenn sie nur als Verhinderer erscheinen. Ihre Politik kann es dann sein, nicht nur die Kritik plausibel zu machen, sondern zugleich die Richtung und Möglichkeiten von Alternativen anzuregen; das ist allerdings fachlich riskant („Geht alles nicht!"). In diesem Fall kam den Kritikern zupass, dass der Investor (der ‚Developer') inzwischen pleite war; auch den Dezernenten gibt es in Bielefeld nicht mehr. Eine Investitionsruine im Quasi- Naturschutzgebiet, das wäre es noch gewesen!

Aber der Bedarf an einem Spaßbad war, auch wegen der Baufälligkeit des alten Hal-lenbades, trotzdem noch in der Welt, nicht nur in Bielefeld. Also machten sich die Kriti-ker – nun in der Gestalt der Zukunftswerkstatt Bielefeld e.V. – daran, die Alternative in einem anderen Projekt unterzubringen, nämlich im Neuen Bahnhofsviertel. Die koope-rative Haltung der Stadtwerke führte hier zum Ishara-Erfolg.

Brachen am Bahnhof: Das Neue Bahnhofsviertel[14]

Die Zukunftswerkstatt (Zuk) hatte sich die Gewerbebrache hinter dem Bahnhof vorge-nommen; die Stadtsanierer der 1970/1980er Jahre hatten hier lediglich Grünflächen eingetragen. Angesichts des Parkplatz- und Busbahnhofdilemmas am Hauptbahnhof erschien es der Zuk als lohnend, die Brachfläche mal anders zu denken. Der damalige Baudezernent schrieb allerdings sogleich in einem Brief an die Zuk, er wolle diese Plä-ne nicht aufgreifen (er befasste sich zu der Zeit mit dem ‚Sieker Loch', einer neuen

‚Stadtkante' an der Herforder Straße oberhalb der Johannisbachaue, mit einem großen ‚Center' auf dem Kesselbrink, einer Galopprennbahn u. v. m.).

Die Zuk hatte sich schnell einen gewissen Namen gemacht als Denker und als Kommunizierer und konnte den Stadtrat gewinnen, den Verein einstimmig mit einer Machbarkeitsstudie für ein Quartier hinter dem Bahnhof zu beauftragen. *Non profit* versteht sich, aber mit pauschaler Erstattung der Kosten von 50.000 DM.

Die Geschichte des Neuen Bahnhofsviertels ist äußerst spannend, führt aber hier zu weit. Die Zukunftswerkstatt konnte und musste alle (gefühlt hundert) Akteure in ihren verschiedenen Kalkülen und Handlungsmustern kennenlernen. Besonders befremdlich war hierbei immer wieder die Deutsche Bundesbahn. Demgegenüber zeigten die Besuche im Düsseldorfer Städtebauministerium, was alles gehen würde, wenn man es richtig angeht.

Es gab nun also eine kreative Gruppe in der Stadt, die sich schnell organisieren konnte durch vorhandene Beziehungen untereinander und zur Stadtpolitik. Sie durfte ein Projekt durchdenken, das in einer großen Verwaltung so nicht zu durchdenken wäre; auch für einen etwaigen Wettbewerb brauchte man erst mal eine tragfähige Idee. Dies wurde einem kleinen Netzwerk wie der Zukunftswerkstatt zugetraut und anvertraut, weil sie wesensgemäß anders denken durfte und musste und doch genug Bielefelder Bodenhaftung hatte.

Dass hier eine private Gruppe definitiv ohne kommerzielle Interessen für die Stadt nachdachte, schien ungefährlich für jedermann. Es bot auch die Chance, ‚alles' mitzudenken, was in der Fachplanung sonst womöglich nicht mitgedacht wird. Das alles wurde in allerlei Symposien und Präsentationen öffentlich und vielperspektivisch diskutiert.[15] Ein kreatives Milieu hatte sich in Bielefeld dadurch aber noch längst nicht gebildet. Im Gegenteil: Als die Zuk selbst beispielsweise einen dezidierten Kritiker der Projektidee (Dieter Hoffmann-Axthelm, Berlin: Die Dritte Stadt) zum öffentlichen Disput in der Commerzbank am Jahnplatz eingeladen hatte, wurde dies von manchen flugs als Verletzlichkeit oder mangelnder Durchsetzungswille missverstanden.

Lust auf Wasser: Die Freilegung der Lutter

Freilegung der Lutter – eine Idee, gegen die niemand etwas haben kann, dachte der ausgegründete Verein Pro Lutter e. V. Aber neben vielen Sympathisanten gab es auch hier wieder unerwartete Gegner und negative Fantasien, über Müll, Ratten und im Wasser ertrunkene Kinder. Wer mag sich da noch engagieren? Nun, Pro Lutter ließ sich nicht beirren und antichambrierte nicht nur für die Idee, sondern auch dafür, den städtischen Eigenanteil für die Planung und Zuschussbeantragung übernehmen zu „dürfen".

Im Stillen wurde weitergeplant, die Lutter ist in der Ravensberger Straße so gut wie geplant. Und vor allem: Die drei Stauteiche im Zuge der Lutter lassen sich zu einer wun-

Abb. 3: Die freigelegte Lutter im Park der Menschenrechte vor dem Gymnasium am Waldhof, 2010.

derbaren Wasserstrecke verlängern und ausbauen, für viele Nutzergruppen und für kleine und große Distanzen, von der Stadtmitte bis hinaus zur Aa. Und schon geht es los mit der Lust am Wasser. Kostet auch Geld, aber viele würden mithelfen, und der Aufwand stünde in einem sensationell günstigen Verhältnis zum Gewinn. Man bräuchte keine Machbarkeitsstudie, keinen Kommerz zur Gegenfinanzierung. Nur Konsens.

Allerdings ist zwischenzeitlich genau dieser Grünzug, mindestens aber die freigelegte Lutter schon wieder in Gefahr. Weil der Lutterkanal unter dem Gymnasium marode ist, soll er im ‚bypass' neben dem Gebäude neu errichtet werden. Das wäre genauso verheerend wie eine Nutzung des Kunsthallenparks für ein Regenrückhaltebecken. Verheerend auch wegen der politischen Botschaft an die Mäzene und engagierten Bürger: Ein Park im Besitz der Stadt ist – scheinbar – verfügbar. Würde über einen neuen Kanal wohl auch dann diskutiert, wenn auf der angedachten Trasse im Zuge einer Platanenalllee 35 Villen bedeutender Bürger der Stadt stünden? Was ist verfügbar, was hat Priorität, wo gibt es Tabus, wie wird nach Alternativen gesucht, wer sorgt dafür, dass der notwendige Tunnelblick von Experten vor der Entscheidung wieder geöffnet wird?

Im Normalfall hätte es mit der „Lutter – Lust auf Wasser" so weiter gehen können. Aber dann wurde irgendwie festgestellt, dass unter den 100 Jahre alten Platanen der Kanal der hier verrohrten Lutter sanierungsbedürftig sei. Nun streiten sich die Gelehr-

Platanen-Allee in Gefahr

Streit um Kanalsanierung an Ravensberger Straße: „pro grün" fordert Alternativen

Abb. 4: Platanenallee Ravensberger Straße.

ten, ob die stadtbildprägende Allee für einen Neubau oder Großreparatur fallen muss oder ob es Alternativen gibt.[16]

Aus der Verwaltung hörte man mehrfach das Argument, dass die Platanen doch in 40 Jahren ohnehin „abgängig" seien. Oder dass man als Alternative unbedingt ein Regenrückhaltebecken brauche, und das gehe dann eben im Blick auf den Stadtplan nur im Park der Kunsthalle oder am Gymnasium am Waldhof – Öffentliche Grünflächen als Planungsreserve. Im Jahre 2012 läuft der Prozess kontrovers, es gibt keinen Konsens über Leitbilder, etwa über einen Primat für große Stadtbäume oder Baumalleen oder innerstädtische Parks.

Bielefeld als Hochschulstadt: Denken in Alternativen[17]

Die Universität Bielefeld mit ca. 22.000 Studenten muss wegen der Bausünden in ihrer Entstehungszeit energetisch grundsaniert werden. Dies muss unter dem rollenden Rad und über mehrere Jahre geschehen. Außerdem möchte sich die Universität erweitern und neue Partner anlocken. Dies ist ihr mit der Fachhochschule Bielefeld leicht gelungen, die als kleinere Schwester gerne auf einen eigenen Campus in Uni-Nachbarschaft möchte. Es geht um ein Volumen von mehr als sieben- bis achthundert Millionen Euro. Öffentlich wurde immer wieder auch ein neues Max-Planck-Institut für ‚Intelligente Systeme/Robotik' genannt, für das es Vorsorge zu treffen gelte, ebenso Angebote für Ausgründungen und An-Institute.

Die Universität besitzt ein Erweiterungsgelände in unmittelbarer Nachbarschaft, man könnte also auf der grünen Wiese neu bauen. Zugleich hat der alte Campus genug Reserveflächen für eine interne Erweiterung, dies sogar in Eigenregie ohne Beteiligung des Stadtrats auf einer so genannten Sonderbaufläche. Für diese Möglichkeit hatte es 2007 einen aufgeforderten Architektenwettbewerb gegeben, der erste Preis wurde damals für die Idee einer Überbauung vorhandener maroder Parkhäuser auf dem Campus vergeben.

In einem neuerlichen Wettbewerb wurde 2008 die Alternative auf der grünen Wiese ausgeschrieben, weil dort neben der alten Universität große neue Module entstehen sollten, die FH, ein MPI, die An-Institute und Ausgründungen, außerdem die transitorischen Neubauten während der Sanierung.

Gegen diese neue Planung wurde nun von Naturschützern und planungserfahrenen Bürgern Protest eingelegt, mit dem Argument, dass ohne Not eine vorhandene flächenschonende Alternative zugunsten eines Großprojektes in der freien Landschaft aufgegeben wurde. Die Alternative zum neuen Campus wurde bei dem neuen Wettbewerb ausdrücklich ausgeschlossen, konnte also auch gar nicht mehr abgewogen werden. Dies ist planungsrechtlich problematisch, weil alle Eingriffe in Natur und Landschaft auf ihre Naturverträglichkeit, auf ihre Vermeidbar- und Ausgleichbarkeit hin geprüft werden müssen. Keine Planung ohne Alternative (auch die „Nullvariante" ist immer eine Alternative).[18]

Der Widerstand wurde nach dem politischen Rationalitätstypus organisiert. Die kritischen Bürger suchten alle Akteure auf, die in den anderen Funktionssystemen, insbesondere Wissenschaftsverwaltung, Kommunalpolitik, scheinselbstständige Wirtschaft (etwa die Liegenschaftsverwaltung des Landes) tätig waren. Um es im Ergebnis kurz zu machen: Es wurde von den Vertretern der Grüne- Wiese-Lösung bestritten, dass die Alternative (Erster Preis beim vorherigen Wettbewerb) überhaupt machbar sei, und sie wurde deshalb auch nicht mehr geprüft, mehr noch: Sie wurde bekämpft („universitätsfeindlich" etc.). Mitglieder der Ratsfraktion der Grünen waren zwar sachlich-fachlich für die Möglichkeit des Bauens im Bestand, stimmten aber aus Fraktions- und Universitätsräson für das Gegenteil. – Inzwischen ist das Projekt auf der grünen Wiese gebaut. Wie man auch immer nun dazu steht, abgewogen zwischen Möglichkeiten wurde nicht. Vielmehr wurde mit Macht und der Gunst der Stunde entschieden, alternatives Denken wurde ausgegrenzt. Rationale Kommunikation kann man nicht erzwingen, auch die Standards dafür nicht: Gemeinsame Problemstellung (Wahrheit), Suche nach den richtigen Fragen (Richtigkeit), persönliche Wahrhaftigkeit.

Die Ambivalenz der Partizipation

Damit soll die Reihe der exemplarischen Fälle, der kleinen Erzählungen beendet werden, aus Platzgründen, nicht aus Mangel an Stoff.

Die „Profi-Bürger" auch in Bielefeld geraten immer wieder in die Mühlen von vermeintlichen Sachzwängen und Verwaltungsroutinen, vom Wunsch und Willen von Investoren, von Kalkülen der Parteipolitik bis hin zum Fraktionszwang. Sie müssen sich in der Presse anhören, dass ein Wilhelmstraßen-Einkaufspassagen-Investor(!) den Oberbürgermeister(!) zur Verschwiegenheit verpflichtet(!) habe.[19] Sie hören, dass es keine Alternative gebe. Sie müssen für ihre eigenen Ideen und Initiativen bei der Presse immer wieder neu um einen Artikel werben, den sie nicht selbst formulieren dürfen und der sich nur selten als eine zusammenhängende Geschichte fortschreiben lässt. Sie müssen über einzelne Politiker versuchen, ein Thema in eine Partei zu transportieren. Sie sind jedenfalls in der Öffentlichkeitsarbeit meistens abhängig von Stimmungen und wenig autonom. Profibürger sind ,nur' mit dem Erfolgskapital aus vergangenen Projekten und Kontroversen ausgestattet. Sie müssen immer wieder neu antichambrieren, mit dem Gefühl, allzu lästig zu sein. Sie haben eben kein formelles Mandat.

Aber eines müssen sie sich tatsächlich sagen lassen und selbst reflektieren: Partizipation darf nicht zu einem neuen Lobbyismus führen, in dem sachkundige und gesellschaftlich mächtige Gruppen oder Personen Politik für eigene, partikulare Interessen machen. Die Gemeinnützigkeit sollte klar erkennbar und glaubwürdig sein. In der Umwelt- und Politikwissenschaft wird diese unvermeidliche Ambivalenz diskutiert: „Eine neue Beteiligungskultur – Öffentliche Planungen wird von den Bürgern nur akzeptiert, wenn ihre Sorgen ernst genommen werden" sagen die einen,[20] „Risse, Abbrüche und Zurückweisungen – Partizipation hat auch ihre Tücken. Auf den Märkten der Zivilgesellschaft setzen sich die gut Vernetzten durch," sagen die anderen.[21]

Eine Professionalisierung des Verhältnisses von Mandatsträgern, Verwaltung und der kulturellen Ressource Bürgerschaft, einschließlich einer ständigen (Selbst-)Reflexion aller Akteure, täte der Stadt Bielefeld für die Zukunft jedenfalls gut.

Der Beitrag erschien ursprünglich mit dem Titel *Pro Grün und die Zukunftswerkstatt – Bürger zwischen Ehrenamt, Lobbyarbeit und Partizipation,* in: Beaugrand, Andreas (Hrsg.) 2013: Stadtbuch Bielefeld 1214-2014. Tradition und Fortschritt in der ostwestfälischen Metropole. Bielefeld, 610-615.

Anmerkungen

1 www.progruen-ev.de

2 Niklas Luhmann (1969): Legitimation durch Verfahren, Frankfurt/M. 2001[6].

3 Vgl. www.meisterbuerger.org.

4 Bernhard von Mutius, in: DIE ZEIT, 2/2011, 25.

5 Vorgänge. Zeitschrift für Bürgerrechte und Gesellschaftspolitik, Nr. 199 (3/2012): Ambivalenzen der Partizipation (Editorial).

6 Leider gilt dies auch für ungezählte gescheiterte Initiativen, vgl. dazu den pro grün-Klassiker „Bielefelder Abrisskalender" von 1984 und den pro grün-„Bielefelder Höfekalender – Vom Umgang mit Häusern" von 1985. Vgl. auch Turit Froebe: Weg damit. Der Abrisskalender 2007 (bielefeld-blog.de/18.01.2007/grosse-ehre-fuer-neumarkt-abriss/). In einem persönlichen Schreiben an den Herausgeber dieses Buches schreibt der Mitautor Heinz-Dieter Zutz im Dezember 2012: „Ich hatte geschrieben, dass der Meierhof Sudbrack noch existiert. Nun ist er abgerissen worden. Es ist ein Skandal, wie man in Bielefeld mit den alten Bauten umgeht. Das hat auch der Beirat für Stadtgestaltung festgestellt. Es müsste eine breite Bürgerbewegung entstehen, wie früher Pro Grün." Nun, die Bürgerbewegung existiert, sie muss allerdings immer wieder öffentlich und immer wieder neu ‚breit' gemacht werden.

7 Neue Westfälische vom 25. Februar 2012.

8 Neue Westfälische vom 12. März 2011.

9 Einen ähnlichen planerischen „Ausweg" kann man beim heutigen Stadtbahntrog vor dem historischen Rathaus betrachten.

10 S. www.progruen-ev.de. (18. Mai 2013).

11 S. www.prolutter.de. (18. Mai 2013).

12 Vgl. Luc Boltanski, Ève Chiapello: Der neue Geist des Kapitalismus, Konstanz 2006.

13 Bei dieser Gelegenheit sei erwähnt, dass auch eine andere See-Idee ungebaut blieb, nämlich ein ‚Sennesee'. Pro Grün hatte diesen im Zuge der Sandabgrabungen für die neue Autobahn A 33 vorgeschlagen und planerisch weit vorangetrieben.

14 Vgl. Text Nr. 36 „Machbarkeitsstudie für ein Neues Bahnhofsviertel" in diesem Band

15 Für die Zuk war es dann allerdings eine zwar befremdliche, aber zugleich auch fast vorhergesehene Erfahrung, dass sie am Tage der offiziellen Eröffnung nicht einmal eingeladen war. Die Wertschätzung hatte sich verschoben, weg von der kreativen Planung und Partizipation und hin auf die kommerzielle Seite der Investoren und ausführenden Unternehmen.

16 Vgl. Text und Foto Nr. 40 „Jenaer Würfel" in diesem Band

17 Dieser Fall wird auch in Text Nr. 39 „Irritation und Mäeutik" erzählt

18 Bereits im Februar 2000 hatte der Verein Pro-Grün zusammen mit einer „Fördergesellschaft der Fachhochschule Bielefeld e.V." und dem damaligen Rektor eine erste Campusidee für die FH angeregt: „Grüne Insel – Alte Richmond-Kaserne – Gestaltungskonzept für eine Planungschance in Bielefelds V. Kanton

19 Die Shopping-Center-Investoren MFI und ECE, die im letzten Herbst Konzepte einreichten, hätten darauf bestanden, dass ihre Pläne geheim blieben. „Es stand daher nicht in der Verfügungsmacht der Stadt, die Konzepte in der Öffentlichkeit zu diskutieren", betont Oberbürgermeister Pit Clausen (Neue Westfälische vom 14. Februar 2012). In einem Brief an pro grün (7. März 2012) schreibt der Oberbürgermeister: „Ich finde es gut, wenn sich auf immer mehr Handlungsfeldern Bürgerinnen und Bürger zu Wort melden, um ihre Meinung zu vertreten. Ich muss dabei aber auch sagen, dass die Furcht vor Veränderungen nicht die alleinige Maxime des Handelns sein darf, denn in jeder Veränderung liegt auch eine Chance." Wer hätte eine

solche ‚alleinige Maxime des Handelns' denn jemals behauptet? Wem soll eine solche Mahnung denn hier, in einem Brief an pro grün, eigentlich gelten oder – schärfer gelesen – zugemutet werden? Was heißt das denn im konkreten Fall, wenn ein Investor nicht nur seine Meinung vertritt, sondern Geheimhaltung verlangt?

20 Jochen Flasbarth, Johann Dietrich Wörner, Michael Sailer: Eine neue Beteiligungskultur, zitiert nach www.fr-online.de (28. Oktober 2012). Vgl. Langfassung: Dies.: Öffentlichkeitsbeteiligung in Planungs- und Genehmigungsverfahren neu denken (2012), www.umweltbundesamt.de (22. Mai 2013).

21 Franz Walter: Risse, Abbrüche und Zurückweisungen, in: www.fr-online.de (9. November 2012).

38. Der Stadtpark ist für alle da!?

Von der subjektiven zur sozialen Raumwahrnehmungskompetenz

Jeder Mensch hat aus seiner alltäglichen Praxis eine eigene Raumwahrnehmung; diese ergibt sich vor allem daraus, wie die Welt für den Einzelnen begehbar („viabel") ist. Es gibt aber auch Raumwahrnehmungen, die möglichst alle Subjekte an einem Ort (z. B. in einer Stadt, auf einer Straße oder in einem Park) einschließen sollen; dieser Auftrag betrifft z. B. die Planer und Politiker.

Der Geographieunterricht hat hier die Aufgabe, sowohl die *subjektive* als auch die *intersubjektive* Sichtweise im raumbezogenen Handeln erkennbar zu machen; beides existiert gleichzeitig und wird miteinander wirksam.

Man *tut*, was man tut; aber man *weiß* auch vom anderen. Damit wird raumbezogene Handlungskompetenz *selbstbewusst* und zugleich *sozial verantwortlich*.

Diese doppelte Raumwahrnehmung muss eingeübt und reflektiert werden, ehe man sich an Aufgaben zur Gestaltungs- und Verständigungskompetenz heranwagen kann.

Raumwahrnehmung ist subjektiv, aber nicht beliebig: Das Drama der Allmende

Es gibt in Zeiten der Unübersichtlichkeit, der Transformation, der Suche nach neuen Leitbildern zuweilen den faulen Kompromiss, dass jeder auf seine Weise Recht habe und dass insofern alle Vorstellungen von Welt „gleich gültig" seien. Dieser Vorwurf des *Relativismus* wird zu Recht einer schlecht verstandenen Postmoderne gemacht. Wenn jeder einfach sagen dürfte „Für mich ist das eben so!", wäre dem Egozentrismus Tür und Tor geöffnet.

Ein solcher Egozentrismus aus einer subjektbezogenen Raumwahrnehmung lässt sich im Alltag vielfach erkennen: der rasende Skifahrer, der drängelnde Autofahrer, der heimliche Gifteinleiter, der Handynerver im Eisenbahnabteil – alle nehmen den Raum ausschließlich aus ihrer Perspektive und Interessenlage wahr; dass sie dabei andere Raumvorstellungen entwerten, z. B. die vom Genussskifahren, vom vernunftgeleiteten Tempolimit, vom sozialen Verhalten an gemeinsamen Orten, ist für sie kein Thema. Das nennt man das „Drama der Allmende", nämlich den einseitig-subjektbezogenen Umgang mit gemeinsamen Gütern; früher waren das z. B. der gemeinsame Wald als Viehweide oder der Brunnen, heute sind das z. B. ein Strand oder die Zugtoilette oder der Stadtpark.

Wenn man nun im Geographieunterricht zu sozial verantwortlichem und zugleich subjektiv passendem Handeln im Raum erziehen will, braucht man lohnende Aufgaben, kognitiv oder gestalterisch. Ungeeignet dürften dabei Aufgaben sein, die von der *einen* richtigen Wahrnehmung oder von der *einen* Moral ausgehen; geeignet sind Übungen, die an die Subjekte anschließen und verschiedene andere Rationalitäten einbeziehen.

Beispiel: Wenn man einen Biergarten in der Innenstadt charakterisieren sollte, einen vorhandenen oder einen vorgestellten, wird man das zunächst nach dem eigenen Geschmack tun; dann sollte man aber auch an die soziale Verträglichkeit denken, getreu dem afrikanischen Sprichwort: „Was nützt es dem reichen Mann, wenn alle Nachbarn hungern?".

Wie wird beobachtet?

Da es zunächst so viele Wahrnehmungen des Raumes wie wahrnehmende Subjekte gibt, stellt sich die Frage: Wie wird beobachtet? Dies ist die Grundfrage des Konstruktivismus, ausgehend von der allgemeinen Formel „A beobachtet B als C".

Dieser Grundsatz ist vielen Geographen fremd. Sie sagen, es gebe doch eine objektive Realität außerhalb bzw. vor der subjektiven Wahrnehmung; Subjektivität sei allenfalls eine Verzerrung dieser äußeren Welt und als solche ein Problem für die Soziologie und Psychologie. Das stimmt zum einen, denn die äußere Realität geht der Wahrnehmung natürlich voraus. Aber zur bedeutungsvollen Realität wird sie erst durch die Wahrnehmung. Deshalb haben Philosophen, Pädagogen und auch Geographen viele Versuche gemacht, die Verschachtelung verschiedener Welten, deren Dialektik bzw. sogar „Trialektik" zu erforschen. Meistens kommen sie dabei auf „Drei Welten", so z.B. der Wissenschaftstheoretiker Karl R. Popper, der Pädagoge Jean Piaget oder der Geograph Edward Soja. Im Prinzip geht es dabei um die Welt der physikalischen Zustände, um die Welt der psychischen Erlebnisse (Wünsche, Hoffnungen, Gedanken) und um die Welt der Ideen, Theorien, Argumente und Problemsituationen (vgl. Popper 1973).

Ein gutes Beispiel für die Unvermeidbarkeit der subjektiven Verzerrung der Wirklichkeit sind sämtliche *mental maps*. In der Kartographie spricht man sogar von der *Anamorphose*[1]; das ist die Verzerrung in einem Zerrspiegel, die man aber bei Kenntnis des Prinzips auch rekonstruieren kann. Es lassen sich damit erhellende kleine Experimente machen.

• Wenn man dieses Phänomen einmal bescheiden und praktisch nachstellen will, kann man einen Gegenstand in die Mitte eines Raumes stellen, z.B. die Aktentasche des Lehrers, und diesen 15 Minuten lang abzeichnen lassen. Es wird sich zeigen, dass es zunächst eine unvermeidbare geometrische Verschiebung gibt, nämlich den unterschiedlichen Winkel der Beobachtung; auf diese Weise erscheint die Tasche einmal von vorne, einmal von hinten usw. Außerdem wird es verschiedene Betonungen (bzw. Auswahlen) von Details geben, und natürlich verschiedene methodische Kompetenzen der Beobachtung und Wiedergabe des Gegenstandes – kurz: es erscheinen ebenso viele verschiedene Bilder wie es Betrachter gibt; dies gilt es zu akzeptieren und zu interpretieren.

- Wenn man dieses Experiment nicht einfach auf einen Gegenstand bezogen macht, sondern auf einen unstrukturierten Ort oder gar einen Vorgang/Prozess im Raum, wird es noch „subjektiver". Man stelle sich an den Rand des Schulhofes oder einer Straße und erteile den undifferenzierten Beobachtungsauftrag für eine Minute: „Was seht Ihr?" Es werden sehr viele verschiedene Beobachtungen entstehen/mitgeteilt.

Häufig wird in geographischen Anfängerseminaren oder bei schulischen Unterrichtsgängen die Aufgabe erteilt, z. B. eine Fußgängerzone zu kartieren. Dabei wird meist eine Legende mitgegeben, wonach z. B. die Ladengeschäfte (Branche, Größe, Preisniveau u. ä.) zu unterscheiden sind. Dabei kommen dann bunte Kartierungen heraus – aus denen aber meist nichts weiter folgt, nur dass man es gemacht hat.

Bei einer großen Exkursion des Verfassers nach Böhmen sollte eine Gruppe von Geographiestudenten (Schwerpunkt: Wirtschaftsgeographie-Diplom) einen Stadtkern in Form einer Kartierung vorstellen, weitere Vorgaben gab es zunächst nicht. Interessant war dann, nach welchen selbst gewählten Kategorien dieser objektiv begrenzte Raum definiert wurde:

- Branche der Läden
- Geschosszahl
- Trauf- bzw. Giebelständigkeit
- Bauzustand
- Um die Ladengeschäfte einzuordnen in einen EU-europäischen Vergleich, wollten die Studierenden außerdem exemplarisch Vergleichspreise ermitteln für a) Brot, b) Fernseher, c) Dienstleistungen/Friseur.

Natürlich kommt bei allen Beobachtungen etwas heraus. Es ist nur die Frage, ob die Beobachtungen *valide*, das heißt wertvoll sind für eine plausible Fragestellung, und ob sie *reliabel*, das heißt zuverlässig sind in der Methodik und von jedermann gleich gehandhabt werden würden. Die oben genannten Ordnungsbegriffe lassen eine Problemstellung nur am Rande erahnen. Ein Problem in den Kleinstädten der Transformationsgesellschaft Tschechiens ist z. B. die Filialisierung des Einzelhandels durch westliche Ketten (z. B. Drogeriemärkte), die aber zugleich nur die Fassade vor ihrem Eingang renovieren; das übrige Haus ist im vormaligen Zustand oder nur notdürftig instand gesetzt; es kann auch sein, dass die ganze Fassade gestrichen, aber nicht wirklich einschließlich der Fenster saniert ist, und wenn, dann kann es sein, dass dies nur an der Vorderseite geschehen ist. Darüber ist dann in der Exkursionsgruppe eine ausführliche Reflexion entstanden; die Kategorien wurden erheblich differenziert und erst damit aussagekräftig gemacht (das kann man die *explorative Phase* der Beobachtung nennen, in der zunächst einmal angetestet wird, was denn wichtig sein könnte). Schwieriger noch waren die Parameter, an denen der Vergleich von Ländern nach ihrem Lebensstandard vorgenommen werden sollte. Es erwies sich schnell, dass Brot sehr billig war, der Preis aber nach der Kaufkraft bereinigt werden musste, und dass es in Tschechien ebenso wie bei uns viele Fernsehermodelle gibt, kleine und große, billige und teure, dies also als Summenparameter völlig ungeeignet war.

Es gilt also auch bei der Wahrnehmung des Objektraumes stets die doppelte Frage. Was ist der Fall? Und was steckt dahinter?

Um der Unterschiedlichkeit der Wahrnehmung ein wenig auf die Spur zu kommen, hatte sich eine andere Gruppe ausgedacht, dass jeder einzelne Teilnehmer nachträglich für jeden erlebten Tag in Böhmen drei Stichworte zu Dingen oder Vorgängen aufschreiben sollte, die ihm irgendwie bedeutsam waren. Dies sollte in der Quersumme dann zu Gemeinsamkeiten bzw. Unterscheidungen der Wahrnehmung führen. Eine gute Übung, die leicht zu machen ist und viel Stoff enthält. Am dritten Tag in Usti nad Labem (Aussig/Elbe) zum Beispiel hatte es abends eine Verpuffung im großen Chemiewerk „Spolchemie" gegeben, direkt am Rande der Innenstadt; dazu gehörte dann ein großes öffentliches Lautsprecherdrama mit Musik und Wortmeldungen, das auf eine gewisse Routine mit derlei Havarien schließen ließ. Dieses Ereignis kam dann aber in den Drei-Wörter-Profilen bei 26 Teilnehmern nur sechsmal vor. Es war aber doch objektiv ein zentrales Ereignis gewesen im Hinblick auf die Transformation der Industrie und die Ertüchtigung nach EU-Umweltnormen!?

Also: Wer nach einer Exkursion aus Böhmen (wie von überall) zurückkommt, wird ganz verschiedene Bilder erzeugt und mitzuteilen haben, obwohl er an demselben Ort war wie die anderen. Jeder wird jeweils sein Bild oder seine Begebenheit in den Mittelpunkt stellen und damit seinen Relevanzfilter zu erkennen geben.

Experiment Stadtpark – Wirklichkeit, Fragen und Wünsche

Anspruchsvoll wird es, wenn man die Schüler/Studenten/Planer/Entscheider nicht einfach eine Beobachtungsaufgabe erledigen lässt, sondern sie einbezieht in die Anordnung eines Versuches. Wir wollen zum Beispiel einen Park (hier: „Jena-Paradies") beobachten hinsichtlich der eigenen Wahrnehmung und der Wahrnehmung anderer (erprobt in einem Seminar „Aktionsräume" im Sommersemester 2005 an der Universität Jena). Daneben sollten Raumvorstellungen treten von einem – jeweils – idealen Park.

Dazu braucht man zunächst eine Fragestellung, z.B. „Ist dieser Park attraktiv?/Würde ich selbst diesen Park gerne benutzen?". Danach wird die Beobachtung nach Kategorien (Ordnungsbegriffen) strukturiert: „Was ist an einem Park attraktiv? – Was ist für

mich attraktiv? – Was für ein Benutzer bin ich überhaupt? – Bin ich typisch für die Park-
benutzer oder welche anderen Typen gibt es noch?" (Diese Fragen lassen sich natürlich übertragen auf andere Räume, z. B. die Straßenbahn, einen Strand, ein Restaurant
etc.) Man wird dann vor dem Experiment Items zusammenstellen, mit denen man die
jeweiligen Fragen abarbeitet. Schon dabei wird die Wirklichkeit bzw. die Beobachtung
strukturiert.

Eine Studentengruppe hatte die Benutzergruppen nach Alter differenziert, weil sie
glaubte, dass dies das entscheidende Kriterium bei der Nutzung sei: „Kinder" wären
dabei eine Gruppe, „Jugendliche", „junge Familien" und „Ältere" entsprechend andere.
Auf Nachfrage stellte sich heraus, dass die Altersklasse „Ältere" definiert war als „40
Jahre und älter". Oberhalb von 40 gab es keine Unterscheidung mehr; das Alter war
hier der Parameter für die Wahrnehmung und Nutzung von Räumen. Das scheint eine
magische Grenze zu sein; schon in Böhmen hatte eine Studentin in der Straßenbahn
erzählt, ein „älterer Mann" habe ihr eben auf dem Nebensitz dies und jenes erzählt; auf
Nachfrage nach dem Alter hieß es auch hier „40 oder so". Das Problem der *Klassen-
bildung* wäre also zu hinterfragen, erstens hinsichtlich der Plausibilität und zweitens hinsichtlich der Validität: Ist die Altersklasse wirklich wertvoll bzw. ausschließlich gültig hinsichtlich der (vermuteten) Raumwahrnehmung? Es ist ja nicht „objektiv" falsch, so zu
unterscheiden. An vielen Orten ist dies sogar Doktrin, z. B. in Diskotheken; die „Nacht-
arena" in Bielefeld hat drei große Diskosäle, einen davon für „die Älteren" – jeder Insider weiß das zu deuten, auf Nachfrage erfährt man, dass das die „über 25-Jährigen"
sind. Es kann also sein, dass allein der Parameter *Alter* ausreicht, um die Wahrnehmung eines Raumes zu definieren. Es kann aber auch sein, dass dieser Parameter
auch für andere Orte übernommen wird, dort aber ungeeignet ist.

Eine andere Studentengruppe sollte eine Begehung des Parks vorbereiten hinsichtlich möglicher Mängel für die verschiedenen Benutzergruppen. Es musste also fiktiv die
Raumwahrnehmung verschiedener Gruppen konstruiert werden; diese Vorstellungen
sollten den Kommilitonen plausibel gemacht werden und geeignet sein für eine „Mängelliste". Die Studenten forderten also die Teilnehmer auf, sich in eine der definierten
Benutzergruppen hinein zu versetzen und *als solche* einen Rundgang zu machen; dazu
gab es eine Kartenskizze und einen vorgeschriebenen Kurs von etwa 30 Minuten. Entscheidend auch hier zunächst: Die Raumwahrnehmungen welcher Gruppen interessieren überhaupt?

Folgende fiktiven Gruppen wurden auf den Rundgang geschickt: a) Mütter mit Kindern, b) Väter mit Kindern, c) Jugendliche/Studenten, d) Sportler männlich, e) Sportle-
rinnen, e) ältere Spaziergänger, f) Behinderte, g) Hundebesitzer.

Fragenkatalog für jede Benutzergruppe:
* Wo geht es Euch besonders gut in diesem Park?
* Ist dies verbunden mit einer bestimmten Situation oder Einrichtung (Gerät o. ä.)?
* Ist dies verbunden mit einer bestimmten räumlichen Lage?
* Ist dies verbunden mit einer bestimmten sozialen Nachbarschaft?
* Wo geht es Euch nicht so gut? Warum?
* Gibt es einen Wunsch an die Stadtverwaltung?
* Habt Ihr eine Idee, wie man die Situation für Eure Gruppe ohne Geld und Genehmigungen verbessern könnte?

Nach einer halben Stunde waren zwar alle Gruppen wieder am Ausgangspunkt, und es stellte sich heraus, dass bereits eine Unmenge von Daten entstanden war, die man nicht im schnellen Rundgespräch auswerten konnte. Also mussten zunächst die notierten Wahrnehmungen übersetzt werden in die gemeinsame Kartenskizze. Dies ist eine Aufgabe für mindestens eine ganze Stunde. Daraus würde sich erkennen lassen, ob es räumliche Nischen im Sinne von speziellen Aktionsräumen gibt (z. B. der Trimm-Dich-Pfad oder der umzäunte Spielplatz) oder ob es Häufungen von Nennungen gibt, die für mehrere Gruppen gelten (z. B. eine Wiese für die Grillstudenten und zugleich für die Hundebesitzer), potentielle Konfliktzonen also. Der Raum wäre also bereits grob zu unterscheiden in potentielle Regionen des *Miteinander – Nebeneinander – Gegeneinander*. Möglicherweise nicht notiert wäre in dieser Versuchsanordnung von einer halben Stunde etwa das Fehlen jeglicher Toilettenanlage außerhalb der Cafes; das fällt erst allen auf, wenn man den Prozess der Raumwahrnehmung auf drei Stunden ausdehnt; und auch hier würden sich männliche Beobachter von weiblichen teilweise noch unterscheiden. Erfahrung: Die Raumwahrnehmung muss nicht nur bezogen auf das dingliche Inventar, sondern auch in einer Zeitleiste gedacht werden; eine Wiese oder eine Parkbank ist am Mittag etwas anderes als am späten Abend oder morgens um 3 Uhr, an einem Sommerabend etwas anderes als an einem Winterabend. Und natürlich ist die Raumwahrnehmung nicht nur bezogen auf die tatsächliche Nutzung zu denken, sondern auch bezogen auf unterschiedliche Nutzer etwa nach Geschlecht und deren unterschiedliche Raumvorstellung; eine Parkbank abends um 22 Uhr ist für eine allein sitzende Frau etwas anderes als für einen Mann; schon das bloße Gehen auf dem Parkweg wird in der Zeit und nach dem Geschlecht etwas ganz und gar Unterschiedliches.

Für diese Unterscheidungen hilft die 3-Welten-Figur von Soja (Abb. *The trialectics of spatiality*), nach der Raum bzw. Räumlichkeit in verschiedenen Schichten zu denken ist: der mess- und kartierbare materielle „Erste Raum", der konstruierte und symbolisierte „Zweite Raum" (hier: der „Park") und der vielfältig gelebte „Dritte Raum" (hier: der Park für die verschiedenen Gruppen in verschiedenen Situationen); die Unterscheidungen ergeben sich zum einen geschichtlich (bis hin zum Tagesgang) und zum anderen sozial (nach den relevanten Gruppen und sozialen Ordnungen).

Abb. „The trialectics of spatiality" nach Ed Soja.

Damit diese Übungen einen erkennbaren Sinn/eine Zwecksetzung bekommen, werden sie eingebunden in konkrete Planungsaufgaben; im Falle des Seminars „Aktionsräume" waren dies folgende Themen (in denen es immer um öffentliche Räume in der Stadt geht, die von verschiedenen sozialen Gruppen unterschiedlich wahrgenommen und genutzt werden):

- Der Stadtpark in der Sicht von Jugendlichen, Frauen, Alten, Obdachlosen, Studenten
- Die Flaniermeile
- Künstliche „Natur" in Passagen
- Versteckte Schönheiten (Friedhöfe, Höfe, Winkel, große Bäume etc.)
- Der Bahnhofsvorplatz: Tor zur Stadt und Raum für alle?
- Nischen (Punker, Drogendealer, Mütter mit Kindern, „Businessmen", Picknick etc.)
- Klangräume (Straßenmusiker, Wasserspiele, Glockenspiele, Grundgeräusche und Signallaute)
- Räume für die Sinne (Pflanzen, Pflaster, Ruhemöbel, Licht und Schatten etc.)
- Räume ohne Kommerz

Die Ergebnisse waren „äußerlich" Planzeichnungen, Videos/CD-Roms, Essays, Fotomontagen etc. von unterschiedlicher Qualität. „Innerlich" hatten die Studierenden gemerkt, was alles dazu gehört, die eigenen Raumwahrnehmungen überhaupt zu erfassen und mitteilbar zu machen, welche Fachkenntnisse es brauchen würde, sich auch gestalterisch zu Wort zu melden, wie viele Unaufmerksamkeiten bis Fehler gegenüber fremden Perspektiven dabei auftreten und wie schwer Plausibilität, Konsens und Gelingen in der echten Planung wären. Die Studierenden wurden dadurch zugleich selbstkritischer und aufmerksamer gegen die Schnellschüsse etwa in manchen Schulbuchaufgaben: „Entwickele ein Konzept zu ..."/„Schlage Lösungen vor zu ...", die fahrlässig das Dilettieren fördern könnten, wo ein Netzwerk von anspruchsvollen Kompetenzen gefragt ist. Dies alles war – neben dem Sachthema – ein zusätzlicher Lernanlass.

Handlungsorientierung und UN-Dekade der Nachhaltigkeit

Die Entwicklung einer Wahrnehmungskompetenz aus der individuellen und der sozialen Perspektive ist weder Spielerei noch Selbstzweck. Sie ist vielmehr notwendig zur Handhabung der vier Raumperspektiven des „Curriculum 2000+" (2002), in denen (neben den „Dingen" und den „Lagenbeziehungen") die *Perspektiven der subjektiven Wahrnehmung* und der *Konstruiertheit von Räumen* definiert werden. Dazu kommt, dass die raumbezogene Handlungskompetenz als Vorgängerbegriff zu den Kompetenzbereichen der neuen nationalen Bildungsstandards (vgl. Hemmer/Schallhorn 2006) weitgehend fachlicher Konsens ist. Schließlich hat die UNO die *Dekade einer Bildung für eine nachhaltige Entwicklung (2005-2014)* ausgerufen.

Die dafür nötigen Schlüsselkompetenzen sind in einer gelebten Unterrichtspraxis (Vielhaber 2006, 95) zu entwickeln. Es geht nicht nur um die eigene Wahrnehmung, sondern diese ist einzusetzen für folgende Teilkompetenzen im Bereich Gestaltungskompetenz (de Haan 2004, 41 f.):

• Vorausschauendes Denken, Kenntnisse und Fähigkeiten im Bereich von Zukunftsszenarien und -entwürfen

• Fähigkeit zu interdisziplinären Herangehensweisen bei Problemlösungen und Innovationen

• Planungs- und Umsetzungskompetenz

• Verständigungskompetenz und Fähigkeit zur Kooperation

• Kompetenz zur distanzierten Reflexion über individuelle und kulturelle Leitbilder

Generell führen die Übungen zu Raumwahrnehmung und Raumvorstellungen also – neben dem immanenten Reiz – zu echten Kompetenzen für raumbezogenes *Handeln* und für begründete *Verständigungsprozesse* zwischen individuellem und sozialem *Maßstab*. Sie führen zur Fähigkeit der *Unterscheidung* (gegen Klischees und bloßer Interessenvertretung), zur Fähigkeit der *Abwägung* unterschiedlicher Rationalitäten (einem der schwierigen Kapitel bei der Planung), zum Erkennen von Bruchlinien und Umgang mit *Konflikten*. Wenn es gut geht, führen sie sogar zu guten Ideen und zu einer Haltung der *Kreativität*. Diese Kompetenzen sind zugleich eine Agenda für die planende Verwaltung und abwägende/entscheidende Politik.

Drei Übungen zur Raumwahrnehmung

Die Schüler/Studenten sollen lernen, konkrete Raumwahrnehmungen zu machen, darüber zu kommunizieren und sie zweckmäßig zu verwenden. Dafür werden hier drei Übungen vorgeschlagen, an denen zunächst gemeinsam und überschaubar gearbeitet werden kann.

• Lebendige Orte – Wahrnehmungen eines Spielplatzes
• Der Central Park – Alltägliche „gemachte Geographien"
• „Raumpioniere" – Alles (?) ist möglich!

Übung 1: Lebendige Orte – wie man Spielplätze wahrnehmen kann

Richard Sennett (New York/London) ist einer der bekanntesten Stadtsoziologen der Gegenwart. Er erforscht das Funktionieren von Städten und einzelnen Orten vorzugsweise durch Spaziergänge und genaues Hinsehen. Zum Beispiel beschreibt und erklärt er aus seiner Wahrnehmung heraus, wie in Manhattan Spielplätze funktionieren – oder nicht.

Lebendige Orte – Räume der Verschiebung

1. „Battery Park City ist ein schmaler Streifen neu gewonnenen Landes am Ufer des Hudson River. Dieses Viertel liegt an der Südspitze von Manhattan, und das Straßensystem ist ganz bewusst als Gitter angelegt, so dass dieser Stadtteil dem übrigen Manhattan gleicht. Man trifft hier auf eine Mischung von Wohnhäusern, Läden, Gartenanlagen zwischen riesigen Konzernzentralen. Diese neue Stadt ist nach den neuesten Erkenntnissen über die Vorzüge der gemischten Nutzung und der urbanen Vielfalt geplant. Innerhalb dieses Musterviertels kommt es einem jedoch so vor, als hätte man es mit einer ‚Illustration des Lebens' zu tun, statt mit dem Leben selbst."

2. „Deshalb wirken die Spielplätze dort sehr eigenartig. Es ist zu viel Platz zum Spielen da. Die wenigen Kleinkinder, die dort tollen, machen einen glücklichen Eindruck, aber die älteren Kinder scheinen nicht zu wissen, was sie hier tun sollen."

3. „Über den neuen Kunstgalerien, den schicken Boutiquen und Restaurants von Soho in Downtown Manhattan, in Gebäuden, die ursprünglich für die Leichtindustrie vorgesehen waren, befinden sich jetzt die Lofts der Künstler.(...) In diesem Viertel gibt es überraschend viele Kinder, die die pralle gesunde Energie von Straßenkindern an den Tag legen. Sie haben die Hafendocks, die leerstehenden Lofts und die Dächer für sich entdeckt, eine halbwüchsige Truppe, die sich an den unpassendsten Orten zu Hause fühlt. Sobald sie allein losziehen können, meiden diese Kinder auch den mit viel Aufwand gestalteten

Spielplatz in diesem Viertel, der ihnen Schutz vor dem Straßenverkehr bieten soll; aber bei den Schaukeln, auf dem Basketballplatz, in den Grünanlagen und auf den Bänken herrscht eine geisterhafte Leere. Auch diese Kinder sind lieber dort, wo etwas los ist."

4. „Die Spielplätze, die immer voll sind, sehen so aus der an der Ecke Sixth Avenue/Dritte Straße – Plätze, zu denen die Kinder mit der U-Bahn oder zu Fuß kommen. [...] Die Lastwagen und die hupenden Taxis auf der Sixth Avenue erzeugen einen ohrenbetäubenden Lärm, in den sich die lateinamerikanischen Rhythmen und der Rock aus den Kofferradios mischen. Der ganze überfüllte Spielplatz ist eine einzige harte Wüstenei. Und doch ist es ein Raum, in dem Zeit anfangen kann."

5. „Als *linear* könnte man Räume bestimmen, in denen das Prinzip *form follows function* gilt, in denen sich die Form nach der Funktion richtet. *Narrativ* hingegen sind Räume wie dieser Spielplatz, Räume der Verschiebung."

6. „Ein Spielplatz in einer Stadt ist ein Ort für einen Anfang. [...] Die Zeit wird mit den Möglichkeiten des Unerwarteten, mit den Möglichkeiten der Veränderung ausgestattet. [...] An einem Ort des Anfangs wird das Interesse an dem, was noch geschehen wird, auf eine ähnliche Weise erzeugt. Ein Basketballspiel zwischen den Docks ist nicht dasselbe wie ein Basketballspiel in der Einfahrt zum Eigenheim. Die Kinder auf dem Spielplatz lösen sich im Spiel aus den Bindungen an ihr Zuhause und ihre Familie; sie meiden die hübschen Plätze, die die Erwachsenen für sie zurecht gemacht haben."

7. „Wie also soll [...] ein Planer Mehrdeutigkeit und die Möglichkeit von Überraschung erfinden? Er muss sich überlegen, was im Bereich der visuellen Gestaltung einem narrativen Anfang entspricht. [...] Ein Planer, der zur narrativen Nutzung von Räumen oder Orten ermuntern will, müsste sich bemühen, die starre funktionale Gebietseinteilung, die auf der Stadt lastet, die Einteilung in Arbeits- und Wohnbezirke, in Industriegebiete und Bürostädte, soweit wie möglich aufzuheben. Ein Architekt [...] müsste Formen wählen, die für mehrere Nutzungsprogramme offen sind. Er müsste Räume schaffen, die für mehrere Nutzungsprogramme offen sind. Er müsste Räume schaffen, deren Konstruktion so einfach ist, dass sie immer wieder verändert werden können. [...] Der Raum wird im Jetzt des Präsens dadurch lebendig, dass man ihn nutzt, um etwas auszulöschen und zu verwischen – durch Verschiebung."

Kasten 1: Sieben Sätze zur Kultur des Unterschieds (Sennett 1994, 246-250).

Aufgaben zu Form und Funktion von Spielplätzen (Kasten 1)

• Wie lautet der Befund von Richard Sennett über die geplanten und ungeplanten Spielplätze in Manhattan?

• Was bedeutet die These „Es ist zu viel Platz zum Spielen da"?

• Was könnte mit der These gemeint sein, dass die „halbwüchsige Truppe sich an den unpassendsten Orten zu Hause fühlt"?

• Was unterscheidet Sennetts Raumwahrnehmung und -vorstellung zum Thema Spielplätze von der anderer Akteure, z. B. der Planer oder Haftpflichtversicherer?

• Suche ein Beispiel in Deiner Umgebung, in dem die *Form* einer Sache/eines Ortes einer gesetzten *Funktion* folgt.

• Erläutere an diesem Beispiel, inwiefern darin eine *lineare Ordnung* steckt.

• Suche nun nach einem räumlichen Beispiel, das für Mehrdeutigkeit und Überraschungen konstruiert ist. Warum nennt Sennett das „narrativ"?

Übung 2: Der Central Park – alltägliche „gemachte Geographien"

In dieser Übung geht es um die Verbindung von Sichtbarem in einem Park bzw. Public Space in Manhattan mit den dahinter stehenden Gruppen, Regeln und Funktionen. Neben den Beobachtungen und Vermutungen über das, „was dahinter steckt", werden zugleich Vorstellungen aktiviert, was ein Park/öffentlicher Raum sein sollte.

Ein Park ist nicht nur eine Fläche mit der Farbe „Grün" im Flächennutzungsplan einer Stadt; ein Park ist vielmehr von Menschen im Alltag „gemachte Geographie": er wird angeeignet (oder nicht), er steht in Konkurrenz zwischen vielfältigen Erwartungen und Handlungen, er hat – hoch differenzierte Wirkungen auf das Leben in einer Stadt. Er wird mit sozialer Phantasie gestaltet oder nach Schema F, exklusiv oder integrativ genutzt, sorgfältig gepflegt oder verwahrlost, jedenfalls teuer und voller Bedeutungen. Darüber kann man sich im Geographieunterricht austauschen und dabei zugleich Kommunikationskompetenz erwerben über einen gesellschaftlichen Diskurs: Im Raume lesen wir die Gesellschaft.

„Central Park" ist überall.

Kasten 2: Viermal „Park" in der Großstadt (hier: Manhattan) (eig. Fotos)
A) Bank im Central Park
B) Schachspiel im Central Park
C) Privater Park in einem Wohnquartier („Gramercy Park")
D) „Public Space" (World Financial Center)

Aufgaben:

1. Beschreibe die sichtbaren Funktionen der Parks in den Fotos A bis D. (Inwiefern könnte man auch den Raum D als „Park" bezeichnen?)
2. Ordne die Parks „passenden" Sozialgruppen zu. Formuliere dazu passende Regeln.
3. Formuliere dazu aus der Sicht „nicht passender" Gruppen konkurrierende Regeln.
4. Diskutiere und bewerte die exkludierende (ausschließende) Funktionsweise des privaten Parks und des sog. *Public Space.*

Übung 3: „Raumpioniere" – Alles (?) ist möglich

In dieser Übung geht es um das Wahrnehmen von „Lücken" im Raum, die man mit eigenen Vorstellungen füllen kann. So etwas gibt es normalerweise nur als Traumreise nach dem Motto „Wenn ich König von Deutschland wär'". Aber in Zukunftswerkstätten und Planungszellen darf man offiziell kreativ nachdenken, und es kommen manchmal konkrete neue Orte dabei heraus. Derzeit steht ein Zeitfenster offen, in dem Flächen in schrumpfenden Städten auf Zeit umgenutzt werden dürfen. Stadtparks neuen Typs folgen auf freigewordenen Flächen/Brachen/Dächern den Interessen der Anwohner und der Dynamik der Natur. Darin liegt eine einmalige Chance außerhalb der eigenen vier Wände, Wahrnehmung von Räumen zu übersetzen in Vorstellungen und in die gestalterische Praxis. Da gibt es die kreativsten Ideen, die plötzlich machbar sind – wenn man sie denn hat. Nicht nur das Badeschiff auf der Spree, die Sandstrände im Berliner Regierungsviertel oder an der Seine in Paris oder das „urban gardening".[2]

Im folgenden wird in zwei Texten (Kasten 3 und 4) die traditionelle Vorstellung vom Stadtpark einer kreativen Freiraumplanung gegenüber gestellt. Man wird sehen: Die Vorstellungen von einem bestimmten Raumtyp – hier: Park – sind unterschiedlich, aber es gibt auch gemeinsame (?) Motive: „das fröhliche Jauchzen der Bevölkerung". Meist hat sich eine herrschende Vorstellung bereits durchgesetzt und kann allenfalls noch beobachtet, erklärt und kritisiert werden. In einer Diskussionsphase vor neuen Maßnahmen ist das anders; hier können unterschiedliche Raumvorstellungen formuliert und kommuniziert werden, am Ende wird sich wiederum eine davon durchsetzen. Die Kategorien zum Vergleich können dem Sennett-Text zur „Kultur des Unterschieds" (Kasten 1 und Aufgaben) entnommen werden.

„Stadtpark" – ein klares Bild vor Augen

- Was soll aus den neuen Brachen werden? Für Leipzigs Stadtplaner ist klar: Grün muss drauf. (...) Stadtparks eines neuen Typs, den es in den nächsten Jahren zu erfinden gilt.
- Bei dem Wort „Stadtpark" haben die meisten sofort ein klares Bild vor Augen. Weite Rasenflächen, die von gepflegten Blumenrabatten gesäumt sind. Ein-

zeln stehende Bäume vor sorgfältig arrangierten Strauch-Gruppen. Der Volkspark, so wie wir ihn kennen, ist eine Erfindung des beginnenden 20. Jahrhunderts (vgl. Schwarz 2005).

• Während der Planungen für den Hamburger Stadtpark schrieb Leberecht Migge 1908: „Der praktische Zweck eines Parks ist Lustwandeln und Tummeln, ist Sonne und Schatten, gute Luft. Der schönere Sinn des Parks ist der Genuss der Vegetation, ist Freude am Leben, ist Wachsen – ist Schönheit." Migge wollte die Hamburger Bürger spielen, turnen und planschen sehen, und nicht zuletzt wollte er ihre Sinne und ihren Kunstverstand schulen.

• Der Hamburger Volkspark, der Englische Garten in München, die Bremer Wallanlagen oder der Leipziger Clara-Zetkin-Park, diese und andere „klassische" Parks werden auch in Zukunft das Bild vieler deutscher Städte prägen. Schon weil es auch in einem schrumpfenden Deutschland weiterhin Ballungsgebiete mit knappen Freiflächen geben wird.

• Doch als Modell für zukünftige Grünanlagen taugen traditionelle Parks kaum – einfach, weil sie viel zu pflegeintensiv sind.

Kasten 3: Klassische Parks und die Suche nach Alternativen (GEO-Special 2/2005, 72).

Kreative Freiraumplanung

• Schwindende Industrien, abwandernde Einwohner – vor allem in Ostdeutschland ist kreative Freiraumplanung gefragt. Wie bei Leipzig, wo um ein geflutetes Tagebaurestloch der *Erholungspark Cospuden* entstand.

• Oder in Berlin-Schöneberg, wo auf einem alten Rangierbahnhof der *Naturpark* „Südgelände" heranwuchs: Breite Sichtachsen durch Buschwerk und Walddickicht, eine alte Lokomotive, die Drehscheibe und der rostige Wasserturm als Landmarken, Wege im alten Gleisbett.

• In Leipziger Altstadtvierteln (Dieskaustraße) werden Brachen zu Kleintierzoos auf Zeit und stillgelegte Bahnanlagen, wie in Plagwitz, in moderne Stadtteilparks integriert (vgl. Dokumentation „Den Leipziger Westen neu denken" www.leipzig2030.de)

• Im Ruhrgebiet entstanden seit den 1980er Jahren durch den Verfall von Kohle- und Stahlindustrie rund 10.000 Hektar Brachflächen. Es gelang, diesen Flächen-Gürtel in eine organische Parklandschaft zu verwandeln: Der *Emscherpark*, 320 Quadratkilometer Erholungs-, Erlebnis- und Naturfläche entlang des einstigen Abwasserkanals des Reviers.

> • „Die Gestalter zukünftiger Parks können sich getrost an das halten, was der Berliner Landschaftsarchitekt Ludwig Lesser schon 1920 feststellte: Die Volksparks würden ihren wirklichen Zweck erst dann ganz erfüllen können, wenn in ihnen das fröhliche Jauchzen der Bevölkerung zu hören sei."

Kasten 4: Neue Parks – „Das fröhliche Jauchzen der Bevölkerung" (GEO-Spezial 2/2005, 72-77).

Aufgaben:

1. Wähle aus dem Internet (Adresse s. o.) oder aus Deiner eigenen Stadt eine Fläche aus, die umgestaltet/kreativ überplant werden könnte/sollte.
2. Charakterisiere aus Deiner Sicht diese Fläche hinsichtlich ihrer räumlichen Lage/sozialen Nachbarschaft/besonderen Funktion.
3. Formuliere eine Vorstellung darüber, was an dieser Stelle geändert werden sollte; wem nützt dies besonders?
4. Ist an dieser Vorstellung eine begründete Kritik vorhersehbar? Von wem und zu welchem Punkt?
5. Wie könnte ein Motiv für die neu gestaltete Fläche lauten?
6. Sollte dieses Motiv „für alle" oder kann/soll es einen Vorrang für bestimmte Zwecke/Gruppen geben? Gründe?

Nachbesinnung: Struktur und Handlung

In den drei Übungen sollte genug Nachdenklichkeit darüber entstanden sein, welche Unterscheidungen fachlich und sozial notwendig sind, ehe man „raumbezogen" handeln könnte. Alle haben verstanden: Es sind nicht die Räume, die handeln, sondern die Menschen; aber die Menschen handeln in Räumen und unter vorgefundenen Umständen; diese wiederum sind änderbar. Ein Teil dieser Umstände ist eher träge, z. B. in Form von Gesetzen oder von fest gefügten materiellen Dingen; ein anderer Teil ist leicht und alltäglich zu „machen". So ist Geographie immer ein Wechselspiel von äußerer *Realität* und trägen *Strukturen* und von intervenierenden und/oder alltäglichen *Handlungen*. Die Handlungen ihrerseits werden getragen von Wahrnehmungen und Vorstellungen, was ist und was sein sollte. Dies ist nicht willkürlich und einfach „subjektiv", sondern Ergebnis von Prägungen und Kontexten. Deshalb ist diese Thematik auch nicht einfach als Stoff und gesicherte Erkenntnis zu unterrichten, sondern muss in einem lebendigen und ergebnisoffenen Diskurs erfahren und reflektiert werden.

Aus diesem Grund ist übrigens die „geographische Gesamtkompetenz in den DGfG-Bildungsstandards von 2006 nicht nur über *Fachwissen* definiert, sondern über die weiteren Kompetenzbereiche *Methoden, Orientierung, Beurteilen, Bewerten, Kommunikation* und *Handlung.*

In: Geographie und Schule. Themenheft Raumwahrnehmung/Raumvorstellung.
Heft 164/2006, 28-34.

Anmerkungen

1 Vgl. Text Nr. 27 „Die Anamorphose" in diesem Band
2 Vgl. www.stadtentwicklung.berlin.de/planen/forum2020/downloads/doku:frflaeche_folien16-49-pdf
Das Magazin GEO-Spezial (Heft 2, April/Mai 2005) stellt die „Parks der Zukunft – Spielräume" unter dem Thema „Europas schönste Parks und Gärten" neben Gärten der Barockzeit, das Gartenreich Dessau-Wörlitz, Italiens Gärten und „Gardens Unlimited" in Großbritannien.

Literatur

Deutsche Gesellschaft für Geographie (Hrsg.) 2002: „Curriculum 2000+" – Grundsätze und Empfehlungen für die Lehrplanarbeit im Schulfach Geographie. (www.geographie.de oder www.hgd.de/dokumente). Bonn
Deutsche Gesellschaft für Geographie (Hrsg.) 2006: Bildungsstandards im Fach Geographie für den Mittleren Schulabschluss (www.geographie.de oder www.hgd.de/dokumente)
De Haan, Gerhard 2004: Politische Bildung für Nachhaltigkeit. In: Politik und Zeitgeschichte H. 7/8, 39-46
Hemmer, Ingrid/Schallhorn, Eberhard 2006: Nationale Bildungsstandards für das Schulfach Geographie – ein notwendiger Meilenstein. In: Praxis Geographie 6/2006
Piaget, Jean/Inhelder, B. (Hrsg.) 1970: Jenseits des Empirismus. In: Köster, Arthur/John R. Smythies (Hrsg) 1970: Das neue Menschenbild – Die Revolutionierung der Wissenschaften vom Leben. Ein Internationales Symposium. Wien. 126-154
Popper, Karl R. 1973: Objektive Erkenntnis – Ein evolutionärer Entwurf. Hamburg (orig. Oxford 1972)
Rhode-Jüchtern, Tilman 1996: Den Raum lesen lernen. Perspektivenwechsel als geographisches Konzept. München
Rhode-Jüchtern, Tilman 2005: Derselbe Himmel, verschiedene Horizonte. Zehn Werkstücke zu einer Geographiedidaktik der Unterscheidung. Wien
Schwarz, Angela (Hrsg.) 2005: Der Park in der Metropole. Urbanes Wachstum und städtische Parks im 19. Jahrhundert. Darin: Schwarz, Angela: Ein „Volkspark" für die Demokratie: New York und die Ideen Frederick Law Olmsteds. Bielefeld, 107-160
Sennett, Richard 1994: Civitas. Die Großstadt und die Kultur des Unterschieds. Frankfurt/M.
Soja, Edward 2003: Thirdspace – Die Erweiterung des Geographischen Blicks. In: H. Gebhardt/P. Reuber/G. Wolkersdorfer (Hrsg.) 2003: Kulturgeographie. Aktuelle Ansätze und Entwicklungen. Heidelberg/Berlin, 269-288
Sywottek, Christian 2005: Neue Freiheit vor der Haustür. In: GEO-Spezial Heft 2, April/Mai 2005: Europas schönste Parks und Gärten. (www.geo.de), 68-77

39. Irritation und Mäeutik[1]

Alternative Prinzipien in der wissenschaftlichen Politikberatung

Das Ideal einer gelingenden Politik

Das Ideal einer gelingenden Politik in der Polis lautet so: Das Volk wählt sich Vertreter auf Zeit, die sich dann ganz und gar um die gemeinsamen Belange kümmern. Diese Vertreter sind Laien, deshalb bitten sie Experten um Hilfe und Beratung. Daraus formen sie – nach bestem Wissen und Gewissen – eine sach- und gesellschaftsgerechte Politik.

- Die Experten haben einen professionellen Codex, der auch und gerade bei strittiger Expertise Grundlage der Klärung ist. Uneindeutiger Rat wird von Zweitgutachtern gegengelesen und in Alternativen eingebettet. Alternativ ist die nachfolgende Entscheidung ohnehin immer, weil es stets auch die Möglichkeit der Nicht-Maßnahme gibt, die so genannte Nullvariante.
- Die beabsichtigte Maßnahme wird förmlich an eine Vielzahl von Trägern öffentlicher Belange zur Stellungnahme übergeben. Danach werden auch die betroffenen Bürger um Bedenken und Anregungen gebeten.
- Die Abwägung zwischen Alternativen geschieht dann in der Volksvertretung; damit es hier nicht streitig bleibt, werden gemeinsam akzeptierte Regeln und Verfahren benutzt, die die schließliche Entscheidung legitimieren: „Legitimation durch Verfahren"[2].
- Sollten diese Verfahren nicht ordnungs- oder sinngemäß gehandhabt worden sein, wird die Entscheidung von einem Verwaltungsgericht überprüft, aber nur nach dem (formalen) Verfahren, nicht nach den (materialen) Zielen und Inhalten.
- Am Ende wird – nach politischer Zielsetzung, fachlicher Analyse und Empfehlung, Stellungnahmen der Öffentlichkeit, politischer Abwägung und Entscheidung, gerichtlicher Überprüfung – die Entscheidung in die Maßnahme übergeführt und dazu an die Verwaltung als Exekutive übergeben.

„Einmal muss entschieden werden", und nach einem ordentlichen Verfahren werden dies alle akzeptieren. Dieses Ideal ist zwar aufwändig, beteiligt aber alle „systemrelevanten" Gruppen und führt zu einem tragfähigen Ergebnis. Sollten hier trotzdem noch große Widersprüche bestehen, gibt es immer noch die Möglichkeit der Ab- und Neuwahl der Volksvertreter und eine Wiederaufnahme des Verfahrens – jedenfalls solange noch keine Tatsachen geschaffen worden sind, die nicht rückgängig gemacht werden können.

Zuweilen gibt es Versuche, Widerstände zu überwinden durch die „Sofortige Vollziehbarkeit" gegen die aufschiebende Wirkung eines gerichtlichen Streits, oder auch die Enteignung; aber hier sind verfassungsmäßige Rechte betroffen und entsprechend fragil wäre eine solche Umgehung oder Überwindung der Betroffenen. Die Gegen-Drohung mit dem Verwaltungsgericht oder dem Verfassungsgericht wiegt schwer und schwächt die Autorität der Legislative und Exekutive.

Streitfälle und Streitkomplexe

Die Ideal-Routine scheint sich zu bewähren, solange niemand diese grundsätzlich oder im Einzelfall in Frage stellt oder trotz allem keine Ruhe gibt. Solche Einzelfälle gibt es immer wieder und sie gehen meist als Streithanseleien unter. Aber zuweilen gibt es auch Fälle, die das System als Ganzes in Unruhe versetzen, weil dermaßen viel auf dem Spiel steht. Das sind dann keine „Fälle" mehr, sondern Komplexe und geradezu Syndrome[3].

Derzeit (2010) läuft die Debatte um den „Ausstieg aus dem Ausstieg" aus der Atomenergie[4], einschließlich der Kalkulation längerer Laufzeiten, Abschöpfung anstrengungslosen Wohlstands, Nachrüstung der Sicherheit, Entsorgung, Haftung, Förderung nachfolgender Energiegewinnung, Verfahrens- und Beteiligungsfragen, Planungssicherheit, Mono- und Oligopolisierung u. v. m. Da können Sachverständige in großer Zahl auftreten und die Politik beraten, der ganze Fragenkomplex kann auch bereits jahrzehntelang bekannt sein – die Heftigkeit der Debatte und die Machtfülle der Akteure, die Kommunikation in der Öffentlichkeit, die das Ganze zum System-Diskurs macht, all das geht über den Horizont wissenschaftlicher Politikberatung weit hinaus. Und doch wird der Komplex/das Syndrom von Menschen gemacht, es müsste also entsprechend diskurs- und handlungstheoretisch und auch sachlich-fachlich zu fassen sein.

Zeitgleich läuft eine aufwühlende Auseinandersetzung um das Bahnprojekt „Stuttgart 21", wo die Fronten quer durch die Parteien und die Bevölkerung gehen. Die einen versprechen ein Jahrhundertprojekt, das sowohl der Bahn als auch der Stadt nützt; die anderen bezweifeln diesen Nutzen und erinnern an die übliche Kostenformel bei solchen Großprojekten „Kostenvoranschlag mal π (pi = 3,14) mal Daumen". Die einen berufen sich auf ein langes und abgeschlossenes Verfahren, die anderen bestreiten eine tatsächliche Beteiligung der Bevölkerung trotz/wegen des – 2007 für „rechtlich unzulässig" erklärten – Bürgerbegehrens: „Es besteht kein Ermessensspielraum, ob ein Bürgerentscheid sinnvoll ist oder nicht, sondern es geht bei der Frage der Zulässigkeit um eine reine Rechtsfrage", sagen die zwei vom Oberbürgermeister beauftragten Experten (Rechtsanwalt und Juraprofessor). Sinn und Unsinn und politisches Ermessen werden in eine Rechtsfrage umdefiniert. Um Sach- und Fachberatung geht es nicht. Es gibt nun – 2010 – keinen Expertenausweg mehr, es sei denn, den von Politikwissenschaftlern oder von der Polizei. Die Nachlese hat aber begonnen, in Form analytischer Beobachtungen, die womöglich noch einmal wirksam wird im Prozess selbst, z. B. das Buch „Die Taschenspieler. Verraten und verkauft in Deutschland"[5].

Das vorhergehende Megathema im Jahre 2010 war die Havarie der BP-Ölbohrinsel im Golf von Mexiko. Zeitgleich ging es um die politikwissenschaftliche Analyse und Handlungsempfehlung zur „Politischen Flut" in Pakistan. Davor war es die Aschewolke nach dem Ausbruch des isländischen Eyjafjallajökull und die Folgen für den Flugverkehr (Experten beschworen oder leugneten gleichzeitig die Gefahr). Davor war es die Gesundheitsreform in den USA und in Deutschland, wo viele Fachfragen in der Wucht der öffentlichen (Parteien-)Debatte nicht klärbar schienen. Aber dieser Diskurs selbst wird Spuren legen, z. B. in der Frage, ob Lobbyvertreter eigene Büroräume in den Fachministerien beziehen dürfen und was man davon halten soll, wenn deren Textentwürfe nahezu wörtlich in den Gesetzentwürfen der gewählten Regierung auftauchen. Davor (2009) wurde über „Desertec" diskutiert: Ein großer Solarpark in der Sahara zur „Ökostrom"-Versorgung von Europa, Kapitalbedarf 400 Mrd. € über 40 Jahre, 12 deutsche Großkonzerne von Deutscher Bank über RWE und Siemens bis zur Münchener Rück sind engagiert – aber auch hier: „Experten zweifeln an Wüstenstrom-Wunder" (Spiegel-Online).

In all diesen Syndromen ist wissenschaftliche Politikberatung dringend nötig und auch präsent, aber sie wird verunreinigt durch Akteure und Prozeduren, die im Ideal der Lehrbücher nicht genannt wurden: Lobbyismus, Macht, Kartelle, Netzwerke, persönliche Prioritäten von Mandatsträgern oder Entscheidern.

Strukturelle Kopplungen

Das Ideal einer funktionierenden modernen Gesellschaft und Politik kann auch anders beschrieben werden, nämlich strukturell (wie das z. B. Niklas Luhmann[6] tut): Das Gesamtsystem ist in Folge seiner Komplexität „funktional differenziert", d. h. in einzelne Funktionssysteme aufgegliedert (Wirtschaft, Recht, Wissenschaft, Politik, Religion, Erziehung), die zunächst einmal in und für sich funktionieren müssen. Ein Unternehmer muss sein Unternehmen gut führen, ein Politiker muss sich um seine Wahl/Wiederwahl kümmern, ein Gericht spricht Recht, ein Lehrer erzieht nach Normen und Werten, ein Pfarrer spricht über Gut und Böse. Jeder hat seinen spezifischen Code, in dem er sich bewegt und an dem er erkannt werden kann.

Zwar müssen diese Funktionssysteme intern funktionieren und dürfen sich nicht vermischen mit der Funktionsweise der anderen; ein Unternehmer darf also, ökonomisch gesehen, nicht nach Gut und Böse fragen. In der gesellschaftlichen Wirklichkeit dagegen weiß man voneinander und ist vielleicht sogar selbst Mitglied in verschiedenen Teilsystemen. Strukturell gesehen, also über die Akteure hinaus, müssen die Funktionssysteme sich irgendwie koppeln, damit nicht über dem Egoismus oder der Teilrationalität das Wohl des Ganzen untergeht.

Die Analyse müsste also fragen: Haben die Teilsysteme genügend Kenntnis voneinander und können sie die Gesamtfunktionalität, so etwas wie eine gemeinsame Vernunft in ihr Kalkül einbeziehen? Und entsprechend müsste sich wissenschaftliche Politikberatung organisieren, damit sie nicht vor Wände läuft.

Eine entscheidende Kategorie in dieser Art, über Gesellschaft und Politik zu denken, ist die des *Vertrauens*[7]. Jeder muss sich angesichts der Komplexität der Dinge und Verhältnisse darauf verlassen, dass die Teilsysteme ordnungsgemäß und strukturell gekoppelt funktionieren und dass die Akteure diese auch so handhaben. Wer lügt oder betrügt oder nur halbe Wahrheiten verbreitet oder die Folgen der Folgen verschweigt, vergeht sich an diesem Lebens- und Überlebensprinzip jeder modernen Gesellschaft.

Daraus ergeben sich bereits einige Instrumente, die Gesellschaft zu beobachten und zu beraten: „Fact Finding" („*Was* ist der Fall?"), Diskursanalyse („*Ist* es der Fall?" und „*Wer* spricht?"), handlungstheoretische Analyse („Wer handelt?"), systemtheoretische Analyse („*Wie* funktionieren die Teilsysteme der Gesellschaft?" oder in der Sprache von Niklas Luhmann: „Was steckt dahinter?"[8]). An späterer Stelle wird ein weiterer Ansatz vorgestellt: das MACOSPOL-Modell von Bruno Latour et al., mit dem Transparenz und Orientierung geschaffen werden soll und Kommunikations-Desaster vermieden oder zumindest identifiziert werden können.

„Muddling through" und „Messing around"

Für eine wissenschafts- und theoriegeleitete Analyse des Funktionierens einer Gesellschaft ist es eine unangenehme Erfahrung: Der Stoff ist schmuddelig, entweder ungewollt durch Fehlleistungen einzelner Akteure, die ihre Rolle nicht sauber spielen, oder gewollt durch beliebiges Wechseln der Argumente und Ebenen, um Unklarheit zu stiften und die Analysten zu ermüden. Wer z. B. sagt, dass Atomenergie eine klimafreundliche Energiegewinnung sei, weil sie kein CO_2 erzeuge, hat zwar in diesem Detail recht; er entwertet aber damit andere Ebenen der Diskurses, v. a. die Sicherheits- und Entsorgungsfrage, aber auch die der Rohstoffsicherheit (Urangewinnung), die des eigenen Gewinn- oder Machtinteresses und die der Massenloyalität. Man kann sich damit durchschmuddeln (*muddling through*), solange die Umgebung das zulässt; oder man kann im Gemurkse alles durcheinander bringen (*messing around*), solange keiner für argumentative Ordnung sorgt. Damit kommt auch die Sprache als Instrument der Beobachtung ins Spiel: *Wer* spricht *worüber*, wenn aus dem Wort „Atomenergie" das Wort „Kernenergie" (oder umgekehrt) wird und in anderem Kontext plötzlich und neuerdings (ab 2010) das Wort „Brückentechnologie"? Und wer spricht und warum, wenn dieses Wort ab 2011 plötzlich aus dem Lexikon gestrichen ist?

In einer Kurzformel: Wer spricht? + Wer kann darüber sprechen? + Worüber spricht er? + Worüber müsste noch gesprochen werden?

Wer sich mit wissenschaftlicher Politikberatung befasst, handelnd oder beobachtend, muss mit dieser Schmuddeligkeit rechnen, sonst werden seine Operationen nicht gelingen. Er hat es also nicht nur mit Fachfragen zu tun, sondern ebenso mit Kommunikation und viel „Rauschen in der Leitung". Er wird sich in einem Kontext wieder finden, der nicht nur fachlich-sachlich, sondern immer auch interesse- und akteursbezogen ist.

Wir sehen: Die Syndrome sind allesamt Korpus jeweils einer „großen Erzählung", in der sich die Einzelfälle, die „kleinen Erzählungen" wieder erkennen lassen (und umgekehrt).

Wie ist nun wissenschaftliche Politikberatung möglich?

Wenn es für den politischen Alltag zutrifft,

- dass Politik und wissenschaftliche Beratung in der Regel bereits „strukturell gekoppelt" sind und dass Politiker und Fachgutachter oftmals in einem geschlossenen Kartell arbeiten,
- dass politischer Wille die Politikberatung durch eingeschränkte/einseitige Problemdefinitionen und Vorgaben für Gutachten selbst vorsteuert,
- dass alternative Lesarten eines Problems und einer Lösung als Störung im System erscheinen,
- dass „Legitimation durch Verfahren" nicht mehr zweifelsfrei gelingt, weil auch formale Verfahren machtpolitisch und parteipolitisch-argumentativ gehandhabt/missbraucht werden können,
- dass „verspätete" Widerstände nicht mehr im Verfahren unterzubringen sind und deshalb ausgegrenzt werden,

ergibt sich die Frage, wie *Politikberatung* überhaupt noch möglich ist. Mehr noch: Es stellt sich die Frage, ob und wie *Planung* in der modernen Gesellschaft überhaupt noch möglich ist.

Auf der einen Seite stehen die Bürger/Kritiker, die in manchen sichtbaren und lebensweltlich bedeutungsvollen Vorhaben ihr Interesse entdecken und durchsetzen wollen, oft außerhalb des Verfahrens und verspätet, zuweilen auch einfach nach dem St. Florians-Prinzip „Not in my backyard". Auf der anderen Seite die „Machthaber", die sich im Zweifel auf Hinterzimmer, Geheimhaltung und formale Argumentation zurückziehen.

Was ist das Besondere und zugleich Typische an den Komplexen der „Großen Erzählungen", die hier oft zugleich dinglich als große Projekte auftreten: Atomenergie/

Energiewende, Desertec, Stuttgart 21 & Co.? Ein Motiv für die vielfältigen Verdrängungen und Kommunikationsdefizite ist die *Macht* und die *Legitimation*, hier diskutiert am Beispiel Desertec:

> „Solche Vorhaben sind auch Machtdemonstrationen, ihr symbolischer Mehrwert soll schmeichelhaft auf die Gesellschaft ausstrahlen, aus der das Großprojekt kommt. Die produktive Nutzung von Ressourcen gilt seit langem in Europa als wünschenswert. Die Nebenwirkungen für andere gingen aufs Konto des Fortschritts. Die abendländische Vernunft hat sich zu ihrem Gottesdienst auch immer Energiekathedralen gebaut. – Jedenfalls ist bisher nicht zu erkennen, dass ergebnisoffen, mit Zeit und auf gleicher Augenhöhe mit den Afrikanern verhandelt würde. Die Zeit und die Dauer sind aber Ausweis demokratischer Qualität. (...) Das Firmenkonsortium spiegelt auch wider, wer sich heute als Akteur versteht und meint, die Politik nur nebenher laufen zu lassen. Doch so scheitern Projekte" (Interview mit dem Technikhistoriker Dirk von Laak, in: Die Zeit 30/2009, 50).

Wenn diese Diagnose zutrifft, dann bleibt als Antwort auf *Macht* ja nur noch *Gegenmacht*, als Antwort auf die Behauptung von *Legalität* das Infragestellen der *Legitimität*. Dies kann mal so sein, ist aber keine dauerhaft belastbare Struktur für eine vorsorgende und befriedete Gesellschaft. Wir müssen dafür offenbar die praktische Urteilskraft und eine kommunikative Rationalität neu erfinden und vereinbaren. Und dies wird sich praktisch neu und als Vorsorge gegen ein weiteres *messing around* bewähren müssen, nicht nur als Nachsorge in verfahrenen Situationen („Runder Tisch", aber ohne echte alternative Option).

Irritation und Mäeutik

Wir sind also irritiert. Bevor wir in konkreten Fällen weiter reden, wäre zu klären: Reden wir überhaupt über dieselbe Sache? Benutzen wir dieselben Begriffe und Interpretationen? Legen wir unsere Erkenntnis-Interessen offen? Können wir eine Diskursethik unterstellen, in der es um eine gemeinsame Suche nach *Wahrheit*, die *Richtigkeit* der Fragen und die persönliche *Wahrhaftigkeit* geht? (vgl. Habermas 1981/1995, Bd. 1, 149)

- Wie ziehen wir die Wahrheit und die richtigen Fragen ans Licht?
- Wer beherrscht die Hebammenkunst auch in schwieriger Lage?
- Mit welchen Methoden wird die vorhandene oder mögliche neue Erkenntnis zu Tage gefördert, ohne dabei Anspruch auf bereits fertiges Wissen zu erheben?

Personalistisches und zweckrationalistisches Problemverständnis

Wenn wir davon ausgehen, dass es selten um einfache Wahrheiten geht, sondern um Komplexitäten, wäre auf eine metaphysische Vernunftgewissheit zu verzichten und nach einer kommunikativen Rationalität zu suchen (Reese-Schäfer 1994, 69f.). Es soll dabei unterstellt werden, dass es immer *Menschen* sind, die kommunizieren, auch wenn sie als Agenten eines *Funktionssystems* oder einer *Institution* auftreten (oder als „Psychische Systeme" bezeichnet werden). Die Konvention lautet also, dass es um die Moralität in der Wirtschaft, in der Politik und in der Gesellschaft insgesamt „nicht anders steht als in der Gesellschaft insgesamt, weil beide im Prinzip von den gleichen Kräften bestimmt werden, nämlich von den Handlungsorientierungen ihrer Mitglieder" (Thielemann 1994, 55f.). Das wäre ein *personalistisches* Vermittlungskonzept.

Daneben gibt es ein *zweckrationalistisches* Problemverständnis; der Zweck des Handelns kann darin bestehen, ein bestimmtes *Ziel* zu erreichen, eine *Norm* zu erfüllen, ein bestimmtes *Spiel* zu spielen (vgl. Habermas 1988, 153-186).

Beide würden sich aber einem metaphysischen *Systemharmonismus* zuordnen, wonach unter dem Strich die eigene Effizienz zugleich auch allen anderen Wertgesichtspunkten gerecht wird (vgl. Schmidheiny 1992). „Was gut ist für Ford, ist gut für Amerika".

Nahaufnahme: Das Große im Kleinen erkennen

Wenn das alles im Großen so ist, wird das im Kleinen nicht viel anders sein, außer dass man es hier wohl leichter erkennen und nachzeichnen kann. Ich will deshalb im Folgenden anhand von zwei Fällen beobachten, wie das Zusammenspiel von Politik und Wissenschaft funktionieren kann und wie alle Beteiligten am Ende nicht so ganz verstanden haben, was da eigentlich abgelaufen ist. Ich wage also eine Nahaufnahme, zwei kleine Erzählungen, in der Hoffnung, dass diese exemplarisch sind. Danach werde ich versuchen, dies anhand der Rationalitätsmodelle von Luhmann (Differenz der Funktionssysteme) und Habermas (kommunikative Kompetenz und Ethik) zu bewerten und womöglich eine weitere Kategorie, nämlich die Logik der *Irritation*, einzuführen.

Beide Erzählungen spielen in einer Kommune; sie unterscheiden sich dadurch, dass das eine Exempel abgeschlossen und rundherum gelungen ist; das andere läuft noch und muss vor Gericht auf die Belastbarkeit seiner Rationalität hin überprüft werden. (Gemeinsam ist auch beiden Erzählungen, dass ich selbst als Akteur ein möglicherweise authentischer Erzähler sein kann.)

Probleme erkennen: Traditionelles und befreites Denken

In der ersten Erzählung geht es um den Stadtverkehr, um den möglichen Kollaps und eine überraschende Lösung für eine innerstädtische Hauptverkehrsstraße.

Eine große überörtliche Straße landet irgendwann in der Innenstadt und hat dort zwei Funktionen, nämlich den überörtlichen (Durchgangs-)Verkehr und den kleinräumigen örtlichen Verkehr zu verkraften. Wie in vielen Städten und Fällen gelingt das nicht;

30.000 PKW-Einheiten durch ein Wohnquartier, mit Ampelkreuzungen, Ladengeschäften, Müllautos und Fahrradfahrer hindurch zu leiten, kann am Ende nicht mehr gelingen. Die Misere ist so groß, dass die Verkehrsplaner keine Lösung mehr sehen; sie machen zwar eine Verkehrsberuhigung im Quartier mit allerlei Schnickschnack, aber die große vierspurige Hauptverkehrsstraße bleibt auf allen Plänen einfach nur weiß, d. h. sie ist nicht mehr Gegenstand der Verkehrsplanung. Im Geographieunterricht bzw. einem Projektunterricht von 12 Tagen, nimmt sich eine Gruppe von Oberstufenschülern (mit ihrem wissenschaftlich vorgebildeten Lehrer) genau deshalb diese Frage vor: *Wo liegt hier überhaupt das Problem? Und warum gibt es angeblich keine Lösung?*

Im *traditionellen* Denken lautet das Problem: Die Verkehrsmenge ist zu groß, Umleitungen sind nicht möglich, die Straße ist zu eng – daraus folgt: Es gibt – außer dem einseitigen Abriss sämtlicher Häuser an dieser Straße – keine Lösung, da die Standardlösungen im Planerrepertoire (Verbreiterung etc.) versagen. Vielleicht gibt es hier aber gerade deshalb ein Problem, weil es nur durch das Chaos und seine Übermächtigkeit definiert und als Parameter dafür RAS[9]-gemäß die Menge der PKW-Einheiten verwendet wird?

In einem *befreiten Denken*[10] lautet eine mögliche Beobachtung: Die Straße ist in der Tat verstopft, aber das hat einen ganz anderen Grund als die schiere Menge. Nicht die PKW-Einheiten, die als Äquivalent für alle Verkehrsteilnehmer notiert werden, sind das Problem, sondern die Art der Bewegung auf der Straße: Viele PKWs wollen einfach durchfahren, einige allerdings auch abbiegen, wieder andere suchen einen Parkplatz vor dem Weingeschäft, ein Bus hält auf der einen Spur, auf der Gegenspur zuckelt ein Müllwagen, Radfahrer versuchen sich einzufädeln und die Spur zu wechseln und abzubiegen, ein Polizeiwagen vom nahen Präsidium versucht einen Slalom, am Straßenrand sitzen Menschen vor einer Eisdiele. All dies ist weniger ein quantitatives als ein qualitatives Problem.

- Die *alternative Problemdefinition* lautet also als Hypothese formuliert: Die vierspurige Straße verkraftet den gesamten Verkehr deshalb nicht, weil dieser nicht richtig aufgeräumt wird.
- Daraus folgt die *Herausforderung* für eine Lösung: Wie räumt man eine chaotische vierspurige Hauptverkehrstraße richtig auf und steigert ihre Effizienz?
- Mögliche *alternative Lösung*: „Von vier Spuren werden zwei gestrichen und auf die Straße werden Bäume gepflanzt."

Na, das klingt doch völlig verrückt und irritierend, oder?

Der Reihe nach: Man streicht zwei Spuren ganz für den Durchgangsverkehr und reserviert sie für alle, die nicht geradeaus fahren wollen oder die nicht motorisiert sind: Bus, Müllwagen, Abbieger, Fahrräder. Für diese wird der Raum der Spuren 1 und 4 genutzt, die mittleren Spuren 2 und 3 fahren einfach hindurch. Dafür wird die Straße je nach Situation leicht verschwenkt, oder es gibt mehrere Mittelinseln mit jeweils einem großen Baum.

Die Projektgruppe erläutert diese Idee mit einigen planerischen Details (und Hinweisen auf die wissenschaftliche Literatur) vor der Presse, aber danach passiert erst einmal nichts weiter. „Laien haben mal wieder eine Idee" oder „Schüler glauben, sie können es besser als erfahrene Ingenieure", werden die Planer denken. Das Chaos geht weiter, man ist längst daran gewöhnt, eine professionelle Lösung wird nicht einmal mehr gesucht. Bis zum Tag X einige Monate später, als eine junge Radfahrerin mitten auf einer Kreuzung dieser Straße tot gefahren wird. Mehr als ein bedauerlicher Unfall nunmehr, weil es eine plausible Problemerkenntnis und eine kreative Lösung geben könnte. Es braucht allerdings Akteure, die das Ereignis und die schon vorbereitete Lösung zusammenbringen.

Stau auf der Stapenhorststraße — durch die Pinsellösung bald ein gewohntes Bild?   Foto: Johner

Abb.1 : Verstopfte vierspurige Stadtstraße.
Der Vorschlag lautet: Die Straße aufräumen, zwei Spuren zum Fahren, zwei Spuren für alle anderen. Das Konzept wird vor dem millionenschweren Umbau ein Jahr lang erprobt durch eine „Pinsellösung". Die Bildunterschrift in der Presse macht dagegen Stimmung: Das neue Konzept bzw. Experiment ist plötzlich schuld am Stau ...

- Die Zeitung sagt: „Da gab es doch diesen kreativen Vorschlag!". Aber das reicht nicht aus.
- Andere Akteure machen sich deshalb zu Aktivisten, sie machen Aktion und besetzen die Kreuzung. Damit allerdings verschiebt sich die Diskussion, nämlich in das Feld einer alternativen Straßenblockade und damit in den strafrechtlichen Bereich der Nötigung. Die Diskussion ist in Gefahr, ideologisiert zu werden.
- Nach einigen Monaten gibt es wieder einen tödlichen Unfall. Statt einer Wiederho-

lung der Blockaden und der ideologischen Eskalation erinnert sich ein CDU-Rats-
herr an die alternative Planungsidee. Er beantragt eine gutachterliche Prüfung.
- Ein auswärtiger Verkehrsplaner begutachtet die Idee und strichelt sie fachlich aus.
  Die Idee ist aus fachlicher Sicht tragfähig. Diese Feststellung kostet 30.000 €.
- Den Entscheidungsträgern ist die Sache noch immer unheimlich; jemand macht den
  salvatorischen Vorschlag, die Sache zunächst auf Zeit und mit einer Pinsellösung zu
  erproben. Das ist billig, rückholbar und zielführend.
- Die Pinsellösung bewährt sich, der Umbau der Straße wird beschlossen. Er kostet
  ca. 3 Mio €.
- Heute und seit Jahren läuft die Straße ohne Probleme, die Bäume in der Straßenmitte sind gut angegangen und stehen dort wie selbstverständlich.

Die *Irritation* war sachlich geboten, sie erschütterte das traditionelle und quantitative
Paradigma der Straßenbauer, planerisch und faktisch, weil von dort keine Lösung mehr
zu erwarten war. Es wurde eine politische Figur gefunden, nein: es hat sich eine Figur
schrittweise selbst entwickelt, in der unabhängig von Selbstblockaden aller Art neu auf
die Problemstellung und kreative Lösungen überhaupt geschaut werden konnte. In der
Habermasschen Terminologie: Es gab die Bereitschaft, eine neue Wahrheit über die
objektive Welt zu suchen und zuzulassen (*teleologisches* Handeln); es gab die Bereitschaft, alte Routinen und Normen sozialverträglich in Frage zu stellen (*normatives* Handeln); es gab die Bereitschaft, die Subjekte so miteinander in Kontakt zu bringen, dass
gemeinsames neues Handeln möglich wurde (*dramaturgisches* Handeln). Dazu käme
noch das *kommunikative* Handeln, in dem sprach- und handlungsfähige Subjekte eine
interpersonale Beziehung eingehen und eine Verständigung suchen über die Handlungssituation (Habermas 1995, 126-128).

Und im Sinne der *Mäeutik*: Es gab niemanden, der bereits fertige Kenntnisse und eine
fertige politische Prozedur vorgeschrieben hätte. Es gab aber den kreativen Versuch,
durch geeignete Ideen und Fragen ein gemeinsames Verständnis auf den Weg zu bringen.

Damit das nicht zu idealistisch klingt: Es brauchte dafür Advokaten (vgl. Kleger
1994); hier waren es die Presse und der einzelne Lokalpolitiker, die die Problembe-
schreibung und die Einzelinitiative zum Diskurs machten und aus alten Schützengräben
heraus holten. Es gab also keine Dramaturgie, in der jeder mit jedem wie an einem Runden Tisch und gleichrangig verhandelt hätte. Es gab ein kleines *Fenster der Gelegenheit*, eine kreative Denkweise aus einem wissenschaftlichen Milieu zu einem *kreativen
Milieu* in der Kommune insgesamt zu machen. Und eine zweite Einschränkung muss
gemacht werden: Aus diesem gelungenen Fall wird das nächstemal nichts oder nur wenig gelernt werden. Dieselben oder andere Personen werden sich dann wieder wie
fremd und unnötig offensiv gegenüber stehen.

590   Geographie und Politik

Mit diesem Fall sind also nur die Bedingungen der Möglichkeit gefunden, durch eine kreative Problemfindung und Problemlösung erst zu einer Irritation und danach zu einer langen, aber dann guten Geburt zu kommen. Die Dramaturgie lebt von diesen beiden Formaten: Jemand hat die irritierende Idee, andere greifen sie aus eigenen Gründen auf, wieder andere machen sich aus eigenen Gründen zu Helfern – und am Ende kommt ein überraschend hübsches Kind zustande. Gezeugt aus einer klugen Irritation, geboren mit Hilfe mehrerer hoch spezialisierter Hebammen.

Aber wohlgemerkt: In dieser Erzählung geht es um ein gelingendes *Verfahren* und um eine selbsttragende *Dramaturgie*; es geht nicht um die fachliche Verhandlung einer gemeinsamen materiellen Norm[11] in der Sache, wie die Bekämpfung der Autos oder die Rettung der Welt. Das wäre ein ganz anderer Kampf um vermeintliche Besitzstände und wohl kaum getragen von einer kommunikativen Rationalität. Oder anders formuliert und zu befürchten: Der Fall war klein genug, um eine am Ende gemeinsame Erkenntnis nicht durch zu starke Interessen zu verhindern. Der Fall war klassisch anthropozentrisch und insgesamt ein *win-win*-Spiel. Der Fall fällt in eine republikanische Diskursethik oder eine „Ethik der Demokratie" (Apel 1988, 272), es ist keine Pflichtethik im Sinne Kants (vgl. Reese-Schäfer 1994, 76 f.).

Republikanische Diskursethik und Moraldiskurse

Die politische Ethik „dient zur Etablierung neuer Problemsichten. Moraldiskurse etablieren sich durch Empörungsreaktionen" (Reese-Schäfer 1994, 77). Die Aktionen der Straßenkreuzungs-Blockierer waren eine Empörungsreaktion und als solche inkompatibel, jedenfalls isolierbar im politisch-förmlichen Diskurs. Gleichwohl haben auch sie eine konstruktive Funktion; sie öffnen einen Bereich, der durch Routine und verkrustete öffentliche und fachliche Wahrnehmung unzugänglich und unzulänglich erschien. So können auch moralische Argumentationen „durch Systemadaption in politische Forderungen und Prozesse umgewandelt werden" (Reese-Schäfer 1994,78); sie haben damit auch in einer ausdifferenzierten Gesellschaft eine wichtige „Pionier- und Kontrollfunktion":

> „Überall dort, wo Fragen auftreten, für die bisher keine als normal angesehenen Lösungsverfahren gefunden wurden, werden zunächst einmal moralische Diskurse geführt. [...] Es sind Bereiche, in denen nicht durch eingespielte Üblichkeiten klar ist, welche Regeln gelten sollen, [...] auch bei solchen Fragen, in denen sich neue Einstellungen und Perspektiven ergeben haben, so dass die traditionellen Regeln nicht mehr gelten" [...] Sie sind „nur dann fruchtbar und nicht bloß streiterzeugend, [...] wenn sie sich selbst als Pre-Tests einer Lösungsfindung, als Findungsverfahren der angemessenen Regeln verstehen, nicht aber als die verbindliche, aus der Theorie

begründete und nicht mehr weiter in Frage zu stellende Lösung selbst" (Reese-Schäfer 1994, 78).

Planen als Abwägung zwischen Alternativen

Die zweite Erzählung handelt von einem Großprojekt der öffentlichen Hand seit 2008, nämlich die Sanierung und Erweiterung einer großen Universität aus den 1960er Gründerjahren.[12]

Diese Universität muss wegen der Bausünden in ihrer Entstehungszeit energetisch grundsaniert werden. Dies muss unter dem rollenden Rad und über mehrere Jahre geschehen. Außerdem möchte sich die Universität erweitern und neue Partner anlocken. Dies ist ihr mit der örtlichen Fachhochschule leicht gelungen, die als kleinere Schwester gerne auf einem gemeinsamen Campus möchte. Es geht um ein Volumen von ca. sieben- bis achthundert Mio €.

Gegen diese neue Planung wurde nun von Naturschützern und planungserfahrenen Bürgern Protest eingelegt, mit dem Argument, dass ohne Not eine vorhandene flächenschonende Alternative zugunsten eines Großprojektes in der freien Landschaft aufgegeben wurde. Die Alternative „Campus" war bei dem neuen Wettbewerb ausdrücklich ausgeschlossen worden, konnte also auch gar nicht mehr abgewogen werden. Dies ist planungsrechtlich problematisch, weil alle Eingriffe in Natur und Landschaft auf ihre Naturverträglichkeit, auf ihre Vermeidbar- und Ausgleichbarkeit hin geprüft werden müssen. Keine Planung ohne Alternative (auch die „Nullvariante" ist immer eine Alternative).

Der Streit wurde nun probehalber nach dem politischen Rationalitätstypus organisiert. Die kritischen Bürger suchten alle Akteure auf, die in den anderen Funktionssystemen, v. a. Wissenschaftsverwaltung, Kommunalpolitik, scheinselbstständige Wirtschaft (Liegenschaftsverwaltung des Landes) tätig waren. Um es im Ergebnis kurz zu machen: Es wurde von den Vertretern der Grüne-Wiese-Lösung bestritten, dass die Alternative (1. Preis beim vorherigen Wettbewerb) überhaupt machbar sei und sie wurde deshalb auch nicht mehr geprüft, mehr noch: sie wurde bekämpft (,,universitätsfeindlich" etc.). Mitglieder der Ratsfraktion der Grünen waren zwar sachlich-fachlich für die Alternative im Bestand, stimmten aber aus Fraktions-, Koalitions- und Universitätsräson für das Gegenteil.

Von der Politik der Verständigungen zurück zur Gesinnungsethik

Es wurde von den Entscheidungsträgern geradezu eine *Gesinnungsfrage* daraus gemacht, wo eigentlich eine kommunikative Rationalität angesagt war. Außeneinflüsse werden nur insoweit aufgenommen, soweit sie der eigenen Codierung entsprachen. Wo es um die Möglichkeit flächenschonenden Bauens der öffentlichen Hand gehen sollte, wurde eine Schädigung der Interessen der Universität unterstellt und die politische Auseinandersetzung in einen moralischen Streit transformiert – eine ungewöhnliche Rich-

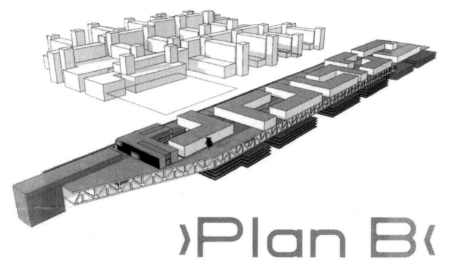

Pro Grün appelliert an die
Entscheidungsträger, in Alternativen zu denken
und diese rational abzuwägen

⟩Plan B⟨

Erweiterung der Uni Bielefeld/FH Bielefeld

Abb. 2: Deckblatt einer „Einmisch"-Broschüre zur Machbarkeit einer flächenschonenden Uni-Erweiterung incl. FH (2009).

tung, weil es üblicherweise umgekehrt verläuft. Eine Verständigung wurde blockiert, weil die Alternative als unerwünscht, ja als schädlich moralisch belegt wurde. Damit war in einer Perversion der politische Diskurs zwangsweise beendet. Die Vorentscheidungen waren damit nicht Ergebnis der kommunikativen Suche nach Rationalität, ehe denn die politischen Institutionen entscheiden; die Vorentscheidungen waren vielmehr im Prozess als Machtmittel traktiert worden. Auf dieser Basis gibt es nun, 2009, ein kommunales Baurecht.

Das bestätigt die Leitthese von Michel Foucault (1977, 7), „dass in jeder Gesellschaft die Produktion des Diskurses zugleich kontrolliert, selektiert, organisiert und kanalisiert wird – und zwar durch gewisse Prozeduren, deren Aufgabe es ist, die Kräfte und die Gefahren des Diskurses zu bannen, seine schwere und bedrohliche Materialität zu umgehen."

Im Nachhinein stellt sich heraus, dass die Eckpunkte der vorgeblichen Argumentation gar nicht belastbar waren. Die Max-Planck-Gesellschaft hat der Bürgerinitiative inzwischen (2009) brieflich mitgeteilt, dass an eine Ansiedlung an dieser Universität überhaupt nicht gedacht werde. Der Bund der Steuerzahler wird informiert (2009), dass das Rückgrat der gesamten Planung in der freien Landschaft, nämlich eine weiter gebaute Stadtbahn (für prognostizierte 70 % der Universitätsbesucher) vorerst überhaupt nicht gebaut werden solle. Die Universität selbst teilt mit, dass sie die Ausweichgebäude für die Sanierung nun doch auf einem der vorhandenen Parkplätze bauen wollen. Es ist nur noch ein ehrgeiziger Akteur dabei: die FH, mit Mehrkosten von über 100 Mio € (statt 160 Mio €) des immer behaupteten Finanzvolumens. Alle „Argumente" für die große Lösung erweisen sich im Nachhinein, *nach* der Entscheidung über das Ortsrecht im Bebauungsplan, als „zielführende" Phantasien und Legenden.

Der ganze B-Plan hätte nun vom Verwaltungsgericht daraufhin geprüft werden können, ob die Prozedur, insbesondere die Abwägung vorhandener Alternativen und die Prüfung der Vermeidbarkeit, korrekt vollzogen wurde (Abwägunggsdefizit). Andernfalls wäre das Baurecht nichtig (es sei denn, die Verwaltungsrichter sehen darin ein überwiegendes Interesse des Allgemeinwohls, weil sie vor der Größe des Projekts zurückschrecken).

So fährt man ein Großprojekt von mehreren Hundert Millionen Euro – jedenfalls nach der politischen Rationalität – an die Wand, so wie es oben im Fall von *Desertec* vorhergesagt wird. (Dies würde von den Protagonisten natürlich bestritten, indem sie die extrem hohen Kosten für die Grundsanierung, die ohnehin anfallen, dem Gesamtprojekt zurechnen. Der FH-Neubau mit dem Gebäudeausrüster „Imtech" kostet 100 Mio € mehr, Verzögerung 2 Jahre: „Die unheimliche Firma", in: Die Zeit Nr. 29-2015, 19-21. Staatsanwaltschaften ermitteln.)

Der Fall verweist zugleich auf eine große Schwachstelle in der Luhmannschen Kommunikationstheorie. In seinem Begriff von Gesellschaft als System kommen informelle Bewegungen/Bürgerinitiativen als Funktionssystem kaum vor, diese sollen sich im Alltag der „Legitimation als Verfahren" beugen. Dabei wird unterstellt, dass die systemrelevanten Funktionssysteme (Politik, Wirtschaft, Wissenschaft etc.) sich jedenfalls in ihrem Code konsequent und sauber verhalten.

Das gesellschaftliche System nimmt solche Fragen in den Blick, die mit spezifischen Unterscheidungen in definierten Funktionssystemen zu bearbeiten sind; das eine Teilsystem (z. B. die Wirtschaft) sieht eine Frage *so*, ein anderes (z. B. die Wissenschaft) *anders*, aber beide können sich strukturell koppeln, um im eigenen Interesse zu Lösungen zu kommen. Luhmann identifiziert damit eine „Politik der Verständigungen", die auf Zeit mit ausgehandelten Provisorien arbeiten.

In unserem *ersten Fall* war das die „Pinsellösung" gewesen, die vorübergehend Orientierung gibt und Zeit für eine endgültige Entscheidung verschafft. Allerdings geht man das Risiko ein, dass die Orientierung abhängig ist von unseren Entscheidungen und dass diese auch ganz anders ausfallen können (Luhmann 1992, 139, 194 f.). Das wäre die „Doppelte Kontingenz": Es könnte auch ganz anders sein. Im politischen Rationalitätstypus wird ein Problem bzw. eine Problemsicht binär codiert. In der Wissenschaft ist die wahr/unwahr, in der Politik machterhaltend ja/nein, in der Wirtschaft profitabel ja/nein etc. Das Problem ist hierbei, dass es auch innerhalb dieser Funktionssysteme, die im Prinzip derselben Logik und demselben Code folgen, Differenzierungen gibt, die zu ganz unterschiedlichen Entscheidungen führen können.

In unserem *zweiten Fall* hat „das System" systemwidrig gehandelt, nämlich mit Macht und mit Hilfe eines moralischen Arguments als Keule. Womöglich wird diese *Gesinnungsethik* intern als *Verantwortungsethik* gehandelt, im Sinne von Machiavelli zwar, aber doch mit dem Argument des Gemeinwohls bzw. mit dem Argument, dass man so viel Geld nicht noch einmal bekommen würde und also jetzt zugreifen *müsse* und *nur jetzt* zugreifen könne. Die Alternative einer freien ergebnisoffenen Rationalität wurde nicht gewünscht, sie wurde mit Macht bekämpft. Dass hier außerhalb der Routinen der gesetzmäßigen Verwaltung und rechenschaftspflichtigen Politik argumentiert wird, nimmt man seitens der Institutionen hin. Das *legale* Entscheidungsmonopol des Parlaments wird mit dem *legitimen* Empörungsmonopol der freien Bürger vermischt; jeder bedient sich aus beiden Werkzeugkisten nach Belieben. Es wirkt für den einen Tag/für die eine Entscheidung, und danach wird sich der Konflikt rasch „versenden". Dann wäre theoretisch auch wieder die sachliche Auseinandersetzung (Runder Tisch, „nochmal in Ruhe darüber reden" u. ä.) möglich, weil diese ja keine Wirkung mehr entfalten würde: „Jetzt nach vorne schauen!".

Das ist nicht überzeugend, aber es ist gleichwohl wirksam. Aber die Feststellung des Machtmotivs bei der Gegenseite hat bereits wieder einen moralischen, einen Empörungs-Kern. Dies ist im Machtkampf wiederum die einzige Chance, falls auch die formale verwaltungsrechtliche Überprüfung des Abwägungsgebots und des Gebots flächensparenden Bauens machtpolitisch ausfällt.

Es ist heute „sogar die Hauptfunktion von Moral, Korrekturpotentiale zur Verfügung zu stellen für jene Themen und Bereiche, wo Rechtsnormen und politische Entscheidungen nicht ausreichen oder sich festgelaufen haben und sich aus eigener Kraft nicht korrigieren können. – Auch diese Fragen sind nur kommunikativ zu klären; sie sind ja auch kommuniziert worden, allerdings wird man nachträglich feststellen müssen, dass die Diskussion nicht besonders herrschaftsfrei verlaufen ist, sondern in weiten Teilen mit einer Art Entspannungstabu und einer a priori-Bevorzugung der Verantwortungsethik belegt war. (...) Gerade unter funktionalistischen Gesichtspunkten kommt also einer kommunikativen Reflexion der Übergänge zwischen den verschiedenen Funktionsbereichen eine außerordentliche Bedeutung zu" (Reese-Schäfer 1994, 81 f.).

Kommunikative Rationalität als Essential einer *active society*

Kommunikative Rationalität „kann eigentlich nur diskutieren, plausibel machen und dazu den Weg öffentlicher Diskussion wählen. Für ihre Verbindlichkeit und Durchsetzung ist sie in erster Linie auf das Rechtssystem und die dieses stützende und verändernde öffentliche Meinung in ihrem komplexen Verhältnis zum politischen System angewiesen" (Reese-Schäfer 1994, 83).

Das ist schwächer, als es früher die klassische Vorstellung von Vernunft war. Dies ist eine ständig neue Herausforderung mit geringer Reichweite, eine schrittweise Verständigung im Einzelfall zwischen Einzelpartnern. Das kann man zwar auch „soziologische Aufklärung" oder Diskurs nennen, aber doch immer verbunden mit dem elenden Gefühl des infiniten Regresses. Auf der anderen Seite kann man ja gar nicht anders gehen als in einzelnen Schritten, und dabei stößt man zuweilen auf Netzwerke, die ähnlich schrittweise entstehen. Auch dadurch können neue Wege der Politischen Rationalität entstehen; diese existieren also nicht a priori als vereinbarte und gültige Leitlinie, sondern sie ergeben sich im Tun und damit als Einsicht *ex post*.

Bevor man daraus eine alternative Strategie für eine *active society* mit einer erweiterten Verantwortung auch für nicht institutionalisierte und nicht rollenmäßig eingebundene Akteure versucht, braucht man allerdings ein erweitertes Verständnis der Prozesse des *policy making;* sonst wird man immer wieder im Abseits einer jeweils anderen Ebene landen. Mit anderen Worten: Im System von *politics* verlaufen die aktuellen Prozesse des *policy making*; diese können aber durchaus auch außerhalb des Systems stattfinden, wenn das System nicht ausreicht oder nicht befriedet. Wenn sich z. B. herausstellt, dass ein Parlamentsbeschluss auf Grund falscher Informationen oder Prämissen zustande gekommen ist, aber trotzdem nicht mehr neu aufgerollt wird/werden kann (z. B. nach einer sofortigen Vollziehbarkeit und abgesägten Bäumen/abgerissenen Gebäuden oder teuren Auftragsvergaben), gehört es zum Politik-Machen dazu, dies aufzudecken, anzuprangern und die Legitimität abzusprechen. Das ändert dann zwar im Einzelfall nichts mehr, hat aber Wirkung für den nächsten Fall. Man kann hier zwischen Legalitätsprinzip und Opportunitätsprinzip unterscheiden: Die abweichenden Bürger haben zwar formal nicht Recht, beanspruchen aber trotzdem Gehör und Wirkung. „Hört uns trotzdem zu, sonst wird es ein Pyrrhus-Sieg für Euch!"

Für diese Komplexität wollte ich den Blick öffnen, ohne damit schon Lösungen anbieten zu können. Diese, das haben wir ja gelernt, hängen eben von den jeweiligen Problemdefinitionen ab. Fallgeschichten schärfen aber dafür den Blick und liefern Hinweise auf verallgemeinerbare Strukturen.

Was aber nun zu tun ist: Die einzelnen und individuellen Erfahrungen und Erzählungen sollen „sozialisiert" werden. Nicht dahingehend, wie man sich am besten durchsetzt, sondern wie man Klarheit schafft über die Dinge und die Kommunikation und Entscheidung über Dinge. Der folgende Abschnitt gibt hierzu ein Werkzeug an die Hand, das man in neun Schritten anwenden kann.

Der Sinn eines solchen Instrumentes für ein „Reopening and Recomposing" liegt auf der Hand: Akteure in der Wirtschaft merken sofort, wenn die Bilanz in einer Krise landet, sie werden reagieren oder verschwinden. Akteure in der Politik können eine Krise verschleppen, eine Legislaturperiode lang oder in eine mittlere bis fernere Zukunft; Kriterium ihres Handelns sind die Wählerstimmen.

„In erster Linie setzen sich jene Merkmale durch, die für politische Lernunwilligkeit typisch sind: ein unbegründeter Optimismus, eine schädliche Vorwurfskultur, ideologische Selbstgerechtigkeit und zu allem Überfluss das Verdrängen selbst der allerjüngsten Geschichte" (Zielcke 2010, 11).

Daraus muss man Konsequenzen ziehen, aber man muss die Unstimmigkeiten zuvor sichtbar machen und die Demokratie neu zusammensetzen.

Reopening/Recomposing Democracy:
Das MACOSPOL-Projekt von Bruno Latour

Bruno Latour gehört „zu den einflussreichsten, intelligentesten und gleichzeitig populärsten Vertretern der Wissenschaftsforschung (Science Studies)" – mit dieser Begründung wurde dem französischen Wissenschaftssoziologen am 8. Februar 2010 in der Ludwig-Maximilians-Universität der Kulturpreis der Münchener Universitätsgesellschaft verliehen. In seiner *Akteurs-Netzwerk-Theorie* geht er davon aus, dass Technik/Natur und das Soziale sich in einem Netzwerk wechselseitig Eigenschaften und Handlungspotentiale zuschreiben[13].

In einem groß angelegten Projekt zwischen verschiedenen europäischen Universitäten (Science Po/Paris, EPFL Lausanne, U Manchester, UVA Amsterdam, Vicenza/Italien, LMU München, UG Liege, U Oslo)[14] unternimmt Latour nun den Versuch, Informationen aus Naturwissenschaft und Technik für die Öffentlichkeit zu öffnen und zu ordnen („Reopening" und „Recomposing")[15]. Dies sei ein notwendiger Versuch, weil damit zugleich die Demokratie neu geöffnet und geordnet werden könne. Während früher diverse Informationen von Experten und „Authorities" über Wörterbücher, Reports, Enzyklopädien ausgestreut wurden und irgendwie durchsickerten („trickling down"), haben die Laien heute keine andere Wahl, als selbst einen Weg zu Wissen und Deutung zu finden, und zwar schnell.

Also: Wie kann man es organisieren, dass Laien („Mündige Bürger") in vielfältigen Wissens- und Entscheidungssituationen einen Durchblick bekommen. Wie entwickelt man eine Allgemeinbildung und ein Urteilsvermögen, ohne sich selbst zu lähmen mit einem Übermaß an Wissbarem und ohne sich völlig abhängig zu machen von den „Wissenden" (Experten, Gutachtern, Politikberatern).

Aktuell geht es z.B. um die Frage, warum und wieso die Aschewolke eines isländischen Vulkanausbruchs den gesamten Flugverkehr über Europa lahm legen kann (wobei es ja wie stets um Informationen aus Natur und Technik und deren Interpretation in der Politik sowie die Reaktionen aus Wirtschaft und Gesellschaft geht). Saurer Regen/ Waldsterben, radioaktiver Müll aus Atomreaktoren, Ölbohrungen in größeren Tiefen des Meeres, Feinstaub, Schweinegrippe – all dies erscheint als Kontroverse in den Medien. Und da ja fast alles, was wir über die Welt wissen, aus den Massenmedien stammt[16], nehmen wir die technische, natürliche und gesellschaftliche Wirklichkeit zumeist als Kontroverse in den Medien wahr[17]. Zum einen braucht man für die Entdeckung und Erklärung Experten, bis hin zu Fragen der Mode und des Verkehrs; aber diese Experten unterscheiden sich und streiten sich sogar. Damit hat die Demokratie eine neue Chance, nämlich nicht mehr von alleingültigen Expertenaussagen und Politikverfügungen abhängig zu sein. Demokratie wird dadurch potenziell neu geöffnet und „recomposed", weil die Gesellschaft eigene Urteile über die Aussagen mehrerer Experten und Politik-Entscheider finden muss.

Das erwähnte interuniversitäre Projekt trägt den Namen *Macospol* (**Ma**pping **C**ont-roversies in **S**cience and Technology for **Pol**itics).

Mapping Controversies on Science for Politics (MACOSPOL)

In modern societies, collective life is assembled through the superposition of scientific and technical controversies. The inequities of growth, the ecological crisis, the bioethical dilemma and all other major contemporary issues occur today as tangles of humans and non-humans actors, politics and science, morality and technology. Because of this growing hybridization complexity, getting involved in public life is becoming more and more difficult. To find their way in this uncertain universe and to participate in its assembly, citizens need to be equipped with tools to explore and visualize the complexities of scientific and technical debates. MACOSPOL goal is to gather and disseminate such tools through the scientific investigation and the creative use of digital technologies.

Die folgenden neun Schritte beim Umgang mit Wissen als Wissen von Kontroversen[18] lassen sich übertragen auf Hochschule und Schule und den Diskurs in der Öffentlichkeit (vgl. Abb. 3 „Reopening"-Modell). Es geht immer um die beiden Fragen: *Was ist der Fall? Und was steckt dahinter?* Und wie kann man das in verschiedenen Arten der Beobachtung und Abschichtung sichtbar und diskutierbar machen? (1) Worin besteht das Problem/die Kontroverse? (2) Wer ist daran beteiligt? (3) Wie erscheint das Problem aus der Nähe betrachtet, wie aus der Ferne? 4) Ist das Problem relevant („heiß")? (5) Wie stellt sich das Problem dar in den Dimensionen Zeit, Raum, Akteure? (6) Wie parteilich ist die Quelle/der Experte/der Entscheider? (7) Welche professionellen Blickwinkel auf das Problem gibt es? (8) Wie erscheint das Problem in der Gerüchteküche von Massenmedien, Stammtischen, Boulevard? (9) Wie ist das Problem in Unterthemen zu gliedern und in mögliche Folgen und Folgen der Folgen?

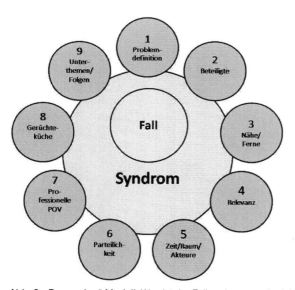

Abb. 3: „Reopening"-Modell: Was ist der Fall und was steckt dahinter? Kontext und Referenzpunkte für eine wissenschaftliche Politikberatung (eig. Darstellung nach Macospol/Latour)[19].

Wenn man im Internet (www.mapping.controversies.net) das Projekt recherchiert, wird man entsprechend der Vielzahl beteiligter Universitäten mit vielen Beispielen versorgt. Immer geht es darum, in geeigneten Grafiken (Bäume, Flussdiagramme, Bilder) Landkarten (*mind maps* bzw. *concept maps*) für den Konflikt zu erfinden, die auf den analytischen Kern lenken. Das kann das Olympiastadion London für 2014 sein mit der Frage, was man alles vorher hätte wissen können; das können Debatten über Lebensmittelsicherheit sein, die auf die Akteure und deren Interessen verweisen; das kann die widersprüchliche Rolle der Presse als Chronistin und als Meinungsbildnerin sein u. v. m.

Was können wir daraus lernen und übernehmen? Wenn wir Komplexität zerlegen („reduzieren"), um sie überhaupt bearbeitbar zu machen, brauchen wir Kategorien (wie Akteure, Raum, Zeit, Parteilichkeit, Nebenthemen und -folgen etc.). Dies werden wir zweckmäßigerweise auch graphisch darstellen, in einer Form von *concept-map* (s. Abb. 3). Das ist nicht nur eine didaktische Übung, sondern wird auch in der „großen" Wissenschaft und Politik gesucht und entwickelt. Sonst gehen wir unter in einer Flut von Expertenwissen und Ratlosigkeit. Aufgaben wie „Nimm Stellung zu ..." und „Mache Lösungsvorschläge ..." würden sich dann von selbst verbieten. Präziser würden wir jetzt die Aufgabe definieren: „Wie ist das Problem definiert? Könnte man es auch anders definieren?", „Wie stellt sich das Problem aus verschiedenen Perspektiven dar?", „Welche Aspekte des Problems werden aufgegriffen, welche nicht?" „Gibt es Unterthemen und Nebenfolgen?" (usw., siehe oben die neun Schritte).

Demokratie ist auch die Möglichkeit zum Nachfragen und zum Widersprechen („Democracy is the possibility to disagree") – so lautet das Motto des Macospol-Projekts von Bruno Latour et al. Statt zufällig durchgesickerter Informationen, statt gutachterlicher oder politischer Direktiven, aber auch statt einem Bombardement unterschiedlichster und widersprüchlicher Informationen wird ein Konzept und eine Haltung empfohlen, die einfach nachfragt: „Ist es so?", wenn irgendjemand behauptet: „Es ist so!".[20] Die andere Intelligenz – Wie wir morgen denken werden.[21]

Kommunikative Vernunft als Wegweisung

Wir wissen als Konstruktivisten: Alles, was wir beschreiben, könnten wir auch anders beschreiben; alles, was wir analysieren, könnte auch anders sein (Hörisch 2005, 295).

In den Worten von Wolfgang Zierhofer: „Macht dann die Rede von richtigen oder falschen Konzepten noch einen Sinn? Ich zweifle daran. Sinn macht, glaube ich, die bescheidene Suche nach Orientierungen, das Diskutieren von Gründen, das Reflektieren von Haltungen, Einstellungen und Sichtweisen. Vielleicht wäre es sogar am sinnvollsten, die kommunikative Vernunft als Weg und nicht als Ziel zu verstehen" – das Kommunikative selbst als Vernunft, ohne das die Vernunft keine wäre (Zierhofer 1994, 192).

Aber auch die Kommunikation ist ja kein Selbstzweck, die schon dadurch Vernunft beweist, dass sie überhaupt in gewissen zivilisierten Formen stattfindet. Das Verstehen im Sinne Platons als *hermeneuein* geht etymologisch zurück auf den Gott Hermes, und der hat einen schlechten Ruf, „als Schutzgott des Tausches und der Diebe, der Kommunikation und der Nachrichtenverfälschung, des Spurenlesens und des Spurenvertuschens" (Hörisch 2005, 129).

Das wäre das Fazit dieses Beitrags, der theoretisch und praktisch die Frage nach der Beratbarkeit von Politik – außerhalb/neben dem kommerzialisierten Gutachtenwesen – verfolgt.

• Wir lassen es zu und begrüßen, dass Unklarheiten als Irritation aufgedeckt und als solche verfolgt werden; die Irritation leitet zur Reflexion der Problemstellung und ggf. deren Revision über.

• Es wird generell von der Existenz vernünftiger Alternativen ausgegangen; diese werden in einem sach- und sozialgerechten Verfahren besichtigt und verhandelt. Entscheidungen für (und also auch gegen) etwas werden nicht nur nach ihrer Legalität, sondern auch nach ihrer Legitimität und Opportunität/Zweckmäßigkeit bewertet.

• Es wird vereinbart, dass man aus gemachten Erfahrungen lernt und nicht immer wieder bei Null anfängt. Das alles wäre ein Funktionieren von Gesellschaft, das auf Kommunikation und Diskurs aufbaut und das als Maßstab den gerechten Ausgleich von legitimen Interessen verwendet. Das sind zwar unbestimmte Begriffe, aber es lässt sich in der Praxis meist gut beurteilen, was sinngemäß damit gemeint ist.

• Und auf jeden Fall wird aus dem Diskurs die Verwendung von Tricks, Fehlinformationen, Abwägungsdefiziten und Machtfehlgebrauch verbannt. Kommunikation ist dann zwar immer noch nicht herrschaftsfrei, aber sie ermöglicht ein freies Denken und vertraut auf fairen Umgang mit Alternativen. Und sie verwendet einen Code, der für alle Funktionssysteme gemeinsam funktioniert: Gemeinwohlorientiert ja/nein.

Der Beitrag ist eine erweiterte Fassung eines gleichnamigen Vortrags auf dem Geographentag 2009 in Wien und erschien in: Egner, Heike/Martin Schmid (Hrsg.) 2012: Jenseits traditioneller Wissenschaft? Zur Rolle von Wissenschaft in einer vorsorgenden Gesellschaft. München. 175-196.

Anmerkungen

1   Das Rätsel um diesen Begriff soll gleich gelöst werden: „Mäeutik" ist die Hebammenkunst
2   Vgl. Luhmann 1969
3   Syndrom: schwer diagnostizierbare Krankheit mit mehreren Symptomen
4   Dies hat sich 2011 im Ergebnis durch den Atom-Super-Gau in Fukushima in Deutschland ins Gegenteil verkehrt; diese Wende ist sicherlich nicht als Ergebnis rationaler und gründlicher Expertise zu erklären, denn die jetzt vorgetragenen Gründe sind allesamt und seit Jahrzehnten Teil des Diskurses gewesen.
5   Josef-Otto Freudenreich (Hg) (2010): „Die Taschenspieler. Verraten und verkauft in Deutschland". Edition Hubert Klöpfer. Freudenreich war Chefreporter der „Stuttgarter Zeitung", in der der damalige Ressortleiter Außenpolitik, Adrian Zielcke, am 27.2.2010 schrieb: „Ohne die Zustimmung der *Stuttgarter Zeitung* zu diesem Großprojekt würde, so vermute ich einfach mal, ‚Stuttgart 21' nie gebaut werden." Das wäre ein Indiz für eine strukturelle Kopplung eines Massenmediums mit der Politik und Wirtschaft. In dem Buch finden sich „Kleine Erzählungen" aus der „Großen Erzählung" von Macht, Geld und Demokratie. Inzwischen – 2011 – berichtet die

Presse im Faksimile, dass die Deutsche Bahn die Kostensteigerungen über die *deadline* hinaus seit Jahren intern beziffert hat, die Öffentlichkeit und der Runde Tisch des Dr. Geißler wurden darüber im Unklaren gelassen. Auf der Strecke bleibt danach das Vertrauen.

6 Luhmann, Niklas (1986): Ökologische Kommunikation. Kann sich die moderne Gesellschaft auf ökologische Gefährdungen einstellen? Westdeutscher Verlag, Opladen

7 Auch dazu Luhmann, Niklas (1973): Vertrauen. Ein Mechanismus der Reduktion sozialer Komplexität. Ferdinand Enke Verlag, Stuttgart

8 Niklas Luhmann (1993): „Was ist der Fall?" und „Was steckt dahinter?" – Die zwei Soziologien und die Gesellschaftstheorie. Universität Bielefeld: Bielefelder Universitätsgespräche 3

9 RAS = Richtlinie zum Ausbau von Stadtstraßen

10 „Kreatives Denken ist in erster Linie befreites Denken – nicht gehemmt von Furcht oder Routine oder perfektem Vorbild –, es ist kein anderes Denken" (von Hentig 2000, 72). Sich von Furcht, Routinen und Vorbildern zu lösen ist erst einmal anstrengend, weil dazu Mut und eine gehörige Portion (Selbst-)Reflexivität erforderlich sind. (vgl. Rhode-Jüchtern/Schneider 2012)

11 „materiell" heißt hier im Unterschied zu „formell": bezogen auf die Sache, nicht auf die Form/ das Verfahren. Dieser Sprachgebrauch gilt etwa vor dem Verwaltungsgericht, wo im Streitfall nicht die Sache selbst, das *Materielle* überprüft werden darf, sondern nur das *Formale* der Prozedur (Abwägungen, Anhörungen, Erörterungen, Beschlüsse, Widersprüche)

12 Vgl. Text Nr. 37 „Stadt wird gemacht", Abschnitt „Planen als Abwägung zwischen Alternativen" in diesem Band

13 „Ein Versuch, das ‚Kompositionistische Manifest' zu schreiben" – Vortrag von Bruno Latour anlässlich der Verleihung des Kulturpreises der Münchener Universitätsgesellschaft am 8. Februar 2010. – Vgl. auch Text Nr. 1. „Wissen – Nichtwissen – Nicht-weiter-Wissen" in diesem Band

14 Vgl. die Plattform www.mappingcontroversies.net

15 Vgl. Bruno Latour auf Video – A tour of the MACOSPOL project: http://vimeo.com/10037075 und http://vimeo.com/10036879

16 Vgl. Niklas Luhmann 2004³: Die Realität der Massenmedien. Wiesbaden

17 Vgl. z. B. eine sarkastische Lesart dazu von Nikolaus von Festenberg 2010: „Trost bietet allein Immanuel Kant, mit dem man aufsteigen kann, wo Eyjafjallajökull noch nicht hingeascht hat. Mit Transzendenz gegen Transitfrust und Sichtflug über ein Medienspektakel hinweg, das – Asche zu Asche – vergehen wird wie andere Themen, in denen eine überraschend blöde Natur den Menschen behelligt. – Die Rede vom Vergehen dieser Erscheinungen muss präzisiert werden: Natürlich sind die Gefahren nicht verschwunden. Aber sie sind, wie die Systemtheorie sagt, kommunikativ anschlussfähig geworden. Medien, Politiker, Juristen, Moralapostel, Popclowns, Talktussen gewöhnen uns den Urschrecken ab, indem sie ihn in den Eigensinn ihrer Profession zerlegen.

18 Vgl. Martin Seel 2009: Vom Nachteil und Nutzen des Nicht-Wissens für das Leben. In: David Gugerli/M. Hagner/P. Sarasin/J. Tanner (Hg): Nach Feierabend – Nicht-Wissen. Zürcher Jahrbuch für Wissensgeschichte 5, Zürich-Berlin, 37-50, 39 f.

19 Zusammengestellt aus www.mappingcontroversies.net. Vgl. auch Text Nr. 1. „Wissen" in diesem Band

20 In erster Linie setzten sich jene Merkmale durch, die für politische Lernunwilligkeit typisch sind: ein unbegründeter Optimismus, eine schädliche Vorwurfskultur, ideologische Selbstgerechtigkeit und zu allem Überfluss das Verdrängen selbst der allerjüngsten Geschichte." (Zielcke 2010, 11)

21 Von Mutius (2004)

Literatur

Apel, Karl-Otto 1990: Diskurs und Verantwortung. Das Problem des Übergangs zur postkonventionalistischen Moral. Frankfurt/M.

Foucault, Michel 1977: Die Ordnung des Diskurses. Frankfurt/M./Berlin/Wien

Habermas, Jürgen 1981/1995: Theorie des kommunikativen Handelns. 2 Bde., Frankfurt/M.

Habermas, Jürgen 1988: Nachmetaphysisches Denken. Philosophische Aufsätze. Frankfurt/M.

Hentig, H. v. 2000: Kreativität. Hohe Erwartungen an einen schwachen Begriff. Weinheim/Basel

Hörisch, Jochen 2005: Theorie-Apotheke. Eine Handreichung zu den humanwissenschaftlichen Theorien der letzten fünfzig Jahre, einschließlich ihrer Risiken und Nebenwirkungen. Frankfurt/M.

Jonas, Hans 1984: Das Prinzip Verantwortung. Versuch einer Ethik für die technologische Zivilisation. Frankfurt/M.

Kleger, Heinz 1994: Zukunftsethik und advokatorisches Handeln. In: Zierhofer/Steiner a.a.O., 89-101

Latour, Bruno (Video): A tour of the Macospol project: http://vimeo.com/10037075 und http://vimeo.com/10036879 Vgl. auch die Plattform www.mappingcontroversies.net

Luhmann, Niklas 1969: Legitimation durch Verfahren. Frankfurt/M.

Luhmann, Niklas 1973: Vertrauen. Ein Mechanismus der Reduktion sozialer Komplexität. Stuttgart

Luhmann, Niklas 1986/1988: Ökologische Kommunikation. Kann sich die moderne Gesellschaft auf ökologische Gefährdungen einstellen? Opladen

Luhmann, Niklas 1992: Beobachtungen der Moderne. Opladen

Luhmann, Niklas 1993: „Was ist der Fall?" und „Was steckt dahinter?" – Die zwei Soziologien und die Gesellschaftstheorie. Universität Bielefeld: Bielefelder Universitätsgespräche 3

Mutius, Bernhard von (Hrsg.) 2004: Die andere Intelligenz. Wie wir morgen denken werden. Ein Almanach neuer Denkansätze aus Wissenschaft, Gesellschaft und Kultur. Stuttgart

Reese-Schäfer, Walter 1994: Sind Hoffnungen auf kommunikative Rationalität berechtigt? Probleme des Widerstreits politischer und ethischer Rationalitätstypen. In: Zierhofer/Steiner a.a.O., 69-87

Rhode-Jüchtern, Tilman/Antje Schneider 2012: Problemorientierung, Wissen, Themenfindung. (Kleine Reihe Geographie Bd 1). Schwalbach/Ts.

Schmidheiny, St. 1992: Kurswechsel. Globale unternehmerische Perspektiven für Umwelt und Entwicklung. München

Seel, Martin 2009: Vom Nachteil und Nutzen des Nicht-Wissens für das Leben. In: David Gugerli/M. Hagner/P. Sarasin/J. Tanner (Hrsg.): Nach Feierabend – Nicht-Wissen. Zürcher Jahrbuch für Wissensgeschichte 5, Zürich-Berlin, 37-50, 39f.

Thielemann, Ulrich 1994: Schwierigkeiten bei der Umsetzung ökologischer Einsichten in ökonomisches Handeln. Ein Orientierungsversuch aus wirtschaftsethischer Sicht. In: Zierhofer/Steiner a.a.O., 45-67

Zielcke, Andreas 2010: Obszöner Hautgout. Ist Politik lernfähig? In: Süddeutsche Zeitung 111/2010, 11

Zierhofer, W./Steiner, D. (Hrsg.) 1994: Vernunft angesichts der Umweltzerstörung. Opladen

Zierhofer, Wolfgang 1994: Ist die kommunikative Vernunft der ökologischen Krise gewachsen? Ein Evaluationsversuch. In: Zierhofer/Steiner 1994, 161-194

VI.
Reflexionen

40. Der „Jenaer Würfel"

Verständigungswerkzeug in Umweltpolitik und -bildung

Der Titel verspricht die Möglichkeit, sich im Kampf der Positionen in der *Politik* (hier: der Umweltpolitik) und der *Bildung* (hier: der Umweltbildung) verständigen lernen zu können. Verständigung wäre ein offener Prozess (nicht gleichzusetzen mit Einverständnis), entgegen dem definitiven Machtgestus mancher Politiker: „Sie haben die Argumente, aber wir haben die Mehrheit!". Die Verständigung geschieht in zwei Dimensionen: Zum einen die *Position* – dahinter steckt immer ein Präkonzept, eine Interessenlage, eine gedankliche Figur und Definition. Zum zweiten die *Kommunikation* – hier wird auf bestimmten Frequenzen gesendet und dies meist mit einigem Rauschen in der Leitung.

Ich beginne mit einem Fall aus dem laufenden Geschäft des Politik- und Geographie-Machens. An dieser kleinen Erzählung lässt sich erkennen, was man in der Umweltpolitik und -bildung zu verstehen hat, ehe daraus selbstbewusstes und reflektiertes Handeln werden kann.

Ein Fall: „Stadt will 35 Bäume fällen"[1]

35 hundertjährige Platanen sollen fallen, weil ein maroder Regenwasserkanal darunter saniert werden soll, in offener Bauweise anstatt eines modernen Inliner-Verfahrens oder anstatt einer verschwenkten Trasse, Kosten ca. 10 Millionen Euro.

Einen Tag später meldet sich die Umweltdezernentin per e-mail bei dem Verein, der diese Presse-Schlagzeile in einem Ortstermin ausgelöst hatte: Man hätte das Gespräch suchen und die Sache nicht gleich öffentlich machen sollen. „Eine Alternative gibt es nicht", aber „Es ist noch nichts entschieden". – Nun muss man sich gut auskennen in lokaler Politik und Verwaltung, um solchen Geschichten und solchen widersprüchlichen Sätzen auf die Spur zu kommen. Was ist der Fall? Was steckt dahinter? Kann eine Stadtverwaltung eine stadtbildprägende Platanenallee als Geschäft der laufenden Verwaltung einfach fällen lassen, um darunter einen Kanal zu sanieren? Braucht es dafür einen politischen Beschluss und vorherige Bürgerbeteiligung? Braucht es Gutachten und den ausdrücklichen Auftrag zur Prüfung von Alternativen? – Nach und nach stellt sich heraus, dass die Verwaltung das Problem seit längerer Zeit kennt und ein Gutachter bereits vor einem Jahr fertig war mit seinem Votum. Erst auf großen Druck, u.a. einer massiven Unterschriftenaktion, bekommt der Umwelt-Verein Einsicht in die Gutach-

Anette Fischer und Tilman Rhode-Jüchtern von Pro Grün sagen »Stopp«: Um einen maroden Kanal vom Niederwall bis zum Stauteich I | in offener Bauweise sanieren zu können, will die Stadt 35 hundert Jahre alte Platanen der Allee im Grünzug Ravensberger Straße fällen.

Stadt will 35 Bäume fällen

Pro Grün protestiert gegen Lutter-Kanalsanierung in offener Bauweise

■ Von Burgit H ö r t t r i c h und Bernhard P i e r e l (Fotos)

Bielefeld (WB). Weil die Stadt einen Kanal, die so genannte Lutter-Verrohrung, zwischen Niederwall und Stauteich I in offener Bauweise sanieren will, sollen 35 bis zu 100 Jahre alte Platanen einer Allee fallen.

Was für die Stadt »alternativlos ist, ist für den Verein Pro Grün ein Skandal. Vorsitzender Prof. Dr. Tilman Rhode-Jüchtern fordert, erst einmal Alternativen zu prüfen, bevor Fakten geschaffen werden, die eine in Bielefeld einmalige Allee unwiederbringlich zerstören würden. Angeblich könne man den Kanal nicht verlegen (weg von der Allee), weil ein unterirdisches Regenrückhaltebecken das verhindern würde. Tilman Rhode-Jüchtern ist überzeugt davon, dass der Kanal von innen saniert werden könnte: »Es ist für mich nicht vorstellbar, dass es kein technisches Verfahren dafür gibt.« Das Argument der Stadt, die Innensanierung – dabei werden die Kanalwände mit Kunststoff ausgekleidet

– verringere den Durchmesser, lässt Rhode-Jüchtern nicht gelten: »Die Wände werden sogar glatter, der Durchfluss erfolgt schneller.« Außerdem betont er, dass es seit Verlegung der Lutter unter die Erde in den Kanal 1898 »niemals ein Hochwasser gegeben« habe.

Die Kanalsanierung soll nach Schätzung der Stadt 20 Millionen Euro kosten. Pro Grün sagt, dass erste gutachterliche Schätzungen gezeigt hätten, dass eine Inliner-Sanierung nur die Hälfte, zehn Millionen Euro, verschlingen würde.

Der Kanal, 3,20 Meter breit und zwei Meter hoch mit einem aufgesetzten Schmutzwasser-Sammler, liegt in sechs Meter Tiefe, weil er nach dem Krieg mit Abraum und Schutt bedeckt wurde. Inzwischen gebe es Risse, der Beton sei porös, Wasser dringe ein. Besonders aufwändig ist die Sanierung unter der Ravensberger Straße – auch dort soll in einer offenen Baugrube gearbeitet werden. Im Grünzug am Finanzamt

wird die Verrohrung so verlegt, dass die Bäume, die dort wachsen, nicht gefährdet werden. An der

Auch die Platanen am Biergarten der »Hammer Mühle« sollen weg. Betreiber Thomas Niewerth ist geschockt: »Dann bleiben die Gäste weg.«

»Hammer Mühle« sollen dann die erste drei Platanen fallen. Thomas Niewerth, Betreiber der Gaststätte: »Die Bäume schenken dem Biergarten Schatten. Wenn sie weg sind, bleiben auch meine Gäste weg.«

Obendrein weist die Stadt im »Zielkonzept Naturschutz« die Platanenallee als »Fläche mit besonderer Bedeutung für den Naturschutz im Siedlungsbereich« aus. Begründet wird das mit »hoher Biotopverbundfunktion sowie naturnaher linienhafter Elemente«. Tilman Rhode-Jüchtern: »Pro Grün hat unter anderem den ›grünen Stadtring‹ initiiert, wir können nicht zulassen, dass hier wertvoller Baumbestand vernichtet wird.«

Die Politiker aller Fraktionen sollen sich ebenfalls gegen das Fällen der Platanen ausgesprochen haben. Gegründet worden sein soll eine interfraktionelle Arbeitsgruppe. Rhode-Jüchtern: »Es muss verhindert werden, dass hier Fakten geschaffen werden, die nicht rückgängig zu machen sind.«

Abb. 1: Alarmmeldung und Weckruf über die Presse (Westfalen-Blatt 8-7-2011).

ten, nicht-öffentlich. Dort wimmelt es von Fachlichkeiten und für Laien Unleserlichkeiten. Es gibt scheinbar nur die eine Lösung. Wenn da nicht ganz und gar verborgen eine Zeile als Legende für das folgende Zahlenwerk stünde: Maßgeblich für die Güte einer Maßnahme sind (a) die Zweckmäßigkeit, (b) die Wirtschaftlichkeit und (c) die Flächenverfügbarkeit. – *Flächenverfügbarkeit* ist für uns das Schlüsselwort: Die Fläche, auf der die 35 Platanen stehen, wird in der Tabelle als „verfügbar" abgehakt. Aha! Was wäre, wenn dort 35 Villen stünden? Wäre dann die Fläche auch verfügbar und die Fachfrage „Offene Kanalsanierung" ebenfalls als „alternativlos" zu beantworten? Villen wären vermutlich ein *Raumwiderstand*, Platanenstandorte erscheinen als verfügbare *Flächenreserve*.

Diese kleine Erzählung hat noch viele Unterkapitel. Ihr voraus gegangen ist die kleine Erzählung von „Bielefeld 21 – reden wir früher!?"

Abb. 2: Einladung zur Diskussionsveranstaltung »Bielefeld 21 – reden wir früher ?!«

Abb. 3: Partizipation – Thema des Jahrzehnts.

Und dieser Erzählung wiederum geht voraus die Suche der Bertelsmann-Stiftung nach Beispielen für gelingende Partizipation von Bürgern an den Angelegenheiten ihrer Stadt (Siegerin in diesem, nach Bertelsmann, „Thema des Jahrzehnts" war 2011 schließlich Recife in Brasilien mit ihrer Praxis der Aufstellung von Bürgerhaushalten).

Verständigung und Kommunikation

Es war also alles gegeben, was eine Kommunikation, eine frühzeitige und sachliche Verständigung in einer Kontroverse sinnvoll und notwendig gemacht hätte: Es gab ein Sachproblem, ein Gutachten, eine aktive Bürgerschaft, eine aufmerksame Presse, eine lernwillige Politik und einen Konflikt. Aber es ist so ziemlich alles schief gelaufen, bis zum heutigen Tage, was nur schief laufen kann. Politik und Verwaltung und Fachgutachter und Öffentlichkeit haben nicht kooperiert. Die Umweltverwaltung (unter grüner Führung) war empört über die Bürger, die Bürger waren empört über die Gutachter, die Politik will das eine haben („Reden"), ohne das andere zu lassen („Aber es gibt keine Alternative"). Was ist los? Was tun?

Wenn über eine Kontroverse politisch gedacht und kommuniziert werden soll, braucht man auch ein Konzept darüber, wie Verständigung möglich wäre. Ich möchte drei davon benennen:

- Der Kulturwissenschaftler Navid Kermani spricht in seinem „Plädoyer für das Unwahrscheinliche" aus Anlass des *Hannah-Arendt-Preises 2011 für Politisches Denken* von einem „tiefgründigeren Begriff politischen Denkens", wie es ihm Arendt „zum Vorbild gebe": Es sei zum einen das Bemühen, die Wirklichkeit zu verstehen samt dem Willen, sie nötigenfalls auch zu verändern. Zum zweiten beruhe politisches Denken auf einem „vorbegrifflichen Akt der Empathie", der Mitmenschlichkeit und der Parteinahme. Und schließlich gehöre zum politischen Denken – mit Arendt gesprochen – eine „erbarmungslose Genauigkeit, welche der Kälte der echten Verzweiflung entspringt."[2] Wer es mit einem solchen Denken zu tun bekommt, weiß den Hintergrund zu identifizieren: Wirklichkeit verändern, Mitmenschlichkeit und Parteinahme, subjektive Anschließung (bis zum Grenzfall der „Kälte der echten Verzweiflung"). Dies sind dies drei mögliche Relationen, in denen ein Text zu lesen ist; man weiß: dieser Text ist *engagiert*.

- Ein Klassiker einer kritischen Theorie kommunikativen Handelns ist Jürgen Habermas. Verständigung geht über das Medium Sprache; in den Verständigungsprozessen erheben die Teilnehmer, indem sie sich auf eine Welt beziehen, „gegenseitig Geltungsansprüche, die akzeptiert und bestritten werden können." Der verständigungsorientierte Aktor muss mit seiner Äußerung genau drei Geltungsansprüche erheben bzw. erfüllen, nämlich (a) dass die gemachte Aussage *wahr* ist, (b) dass die Sprechhandlung mit Bezug auf einen geltenden normativen Kontext *richtig* ist (und dass dieser selbst legitim ist, (c) dass die manifeste Sprecherintention *so gemeint* ist, wie sie geäußert wird. Wer sich in einer solchen kommunikativen Situation befindet, will diese Ansprüche wiederfinden: *Wahrheit* der Aussage, *Richtigkeit* für geregelte Handlungen und deren normativen Kontext und *Wahrhaftigkeit* bei der Kundgabe subjektiver Erlebnisse. Die Akteure, die den Konsens suchen und an Wahrheit, Richtigkeit und Wahrhaftigkeit bemessen, nehmen Beziehungen zu drei Welten auf: *objektive Welt* (über die wahre Aussagen möglich sind), *soziale Welt* (alle legitim geregelten interpersonalen Beziehungen), *subjektive Welt* (Gesamtheit der privilegiert zugänglichen Erlebnisse des Sprechers)[3]. Kritiker dieser Theorie bezweifeln aber, dass es eine solche herrschaftsfreie Verständigung überhaupt geben könne.

- Parteilichkeit und Subjektivität spielen in anderen gesellschaftswissenschaftlichen Theorien dagegen keine gewünschte Rolle. Niklas Luhmann etwas spricht von *zwei* Soziologien, einer beobachtenden und einer interpretierenden („Was ist der Fall?" und „Was steckt dahinter?"[4]). Die klare und wertneutrale Beobachtung würde durch subjektive Erlebnisse und Meinungen des Akteurs getrübt und verschmutzt. Entsprechend stellt Bernhard von Mutius in seinem Buch „Die andere Intelligenz. Wie wir morgen leben werden"[5] den Begriff der *Meinung* als typisch für altes Denken, den Begriff der *Beobachtung* als typisch für die andere Intelligenz dar.

Bei Kermani wird beides wieder integriert: „Die erbarmungslose Genauigkeit aus der Kälte der echten Verzweiflung". Es wird bewusst und gewollt nicht getrennt in zwei verschiedene Aktionen, nämlich zum einen die Welt zu beschreiben und zum anderen, sie zu verändern. Es geht hier insgesamt um die alte Frage der Wertfreiheit in der Wissenschaft, von der kritische Theoretiker sagen, dass es sie nicht geben könne, weil alle Fragen trotz präziser *Forschungslogiken* im *Entdeckungszusammenhang* und im *Verwertungszusammenhang* eine politische und eine subjektive Dimension bekommen.

Fallanalyse: Diskurscocktail und Sprachspiele

Wenn wir nun die Fallgeschichte von der Platanenallee als Anlass zur *Umweltbildung* nutzen wollen (wie es drei anliegende Gymnasien gerade tun) oder ob wir sie als einen Kampfplatz in der *Umweltpolitik* und im alltäglichen *Geographie-Machen* analysieren wollen – jedenfalls müssen wir vor den aktuellen Details die Gütekriterien für Erfolg und Misserfolg klären, für jede Partei in diesem Streit und für den Streit insgesamt. Kommen wir zu einer Einigung im Sinne von Kermani oder von Habermas oder von Luhmann/ von Mutius?

Nehmen wir zur Probe einen Satz aus der kleinen Erzählung: „Flächenverfügbarkeit ist ein entscheidendes Kriterium für die Güte einer Alternative". Wenn eine Fläche nicht verfügbar ist, scheidet diese Alternative aus. Ist eine Fläche denn nun verfügbar, wenn

darauf eine hundert Jahre alte Platanenallee steht? Oder kann man die Fläche verfügbar *machen*, indem man das Hindernis entfernt? In den Augen der Tiefbaugutachter offenbar ja. In den Augen der Anlieger und der Umweltschützer offenbar nein. Was ist
jetzt mit *Wahrheit, Richtigkeit* und *Wahrhaftigkeit* im Sinne von Habermas? Ist dieser
Wertungskonflikt offengelegt und als solcher herrschaftsfrei verhandelt worden? Nein.
Erst dadurch kam es zu der „erbarmungslos genauen" Aktenlektüre und der „Kälte einer echten Verzweiflung" im Sinne von Kermani. Nicht so sehr, weil das Fällen der Bäume so zutiefst verzweiflungsvoll wäre wie die Fälle, von denen der gebürtige Iraner Kermani spricht; aber doch deshalb, weil hier mit einem verdeckten Code im Gutachten
eine Alternative ausgewählt und andere gar nicht erst bewertet worden waren, hinter
dem Rücken der Öffentlichkeit und des Parlamentes, als Herrschaftswissen und -habi-
tus der Exekutive: „TINA! – There is no Alternative!".

Diese TINA-Politik der Experten macht „kalt-echt-verzweifelt", weil nach diesem Muster nicht nur über Bäume und Bahnhöfe, sondern über alle Fragen auch von Tod und
Leben entschieden werden könnte.

Noch einmal also die Frage: Wie kommen wir aus dieser überaus anstrengenden
und frustrierenden Prozedur heraus und hin zu einer rationalen und ergebnisoffenen Debatte in der Umweltpolitik (und im Vor- und im Nachgang dann auch in der Umweltbildung)? Wie erkennen wir die wirksamen Mechanismen im „Diskurscocktail"?

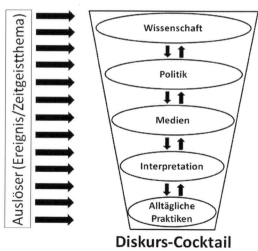

Diskurs-Cocktail
Entstehung, Erscheinung, Wirkung

Abb. 4: Rekonstruktion eines Diskurs-Cocktails.
Der *Zweite Blick* in einer reflexiven Geographie und
Didaktik (gemeins. Entwurf mit Antje Schneider).

Wer sind die Akteure und was sind ihre Interessen? Welche Sprachspiele spielen sie? Wiederholt sich die Geschichte von Einzelfällen in anderen Fällen, weil es gemeinsame Strukturen zwischen ihnen gibt? Ist die Hoffnung auf *Lernen* aus der Geschichte ihrer politischen „Natur" nach aussichtslos?

Wenn man Umweltpolitik dem Grunde nach engagiert gestalten und wenn man in der Umweltbildung nicht nur prinzipiell, sondern analytisch und „realistisch" vorgehen will, muss man dieses offenlegen. Andernfalls bleibt es beim Cocktail und macht nur verwirrt. Der Cocktail muss zurückgeführt, es muss analysiert werden: *Wer spricht, worüber und zu welchem Zweck?*

Ein Prinzip der Umweltpolitik und der Umwelterziehung kann das *Leitbild der Nachhaltigkeit* sein. Darin liegt ein Wertmaßstab und eine Handlungsorientierung. Wer diesen Maßstab vertreten und entsprechende Handlungsoptionen entwickeln möchte, braucht dafür einige anspruchsvolle und erfahrungsgereifte Kompetenzen[6].

Geographie wird sich gerne als „Nachhaltigkeitsfach" positionieren, geht es doch um die Sicherung einer lebenswerten Zukunft in allen Bereichen der menschlichen und gesellschaftlichen Existenz.

Die passende Schlüsselkompetenz kann man „Gestaltungskompetenz" nennen und mit Gerhard de Haan (2004, 41 f.) wie folgt definieren[7]:

- Kompetenz, erfolgreich selbständig handeln zu können,
- Kompetenz, mit den Instrumenten des Wissens und der Kommunikation souverän umgehen zu können,
- Kompetenz, in sozial heterogenen Gruppen erfolgreich handeln zu können.

Einige Teilkompetenzen im Bereich Gestaltungskompetenz lauten (nach de Haan):

- Vorausschauendes Denken, Kenntnisse und Fähigkeiten im Bereich von Zukunftsszenarien und -entwürfen,
- Fähigkeit zu interdisziplinären Herangehensweisen bei Problemlösungen und Innovationen,
- Planungs- und Umsetzungskompetenz,
- Verständigungskompetenz und Fähigkeit zur Kooperation,
- Kompetenz zur distanzierten Reflexion über individuelle und kulturelle Leitbilder.

Man sieht auf einen Blick: Hier sind anspruchsvolle Standards gefunden, die sowohl die politische und fachliche Gestaltung als auch die Bildung der dazu notwendigen aufgeklärten Subjekte betreffen. Es geht um einen Horizont zwischen Wissen, Kommunizieren, Handeln und Reflektieren. Es ist das Gegenteil von programmierter Fachkompetenz und entsprechend exklusivem Tunnelblick zu entwickeln. Lernt man das an den THs und Universitäten? Wenn ja, hat man Glück und einen Ausbilder gefunden, der selbst über diese Kompetenzen verfügt. Man hat sich – in dieser Logik – über eine Ausbildung im Fach hinaus *bilden* können.

Die geforderte Kompetenz ist nicht genetisch angelegt. Sie fällt auch nicht vom Himmel, so dass man etwas intuitiv richtig tut; denn es braucht dazu Partner im Verständigen. Also muss es gelernt, geübt und angewendet werden, am besten gemeinsam und
im Tun, unter dem rollenden Rad des Alltags.

Der Jenaer Würfel

In Jena haben wir über die Jahre mit einem Würfel experimentiert (und diesen auch in
der Planungspraxis, z. B. in Runden Tischen angewendet), der alle Partner auf gemeinsame Referenzpunkte der Verständigung aufmerksam macht. Antje Schneider hat ihn
in die aktuelle Konzeption, Form und Beschriftung gebracht[8].

In diesem Würfel sind sechs Seiten zu beschriften, die einen bestimmten Gegenstand (hier: eine Stellvertreter-Kugel im Würfel) in ein bestimmtes Licht setzen. Man
kann sofort erkennen: Hier gibt es nicht eine einfache Sache und kein einfaches „Es ist
so!". Die Sache erscheint im Fokus jeweils einer Seite als etwas Bestimmtes, in einer
bestimmten *Eigenschaft* und in einer bestimmten *Perspektive*. Zum Beispiel: Man kann
eine Sache durch verschiedene Maßstabsebenen hindurch zoomen, sie werden immer
etwas anders bzw. als etwas anderes erscheinen. Welchen Maßstab ich wähle, hängt
von mir, meiner Fragestellung und Interessenlage ab. Es gibt da kein richtig oder falsch;
man muss aber offenlegen, in welchem Fokus man sich gerade bewegt, sonst wäre
Verständigung und gemeinsame Analyse nicht möglich.

Im Fall der Platanenallee sind z. B. folgende Sätze einzuordnen:
„In 40 Jahren sind die Platanen sowieso tot"
oder *„Wenn wir den Kanal nicht sanieren, können Menschen begraben werden wie in Köln"*
oder *„Eine Verschwenkung kostet 2 Millionen mehr"*
oder *„Stadtbäume sind genauso wichtig wie Stadthäuser"*
oder *„Warum machen Sie die Leute verrückt?"*
oder *„Wir möchten bei der Ausschreibung der Gutachten beteiligt werden"*
oder *„Es gibt keine Alternative. Aber es ist noch nichts entschieden."*

Man wird schnell merken, dass diese Sätze jeweils eine bestimmte Interessenlage und
Problemdefinition einschließen, die sich gegenseitig zumeist widersprechen oder aneinander vorbei laufen. Die Energie der Debatte geht in eine selbstreferentielle Scheinde-
batte, über Vorwürfe und „Entlarvungen", während der eigentliche Sachstreit wie ein
Cocktail verrührt bleibt.

Der „Jenaer Würfel" macht nun sechs Fenster auf, die die Kommunikationspartner
zur Relativierung von Sachaspekten und Sehweisen (und ihre wechselseitige Dialektik)
führen; die *Relativierung* ergibt sich nicht aus irgendeiner Beliebigkeit, sondern aus systematischen *Relationen*. Diese Relationen sind die folgenden: (1) Maßstäblichkeit, (2)
Zeitlichkeit, (3) Beobachter, (4) Selbstreflexivität, (5) Kommunikation, (6) Blinde Flecken.

Abb. 5: Der Jenaer Würfel: „Dreh mich doch nach allen Seiten". Grundsatz der (Husserlschen) Phänomenologie (Konzept, Entwurf und Ausführung: Antje Schneider 2012).

Seite 1: Maßstabsebene

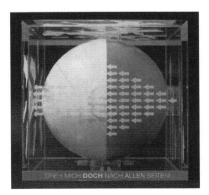

Abb. 6: Das Problem ist so, wie es ist, weil es auf einer bestimmten Maßstabsebene beobachtet wird.

„Wenn Du Dich von dieser Seite dem Problem zuwendest, dann beobachtest Du ganz konkret, *wie* das Problem beobachtet wird. Du erkennst, dass die Beobachtungen rund um das Problem auf unterschiedlichen Maßstabsebenen erfolgen können. Du solltest fragen, ob das Problem in der Perspektive des jeweiligen Beobachters eher im kleinen, mittleren oder großen Maßstab betrachtet wird. Dann wird sichtbar, dass die mikroperspektivische Beobachtung andere Aspekte des Problems zum Vorschein bringt als die makroperspektivische.

Deine erkenntnisleitende Frage lautet: *Wie* wird das Problem bezogen auf seine *Maßstäblichkeit* beobachtet?"

Seite 2: Zeitlichkeit

Abb. 7: Das Problem ist so, wie es ist, weil es in (einer) bestimmten zeitlichen Perspektive(n) beobachtet wird.

Wenn Du Dich von dieser Seite dem Problem zuwendest, dann beobachtest Du ganz konkret, *wie* das Problem beobachtet wird. Du erkennst, dass die Beobachtungen rund um das Problem in unterschiedlichen zeitlichen Perspektiven erfolgen können. Du solltest fragen, ob das Problem in der Perspektive des jeweiligen Beobachters eher als kurz-, mittel- oder langfristiges Problem betrachtet und behandelt wird. Dann wird erkennbar, dass je nach zeitlicher Perspektive ganz verschiedene Aspekte des Problems zum Vorschein kommen.

Deine erkenntnisleitende Frage lautet: *Wie* wird das Problem bezogen auf seine *Zeitlichkeit* beobachtet?

Seite 3: Beobachter

Abb. 8: Das Problem ist so, wie es ist, weil es so und nicht anders beobachtet wird.

Wenn Du Dich von dieser Seite dem Problem zuwendest, dann erkennst Du verschiedene Beobachter, die auf ihre je spezifische Weise in das Problem involviert sind. Beobachter kann man sich als individuelle Akteure vorstellen, aber auch als beobachtende Systeme wie z.B. Politik, Bildung, Wirtschaft, Wissenschaft. Allen Beobachtern gemeinsam ist ein eigener Blick, eine eigene Beobachterposition, die es zu identifizieren gilt.

Deine erkenntnisleitende Frage lautet: *Wer* beobachtet das Problem?

Seite 4: Selbstreflexivität

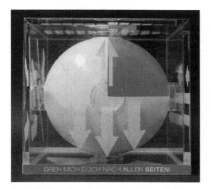

Abb. 9: Das Problem ist so, wie es ist, weil ich es so und nicht anders beobachte.

Wenn Du Dich von dieser Seite dem Problem zuwendest, dann beobachtest Du, wie Du selbst das Problem beobachtest. Du erkennst dabei Deine eigenen Vorannahmen, Interessen und Haltungen, die „alten Bekannten", die Deinen Blick als Mensch, der Du bist, begleiten. Du erkennst auch, dass Du diesen Würfel als erkenntnisleitende Figur benutzt; eine Figur, die Deine Beobachtung ebenso auf eine bestimmte Richtung festlegt und in eine Ordnung bringt. Beobachtest Du mit Hilfe des Würfels, dann schaust Du mit „Zweitem Blick" auf das Problem und fragst gezielt, wie das Problem als Problem hergestellt/beobachtet wird. So wendest Du Dich dem Problem kritisch und reflexiv zu. Dies entspricht einer Entscheidung, die Du so und nicht anders getroffen hast, jedoch anders hättest treffen können.

Deine erkenntnisleitende Frage lautet: *Wie* beobachte *ich* das Problem?

Seite 5: Kommunikation

Abb. 10: Das Problem ist so, wie es ist, weil so und nicht anders darüber kommuniziert wird.

Wenn Du Dich von dieser Seite dem Problem zuwendest, dann beobachtest Du das Problem in der Art und Weise, wie es in (gesellschaftliche) Kommunikationsprozesse eingebettet ist. Du erkennst, dass Probleme nicht existieren, wenn über sie nicht kommuniziert würde (z. B. in der medialen Öffentlichkeit). Du erkennst auch, dass Probleme erst im Zuge von Kommunikation ihre eigentümliche Gestalt und Bedeutung erhalten.

Deine erkenntnisleitende Frage lautet: **Wie wird über das Problem kommuniziert?**

Seite 6: Blinde Flecken

Abb. 11: Das Problem ist so, wie es ist, weil es so und genau dadurch nicht anders beobachtet wird.

Wenn Du Dich von dieser Seite dem Problem zuwendest, dann beobachtest Du ganz konkret, wie das Problem beobachtet wird. Du erkennst, dass die Beobachtungen rund um das Problem viele Aspekte des Problems sichtbar machen. Du erkennst aber auch, dass in dem Moment, in dem eine Problemseite sichtbar oder bezeichnet wird, eine andere unsichtbar bleibt. Beobachten heißt Bezeichnen durch (implizites) Unterscheiden und Vergleichen. Dies impliziert, dass es unzählige weitere Möglichkeiten gibt, das Problem zu erkennen und zu beschreiben. Du stellst fest, dass es eine abschließende ganzheitliche Schau des Problems nicht gibt.

Ein erkenntnisleitender Imperativ lautet: **Berücksichtige kritisch, dass jede Beobachtung ihren ganz eigenen „Blinden Fleck" besitzt!**

Anwendung

Wenn wir jetzt den Fall „Platanenallee" einmal durchwürfeln, kommen wir den *Bedingungen der Möglichkeit einer Verständigung* näher. Wir müssen immer fragen: Wer spricht, worüber spricht er/sie, was ist sein/ihr Fenster der Weltbeobachtung?

- In der *Maßstäblichkeit* erkennen wir, dass ein *Tiefbauer* den Kanal unter der Erde vor Augen hat, Meter für Meter, auch im Hinblick auf den Querschnitt des Rohres incl. dem Querschnittsverlust bei einer Inliner-Lösung; die *Anlieger* haben den Baum vor ihrem Haus vor Augen, die Spaziergänger die Allee, die Stadtplanung den Einzugsbereich des Regenwasserkanals.

- In der *Zeitlichkeit* rechnet die *Höhere Wasserbehörde* mit einem 30-jährigen Hochwasserereignis (auch wenn dieses niemals eintreten sollte), die Anlieger mit einem überlaufenden Kanal für eine oder zwei Stunden, die *Tiefbauer* mit 3 Jahren Bauzeit, der Gutachter mit einer Alarmzeit von 1 Minute („kann jederzeit einstürzen"), die Politiker rechnen mit bis zu 5 Jahren Wahlperiode, die Umweltschützer mit 30 Jahren schlechter Erfahrung bei der Partizipation.

- In der Unterscheidung der *Beobachter* erkennen wir, dass es Weltbetrachtungen aus verschiedenen Fenstern gibt, die durchaus ehrenhaft und professionell sein können; es gibt *Tiefbauingenieure* mit Tunnelblick, *Umweltschützer* mit der Ästhetik- oder

Ökologiekeule, *Verwaltungssachbearbeiter* mit einer Leidenschaft für Vorschriften und Angst vor Regressforderungen, *Politiker* mit einem Monopol auf kurzfristige Weltdefinitionen und -deutungen, *Konfliktforscher* mit einer Mission als Mediatoren etc.

- Durch den Habitus der *(Selbst-)Reflexivität* entgeht mir nicht, dass auch andere Subjekte und deren Sichtweisen für eine Problemstellung relevant sind/sein können; man soll dies mit bedenken, ohne die Gegensicht übernehmen zu müssen.
- In der *Kommunikation* wird all dies in Sprache/Texte übersetzt, es werden ein Bezug/Bezüge auf die Sache und auf die Beobachtung(en) ausgedrückt; dabei kann auch deutlich werden, ob man über dasselbe Problem spricht und was daran wirklich und wahrhaftig streitig ist.
- Bei aller Rationalität in der Sache und Fairness zwischen den Partnern/Gegnern wird es immer noch *Blinde Flecken* geben; dies soll keine Entschuldigung/kein Vorwand sein bei einer misslingenden Verständigung, sondern als Möglichkeit/Störung systemisch immer mit gedacht werden.

Natürlich soll der Jenaer Würfel nicht konkret auf jedem Podium oder in jeder Unterrichtsstunde auf dem Tisch stehen. Er soll vielmehr als Instrument der Entwicklung von *Metakognition* und eines rationalen und kommunikativen *Habitus* dienen. Zum Wiedererkennen der Dimensionen des Würfels kann es aber durchaus vorkommen, dass jemand im Gespräch fragt: „Worüber reden wir jetzt eigentlich gerade?" Oder „Worin besteht *für Sie* das besondere Problem?" oder „Können Sie *mich* auch verstehen?" Das wären friedensstiftende Sprachoperationen; sie sind geeignet, Komplexität sichtbar und abbaubar zu machen.

Eine Bemerkung zur Wertneutralität des Jenaer Würfels: Der Würfel ist kein Instrument zum Transport bestimmter Werte, er fördert also nicht etwa Nachhaltigkeit oder Wirtschaftlichkeit oder Gerechtigkeit oder andere unbestimmte Kategorien. Er ist ein Instrument für ein Ethos des (Streit-)Gesprächs und des tiefergründigen politischen Denkens. Alles andere ist Macht und Herrschaft, Kampf um Sieg oder Niederlage, Keim des nächsten Streits. Auch der engagierte Akteur ist verpflichtet zur Kommunikation mit dem Primat auf der Inhaltsebene und der Vermeidung von Schizophrenien. Damit ist der Würfel keineswegs wertneutral, sondern ausdrücklich idealistisch. Das Ideal ist der rationale Diskurs und die Möglichkeit gelingender Verständigung; das ist mehr als die so genannte Abwägung, die den Planern und der feststellenden Behörde auferlegt ist; das ist auch mehr als eine relativierende Kontingenz „Es könnte alles auch ganz anders sein".

Am Ende ist dies meist zukunftsfähiger und zudem auch preiswerter. Das kann man lernen und einüben, wenn man will. Und wenn der jeweils andere es auch will. Wir nennen dies den *Zweiten* und *Dritten Blick*, in der ein Problem gemeinsam und immer auch anders gedacht wird. Mit dem Würfel im Hinterkopf.

Zum Ausklang und zur kritischen Prüfung eine These von Gilbert Keith Chesterton (1874-1936):

„Die Leute streiten im Allgemeinen nur deshalb, weil sie nicht diskutieren können."

Der Beitrag ist ein Vortrag am Fachbereich Geowissenschaften/Geographie an der
Universität Frankfurt/M. vom 10.1.2012.

Anmerkungen

1   Vgl. Text (und Foto) Nr. 37 „Stadt wird gemacht" in diesem Band
2   Navid Kermani (2011) Plädoyer für das Unwahrscheinliche. Preisrede, abgedruckt in Frankfurter Rundschau vom 5.12.201
3   Habermas, Jürgen (1995, 1981): Theorie des kommunikativen Handelns. Bd. 1: Handlungsrationalität und gesellschaftliche Rationalisierung. Frankfurt/M. 148 f.
4   Luhmann, Niklas 1993: „Was ist der Fall?" und „Was steckt dahinter?". Die zwei Soziologien und die Gesellschaftstheorie. Abschiedsvorlesung Universität Bielefeld
5   Mutius, Bernhard von 2008: Die andere Intelligenz. Wie wir morgen leben werden. Stuttgart
6   Auf die laufende Debatte um „Kompetenzen" im „Diktat der Bildungsstandardisierung" gehe ich hier nicht ein (vgl. Text Nr. 31 „Diktat der Standardisierung" in diesem Band). Indem ich hier de Haan zitiere, folge ich einem positiven Begriff von Kompetenzentwicklung als Chance gegenüber einem bloßen Fach- und Wissenslernen und gegenüber einer dogmatischen Ablehnung jeglicher „Standardisierung".
7   de Haan, Gerhard (2004): Politische Bildung und Nachhaltigkeit. In: Politik und Zeitgeschichte Heft 7/8, 39-46, 41 f., vgl. auch www.dekade.org, www.transfer-21.de, www.unseco.de/c_arbeitsgebiete/umweltbildung.htm, www.institutfutur.de)
8   Schneider, Antje 2012: Erkenntnisfiguren. Werkzeuge geographischer Reflexion. (digital verfügbar: www.uni-jena.de/geogrmedia/lehrstuehle/personal/schneider/ArtisticResearchWürfel.pdf)

41. Die Vertreibung der Räuber und der Händedruck mit Fidel Castro

Was können Eltern und Lehrer ihren Kindern in die Welt mitgeben?

Raumverhaltenskompetenz oder Inkompetenzkompensation?

Raumverhaltenskompetenz (Helmuth Köck[1]) oder *Inkompetenzkompensationskompetenz* (Odo Marquard[2])? Oder *nix verstehn*? Gut, dann umkreisen wir mal die dahinter stehende Fragen, was verständnisintensives Lernen heißen kann, ob man junge Menschen auf ein (richtiges) Verhalten im Raum/dem Raum gegenüber konditionieren soll oder wie man hoffen kann, dass sie auf andere und eigene Weise „klar kommen" mit ihrer (In)Kompetenz.

Müssen junge Menschen zunächst einmal Wissen ansammeln, ehe sie sich „verhalten" dürfen und können? Oder haben sie nicht längst das Orientieren und Überleben gelernt, wenn man sie nur frühzeitig Erfahrungen machen lässt, Vorstellungen weckt, das Begreifen bis hin zum Begriff fördert und darüber nachdenken lässt? Sind es wirklich die Eltern und Lehrerinnen, die wissen, wie man lebt und sich „räumlich sachgerecht verhält", und wie man dies in kanonisierter Form von Schulstoff und Unterrichtsstunden in 25er Gruppen lehrt/lernt? Sind es wirklich die staatlichen „Wanderrichtlinien", die das Hinausgehen zum außerschulischen Lernort förderlich und im Zweifel justiziabel machen?

Was können die Alten den Jungen mitgeben an Lebenserfahrung? Was müssen die Jungen selbst erfahren, weil die Alten davon nicht einmal etwas ahnen?

Beginnen wir mit dem *Potential*, das die Alten den Jungen mitgeben können und das die Weltvorstellung prägt. – Der eine Vater zeltet mit seinen Töchtern auf Island, also auch in Sturm und Regen, tagelang; sie lernen dort das Reiten, natürlich auch bei Sturm. Ein anderer Vater dagegen erzählt, dass er im gesetzten Alter in der Toskana beim Malkurs „einmal bei offenem Fenster geschlafen" und dabei erstmals in seinem Leben eine Nachtigall gehört habe. – Kann sein, dass die Töchter des ersten Vaters künftig nur noch im Hotel schlafen wollen; kann aber auch sein, dass sie Jahre später diese Reise immer wieder selbst machen. Kann sein, dass die Kinder des zweiten Vaters bis zum Alter von 11 Jahren noch niemals ein Streichholz angezündet haben und nur noch staunen, was es alles gibt; aber sie haben sich auch noch nicht verbrannt.

Der erste Vater lebt sein – rauhes – Leben, gemeinsam mit den Kindern, nach seiner Vorstellung und lebt es damit vor. Das Vorbild kann zum Nachmachen *oder* auch zur Korrektur/Abgrenzung führen, beides jedenfalls aus *Erfahrung*. Der zweite Vater ist selbst sehr vorsichtig, er schläft (und lebt) geschützt vom Fensterladen (analog: mit sicherem Reiseziel und Hobby) mit Nichterfahrung von Fremdem (das ist ja auch eine Erfahrung, also genauer: mit der Erfahrung des Immergleichen).

Wenn es stimmt, dass Lehrerskinder Lehrer, Arztkinder Ärzte und Juristenkinder Juristen werden, weil ihnen diese Domänen von Kindheit an vertraut sind, dann kann man von einer *Prägung* des Habitus auch in anderen Lebensbereichen ausgehen. Aber es gibt andererseits ja auch die *Abgrenzung* von Eltern und Lehrern, die das Gegenteil auslösen kann; eine Lehrerstochter studiert dann nicht „auf Lehramt", sondern will „etwas richtiges machen", sie wird Krankenschwester (ehe sie später vielleicht dann doch studiert/promoviert). Es gibt also keine Automatik, sondern nur eine vorläufige Prädisposition. Und so wird es wohl auch mit dem Schulstoff sein: Man kennt und lernt ihn kurzfristig zur Leistungskontrolle und im Einzelfall auch aus eigenem Antrieb und Interesse im Gleichklang mit den Lernzielen; aber er prägt nur mittelbar oder geht einfach wieder verloren.

Es ist komplizierter mit dem Leben-Lernen, als es das Wort von der „Raumverhaltenskompetenz" nahe legt.

Aber immerhin gibt es derzeit in der Schulfachentwicklung eine große (vermeintliche) Neuerung: Schüler sollen nicht mehr Stoffe („Lernziele") lernen, sondern *Kompetenzen*[3] entwickeln. Unterricht und Fach legitimieren sich nicht mehr damit, was sie alles an Fachwissen fordern können, sondern auf welche weiter gehenden und langjährigen Kompetenzen die Schüler orientiert werden sollen. Das wäre, wenn es gelebt würde, wirklich ein Paradigmenwechsel. Die Schüler sollen z. B. statt bloßer Methodenkenntnis nunmehr auch wissen, wie Informationen entstehen und wie man mit ihnen umgehen kann (in Alternativen und Folgen gedacht); wie man Kommunizieren lernt nicht nur in einer Kleingruppe oder Referat, sondern im gesellschaftlichen Diskurs; wie man lernt, ein Sachurteil von einem Werturteil zu unterscheiden; wie man eigene und fremde Handlungsentscheidungen in Alternativen prüft und dann mit plausiblen Gründen trifft (so jedenfalls versuchen es die deutschen Bildungsstandards für den Geographieunterricht der Deutschen Gesellschaft für Geographie, 2007 ff., zu definieren).

Nochmals: Entscheidend ist nun die Frage, welche Kompetenzen durch Wissenserwerb und Abfragen überhaupt entstehen können, oder wo man als Älterer anders mit Jugendlichen arbeiten muss und oder wo man einfach nur zuhören und selber lernen kann.

Eines der Standardthemen im Geographieunterricht ist z. B. der Tourismus (Motto:

„Segen oder Fluch"), zuweilen auch mit der Absicht einer Reiseerziehung, also Handlungsorientierung über das bloße Räsonieren hinaus (z. B. Dickel 2006). Klugerweise heißen die Ratgeber heute nicht mehr „Richtig reisen", sondern „Anders reisen". Natürlich ist auch hier ein Paradox eingebaut, wenn das „Anders" tausendfach gedruckt und käuflich ist und alle Nutzer dann wieder „gleich" sind (die Fähren der griechischen Inseln transportieren tausende junger Rucksackleute mit derselben Broschüre „Velbinger: Tips, die keiner kennt" auf dem Schoß). Aber immerhin, es wird auf Pfaden gereist, die man auch verlassen oder verändern kann; es gibt keinen Stundentakt, in dem die Reiseleiterin Traudl zum Baden oder Bazarbesuch läutet („16.00 bis 17.30 gemeinsamer Bazarbesuch").

Es war trotz allem Willen zum Loslassen dann doch schwierig, als ich meine eigenen Töchter für ein halbes Jahr nach Brasilien oder für 6 Wochen nach Peru oder nach Guatemala oder für eine Rucksackreise durch Südamerika oder auch nur zum Praktikum ins Goetheinstitut nach Alexandria verabschiedete. Waren sie soweit „kompetent", dass sie alles Neue und Andere handhaben, Inkompetenz kompensieren und die Reise zu einer gelingenden Erfahrung machen konnten, ja: dass sie überhaupt gesund an Leib und Seele zurück kehren könnten? Was ist mit Raubüberfällen, Belästigungen, Mandelentzündung? Was ist mit Verlust der Kreditkarte oder des Reisepasses? Da war nur wenig zu belehren, z. B. das Anfertigen von Farbkopien von Pass, Kreditkarte und Flugtickets. Was ist nun: Reiseschecks oder Bargeld? Oder beides nicht oder beides doch, verstecken im Gürtel, Schuh, Brustbeutel oder sonstwo – da gibt es schon keine gesicherte Erkenntnis mehr. Was dem Vater übrig bleibt, ist der Blick am Flughafen auf den schwankenden Rucksack von hinten, vielleicht noch das Verfolgen der Nachrichten über besondere Vorkommnisse von allgemeinem Interesse wie Polizeiwillkür und Frauenmorde in Guatemala oder Erdbeben in Peru.

Nach solch großen Reisen erzählen die Töchter dann dies und das, aber vielleicht rutscht mehr aus Versehen etwas heraus, was der Vater eigentlich gar nicht erfahren sollte; er soll sich keine Sorgen machen, ändern kann er ohnehin nichts, vorher nicht und nachher nicht. Er würde die Überfallgeschichte in Peru oder die schwere Mandelentzündung in Kuba oder das Straßenkinderprojekt in Guatemala eher aus der Perspektive der tiefen Besorgtheit hören, stumm oder mahnend, aber auf jeden Fall kaum noch orientierend.

Lassen wir uns zwei Geschichten erzählen, beide mit gutem Ende, aber geladen mit Ambivalenzen. Lotta ist mit ihrer Schwester Lena und einer Freundin in Peru, dort werden sie nachts von zwei Männern mit Messern überfallen; sie studiert ein Semester an der Universität Havanna und gibt außerplanmäßig Fidel Castro die Hand.

Ein junges Mädchen mit dem Rucksack allein auf dem Weg in die Welt

Vor sechs Jahren habe ich meinen Rucksack für meine erste große Reise gepackt – ein halbes Jahr allein durch Lateinamerika. Mit im Gepäck, neben viel Unnützem, Papas gute Ratschläge und eine zerknautschte Steiff-Katze, die ihn selbst schon auf vielen Reisen im Rucksack begleitet hat und die von uns allen zusammen schon am meisten gesehen und erlebt hat; sie wüsste vielleicht am besten, wie man einen Rucksack packt oder wo man sein Geld versteckt. Außerdem im Gepäck: Nur mäßige Spanischkenntnisse (trotz Spanisch im Abitur) und keinen Plan, wie man eine solch lange Zeit überhaupt angeht, übersteht, überlebt. Diese Reise wurde zu einer der tollsten Erfahrungen und zu einem Riesenerlebnis, von der ich noch heute zehre, die aber zugleich aufgrund meiner gesammelten Erfahrungen so nicht mehr wiederholbar ist. Die Unbefangenheit ist nämlich nicht wiederholbar.

Aber ich war doch bereits befangen? Ein Erlebnis, welches drei Jahre vor meiner nächsten großen Reise nach Südamerika passierte, hat sich mir zwar bis heute eingebrannt; es war eine Erfahrung, aus der ich gelernt habe, und ich habe es nicht als Angst mit auf meine nächste Reise genommen. Erstaunlich.

Die Vertreibung der Räuber

Gemeinsam mit meiner Schwester und einer Freundin wurden wir spät nachts in einem Dorf in Peru auf der Straße überfallen. Gute Ratschläge hört man vorher natürlich tausendfach: Pass immer nur als Kopie, Geld in die Unterhose, bei einem Überfall niemals wehren … Trotzdem hatten wir an diesem Abend einen Rucksack mit Pass, Flugticket, Geld und Kreditkarten und Kamera dabei. „Mit alles" also.

Unser kleines Hotel in einer Gasse war nachts bei unserer Rückkehr nicht wie gewohnt offen, sondern abgeschlossen und dunkel. Zweifelsohne eine gute Gelegenheit für einen Überfall. Zwei große Männer kamen auf uns zu und ich hatte sofort eine Ahnung, was gleich passieren könnte. Auf unserer Höhe angekommen, riss einer der Männer meiner Schwester den Rucksack weg und der andere bedrohte sie mit einem Messer. Wie versteinert ließ sie den Rucksack los. Ich aber wollte nicht wahrhaben, dass gleich meine gesamten Sachen (inklusive meinem Flugticket nach Deutschland für den übernächsten Tag) auf und davon sind.

Kräftemäßig waren uns die Männer natürlich überlegen, schließlich ja auch mit Messern bewaffnet und offenbar gewaltbereit. Aber dann konnte ich sie mit einer anderen Waffe überraschen: mit einer gebrüllten Kaskade von spanischen Schimpfwörtern, die wir in den Tagen zuvor zum Zeitvertreib von peruanischen Jugendlichen gelernt hatten. Die Sprüche waren derart sexistisch und rassistisch, dass sie hier nicht wiederholt wer-

den können; nur so viel: es gibt für einen männlichen Peruaner nichts Schlimmeres, als so bezeichnet zu werden. Ich war so voller wütender Energie, dass ich die Räuber damit komplett überrumpeln konnte, sie konnten uns nun überhaupt nicht mehr einschätzen und waren offenbar zutiefst verletzt. Jedenfalls ließen sie los und verschwanden im Dunkel. Wir hatten eine Reiseerfahrung mehr, die man so jedenfalls nicht in Reisebüchern lernen kann.

Lange habe ich gegrübelt: Waren wir blauäugig? (In so eine Situation haben wir uns später nicht mehr begeben.) War es ein geplanter Überfall und ein Komplott mit dem Hotelbesitzer, hatte der uns absichtlich ausgesperrt? Waren wir zur falschen Zeit am falschen Ort, war es also einfach nur Schicksal? Hätten wir den Überfall verhindern oder voraussehen können? Und warum haben wir dann überhaupt so, so irrational (?) mit Schimpfwörtern, reagiert?

Mittlerweile, nach vielen Reisen und ja auch ein bisschen älter, gehe ich anders auf Reisen. Immer noch mit Rucksack, der aufgrund der Erfahrungen mittlerweile auch anders gepackt ist, mit mehr Vorsicht und mehr Weitsicht, auch mit mehr Respekt (Furchtsamkeit aber ist es nicht, darf es auch nicht sein.).

Plötzlich der Händedruck mit Fidel Castro

Während derselben Lateinamerikareise landete ich nach zwei Monaten Mexico auf Kuba. Schon nach einem Tag hatte ich die Ernüchterung, dass dies nicht nur Karibik, alte Ami-Straßenkreuzer und Buena-Vista-Social-Club ist. Havanna war zu dem Zeitpunkt eine Stadt ohne nächtliche Beleuchtung, fließend Wasser nur jeden zweiten Tag und keine geliebten Hostels wie in Mexico.

Was in den meisten lateinamerikanischen Ländern funktioniert, funktioniert auf Kuba meist nicht. Transport ist ein großes Problem und die Wartezeit auf ein Ticket überschreitet immer um Längen die eigentliche Reisezeit. Ich fühlte mich dort also ganz schön aufgeschmissen. Mir blieb nichts anderes übrig, als mich dem kommunistischen Alltag in Havanna zu fügen. Und der begann mit einer Unterkunftssuche (ähnliches Problem wie der Transport). 4-Sterne-Hotels kann man sofort haben, aber sie lagen nicht im Budget und auch nicht im Interesse. Also traf ich letztendlich auf drei Studenten, die mich kostengünstig (für sie zugleich ein sehr gutes Geschäft) aufnahmen. Da Langeweile den kubanischen Alltag bestimmt, war es für sie eine willkommene Abwechslung, mir Havanna zu zeigen und vor allem zu erklären: wie steht man richtig in der Schlange, wie kommt man an Dollars, und so weiter und so fort ...

Beim Besuch von Havannas Uni, ein Nachbau der New Yorker „Columbia", geschmückt mit ein paar Panzern im Innenhof, konnte ich Kubas größtes Gut hautnah kennen lernen; das ist neben den Touristen die Bildung. Bildung ist Castros liebstes Kind und so ist es nicht verwunderlich, dass er dort regelmäßige Besuche abstattet, um mal wieder eine Rede zu halten, über das Leben, über Kuba und über die US-Ame-

rikaner. Obwohl er strengstens bewacht ist und immer aus dem Nichts auftaucht und auch so wieder verschwindet, mischt er sich dennoch ab und zu unters Volk. So auch an diesem Tag.

Durch ein sprachliches Missverständnis kam ich ins streng bewachte und kontrollierte Department für die ausländischen Studierenden (wo ich später selber ein ganzes Semester verbracht habe) und habe mich einer solchen Rede-Veranstaltung angeschlossen. Dort konnte man einen Fidel Castro in Farbe erleben, wie man ihn aus den vielen Berichten im kubanischen Fernsehen nur in schwarz-weiß kennt. Groß, redselig und auch ein bisschen verrückt. Eine Stunde später oder auch zwei – solange dauern seine Reden mindestens – stand ich plötzlich vor ihm, einem der am besten bewachten und von Attentaten am meisten bedrohten Staatsmänner der Welt, und reichte ihm auf spanisch einfach die Hand. Niemand weiß so recht, wie ich dahin gekommen war, ich habe es einfach gemacht.

Vorgesehen war das jedenfalls nicht, aber es war, was es war.

Die Töchter waren offenbar gestärkt, *kompetent* für und durch derartige Erfahrungen. Wie das im einzelnen geschehen, im Ergebnis gelungen (?) ist, weiß der Vater aber nicht genau, schon gar nicht auf einer Ratgeber- oder Rezeptebene. Man kann die kleinen Erzählungen für eine narrative Geographie nutzen, weil dahinter ja große Erzählungen von Macht und Herrschaft stehen, aber auch die vom kleinen David, der an einen der bestbewachten Herkulesse der Welt herankommt und der zwei bewaffnete Räuber allein mit der Macht des Wortes in die Flucht schlagen kann. Die Erzählungen zeigen auch, dass Handlungskompetenz sich nicht nur mit dem Raum zu befassen hat, auch wenn sie im Raum stattfindet – wo auch sonst? Auch David macht Raum, hat Macht über den Goliath-Raum. Aber David sollte nicht glauben, dass sich das beliebig wiederholen ließe oder er in seiner Sorgfalt nachlassen dürfte, getreu dem kölnischen Karnevalsmotto „Es hätt noch immer jut jejonge".

Das Tetralemma[4], nein, das Pentalemma

Wenn man derartige Geschichten in der Schule verwenden möchte, im Unterricht, der die Welt beschreibt, braucht man dazu eine didaktische Figur. Narrativität darf zunächst einmal nicht zum Anekdoten-Erzählen verkommen. Man soll vielmehr an diesen Erzählungen lernen, quer zu denken.

Die Grobstruktur in den beiden vorliegenden Fällen, Rucksack/Mädchen/allein in Lateinamerika mit (a) Räubern und (b) mit Fidel Castro, ist zunächst die Spannung zwischen Sicherheit und Abenteuer. Beides zusammen kann man nicht haben, aber weder das eine noch das andere allein ist als Richtschnur für das Reisen geeignet. Wer nur

Sicherheit sucht, reist nicht, sondern wird gereist. Wer nur Abenteuer sucht, handelt fahrlässig und töricht. Das Dilemma führt in die Suche zum Kompromiss: Von beidem etwas, das wäre die dritte Lösung. Das ist es aber auch noch nicht, weil Kompromisse womöglich beides verderben; vielleicht ist die Alternative A oder B ja gar nicht richtig formuliert, vielleicht ist deshalb auch C eine schlechte Lösung. Vielleicht müsste man erst einmal prüfen, für wen denn die drei Optionen überhaupt gelten und ob nicht verschiedene Typen von Reisenden verschiedene Definitionen von den Eckpunkten haben.

Am Anfang war die Rede von jenem Vater, der mit 50 Jahren erstmals bei offenem Fenster geschlafen hat, also eine große Option (offenes Fenster) bis dahin gar nicht kannte; er hatte dagegen in der Option „Sicherheit" und „gleich bleibende Temperatur" gelebt. Es kann sein, dass sogar oder gerade eine Kriminalkommissarin nicht besonders mutig, sondern übervorsichtig ist mit dem Schlafen beim offenen Fenster, weil sie zu viel über das Risiko von offenen Fenstern weiß.

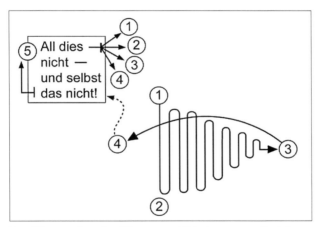

Vom Dilemma über das Trilemma und Tetralemma zum Pentalemma.

Man braucht also neben dem Dilemma A vs. B und dem Kompromiss C eine vierte Lösung, die weder A noch B noch C auswählt, sondern die Entscheidung je nach Habitus und Erfahrungstyp ganz anders formuliert: Lösung D also: Abenteuer so, dass auch Sicherheit; aber nicht als irgendeine Mischkalkulation (Kompromiss), sondern als ganz anderes Arrangement. Erfahrene Helfer in Afghanistan berichten zum Beispiel, dass sie sich unterwegs im Lande viel sicherer fühlen in einem zerbeulten Toyota Corolla als in einem weißen UN-Jeep. Die Alternative heißt also nicht Afghanistan ja (1) oder nein (2), auch nicht gepanzerter Geländewagen (3), sie heißt, sich im Lande bewegen wie jeder andere auch (4). Damit wären wir bereits beim Finden einer vierten Lösung; aber weil auch die nicht absolut sicher ist, ist die Grundfrage im Prinzip noch immer nicht gelöst, wir sind mittlerweile vom *Dilemma* beim *Tetralemma* gelandet. Aber damit sind wir noch nicht am Ende, denn der Weg durch die 4 Figuren von 1 bis 4 führt zu einer Reflexion, die alles in Frage stellt; und auch dieses In-Frage-Stellen kann falsch eingefädelt sein: Nicht 1, nicht 2, nicht 3, nicht 4 – aber das ist ja auch noch keine Lösung. Wie entscheiden wir uns denn nun in Komplexität und in Unsicherheit. Ja, das bleibt, die Unsicherheit. Die *eine* – nunmehr richtige – Lösung am Ende gibt es nicht. Nicht nur Tri-, nicht nur Tetra-, sondern sogar Pentalemma (Kibed/Sparrer 2003).

Aber diese Unsicherheit ist nicht haltlos, unentschieden, schmächtig. Sie ist reflektiert, vorsichtig, tatkräftig. Es wird einigen Eltern/Lehrern schwer fallen, darin eine didaktische Figur zu erkennen, die junge Menschen nicht unsicher macht, sondern Orientierungen entwickelt. Dafür stehen die beiden Erzählungen von Tochter Lotta, die durch ihre Erfahrung umsichtig, aber nicht furchtsam geworden ist. Sie war stabilisiert und deshalb unbefangen; das können Kinder von ihren Eltern oder Lehrern erhoffen – und umgekehrt. Aber sie können nicht die Erfahrung selbst und die Wildheit des Lebens und der Welt zuhause oder in der Schule lernen.

Hinter Erzählungen, wenn sie geeignet sind, stehen Strukturen. Diese kann man verstehen und sogar in Begriffen begreifen. Darf man als junges Mädchen nach Lateinamerika reisen? Darf man Straßenräuber dort anschreien? Dann kommt man auf einen Begriff wie *Kontingenz*, wonach etwas sein kann oder auch nicht. Oder man kommt auf einen Begriff wie *Emergenz*, wonach nicht immer kausale Beziehungen in einer komplexen Situation existieren und also auch gar nicht abschließend gesucht werden sollten. Oder man kommt auf einen Begriff wie *Resilienz*, wonach ein Stehaufmännchen auch nach der chaotischsten Behandlung in kurzer Zeit wieder ordentlich aufrecht steht.

Man braucht diese *Begriffe* selbst nicht unbedingt.
Aber es lohnt sich, so denken zu lernen und die Welt so zu *begreifen*.

Adieu Kausalität, adieu Linearität, adieu Normalität.

Der Text ist ursprünglich erschienen in: Dobler, Karin; Jekel, Thomas; Pichler, Herbert (Hrsg.) 2008: kind : macht : raum. Heidelberg/München/Landsberg/Berlin. 87-94 (Festschrift für Christian Vielhaber).

Anmerkungen

1   Der Begriff „Raumverhaltenskompetenz" stammt von Helmuth Köck (1986), in der Rezeption zusammengefasst als „jene Qualifikationen, die den Menschen befähigen, mit seinem Lebensraum und der Erde als Ganzem ökologisch und sozial verantwortlich umzugehen" (Engelhard in: Haubrich 1997, 30) oder als „die durch den Erdkundeunterricht zu erwerbende Fähigkeit,

sich in räumlichen Zusammenhängen sachgerecht und verantwortungsbewusst zu verhalten" (Birkenhauer in: Böhn 1990, 74). Strittig an dem Begriff ist vor allem, ob die ökologische und soziale Verantwortung eindeutig definierbar ist und wer dafür berufen ist, und zudem: ob dies mit dem einen „richtigen" Verhalten korrespondiert. Es gibt verschiedene „rational choices" und verschiedene Wege zum Paradies. So würde eine handlungstheoretisch denkende Geographie sagen und darauf verweisen, dass der Begriff des *reaktiven Verhaltens* dem des *intentionalen Handelns* gegenübersteht.

2   Der Begriff stammt vom heute 80-jährigen Philosophen Odo Marquard (1981); er erklärt sich von selbst, wenn man ihn wörtlich zerlegt: Man braucht demnach die Kompetenz, seine Inkompetenz zu kompensieren; dies geschieht aber nicht immer durch nachholende Kompetenzentwicklung, sondern durch deren Umgehung über eine bloße Behauptung bis hin zum Bluff.

3   „Kompetenz" ist ein catch-all-Begriff. In den neuen deutschen Bildungsstandards aller Fächer ist damit – in wohlbegründeter Abgrenzung von zirkulären „Lernzielen" (die noch nicht einmal von Lehrzielen unterschieden werden) – gemeint, dass zur Persönlichkeitsentwicklung mehr als abgefragtes und danach meist wieder vergessenes Fachwissen gehört (Klieme 2003). Vor allem ist die Entwicklung von Kompetenzen ein langer Prozess, immer in der Hoffnung, dass die Lehrer selbst darüber vorbildlich verfügen. Vgl. Text Nr. 33 „Lehrerbildung und Bildungsstandards" in diesem Band.

4   Die Idee verdanke ich Mirka Dickel auf dem Geographentag 2007 in Bayreuth, die ihre Reisephilosophie für Schulen anreichert mit dem Querdenken nach Varga von Kibed und Insa Sparrer (2003). Dieser Vortrag und die gesamte Fachsitzung ist veröffentlicht in GW-Unterricht 2008.

Literatur

Böhn, Dieter 1990: Didaktik der Geographie – Begriffe. München

Deutsche Gesellschaft für Geographie 2007: Bildungsstandards im Fach für den Mittleren Schulabschluss. Bonn

Dickel, Mirka 2006: Reisen. Zur Erkenntnistheorie, Praxis und Reflexion für die Geographiedidaktik. (Reihe „Praxis Neue Kulturgeographie" Bd. 2) Münster

Haubrich, Hartwig u. a. (Hrsg.) 1996: Didaktik der Geographie konkret. München

Klieme, Eckart u. a. (Hrsg.) 2003: Zur Entwicklung nationaler Bildungsstandards. Eine Expertise. Herausgegeben vom Bundesministerium für Bildung und Forschung. Bonn

Kibed, Matthias Varga von/Sparrer, Insa 2003: Ganz im Gegenteil – Tetralemmaarbeit und andere Grundformen Systemischer Strukturaufstellungen für Querdenker und solche, die es werden wollen. Heidelberg

Köck, Helmuth 1986: Verhaltensziele des zielorientierten Geographieunterrichts. In: ders. (Hrsg.): Grundlagen des Geographieunterrichts. Köln, 145-152

Marquard, Odo 1981: Abschied vom Prinzipiellen. Philosophische Studien. Ditzingen

Anhang

Abstracts

1. Wissen – Nichtwissen – Nicht-weiter-Wissen?
Sieben Versuche zu einem angestrengten Begriff (2010)

Was unterscheidet Ausbildung von Bildung?
Was ist der Wert eines fachlichen Fundaments in einer ungefächerten Realität?
Was ist ein breites Wissen gegenüber einem vertiefenden Verstehen/Verständnis?
Was macht das Medium einer Vorlesung (oder Instruktion) aus gegenüber anderen Medien der Weltbeobachtung und der Kommunikation darüber?
Wer oder was bestimmt, was „bestimmte" Themen sind und was stattdessen nicht zum Thema wird?
Wer oder was bestimmt, wann Ausbildung „gut" ist, woran bewährt sich diese?

Neben diesen unterscheidenden Fragen gibt es weitere Kategorien, an denen Wert und Inhalt von Wissen sich erweisen könnten: Da ist die Auseinandersetzung über den Wert/Unwert von etwas in der Kommunikation und im Diskurs. Da ist die Reflexion über die Art der Beobachtung/Perspektivität und der theorie- und methodengeleiteten Erkenntnisgewinnung. Da ist die Frage nach der Definitions- und Entscheidungsmacht über das, was denn der Kanon des zentral abfragbaren Wissens sein soll. Da ist die Frage, wie Orientierung im Übermaß des Wissens gelehrt/gelernt werden kann, und schließlich: ob ein Alles-Wissen nicht handlungsunfähig machen würde.

„Wissen – Nichtwissen – Nicht-weiter-Wissen? Sieben Versuche zu einem angestrengten Begriff".
In: Zeitschrift für Didaktik der Gesellschaftswissenschaften (zdg) 1/2010, 11-41

2. Was können wir heute von Alexander von Humboldt lernen?
Ein *maître à penser* aus didaktischer Sicht (2011)

Was können wir heute von Alexander von Humboldt lernen, fragt jetzt nicht der Humboldt-Forscher unter dem spätmodern klingenden Aspekt der Globalisierung, fragt jetzt nicht der Fach- und Paradigmenhistoriker, fragt jetzt nicht die selbstreflexive Humboldt-Rezipientin, sondern das fragt jetzt der Didaktiker.

Was tun Didaktiker? Sie reduzieren und verdichten die Welt-Anschauung so, dass sie für eine subjektive Anschließung auch von Laien taugen; sie bilden Vorstellungen von etwas, was wir zuvor nicht kannten oder bedacht haben; sie geben dem eine kategoriale Ordnung, indem sie von Kausalität oder Singularität oder Vernetzung oder Wahrnehmung oder von Konstruktion sprechen; sie beobachten, wie andere beobachten und versuchen, das zu verstehen und zu beurteilen.

Das will ich nun auch versuchen: Wie hat Humboldt die Welt beobachtet und was können wir daraus lernen, genauer: wie können wir dieses reflektieren? Mit dem Ziel, selbst bewusst zu urteilen und zu werten.

Abschiedsvorlesung Universität Jena 11. Februar 2011
„Was können wir heute von Alexander von Humboldt lernen? Ein *maître à penser* aus didaktischer Sicht"

3. Garten, Regenwald und Erdbeben
Mensch-Natur-Verhältnisse in einer Dritten Säule (2013)

Die *Determination* des Menschen durch die Natur und die *Domination* des Menschen über die Natur sind seit eh und je der Kern geographischer Betrachtungen. Aber schon hier beginnt die Unterscheidung: *rôle determinant* oder *rôle dominant* – mit der Folge grundverschiedener Paradigmen zum Mensch-Natur-Verhältnis. Ein weiterer und feinerer Unterschied ist bereits die Wahl der Begriffspaare *Mensch – Natur* oder *Gesellschaft – Umwelt*.

Die Beispiele Garten, Regenwald und Erdbeben zeigen paradigmatisch, dass man sich hier in drei Sphären bewegt: in der Sphäre der Natur, der Kultur und der Gesellschaft und Politik. Die Kunst der wissenschaftlichen Betrachtung besteht nun darin, diese zusammen zu denken. Dies muss konzeptionell und operativ organisiert werden. Man muss dafür Denk-Strukturen schaffen, die einerseits die Komplexität eines Problems sichtbar und andererseits diese durch Reduktion bearbeitbar machen. Dafür werden konkrete Vorschläge gemacht. Es wird nicht damit getan sein, die Integration der Geographien zu beschwören und dann doch nur mit fachlichen Teillösungen zu arbeiten. Die Idee einer Dritten Säule (Weichhart), in der Probleme fokussiert werden und dann die Hilfe der Fachwissenschaft nachgefragt wird, ist eine konstruktive Figur für eine fachübergreifende Geographie.

Vortrag Geographentag 2013 in Passau „Unbestimmte Begriffe" zum Oberthema „Mensch – Erde – System. Ein Basiskonzept als Desiderat" – erweitert und überarbeitet

4. „Es ist, wie es ist"?
Ein Bericht aus der Jenaer Geographiedidaktik (2008)

„Weltbilder entstehen im Kopf", und da es verschiedene Köpfe/Blickwinkel/Fenster für die Weltbeobachtung gibt, entstehen auch verschiedene Weltbilder. Das ist nicht nur eine geometrische oder anthropologische Weisheit, sondern auch eine wissenschaftstheoretische Auflage: „Die Theorie entscheidet, was wir beobachten können" heißt es bei Albert Einstein. Natürlich „entscheidet" nicht die Theorie, sondern vorher das wissenschaftlich tätige Subjekt, welche Theorie es benutzen möchte; allerdings entscheidet es das nicht immer explizit und in Alternativen, sondern übernimmt öfter einfach mal den Mythos, dass es die eine richtige Theorie sei, die es da verwendet – ein klassischer Zirkelschluss. Man kann dies mit dem Fischer vergleichen, der ein Netz mit der Maschenweite 5 cm verwendet; also existieren für ihn auch nur Fische ab der Größe 5 cm, alles andere ist für ihn außerhalb des Netzes und also außerhalb des Blicks (Hans Peter Dürr).

Standortbestimmung in einem Gespräch mit Antje Schneider, als *key note* vorgetragen bei einer Tagung zur Neuen Kulturgeographie am Institut für Geographie in Jena 2008

5. Geografie und Geographie
Die Welt mit „f" und das Fach mit „ph" betrachten (2012)

Es gibt faktisch einen tiefen Graben zwischen naturwissenschaftlich und sozialwissenschaftlich arbeitenden Geographen, bis hin zu einer drittmittel- und impact-faktor-basierten Verachtung. Allerdings wird von einigen auch eine wissenschaftspolitische Chance darin vermutet, dass in diesem Fach die Brücke geschlagen werden könnte zwischen zwei Paradigmenwelten und verschiedenen Raumkonzepten. Dies kann helfen bei multifaktoriellen und überkomplexen Problemfeldern wie dem Klimawandel und einer Energiewende. Dürr und Zepp vertreten beide Säulen im Fach Geographie (Sozialgeographie und Physische Geographie) und orientieren sich dafür an exemplarischen Themen und Fällen aus der Geografie; am Ende kann es für beide in der Problemorientierung einen Abschied vom disziplinären Selbstzweck geben, in einer Dritten Säule. Das Wort Geografie wird dabei mal mit „f" geschrieben, wenn es um die Objekte geht, und mal mit „ph", wenn es um die Community und Fachphilosophie geht. Beides will verstanden werden.

Angesichts des globalen Wandels in Klima, Bevölkerung, Energie etc. bekäme Franz Kafka, der sog. Dichter des Absurden, neue Aktualität: „Es gibt ein Ziel, aber keinen Weg. Was wir Weg nennen, ist Zögern."

Rezension von: Heiner Dürr/Harald Zepp 2012: Geographie verstehen. Ein Lotsen- und Arbeitsbuch. Paderborn. In: Zeitschrift für Didaktik der Sozialwissenschaften 2/2013, 211-214

6. „Wo die grünen Ameisen träumen"
Zur Bedeutungsvielfalt von Orten (2006)

Wenn man sich – jedenfalls für Miniprojekte, Facharbeiten, Exkursionen etc. – mit der Neuen Kulturgeographie als Ressource für lebendige und ergebnisoffene Themenstellungen anfreunden kann, und wenn man in der umfassenden Theoriedebatte einige praktische Kategorien findet, dann tut man sich selbst als Lehrer (und Schüler) und für das Fach etwas Gutes. Das Fach ist dringend darauf angewiesen, sich in relevanten Fragestellungen auch gesellschaftlich und politisch zu legitimieren, und das muss über das „Geowissen" konzeptionell hinausgehen.

Es liegt auf der Hand, dass die Frage der *Synomorphie*, also der Passung von materiellem Raum und Handeln, für das Funktionieren der Gesellschaft wichtig ist (wenn man nicht das Buch von Mike Davis über Los Angeles mit dem Titel „Ökologie der Angst" auch für Deutschland schreiben will). Aber nicht nur eine gelingende räumliche Planung ist das Ziel, sondern auch der Respekt vor dem pluralen Konzept unserer Gesellschaft, in der eben nicht jeder wie ein Roboter im *behavior setting* einfach zu funktionieren hat. Warum darf man sich denn nicht in der Mittagssonne in den Schatten unter einen Parkbaum legen? Warum muss man denn als Kind einen vorgefertigten Spielplatz benutzen? Warum darf man im *public space* eines Hochhauses in Manhattan denn nicht ein Sandwich essen? Immer vorausgesetzt, das abweichende Verhalten ist sozialverträglich.

In: Dickel, Mirka/Kanwischer, Detlef (Hrsg.) 2006: TatOrte. Neue Raumkonzepte didaktisch inszeniert. (= Praxis Neue Kulturgeographie Band 3) Münster, 51-70
Dieser Artikel ist stark gekürzt und verändert auch nachzulesen als Basisartikel „Wo die grünen Ameisen träumen" zum Themenheft „Versteckte' Geographien – Räume anders gesehen" in Praxis Geographie 4/2006, 4-8

7. Raum des „Wirklichen" und Raum des „Möglichen"
Versuche zum Ausstieg aus dem „Container"-Denken (1998)

Revolutionäres wird angekündigt oder angedroht: Die „Landschaft" sei nicht mehr „lesbar" in der Konsequenz der Moderne und Globalisierung, die Lebenswelten und Lebensformen seien heute großenteils räumlich und zeitlich „entankert", „Raum" werde nur noch als eine Konstitution lokal situierter Subjekte wirklich. Die Spätmoderne und die Globalisierung erzwingen eine radikale Neuinterpretation der Welt und der Gesellschaft durch neue Denkfiguren und Begriffe.

Vier praktische Versuche der subjektiven Anschließung zeigen, wie der Raum als objektiv Wirkliches ins Leben gesetzt wird durch die Möglichkeiten des Handelns: Die Passage als Substanz und als Medium; Geographie-Machen in der heterotopen Gestaltung eines Platzes; die neuen Shopping-Centers in Ostdeutschland auf Kosten innerstädtischer Entwicklung; die Raum- und Sozialqualitäten des diaphanen *Convention Centers* in Manhattan und der Materialität des Japan-Centers in Frankfurt/M. als Ausdruck „exklusiver Differenz".

In: Erdkunde Band 52, Heft 1. März 1998, 1-13

8. Der Dilemma-Diskurs
Ein Konzept zum Erkennen, Ertragen und Entwickeln von Werten im Geographieunterricht (1995)

Werte-Erziehung, Werte-Lehren und Werte-Lernen sind eine Aufgabe, die nicht im Trainieren und Tradieren allein bestehen kann. Solange wir eine „Offene Gesellschaft" sein wollen, kann die Aufgabe auch nicht in Instruktion und Gleichschaltung bestehen.

Schnelligkeit, Zweckrationalität, Einsinnigkeit mögen Überlebenstechniken „draußen" sein, außerdem die Halbwahrheit, die Doppelmoral, der Punktegewinn. Aber Schule ist heute ein, der Ort, an dem anderes gelernt werden kann: Frei-Raum und Frei-Zeit zum langsamen, genauen, differenzierten Hinsehen, zum Aushalten von Vielfalt, zum begründeten Urteil.

Wie anders sollen wir aus dem täglichen – gewollten oder ungewollten – Verwirrspiel mit den Werten wieder herausfinden, wie anders sollen wir unter der Oberflächenstruktur die Tiefenstruktur erkennen (wo wie ein Geograph aus einem Boden auf das Ausgangsgestein und Entstehungsprozesse schließen gelernt hat)?

„Der Dilemma-Diskurs. Ein Konzept zum Erkennen, Ertragen und Entwickeln von Werten im Geographieunterricht". In: Geographie und Schule 96, August 1995, 17-27

9. Räume werden gemacht
zu Orten, zu Symbolen, zu Bedeutungsträgern (2005)

Wäre zum Beispiel der „Palast der Republik" in Berlin ein Thema für die Geographie? Er ist als Gebäude von materieller Substanz, er hat eine Lage und eine Funktion, ist also „Raum" in jeder Hinsicht. Zugleich wird dieser „Raum" derzeit (2006) abgerissen – ist er aber damit kein Thema für die Geographie mehr?

Die Rede ist also nicht nur von einem materiellen „Raum" und „Ort", sondern auch von Prozessen der Produktion, der Konsumtion und der Symbolisierung; es ist die Rede von kollektiven Vorstellungen, von Images und von Bedeutungswandel; es ist die Rede von Macht, von alltäglicher Politik, von Kulturen und Subkulturen auf Zeit; es ist auch die Rede von verschiedenen „Themen", die diesem „Raum" innewohnen.

Vom Beispiel „Palast der Republik" ist im hier zu besprechenden Sammelband gar nicht die Rede. Aber die Inspiration aus diesem Buch sollte dazu taugen, Fälle dieser Art zu beobachten und zu erklären.

Rezension von: Flitner, Michael/Lossau, Julia (Hrsg.) 2005: Themenorte. Reihe Geographie Bd. 17. LIT-Verlag Münster. In: Erdkunde 60. Jg., 2006, Heft 3, 297 f.

Auch in: www.raumnachrichten.de/rezensionen/678-themenorte

10. Der Blaue Strich
Zur Handlungsbedeutung aktionsräumlicher Zeichen (1999)

Eine besondere Version des Mensch/Gesellschaft-Umwelt-Verhältnisses ist der sogenannte „Aktionsraum". Das umfasst einerseits eine strukturierte dingliche Situation und andererseits ein angepasstes oder widerspenstiges Handeln verschiedener Raumnutzer (Akteure). Beides lässt sich auch unter dem Terminus „Lebenswelt" diskutieren, weil hier noch ohne theoretische Kategorisierung Raum/Struktur und Handlung/Gesellschaftssystem zueinander finden. Bourdieu hat dies in den „Feinen Unterschieden" (1997) und in „Physischer, sozialer und angeeigneter Raum" (1991) klassisch besprochen. Schütz/Luckmann untersuchten die „Strukturen der Lebenswelt" (1994), Maturana/Varela pflanzten den „Baum der Erkenntnis" (1989). Husserls „Phänomenologie der Lebenswelt" (1986) wurde wieder entdeckt. Werlen übertrug die Debatte in die „Sozialgeographie" (2000).

Zwei Beispiele illustrieren die enorme praktische Bedeutung des Ansatzes: (1) „Urbane Kompetenz" vs. *Urban Control* im Fall illegaler Autorennen an mitternächtlichen Ausfallstraßen; (2) die Aufzeichnung der gewollten Ordnungen im öffentlichen Raum und privatisierten *public spaces* (Passagen, Bahnhöfe etc.).

Aus: Geographische Zeitschrift, 87. Jg. 1999, Heft 3, 211-222

11. Weltwissen und/oder Weltverstehen 2.0?
Gedanken zum Potenzial der geo@web-Techniken für die Bildung (2012)

Die (ehedem so genannten) neuen Medien haben einen Siegeszug am Markt und im Alltag hinter sich, der jede kulturkritische Besinnung veraltet und unwirksam erscheinen lassen könnte.

Eine vom Internet der Dinge und von der Informationstechnik durchdrungene Welt will neu verstanden, reguliert und „gemacht" werden. Das Geographie-Machen wurde bislang gedacht in einer Subjekt- und Handlungszentrierung. Eine bildungspolitisch und -praktisch gedachte Schule und geographische Bildung braucht entsprechend mündige Subjekte und selbstbewusstes Handeln. Bildung ist noch immer etwas kategorial anderes als Qualifikation.

Ein Lehrender mit jahrzehntelanger Erfahrung und Reflexion, aber eben auch mit einer entsprechend „alten" Sozialisation und Individualität, macht sich hier Gedanken über „Neue Medien" und geographische Bildung mit Hilfe von fünf Fallgeschichten. Kann sein, dass diese Fälle nicht den Kern treffen; dass sie veraltet sind; dass sie zwar räsonieren, aber keine Resonanz erzeugen.

Paradigmenwechsel, Generationenkonflikt, Tanz der Standpunkte?

Aus: Gryl, Inga/Nehrdich, Tobias/Vogler, Robert (Hrsg.) 2012: geo@web. Medium, Räumlichkeit und geographische Bildung. Springer: Wiesbaden. 145-162

12. „Sense(s) of place"
Narrative Räume – Narrative Geographie (2012)

Dinge/Orte/„Räume" haben verschiedene Eigenschaften, die ihnen eingeschrieben, aber nicht immer klar lesbar sind bzw. nicht allesamt gelesen werden. Diese Eigenschaften werden *als Aspekte* selektiert und in Texten aktiv angeordnet/hergestellt/konstituiert; danach werden sie passiv rezipiert/interpretiert/synthetisiert. Im Falle räumlicher Gegenstände spricht man von „Spacing". Das *Spacing* vollzieht sich nicht einfach „aktiv" als unbegrenzte Mitteilung, sondern im Rahmen bereits begriffener räumlicher Strukturen; das Interpretieren geschieht umgekehrt nicht einfach „passiv", sondern aufgrund von bereits bekannten und angeeigneten sozialen Strukturen und Regeln.

Reiseberichte und Reiseführer zum Beispiel bedienen sich aus diesem Bedeutungs-Fundus aus *Alltagserfahrung*, *Vorstellungen* und *Imaginationen* in besonderer Weise.

Die *narrative Methode* und die *Mehrperspektivität* sind dafür ein/das Konzept. „Eine Frau, die nur in den Kategorien männlich/weiblich denkt, ein Geschäftsmann, der nur in den Kategorien reich/arm denkt, ein Jamaikaner, der nur in den Kategorien weiß/schwarz denkt – sie alle erlangen von der Außenwelt wenig Anregung" (Sennett 1994).

Die Kategorien des *Spacing* und „sense of space" erweisen sich als doppeldeutig-hilfreich: Es geht bei „sense"/„Sinn" nicht nur um die sinnliche Wahrnehmung, sondern zugleich um Bedeutung und Verstand. Jede Situation, jedes Bild enthält eine Tiefenstruktur, die eine andere oder weitere Wirklichkeit enthält. Man sieht sie aber nur, wenn man danach sucht, in einem Zweiten oder gar Dritten Blick.

Hirn- und Gedächtnisforscher sagen uns: „Geschichten und Zusammenhänge treiben uns um, nicht Fakten" (Spitzer 2004) und „Wir speichern Dinge als Geschichten" (Draaisma, 2004).

Geographisches Institut Universität Mainz, Lecture Series 2011/12 am 2.2.2012

13. Narrative Geographie
Plot, Imagination und Konstitution von Wissen (2004)

„Zum Wissen brauchen die Menschen beides, die Zahlen und Figuren ebenso wie das wahrnehmende Erleben" – dieser Satz stammt aus dem Buch „Die andere Bildung" des Naturwissenschaftlers und Wissenschaftshistorikers Physikers von E. P. Fischer (2001). Er ist gerichtet gegen die ebenso ignorante wie bequeme Dichotomie der sog. „Zwei Kulturen": Zahl *oder* Erlebnis, Natur- *oder* Geisteswissenschaft.

Außer – so sollte man denken – in der Geographie als „Brückenfach". Andererseits wird in der Geographie die Rettung vielfach in dem gesehen, woran man sich halten kann, im „gesicherten Grundwissen" also und in dem, was sachlich-fachlich „feststeht". Welt *vermessen* ja, Welt *verstehen* nein. Fantasie, Interpretation, Vieldeutigkeit, Interessegebundenheit etc. erscheinen dabei oftmals als verdächtige Dimensionen.

Es bleibt der Stachel der „kopernikanischen Kränkung": „Ich *sehe* zwar, wie die Sonne sich dreht, aber ich *weiß*, dass sich die Erde dreht, und zwar um die Sonne." (Fischer)

Der didaktische Kunstgriff kann die *Narrativität* sein: Eine klug gewählte kleine Erzählung (nicht: Anekdote!), ein Fall enthalten das Große im Kleinen. Wir müssen dafür sorgen, dass Probleme entdeckt werden können, dass Wissen sinnvoll wird, dass es durch konstruktives Verstehen eine kohärente Realität erzeugt.

In: Vielhaber, Christian (Hrsg.) 2004: Fachdidaktik alternativ – innovativ. Acht Impulse um (Schul-)Geographie und ihre Fachdidaktik neu zu denken. (= Materialien zur Didaktik der Geographie und Wirtschaftskunde Band 17) Wien. 49-62

14. Das Projekt „Dark & Light
Das Dritte Auge" (2012)

> „Eine Maus sieht nur den Käse, aber nicht die Falle.
> Wir müssen lernen, den Käse zu sehen *und* die Falle.
> Wir müssen immer fragen: „Was steckt dahinter?"
> Alles hat zwei Seiten, manchmal auch drei:
> Licht und Schatten und Folgen.
> Nach der Lust auf den Käse
> kann die Katastrophe kommen.

> Wir haben Gegenstände ausgewählt und zeigen ihre
> zwei (oder drei) Seiten. Wir betrachten sie mal mit
> der sonnigen und mal mit der finsteren Brille.

> Wir haben verschiedene Orte auf der Welt ausgewählt,
> einmal mit Glitzer und einmal mit Gefahr.

> Wir haben sie an ein Mobile gehängt.
> Die Orte drehen sich von selbst zwischen Licht und
> Schatten, und sie sind alle verschieden.
> Das ist alles. Aber das ist schon sehr viel."

Präsentationsposter vom Projektunterricht am Gymnasium Brigittenau in Wien im Sommer 2011, 1. Gymnasialklasse (10-11 jährige)
Vortrag an der Universität Flensburg Juli 2012: Visuelle Geographien in der geographischen Bildung

15. Perspektivität und Perspektiven
Erster und Zweiter Blick, Anamorphose, Innen-Außen (2012)

Die Welt als Konstruktion zu entschlüsseln, heißt den jeweiligen Aspekt und die jeweilige Perspektive zu erkennen. Dies ist eine grundlegende Kompetenz, wenn es nicht nur um reproduktives und instruiertes Wissen gehen soll. Die Welt unter einem bestimmten Aspekt und in einer bestimmten Perspektive zu betrachten, ist ganz unvermeidlich; aber diese Operation und der Kontext müssen bedacht und reflektiert werden („Metakognition").

Übrigens: Wo es einen Zweiten Blick gibt, öffnet sich meistens auch ein Dritter.

Und wo darüber kommuniziert wird, gibt es oftmals Störungen („Rauschen"); auch dies muss gehandhabt und konstruktiv gewendet werden. Dabei hilft der Jenaer Würfel von Antje Schneider.

Perspektiven und Visionen. 2012. In: Haversath, Johann-Bernhard (Hrsg): Geographiedidaktik. Braunschweig. 64-68

16. **Perspektivenwechsel als Verstehenskultur**
    Über ein produktiv-konstruktives Konzept für die Geographie (2001)

Es wird eine metatheoretische Figur für die geordnete plurale Betrachtung der äußeren Realität, der „Sachen", vorgeschlagen, die philosophisch und praktisch gleichermaßen plausibel sein dürfte.

Der Kürze halber und in Respekt vor dem philosophischen Original sehe ich den Schlüssel dafür in der Textstelle „Dreh mich doch nach allen Seiten" aus der „Phänomenologie der Lebenswelt" von Edmund Husserl. Unter der Überschrift „Perspektivische Abschattung der Raumgegenstände" heißt es dort: „Worauf wir achten, ist, daß der Aspekt, die perspektivische Abschattung, in der jeder Raumgegenstand unweigerlich erscheint, ihn immer nur einseitig zur Erscheinung bringt. [...] Eine äußere Wahrnehmung ist undenkbar, der in einer abgeschlossenen Wahrnehmung im strengsten Sinn allseitig, nach der Allheit seiner sinnlich anschaulichen Merkmale gegeben sein könnte. [...] Sehen wir einen Tisch, so sehen wir ihn von irgendeiner Seite, und diese ist dabei das eigentlich Gesehene; er hat noch andere Seiten. Er hat eine unsichtige Rückseite, er hat unsichtiges Inneres, und diese Titel sind eigentlich Titel für vielerlei Seiten, vieler lei Komplexe möglicher Sichtigkeit, [...] eines Mitbewußthabens von anderen Seiten, die eben nicht original da sind. Ich sage mitbewußt, denn auch die unsichtigen Seiten sind doch für das Bewußtsein irgendwie da, ‚mitgemeint' als mitgegenwärtig."

In: Multiperspektivität im Geographieunterricht. Themenheft „Perspektivenwechsel", Internationale Schulbuchforschung 4. Jg., 23/2001, 423-438

17. **Welt erkennen durch Perspektivenwechsel (1996)**

Die Methode des Perspektivenwechsels heißt nicht nur in verschiedene Rollen zu schlüpfen, es heißt auch – je nach Thema und Problem – die Differenzen von Geschlecht, von Rasse, von Wohlstand, von Klimazone und Wirtschaftslage, von Wohnviertel und Beruf, von Früher und Heute etc., möglichst erhellend mitzudenken. Es heißt auch zu fragen: Worauf basiert eine fachwissenschaftliche oder politische Aussage?

Perspektivenwechsel kann also im Einzelfall sehr viel bedeuten und ist doch nur eine bestimmte Art des Fragens: Aus welcher Sichtweise stammt eine Information, ist diese verallgemeinerbar, ist sie „lebenstüchtig"? Und (das ist der Wechsel): Wie sieht eine mögliche Gegensicht aus?

Basisartikel vom Themenheft „Welt erkennen durch Perspektivenwechsel", aus: Praxis Geographie April 4/1996, 4-9

18. **Wie breit ist eine Autobahn?**
    Über vernetztes Denken in der Planung (1996)

Wie breit eine Autobahn ist? Das kann man doch nachschlagen in den Richtlinien zum Ausbau von Straßen, in Metern und Querschnitten und mit Entwässerung; dafür sind doch die Experten zuständig.

Aber darum geht es heute nicht mehr allein; eine Autobahn ist offenkundig nicht nur ein asphaltiertes Grundstück, sondern auch Trägerin von komplexen räumlichen Funktionen und

Wirkungen. Und Autobahnen stehen (wie jeder andere Flächengebrauch und jede Versiegelung auch) als Eingriff in Natur und Landschaft, in menschliche Lebensräume und Kulturräume auf dem Prüfstand. Der Lärmteppich z. B. ist manchmal kilometerbreit.

Das zentrale methodische Prinzip lautet „Vernetzung" (Retinität) und das Leitbild für eine
gestaltende Umweltpolitik lautet „dauerhaft umweltgerechte Entwicklung" (sustainibility).

(Mit 8 Materialien für den Unterricht.)

In: Praxis Geographie 4/1996, 28-32

19. Die Wüste wächst, weil ... (1986)

Thema und Ziel der Unterrichtseinheit „Die Wüste wächst ..." ist es, Oberflächenerscheinungen (wie z. B. die Hungerkatastrophe in der Sahelzone) als vernetztes Problem der Naturwissenschaften, der Politik, der Technik, der Wirtschaft und der Ethik zu erkennen. Es sollen eindimensionale Erklärungen und einfältige Rezepte überwunden werden. Zwar erscheinen die
Probleme dann zunächst noch komplizierter; aber nur so lassen sich die Eingriffe der Menschen in die Mitwelt künftig noch verantworten, und nur so kann verantwortlicher Unterricht
darauf vorbereiten.

Also: Die Wüste wächst, *weil* ökologische Kreisläufe nicht ernstgenommen werden, *weil*
sich traditionelle Wirtschafts- und Gesellschaftsstrukturen nicht beliebig modernisieren lassen, *weil* alle Entwicklungshilfe-Strategien schwere Mängel haben, *weil* sie so gut für Medi-
en-Schlagzeilen und Propagandisten aller Lager taugt.

Zus. mit Werner Hennings. In: Themenheft Wüsten und Halbwüsten. In: Praxis Geographie 10/1986,
26-29

20. Die Geschichte von „Einem Tag der Welt" schreiben
Unterschiedliche Empfindungen beim Lesen imaginativer Texte (2007)

Im mündlichen Examen stellt sich schnell heraus, ob die künftigen Geographielehrer überhaupt eine Vorstellung von der Welt haben: „Am Nordpol ist überall Süden" ist so eine fachliche Provokation. Oder der Wackerstein auf dem Tisch („Was ist das?"), der in Wirklichkeit
eine Kerze ist. Man kann den Anschein einer Sache betrachten („Die Sonne geht im Osten
auf!") oder das, was man gerade nicht sieht und vieles mehr zum verständnisintensiven Hinsehen.

Ein Experiment unter anderen kann sein, eine kleine Erzählung von der Welt zu kommentieren oder weiter zu erzählen, z. B. „Die Geschichte von Einem Tag der Welt schreiben" von
Ryszard Kapuściński: „Die Welt im Notizbuch". Imagination, Inspiration, soziologische und
geographische Phantasie in einer Stunde – und danach immer wieder im Leben. Versprochen.

Aus: Schomaker, Claudia; Stockmann, Ruth (Hrsg.) 2007: Der (Sach-)Unterricht und das eigene Leben.
(Festschrift für Egbert Daum) Bad Heilbrunn, 116-129

21. Geographieunterricht
Weltverstehen in Komplexität und Unbestimmtheit (2013)

Die Vorstellungen von Geographie in der Nicht-Fach-Öffentlichkeit bestehen weithin und noch immer – mutmaßlich aus der eigenen Schulerfahrung – im Stadt-Land-Fluss-Katalog und im „Wo der Dinge" („amerikanische Schüler wissen nicht einmal, wo Europa liegt"). Die durchaus weitergehenden, aber stark wissensbasierten „Geo-Wissen"-Wettbewerbe genießen bei Schülern und Lehrern hohe Anziehungskraft. Damit ist aber ein Schulfach zugleich unter- wie überfordert; und es wäre jedenfalls unterkomplex angesichts einer komplexen und unbestimmten Welt.

Der Text zeigt, wie mit Hilfe des Paradigmas des Konstruktivismus diese Komplexität sichtbar und bearbeitbar gemacht werden kann. Es wird ein Anschluss geschaffen an die großen fachbezüglichen Fragen (Ressourcenkonflikte, Global Change, Hazard- und Naturgefahren, Politische Ökologie etc.) und an deren Durchleuchtung mit Zauberwörtern wie „Kontingenz", „Emergenz", „Resilienz" und „Pfadabhängigkeit".

Aus: Detlef Kanwischer (Hrsg.) 2013: Geographiedidaktik. Ein Arbeitsbuch zur Gestaltung des Geographieunterrichts. Reihe: Studienbücher der Geographie. Stuttgart, 21-33

22. Komplexität im Fall entfalten
Empirische Illustrationen zum Syndromansatz (2008)

Transfer und Exemplarität sind zwei zentrale Legitimationen für den Geographieunterricht; denn im Ein- oder Zweistundenfach Geographie kommt man mit dem Fachwissen allein nicht mehr sehr weit. Wir müssen besonders sorgfältig die Unterrichtsinhalte und -methoden auswählen, wenn wir nicht im Übermaß des Wissens ersticken wollen und wenn das Fach einen klar erkennbaren Beitrag zur Kompetenzentwicklung leisten will. Inhaltswissen und Kompetenzen müssen sich in der Exemplarität und im Transfer bewähren. Der Beitrag führt einen besonderen Ansatz, das Syndromkonzept, im konkreten Unterricht einer 8. Gymnasialklasse (Thema: Erdbeben) durch. Ein kollegiales Vor- und Nachgespräch machen daraus zugleich ein Stück alltägliche Unterrichtsforschung/Aktionsforschung.

Zusammen mit Antje Schneider und Achim Schindler, 2008: „Transfer und Exemplarität – Empirische Illustrationen zum Syndromansatz". In: Geographie und Schule Heft 176, 19-26. Aulis Verlag Deubner 2008, mit freundlicher Genehmigung der Stark Verlagsgesellschaft mbH & Co. KG

23. „Vernetztes Denken"
Zauberwort mit Januskopf (2001)

Vernetzung als Prinzip in der Natur und vernetzendes Denken als Erkenntnisweg und Methode haben sich herumgesprochen und verheißen Aufklärung. Die jahrzehntelangen Bemühungen von Frederic Vester zeigen überall Spuren, bis hinein in Planungsämter und Talkshows. Was da geschrieben steht, ist alles richtig und wichtig.

Aber: Wenn man an die Operationalisierung (also an das „Machen" in der Simulation) herangeht, macht sich Enttäuschung breit. Nicht so sehr bei den Schülern, die spielen gern am Computer. Aber bei denjenigen, die am Ende eine Reflexion über das Lernziel, Programm und Ergebnis wünschen.

Eine Zwischenbilanz, eine Reflexion und eine bescheidenere Methodik könnten gut tun.

Aus: Vernetztes Denken. Themenheft Geographie und Schule 23. Jg., Heft 132, Aug. 2001, 3-8

24. Wissenschaftstheorie
Orientierung im Grenzgängerfach (1982)

Wer *wissenschaftlich* arbeitet, *wissenschaftspropädeutisch* unterrichtet, *wissenschaftssozio-logisch* beobachtet, hat ein Präkonzept im Kopf, was Wissenschaft sei – oder: er sollte es haben. Wissenschaft ist dabei ein Komplex von Regeln und Routinen, ein soziales System („community"), eine Profession. Wissenschaft ist aber auch umgeben von einer Umwelt: Sachliche Probleme, Prognosen, Politik, Zeitgeist, Wertschätzung und Geld. Wissenschaft ist schließlich eine Instanz für die Allgemeinbildung und kulturelle, soziale und ökonomische Entwicklung.

Was es nicht gibt: „die" Wissenschaft. Es gibt unterschiedliche Erkenntniswege (z. B. die „aristotelische" und die „galileische" Betrachtungsweise), die sich in Methoden wiederfinden: Induktion, Deduktion, Abduktion sind dafür Vokabeln. Es gibt Domänen wie die Naturwissenschaften und die Geisteswissenschaften, es gibt davon abgeleitete Gruppen von generalisierenden, von angewandten und von historischen/interpretierenden Disziplinen. Es gibt einen kategorialen Streit zwischen dem Leitbild einer wertfreien Wissenschaft und einer engagierten Wissenschaft („Positivismusstreit"), die sich in wissenschaftlichen Schulen wieder erkennen lassen: als „normativ-ontologisch", als „geisteswissenschaftlich", als „empirisch-analytisch" lassen sie sich einordnen.

Es sind sicher mehr als „Zwei Kulturen" oder Variationen, die sich hier verständigen können sollten.

Davon zu wissen und dies zu reflektieren, ist für die Geographie als Grenzgängerfach von elementarer Bedeutung. Für den Geographieunterricht ist es eine grundlegende Chance und Legitimation, als potenziell starkes Feld der Allgemeinbildung und Reflexion.

Aus: Lothar Jander/Schramke, W./Wenzel, H. (Hrsg.) 1982: Stichworte und Essays zur Didaktik der Geographie. Osnabrück (Osnabrücker Studien zur Geographie Bd. 5, Supplementband zum Metzler Handbuch für den Geographieunterricht). Stuttgart, 9-22

25. Paradigma –
„normal science" und andere Grundüberzeugungen (1982)

„Paradigma" ist ein Sammelbegriff für einen Satz von Theorien, Methoden und Normen, der eine Einzelwissenschaft mit Richtlinien für die Erstellung des von der Forschergemeinschaft allgemein anerkannten Forschungsplans versorgt.

Die Jahre 1968 und 1973 waren zwei der stürmischen Wendejahre in der deutschsprachigen Geographie. Dietrich Bartels hatte sich „Zur wissenschaftstheoretischen Grundlegung einer Geographie des Menschen" geäußert und einen Sturm der Entrüstung ausgelöst: „Zerstörung der Einheit der Geographie". Gerhard Hard hatte die „Malaise der Geographie" beschrieben als „Folgeerscheinung ihrer Isolierung von den fortgeschrittensten Wissenschaften vom Menschen, ihrer weitgehenden Kontakt-, Kommunikations- und Kooperationsunfähigkeit mit solchen Disziplinen." Bereits 1962 hatte Thomas S. Kuhn „Die Struktur wissenschaftlicher Revolutionen" analysiert; der renommierte Theoretiker David Harvey („Explanations in Geography" 1969) hatte als einer der ersten die Unfähigkeit der alten Theorien und Modelle erkannt, die äußere Realität angemessen zu betrachten oder gar zu verändern; es führte bei ihm zur neuen Grundüberzeugung einer „engagierten" oder „radikalen" Geographie.

Übrigens: Der Physiker und Astronom Galileo Galilei („Dialogo" über die zwei Weltsysteme zugunsten des kopernikanischen Weltbilds) wurde 1564 in Pisa geboren, 1632/3 von der Inquisition verurteilt und zu seinem 450. Geburtstag 1992 in der katholischen Kirche unter Papst Johannes Paul II offiziell rehabilitiert.

Aus: Lothar Jander/Schramke, W./Wenzel, H. (Hrsg.) 1982: Stichworte und Essays zur Didaktik der Geographie. Osnabrück (Osnabrücker Studien zur Geographie Bd. 5), 23-34. Supplementband zum Metzler Handbuch für den Geographieunterricht. Stuttgart, 23-34

26. Gestaltung von Lernumgebungen im Geographieunterricht (2013)

Kritik an herkömmlichem Unterricht – Stoffzentrierung, Lehrerfixiertheit, Prüfungsorientiertheit etc. – verpflichtet zu praktikablen und plausiblen Alternativen. Wissen und Können, ergebnisoffene und eigenverantwortliche Problemlösungen, Kommunizieren und Argumentieren, vor allem auch Reflektieren wären Kompetenzen, die in einem modernen „bildenden" Unterricht entwickelt werden sollen. Derartige Kompetenzen ergeben sich nicht aus einem Drill von Kurzzeitwissen oder *teaching to the test*, sondern in der Auseinandersetzung mit motivierenden, echten und lösungsbedürftigen Themen im Fach.

Aus: Detlef Kanwischer (Hrsg., 2013): Geographiedidaktik. Ein Arbeitsbuch zur Gestaltung des Geographieunterrichts. Reihe: Studienbücher der Geographie. Stuttgart, 105-116

27. Die Anamorphose
Über das schulische Lernen in der ungefächerten Welt (2006)

„Die Experten für das Mögliche können den Fachleuten für das Wirkliche auf der Suche nach Wahrheit helfen" (Deutscher Kongress für Philosophie, Leipzig 1969).

Es ist doch so einfach und einleuchtend: *Die Welt ist nicht gefächert.* Aber ach: Sie soll in der Schule im Rahmen und der Struktur von Fächern verstanden, gelernt werden. Und schließlich: Die Welterklärungsfächer, insbesondere die „Bildungswissenschaften", sind ins Gerede gekommen – weil sie angeblich nicht empirisch-quantitativ arbeiten und deshalb nicht richtig wissenschaftlich seien.

Egal: Die Schüler in Deutschland sollen testfest werden, die Grundoperation dafür lautet: Bildungsstandards. Darin werden die Struktur und Philosophie des jeweiligen Faches in die Form von Aufgabenstellungen gebracht; diese erlauben Abprüf- und Vergleichbarkeit.

Damit befinden wir uns in einem magischen Viereck, das sich dadurch definiert, dass es unmöglich herzustellen ist: Weltverstehen – Welt in Fächern – empirisch-analytisches Wissenschaftsverständnis – standardisierte Abprüfbarkeit.

Der Beitrag widmet sich – in Anbetracht der laufenden Schulreformen unter der Fuchtel von Pisa-Rankings – der Frage, in welchen Grundoperationen die Verzerrungen der äußeren Welt im Spiegel von Fächern zu erkennen und zu behandeln seien.

Dazu gehört auch die Frage, welche Inhalte in den Schulfächern das Zeug für eine *kategoriale Bildung* haben und wie man Lernen in der Schule *verständnisintensiv* machen kann.

In: Beutel, S.-J.; Kleinespel, Karin; Ludwig, H. (Hrsg.) 2006: Entwickeln – Forschen – Beraten. (Festschrift für Will Lütgert) Weinheim.137-147

28. „Wir decken einen Frühstückstisch"
Experimente zur Aneignung des öffentlichen Raums (2006)

Der öffentliche Raum ist „normalerweise" klar geregelt: Straßen, Plätze, Passagen, Parks etc. Daneben gibt es den privaten Raum und hybride Räume wie Bahnhöfe, Flughäfen – jeder Mensch weiß in etwa, was hier „passt". Aber so klar ist es wiederum nicht, wenn man sich in irgendeiner Weise abweichend verhält, etwa Schlafen im Park. Entweder es ist Spielraum auch dafür oder es kommt ein Ordnungshüter zur Klärung – das ist vorab zunächst unsichtbar.

Ein Experiment, nämlich ein gefälliger und nichtstörender Frühstückstisch auf einem städtischen Platz nebst acht frühstückenden jungen Menschen, macht die Probe: Was passiert, wie reagieren die verschiedenen Beobachter, wie fühlt man sich selbst in diesem Arrangement?

Vielfältige Erfahrungen werden besprochen und mit der Raumkategorie Öffentlicher Raum in Kontakt gebracht. Andere Beispiele nächtliche Autorennen von Jugendlichen, Markierungen in halböffentlichen Passagen, faktische Sondernutzungen im Straßenraum laden ein zum Nachmachen oder zu Gedankenspaziergängen.

In: Themenheft „Versteckte Geographien" Praxis Geographie 4/2006, 28-31

29. La Gomera unter dem Aspekt von ...
Fünf Dimensionen einer konstruktiven Exkursionsdidaktik (2009)

Die Dreiecksbeziehung von Fachphilosophie, Lernarrangement und (reflexiver) Lehrkultur – wird in fünf Dimensionen beschreibbar, die das gesamte Exkursionskonzept abbilden:

1. La Gomera unter dem *Aspekt einer konstruktivistischen Geographie* widmet sich den übergreifenden metatheoretischen (Voraus-)Setzungen der Exkursion, also der Frage, von welcher Art geographischer (Welt-)Beobachtung die Untersuchungen vor Ort geleitet sind.
2. Konstruktivistisches Denken meint allgemein eine „Epistemologie des Beobachtens" und zielt damit auf das Erkennen und Verstehen der Mechanismen und Prinzipien (geographischer) Wissensproduktion. Damit wäre die Bedeutung der zweiten Dimension – die Möglichkeiten der *Erfindung von lohnenden Problemstellungen* – benannt.
3. Eine fachtheoretische Zuspitzung erfahren beide Dimensionen durch die Anbindung an das *handlungszentrierte Paradigma* innerhalb der Geographie, welches auch für eine *subjekt- und handlungszentrierte Didaktik* lohnende Anschlusspunkte liefert.
4. Speziell unter exkursionsdidaktischen Gesichtspunkten wird die Handlungszentrierung durch eine verstärkte Hinwendung zur Verbindung von Körperlichkeit und Geographie erweitert. La Gomera unter dem *Aspekt von Leiblichkeit und Geographie* versucht die Möglichkeiten einer Subjektzentrierung als Körperzentrierung zu diskutieren, in der die Bedeutung individueller Körpererfahrungen für die Generierung von Raumbildern bedeutsam werden.
5. Über die genannten Aspekte hinaus wird in der letzten Dimension der Fokus darauf abgestellt, wie *Selbstreflexion* bezüglich der individuellen Lern- und Lehrkultur in ein solches Exkursionskonzept integriert werden kann.

Zus. mit Antje Schneider. In: Dickel, M. & Glasze, G. (Hg)2009: Vielperspektivität und Teilnehmerzentrierung – Richtungsweiser der Exkursionsdidaktik. (= Praxis Neue Kulturgeographie Bd. 6.) Berlin, 141-163.

30. Das Ich auf Reisen
Sechs Stufen der „Erdung" des Subjekts (2002)

Es gibt eine Vielzahl von Reisestilen, denn die Sehnsucht nach dem „Anderen" wird ganz unterschiedlich verfolgt. Je nachdem, wer das „Ich" ist und welche Motive es für das eigene Leben bewegen.

Es werden Unterscheidungen diskutiert zwischen „Reisenden" und „Touristen", zwischen „space" und „place", zum „Wahren Afrika", zur „Natürlichen Einstellung", zur „Erdung" und zum „eigenen Leben", schließlich zur Typologie des Reiseerlebens. Mit 6 Materialien für den Unterricht.

Zus. mit Mirka Dickel. In: Sozialgeographie – Geographie des eigenen Lebens. Themenheft Praxis Geographie April 4/2002, 21-27

31. Diktat der Standardisierung oder didaktisches Potenzial?
Die Bildungsstandards Geographie praktisch denken (2011)

Ausbildung, Bildung, Können, Fertigkeiten, skills, Standardisierung, Entfremdung, Fachidioten, Migrationshintergrund, Humankapital – es ging und geht hoch her in der aufgeregten Zeit „nach PISA" (früher: „nach Picht"): deutsche Schüler könnten schlecht lesen, schlecht rechnen, Hamburger Schüler seien ein Jahr im Rückstand gegenüber bayrischen Schülern, Bremer oder gar Berliner sogar zwei Jahre, die Schulen machten was sie wollen ... da musste doch etwas geschehen. Die Antwort hieß 2003 im Auftrag des Bundesbildungsministeriums (BMBF) „Zur Entwicklung nationaler Bildungsstandards" („Klieme-Expertise"). Die Bildungsstandards „orientieren sich an den Bildungszielen von Schule". Ein Merkmal von Bildungsstandards ist dabei nach wie vor die Fachlichkeit: Schule soll sich (auch) an der „Systematik der fachlichen Weltsichten orientieren, wen sie anschlussfähig sein will an kulturelle Traditionen und an die Diskurse anderer Lebensbereiche".

Auch die Geographie hat sich um die Entwicklung von Bildungsstandards bemüht. Viele Kritiker sehen darin einen Sündenfall, weil schon das Wort „Standards" bildungstheoretisch verdächtig klingt. Ein kritisches fachdidaktisches Organ aus Wien, GW-Unterricht (Heft Nr. 123-128), hat einen großen Teil der Debatte/Kontroverse dokumentiert.

Aus: GW-Unterricht Heft 124/2011, 3-14

32. Didaktisches Strukturgitter (1997)

Der Name „Didaktisches Strukturgitter" stammt aus der Arbeit einer Kommission zur Gründung einer NRW-Kollegschule (Blankertz-Kommission) in den 1970er Jahren. Die Idee wurde für die Fachdidaktik Geographie übernommen und in Form gebracht: Jedes Thema soll in seinem sachlichen Gehalt (gesellschafts-)theoretisch-kategorial erfasst werden und danach mit didaktischen Prinzipien gekreuzt werden.

In der heutigen Sozialgeographie werden z. B. die raumprägenden Kategorien Produktion, Distribution und Konsumtion verwendet; in der Ursprungsfassung wurde gesellschaftstheoretisch unterschieden nach den Kategorien „Arbeit", „Verfügung über Ressourcen" und „Gesellschaftsorganisation". Didaktisch werden unterschieden die sachliche *Deskription*, die analytische *Prospektion* (Entwicklung) und die kritische *Präskription* (Normendiskussion).

Diese werden dann in vielen Einzelthemen wieder erkannt und als theoretisches Konzept fruchtbar für die Unterrichtspraxis und -planung.

In: Jander, Lothar/Schramke, Wolfgang/Wenzel, Hans-Joachim (Hrsg.) 1982: Metzler Handbuch für den Geographieunterricht. Stuttgart. 49-54
In Kurzform auf der Basis der Arbeit zum Zweiten Staatsexamen erstmals in: Geographische Rundschau Jg. 29, 10/1977, 340-343

33. Lehrerbildung und Bildungsstandards
Oder: Haben Lehrer selbst die Kompetenzen, die sie bei Schülern entwickeln sollen?
(2008)

Wovon ich sprechen möchte, ist ein altes Tabu, nämlich die – ernsthaft gestellte, also nicht polemische – Frage, ob die *Lehrer* insgesamt und als Körperschaft selbstverständlich und professionell in der Lage sind, die anvertrauten Schüler angemessen auszubilden und zu bilden. Das Tabu liegt aber eigentlich woanders bzw. es beginnt aber schon vorher, nämlich in der Ausbildung und Bildung der *Lehrer* durch die *Hochschullehrer*, die *Fach- und Seminarleiter* und nicht zuletzt in der *Schulaufsicht*. Niemand fragt wirklich und nachhaltig nach *deren* Lehrer-Qualifikation, wenn sie denn erst einmal berufen sind.

Im „Ameisenbüchlein. Oder: Anweisung zu einer vernünftigen Erziehung der Erzieher" schreibt Christian Gotthilf Salzmann (1806), was jeder, der in die Gesellschaft der Erzieher treten will, folgendes von Herzen glauben und annehmen müsse: „Von allen Fehlern und Untugenden seiner Zöglinge muss der Erzieher den Grund in sich selber suchen."

Ich will im Folgenden zunächst mit Hilfe von drei einfachen Sätzen aus der Lehrerausbildung, aus einer Unterrichtsstunde und aus einem Wissenstest den Fokus richten auf den Alltag und diesen interpretieren. Danach werde ich anhand des Kompetenzmodells der neuen Bildungsstandards nachfragen, was die Lehrer eigentlich *noch* können müssen neben dem Kerngeschäft der Wissensvermittlung. Es geht schließlich darum, *Kompetenzen* zu entwickeln bei Schülern, und das geht wohl kaum ohne entsprechende Kompetenzen bei ihren Lehrern (und bei deren Lehrern).

Vortrag Forum Fachdidaktische Forschung an der Stiftung Universität Hildesheim. Symposium zur Gründung am 24.10.2008

34. Der Lehrer ist das Curriculum!?
Lehrerbiographien, gesellschaftliche Umbrüche, Schulentwicklung (2004)

Auch andernorts in Gesellschaft, Politik und Wirtschaft wird übertrieben und vereinfacht, wenn die Öffentlichkeit auf eine Krise aufmerksam gemacht werden soll. Aber in der Bildungspolitik ist das Problem besonders empfindlich: Es wird „unter dem rollenden Rad" diskutiert, entschieden und experimentiert. Die Kulturnation steht auf dem Prüfstand, der Sozialstaat, der Wohlstand, das den hochentwickelten Industriestaaten für die künftige Konkurrenz einzig verbliebene „Humankapital" in den Köpfen („Wissensgesellschaft"). Schwer zu sagen, was da Alarmismus ist, was eigenes Süppchen, was nüchterne Analyse und Prognose.

Die Lehrer sind in jedem Fall eine entscheidende Schnittstelle, weil alle Anforderungen und Konzepte durch sie hindurch laufen; *input* von außen und *output* in der Qualität von

Schule und Schülern werden hier in einer *black box* arrangiert. Black box, weil die Lehrerschaft eine heterogene Mischung aus Fachlichkeit, Erfahrung und sonstiger Biographie ist.
Dies ist Gefahr und Chance zugleich.

1300 Thüringer Geographielehrer wurden befragt. In dem Ergebnis „erkannten sie sich
wieder".

Zus. mit Detlef Kanwischer, Peter Köhler, Hannelore Oertel und Kerstin Uhlemann (2004): Der Lehrer ist
das Curriculum!? – Eine Studie zu Fortbildungsverhalten, Fachverständnis und Lehrstilen Thüringer Geographielehrer. Thüringer Institut für Lehrerfortbildung, Lehrplanentwicklung und Medien. Bad Berka.

35. Welt *als* System und Welt *im* System
Strukturen und Prozesse in der spätmodernen Stadtentwicklung (2007)

Wer sich als Bürger jahrzehntelang mit der Entwicklung der Städte befasst hat, beschreibend, analysierend, handelnd, der muss seit 10 oder 15 Jahren völlig umlernen. Es hilft
nichts mehr zum Verstehen, sich mit Stadtmodellen der funktionellen Gliederung oder mit
Ablaufschemata in der Planung zu bescheiden; die sind nur mehr Folie. Die Karten sind neu
gemischt; es gelten neue Regeln, aber niemand weiß, wie diese neuen Regeln eigentlich
lauten und ob es überhaupt noch die alten Karten sind. Mit Beharrlichkeit und Engagement
kann man aber die Geheimnisse ein wenig lüften und irgendwann wieder mitspielen im neu-
en System.

„System" bekommt einen doppelten Sinn; zum einen die *Struktur* aus Beziehungen von
Elementen zueinander und ihre *Funktionen*; zum anderen der *Prozess*, der da unter bestimmten – systemischen – Regeln abläuft. Das neue System im zweiten Sinn ist natürlich nicht
willkürlich oder chaotisch in Betrieb, sondern in bestimmter Weise rational; nur gibt es eben
verschiedene Rationalitäten, gebunden als Zweckmäßigkeiten, Interessen und Macht.

Wenn man also am Ende eines tatsächlichen Prozesses das „fertige" materielle System
beschreiben will, z. B. eine Shopping Mall am Rande einer Altstadt oder ein Spaßbad am
Rand eines Naturschutzgebiets, muss man die Genese in Gesetzmäßigkeiten, Rationalitäten
und Randbedingungen de- und rekonstruieren.

Dies wird hier am konkreten Fall exemplarisch nachgezeichnet; hinter dem Fall verbergen
sich die Leitlinien und Grundmuster der neuen Handlungsstrukturen und Kooperationsformen im „New Deal" durch Public-Private-Partnership in unseren Städten.

„Welt *als* System und Welt *im* System. Wahrnehmen und Verstehen von Prozessen in der spätmodernen
Stadtentwicklung". In: Geiger, Michael/Hüttermann, Armin (Hrsg.) 2007: Raum und Erkenntnis. (Festschrift Helmuth Köck) Köln, 179-189

36. Machbarkeitsstudie für ein Neues Bahnhofsviertel (1995)

In vielen Städten gibt es einmalig große Raumstrukturveränderungen durch Industriebrachen
wegen Aussiedlung oder Aufgabe des Betriebs. Je nach Lage kann dies eine Jahrhundertchance sein für sinnvolle Entwicklungsprojekte. Im vorliegenden Fall geht es um eine Brache hinter dem Hauptbahnhof, wo ein großer Betrieb und ein Bahnbetrieb eingestellt werden
sollten. Dafür sollte planerisch vorgesorgt werden. Offiziell und von Amts wegen war hierzu
nichts in Arbeit.

Eine autonome Zukunftswerkstatt machte sich an die Ideenfindung und schlug schließlich die Gründung eines integrierten neuen Stadtquartiers vor. Ein Projekt im hohen zweistel-

ligen Millionenvolumen. Der Rat der Stadt erteilte dieser Gruppe einstimmig den Auftrag, diese Ideen in einer Machbarkeitsstudie fachlich und politisch zu formulieren. Es entstand ein spannender Prozess zwischen Planung, Politik und vielen Akteuren, incl. aufwändiger Beteiligung der Öffentlichkeit und der Kritiker.

Inzwischen ist das Projekt realisiert, aber mit schmerzlichen Erfahrungen. Ein Lehrstück.

„Ostwestfalen-Zentrum. Eine Jahrhundertchance zur Jahrtausendwende". – Machbarkeitsstudie im Auftrag des Rates der Stadt Bielefeld zur Überplanung einer Industriebrache. Gutachten 1995

37. Stadt wird gemacht
Die Grenzen der Parteiendemokratie und die Bürgerschaft als Ressource (2013)

Eine Stadt entwickelt sich nicht von selbst; sie wird gemacht, von Akteuren mit Mandat, Kapital und/oder Ideen. Das Management der Stadt ist dafür aber nicht gut gerüstet, es regieren oft Macht, Geld und Zufall. Dabei ist die Bürgerschaft als Ressource der Stadtentwicklung potenziell von höchstem Wert. Nach „Stuttgart 21" sollte jede Kommune über die Option nachdenken: „Wir reden vorher!" Eine Reihe praktischer Fälle zeigt die Ergiebigkeit dieser Ressource.

„Pro Grün und die Zukunftswerkstatt – Bürger zwischen Ehrenamt, Lobbyarbeit und Partizipation". In: Beaugrand, Andreas (Hrsg.) 2013: Stadtbuch Bielefeld 1214-2014. Tradition und Fortschritt in der ostwestfälischen Metropole. Bielefeld, 610-615

38. Der Stadtpark ist für alle da!?
Von der subjektiven zur sozialen Raumwahrnehmungskompetenz (2006)

Jeder Mensch hat aus seiner alltäglichen Praxis eine eigene Raumwahrnehmung; diese ergibt sich vor allem daraus, wie die Welt für den Einzelnen begehbar („viabel") ist. Es gibt aber auch Raumwahrnehmungen, die möglichst alle Subjekte an einem Ort (z. B. in einer Stadt, auf einer Straße oder in einem Park) einschließen sollen; dieser Auftrag betrifft z. B. die Planer und Politiker.

Der Geographieunterricht hat hier die Aufgabe, sowohl die *subjektive* als auch die *intersubjektive* Sichtweise im raumbezogenen Handeln erkennbar zu machen; beides existiert gleichzeitig und wird miteinander wirksam.

Man *tut*, was man tut; aber man *weiß* auch vom anderen. Damit wird raumbezogene Handlungskompetenz *selbstbewusst* und zugleich *sozial verantwortlich*.

Diese doppelte Raumwahrnehmung muss eingeübt und reflektiert werden, ehe man sich an Aufgaben zur Gestaltungs- und Verständigungskompetenz heranwagen kann.

In: Geographie und Schule Heft 164/2006, Themenheft Raumwahrnehmung/Raumvorstellung. 28-34

39. Irritation und Mäeutik
Alternative Prinzipien in der wissenschaftlichen Politikberatung (2012)

Wenn es um die „großen Fragen" der Gesellschaft und Zukunft geht, muss man darauf vertrauen, dass die Politiker und Experten es „schon richtig" machen: das Problem erkennen, analysieren, aus verschiedenen Optionen die richtige Entscheidung auswählen und konsequent handeln; dass sie dies alles sachgerichtet, gut vorbereitet und vorsorgend tun. Leider sagt uns – andererseits – die alltägliche Erfahrung, dass dies nicht oder nur teilweise gelingt, weil einseitig oder unvollständig oder parteilich beurteilt und bewertet wird. Auf die Frage „Wie konnte das passieren?" heißt es dann oftmals: „Wir müssen jetzt nach vorne schauen!". Nennen wir dies einfach mal das „Asse-Syndrom" (Asse: Atommüll-Zwischenlager in Niedersachsen).

Zwei praktische Beispiele zeigen, dass (a) wissenschaftliche Politikberatung in einem kreativen Milieu und in einem „Fenster der Gelegenheit" gelingen kann, und (b) dass in Zeiten großzügiger Subvention (dem früher sogenannten „Goldenen Zügel") Abwägung, Beratung, alternative Szenarien oftmals gar keine gewünschten Optionen in „der" Politik sind.

In: Egner, Heike/Schmid, Martin (Hrsg.) 2012: Jenseits traditioneller Wissenschaft? Zur Rolle von Wissenschaft in einer vorsorgenden Gesellschaft. München 175-196
(erweiterte Fassung eines gleichnamigen Vortrags auf dem Geographentag 2009 in Wien)

40. Der „Jenaer Würfel"
Verständigungswerkzeug in Umweltpolitik und -bildung (2012)

Der Titel verspricht die Möglichkeit, sich im Kampf der Positionen in der *Politik* (hier: der Umweltpolitik) und der *Bildung* (hier: der Umweltbildung) verständigen lernen zu können. Verständigung wäre ein offener Prozess (nicht gleichzusetzen mit Einverständnis), entgegen dem definitiven Machtgestus mancher Politiker: „Sie haben die Argumente, aber wir haben die Mehrheit!".

Die Verständigung geschieht in zwei Dimensionen: Zum einen die *Position* – dahinter steckt immer ein Präkonzept, eine Interessenlage, eine gedankliche Figur und Definition. Zum zweiten die *Kommunikation* – hier wird auf bestimmten Frequenzen gesendet und dies meist mit einigem Rauschen in der Leitung.

Die Ebenen der Kommunikation, ihrer Störungen und ihrer Reflexion sind: Maßstabsebene, Zeitlichkeit, Beobachterperspektive, Selbstreflexivität, Kommunikationsakt, Blinde Flecken.

Der Würfel (in der gegenwärtigen Fassung von Antje Schneider) ist das Ergebnis langjähriger Versuche und Praktiken in Jena mit der Würfelidee, in der jedes Thema in einen dreidimensionalen Raum mit verschiedenen Seiten (Kategorien) aufgehängt wird: Wie beobachten wir und worüber sprechen wir jetzt?

Vortrag am Geographischen Institut der Universität Frankfurt/M. 10.1.2012

41. Die Vertreibung der Räuber und der Händedruck mit Fidel Castro
Was können Eltern und Lehrer ihren Kindern in die Welt mitgeben? (2008)

Es gibt die fachdidaktische Idee von einer „Raumverhaltenskompetenz"; danach gebe es ein „richtiges" Verhalten, sei es nun natur- oder sozialverträglich; und die Schule/der Geographieunterricht könnten darauf zielrein vorbereiten. Sind es aber wirklich die Eltern und Lehrer, die wissen, wie man sich „richtig" verhält und wie man das in großen Gruppen und in wenig Stunden lernen kann?

Zwar geben die Alten den Jungen Erfahrung und Ideen mit, wie man leben kann; sie geben Gelegenheit zur Nachahmung oder auch Abgrenzung und tragen damit zur Subjektwerdung der Jungen bei. Aber kann und soll es eine Lebens-Meisterlehre geben?

In zwei kleinen Erzählungen wird (1) die Begegnung eines jungen Mädchens auf einer ersten Weltreise allein mit zwei Straßenräubern vorgestellt und (2) eine unglaubliche Begegnung mit Fidel Castro. Beide Erzählungen betreffen die Spannung zwischen Sicherheit und Abenteuer; dazwischen liegen jede Menge Dilemmata, und wie sich bald erkennen lässt, dann auch jede Menge Trilemmata, Tetralemmata und natürlich auch Pentalemmata. Kann sein, dass etwas richtig ist, es kann aber auch schief gehen. Vermeiden ist aber auch kein Lebenskonzept. Alles ist *kontingent*, es könnte also auch ganz anders sein; vieles ist *emergent*, also nicht letztlich kausal absehbar; manches macht *resilient*, ertüchtigt zum Wiederaufstehen in Gefahr und Chaos.

Fazit für eine weltkluge Pädagogik: „Die Menschen stärken, die Sachen klären" (H. v. Hentig).

Aus: Dobler, Karin; Jekel, Thomas; Pichler, Herbert (Hrsg.) 2008: kind : macht : raum. (Festschrift für Christian Vielhaber) Heidelberg/München/Landsberg/Berlin. 87-94

Bild- und Quellenverzeichnis

Kapitel 2: Abb. 1: Ette, O. (2009): Alexander von Humboldt und die Globalisierung; Ette, O./O. Lubrich (2004): Alexander von Humboldt – Das Werk meines Lebens; Kehlmann, D. (2012): Die Vermessung der Welt; Abb. 2: Die Gartenlaube, 1860; Abb. 3: Berghaus, H. (2004): Physikalischer Atlas zu Alexander von Humboldt, Original: 1845; Abb. 4: Rhode-Jüchtern, Tilman; Abb. 5: Ette, O. (1999): Alexander von Humboldt. Die Reise in die Äquinoktialgegenden des Neuen Kontinents Bd. II, 753; Abb. 6: Ette, O. (1999): Alexander von Humboldt. Die Reise in die Äquinoktialgegenden des Neuen Kontinents Bd. II, 753, Abb. 7: Berghaus, H. (2004): Physikalischer Atlas zu Alexander von Humboldt, 143; Abb. 8: DDR Briefmarken. **Kapitel 3**: Abb. 1: www.garten-ffb.de/pdf/landschaftsgarten-s.pdf; Abb. 2: http://de.geschichte-petrinum.wikia.com/wiki/Datei:Plan_de_versailles_-_gesamtplan_von_delagrife_1746.jpg; Abb 3: Rhode-Jüchtern, Tilman; Abb. 4: Tilman Rhode-Jüchtern; Abb. 5: Scholz, Roland W. (2011): Environmental literacy in science and society: From knowledge to decisions. Cambridge; Abb. 6: Schneider, A. (2011): Erkenntnisfiguren – Werkzeuge geographischer Reflexion. www.geographie.uni-jena.de/Schneider.html; Abb. 7: Weichhart, Peter 2005: Auf der Suche nach der „Dritten Säule". Gibt es Wege von der Rhetorik zur Pragmatik? In: Müller-Mahn, D./Wardenga, u. (Hrsg.): Möglichkeiten und Grenzen integrativer Forschungsansätze in Physischer Geographie und Humangeographie. Leipzig, ifl-Forum 2, S. 109-136. **Kapitel 4**: Abb. 1 + 2: Bild links: Installation von Raoul Hausmann (L'esprit de notre temps): 1920, unbekannt; Bild rechts: UNDP-Heft Sept. 1994; Abb. 3: Fernández, Á. (o.J.) (Hrsg.): Leitfaden zum Nationalpark Garajonay La Gomera. Organismo Autónomo Parques Nacionales, 3; Abb. 4: Rhode-Jüchtern, Tilman; Abb. 5: Penzoldt, E. (1948): Das Nadelör. In: Traktate vom wirklichen Leben 19. München. **Kapitel 6**: Abb. 1: Gebhardt, H./Reuber, P./Wolkersdorfer, G. (Hrsg.): Kulturgeographie. Aktuelle Ansätze und Entwicklungen. Heidelberg/Wien, 271 u. 274; Abb. 2: Reuber, Paul/Klaus Zehner 1995: Perzeptions- und stadtgeographische Aspekte des Fremdenverkehrs in Tunesien. In: Zeitschrift für Angewandte Geographie, Heft 2/1995, 16; Abb. 3: Handzettel der Deutschen Bahn; Abb. 4: Praxis Geographie 04/06, 7. **Kapitel 7**: Abb. 1: Erdkunde – Archiv für wissenschaftliche Geographie Band 52, Heft 1 03/98, 8; Abb. 2: Erdkunde – Archiv für wissenschaftliche Geographie Band 52, Heft 1 03/98, 9; Abb. 3: Erdkunde – Archiv für wissenschaftliche Geographie Band 52, Heft 1 03/98, 10; Abb. 4: Erdkunde – Archiv für wissenschaftliche Geographie Band 52, Heft 1 03/98, 10; Abb. 5: Rhode-Jüchtern, Tilman. **Kapitel 8**: Abb. 1: Die Zeit 39/94; Abb. 2: Frankfurter Rundschau 27.07.94; Abb. 3: Frankfurter Rundschau 27.06.94; Abb. 4: Rhode-Jüchtern, Tilman; Abb. 5: dpa-Meldung 28.9.1994, Abb. 6: Entwurf von Klages, Helmut (2001): Werte und Wertewandel. In: Schäfers, Bernhard/Zapf, Wolfgang (Hrsg.): Handwörterbuch zur Gesellschaft Deutschlands; Abb. 7: Entwurf von Schirp, Heinz (1993): Zwischen Tugendlehre und moralisch-kognitiver Intervention. Ansätze und Koordination von Konzepten zur Werteerziehung in der Schule. In: Politisches Lernen Nr. 2, 11; Abb. 8: Rhode-Jüchtern, Tilman; Abb. 9: Rhode-Jüchtern, Tilman; Abb. 10: Werbefoto. **Kapitel 10**: Abb. 1: Douglas, Mary 1998: Ritual, Tabu und Körpersymbolik. Sozialanthropologische Studien in Industriegesellschaft und Stammeskultur (engl. Orig. 1973), 87; Abb. 2: Scheiner, Joachim 1998: Aktionsraumforschung auf phänomenologischer und handlungstheoretischer Grundlage. Geographische Zeitschrift 86, 60; Abb. 3: Rhode-Jüchtern, Tilman. **Kapitel 12**: Abb 1: Rhode-Jüchtern, Tilman; Abb. 2: Praxis Geographie 04/02 H1642, 5; Abb. 3: aus: Die Zeit Datum unbekannt; Abb. 4: Diercke 2008, 161; Abb. 5: Moises Saman, Abb. 6: Coverabbildung von Schami, R. (2008): Reise zwischen Nacht und Morgen; Abb. 7: Rhode-Jüchter, Tilman; Abb. 8: Coverabbildung von Scheppe, W. (2009): Migropolis – Venice, I; Abb. 9: Scheppe, W. (2009): Migropolis – Venice, I/38-39: Abb. 19: Scheppe, W. (2009): Migropolis – Venice, II/982; Abb. 11: Scheppe, W. (2009): Migropolis – Venice, I, 68; Abb. 12: Scheppe, W. (2009): Migropolis – Venice, II/845; Abb. `3: Scheppe, W. (2009): Migropolis – Venice, I/80; Abb. 14: Scheppe, W. (2009): Migropolis – Venice, I/588-589; Abb. 15-17: Scheppe, W. (2009): Migropolis – Venice, I/592-593, I/522-523, I/196; Abb. 18: Scheppe, W. (2009): Migropolis – Venice, II/1240-1241. **Kapitel 14**: Abb. 1: unbekannt; Abb. 2: René Magritte, La trahison des images (Ceci n'est pas une pipe)/ The Treachery of Images (This is Not a Pipe), 1929; Abb. 3: Coverabbildung von Reich, A. & A. Osang (2011): Wo warst du? Ein Septembertag in New York; Abb. 4: Rhode-Jüchtern, Tilman; Abb. 5: Werbeplakate Benetton; Abb. 6: Werbung Diesel; Abb. 7: privates Unterrichtsmaterial; Abb. 8: Rhode-Jüchtern, Tilman; Abb. 9: Rhode-Jüchtern, Tilman; Abb. 10: Rhode-Jüchtern, Tilman. **Kapitel 15**: Abb. 1: Stich 1710, unbekannt; Abb. 2: Die Bildergalerie, Maurits Escher (1956); Abb. 3: Schneider, Antje (2012): Erkenntnisfiguren. Werkzeuge geographischer Reflexion. (http://ww.geographie.uni-jena.de/geogrmedia/lehrstuehle/didaktik/personal/schneider/ArtisticResearchWürfel.pdf **Kapitel 16**: Abb. 1: Praxis Geographie 07-08/00 H1642, 36; Abb. 2: Internationale Schulbuchforschung (Sonderdruck) 23/01 (4. Jg.), 434. **Kapitel 17**: Abb. 1: Praxis Geographie 04/96, 4; Abb. 2: Praxis Geographie 04/96, 5, Abb. 3: Quelle Perspektivenwechsel (III): Das Paradox der Zeit. Zeit, Chaos und Quanten. Eng. 1993, deutsch auszugsweise abgedruckt in: H. Bohnet von Thiisen (Hrsg.): Denkanstöße '96. Ein Lesebuch aus Philosophie, Natur- und Humanwissenschaften München/Zürich 1995, S. 72-75; Abb. 4: Quelle Perspektivenwechsel (IV): Ilja Kabakow: Der Künstler im Westen. Rede eines kulturell verpflanzten Menschen In: Lettre International Heft 30, 1995, S. 46-49); Abb. 5: Rhode-Jüchtern, Tilmnan. **Kapitel 18**: Abb. 1: Rhode-Jüchtern, Tilman. **Kapitel 19**: Abb. 1: Praxis Geographie 10/86 S1642E, 27; Abb. 2: Praxis Geographie 10/86 S1642E, 27. **Kapitel 20**: Abb. 1: unbekannt; Abb. 2: Rhode-Jüchtern, Tilman; Abb. 3: Internationale Schulbuchforschung

(Sonderdruck) 23/01 (4. Jg.), 434; Abb. 4: Coverabbildung von Kapuscinski, R. (2000): Die Welt im Notizbuch. **Kapitel 22**: Abb. 1: eig. Entwurf, zus. mit Koautor Schindler; Abb. 2: Schindler, Joachim 2005: Syndromansatz. Ein praktisches Instrument für die Geographiedidaktik. (= Praxis Neue Kulturgeographie, Bd. 1). Münster; Abb. 3: eig. Entwurf, zus. mit Koautor Schindler. **Kapitel 23**: Abb. 1: Geographie und Schule 08/01 G21265 (23. Jg., Heft 132), 4; Abb. 2: Geographie und Schule 08/01 G21265 (23. Jg., Heft 132), 7. **Kapitel 26**: Abb. 1: Rhode-Jüchtern, Tilmann; Abb. 2: Bundestagsdrucksache 12/8350, 12. Wahlperiode, „Schutz der Grpnen Erde" 1994, 263, nachgezeichnet für das Schulbuch Oberstufen-Geogrpahie „Landschafsökologie" im Bayrischen Schulbuchverlag bsv 2001. **Kapitel 27**: Abb. 1: Mayers Großes Konversationslexikon in 21 Bänden, 1905; Abb. 2: Menzel 1995: So lebt der Mensch. Hamburg, 164 f.; Abb. 3: Gebhardt et al. 2007: Geographie. München, 68; Abb. 4: Praxis Geographie 04/96, 12; Abb. 5: New Yorker Magazin 1953. **Kapitel 28**: Abb. 1: Rhode-Jüchtern, Tilman; Abb. 2: Rhode-Jüchtern, Tilman. **Kapitel 29**: Abb. 1: Fernández, Á. (o. J.) (Hrsg.): Leitfaden zum Nationalpark Garajonay La Gomera. Organismo Autónomo Parques Nacionales; Abb. 2-5: Rhode-Jüchtern, Tilman. **Kapitel 30**: Abbildungen aus: Praxis Geographie 04/02, 25, 26. **Kapitel 33**: Abb. 1: eig, Darstellung nach Hennig 1997; Abb. 2: Deutsche Gesellschaft für Geographie. Bonn 2006 ff. **Kapitel 34**: Abb.: Rhode-Jüchtern, Tilman. **Kapitel 35**: Abb. 1: FR-Info Grafik; Abb. 2: Rhode-Jüchtern, Tilman; Abb. 3: Rhode-Jüchtern, Tilman. **Kapitel 36**: Abb. 1: Backcover zu Zukunftswerkstatt Bielefeld eV „Ostwestfalen Zentrum"; Abb. 2: Neue Westfälische Nr. 288 09.12.95; Abb. 3: Backcover zu Zukunftswerkstatt Bielefeld eV „Ostwestfalen Zentrum". **Kapitel 37**: Abb. 1: Pro Grün; Abb. 2: Rhode-Jüchtern, Tilman; Abb. 3: www.progruen-ev.de (20. Juni 2013); Abb. 4: Neue Westfälische vom 8.07.2011; Abb. 5. **Kapitel 38**: Abb. 1: Gebhardt, H./Reuber, P./Wolkersdorfer, G. (Hrsg.) 2003: Kulturgeographie. Aktuelle Ansätze und Entwicklungen. Heidelberg/Wien, 274. **Kapitel 39**: Abb. 1: Neue Westfälische 23.11.1985, Abb. 2: Frontcover der Broschüre Pro Grün „Plan B"; Abb. 3: Rhode-Jüchtern, Tilman. **Kapitel 40**: Abb. 1: Westfalen-Blatt vom 08.07.2011; Abb. 2: http://www.progruen-ev.de/pdf/progruen_Bielefeld21.pdf; Abb. 3: https://www.change-magazin.de/issues/download/14; Abb. 32-10: Rhode-Jüchtern, Tilman. **Kapitel 41**: Abb. 1: Kibed, Matthias Varga von/Sparrer, Insa (2003): Ganz im Gegenteil – Tetralemmaarbeit und andere Grundformen Systemischer Strukturaufstellungen für Querdenker und solche, die es werden wollen. Heidelberg.

Geographie-unterricht

Volker Schmidtke

Handlungszentrierung

Ein Konzept für den Geographieunterricht

Handlungszentrierung ist ein Leitbegriff sowohl der konstruktivistischen Geographie als auch ihrer Didaktik. Der Fokus wird dabei auf die Diskurse, das Handeln und die Handlungslogiken der Akteure in situativen Kontexten sowie auf deren Raumrepräsentationen und -konstruktionen gelegt. Im Unterricht handeln Schülerinnen und Schüler selbst diskursiv: Sie produzieren „Raum", sie lernen, mit divergierenden Problemwahrnehmungen und -deutungen umzugehen und diese ergebnisoffen zu bearbeiten.

Dieser Band lädt ein zu einer handlungszentrierten Erweiterung des geographischen Blicks. Er zeigt anschaulich, wie sich der Umgang mit dem alltäglichen Geographie-Machen und der Vielfalt und Wandelbarkeit der Weltbindungen didaktisch umsetzen lässt.

ISBN 978-3-89974736-2, 80 S., € 12,80

Volker Schmidtke

war ab 1973 Gymnasiallehrer für Geographie, Geschichte und (zeitweise) Politik/Sozialwissenschaften. Seit 1974 war er als Fachleiter für Geographie am Studienseminar Köln in der Lehrerausbildung tätig, seit 1994 als Hauptseminarleiter. Der Autor verfügt außerdem über langjährige Erfahrung in der Organisation und Leitung von Fortbildungsveranstaltungen für Gymnasiallehrer in NRW.

www.wochenschau-verlag.de   www.facebook.com/wochenschau.verlag   @wochenschau-ver

Adolf-Damaschke-Str. 10, 65824 Schwalbach/Ts., Tel.: 06196/86065, Fax: 06196/86060, info@wochenschau-verlag.de

WOCHEN SCHAU VERLAG

... ein Begriff für politische Bildung

Geographieunterricht

Mirka Dickel, Martin Scharvogel

Raumproduktion verstehen lernen

Auf den Spuren von Erzählungen und Imaginationen im Geographieunterricht

Wie kann man durch räumliches Denken lohnende Fragen im Geographieunterricht entwickeln? Welche Rolle spielen soziale Alltagspraktiken, ästhetisches Erleben und konzeptionelle Entwürfe für das Verständnis von Räumlichkeit? Die Autoren veranschaulichen diese Fragen an einem Beispiel und entfalten und begründen ein didaktisches Referenzschema entlang der Theorie der gesellschaftlichen Raumproduktion von Henri Lefebvre. Der hier vorgeschlagene Ansatz ermöglicht es Lehrenden, sowohl das sinnlich Wahrnehmbare, Konzepte und Ideen als auch ästhetische Erfahrungen des Erlebens im Hinblick auf Raum zielführend und lebensnah aufeinander zu beziehen.

ISBN 978-3-89974737-9, 80 S., € 12,80

Dr. Mirka Dickel

ist Professorin für Geographiedidaktik an der Universität Jena. Zuvor war sie Professorin für Erziehungswissenschaft an der Universität Hamburg, Akademische Rätin am Geographischen Institut in Mainz und Studienrätin für die Fächer Geographie und Deutsch.

Dr. Martin Scharvogel

ist Studienrat für die Fächer Erdkunde und Musik. Zudem lehrt er an der Universität Hamburg im Bereich Didaktik der Geographie. Vor seiner Tätigkeit als Lehrer an Schule und Hochschule war er Landschaftsplaner.

www.wochenschau-verlag.de   www.facebook.com/wochenschau.verlag   @wochenschau-ver

Adolf-Damaschke-Str. 10, 65824 Schwalbach/Ts., Tel.: 06196/86065, Fax: 06196/86060, info@wochenschau-verlag.de